竹簡孫子論變

죽간 손자 논변

竹簡孫子論變

이창선 지음

우물이 있는집

to my son, David

일러두기

《죽간손자논변》은 전래한 통행본과 차이를 교감(校勘)하고 변이된 유래를 파악하여 전국시대의 전략, 작전, 전술적 측면에서 군사 사상을 이해하기 위해 저술하였다. 《죽간손자논변》의 중심 텍스트는 1972년 발굴된 산동성 은작산 한묘 출토의 죽간 갑, 을(竹簡 甲, 乙)본이다.

은작산 죽간 《손자병법》은 한 무제(漢 武帝) 초년에 만들어진 장묘(葬墓)에서 출토된 것으로 초기 예서(隷書)로 급하게 써진 것이다. 서한 시대에는 비교적 황제 이름의 문자 사용을 금하는 피휘(避諱)가 엄하지 않아 전래한 《손자병법》에서 대체 변조된 盈(혜제), 恒(문제), 徹(무제) 등의 글자가 죽간에는 보이고 있다. 비교 논변은 154 항(項)으로 나누고 다양한 다른 버젼, 텍스트(Version, Text)를 나열했다. 영어본 중에는 학자보다 군사적 경험이 있는 저자(리델하트, 사무엘 B. 그리프스)와 로저 에임스(Roger Ames)의 《Yin Chu'eh Shan Texts SUNTZU, The Art of Warfare》의 의견을 주로 보았고, 한국어 번역은 한국 육군대학 교재의 유연한 해석에 도움을 받았으나 많은 부분 전통적 해석을 따르지 않았다. 지난 세기 통행된 한국어본에 영향을 준 일본 오규소라이(荻生徂徠)의 《孫子國字解》도 중요한 텍스트였다. 또한, 대만 책략연구센터의 삭설한(朔雪寒) 교수의 《孫子論正》 50만여 자도 귀중하다.

손자를 읽는데 동방문자[漢字]에 대한 한글과 영어가 가진 한계는 안타깝다. 20세기에 나타난 한국어 번역은 대부분 군사지식이 없는 한학자의 손에 이루어져 국문 기술을 위한 어학적 참고로만 사용하였다. 그리고 역시 가장 무게 있고 권위 있는 해석은 조조를 비롯한 한 시대의 패자(覇者)들 그리고 그 시대의 정치, 전쟁 경험이 풍부한 역사 속의 중국인들 해석을 참고했다. 특히 십일가주(十一家注)는 빼놓을 수 없다. 십일가의 주석은 조조(曹操), 맹씨(孟氏), 이전(李筌), 가림(賈林), 두우(杜佑), 두목(杜牧), 진호(陳皥), 왕석(王晳), 매요신(梅堯臣), 하씨(何氏), 장예(張預)이다. 아울러 근세 중국에서 거의 200년간 《손자병법》의 정본이 되었던 청나라 손성연(孫星衍, 1753-1818)의 손교본(孫校本)도 자주 인용 참고하였다.

1. 죽간(2,500여 자)과 전래본(6,200여 자)을 교감(校勘)함에 죽간의 잔멸(殘滅)된 부

분은 전래본을 될 수 있으면 인용하되 孫子 식으로 표기했다.

2. 의미의 변환이 일어나거나 논변의 여지가 있으면 죽간, 전래본의 쟁점 단어는 孫子로 표시했다.

3. 죽간과 전래본에 차이가 없으면 해석은 전래본에만 두었다.

4. 인용한 죽간본은 甲本과 乙本의 잔멸된 부분을 서로 보완했다. 죽간은 발굴 과정에서 매듭이 끊어지고 착란(錯亂) 되어 13편의 순서는 논란의 여지가 있다.

5. 수정본이라 함은 현대 중국학자(자유중국 책략연구소 간 손자논정, 중화인민공화국 사회과학원 손자학회, 중국인민해방군보 등)의 주장을 인용한 것이다.

6. 전래본으로 통칭한 텍스트는 송나라 이후의 조주본(曹註本), 회주본(會註本), 무경본(武經本), 사고본(四庫本), 손교본(孫校本)이다. 당나라 이전의 진잔본(晉殘本), 치요본(治要本)은 별도로 명시했다.

7. 죽간본을 포함한 8개 텍스트는 다음과 같다.

죽간본(竹簡本): 은작산(銀雀山) 한묘(漢墓) 출토《竹簡孫子兵法》,〈銀雀山漢墓竹簡, 대만〉1985년 간행

진잔본(晉殘本): 일명 육조초본구주손자편단(六朝鈔本舊註孫子斷片), 齊魯書社발행《孫子集成》卷一, 1999년 간행

치요본(治要本): 당나라 위징(唐魏徵)이 편한《群書治要, 節錄, 魏武帝註孫子》의 약칭, 1967년 商務印書館《四部叢刊》影印本

조주본(曹註本): 송나라 간행본(宋刊本)《魏武帝註孫子》의 약칭, 청(淸)나라 平津館刊顧千里摹本,《孫子集成》卷一

회주본(會註本): 송나라 간행본(宋刊本)《十一家註孫子》의 약칭,《孫子集成》卷一

무경본(武經本): 송나라 간행본(宋刊本)《武經七書》의〈孫子兵法〉, 上海涵芬樓景印中華學藝社借照東京岩崎氏靜嘉堂藏本,《孫子集成》卷一

사고본(四庫本): 문연각(文淵閣)《四庫全書, 兵部類, 孫子兵法》, 1983년 자유중국商務印書館 영인본

손교본(孫校本): 청나라 손성연孫星衍《孫子十家註》校本, 淸嘉慶二年兗州觀察署刊本,《孫子集成》卷十五

책머리에

《손자병법》은 본래 평화의 책이었다. 그러나 특정 시대를 제외하고는 유가(儒家)로부터 경(經)으로 숭상되지 못하고 박대를 받았다. 전쟁이라는 흉사(凶事)를 모의하는 살인 과학서로서 인(仁)을 말하기에는 턱도 없는 흉서라는 오해에서, 스스로 인격을 완성하고 사회를 걱정하는 내성외왕(內聖外王)을 목표로 한 도학자들이 손자를 입에 올릴 리 없었다. 더구나 무(武)에 대한 홀시(忽視)가 내재해 있는 유학을 국가이념으로 하는 사회에서는《손자병법》이 그저 차원 낮은 무인(武人)들의 습득 교과처럼 여겨졌다. 그래서인지 훗날 논어, 맹자, 중용과 대학처럼 세련되게 정리되어 고대 선진(先秦) 경전과 유기적 관계로 교차 발전해온 사상적 맥락이 손자에는 보이지 않는다. 그러나 교묘하게도 인(仁)의 대척점에서 논의된 모순되고 무도잔인(無道殘仁)한 술수와 기책(奇策)들은 그 논리들 속에 불인(不仁)을 경계하는 유가와 노장사상의 정수를 가지고 있음을 알게 된다.

《손자병법》은 오랜 시간을 거쳐 다양한 경험을 온적(蘊積)하며 전래하였다. 《손자병법》의 저작권이 중화 애국주의자인 사마천에 의해 손자에게 주어졌지만, 손자가 그 판권을 가지고 있다고 주장하는 서구의 학자는 잘 보이지 않는다. 아마도 더 까마득한 옛날, 하(夏)와 상(商, 殷)의 시대에서부터 전해진 전쟁술의 파편들이 오랜 세월을 거쳐 인식과 인식 사이를 메우고 전쟁학 사유의 모형으로 다듬어져 이를 사모하는 사람이 모여 "손자"라는 학당을 이루어 마침내 책의 최고 자리인 경(經)의 지위에 오른 것이리라. 그리하여 손자는 현대에 와서 유가의 서자가 아니라 맹자에 필적하는 무경(武經)으로, 인간의 깊은 악의 논리를 파헤친 초월적 힘의 사회 과학서로서 동서의 군사학도들에게 주목을 받게 되었다.

서로 적대적 공존의 틀에 점점 빠져드는 한반도에서 폭력의 숨겨진 동력을 알아채는데 《손자병법》은 좋은 묵시록이다. 그는 아웃사이더였다. 노예인 전민(戰民)으로 끌려와 능력을 인정 받아 하급무사가 되었다. 성(城) 밖에 살며 내일의 불안을 살피려 늘 하늘의 별을 쳐다보았다. 죽간에 병법을 기록한 사람은 이들을 따라 다닌 난쟁이 유학자[侏儒]였을 것이다. 그는 한 가구에서 사(士)가 나오면 종군하는 7가구의 장정중 몸이 불편하지만 육예(六藝)를 아는 사람이었을 것이다. 그가 응시한 세계는 배운 것과 다른, 도덕과 인애의 안전한 울타리 너머였다. 그러므로 그들은 반전(反戰)의 역수(逆數)를 말하려했다. 폭력에 결핍된 것, 그리고 승리가 가져다주는 공허와 폐색된 평화의 길을 보여주려 했다. 그래서 그는 도망친 자[孫者]였다.

나는 꿈에 황토먼지에 뒤덮인 사두마차에서 내려 샘물에 앉아 허겁지겁 물을 마시는 손자를 보았다. 말아올린 두 개의 투발 상투는 흙먼지 때가 찌들어 마치 석고같이 딱딱해 보였다. 한 바탕 전투가 끝났다. 뒤집힌 전차 바퀴에서는 매케한 숯 냄새가 나고 창에 찔린 말의 배에서 비린내와 똥냄새가 흘러 나왔다. 심장에 칼을 넣어 고통을 그쳐 주었다. 아직 따뜻한 말등에 기대어 그는 몸에 두른 복갑(腹甲)과 배갑(背甲)이 갑갑한지 끈을 풀어 벗어 놓고는 얇은 죽간에 마혈(馬血)로 무언가를 쓰고 있었다. 죽간은 이렇게 만들어지고, 전해지고, 때로는 대부들의 부장품으로 급히 필사되어 무덤에 묻혔다.

죽간 손자를 읽으면 손자의 저자가 손자가 아니라는 사람들의 주장에 공감하지만, 그 저자를 규명하기 어렵게 되었다고 진실이 미궁에 빠진 것은 아니다. 글자로 볼 수 있는 춘추전국 시대는 지금 우리 유전인자의 변화에 별 차이가 없는 그렇게 멀지 않은 과거이다. 주나라의 창업 이후 이성의 시대가 열렸다면, 그 정신의 결집 산물들은 아주 분명하게 자신을 우리에게 설명하고 있다. 그래서 전쟁을 공포와 어둠이 아니라 합리적이고 예측 가능한 인문의 세계로 끌어내었다. 어둠의 전쟁에서 빛의 전쟁으로, 어둠의 평화에서 빛의 평화로 지상에서 명명(明明)하고 하늘에서 혁혁(赫赫)하도록 하였다.

《손자병법》에는 이처럼 전국시대 그리고 그 이전의 수많은 다른 손자들이 들어 있다. 시대의 순서가 전도된 태공망의 손자, 《손빈병법》의 손자, 죽간에 써진 손자, 조조의 손자 그리고 수많은 주(注)를 거쳐 전해진 손자는 아직도 명료하지 않은 시간의 더께로 가려져 있다. 그러나 이 위대한 고전을 해석해 온 많은 노력이 이해에 방해되는 것은 아니다. 거기에는 전쟁을 향한 전쟁학 속에 연상되지 않는 현장 감각과 경(經)에서 쫓겨난 도피처가 없는 문자가 있기 때문이다. 그러므로 독자의 피 속에 반응하는 파편적 이해가 보편화할 수 있다면, 그때 아직도 집요하게 살아남은 《손자병법》의 기성 사고 구조와 사유 양식의 잘못된 기초를 대담하게 파괴하고 초극할 수 있을지 모른다. 그러나 결국은 이런 것은 모든 고전이 그렇듯이 "자신만의 고전"으로 남을 수밖에 없을 것이다.

전국시대 문헌 해석의 오해가 그렇듯 특히 인간의 행동 양태를 탐구하는 《손자병법》에서는 정태적 능동과 동태적 수동이 꼬여 있어 혼란하다. 적과 내가 의도적으로 착상(錯象)되어 있다. 어쩌면 해석을 포기하고 저항하는 게 더 의의 있는 일일지도 모른다. 그래서 하나의 경전으로 모든 것을 해석하려는 인식에 대한 독선은 늘 경계의 대상이다. 경(經)의 경지를 절대적 무오류에 올려놓는 것은 위험하다. 특히 선험적 틀 안에서 해석을 공유하려 한다면, 결국은 그 시대의 힘의 논리에 이끌리고 만다. 현대인이 고전을 읽을 때 자본에 길들지 않는 지식을 찾아가기란 참으로 어렵다. 거기에는 수많은 방해와 유혹이 있다. 지금은 이러한 장애를 극복하고 고전의 해석이 쓰임을 위한 것이 아니라 고전 자체의 존치에 머무를 수밖에 없는 상황이다. 그럼에도 불구하고 동방글자로 암시된 상상을 자극하는 전적(典籍)은 우리가 얼마나 행복한 유산을 가졌는지 깨닫게 해준다.

죽간 손자에서 전래본 손자로의 연변과정은 독자로 하여금 유도가(儒道家)와 연결된 논리적으로 해명할 수 있는 문헌적 근거를 파악하게 하여준다. 거기에는 오늘날 한국군의 이론과 실제에 결핍된 고유의 군사사상을 "군유사상(軍儒思想)"으로 틀을 마련할 수 있다는 희망도 보인다. 서구적 관점의 해석은 이미 미래에서 역수로 볼 수 있는 다양한 의논을 통해 동방문명의 군사사상을 이해하고, 일찍이 서구사회에서 접하지 못했던 심오한 용병술과 인간 솔성관계를 조명한다. 그러나 《손자병법》이 상술(商術)이나 기업전략을 뒷받침하는 책략 참고로 유행하여 사상적 맥락이 닿은 주해를 발견하기 어렵고 경제, 상술, 처세, 그리고 역사 이야기에 치우쳐, 본적(本籍)의 군사 병법적 가치가 희석된 것은 안타깝다. 병(兵)의 의미가 왜곡되었으니 그 뜻대로라면 빨리 자본이 야탈과 축적을 끝내고 회사를 해체해야 하는 것이 손자의 뜻이 된다. 이렇게 병법으로 경제를 논하는 하이브리드식 설명은 그 본의야 어떻든 손자가 가진 본래의 사상을 오도하고 그 언어의 번쇄함을 더하여 후세에 커다란 폐단이 되고 말았다. 고전을 현대적 상황에 맞추어 법고창신(法古創新)하는 것은 좋으나 본래의 정수(精粹)와 진의(眞意)가 전해지지 않는다면 그 참다운 의미를 되묻는 노력은 중단하는 것이 나을 것이다.

글자 하나가 전체 문장의 뜻을 바꾸기도 하고 행간의 뜻(Between the Line)이 글자를 무의미하게도 한다. 문세(文勢), 문리(文理), 문맥(文脈)은 글자 속에 숨기도 하고 행간에 깃들기도 한다. 그러므로 뜻을 얻으면 글자를 잊는다(得意忘字)는 방편도 그 진의에 도달하면 방편마저도 잊어야 한다. 고전을 읽으며 비애 또한 느끼는 것은 그 해석의 폭이 넓은 것은 좋으나 해석이 왜곡되어 찾을 길 없는 진의(眞意) 때문이다. 경(經)의 지위에 올라 자파(子派)를 이룬 고전일수록 이런 폐단이 더 심하다. 그래서인지 오랜 세월 땅속에 묻혀 순결을 지키다 발굴된 파편들[竹簡, 帛書, 金文]은 더욱 신선하고 진의의 빛으로 찬란하다. 위진(魏晉)에서 청(淸), 민국(民國)에 이르기까지 옛것의 원형을 의심한 의고파(疑古波)의 투철한 질문은 아직도 고통스러운 재해석을 우리 앞에 남겨 두었다.

그래도 이 역사와 전적의 결핍과 빈곤이 지금의《손자병법》연구를 가로막는 것은 아니다. 귀매(鬼魅)에 잡힌 듯 손자를 읽는 독자라면 손자만으로는 손자를 읽을 수 없다. 논어와 도덕경, 회남자와 장자, 주역과 중용, 예기가 독자를 도와준다. 언어들은 아직도 끊임없이 교섭하고 있다. 언어를 잊어야 뜻이 통하는(得意忘言) 것이 있다. 언어는 결합하지 않으나 뜻은 결합한다. 그리하여 커다란 형상이 만들어지니(得象忘言) 전체가 하나를 설명하고 하나가 전체를 가리킨다. 한국인에게는 깊이 내면화된 경향을 가진 군유(軍儒)정신이 있다. 기록을 넘어 시간의 지층에 묻힌 더께를 벗겨낼 수 있다면, 어쩌면 1861년 이후 동학(東學)에서 말하는 인민 무장력에서 나타난 신묘한 군사 사상을 찾아낼 수 있을지 모른다. 경전적 근거를 밝힐 필요없이 우리의 피와 정신이 바로 출전(出典, Locus Classicus)이기 때문이다. 죽간의 틈에서 나오는 한 줄기 빛을 보며, 손자의 말씀을 듣건대, 아주 오래된 것은 오히려 가깝고 가까운 것이 더 먼 것은 아이러니하다.

Big Bear에 은거하며
저자 이창선

손자 13편의 순서

손자 13편의 순서를 완정(完整)할 수 있는 고전적 근거는 아직까지 찾을 수 없다. 《죽간손자논변》의 순서는 전래한 통행본을 따랐다. 은작산 죽간의 발굴 과정 실수와 착란으로 죽간본의 실제 편서(篇序)는 미궁이다. 그러나 죽간에도 명확히 보이는 도(道)-천(天)-지(地)-장(將)-법(法) 순서는[1] 이 수수께끼를 풀 수 있는 열쇠 같다. 이를 오행에 대입하면 "계(道, 토), 형, 세, 실허(天, 금), 지형, 구지, 구변(地, 수) 모공, 행군, 군쟁(將, 목) 용간, 작전, 화공(法, 화)"과 같이 되어 순환의 고리를 가지게 된다. 도를 중심으로 이 요소들은 회전하는데, 천지장법에는 각각의 천지인 삼재(三才)가 들어 있다. 죽간과 같이 발굴된 편제 목독(木牘)의 표기에서나 수ㆍ당시대에 일본에 전래한 일부 사본에는 화공(火攻)이 용간(用間)의 뒤에 편집되어 있다.[2] 그러나 이를 바탕으로 오규소라이(荻生徂徠)의 강술을 발간한 《손자국자해(孫子國字解)》는[3] 손성연의 손교본과 다른 점이 없고 그것이 과연 소라이의 것인지 의심스럽다.[4]

오사(五事)인 천도지장법(道天地將法)은 도(道)를 중심으로 천지장법이 순환의 고리를 가지고 있고 그 계통에 손자는 유사한 문형(文型)을 사

---

1) 계(計)편, 죽간 1행, 2행

2) 《손자병법》 연표 참조 : 張賁注 (일본 櫻田本), 실허(實虛) 15 : 1996년 서안에서 발견된 서안 張藏本에는 용간을 뜻하는 神聲이 화공의 의미인 神擊의 앞에 위치하고 있다.

3) University of Toronto Library 소장, 《孫子國字解》 와세다 대학 편집부 간, 메이지 43년(1910년), 荻生徂徠(1666~1728)의 《孫子國字解》는 出雲寺松栢堂에서 1750년 최초 간행되었다. 孫星衍(1753~1818)의 《孫子集註》, 약칭 손교본(孫校本)이 나오기 이전이다. 손교본은 1920년대 민국정부의 산일된 청나라 사고본을 四部叢刊으로 정리하면서 전해진 것이 대부분이지만, 청 咸豊 11년(1861년) 태평천국의 난 때에 항주(杭州)의 문란각장서루(文瀾閣藏書樓)에 소장된 사고전서(四庫全書)가 약탈되어 민간에 흩어지면서 전세계로 퍼졌다.

4) 《孫子兵法總檢討, 附錄五》日本德川時代的孫子研究, "일본 고대 병법 고유의 정신을 강조하며 손자의 내용을 古文辭學으로 풀어 각색하고, 메이지 시대에는 이 병서들을 고전의 神道的 재해석이라는 명목으로 위조했다."

오사(五事)와 오행(五行)의 순환

용한다. 그 예로 법계(法系-용간, 작전, 화공)에 속한 용간(用間)의 맺음말은 "唯明主賢將, 能以上智爲間者, 必成大功. 此兵之要, 三軍所恃而動也"이고 작전의 맺음말은 "故兵貴速, 不貴久. 故知兵之將, 民之司命, 而國安危之主也"이며 화공의 맺음말은 "故明主愼之, 良將警之, 此安國之道也"이다. 법(法)은 밝은 군주와 현명한 장수(明主賢將)가 본받고 따라야 할 전쟁의 원칙이기 때문이다.

음양오행을 병법에 구조화한 것은 전국시대 이후 서한에 이르러 당시 세계관으로 설명할 수 있다. 그러나 집일(輯佚)하여 전해졌지만 사라진 혼란한 82편과 순서가 모호한 13편을 조조가 산책(刪冊)한 3세기 초에도 《손자병법》이 오행의 기조 위에 편집되었다고 볼 수는 없다. 전래한 《손자병법》의 본래 편제 순시도 사실상 미궁이다. 음양오행 시상이 철학적으로 정리된 당·송시대 이전에, 그리고 아마도 까마득한 상나라 이전에도 오행의 논리가 동아시아인들의 마음에 있었다는 흔적은 곳곳에 보인다.

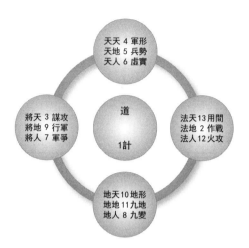

　　손자의 문형과 문리를 이해하는 데는 천—지—인의 순서를 따르면 수월하다. 이렇게 편집한다면 계, 형—지형—모공—용간[天], 세—구지—행군—작전[地], 실허—구변—군쟁—화공[人] 순이 된다. 그런데 남송의 장예(張預)를 마지막으로 11가주[5] 이후에 전래한 통행본은 5행의 순서에서 상생이 아니라 상극(相克)을 취하고 있다. 흥미로운 것은 전래본의 모공[木]↔형[金], 실허[金]↔군쟁[木], 구지[水]↔화공[火]은 연결점이 서로 상극을 취하고 있는데, 죽간본에는 이 지점에 죽간의 행간 첫행 뒷면에 간배편명(簡背篇名)을 기재했다는 것이다. 중국학자들은 《손자병법》 고유의 13편이 춘추전국시대부터 있었다는 주장을 옹호하기 위해 애초에 죽간에 존재하지 않는 편명을 잔멸된 것으로 여기고 있다.

　　전래본은 왜 편(篇)마다 순환의 고리를 끊은 것일까? 이는 역수(逆數) 아닌가! 그 순환의 고리는 죽간의 세(勢)편에 보이듯 "기와 정(奇正)이 서로 되돌아 바꾸어 낳고 낳음은 마치 끝이 없는 고리와 같으니, 누가 능히

---

5)　張預注孫子, "通志, 藝文略" 1161년 수록

이를 다하랴(奇正環相生, 如環之毋端, 孰能窮之)."처럼 서로 바뀌지 않으면 안 되었다.[6] 그러므로 상극으로 편제된 전래본에서는 이 문구가 오히려 "기와 정이 서로 상생하는 것은 순환의 끝이 없음과 같다. 누가 능히 이를 다하랴(奇正相生, 如循環之無端, 孰能窮之哉)."로 변조되었는데, 본래의 의미에 부정에 부정을 가함으로써 긍정이 되었다.

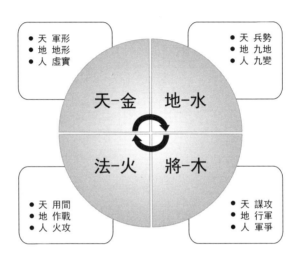

11가주 가운데 이전(李筌), 왕석(王晳), 장예(張預)는 각편의 지위와 그 순서의 당위를 설명하고 있으나 논리가 정밀하지 못하다.[7] 순서는 회전하며 역수를 취해 거스르기도 한다. 혼란한것 같으나 질서가 있고, 상수(常數)를 제시한 듯하나 끝없는 변수(變數)가 작용한다. 천지인 삼재(三才)로 방진(方陣)의 모습처럼 상중하 3권이 반듯하나, 오행(五行)의 힘에 회전하며 상극(相克)과 상생(相生)을 거듭하여 의미의 계통(系統)은 원진(圓陣)처럼 분분(紛紛)하다. 오사의 오행에 의한 생(生)—극(克)관계는 분명 전래한 통행본의 편제 순서에 배후의 힘으로 작용했다.

---

6) 세(勢) 5
7) 宋本十一家註

|차례|

상권

중권

하권

부록

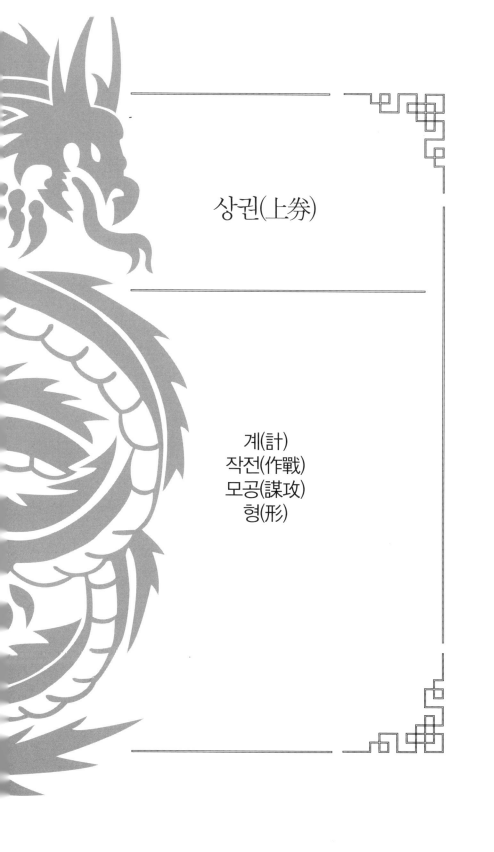

상권(上券)

상권을 읽기 전에

손자(孫子)는 도망친 자[孫者]였다. 혼자 속삭이며 가는 곳마다 싸움을 말렸지만, 사람들은 듣지 않았다. 그는 하늘의 뜻을 묻지 않는다. 인간의 형(形)이 하늘에 닿아 사무치는 언어를 상권에 숨겨 두었다. 하늘로부터 반려된 것은 천명(天命)이었다. 이에 따라 인간의 힘으로는 어쩔 수 없는 자연의 질서와 혼란에서 균형을 잡으려는 요소들을 계측했다. 손자는 상권 전체를 통해 끊임없이 전쟁을 부정한다. 죽간본에는 선전자(善戰者)는 없고 선자(善者)이며, 선공(善攻)은 없고 언제나 비공(非攻)이며 의도적으로 병(兵)이라는 글자의 사용을 자제하고 있다.

무모(毋謀)한 자연인은 하염없이 평화를 꿈꾼다. 힘의 흐름을 감지하고 손에 넣었지만, 결코 사용하지 않는다. 힘을 길러 적이 넘보지 못하도록 할 뿐만 아니라 적을 불쌍히 여긴다. 필요에 따라 필적(匹敵) 되지 않도록 균형을 깨어 자기를 낮추거나 압도적 힘을 과시하여 서열을 정해 열국의 평화를 유지한다. 그러나 이런 무력시위는 허세여서는 안 된다. 적을 과대평가하여 안보장사를 해서도 안 된다.

중원(中原)은 패권으로 민영화할 수 없는 주나라의 공화국이었다. 승자는 중원의 소출만 차지할 뿐 전쟁으로 백성이 살림을 잃어서는 안 된다. 체제[國]는 백성[民]의 하위 개념이다. 그러므로 전투 행위가 하부 병사에 닿지 않도록 하고, 실존적 개인 가까이 싸움이 구체화 되는 것은 하책(下策)이 되었다.

시간과 공간을 놓고 다투는 쟁간(爭間)은 하늘의 뜻을 걱정하고 전민(戰民)을 연민한 손자에게는 전지적 입장에서 승패를 말할 수 없었다. 하늘에 정해진 운명적 형(形)은 알 수 없는 적(彼), 알 수 없는 나(我)라는 자연의 패러다임 안에 천명(天命)에 의존한다. 이어지는 중권에서는 인재(人才)의 이중적 측면이 설명된다. 인간은 형을 세울 수 없는 무형의 존재이니 오로지 세(勢)로써 하늘의 형을 받을 수밖에 없다. 지상에 비추어진 그 거울의 세계는 평화를 사랑하는 여건을 더 넓히고 평화를 사랑하는 조건은 더 좁히는 인간의 이야기이기 때문이다.

孫子曰 兵者 國之大事也 死生之地

存亡之 不 五

效之以 以索其請 一道 二天 三

계(計)

日地 四曰將 五曰法 道者 令民 上同

意者也 故可與之死 可與之生 民弗詭

也 天者 陰陽 寒署 時制也 順逆兵勝

也 地者 高下廣陝 死生也 將者 知信

勇嚴 兵者 自引 子董

春雨中夜起讀書
花亂夢長看法身
神策妙算滿殘簡
忘情勢利是始計

봄비 내리는 밤중에 일어나 책 읽으니,
꽃은 흩어지고 꿈은 길어 가르침을 보았네.
부서진 죽간에 가득한 신묘한 병법,
권세와 이익 잊는 게 바로 계략인 것을.

계(計) 1

죽간본 : (孫子)曰, 兵者, 國之大事也. 死生之地, 存亾之道, 不可不察也.

전래본 : 孫子曰, 兵者, 國之大事, 死生之地, 存亡之道, 不可不察也.

손자 말하기를 전쟁은 나라의 큰일이다. (개인에게는) 사생의 땅이요 (공동체에게는) 존망의 길이니 살피지 않을 수 없다.

계(計)라는 편명은 회주본(會註本)에는[1] 계(計)로 되어 있고 기타 전래본에는 시계이다. 죽간에는 편명을 첫 번째 행간 배면(背面)에 적었으나 행간 1의 앞부위가 잔멸(殘滅)되어 알 수 없고 같이 출토된 죽간 손자의 목차라 할 수 있는 목독(木牘)[2]에도 보이지 않는다. 위 문구의 핵심 언어는 병(兵)이라는 글자이다. 병은 군사, 무기, 전쟁으로 해석할 수 있으나 본래 갑골문에는 두 손으로 도끼와 같은 형태의 도구를 잡은 모습으로 나타나 "무기"를 뜻했다. 상(은)나라 말엽인 기원전 12세기 무렵부터는 금석 명문에 무기를 든 병사, 군대로 그 의미가 확장된다. 손자가 기술되기 시작한 춘추전국 시대에 이르러 병(兵)의 의미는 군사적 하드웨어를 지칭하게 되고, 전쟁 소프트웨어인 무(武)와 분리되어 사용되기 시작했다. 전국을 통일한 진(秦)의 법가(法家)와 이를 이은 한(漢)의 유가(儒家)는 《손자병법》에서의 병을 그 사상적 기반은 달랐지만 "군사운용"으로 뜻을 제한했다. 서구에서는 《손자병법》이 계(計)로부터 시작하여 13편으로 정리된 것은 삼국시대 조조(曹操之刪册)에 의해서였다는 설이 유력하나[3], 중화권에서는 춘추 말 손무의 고유하고 온전한 13편 저술로 보고 있

---

1) 일러두기 참조

2) 지형 1 참조

3) Samuel B. Griffith, 《SUNTZU The Art of War》, Oxford UniversityPress 1963, 고대 중국어 음운을 연구한 프랑스 중국 학자Henri Maspero의 주장, 《손자병법》 저자에 대

다. 어쨌든 해석에서는 조조야말로 《손자병법》 주(注)의 비조(鼻祖)라고 할 수 있다. 그는 전국시대를 통해 만들어진 산더미 같은 죽간 더미 속에서 침식을 잊고 공부했다. 번쇄한 것을 요약하고 중복된 것을 다듬어 그 책략(策略)을 정수로 산책(刪策, 죽간의 내용을 다듬어 깎아낸 것)한 것이다. 조조의 《손자병법》 산책은 공자가 시경(詩經)을 정리하여 시 삼백오 편으로 만든 산시(刪詩)에 비견할 수 있다.

위 구절에서 죽간에는 야(也)가 있어 두 개의 절로 나뉜다. 따라서 국가나 체제를 수식하지 않고 사생과 존망을 개인의 실존적 물음에 올려놓았다. 계(計)편은 시작부터 음산한 죽음의 그림자가 드리워져 있다. 병(兵)은 삶과 죽음이 교차하는 땅이며 길이다. 그러므로 병은 특별히 관리해야 할 그 무엇이며, 지(地)와 도(道)와 같은 거대한 원시적 언어들을 등장시켜 엄숙하고 막강하다. 춘추시대 제나라의 명재상 관중(管仲)의 "지자, 만물지본원 제생지근원야(地者, 萬物之本原 諸生之根苑也)"라는 말을 빌리면 "사생지지(死生之地)"는 분명 생사의 근본적 선택을 관장하는 장소로서 병(兵, 전장)을 뜻하게 된다. 노장사상이 유행했던 당나라에 이르러 11가주(家註)의 한 사람인 도가학자 이전(李筌)은 병을 불길한 흉기로서 그 국가적 폭력을 면밀히 관리해야 한다고 말한다. 첫 구절은 이렇게 병의 의심스러운 가치가 붕괴하는 파라독스로부터 시작한다.

계(計) 2

워게임(War-game)에는 우연과 운명이 존재하기도 한다. 그러나 하

한 논의는 전편에 걸쳐 근거가 있는 구절에서 論駁과 論變을 제시했다.

늘의 뜻과 그 악의적 섭리를 겪어온 인간은 최악의 운(運)을 상정해서 "계산"하지 않을 수 없다. 국가의 운명을 천도무친(天道無親)[4]의 냉혹한 판단으로 보는 도가의 군도(軍道), 반면 국가의 어쩔 수 없는 모순도 그 운을 개척할 수 있다고 다짐하는 유가의 군유(軍儒)는 이러한 "계산"을 대비(對比)하여 이해하여 왔다. 이는 서로 비추어 보면 달빛과 물이 서로 어우르듯 어쩌면 언어 이외의 상을 포착할 수도 있을지 모른다. 군인에게도 내성외왕(內聖外王)에 이르는 길이 존재한다고 믿을 수 있게 되는 것은 내성(內聖)이 성인이 되는 거창한 것이 아니고, 잘못 알고 있었던 것을 바로 잡고, 군인이기 전에 사람다움을 견지하는 병가(兵家) 이전의 일이 있기 때문이다. 그러기에 장 자크 루소는 군대에서 귀족과 평민, 가진 자와 없는 자가 같은 상황에 처해 있어 사람다움의 평등이 이루어지는 곳이라고 했다.[5] 외왕(外王)은 군인이 정치에 참여하는 것이 아니라, "군대는 민주주의의 요람이다"라는 엥겔스의 말처럼 문민통제 속에 군 내부의 참여와 기회균등을 구현하는 것이다.

무(武)를 늘 마음 속에 담아 두고 있는 기풍은 국민에게 투명한 모습의 군대상이 비쳐야 가능하다. 갑옷과 포의(袍衣)를 언제든지 바꾸어 입을 수 있는 민군상동(民軍相同)의 소셜 네트워크가 바로 군유(軍儒)이다. 군유는 조선 시대의 선비가 위난 때에 공동체의 리더로서 바로 의병장과 병마사(兵馬使)가 되는 잠재적 군사역량이었다. 군유의 전쟁관은 반전(反戰)이며 싸움은 부득이했다. 손자를 법가(法家)의 범주에 넣고 오로지 강군으로 패권적 평화를 꿈꾸는 부국강병의 담론은 여기에 없다. 13편 전체에는 아직도 잘못된 해석과 미궁에 빠진 진이가 산재하나 어쩌면 진

---

4) 노자, 《도덕경(道德經)》 79장
5) 장 쟈크 루소(Jean Jacque Rousseau), 《인간불평등기원론(Discourse on the Origin of Inequality)》

래하면서 참신해진 오류 또한 귀중하다.

계(計)편은 전쟁 기안이나 전투 수행을 위한 계획을 꾸미는데 고려사항(Consideration)이 무엇인지 말하고 있다. 현대 군이 적용하고 있는 지휘관 및 참모활동 순서 속에 들어 있는 요소와 크게 다르지 않다. 현대전에서 군사력을 투사하는 플랫폼은 이미 장소 개념을 떠나 사이버 공간이나 심리 문화 공간에도 건설되고 있다. 시간과 장소, 노력을 동시 통합한 최적의 전쟁 기획 매트릭스가 바로 "행렬 경(經)"이었다.

죽간본 : 故 輕之以五, 效之以計, 以索其請, 一曰道, 二曰天, 三曰地, 四曰將, 五曰法

그러므로 다섯 가지를 행렬하여 계로써 비교하고 정세를 파악한다. 첫째는 도(道), 둘째는 천(天)이요, 셋째는 지(地)요, 넷째는 장(將)이요, 다섯째는 법(法)이다.

전래본 : 故 經之以五事, 校之以計, 而索其情, 一曰道, 二曰天, 三曰地, 四曰將, 五曰法.

그러므로 다섯 가지 요건과 계로써 비교하여 그 정세를 파악하는 것이다. (다섯 가지 요건이란) 첫째는 도(道), 둘째는 천(天)이요, 셋째는 지(地)요, 넷째는 장(將)이요, 다섯째는 법(法)이다.

청(淸)의 손성연[6]은 전래본들에 오사(五事)로 표기된 것은 오류라고 주장했다. 후세의 주석가들이 오사칠계(五事七計)를 논하면서 사(事)가

---

6) 孫星衍(1753-1818) 청대의 역사학, 고증학, 금석학자. 《손자병법》 손교본(孫校本)의 저자 그는 오사(五事)의 잘못됨을 통전 권(卷) 148을 근거로 다음과 같이 지적했다. "通典古本如此, 今本作 經之以五事 校之以計 蓋後人因注內有五事之言 又下文有 校之以計句 故臆改也 按本書言兵之所重在計 故云 經之以五校之計也 且五事與計自一事 原非截然兩端 今因注內五事之言 而改其文 然則下文又有七事之語 又可臆改為七計乎 從 通典"

불필요하게 붙어 와오(訛誤)되었는데 전국시대의 문리[7]를 따라 그의 손교본에는 "경지이오, 교지이계(經之以五, 校之以計)"로 기술되어 논란거리였으나 죽간이 출토되면서 그의 탁월함이 입증되었다. 이 구절의 중요 용어는 경(經)인데, 경영이나 군사운용으로 해석하는 것은 일본식 왜곡된 단어를 선택한 것이다. 경(經)은 본래의 뜻 그대로 베틀 위에 세로로 놓인 실의 모습, 즉 날실이다. 산동성 임기(臨沂) 한묘(漢墓)에서 1972년 출토된 《손자병법》 죽간(竹簡)[8]에는 진왕조 때 통용되던 소전(小篆) 글자 이전의 자체(字體)로 경(輕)이라 되어있고 교(校)는 교(效), 정(情)은 청(請)으로 되어 통가자(通假字)로 쓰였다. 춘추시대의 손자가 경(經) 자를 경영의 뜻으로 사용했을 리 없으니 그러므로 날실이라는 매트릭스(matrix)에 도천지장법(道天地將法) 다섯 가지 요소를 올려놓고 비교하여 계산해 본다는 풀이가 정확하다. 이것은 오늘날 미군이 워-게임에 상황 매트릭스를 만들어 컴퓨터에 METT+T(임무, 적상황, 우군상황, 지형+시간)를 입력하는 것과 똑같은 비교법이다.

죽간본 : 道者,令民與上同意者也, 故可與之死 可與之生, 民弗詭也

도란, 백성으로 하여금 위와 더불어 뜻을 같이하는 것이니, 이와 함께 죽고, 이와 함께 살게 하여 백성이 거부하지 않는 것이다.

전래본 : 道者,令民與上同意也, 故可與之死 可與之生, 而(民)不畏危也[9]

---

7) 文理, 이 논변에서 문리는 죽간 손자에 기술된 전국시대와 서한 시대의 죽간 한적(漢籍)의 기술 양태에 근거한다. 두우의 통전(通典)에 역시 "經之以五, 校之以計"로 되어 있다. 손교본은 청대(淸代)의 고증적 노력으로 검토된 《손자병법》이다.

8) 1972년 산동성 임기시 漢墓에서 출토, 구지편 참조

9) 송간 11가주나 태평어람 등의 전래본에는 而不畏危 또는 而人不倦로 표기했는데 이는 이세민의 民을 피하기 위해서였다.

> 도란, 백성으로 하여금 위와 더불어 뜻을 같이하여 이와 함께 죽고, 이와 함께
> 살게 하여 위험을 두려워하지 않게 하는 것이다.

도(道)가 있으면 "백성이 두려움 없이 싸운다"는 전래본과는 달리 죽간에는 "민불궤(民弗詭) 즉, 백성은 거부하지 않는다."로 전체 문장의 뜻을 재고하게 한다. 궤(詭)는 궤(佹), 위(危)와 같이 고대 중국어에서는 음이 유사하여 전국시대에서 진한지제(秦漢之際)까지 통가자(通假字)로 쓰였다.[10] 문자나 회남자에 보이는 궤(詭)나 위(危)의 뜻은 "어긋남" 또는 "거부"이다.[11]

도(道)란, 바로 국민의 지지와 전쟁윤리를 의미한다. 2차 대전시 하루에 5, 6천 명씩 전사자 통지를 받았던 미국 국민은 지금도 이라크나 아프간 전쟁 사상자에 대해서도 약간의 면역성을 가지고 있는 듯 보인다. 월남전을 겪으면서 그 면역이 약해졌기는 하지만 아직도 상당한 미국인들이 전사자 문제를 잘 참고 있는 것 같다. 그러나 전쟁을 지도하는 그룹 대부분이 남부의 보수적 기독교인들이라는 것은 이 전쟁의 윤리성을 검토해 보는데 전체 백성인 여민(與民)의 뜻에 못 미친다.

13세기 중세 기독교의 주요 사상가인 토마스 아퀴나스(T. Aquinas)의 《정의로운 전쟁(Jus ad Bellum, Justice to War)》의 구절들은 전쟁의 도(道)를 아주 잘 설명하고 있다. 몇 가지를 추려보면 다음과 같다.

- 전쟁을 일으킬 때에는 합법적 정부에 의해서 기획되어야 하고
- 적보다 지나치게 압도적인 병력을 동원해서는 안 되고

---

10) Baxter-Sagart Old Chinese by MC initial, final, and tone, 2011: page 66 詭 kjweX (perverse), page 103 危 ngjwe (in danger)
11) 文子, 上德 "水雖平 必有波 衡雖正 必有差 尺雖齊 必有危 와 淮南子, 說林 "水雖平 必有波 衡雖正 必有差 尺寸雖齊, 必有詭"

- 적이 감당할 수 없는 무기를 사용해서도 안 되고
- 민간인과 군인을 구분해야 하며
- 정식 선전포고가 이루어지고
- 적 또한 합법성이 있는 정부여야 하며
- 이길 수 있는 전쟁이어야 하고
- 목표가 평화를 위한 것이어야 한다.

이와 같은 것들은 전쟁을 기획하고 홍보하며, 현재 수행하는 데 필요한 전쟁의 윤리적 지침으로 그대로 사용될 수 있다. 그러나 아프간과 이라크의 전쟁이 "자유와 평화를 위한 전쟁"이라는 주장은 설득력이 없었다. 이미 아퀴나스의 정의로운 전쟁의 범주를 벗어난 것이다. 게다가 민간인 학살 문제가 비화하면서 이 전쟁의 도덕성이나 그 동기를 의심하는 여론이 비등하자, 오히려 사건을 보는 관점을 "전쟁이 이미 종결된 상황"에서 치안 유지의 곤란함으로 몰아갔다. 이미 정의로운 전쟁의 이론은 적용되지 않았고 오히려 이를 홍보(promote) 하는 언론이 여론에 애써 등을 돌리거나 관심 밖의 "보이지 않는 전쟁"으로 만들었다.

칸트의 《Just War Theory — 자율성과 보편성(autonomy & universality)》에서는 백성(民)의 동의(同意)에 대한 주장이 더 뚜렷하다. "그 목표가 무엇이든 인간을 수단으로 하는 것은 부도덕한 것이다."라고 천명한 칸트의 전쟁 비판론은 너무 이상적이지만, 비록 인간이 수단이 된 전쟁이 불가피한 것이라고 해도 인명이나 자연환경의 고귀함은 한시도 소홀히 해서는 안 된다는 것이다. 전쟁을 시작해 놓고 지는 것은 죄이다. 승리해야지만 그 죄를 면할 수 있다. 송(宋)의 장예(張預)는 주역 지수사(地水師) 괘의 예를 들어 군대[師]를 사용하는 도는 바름을 조건으로 한다는 주를 계(計)편 도(道) 아래 달고 있다. 사괘(師卦)를 설명하는 단전을 보면 "험(險)을 행하여 따르게 한다. 독을 사용하여 천하 백성이 따르도록 한다(行險而順 以此毒天下而民從之)."는 다중적 해석을 한 구절이 있다. 바꾸어 생각하면 백성(民)이 따르지 않는 정치적 위기가 왔을 때 전쟁이라는 "독"을 사용하여 백성을 결집한다는 뜻이 될 수도 있다. 전쟁의 도를 반역적으로 사용한 무도한 짓이다.

계(計) 3

도가(道家)들은 손자 계(計)편의 도를 부서진 도라고 비웃었다. 전쟁 자체가 무도한 짓인데, 개념적으로 규정이 불가능한 도를 운운했으니 그것은 도의 찌꺼기였다. 황허(黃虛)[도가]들에게 전쟁은 상대적이니 그 세력의 어느 편에 서서 죄를 입어 뒤꿈치를 잘리고, 재능을 숨기지 못해 두 다리를 끊기는 전국시대에서, 도란 자연스레 몸을 지키고 양생하는 것이었다. 그러나 무도한 세상에서 자기 몸만 지키어 은둔한다고 도가 지켜지지 않음을 군유(軍儒)는 주장한다. 세상과 내가 동신(同身)이고 병(兵)과 민(民)이 동체(同體)라면, 노장(老莊)이 비웃는 그 찌꺼기를 붙들고라도 천하의 고통에 참여하고 평화에 기여해야 한다. 계(計)편에서 죽간을 쓰고 묶은 술이책(述而策)은 그 사색의 프로세스가 도덕경의 42장 도생 1(道生一)장의 논리 전개와 유사하고 고도의 형이상학적 수련을 쌓은 사람의 손으로 써진 것은 분명하다. 하나인 도에서 분열되어 만물을 이루듯, 전쟁의 도가 선포된 연후에 천지장법(天地將法)의 세부 각론을 설하는 것은 전국시대에 등장한 경(經)들의 구조와 같다. 20세기 들어 5.4운동 후에 일어난 의고풍(疑古風) 학자들은 손자에 대해 한, 당 이전의 대부분을 위작이라고 주장했다. 그러나 최근의 고고학적 발굴은 이런 주장이 틀렸지만, 그 연변(演變)의 과정을 살피면 글자의 시의(時意)가 환류되어 나타난 혼돈이었음을 알게 된다. 손자라는 각 시대의 텍스트는 달라도 그 의미는 본래의 온전한 모습으로 금서(今書)와 고서(古書)가 같으니, 오류는 아직도 참신하다.

죽간본 : 天者, 陰陽 寒署 時制也. 順逆 兵勝也. 地者, 高下 廣陝 死生也. 將者, 知(信仁 勇 嚴也. 法者.) 曲制 官道 主用也.
천(天)이란 밤과 낮, 추위와 더위로 때를 제약한다. 이에 순(順)하고 역(逆)함에 따라 군사적 승리[12]가 결정된다. 지(地)란 높은 곳과 낮은 곳, 넓은 곳과 좁은 곳, 양지와 음지를 말한다.[13] 장(將)의 요건은 지혜, 신의, 인애, 용기, 위엄 등이다. 법(法)이란 군대의 편성, 인사, 수송, 장비, 보급품 등의 요소이다.

전래본 : 天者, 陰陽 寒署 時制也. 地者, 遠近 險易 廣狹 死生也. 將者, 智 信 仁 勇 嚴也. 法者, 曲制 官道 主用也.
천(天)이란 밤과 낮(어둠과 밝음), 기후(추위, 더위 등)라는 자연적 요소와, 천기(天機), 전기(戰機)의 기회라는 사회적, 인간적 요소를 말한다. 지(地)란 거리의 멀고 가까움, 지세의 험하고 평탄함, 지형의 넓고 좁음, 사지와 생지를 말하는 것이다. 장(將)의 요건이란 지혜, 신의, 인애, 용기, 위엄 등이다. 법(法)이란 군대의 편성, 인사, 수송, 장비, 보급품 등의 요소이다.

음양(陰陽)이란 전국시대에는 단지 밝음과 어둠을 뜻한 것이었다. 이 구질이 전래본에서 송나라 이후 태극도설이나 음양오행설을 바탕으로

---

12) 虛實篇. 兵勝. "避實而擊虛" 孫臏兵法 兵失에 善陣 知背向 知地形 而兵數困 不明於國勝 兵勝者也와 같이 兵勝은 國勝과 대비 군사적 승리의 표현이다.
13) 行軍篇. 視生處高, 前死後生의 生死 역시 양지와 음지의 전국시대 관용어이다.

발전함에 따라 그 전국시대의 시의(時意)를 바꾸어 해석하여 음양의 조화나 초자연적 간섭, 인간적 우연이 "하늘의 요소(天者)"에 포함된 것은 무리이다. 음(陰)이란 글자는 갑골문에 나타나지 않고, 진나라 때의 석고문(石鼓文)에 소전체(小篆體)의 형태로 처음 보인다. 양(陽)이라는 글자가 초기 갑골문에 보이므로 두 글자의 시대적 차이는 거의 일천 년의 간격이 있다.

그러나 각기 다른 시의에 의한 텍스트의 해석에서, 그 뜻이 가중되고 더 심오하게 된 것은 부인할 수 없다. 전쟁의 경험을 통해 중국인들은 그 승패에서 천자(天者)는 하늘의 뜻과 귀신의 조화이므로 이에 순응하여 마음을 달랠 수밖에 없었다. 정의가 패배하고 포익하고 무도한 자가 등극하여 거짓이 정상에 있게 된다면, 그것 역시 하늘의 뜻일 수밖에 없다. 착한 사람이 어렵게 살고 선용병자(善用兵者, 전투를 잘하는 군인)가 패하는 복덕불일치(福德不一致)는 설명할 수 없다. 천, 지, 인의 삼 요소는 그러므로 너무 그렇게 계산적이지 못하다. 그러나 계산하지 않을 수 없다.

전장에서 지형은 면밀히 연구되어야 하고 다양한 지도로 그려져야 한다. "땅은 넓고 두터워 화산을 싣고도 무거워하지 않으며, 강과 바다를 거두어 담아도 새지 않는다(戴華嶽而不重, 振河海而不洩, 中庸 26章)." 그러므로 땅에 담고 있는 정보는 무량하여 그 크기는 우주와 사이버 공간으로 확대되었다. 지극히 커서 밖이 없으며(至大無外), 이를 살필 때 지극히 작게 보아 더는 그 속이 없어야 한다(至小無內). 일촌(一寸)의 땅도 볼 수 있어야 순항 미사일이 목표를 찾아갈 수 있다. 땅의 크기를 알아야 군대를 운영함에 생존을 도모하고, 소산과 집중을 할 수 있고, 그 기동로를 선택하고, 직접접근과 간접접근의 대소 전략을 꾸밀 수 있다.

손자(孫子)에게서 인(人)의 요소인 장자(將者)는 최선을 다하는 인간의 모습으로 묘사된다. 한국군의 군유사상(軍儒思想)은 계(計)의 인(人) [將]의 요소, 지(智) 신(信) 인(仁) 용(勇) 엄(嚴)을 근거로 손자를 천착해 가며 설명할 수 있다. 워-게임에서 한국군이 군사사상을 결핍했다면, 최악의 운을 상정하여 계산(始計)하면 승패와 수(數)의 순역(順逆)을 감지할 수 있다. 이를 위해 열 가지 군품(軍品)인 합동, 전문, 투명, 공정, 준엄, 개혁, 경제, 국제, 성직, 상징을 지(智)[전문성, 합동성, 국제성] 신(信)[합동성, 투명성, 공정성] 인(仁)[공정성, 성직성, 상징성] 용(勇)[개혁성] 엄(嚴)[준엄성]으로 손자의 계(計)편에 올려놓을 수 있다.

무능한 자가 지위가 높아 군을 농단하고, 법과 곡제(曲制)를 지성으로 살피지 않는다면[14] 전문성이 없는 것이다. 생명의 안위를 다루는 일에 통큰 짓은 통하지 않는다. 세심한 것도 챙겨야 한다. 오로지 진급자리만 찾아다니고 뇌물과 아부를 배후에 두어 프로 근성을 저버린다면 전문성, 지(智)가 없는 것이다. 군사적 위협과 적의 모습을 국민에게 설명하지 못하면, 그리하여 필요한 군사력 투영의 플랫폼을 선정하고 건설하는데 국민을 설득하지 못하며, 보안이라는 명목으로 군의 부정부패를 숨기면 투명성, 신(信)이 없는 것이다. 진급과 보직을 독점 세습하고 출신을 차별하여 군내에 내홍이 있다면 공정성, 인(仁)이 없는 것이다. 군령(軍令)과 군정(軍政), 지휘체계에 난맥이 있고 양병과 용병의 구분이 모호하여 현대 전장에서 요구되는 통합 전투력 발휘가 불가능하다면 합동성, 신(信)과 지(智)가 없는 것이다. 국방의 의무를 필하지 않고, 군대 경험이 없는 자가 군통수권 자리에 앉아 있다면 군의 성직성과 상징성, 인(仁)이 없는 것이다. 상벌이 모호하여 공훈이 없는 자가 훈장을 받거나 기회균등이 선택적으로 적용되면 준엄성, 엄(嚴)이 없는 것이다. 군 개혁의 의지가 표류하고, 그 개혁의 대상들이 개혁의 드라이브에 앉아 있다면 잘못

---

14) 중용 23장. 致曲 曲能有誠

된 것을 고치는 용기는 기대하기 힘들어, 개혁성, 용(勇)이 없는 것이다. 이렇게 무엇이 결핍되었는가를 알고 계(計)의 워 게임에서 최악의 우연과 운을 컴퓨터 모의 전쟁(battle simulator)에 입력해야 함을 근심한다면, 새로운 군사 사상으로 치료가 필요하다. 그것이 군유사상(軍儒思想)이다.

계(計) 4

파스칼은 인간의 위대성은 스스로를 불행에서 찾는 데 있다고 규정하여 불행을 인식하고 언어화하는 것이 철학의 시작이라고 말한다. 군인 역시 그의 군인으로서의 실상적(實象的) 자리(Warrior Locus)에서 찾는 불행을 통해 군사사상을 정립할 수 있다. 그 어느 나라의 군사사상이건 독특한 역사적 토양과 지정학적 모순에서 자라날 수밖에 없다. 사상이란 지식이 아니며 삶과 라이프 스타일(Life Style)이기 때문이다. 사람들은 군이 매우 특수하다고 생각한다. 하지만 군은 민간의 거울이다. 군의 정신수준은 파스칼의 원리에 의해 그 수준이 민간과 똑같다. 군은 단결을 위해 그 군대 성원을 군간(軍間)이라고 하지 않았다. 서구에서 들어와 언어화된 시간, 공간, 인간의 관념적 사이에 들지 못하고, 의미를 가로챈 메이지(明治) 시대의 그런 잘못된 시도에서 벗어나 스스로를 표현치 않는 언어의 미궁에 빠졌다. 군은 민간과 분리해서도 안 되고 그런 차원도 아니기 때문이다. 식민지를 거치면서 한국군은 스스로 무장투쟁을 결집하여 태어나지 못했다. 한국군은 역사의 질곡에 잡혀 광복군의 뿌리가 끊기고 일본군과 미군의 체질과 용도에서 기형적으로 자라났다. 한국군의 가치관에서 배제되고 추방된 항일 무장투쟁이 좌우 혼돈의 장막에 가려져 정신적 뿌리로 내리지 못하고 아직도 공중에 매달려 있다.

죽간본 : 凡此五者 (將莫不聞, 知之者勝, 不知者不勝. 故校之以計 而索其情. 曰 主孰賢), 將孰能, 天地孰得, 法(令孰行, 兵衆)孰强, 士卒孰練, 賞罰孰明, 吾以此知勝負矣. 將聽吾計, 用之必勝, (留之. 將不聽吾計, 用之必敗. 去之. 計利以聽, 乃爲之勢, 以佐其外, 勢者, 因利而制權也.)

무릇, 이 다섯 가지는 장수들이 듣지 않았을 리 없으니, 이것을 잘 아는 자는 승리하고 잘 모르는 자는 승리하지 못한다. 그러므로 그 결과를 계(計)로 비교해서 그 정세를 파악해야 한다. 임금이 누가 더 현명하며, 장수가 누가 더 능력이 있으며, 천시(天時)와 지리(地理)를 누가 더 잘 이용하고 있으며, 법과 명령을 누가 더 잘 시행하고 있으며, 군대가 누가 더 강하며, 장병이 누가 더 잘 훈련되었으며, 상벌이 누가 더 밝게 행해지는가 등이다. 나는 이것으로써 승부를 알 수 있다.

전래본 : 凡此五者, 將莫不聞, 知之者勝, 不知者不勝. 故校之以計 而索其情. 曰 主孰有道, 將孰有能, 天地孰得, 法令孰行, 兵衆孰强, 士卒孰練, 賞罰孰明, 吾以此 知勝負矣. 將聽吾計用之必勝, 留之. 將不聽吾計用之必敗. 去之. 計利以聽, 乃爲之勢, 以佐其外, 勢者, 因利而制權也

무릇, 이 다섯 가지는 장수들이 듣지 않았을 리 없으니, 이것을 잘 아는 자는 승리하고 잘 모르는 자는 승리하지 못할 것이다. 그러므로 그 결과를 계(計)로 비교해서 그 정세를 파악해야 한다. 임금이 누가 더 도(道)가 있으며, 장수가 누가 더 능력이 있으며, 천시(天時)와 지리(地理)를 누가 더 잘 이용하고 있으며, 법과 명령을 누가 더 잘 시행하고 있으며, 군대가 누가 더 강하며, 장병이 누가 더 잘 훈련되었으며, 상벌이 누가 더 밝게 행해지는가 등이다. 나는 이것으로써 승부를 알 수 있다. 장수가 나의 계(五事七計)를 듣고 쓰면 반드시 이길 것이니 나는 머물 것이고, 장수가 나의 계를 듣고 쓰지 않으면 반드시 질 것이니 나는 떠날 것이다. 계(計)가 이로우면 이를 듣고 세(勢)로 만들어 그 계의 외적인 발휘를 도와야 하니, 세(勢)라는 것은 이(利)를 취하도록 형세에 맞게 임기응변하는 것이다.

계(計)의 비교가 도천지장법 순이 아니라 도장천지법으로 바뀌고 병력의 규모(兵衆)와 훈련 정도가 뒤에 붙은 문맥을 주목해야 한다. 천지(天地)와 장수(將帥)가 바뀐 것은 천지 우주론이 계의 비교에서는 인적 요소보다 낮은 단순한 작전환경으로 변했기 때문이다. 인간이 천명(天命)을 개척하고 불리한 운을 덕과 노력을 쌓아 천지자연을 개운(改運)의 대상으로 삼았다. 아무리 불리한 전투에서도 승리한 전사(戰史)의 예를 보면 거기에는 계산할 수 없는 인품(人品)의 묘가 들어 있는 것을 알 수 있다. 그러기에 장(將)이 천지(天地)보다 앞선다. 뒤에는 암군(暗君)이 자기를 죽이려 하고 앞에는 강력한 왜적(倭敵), 옆에는 믿을 수 없는 명군(明軍)과 연합된 혼돈의 상황에서 한 사람이 국가의 운명을 홀로 지탱한 예를 이순신 장군에서 볼 수 있다. 그만큼 병법에서 장수의 품덕은 중요하다.

고대의 병법에는 군대의 진퇴를 점(占)에 의존한 흔적이 남아 있다. 불확실함을 이기는 것이 용기였으므로 이것은 미혹한 방법이라기보다는 심리적 도움을 준 제식(祭式)행위였다. 기원전 7세기 서주(西周) 이전까지는 용병을 점에 의존한 사례가 많다. 이러한 폐단은 춘추이래 천명이 인간의 마음에 내재함으로써 점차 사라졌다. 공자는 덕으로 운명을 대한다는 위대한 이덕대점(以德代占)의 시대를 열었다. 아무리 상황이 불리해도 강인한 정신과 불굴의 의지가 있는 장수는 전장을 승리로 이끈다. 이미 속한 공동체에 몰입한 장수는 떠나거나(去) 남거나(留) 할 수 없다.

책사들은 열국을 넘나들 수 있어도 그는 국가와 운명을 같이 한다.

죽간에는 잔멸(殘滅)되어 보이지 않으니 "계리이청 내위지세, 이좌기외 세자, 인리이제권야(計利以聽, 乃爲之勢, 以佐其外 勢者, 因利而制權也)"라는 구절은 11가주(11家註)를 비롯하여 역대 해석이 분분했다. 글자 그대로 하면 "계(計)가 이로우면 이를 듣고 세(勢)로 만들어 그 계의 외적인 발휘를 도와야 하니, 세(勢)라는 것은 전리(戰利)를 취하도록 형세에 맞게 임기응변하는 것이다."라는 풀이가 된다. 문맥으로 보아 세자(勢者) 이후의 구절은 후세에 덧붙여진 듯하다. 손성연(孫星衍)은 "상황을 발전 창조하고 현실화하는 것(需創一態勢以促其實現)"이라 하고 근세 중국 학자들은 모두 이에 따르고 있다. 그래도 의심스럽고 풀리지 않는다면 주역의 이익을 뜻하는 익괘(益卦)에서 이 문구의 배후를 깨달을 수 있다. "풍뢰익 상구 효(風雷益 上九 爻)" 풀이에 "이것에 이익을 주는 자 아무도 없다고 함은 치우치기 때문이다. 이것을 공격하는 자가 있다 함은 밖에서 온다는 의미이다(莫益之 偏辭也 或擊之 自外來也)."라고 하여 형세에서의 이익을 치우치지 않음에 두고 있다. 주역에 보이는 고대인의 인식을 비추어보면, 마음이 어느 한쪽으로 치우치면 외부의 힘이 찾아든다는 균형감에 대한 불안을 가지고 있었다. 전투에서의 세(勢)란 바로 모멘텀이다. 그리고 그 추가되는 세를 만드는 것이 이(利)라면, 책사가 떠나고 머무는 것은 장수의 계(計)의 경청 여부가 아니라 이(利)에 달렸다는 것으로 해석할 수 있다.

"무기와 갑옷들이 견고하고 날카롭지 않은 것이 아니다(兵革非不堅利也)."라는 맹자의 구절에서 발견되는 "이(利)"는 "날카롭다"는 의미이다. 갑골문에서 이(利)는 종종 병(兵) 자와 함께 보이는데, 모두 무기를 사용하는 모습을 상형한 것이다. 벼(禾)를 날카로운 칼(刀)로 베고 있는 추수하는 백성을 그 옆에서 군사(兵)가 역시 날카로운 무기를 들고 지키고 있다.

계(計) 5

　전사 연구가인 사무엘 그리피스는 그의 《the Art of War, 孫子》에서 서구의 대표적인 중국학 연구가인 앙리 마스페로(H. Maspero 1882–1945)와 20세기 중국 철학자 풍우란(馮友蘭, 1895–1990)의 연구 성과를 인용하여 손무나 손빈이라는 인물의 실존 여부를 떠나 그들이 《손자병법》의 저자라는 증거를 찾을 수 없다고 말한다. 이들은 모두 전장의 먼지 속에 가려져 있다. 의고파(疑古派)들에 의하면 《손자병법》의 성립 시기 역시 춘추시대의 손무로부터 써지기 시작해서 전국시대의 손빈에 의해 완성되었다는 추론도 합리적이지 않다. 그 문장풍(文章風), 자체(字體) 등에는 시대별로 맞지 않는 모순이 있기 때문이다. 자주 등장하는 삼군(三軍)이라는 용어를 보아도 춘추시대에는 이런 군사 편제는 존재하지 않았다. 13장 용간편의 알자(謁者), 사인(舍人) 등의 단어 역시 춘추시대에는 없고 전국 말에 글자가 나타나고 그 의미가 글자에 스며든 것은 진한지제(秦漢之際), 즉 중국에서 최초의 통일 제국이 만들어진 이후에서였다.

　그러나 사마천은 그의 《사기史記》에서 각별히 〈손자 오기(孫子·吳起) 열전〉을 두어 손자와 손빈이 백 년 사이를 두고 존재해 《손자병법》을 썼다고 그를 기념한다. 그러나 그의 《사기》가 "유사역사학 형태의 소설(pseudo-historical novel)"이라는 의심은 《손자병법》을 읽어 나가며 점점 깊어지게 된다. 산동성 한묘 죽간의 발굴로 《손자병법》과 《손빈병법》이 별개였음이 증명되었으나 《손자병법》의 저자는 사실 묘연하다. 중화 역사관의 폐단인 중국 중심주의는 이렇게 진실과 허구를 뒤섞이게 하여, 그를 더욱 찾기 어려워졌다. 왕후장상의 기록인 춘추시대의 역사서 좌전(左傳)에는 일체 손자의 이름이 나타나지 않는다. 죽간본을 읽으면 독자는 이 필자가 제후국을 유랑하며 스스로 낙엽 한 장에 불과한 "전장에서 도망친 존재(孫者)"[15]라는 소외감 속에 살았던 것을 느끼게 된다. 손무(孫武,손자)의 이야기는 시간 자체가 제거될 수 없는 한 역사의 틀 안에서 보고 들을 수밖에 없다. 그래서 이 병법의 저자는 행방이 묘연하다. 사실 공자조차 14년간을 유랑하며 제후들 간에 찬밥 신세였는데, 하급 군인들 틈에 있는 손자의 자서전을 만들려는 논의는 어쩌면 무의미할 것이다.

손자는 전국시대의 병법이 축적된 지혜의 총화임과 동시에 반전 사상을 내재하고 있다. 계(計)편의 머리말 격인 병자(兵者)의 제 요소를 분석하면서 마지막에 세자(勢者)를 언급하며 그 위임된 권력이 권변(權變)이며 변기(變機)를 주관한다는 결론에 이른 것은 심오하다. 권력은 독점하면 형세에 적응 할 수 없다는 보다 정치적 해석이 가능하다. 위임된 전권이 없으면 임기에 잘 응할 수 없을 것이다. 다르게 풀이하면 정치가는 군사 외교 문제에 있어 가능한 간섭을 배제하고 권한을 모두 위임해야 한다는 것이다. 계(計)의 총론은 전국시대의 군인들이 몸으로 체험한 전쟁 요소들을 공론화하여 게임의 일반적 틀을 짠 것이다. 작전의 계획 매트릭스(Pln. Matrix)는 이렇게 정해졌다. 그러나 실시 매트릭스(Exc. Matrix)는 다르다. 그리고는 의표를 찌르는 반전의 말을 한다.

죽간본 : (兵者 詭道也)

전쟁은 도에 어긋나는 것이다.

전래본 : 兵者 詭道也

전쟁은 속임수이다.

---

15) 설문해자에 "孫 遁也 손은 피하여 숨다"라는 또 다른 뜻이 보인다. 공손히 숨다라는 뜻으로 강희자전에는 춘추 莊元年의 기록인 "三月 夫人孫于齊"라는 기록을 인용하고 있다. 주 21참조

죽간에는 보이지 않지만, 궤(詭)의 의미가 계(計) 2에서 논했던 "민불궤(民弗詭), 백성은 거부하지 않는다."라면 병자궤도의 전통적 해석은 달라진다. 민불궤의 궤(詭)는 동사이지만 궤도의 궤는 형용사이다. 궤도(詭道)는 상도(常道)의 역수(逆數)로 볼 수 있다. 또한, 이는 천자(天者)의 역순(逆順)을 구사하여 병승(兵勝)[16] 한다는 앞의 문맥과 통한다. 도가(道家)의 시니컬한 언어로, 유가(儒家)의 비도덕적이라는 비난의 불만으로, 자아 중심적이고 독백적인 이 구절은 군사 사상의 개념 규정으로는 적절하지 못했다. 그러나 그 자체의 영역을 부정할 수 없는 현현(玄玄)한 말은 거의 주술적이다. 전장의 불안과 불확실성 속에서 인간의 질서가 어떤 독특한 성격을 가졌는지 발견하려는 시도처럼 보인다. 전장의 질서는 단번에 무너졌다. 역사상의 군사적 천재들은 기존의 전장 질서, 규정을 모두 무너뜨린 사람들이었다. 몽골군은 상상할 수 없는 스피드로 유럽 연합 기사단의 방어를 격파했고, 나폴레옹은 종래의 신사적 진법을 모두 무시했다. 미국 독립 혁명군은 비겁하게 숨어서 몸을 드러내 놓고 당당히 싸우고 싶어하는 영국군을 저격했다. 병자(兵者)는 분명 카오스이며 법외법(法外法)이요 도외도(道外道)이다.

전쟁에서 함부로 길이라는 질서를 만들면 안 된다. 그 도(道)는 죽느냐 사느냐의 갈림길(存亡之道)이다. 노장(老莊)의 관점에서 보면 혼돈의 신인 전쟁은 본래 얼굴이 없었다. 인간처럼 세상과 소통하는 7개의 구멍을 내면 그는 죽어 버린다 (莊子, 應帝王 9장). 도가에서의 전장의 도는 그러므로 바로 혼돈이었다. 매너리즘은 조금도 허용 안 되고 오로지 즉응성(卽應性) 뿐이다. 정의감에 사로잡히면 전투에 진다. 유가(儒家) 역시 보편주의로 궤도를 보기 시작했는데, 어차피 무도한 세상에서 그 천하라는 자연에 희생되지 않으려면 인(仁)의 한계에서 벗어나야 했다. 칸트의

---

16) 始計 3

실천이성비판에는 인간의 도덕적, 윤리적 문제로 갈등, 전쟁에서 인간을 수단으로 하지 말아야 하는 보편적 정명(定命)을 내세운다. 궤도에는 그래도 한계가 있다는 것이었다. 이것은 서구 군사학도에게 전쟁원칙과 전쟁윤리를 규정하는데 항상 넘을 수 없는 벽이 되었다.

궤라는 글자는 속임수이지만, 자형은 詭, 危 + 言이다. 위태로움 危는 人+厄으로 액(厄)은 원래 멍에와 겅그리끈을 뜻해 마차가 달리다 위험이 발생하여 사람이 마차 끈을 당기는 모습이다. 전국 시대에는 이 글자가 조난(Distress) 신호여서 주로 적의 전술적 요충지에서 함정에 걸린 것을 의미했다. 궤도는 그러므로 실존적인 물음이었다. 전쟁을 국가적 질서 위에서 보기보다는 "나의 생존"에 대한 여부를 묻는 개인의 선택을 깊이 마음속에 숨겨둔 것이었다. 그는 불안했다. 죽간(竹策)을 장막에 던져 넣어 채택되면 다행이지만, 매우 좋은 계략은 적에게 이롭다 하여 몸의 살은 어육이 되고 가죽은 전대(箭帶) 자루가 되기에 십상이었다. 그러니 정도(正道)를 죽간(竹簡)에 써 남겼을지라도 늘 변화무쌍한 **궤도(詭道)**가 몸 안에 있어야 어지러운 세상에서 살아남을 수 있었다.

병자가 궤도인 이유는 적과 가능한 접촉하지 않기 위해서였다. 그러나 적을 피하는 것은 주군을 속이는 것이었다. 부하들은 언제나 몸을 부르르 떨었고, 적과 부하를 모두 속이지 않고 전투에 임할 수 없었다. 싸움의 목적은 승리가 아니라 살아남는 것이다. 그리하여 세상을 더 알고 공부하고 싶었다. 그는 육예(六藝)[17]에 모두 능하지는 않았다. 예(禮)로써 사람들을 대할 줄 알았지만, 어떨 때는 그것이 주체하기 힘들었다. 인간관계에서 락(樂)은 없지만, 내면에서 솟는 열(悅)은 있었다. 남들이 알아주지 않아도 화를 낼 필요가 없었다(人不知不慍). 사(射)는 동작이 늦어 늘 표적을 놓쳤다. 전차 몰이인 어(御)에서는 자신이 있었다. 말을 몹

---

17) 六藝 : 禮, 樂, 射, 御, 書, 數

시 사랑하고 있었으므로 사차(駟車)와 한몸이 될 수 있었다. 그러나 서(書)와 수(數)는 늘 재능이 모자라 시험을 넘지 못해 등용되지 못했다. 보이는 것과 실제를 달리하기는 어렵지 않았으나, 실제를 꼭 실제로 보이기도 쉬운 일이 아니었다. 적의 오판을 이용하고 불필요한 전쟁을 일으키려는 안보 장사꾼들이 문제였다.

계(計) 6

죽간본 : (故能而視之不能). 用而視之不用, 近而視之遠, 遠而視之近.

능하면 능치 않은 듯이 보고, 쓰면 쓰지 않는 듯이 보며, 가까우면 먼 것처럼 보고, 멀면 가까운 것처럼 보며,

전래본 : 故能而示之不能, 用而示之不用, 近而示之遠, 遠而示之近.

능하면 능치 않은 듯이 보이고, 쓰면 쓰지 않는 듯이 보이며, 가까우면 먼 것처럼 보이고, 멀면 가까운 것처럼 보이며,

시(示)와 시(視)가 달라진 이유는 당의 공영달[18]이 《시경(詩經)》의 소아, 녹명(小雅, 鹿鳴)에 보이는 "시민부조(視民不恌)"를 주한 정현이 시(視)는 시(示)의 옛글자라는 주장을 논한 데 근거한다. 시(視)는 능동사이며 훗날 수동적인 보임을 뜻하는 시(示)와 통가자로 쓰게 되었다는 기록을 보면, 죽간과 전래본의 해석의 차이는 없다. 그러나 적과 아군의 입장에서 각기 해

---

18) 孔穎達〈正義〉古之字 以目視物 以物示人 同作視字 後世而作字異 目視物作示旁見 示人物作單示字

석하면 미묘한 차이를 느낄 수 있다.

> 죽간본 : (故)利而誘之, 亂而取之, 實(而)備之, 强而(避)之, 怒而撓之,
>
> 그러므로 이롭게 해서 유인하고, 혼란하게 하여 이를 빼앗고, 충실하면 대비하고, 강하면 피하고, 노하게 하여 흔들어 놓고,
>
> 전래본 : 利而誘之, 亂而取之, 實而備之, 强而避之, 怒而撓之, 卑而驕之, 佚
> 而勞之, 親而離之,
>
> 이롭게 해서 유인하고, 혼란하게 하여 이를 빼앗고, 적이 충실하면 대비하고, 적이 강하면 피하며, 노하게 하여 흔들어 놓고, 적이 스스로를 낮추면 교만하게 하며, 적이 편안하면 힘들게 하고, 적이 서로 친하면 이간시키며,

죽간과 다르게 귀(卑), 일(佚), 친(親)이라는 인화적 덕목과 관련된 세 구절이 후세에 전래본에 추가된 것은 분명해 보인다. 죽간 행간 7에 여백이 없고 바로 다음 문장인 공기무비(攻其無備)로 이어지기 때문이다. 적을 속이는 궤도의 맥락에서 보아도 이익(利), 혼란, 충실, 강세, 분노(怒)는 상도(常道)와 궤도(詭道)의 변태적 관계에 있다.

이 구절은 역시 행위의 주체인 "적과 나"의 입장에 따라 해석이 달라진다. 아(我)와 비아(非我)의 싸움이라는 틀 안에 적에 따라 나의 태도(Attitude)를 정하는 것이나, 나 때문에 적이 태도를 정하는 것으로 해석의 묘가 다르다. 손자의 성실한 학생이었던 모택동은 부단히 적을 관찰하는 것으로 이를 해석해 많은 이의 공감을 얻었다. 신문망(新聞網)[19]에는 흔히 모택동의 유격 16자 전법이라 불리는 홍군 유격전술 십육자계(紅軍 游擊戰術 十六字訣)의 기원에 대한 3가지 설을 논하면서, 처음

---

19) 新聞網, 중국 공산당 인터넷 기관지 2009년 3월 20일 자.

발안자—아마 주덕(朱德)이라 여겨지지만—가 누구이든, 적을 중심으로 한 행동으로 손자의 위 문구에서 영향을 받은 것이라고 결론짓고 있다. 1928년 정월의 정강산 서남 농민폭동 연석회의에서 모택동은 "타득영취타(打得贏就打), 타불영취주(打不贏就走) 즉, 쳐서 이득이 있으면 치고, 쳐도 이득이 없으면 도망가라"는 주덕의 유격전술을 12자 "적진아퇴 적주아요 적퇴아추(敵進我退 敵駐我擾 敵退我追)"로 요약하여 농민 대표들에게 설한다. 이것은 신해혁명 이래 농민과 근로자들 사이에 묵언으로 전해진 전술 전법으로 절강(浙江), 광동(廣東) 등에서 참새 떼를 빗대어 노래한 "니라이워훼이(你來我飛), 니츄워구이(你去我歸), 런뚜어지파오(人多則跑), 런샤오지가오(人少則搞)"와 잘 결합하였다.

"네가 오면 나는 튀고, 네가 가면 나는 돌아가지. 사람들이 많으면 땅을 할퀴어 차 (날고), 사람들이 적으면 돌아와 놀지."

1929년 4월 정강산에서 모택동은 주덕과 함께 농민 속에 스민 저항방법을 《손자병법》과 적절히 배합하여 적피아타(敵疲我打)를 추가한 16자 유격전법을 발표한다. "적이 진군하면 아군은 퇴각하고 적이 주둔하면 아군은 교란하고 적이 피로하면 아군은 공격하고 적이 퇴각하면 아군은 추격한다(敵進我退 敵駐我擾 敵退我追 敵疲我打)."

계(計) 7

노자 도덕경 36장에는 고대 동방인의 여유로운 세계관이 나타나 있다. "죄고자 하면 잠시 펴있게 하고, 약하게 하려면 잠시 강하게 내버려 두고, 망하게 하고 싶으면 잠시 흥하게 하고, 빼앗고 싶으면 잠시 갖게 해 준다. 이것이 이른바 미명이다(將欲歙之 必故張之 將欲弱之 必故強之 將欲廢之 必故興之 將欲取之 必故與之 是謂微明)." "부드러움과 약함이 견고하고 강한 것을 이긴다(柔弱勝剛強)." "고기는 깊은 심연에서 나오면 안 되고, 나라의 무기는 사람들에게 보여서는 안 된다(魚不可脫於淵 國之利器不可以示人)." 등 이런 언어들은 표면에 자취를 감춘 것들이지만 실제로는 내연의 세계를 지배하고 있다.

중국인들은 인간상의 양단을 모두 살피는 데 천부적이고, 습관화되어 있어 파라독스에 익숙하다. 손자에서 역시 양단을 대비시키는 패러다임으로 전투의 승패를 가늠하고 있다. 싸움에 이기고 지는 것도 어쩌면 그리 대단한 일도 아니다. 전국시대 대중의 처지에서 보면 착취자만 달라진 것뿐이었다. 그러니 욕망을 감추는 것을 어찌 새삼스레 궤도(詭道)라 할 수 있는가? 흉(凶)도 음흉(陰凶)이 무섭고 덕(德)은 음덕(陰德)이 더 포섭적이다. 눈에 보이지 않는 아주 작은 것에 대한 성찰을 미명(微明)이라 한다면, 변화의 발단은 역시 미명에서부터 시작한다. 그러므로 이 미명을 감추고 싶은 것이다. 그것은 심저어(深低魚)처럼 깊은 연못의 아랫바닥에 자리 잡고 물 전체의 흐름을 삼지한다. 그런데 그 미명을 관찰하지 못하고 남해의 어느 아름다운 섬에 기지를 짓는다고 소문을 낸다면 이미 그 물고기는 심연에서 나와 국가의 이기를 다 드러낸 것이니, 거기에는 이미 안보적 가치가 없다.

죽간본 : 攻其(無)備, 出其(不意, 此兵家之)勝, 不可(先傳也, 夫未戰而廟)筭勝者, (得筭多也, 未戰而廟筭不勝者, 得) 筭少也, 多筭勝, 少(算不勝, 而況於)無算乎. 吾以此觀(之, 勝負見矣)

전래본 : 攻其無備, 出其不意. 此兵家之勝, 不可先傳也. 夫未戰而廟算勝者, 得算多也. 未戰而廟算不勝者, 得算少也. 多算勝, 少算不勝, 而況於無算乎. 吾以此觀之, 勝負見矣.

대비가 없는 곳을 공격하고, 뜻하지 않는 곳으로 나아가나니, 이것은 병법의 승리 비결이니 먼저 전파(또는 전수)될 수 없다. 대개 전쟁을 시작하기 전에 조정의 평가에서 이기면 승산이 클 것이요, 진쟁 전에 조정의 평가에서 이기지 못하면 승산은 적다. 승산이 많으면 승리하고 승산이 적으면 승리하지 못하거늘, 하물며 (사전에 조정에서) 승산을 평가조차 하지 않으면 어떠하겠는가? 나는 이것으로써 전쟁의 승부를 미리 알 수 있다.

죽간의 산(筭)은 전래한 산(算)과는 달리 계(計)의 뜻을 포괄한다. 설문해자에는 계(計)를 "모여서 계산하다(會也, 筭也)"라하고 단옥재(段玉裁)의 주에는 "산(筭)은 수를 계산하여 작전을 세움(筭當作算數也)"과 같다고 풀이하여 전래본에 혼동하여 쓴 산(算)과는 달리 죽간은 엄격히 의미를 제한하고 있다.

계(計)편을 읽어가면서 왜 손자에는 주역이나 도덕경에서 보는 심오하고 멋진 왕필(王弼)의 주와 같은 해석이 없는지 아쉽다.[20] 널리 알려져서는 안 되었기 때문이라는 추측도 할 수 있다. 훗날 10가주, 11가주[21]가 쏟아져 나온 것처럼, 숨기고 감추면 더 잘 알려진다는 것을 누구보다도 잘 알았을 터인데, 전국시대의 죽간 조각의 글을 모아 비계(秘訣)로 한 것은 의도적이었다. 전래하여 갈수록 거기에는 체제에 복무하도록 하는 사상적 귀화작업에서 손자의 반전적 가치는 오직 권력자만 알도록 해야

---

20) 용간 8, 주 22 참조

21) 10家注는 조조, 맹씨, 이전, 두목, 진호, 매림, 왕석, 매요신, 하씨, 장예의 해석이고, 이에 두우(杜佑)의 통전(通典)에 인용된 주해를 합하여11家注로 한다. 일러두기 또는 구지 2, 주 44) 참조

했는지도 모른다. 그러므로 해석에 있어 패왕에 봉사하도록 하고 조정에서 오랜 숙의를 거쳐 전쟁에 임하도록 해야 했을 것이다. 통일제국인 한(漢)나라에 이르러 손자에게 갑자기 벼슬이 주어지고 열전이 만들어진 것과 조조가《손자병법》을 13편으로 산책(刪策)한 것은 같은 의도였다.

그러므로 저자의 행적이 묘연해졌다. 북경 대학의 구지에강(顧頡剛 1893 - 1980) 교수는《손자병법》의 저자에 대해 비교적 논리적인 의견을 내놓았는데, 그 역시 허구라고 하는 사마천의《손자 오기 열전》을 근거로 내용의 정밀성을 따진 것이니 모순이 된다. 그는 이렇게 주장했다. "기원전 341년 제(齊)나라가 한(韓)을 위기에서 구하려 위(魏)를 공격할 때 전기(田忌)를 대장군으로 하고 손빈을 군사(軍師)로 삼는다. 손빈은 계략을 써 전에 자신의 다리를 자르고 얼굴에 먹을 새긴 원수, 위나라의 장군 방연(龐涓)을 전투에서 자살케 하고 원한을 갚는다. 후에 전기는 초(楚)나라로 망명하는데 그곳은 오(吳)나라의 영역으로 거기에 영지를 분봉 받는다. 손빈 역시 그를 따라와 오나라 땅에 정착하여《손자병법》을 썼다. 오왕 합려(闔廬)와 손무와의 관계는 모두 허구로 그때 만들어진 것이다." 그러나 오늘날 대부분 학자는 이에 동의하지 않는다.《손자병법》의 글과 문장세는 앞으로 논의하겠지만, 전국 7웅의 각 지역의 파편이 모인 흔적이 많기 때문이다. 더구나 언어학적으로 상당히 상이하다고 하는 서융의 음운을 가지고 있는 진(秦)나라의 진법이 손자에 나타나고 훗날 한나라 때에 정해진 "분수(分數)"란 용어가 실제 "다수를 소수처럼 다룬다"는 의미로가 손자의 세(勢)편에 담긴 것은[22] 진나라의 전국통일 후 언어 문장 정비 통일 작업에 의해서였다.

《손자병법》의 저자를 어떤 모습으로 보고 어떤 위치에 올려놓느냐에 따라 앞으로 그 해석이 달라질 수 있다. 그를 지배층의 이데올로기에 올

---

22) 세(勢) 1, 2

려 보면 전쟁을 보는 관점도 달라진다. 이런 오류들은 아직도 참신하다. 손자(孫子)의 "손(孫)"이라는 글자는 전국 시대 이전부터 "도망쳐 숨다." 라는 뜻으로 쓰이기도 했다. 죽간 손자에는 국가와 개인 사이의 갈등이 엄연히 보이고 있다. 그렇다면 그를 전장에서 이름 없이 죽어간 복수의 하급 군인의 자리에 놓아야 제대로 된 해석을 할 수 있을 것이다. 비단에 써서 황금 상자에 감추어둔 것이 아니라, 말과 동료의 피를 목탄에 섞어 써놓은 것이 죽간에 보이는《손자병법》이다.

▣ 죽간본에 따른 〈계〉

손자 말하기를 전쟁은 나라의 큰일이다. (개인에게는) 사생의 땅이요 (공동체에는) 존망의 길이니 살피지 않을 수 없다. 그러므로 다섯 가지를 행렬하여 계로써 비교하고 정세를 파악한다. 첫째는 도(道), 둘째는 천 (天)이요, 셋째는 지(地)요, 넷째는 장(將)이요, 다섯째는 법(法)이다.

도란, 백성으로 하여금 위와 더불어 뜻을 같이하는 것이니, 이와 함께 죽고, 이와 함께 살게 하여 백성이 거부하지 않는 것이다. 천(天)이란 밤 과 낮, 추위와 더위로 때를 제약한다. 이에 순(順)하고 역(逆)함에 따라 군 사적 승리가 결정된다. 지(地)란 높은 곳과 낮은 곳, 넓은 곳과 좁은 곳, 양지와 음지를 말한다. 장(將)의 요건은 지혜, 신의, 인애, 용기, 위엄 등 이다. 법(法)이란 군대의 편성, 인사, 수송, 장비, 보급품 등의 요소이다.

무릇, 이 다섯 가지는 장수들이 듣지 않았을 리 없으니, 이것을 잘 아 는 자는 승리하고 잘 모르는 자는 승리하지 못한다. 그러므로 그 결과를 계(計)로 비교해서 그 정세를 파악해야 한다. 임금이 누가 더 현명하며,

장수가 누가 더 능력이 있으며, 천시(天時)와 지리(地理)를 누가 더 잘 이용하고 있으며, 법과 명령을 누가 더 잘 시행하고 있으며, 군대가 누가 더 강하며, 장병이 누가 더 잘 훈련되었으며, 상벌이 누가 더 밝게 행해지는가 등이다. 나는 이것으로써 승부를 알 수 있다.

전쟁은 도에 어긋나는 것이다. 능하면 능치 않은 듯이 보고, 쓰면 쓰지 않는 듯이 보며, 가까우면 먼 것처럼 보고, 멀면 가까운 것처럼 보며, 그러므로 이롭게 해서 유인하고, 혼란하게 하여 이를 빼앗고, 충실하면 대비하고, 강하면 피하고, 노하게 하여 흔들어 놓고, 대비가 없는 곳을 공격하고, 뜻하지 않는 곳으로 나아가나니, 이것은 병법의 승리 비결이니 먼저 전파(또는 전수)될 수 없다. 대개 전쟁을 시작하기 전에 조정의 평가에서 이기면 승산이 클 것이요, 전쟁 전에 조정의 평가에서 이기지 못하면 승산은 적다. 승산이 많으면 승리하고 승산이 적으면 승리하지 못하거늘, 하물며 (사전에 조정에서) 승산을 평가조차 하지 않으면 어떠하겠는가? 나는 이것으로써 전쟁의 승부를 미리 알 수 있다.

작전(作戰)

戰國風 今時雨
故述往事思來者*
戰國血 今日汗
滿園春色萬人醉

전국의 바람 오늘은 비
지난 일을 써서 미래를 생각하네
전국시대의 피 오늘의 땀
봄기운 가득한 동산에 사람들은 취해있네

戰國甲 故人捲
孤燈解卷是通神
戰國骨 今人枯
誰道好評說作戰

전국시대 갑옷 옛사람 말아둔 것
외로운 등잔 아래 풀어헤치니 귀신과 통했네
전국시대 무골 요즘 사람은 모두 말라버려
전쟁을 말하는데 누가 좋다고 하겠나.

---

* 사마천 태사공 자서 "故述往事思來者 지난일을 저술하여 미래를 생각한다."

작전(作戰) 1

각 편의 편제(篇題)는 주의해서 볼 필요가 있다. 《손자병법》 전체를 3권으로 나누어 상권(計) 중권(勢) 하권(地)으로 한 것은 천(天), 인(人), 지(地), 삼재(三才)를 모방한 것처럼 보인다. 어느 시대부터 이런 구조를 이루었는지는 아직 정론이 없다. 상권(計, 作戰, 謨攻, 形)은 역시 계획으로 전역(戰役)의 형태, 크기, 기동계획, 군사력 투사 및 배치를 논하고 천명(天命)에 크게 의존한다. 중권(勢, 虛實, 軍爭, 九變, 行軍)은 기세(幾勢)를 다루어 인간의 노력이 지성을 다 하는 선용병자(善用兵者)의 모습을 논했다. 하권(地形, 九地, 火攻, 用間)은 주어진 상황을 파악하고 극복하여 주도권을 잡는 법을 논했다. 병법을 삼재로 나눈 것은 동방사상의 다른 고전, 사상서에서 쉬이 볼 수 있으나, 손자에서 삼재의 본래 순서인 천.지.인을 천.인.지의 순으로 나열한 것은 인간이 상황을 극복하여 천명을 바꿀 수도 있다는 사상을 의도적으로 제시한 것이라 주목할만하다. 인간이 천지 사이의 상황을 돌파하여 세계 밖에서 전쟁의 모습을 본 매우 획기적인 구조이다. 그래서인지 손자는 중국 고전들이 흔히 가지고 있는 다이얼로그 형식이 아닌 노자의 도덕경처럼 아웃사이더가 스스로 속삭이는 독백의 형식이다.

죽간본 : 孫子曰, 凡用兵之法, 馳(車)千駟, (革車千)乘, 帶甲(十萬, 千)里而饋糧, 則外內(之費, 賓客之用, 膠漆之財), 車甲之奉, 日(費千金), ……內(…… 然後十萬之師舉矣)

손자가 말하기를 대체로 전쟁에는 전투차 천 대, 보급지원차 천 대, 예비 무장병 십만과 천 리 밖까지 보급할 양식을 준비해야 하고, 국내외 사용 비용, 사신과 책사의 접대비, 무기의 정비 수리용 자재, 수레와 갑옷 조달 등 날마다 천금 같은

전래본 : 孫子曰, 凡用兵之法, 馳車千駟, 革車千乘, 帶甲十萬, 千里饋糧, 則內外之費, 賓客之用, 膠漆之材, 車甲之奉, 日費千金, 然後十萬之師擧矣.

손자가 말하기를 대체로 용병법에 전차 1,000대, 치중차 1,000대, 무장병 10만 명과 천 리 밖까지 보급할 양식을 준비하려면, 국내외에서 사용하는 비용, 사신과 책사의 접대비, 무기의 정비 수리용 자재, 수레와 갑옷 조달 등 날마다 천금 같은 큰 돈이 소요된다. 그런 것을 준비한 연후에야 10만의 군사를 일으킬 수 있다.

치차(馳車)는 고속 기동하는 바퀴 두 개의 전투용 경전차이고 혁차(革車)는 4개의 바퀴가 달린 전투근무지원 보급차량[23]이다. 교칠지재(膠漆之材)는 비용의 금전적 양을 언급한 문리에 맞게 재(財)로 함이 최근 수정본의 일반적 견해이다. 전래본에 내외(內外)로 표기된 것은 사고본(四庫本)이 형성된 청(淸) 이후부터인데, 대체로 중국어 음운상의[24] 변화 때문이다. 죽간에 내(內)자 전후 잔멸된 부분은 그 편간(片簡)의 공간에 20여 자의 글자가 들어갈 수 있지만 그 내용이 무엇인지 추정하기 어렵다. 일설에는 전쟁준비에 관한 위와 유사한 문장이 은작산 한묘에서 같이 출토된 《위료자(尉繚子, 兵談)》에 "그러므로 우환이 백 리 내에 있어도 하루에 군사를 일으키기 어렵고, 우환이 천 리 내에 있으면 달 안에 군사를 일으키기 어렵고, 우환이 세상 내 어디에 있다면 년 내에 군사를 일으키기 어려우니(故患在百里之內者, 不起一日之師. 患在千里之內, 不起一月之師. 患在四海內, 不起一歲之師)."와 같은 글이 보이고 이어지는 문구가 다음의 기용전(其用戰)과 맥락을 같이해 내(內)의 전후 글을 추측케 한다.

---

23) 조조의 주 : 曹注云 馳車 輕車也. 駕駟馬 革車, 重車也
24) 詞素易位現象

고대에 전쟁 하드웨어를 논하는 데 제후의 힘은 전차의 수량으로 측정되곤 했다. 그 규모는 《시경(詩經)》의 묘사를 통해 자세히 알 수 있다. 《시경》 정풍(鄭風), 대숙우전 3장(大叔于田三章)에는 전차 1대를 끄는 말 네 마리를 사(駟)라 했다. 전차당 말의 수는 전술 운용에 따라 다르지만 네 마리의 경우, 대개 전차에 멍에를 짧고 느슨히 매는 바깥쪽 두 마리를 참마(驂馬)라 하고, 멍에가 길지만, 바투 매는 안쪽 두 마리를 복마(服馬)라 했다. 그러므로 전차 천 사(駟)는 4천 마리의 말 이상이다. 승(乘)은 지붕을 씌운 치중차이니 역시 4마리의 말이 끌었다. 그러니 그 거대한 규모를 짐작할 만하다. 《시경》 송(頌), 노송(魯頌) 제4편 비궁 9장(閟宮九章)에 그 규모를 이렇게 읊었는데 후세에 다음과 같은 주를 단 것이 보인다.

"천 승은 대국이 전쟁에 내야 하는 수레의 수로 이러한 대국을 천승지가(千乘之家)라 불렀다. 구성은 사방 10리의 땅에 혁거 1승을 내도록 했다. 하나의 전차에는 갑사가 세 명이니 왼쪽 사람은 활을 잡고 오른쪽 사람은 이모(夷矛)와 추모(酋矛)라는 길고 짧은 창 두 개를 잡으며 가운데 사람은 말을 몰았다. 이를 따르는 보병은 72명이고, 장중거를 모는 자는 25명이다. 그러므로 천 승의 땅은 3백16리가 넘게 된다. 수레 천 승이면 법에 마땅히 10만 명을 써야 하고 보병은 7만2천 명이 된다. 그러므로 대국이라도 천 승을 쓰려면 온 나라를 다 들어서 총동원하여야 한다."[25]

천승지가는 주례(周禮)에 의한 봉건 제후국의 세력을 견제하기 위한 제한선이었다. 천 승을 넘으면 세력 균형이 깨지고 이것이 알려지면 제후 간의 합종연횡이 생긴다. 전차인 사차(駟車)의 수와 정비를 위한 기술

---

25) 葛劍雄, 《中國人口史》 第一卷 导论, 先秦至南北朝时期 에 따르면 전국시대 인구는 평균 3천5백에서 4천만이었으나 전란으로 인구가 크게 줄어 西漢 초기에는 천오백만에서 천팔백만으로 추산하고 있다.

력은 종종 그 나라의 국력을 평가하는 기준이 되었다. 30복(輻)의 살을 가진 바퀴에 곡(轂)[26]이 얼마나 정밀한지 국력이 강한 나라는 훌륭한 윤편(輪扁)[27]이 많아 정비를 잘하므로 길의 바퀴 자국이 가지런했다. 제후국 간에 숨어든 세작들이 제일 먼저 본 것은 도로의 수레바퀴 자국이었다. 좌전(左傳)에 "나는 그의 수레바퀴 자국이 헝클어진 것을 보았다(吾 視其轍亂)."라는 의미는 그 나라가 국력이 약해 혼란스럽다는 뜻이었다. "대갑십만(帶甲十萬)"은 무장병 십만이라는 종래의 해석은 안이하다. 대갑(帶甲)이란 전쟁 동원에 대비해 치장해서 걸어 놓은 갑옷이다.[28] 그러므로 예비전력이라고 풀이함이 타당하다.

작전(作戰) 2

전쟁을 일으키는 동력은 클라우제비츠의 말대로 과연 그렇게 "전쟁은 다른 수단으로 하는 정책의 계속"일 수 있을까? 리델하트는 그의 《전략론》에서 손자의 정신을 들어 클라우제비츠의 이른바 "절대전쟁의 목적이론" 속에서 "승리에의 길은 힘의 무제한 사용에 의해 도달된다."는 주장을 "방자하고 증오에 미친 폭도에 적합한 이론"이라고 비판한다. 리델하트는 손자를 아주 잘 읽은 그의 제자임은 틀림없다. 하지만 서구 사회에서 "정치가의 전쟁 책임에 대한 부정"이나 "정책 목적에 봉사해야 할 전략에 대한 부정"을 끝까지 추구하지 않았다. 서구적 군사력의 총화를

---

26) 轂, 바퀴의 중앙에 비어 있는 마찰을 줄인 회전축
27) 輪扁, 바퀴의 축을 깎는 장인, 장자 天道, 13장
28) 용간 2 註 11, 淮南子 兵略 참조

이룬 미국에서 전쟁의 동력이 만들어진 과정은 《손자병법》의 작전편이 걱정하는 명제에 모두 포함된다. 특히 군산복합체의 깊은 연결고리에 매인 미국 정부는 지난 이라크와 아프간 전쟁에서 손자보다는 클라우제비츠의 전쟁론에 가까운 군사행동을 보여 왔다. 이것은 아이젠하워나 케네디가 반세기 전 우려했던 미국의 미래의 모습과 너무나 닮았다. 아이젠하워는 CIA로부터 보고되는 전 세계의 대미 관계를 분석하며 특히, 중동의 "반미감정"의 원천이 무엇인가를 깊이 성찰한 메모를 남기게 되는데, 이 생각은 1961년 그의 고별방송에 잘 나타나 있다.

"친애하는 미국 국민 여러분, 오늘 저녁 나는 작별인사를 여러분과 나누면서 저의 마지막 생각을 여러분께 드리고자 합니다. 우리 미국은 지금 영속적이고 광범위한 군사 산업을 일으키도록 강요되어 왔습니다. 약 350만 명의 우리 국민이 이 국방산업에 직접 종사하고 있습니다. 이것은 경제, 정치 그리고 우리의 영혼과 정신까지 연방정부에서부터 각 주와 각 개인의 가계에 총체적인 영향을 주고 있습니다. 우리는 지금 발전에 필요한 필수적인 요구를 인식하되 이러한 산업으로 야기되는 끔찍한 재난 역시 이해하고 있어야 합니다. 우리 정부는 군산복합산업이 통제되지 않는 상황에 놓이지 않도록 막아야 합니다. 잘못된 권력의 행사와 지속이라는 재난이 일어날 잠재성이 있습니다."

작전편(作戰篇)은 군수 산업과의 관계에서 현명한 지도자의 경고를 상기시킨다. 아무 데나 기지를 만들고 기동공간이 없는 전장 여거에 만여 대의 전차와 기계화 차량이 교통 체증에 묶여 작전 기동성이 없다는 것을 뻔히 알면서, 계속 생산한다면 불쌍한 건 호주머니 털리는 국민뿐이다. 작전(Waging War)의 핵심 사상은 전쟁을 만드는 것이 아니라 아이러니하게도 전쟁을 빨리 끝내는 종전(終戰)사상이다.

죽간본 : 其用戰, 勝久則鈍(兵挫銳, 攻城則屈力, 久暴師頓國用不足. 夫鈍兵挫銳, 屈力, 殫貨, 則諸侯乘其弊而)起, 雖知者, 不能善其後矣.

군사작전에서 진을 오래치면 병력의 예기는 무디어지며, 성을 공격하면 힘은 꺾이고, 군대를 오래 동원하면 국가재정이 부족하게 되니, 무릇 군사력이 무디어져 날카로움이 꺾이고 전력이 약화되고, 재정이 고갈되면, 다른 제후국이 그 피폐를 틈타 일어날 것이니, 지혜로운 사람이라도 그 뒷감당을 잘해낼 수 없을 것이다.

전래본 : 其用戰也 (貴勝), 久則鈍兵挫銳, 攻城則力屈, 久暴師則國用不足. 夫鈍兵挫銳, 屈力殫貨, 則諸侯乘其弊而起, 雖有智者, 不能善其後矣.

전쟁 수행함에 (신속히 승리해야)한다. 전쟁을 오래 끌면 군사력이 무디어지고 예기가 꺾이며, 성을 공략하면 전력이 약화되고, 군사작전을 오래 하면 국가재정이 부족하게 되니, 무릇 군사력이 무디어져 날카로움이 꺾이고 전력이 약화되고 재정이 고갈되면, 제3국이 그 피폐를 틈타 일어날 것이니, 지혜로운 사람이 있다 하더라도 그 뒷감당을 잘해낼 수 없을 것이다.

죽간의 승(勝)은 진(陳)의 의미였다. 전래하면서 귀승(貴勝)이 추가된 연유는 알 수 없다. 《예기(禮記, 聘義)》에 "그러므로 굳세고 용기 있는 자는 천하가 무사할 때 예의에 쓰고, 천하에 일이 있으면 이를 전투 진용에 쓴다(故勇敢强有力者 天下無事則用之於禮義 天下有事則用之於戰勝)." 를 정주(鄭注)는 "승 혹작 진(勝 或作 陳)"이라고 규정해 해석이 자연스러워졌다. 일부 통행본에 보이는 귀승(貴勝)은 일반적으로 귀속(貴速) 또는 속승(速勝)으로 풀이되었다. 그러나 후세에 전쟁의 운용은 물량전으로 자원을 많이 가진 것 [貴]에 승리가 달렸다는 해석이 전체 문맥에 스며들었다. 귀(貴) 자는 진(秦)나라 소전(小篆)으로 표기되기 이전, 추측컨대, 전국시대에는 재화의 가치나 화폐를 뜻하는 패(貝)자가 추가되지 않은 모습으로 갑골이나 금석문에 "땅의 유산으로 얻은 재화"의 뜻으로 상형되었다. 뒤 문장에 매력적인 뜻을 담은 귀매(貴賣)라는 단어 역시 "귀하게 팔린다"보다는 "자원을 바꾼다"의 의미로 볼 수 있다. 이 문장의 전체 의미는 전쟁은 자원을 희귀(稀貴)하게 하므로 오히려 전쟁을 길게 끌어 안보장사를 하려는 세력을 경계하라는 것이 된다. 이미 70년 분단으로 전쟁과 평화의 하이브리드 상태인 한반도나, 미국 역사상 가장 긴 전쟁이고 민간 용역의 수가 군대의 병력 수 보다 많은 이라크, 아프간 전쟁은 구폭사즉사용지족(久暴師則私用至足), 즉 군사작전을 오래하여 사사로운 재력이 충족되는 이상한 전쟁이 되었다.

작전(作戰) 3

죽간본 : 故(兵聞拙速, 未睹巧久, 夫兵久而國利者) 未有也.
전래본 : 故兵聞拙速, 未睹巧之久也. 夫兵久而國利者 未之有也.
그러므로 전쟁은 속히 끝내야 한다는 말은 들었으나, 교묘히 오래 끈다는 것은 아직 보지 못했다. 대체로 전쟁을 오래 끌어 국가에 이로운 경우는 아직 없었다.

졸(拙)과 교(巧)의 대비를 이룬 것 역시 노자의 《도덕경》 45장에 나오는 "최고의 솜씨는 어딘지 서툴러 보인다(大巧若拙)."와 같이 근원적으로 유사한 사색의 상류(上流)를 가지고 있다. 경(經)이라는 플랫폼에 든 혼돈의 양식에서 무엇이 먼저 세상에 나왔는지는 알 수 없다. 고대의 로고스 안에 어떤 통일 된 사색이 존재했음은 틀림없다. 특히 손자와 노자의 모놀로그 기술에 의한 텍스트의 공통점은 여러 군데에서 발견된다.

상권 4편 계, 작전, 모공, 형에는 어쩌면 전쟁을 "완성체"로 보려는 어리석음을 저지하고 가능한 한 졸속이라도 빨리 끝내야 한다는 천명(天命)이 무거워진 전쟁 기안자의 초초감이 들어 있다. 졸속(拙速)과 교구(巧久)는 모두 시간 속에 든 개념이다. 하나의 행위가 시간표 안에 작동하여 종결되면 전쟁의 부담과 긴장이 완화된다. 부연하여 설명하면, 예를 들어 어떤 섬이 적의 포격을 받았을 때 바로 현장 지휘관이 "그 사건의 시간 프레임" 안에서 대응 타격했다면 적의 차후 도발 위험은 줄어들었을 것이다. 어떤 계획이나 의논, 정치적 판단 그리고 "대응을 자제하라"는 탄핵적 망언이 그 시간 프레임에 도달하기 전에 강력히 응징하는 것이 졸속이다.

독일 육군의 임무형 전술 ―아오프트락스탁틱(Auftragstaktik)은 공식적으로 표명된 용어는 아니지만, 20세기 말 나토군에 커다란 영향을 주었다. 개념은 지휘관의 의도와 임무가 명확하면 최대한 부대를 분권화하여, 현장에서 모든 권한을 가지고 임무를 달성하는 것이다. 비록 준비가 안 돼 있고 계획에 없었어도 그 모멘텀을 타고 신속히 부대임무, 상급 지휘관 의도, 국가적 정치 목표까지 가라는 것이다. 병문졸속의 정수가 들어 있는 군사사상이다. 《손자병법》 11가주의 하나이고 당의 인상파 시인인 두목(杜牧)은 병문졸속에 멋진 주를 달고 있다. "공격작전이 성공하여 전과를 확대할 수 있다고 보이면, 비록 정황이 불확실하고 부대 지원 자산이 모자라도, 귀신처럼 빠르게 작전을 전개한다. 그런데 전장을 지휘할 사람이 없고 전쟁 재원을 소비하는 것은 정예한 부대를 둔화시키는 근심거리이다(攻取之間 雖出於機智 然以神速爲上 蓋無老師 費財 鈍兵之患)."

졸속이란 용어는 지금 좋지 않은 의미로 쓰이고 있지만, 시기(時機)에 승(乘)하는 천명의 때가 그렇게 완벽한 모습으로 오지 않는다는 교훈을 준다. 늘 천시(天時)가 맞지 않고 인정(人情)이 어긋났다면 졸속의 때를 놓쳤기 때문인지도 모른다. 병문졸속은 중용(中庸)의 시중(時中)의 뜻과 잘 들어맞는다. 중용, 2장에 소인과 군자의 중용을 논하는 글에 "군자의 중용은 때에 알맞다(君子之中庸也 君子而時中)"라 했는데, 전술에 응용하면 작전 단계(Phase), 즉 절(節)에 맞게 병력을 운용하되 변화에 대응하는 것이니, 바로 졸속이다. 이런 사상은 역사적으로 중화(中化)의 사상과 대치되어 많은 논쟁이 있었다. 화(化)는 용(庸)과 달리 "나타나 모두 절(Phase)에 맞는 것이니 그 작전단계에서 멈출 수도 있다(發而皆中節)." 그러나 용(庸)은 그 균형을 넘어서 朱子(1130–1200)가 발전시킨 용(庸)의 사상대로 "언제나 변함없는 평상"이라면, 작전의 변함없는 목표에 시중(時中)하기 위해 절(節)을 돌파하는 것이다. 그러나 모든 전기(戰機)가 천명에 맞을지는 어찌 알 수 있겠는가?

작전(作戰) 4

죽간본 : 故 不盡知用兵(之害, 不能盡知用兵之利)
그러므로 전쟁의 해로움을 다 알지 못하면, 군사 운용의 이로운 점을 능히 다 알지 못한다.

전래본 : 故 不盡知用兵之害者, 則不能盡知用兵之利也.
그러므로 전쟁의 해로운 점을 다 알지 못하는 자는 군사운용의 이로운 점을
능히 다 알지 못한다.

《태평어람(太平御覽, 兵部六三, 漕運)》에는 "부진지용병지해 즉부득진
지용병지리(不盡知用兵之害 則不得盡知用兵之利)"와 같이 표기하여 해
(害)와 이(利)의 대비를 명쾌히했다. 후세 전래본들에 이(而), 지(之), 자
(者), 야(也)와 같은 글자가 끼어든 것은 흔한 연오(衍誤)[29] 현상이다. 특
히 자(者)와 즉(則)이 음이 유사하여 이를 구분하고 대비하기 위한 사례
는 흔히 보인다. 마왕퇴 금서 도덕경과 후에 군서치요의 노자 도경에 보
이는 문장의 대조에서[30] 위 구절의 안 보이는 죽간본 구절에 대한 추정이
가능하다. 위 문장의 앞 구절의 용병(用兵)과 뒤 구절의 용병(用兵)은 엄
연한 의미의 차이가 있다. 앞의 용병은 전쟁이라는 부정적 패러다임 안
에서의 해로움이며 뒤의 용병은 이러한 지식을 바탕으로 한 군사운용 상
의 유리한 점이다.

죽간본 :(善用兵者, 役不再籍, 糧不三載, 取用於國, 因)糧於敵, (故軍)食可足
也. 國之貧於師者遠者遠輸則百姓貧
전쟁을 잘하는 자는 장병을 재징집하지 아니하고, 군량을 세 번 실어 나르지
아니하며, 쓰임은 적지에서 획득하고 식량은 적에게서 구한다. 고로 군량을 가
히 넉넉히 할 수 있다. 국가가 빈곤해지는 것은 먼 군대에 멀리 실어날라 백성
들이 가난해졌기 때문이다.

---

29) 衍誤, 너무 의미를 풍부히 하고 넓혀 본래의 뜻을 그르치는 것.

30) 馬王堆帛書甲 乙本〈道德經, 道經〉"夫樂殺人, 不可以得志於天下矣" 群書治要〈老子
道經〉"夫樂殺人者, 則不可得志於天下矣"

전래본 : 善用兵者, 役不再籍, 糧不三載, 取用於國, 因糧於敵, 故軍食可足也. 國之貧於師者遠輸, 遠輸則百姓貧

전쟁을 잘하는 자는 장병을 재징집하지 아니하고, 군량을 세 번 실어 나르지 아니하며, 쓰임은 국내에서 획득하고 식량은 적에게서 구한다. 고로 군량을 가히 넉넉히 할 수 있다. 국가가 빈곤해지는 것은 군대를 멀리 실어나르는 것 때문이니, 멀리 실어 나르면 백성들이 가난해진다.

전래본에는 적국이나 제3국에서 쓰임을 구하지 말라는 은인한 경구가 들어 있다. 원정 전쟁의 이해(利害)를 따지는데, 소모품인 식량은 적지에서 구하되 무기와 인적 자원은 꼭 국내산이어야 한다는 주장은 논쟁의 여지가 있을 것이다. 취용어국(取用於國)은 운용부대의 성격에 따라 달리 해석될 수 있다. 전략정보국에 운용하는 비밀부대라면 적 장비, 적 인원까지 자산화할 수 있을 것이고, 전술 제대의 적 제 2제대 지역 공격부대라면 적 장비, 무기, 식량을 탈취 사용하도록 훈련한다. 그러나 재래식 전쟁(Conventional Warfare)에서 무기, 장비, 전투식량의 생산, 군납과 조달이 원활하려면 그 전쟁물자 조달원이 자국 내에 있거나 통제 가능한 지역 안에 있어야 한다.

취(取)라는 글자는 사실 전쟁터에서 귀를 베어 얻는다는 상형에서 온 글자이다. 그러므로 강제징발한 것이거나 적지에서 노획한 것으로 풀이할 수도 있다. 그러나 대부분 고래의 주는 자국내에서 동원한 것(軍需自國內運來)으로 해석하고 있다. 죽간의 성립을 도운 손자의 원시초본이 전국시대 그 이전, 은상(殷商)과 주(周)나라(서주(西周) 이전)를 거쳐 전래한 것이라면 그 죽간의 파편에서 달리 해석할 수 있는 여지가 많다. 인량어적(因糧於敵)의 인(因)자는 본래 갑골문에 상형된 것은 사람이 돗자리에 누워있는 모습이었으나, "인하여"의 뜻을 가진 처사(虛詞)로 가차

되었다. 손자에 나타난 인(囚)자는 후에 따로 돗자리 인(茵)[31] 이라는 글자가 만들어지기 전이므로, 현대 중국학자들이 특별히 설명하지 않고 있지만 죽은 사람을 거적에 올려놓은 모습의 인육(人肉)을 의미했다. 중국인들은 고대로부터 인육을 먹은 식인 문화를 가지고 있었다. 신해혁명(1911년) 전까지 중국의 식인에 관한 기록은 정사(正史)에 수백 차례 등장한다. 인육을 먹는 것이 성문화(成文化)되어 있을 정도였으니, 전투에서 적군을 잡아 식량으로 쓰는 것은 당연했다. 이 잔혹한 기록은 너무 많다 인용하기 어려울 정도이다. 인육은 상육(想肉)이라고 표현되었는데, 이를 특별히 파는 전문화된 상점인 흑점(黑店)이 암시장도 아니고 공공장소에서 버젓이 성행했다.

적군을 식량으로 쓰는 것은 남송 때 금과 몽골의 전투기록에 자주 등장하기도 하고 당과 아랍의 충돌이 있던 서기 751년 탈라스 전투에서는 당군이 포로를 잡으면 만두[肉包子]로 만든다는 소문이 페르시아의 낙타무역 대상을 통해 전해지자 아랍인들이 크게 분노했다는 기록이 있다.[32] 탈라스 전투의 전선 사령관인 즈이야드 장군은 아바스 왕조의 호라즘 총독 아부 모슬렘에게 보내는 서신에 "오! 자비하시고 자애로우신 알라의 이름으로……. 맹수가 사람을 먹고, 사람이 양을 먹는 것은 알라의 질서이나, 사람이 사람을 먹는 것은 참으로 참람하도다. 알라께서 저들에 벌을 내리셔 우리가 대승을 거두었도다……." 라고 규탄하고 있

---

31) 小篆에 처음 나타난 茵은 진시황이 전국을 통일 후 한자를 표준화한 이후의 글자이다. 그러므로 죽간이 써진 서한 초기는 허사로서 囚이 사용되었을 것이다. 그러나 전국시대의 제후국들은 서로 각기 다른 형체의 문자를 쓰고 있었으므로 이를 단정 지을 수 없다. 또한, 문자 통일이 일반화된 것은 후한에 이르러서였다. 시경 秦風에 "문인창곡 文茵暢轂, 호랑이 가죽을 펴서 모아 붙이다"라는 말에 文茵은 무늬가 있는 가죽 즉, 虎皮를 뜻한다. 이는 잡아온 포획물을 내려놓는 깔개로서의 囚이 연변한 것이다.

32) 두환(杜環)의 경행기(經行記), 탈라스 전투에서 아랍군의 포로가 된 두환은 타쉬캔트(石國), 사마르칸트(康國) 등에 끌려다니다 보응(寶應) 초년(762년) 광저우로 돌아온다. 그는 손자 11가주의 한 사람인 두우(杜佑)의 조카이다.

다. 독특한 음식 세계관을 가진 중국인은 이렇게 식량을 끊임없이 적에게서 구했다.

인량어적(因糧於敵)이라는 이 끔찍한 문구는 앞의 구절인 용병의 이해(利害)를 다 아는 것(盡知)의 이해를 분명하게 해준다. 전쟁의 해악은 전투하여 역시 얻게 되는 이익과의 연관 관계에서 사람들을 휴머니즘으로 복귀시킨다. 결국, 전쟁에서 이기건 지건 어육이 되는 백성의 고통에 대한 연민이 바탕에 깔려있다. 고대의 전쟁이란 결국 군주의 야욕을 채우기 위해 백성을 희생시키는 정치행위였으니 오늘의 모습과 크게 다르지 않다. 작전편에 반전(反戰)의 그림자가 배어 있는 것은 역시, 도가나 유가에서 훈련된 "사물의 양단"을 보고 늘 전체를 보아야 하는 사유 양식 때문일 것이다. 손자의 술자는 그가 누구였든, 육예(六藝)에 능한 사람이었을 것이다. 특히 역(易)의 괘사를 연상케 하는 구절을 자주 발견할 수 있는데, 주역에서는 손해란 아래에서 취하여 위를 살찌는 "손하상익(損下益上)"으로 풀어 백성이 피폐하게 되는 사회상으로 본다. 이런 때에 군자는 전쟁과 분노를 징계하고 사욕을 막아야 한다(君子以懲忿窒欲)고 가르치고 있다. 또한, 이익이란 위에서 취하여 아래를 살찌는(損上益下) 것으로 그 세 번째 음효가 단전(彖傳)에 미묘한 해석을 주는 말이 있다. "이익을 줌에 흉사를 사용한다. 거기에 피할 수 없이 처했기 때문이다(益用凶事 固有之地)"라는 말은 전쟁의 고통이 심화하면 이를 피할 수 없는 백성이 위정자를 범하는 혁명으로 체제를 뒤엎는다는 것이다. 용병에는 적을 이해[料敵]하기 전 우군의 모순과 내적 갈등을 먼저 알아야 하는 것은 분명하다.

작전(作戰) 5

죽간본 : 近市者 貴(賣則百姓財竭)則(急)及丘役

군대 시장에 가까이 붙어 비싸게 팔아 백성의 재물이 고갈되면, 노역 공출도 급해진다.

전래본 : 近師者貴賣, 貴賣則百姓財竭, 財竭則急於丘役

군과 밀착되어 비싸게 팔아, 파는 것이 귀해지면 백성의 재물이 고갈되고, 그렇게 되면 노역 공출도 급해진다.

죽간의 시(市)가 전래본에 사(師)로 표기된 것은 동주시대 금문(金文)에 시(市)를 잡(匝)과 같이 쓰고 역시 사(師)와 혼용했다는 근거로 설명할 수 있다.[33] 사(師)는 2,500인 규모의 독립적 군수지원 능력을 갖춘 부대이며, 하나의 전역(戰役 Campaign)이 선포되어 동원된 병력이다. 글자의 연변에서 보듯 두건을 두른 사람들이 시장에 모이고 언덕에 진을 친 모습이다. 그러나 죽간의 시(市)는 사(師)의 통가자가 아니라 군대에 의해 형성된 시장으로 봄이 타당하다. 죽편에 잔멸된 부분의 글자 수는 6자 정도로 그 안에 "매즉백성재갈(賣則百姓財竭)"을 넣으면 문리가 완전해진다. 정리하면, 앞 구절에서 멀리 수송하여 백성이 가난해진 것에 대비하여 "군대 시장에 가까이 붙어 비싸게 팔아 백성의 재물이 고갈됨"을 표현했다. 법가의 권위 있는 저작인 《상군서(商君書, 墾令)》에는 상앙의[34] 엄격한 군수물자 관리가 기술되어 있다.[35] 《주례(周禮, 地官, 遺人)》에는

---

33) 리러이(李樂毅), 漢字演變五百例

34) 商鞅 (?-기원전 338)

35) "군대 시장에 영을 내려 시장에 여자들이 없게 한다. 군대 내의 상인들에게도 명하여 사람들이 갑옷과 무기를 자급하게 한다. 또한, 관리를 보내 군대 시장이 일어나는 상황을 보도록 하고, 군내 시장에 식량을 사사로이 운반하는 자가 없게 한다. 그러면 모리배가 숨어있지 못하고, 군량을 운반하는 자가 이를 훔쳐 사사로이 모아두지 못하며, 경솔하고 게으

시장의 위치와 관리에 대한 규정이 보인다. 시장은 오십 리마다 설치하였는데 이를 유사시 군의 식량 보급과 전시물자 비축으로 손자에서 논의한 것은 자연스럽다.[36]

전래본에 군과의 유착으로 연변 된 것은 또 다른 해석의 묘미가 있다. 군수업체에 군사기밀을 팔고 뇌물을 받는 부정은 고래로부터 근절되지 않고 있다. 터무니없이 가격을 올려 팔고 그 리베이트를 주어 다시 군과 밀착(近師)관계를 유지하고, 어마어마한 커미션을 받은 무기 중개상은 제3국의 역외 관세 구역에 페이퍼 회사를 세워 세금을 피해간다. 버진 아일랜드, 싱가포르, 홍콩, 스위스 등지에 빼앗긴 노동가치와 도둑맞은 국민 세금이 산처럼 쌓여 있을 것이다. 국방비로 낭비되는 세금을 줄이기 위해 최종 사용자(End User)는 왜 그렇다면 제조 업체와 직접 거래를 하지 않는 것일까? 비밀을 이유로 수의계약을 하는 브로커가 왜 꼭 필요한 것일까?

작전(作戰) 6

> 죽간본 : 屈力中原 內虛於家 百(姓之)費 十去元六 (公家之費 破軍罷馬 甲冑
> 弓矢 戟楯矛櫓 丘牛大車 十去其六)
>
> 공전(公田)을 경작할 힘이 줄어 나라 안 살림이 비면 백성의 비용은 6할이 사

른 자들이 군대 시장을 돌아다니지 못한다. 令軍市無有女子 而命其商 令人自給甲兵 使視軍興 又使軍市無得私輸糧者 則姦謀無所於伏 盜輸糧者不私積 輕惰之民不游軍市 盜糧者無所售 送糧者不私 輕惰之民不游軍市"

36)　委積 [군쟁 5] "遺人掌邦之委積 以待施惠 以恤民之艱阨……三十里有宿, 宿有路室, 路室有委 五十里有市 市有候館 候館有積"

라진다. 국가의 재정도 파괴된 전차, 피로한 말, 갑옷과 투구, 활과 살, 창과 방패, 수송수단의 보충 등으로 6할을 잃게 된다.

전래본 : 力屈財殫中原內虛於家 百姓之費 十去其七 公家之費 破車罷馬 甲冑弓矢戟楯矛櫓 丘牛大車 十去其六

중원의 힘이 꺾이고 재물이 다하면 나라 안 집집이 텅 비게 되고, 백성들의 경제력의 7할이 사라진다. 파괴된 전차, 피로한 말, 갑옷과 투구, 활과 살, 창과 방패, 수송수단의 보충 등으로 국가의 재정은 6할을 잃게 된다.

중원이라는 레토릭은 패자들이 결전을 벌이는 곳이다. 전래본의 중원은 평탄하고 광대한 세력 판도의 요충지로 표현되었다. 그러나 죽간의 중원은 정전제(井田制) 주나라에서 가운데 밭을 말한다. 생산성이 좋은 땅이라 늘 중앙의 공자(公子)들이 파견되어 소출을 독려하고 감시했다. 중원이 비었다는 말은 때가 전쟁 중이라는 시어(詩語)여서 인민이 징발되어 결혼도 하지 못하는 어려움을 뜻했다. 장기적으로는 인적자원의 고갈로 나라의 국력이 약해지는 것은 뻔한 일이었다. 6할과 7할의 차이는 필사 과정의 오류로 보이나 11가주 모두 "십거기칠(十去其七)"로 통일되어 있다. 죽간은 전쟁으로 인한 공적 자금의 파탄이 인민에게 주는 피해를 논리적으로 표현했으나 전래본은 중원 내의 전쟁으로 백성의 가재가 망가져 피폐해진다는 인상을 준다.

중원은 세출이 나오는 곳으로 패자가 차지하는 곳이다. 중원의 공전(公田)이 사유화 되면 백성은 세금의 증가로 고통받는다. 그래서 중원의 시적 표현은 늘 비어 공허하다[中原沖虛]. 들어찬 것은 오래된 시간뿐, 중원은 야망의 터전이었다. 《시경》 소아(小雅), 소민지십(小旻之什) 소완 6장(小宛六章)에 "중원유숙 서민채지(中原有菽 庶民采之)"에서처럼 중원이란 밭 가운데 콩이 있어 서민이 공동으로 먹을 것을 구하는 곳이었다. 한 사회(家)의 경제 터전인 콩밭이 텅 빌 정도로 전쟁은 서민에게 가혹하다.

죽간본 : (故智將務食於敵 食敵一鐘, 當吾二十鐘, 𦬊秆一石, 當吾二十)石
전래본 : 故智將務食於敵 食敵一鐘 當吾二十鐘 𦬊秆一石, 當吾二十石
그러므로 지혜로운 장수는 적지에서 식량 획득에 힘쓰는 것이니, 적의 식량 일 종을 획득하는 것은 이십 종을 수송하는 것과 같으며, 적의 말먹이 일 석 획득은 자국에서 수송한 이십 석과 같다.

종(鍾)은 6석 4말로 하나의 보급 차량[革車]에 실을 수 있는 양이다. 한 석은 백 이십 근이다.[37] 전투근무지원(Combat service support) 능력은 실제 전투력보다 더 중요하다. 손자의 작전편은 늘 "왕이시여! 이래도 전쟁을 하시겠습니까?"라는 간언장(諫言章)이라해도 과언이 아니다. 특히 적의 외침이 있어 불가결 국토를 방위하는 방어전쟁이 아니라, 먼 나라로의 원정 전쟁이라면 명분은 약하고 그 부담은 20배나 큰 것이다. 이 말은 과장된 것이 아니다. 과거 인도 파키스탄의 대치지역 사막인 라자스탄에서 기동훈련을 참관했던 필자는 사막에서 보급지원과 병력, 장비 이동을 위해 동원된 동물 수송 중대(AT)의 이동 제원을 산출해 본 적이 있다. 96마리의 낙타와 110마리의 노새, 말들은 하루 평균 한 마리가 10kg의 마초를 먹었다. 낙타는 물을 한 번에 40리터를 마시고 20일을 견디지만, 재급수를 위해 오아시스로 우회하거나 다른 수단이 마련돼야 한다. 결국, 수송 물량에서 약 8할은 동물이 먹을 이동소비 물량이고 수송량의 5분지 1만이 군수지원 가능한 것이다. 이것은 수송 거리가 멀수록 더 줄어든다. 그러므로 이러한 물량을 적에게서 취한다는 것의 이점은

---

37) 曹操注 : 六斛四斗為鍾, 石者 一百二十斤也

쉽게 상상할 수 있다.

이런 고대의 수송수단은 현대전에서도 종종 쓰이고 있다. 한국군에서는 80년대까지 동부전선의 고지에 보급수송을 위해 노새와 당나귀가 사용되었다. 911 이후 미국은 아프간 산악지역에 사용하기 위해 미주리 노새를 수백 마리 아프간과 파키스탄의 국경도시 퀘타로 실어 간 적이 있었다. 그러나 현지 노새보다 너무 덩치가 크고 먹이를 많이 먹어 적응하지 못하고 폐사되고 말았다. 고심 끝에 현지 당나귀를 길들여 사용하려 했으나, 한 번 탈레반에 길든 나귀와 노새는 미군의 말을 듣지 않았다. 결국, 고산지대 수송수단은 모두 카라치 항에 하역된 일제 스즈키와 도요타 중고차 트럭으로 내체 되있다.

수송수단이 효율적이고 극도로 발전한 현대전에서는 물론 적의 전쟁의지를 말살하는 선제 공격 전략(Preemptive War)이 타당하고, 전장의 무대를 적 지역에 한정한다는 심리적 이점이 있다. 선제 공격을 예방전쟁(Preventive war)으로 해석하기에는 많은 무리가 있다고 하지만, 그 전쟁의 정당성, 위협의 임박함, 대의명분에 따라 미묘한 구분선이 그어질 수 있다. 17세기 네덜란드의 법학자 유고 그로티어스(Hugo Grotius)는 해양 상에서의 자유로운 제국주의 군사행동을 위해 선제 공격 전략의 법적 근거를 마련해 식민지 수탈에 이용하기도 했다. 수송능력의 발달이 전쟁을 억제하던 수송 장애 요소를 넘어서고 말았다.

20세기 후반에서 미국의 제국주의 전쟁은 대부분 선제공격(Preemptive war)의 성격을 가지고 있다. 세계의 어느 곳이건 위협이 태동한다고 여겨지면, 그 위협의 임박함이나 실제 침략 행위가 나타나지 않았어도, 그리하여 UN의 동의를 얻지 못해도 전쟁을 시행했다. 고도로 발달한 항공전력과 제해권을 가지고 세계 전력투사(Global Force Projection)능력이 이런 대단한 군사적 모험을 가능케 했다. 더 나아가

각 전구(戰毆, theater)에서 연합전력을 형성한 국가로부터 방위비 분담금을 타내는 것은 그야말로 "지장무식어적(智將務食於敵)"이라는 손자의 금언을 그대로 실천한 것이다.

작전(作戰) 7

맹자(孟子)는 불인(不仁)을 미워하는 마음을 수오지심(羞惡之心)이라 하며 그것은 의로운 마음[義之端]에서 기인한다고 말한다. 그 전쟁이 정의로워 도(道)에 맞는다면 분노한 마음으로 불인을 칠 수 있으니 경지오(經之五)의 으뜸인 도(道)에 맞고 전사들은 적을 죽이는 것을 망설이지 않을 것이다. 그러므로 분노는 작전의 형태(Form)를 형성하는 타오르는 인(仁)의 활동 작용이다. 인(仁)이란 인간적인 느낌이 든 사람다움일진대, 그 전쟁이 의롭다면, 인보다 더 사기를 북돋고 정신전력의 바탕을 이룰 수 있는 것은 없다. 인(仁)으로 불인(不仁)을 치는 것이 살인이 아닐 수 있다는 해석은 무리이지만, 무도한 적(敵)이 어진 사람을 살상하는 것을 막는 징벌적 살인[伐]과 잘못된 것을 바로잡는[征] 전쟁에서의 살인은 더 큰 살인을 막는다는 대의명분이 있었다. 그러나 어떠한 이유로도 사람을 죽이는 것이 죄인데, 사생지지(死生之地)에서 적을 죽이고 살아남아 죄가 되었으니 그 괴로움이 남는 것은 전쟁이라는 인류사의 원죄 때문이라는 궁핍한 생각에 다다른다

전장에서의 분노는 전통적인 병가(兵家)의 미덕이었다. 분노는 뇌에 아드레날린을 내보내 초인적인 힘을 발휘하게 한다. 분노는 두려움에서 온 것이고 분노의 끝은 고통이라는 것이 인생의 일반적 상황이다. 그러

나 이제 분노 없이 전쟁하는 냉혹한 상황은 군인에게 전사다움을 빼앗고 직업적 환멸감을 증가시키고 있다. 네바다나 캘리포니아의 어느 비밀스러운 사막 지하에서 실시간(Real Time)으로 아프간의 어느 산간을 바라보며 신처럼 전지전능하게 저항세력을 죽일 수 있는 군인은 그저 컴퓨터 키보드를 눌렀을 뿐 피 냄새와 흩어진 살점, 화약 안개 냄새를 맡을 리 없다. 6개의 인공위성이 표적을 동시에 분석하고, 표적의 성격과 방호 정도에 따라 공격방법을 제시해 주었다. 어쩌면 표적이 내는 음성을 번역하고 대조하며 표적의 냄새까지 디지털화해서 표적의 ID를 확인시켜 주었을 것이다. 푸른 냉광이 가득한 전자오락실 같은 전쟁터를 나와 퇴근하여 집에 가는 길에 프랜치 프라이 하나를 사들고 간다. 운전하면서도 그는 생각한다. 그것이 과연 확인된 그 표적이었을까? 이것은 분명 전투가 아니었다. 처형이었다.

죽간본 : 故殺適(者 怒也, 取適之利者貨也.) 車戰(得車十乘以上, 賞其先得者, 而更其旌旗, 車雜而乘之,) 卒共而養之, 是謂勝敵而益强.
그러므로 적을 죽이게 하는 것은 분노이다. 적의 자원을 획득하면 재물을 상으로 준다. 전차전에서 전차 10대 이상을 노획하면 최초 노획자에게 상을 주고, 노획한 전차에 아군 깃발을 바꾸어 달아서 아군 전차 사이에 편성하여 탈 수 있게 하고, 포로는 같이 대우할 것이니, 이것을 적에게 이겨 전력을 더욱 강하게 한다 일컫는다.

전래본 : 故殺敵者 怒也, 取敵之利者貨也. 故車戰得車十乘以上, 賞其先得者,更其旌旗, 車雜而乘之, 卒善而養之, 是謂勝敵而益强.
그리고 적을 죽이게 하는 것은 분노요, 적의 자원을 획득하면 재물을 상으로 준다. 전차전에서 전차 10대 이상을 노획하면 최초 노획자에게 상을 주고, 노

획한 전차에 아군 깃발을 바꾸어 달아서 아군 전차 사이에 편성하여 탈 수 있게 하고, 포로는 잘 대우할 것이니, 이것을 적에게 이겨 전력을 더욱 강하게 한다 일컫는다.

적(適)은 적(敵)과 같은 뜻의 고대 통가자이기도 하지만, 때로는 적(敵)을 별도로 하여 특정적 의미로 사용하기도 한다.[38] 공(共)과 선(善)은 맥락을 바꾸는 큰 차이를 나타내지는 않는다. 공(共)은 공(供)[이바지]과 공(珙)[큰 옥]의 초기 자형으로 공동으로 바치는 대등한 기회균등을 말한다. 미군에 E/O[39] 장교가 참모로 있어 다양한 인종과 출신, 성별에서 나오는 갈등과 불평등을 관리하듯이 공(共)은 분명 포로로 잡힌 노예병[卒]에 대한 배려이다. 전래본에 선(善)으로 발전한 것은 포로 관리에 대한 중요성이 전쟁 경험으로 입증되어 왔기 때문이다.

적의 자원(Foreign material)을 분류하고 규정하는데 현대전에서 고려 범위는 물론 과거와 다르다. 춘추전국시대에서 적의 전쟁 물자와 자원은 역시 계(計)에서 소박하게 비교되고 있다. 미군의 DIA(국방정보국) 예하의 여러 적장비 관련 정보부서에는 외국 장비 이용 프로그램(Foreign Material Exploitation Program)이 잘 정비되어 있다. 외국장비부대(FMC, Foreign material command)에서는 전장에서 노획한 적 무기와 장비는 물론 전 세계의 어떤 나라든 새로 개발된 전쟁물자, 무기가 있다면 모든 수단을 이용하여 획득하고 시험, 평가, 분석하여 미래에 대비하도록 프로그램을 만들어 낸다. 미국 정보부서는 북한 무기의 대부분을 비밀리에 사들여 이미 분석을 완료했다. 나라마다 해외로 수출되는 무기 전부는 그 적대국에 소량이 이미 팔렸다고 보아야 한다. 무기 수출에서

---

38) 실허(實虛) 13
39) E/O Equal Opportunity

그 최종 사용자(End User)가 누구이며 이를 감시 감독하기 위한 노력이 따라 붙지만 완전한 통제는 불가능한 일이다. 한국군 역시 북한의 88전차에 해당하는 T-82 계열의 러시아 전차를 차관 상환용으로 들여와 일 개 대대를 보유하고 있다. 적의 화기, 장비를 노획해서 사용하는 것은 제 2전선이나 유격전에서는 흔한 일이다. 그러나 현대 전장에서는 그 군수지원 체계가 달라 정비와 보급에 곤란을 겪게 되므로 일시적 훈련용 외에는 효과적이지 못하다. 그러므로 적 장비를 직접 사용하는 것이 아니라 그 무기체계를 연구하여 대안을 마련하는 것이 효과적일 것이다.

> 죽간본 : 故(兵貴勝, 不貴久. 故知兵之將, 民之司命, 國家安危之主也.)
> 전래본 : 故兵貴勝, 不貴久. 故知兵之將, 民之司命, 國家安危之主也.
> 그러므로 전쟁은 신속히 승리하고, 오래 끄는 것을 가치 있게 여기지 않는다.
> 따라서 이를 아는 장수라야 백성의 생명을 맡을 만한 인물이요, 국가 안위에 관한 일을 맡길 수 있는 주인이다.

위 문구의 승(勝)은 전통적으로 속(速)으로 해석되었다. 《진서(陳書, 列傳, 吳明徹)》에는 "군사운용은 신속함을 귀히 여긴다(兵貴在速)"라는 금언이 있고, 역시 무경 7서의 하나인 《당이문대(唐李問對)》에도 "귀속불귀구(貴速 不貴久)"와 같은 당 태종의 작전편 재진술이 보인다.[40]

전쟁을 오래 끌기 위한 적대적 공존은 정치가들에게는 큰 유혹이다. 긴장완화가 질 나쁜 정치가에게는 다루기 쉬운 국정 제어 도구를 잃는 것이기도 하다. 일본은 남북의 대치 관계를 교묘히 이용하여 첨단 무기의 부품이 되는 전자장비를 북한에 수출해 왔다. 북한이 개발하고 있는 대륙 간 탄도미사일의 관성유도 장치와 통신 통제 부분은 모두 일제이

---

40)   唐李問對, 卷中 "太宗曰 兵貴爲主 不貴爲客 貴速 不貴久 何也"

다. 어쩌면 일본은 북한 미사일의 궤적을 이미 꿰차고 있을 것이다. 적대국에 첨단 무기 기술을 넘기는 이유는 아주 복잡한 역학관계가 자리 잡고 있는 대전략적 차원이다. 1998년 8월 20일 아라비아 해의 미국 함정에서 발사된 75발의 순항 미사일은 아프간의 엉뚱한 지역을 타격하고 있었다. 그리고 그 미사일들 대부분은 불발을 일으켰다. 불발 시 내장된 자폭 기능마저 고장 난 것은 특이한 일이었다. 이듬해인 1999년 2월, 카불에는 중국 고위 외교관 5명이 들어와 한 발당 2천만 달러를 주고 2기의 불발 토마호크(US Tomahawks)를 구매해 갔다. 미사일 순항 기술은 급격히 퍼져 몇 년 후 한국과 대만이 크루즈 미사일의 개발에 성공했다.

▣ 죽간본에 따른 〈작전〉

손자가 말하기를 대체로 전쟁에는 전투차 천 대, 보급지원차 천 대, 예비 무장병 십만과 천 리 밖까지 보급할 양식을 준비해야 하고, 국내외 사용 비용, 사신과 책사의 접대비, 무기의 정비 수리용 자재, 수레와 갑옷 조달 등 날마다 천금 같은 큰 돈이 소요된다. 그런 것을 준비한 연후에야 10만의 군사를 일으킬 수 있다.

군사작전에서 진을 오래치면 병력의 예기는 무디어지며, 성을 공격하면 힘은 꺾이고, 군대를 오래 동원하면 국가재정이 부족하게 되니, 무릇 군사력이 무디어져 날카로움이 꺾이고 전력이 약화되고, 재정이 고갈되면, 다른 제후국이 그 피폐를 틈타 일어날 것이니, 지혜로운 사람이라도 그 뒷감당을 잘해낼 수 없을 것이다. 그러므로 전쟁은 속히 끝내야 한다는 말은 들었으나, 교묘히 오래 끈다는 것은 아직 보지 못했다. 대체로 전쟁을 오래 끌어 국가에 이로운 경우는 아직 없었다. 그러므로 전쟁의 해로움을 다 알지 못하면, 군사 운용의 이로운 점을 능히 다 알지 못한다.

전쟁을 잘하는 자는 장병을 재징집하지 아니하고, 군량을 세 번 실어나르지 아니하며, 쓰임은 적지에서 획득하고 식량은 적에게서 구한다. 고로 군량을 가히 넉넉히 할 수 있다. 국가가 빈곤해지는 것은 먼 군대에 멀리 실어날라 백성들이 가난해졌기 때문이다.

군대 시장에 가까이 붙어 비싸게 팔아 백성의 재물이 고갈되면, 노역 공출도 급해진다. 공전(公田)을 경작할 힘이 줄어 나라 안 살림이 비면 백성의 비용은 6할이 사라진다. 국가의 재정도 파괴된 전차, 피로한 말, 갑옷과 투구, 활과 살, 창과 빙패, 수송수단의 보충 등으로 6할을 잃게 된다. 그러므로 지혜로운 장수는 적지에서 식량 획득에 힘쓰는 것이니, 적의 식량 일 종을 획득하는 것은 이십 종을 수송하는 것과 같으며, 적의 말먹이 일 석 획득은 자국에서 수송한 이십 석과 같다. 그러므로 적을 죽이게 하는 것은 분노이다. 적의 자원을 획득하면 재물을 상으로 준다. 전차전에서 전차 10대 이상을 노획하면 최초 노획자에게 상을 주고, 노획한 전차에 아군 깃발을 바꾸어 달아서 아군 전차 사이에 편성하여 탈 수 있게 하고, 포로는 같이 대우할 것이니, 이것을 적에게 이겨 전력을 더욱 강하게 한다 일컫는다. 그러므로 전쟁은 신속히 승리하고, 오래 끄는 것을 가치 있게 여기지 않는다. 따라서 이를 아는 장수라야 백성의 생명을 맡을 만한 인물이요, 국가 안위에 관한 일을 맡길 수 있는 주인이다.

모공(謀攻)

兵書敦宿好
心園發古香
門無俗雜賓
獨專澳意樂
民心溺謀利
天下洩謀攻

병서를 일찍부터 좋아해
마음의 정원은 옛 향기 나네.
집에는 속객이 찾아오지 않아
오로지 홀로 그 깊은 뜻 즐기는데,
사람들은 온통 이익에 빠져있고
세상은 모계(謨計)를 흘리고 있네.

모공(謀攻) 1

　모공편은 손자 상권(上卷), 계(計)의 중심사상과 본론을 말하고 있다. 이른바 인구에 회자하는 명언들이 들어있다. 모공은 《손자병법》 사상의 핵이라고 할 수 있는 "싸우지 않고 이기는(不戰勝)"이 천명임을 천하에 설득하고 그 전략적 합리성을 구조화하였다. 상권에 포함되어 도천지장법 오행의 장(將) 계열에 속해 그 중 천(天)의 지위에 두어[41] 인간의 모든 갈등이 천명(天命) 아래 있으며 하늘이 뜻하지 않는 것을 사람이 할 수 없다는 동방사상이 병법에 녹아든 것이다. 아무리 부득이한 전쟁도 하지 않아야 옳은 것이니, 당의 시인 두보가 "國破山河在(나라는 깨졌어도 산하는 여전하네)."라 노래한 것처럼, 체제[國]와 자연(自然)을 가꾸고 누리는 주인 즉, 백성의 하위 개념으로 보았다. 모공은 죽간에 편명이 보이지 않는다.[42] 조조의 산편(刪篇)에 의해 〈모공(謀攻)〉이 되었을 거라는 일설이 있었지만 선진(先秦) 시대에 이미 모공이라는 제두(題頭)를 가진 문헌이 발견되었다.

> 죽간본 : (孫子曰, 凡用兵之法, 全國爲上, 破國次之, 全軍爲上, 破軍次之, 全旅爲上, 破旅次之, 全卒爲上, 破卒次之, 全伍爲上,) 破伍(次之)
>
> 전래본 : 孫子曰, 凡用兵之法, 全國爲上, 破國次之, 全軍爲上, 破軍次之, 全旅爲上, 破旅次之, 全卒爲上, 破卒次之, 全伍爲上, 破伍次之.
>
> 손자가 말하기를, 무릇 용병의 법에 (적국을) 온전한 채로 굴복시키는 것이 상책이요, 깨뜨려서 굴목시키는 것은 차선책이고, 군(軍) 지휘부, 족(旅, 500명),

---

41)　용간 1 참조
42)　計, 謀攻, 軍爭, 九變, 行軍, 地形, 九地, 用間은 죽간에 편명이 보이지 않는다. 잔멸되어 없어져 판단 할 수 없기도 하나, 출토된 죽간이 써진 서한 시기까지 13편 전체의 구성이 이루어지지 않았음을 추정할 수 도 있다.

> 졸(卒, 100명), 오(伍, 5명) 등[43]을 온전한 채로 두는 것이 상책이요, 그것들을 깨뜨리는 것은 차선책이라 하였다.

온전함(全)과 부서짐(破)은 전국시대 용법이나 선진(秦) 문자가 아닌 진의 통일후 문자 정비에 의한 소전(小篆)에서 보이는 글자로 위 문구에서 서로 대비를 이루고 있다. 전(全)의 실제 소전자는 동(仝)이고 단옥재는 설문해자주에서 사람이 옥을 다듬어 순옥(純玉)이 된 것을 전(全)이라고 설명한다. 반면 파(破)는 옥돌을 부수는 것이다. 《노자》 22장 곡즉전경(曲則全章)에는 굽은 것이 완전한 것이므로 "자기를 온전히 하여 도에게 돌리는 일(誠全而歸之)"이라는 말에 보이듯 "전(全)"은 정성스런 행위이다. 도가적 입장에서 위의 구절을 해석하면, "굴욕을 받아들여 몸을 굽혀 인민을 보전하는 것(受屈辱必得成全)"이 상책이고 나라를 부수는 일과 같은 군대를 동원하는 일은 차상책이 된다. "천하의 누구와도 다투지 않겠다(夫唯不爭 故天下莫能與之爭)."는 생각이 부전승(不戰勝) 사상이다. 이는 문화적 우위를 자부한 중국인이 주변을 감화할 수 있다는 자신감에서 나왔다. 이 구절의 해석 역시 주관적, 객관적 태도에 따라 완전히 다르게 보이는 묘미가 있다. 심각한 무정부주의적 사고가 숨어 있어 고대에 이미 이런 비폭력 무저항에 대한 이해를 병법에 작용하고 있었다.

나라의 무력 수단을 국가급에서 삼삼오오 분대급까지 나누어 기술한 순서에도 뜻이 숨어 있다. 전투의 상대는 인간이 아니라 조직이며 최상책은 국가 상층 전쟁 지도부의 전쟁 의지를 부수거나 마비시키는 것이다. 따라서 전투 행위가 하부에까지 닿지 않도록 한다. 그 우선순위는 국(國), 군(軍), 여(旅), 졸(卒), 오(伍)순으로 실존적 개인 가까이 싸움이 구

---

43) 周禮夏官司馬 "凡制軍 萬有二千五百人爲軍. 王六軍, 大國三軍, 次國二軍, 小國一軍. 軍將皆命卿. 二千有五百人爲師, 師帥皆中大夫. 五百人爲旅, 旅帥皆下大夫. 百人爲卒 卒長皆上士. 二十五人爲兩 兩司馬皆中士. 五人爲伍 伍皆有長. 一軍則二府六史胥十人 徒百人."

체화 되는 것은 갈수록 하책(下策)이다. 《주례(周禮)》에는 군의 편제에서 군(軍)과 여(旅) 사이에 2,500명 규모의 사(師)가 기록되어 있는데[44] 위 구절에 사(師)가 빠진 것은 일설[45]에 오행사상에 바탕이 되는 오사(五事)에 맞추기 위한 것이라 하나 그 논거가 약하다.

사(師)를 전쟁이 임박하거나 워게임[始計] 이후에 동원되어 편성되는 Task Force의 개념으로 본다면, 전국시대의 사(師)의 위치를 찾을 수 있다. 군사(軍師)로 임명된 책략가는 왕 또는 대장군으로부터 위임받은 권한을 가지고 한시적으로 하나의 캠페인을 시작하고 종결짓는 것이므로 평시 군사편제에 사(師)가 있을 수 없었을 것이다. 사(師)의 사용은 이미 전쟁이 선포되어 무력 충돌 간에 있기 때문이다. 주역(周易)에 보이는 사괘(師卦)는 땅 아래 물이 있는(地水師) 상형으로 나타내어, 유순한 땅인 농(農) 가운데 험한 물인 병(兵)이 숨어 있는 상(象)으로 동원된 군대를 의미한다. 그러므로 적의 군대를 사(師)라고 하지 않으므로 이 글자가 빠진 제대별 부대는 적의 전투서열(OB)을 뜻함이 분명해 보인다.

졸(卒)이란 설문해자에는 노예나 하인에게 입히는 옷에 X형 포박을 둘러친 노예군이라고 설명하고 있다. 이들은 밧줄에 묶인 채 100명 단위 졸로 구성되어 500이 되면 하나의 깃발을 가진 여(旅)로서 성을 공격하는 공성(攻城) 기구를 끌었다. 사(師)는 5개의 문을 가진 하나의 성을 목표로 편조된 부대이니 5개의 공성기구를 보유하게 된다. 전국시대는 성읍 도시국가 형태이므로 12,500명 규모의 군편제가 존재하지 않았다. 군, 즉 삼군(三軍)은 한나라 때에 이르러 나타난 군 편제이다. 전국 시대의 군의 의미는 그 해석에 논란이 있지만, 군(軍)이라는 자는 갑골문에 보이지 않고 금석문에 성을 공격하는 전차 위에 달린 공성기구 모습의

---

44) 周禮, 地官 "五旅爲師 五師爲軍
45) 대만 책략연구소 손자논정

상형자인 포(勹)를 소전체로 쓴 것이 있다. 이것은 전국 말에 이르러 전차 車에 갓머리 멱(冖)을 씌워 "지휘부"를 의미하게 된다. 그러므로 그때까지 전쟁과 군대를 뜻하는 글자는 병(兵)이라는 자로 한정되어 있었다.

2차대전 시 독일군은 프랑스 침공에서 마지노 방어선을 피해 우회하여 빠른 속도로 바로 후방 깊숙이 뚫고 들어가 지휘부를 마비시키는 리델하트의 "마비이론"을 그대로 실전에 적용해 큰 성공을 거두었다. 손자의 모공 이론을 역시 모방한 것이다. 이러한 우회 천입(穿入) 전술은 오늘날에도 전쟁 지도부만 골라서 공격하는 "Surgical strikes to Decapitate(두뇌만 제거하는 수술적 타격)"으로 무기 기술의 발달과 함께 발전했다. 전쟁을 일으키면 접전의 우선순위가 일선 병사가 아니라 바로 전쟁 지도부 자신이 된다는 "위협"은 아마도 전쟁을 억제하는 좋은 수단일 수 있다.

모공(謀攻) 2

손자라는 종주(從周)주의자가 바라본 전쟁의 르네상스적 해석은 매혹적이다. 주(周)나라 이후 인간과 하늘이 재발견 되었다면, 이미 확고하게 인문 속에 자리 잡은 전쟁의 모습을 말해야 했다. 그러나 거기에는 가혹한 시련과 용기가 필요했다. 모든 혁명적 각성은 체제(國體), 나라(國家) 안에서 중화(中化)의 단계에 머물러 더 전진하지 못했다. 죽간은 제후와 장군들 손에서만 전해진 것은 아니었다. 꼽추와 난쟁이 책사들이 졸오(卒伍)에 숨어 있는 군인들의 피 묻은 갑옷에 싸서 감춰 두었던 것을 모아 남모르게 정리한 것이 언어를 초월하여 행간에 숨어 있었다. 그것은 평화를 원하는 간절한 슬픈 조각, 애절(哀切)이었다. 《손자병법》이 한 시대의 패자인 조조의 손에서 산책(刪策) 된 것은 역시 재난이었다.[46] 그 수많은 다른 사색의 파편들이 어떻게 사라졌는지 우리는 지금 알 수 없다. 그러나 사라진 것이 무엇이었는지 알 수 있을 것 같다. 전장(戰場)에서 두려워 떨며, 사랑하고 슬퍼하고 증오하며 후회하고 연민한 것과 이것들에 대한 새로운 인간다운 인(仁)의 느낌을 찾는 것이었음이 틀림없다. 서구적 개념의 실존이 아니라 이미 오래된 하늘로부터 돌려받은 인간다움 그리고 인간다워야 한다는 노력[誠]은 전쟁을 만들지 않고, 전장에서 싸우지 않고 이기려는 노력이었다.

> 죽간본 : (是故 ▲▲百戰百勝, 非善之善者也, ○○○○不戰而勝, 善之善者也)
> 이러한 까닭에 백번 싸워 백번 이기는 것은 최선이 아니며, 싸우지 않고 이기는 것이 최선이다.
>
> 전래본 : 是故 百戰百勝, 非善之善者也, ○○○○○○不戰而屈人之兵, 善之善者也.
> 이러한 까닭에 백번 싸워 백번 이기는 것은 최선의 방법이 아니며 싸우지 않고 적을 굴복시키는 병법이 최선이다.

《손자병법》의 대표어로 그 전쟁 철학을 한 구절로 요약한 명언이다. 죽간의 잔멸된 부분이 길어 전래본과 비교할 수 없다. 하나의 죽편에 통

---

46) 다케우치 요시오(武內義雄, 1886~1966), 곽말약(郭沫若 1892~1978), 풍우란(馮友蘭, 1894~1990) 등 疑古論者들은 《손자병법》 13편의 형성이 춘추전국시대가 아닌 후세에 가필 연변 된 것이라 주장했다. 손자 11가의 주요 註者인 두목(杜牧), 손성연(孫星衍) 역시 13편은 漢書 藝文志에 보이는 "八十二篇"을 조조(曹操)가 刪削하여 13편으로 정리한 것으로 보았다. 조조 스스로 그의 孫子略解에서 전래한 13편이 있음을 언급했는데도 13편의 편저를 조조로 본 것은 허술하다는 비판을 받고 있다. 이러한 논의는 1972년 은작산 한묘에 죽간 《손자병법》이 발굴되고 문리 분석을 통해 13편은 이미 진한지제(秦漢之際) 이전에 존재했다는 중국 학자들의 주장이 압도적이다. 그러나 죽간에 "지형편"이 엄연히 존재하지 않고 서한 시대까지 13편의 체계가 완성되었다는 것은 무리이다. 지형 1 참조.

계상 20~40자의 글자가 들어가므로 죽편 전체가 잔멸되어 글자 수에 의한 예측도 어렵다. 대체로 "부전이굴인지병(不戰而屈人之兵)"보다는 의미의 차이는 없지만 "부전이승(不戰而勝)"으로 함이 명료하고 앞 구절과 대구를 이루게 되며 또, 선진시기(先秦時期)에 나온 《위료자(尉繚子)》, 《갈관자(鶡冠子)》등에 모공(謀攻)을 언급하며 "시고 백전백승 비선지선자야 부전이승 선지선자야(是故 百戰百勝 非善之善者也 不戰而勝 善之善者也)"와 같은 기록이 보이므로, 갈등이 내재하여 있는 굴인(屈人)이라는 용어보다 더 초월적인 부전승(不戰勝)이 합당하다.

모공(謀攻) 3

서기 751년 이른 봄 고구려 출신 대장군 고선지는 자신을 따라다니는 감군(監軍, 군을 감시하는 황제의 직속 기관, 기무사와 같은 역할)의 폐해를 황제에게 고해 이들을 추방하고 작전의 자유권을 얻어 험준한 키르기스 산맥을 넘어 당의 영토를 넓혀 나아갔다. 그는 투르키시 투르크(돌기시 돌궐족)를 복속시키고 필연적으로 이슬람 아바스 왕조의 군대와 탈라스에서 충돌한다. 그 시기는 이슬람 우마이야 왕조에서 아바스 왕조로 교체되는 시기여서 중앙아시아 지역은 힘의 진공상태로 혼란의 와중이었다. 《신당서》에는 아바스 왕조를 흑의대식(黑衣大食, 검은 옷의 타지크), 우마이야 왕조를 백의대식(白衣大食, 흰 옷의 타지크)이라고 구분하여 기술했는데 이것은 당군이 구 이슬람 왕조인 우마이야와 전략적 연대를 취했기 때문이었다. 어쨌든 고선지가 이끈 3만여의 한(漢)과 번(蕃)의 잡군은 대패하여 이들 대부분은 흑의대식에 포로가 된다. 이슬람 쪽 기록인《이븐 아시르 연대기》에는 "아바스 군이 중국군 5만을 죽이고 2만을 포로로 잡았다"라고 기록하고 있다. 기록이 서로 달라 정설은 아니지만, 751년 탈라스 전투에서 당군 진중에 종이 문헌의《손자병법》이 있었고 서양으로 제지 기술이 소개되면서《손자병법》이 아랍에 전해졌을 거라는 추론이 있다. 거기서 바하 웃 딘은 경이로운 마음으로《손자병법》을 읽었을 것이다. 바하 웃 딘이 공부한 사마르칸트의 도서관은 수많은 한적(漢籍)이 있었다. 중국과 아랍의 아바스 왕조가 충돌하여 뒤섞인 후 400여 년이 지났으므로 충분한 번역도 이루어졌을 것이다.

서기 1138년 이라크 티그리스 강 좌안의 티그리트 요새에서 영웅 살라딘(살라 웃 딘, 1138–1193)이 태어났다. 그리고 그의 위대한 생애를 기록한 아랍의 한 작가, 바하 웃 딘이 7년 후에 역시 티그리스 강 모술에서 세상에 나온다. 그는 이슬람 재판관인 "카디"가 되기 위해 지금의 바그다드 대학인 니자미야 대학에서 동서고금의 온갖 서적을 공부하며, 역시 중세 아랍의 모든 석학이 그랬던 것처럼 서쪽으로는 스페인의 코르도바로부터 동쪽으로는 타타르 제국의 사마르칸트까지 대학을 옮겨 다니며 배우고 가르쳤다. 사마르칸트에는 최초로 종이에 써진 것이라 믿어지는 코란과 중국에서 유입된 한적(漢籍)이 마드라사[47]의 도서관에 가득했다.

《손자병법》의 정신을 아주 잘 이해했던 사람이 살라딘이었다. 그는 예루살렘을 기독교도로부터 탈환 할 때, 손자의 정수(精粹)를 사용한다. 작가 바하 웃 딘은 살라딘의 전기에서 예루살렘에서의 기독교도들의 만행을 담담히 기록하며 "천시가 이슬람에 있고 민심이 살라딘의 편인 때에 술탄은 알라이 은체를 입었다!"라고 하여 그 행간의 기록이 손자 모공(謀攻)의 말과 다르지 않다.

"그러므로 알라께서 그들의 꾀를 치시고, 그들의 관계를 끊으시며, 마

---

47) 이슬람 사원에 딸린 종교학교.

침내 저 무리를 살라딘의 군대에 맡기셨도다.”

　살라딘은 예루살렘 성을 장시간 포위하되 농성 중인 프랑크 연합 기사단이 살아서 돌아갈 길을 터주었다. 살길이 보이면 전의가 상실되는 법이다. 그는 포로를 관대히 대해주고 코란에 명시된 승자에게 주는 3일간의 약탈도 휘하 병사들에게 허용하지 않았다. 불만을 달래기 위해 대신 자신의 재물을 나누어 주었다. 그는 사전에 다마쿠스와 알레포에 있는 기독교 세력의 연합관계를 끊었고 적과 맺은 약속을 반드시 지켰다. 그리고 마침내 무모하게 저항하는 잔여 세력을 공격했다. 손자의 최선 전략인 벌모(伐謀)를 그대로 실행한 것이다.

　천 년이 지나 예루살렘이 다시 서방세계에 점령된 것도 역시 시온주의자들이 《손자병법》을 읽었기 때문이었다. 《손자병법》이 이스라엘에 전해진 것은, 다르게 말해 유럽의 시오니즘 유대인 사회에 널리 읽힌 것은 1910년 러일전쟁 이후 일본을 통한 문헌으로였다. 이것은 아직도 중동 전략 관계에 깊이 작용하고 있다. 아랍에 둘러싸인 이스라엘의 생존 전략은 《손자병법》의 상편 4편인 계(計)에 기초한다. 이스라엘의 건국 전쟁에서는 5가지 손자의 말을 강령으로 사용했다. 이것을 가지고 초기 시온주의자들은 팔레스타인으로 스며든다.

　Attack where the enemy is weak. 적의 약한 곳을 공격하라. 싸울 장소를 주도권을 가지고 능동적으로 정한다. 이스라엘에 대한 반대 시위가 있기 전에 그 장소에 “중동평화 주간”이라든지 “인권 주간”과 같은 시위를 먼저 한다. 그 평화협상 기간에 팔레스타인이 저지른 테러에 대한 지원을 공개하고 이슈화한다. 이스라엘 국방군(IDF)이 저지른 인권 유린 행위를 그들이 들고 나오기 전에 먼저 주장하는 것이다. 아랍인들이 교회를 불사르거나 폭력 행동을 했다면 이런 테러 행위를 신속히 세계에 알려야 한다.(攻其無備, 始計篇 적의 준비되지 않은 곳을 공격한다.)

Follow up and reinforce successes. 성공이 있는 곳을 보강하고 따르라. 자신이 속한 공동체의 어느 한 부분에서 지원자나 동조자가 발견되면 신속히 이를 다른 이에게 알리며 선전한다. (兵之情主速, 九地篇 상황이 개척되면 이를 신속히 성공으로 확대한다.)

Do not defend hopeless positions. 희망 없는 진지를 고수하지 마라. 주변에 온통 아랍사람이고 그들이 한목소리로 자신의 땅임을 주장하는 "쿠루 알 아르드 아랍!"—모든 땅은 아랍의 땅이다!—라는 소리가 들리면 지체 없이 그곳을 빠져나와라.(圮地則行, 九地篇 불리한 곳에서는 절대로 머물지 않는다.)

When you are strong, act weak. 강할 때는 약한 척 행동하라. 사람은 힘없는 이에게 동정적이다. 네가 가지고 있는 재원이나 재능을 반(反)이스라엘 진영에 보이지 마라. 공동 이해관계를 아랍과 설정한다고 능력을 보이지 말고 예상하지 않은 곳에 재원을 기습적으로 투자하라. (能而示之不能, 始計篇 능한 것을 능하지 못한 척 보인다.)

When you are weak, act strong. 약할 때는 강하게 행동하라. 군중들은 대부분 소수의 극단주의자에 의해 선동된다. 그들은 주목을 받기 위해 군중 앞에 나서며 이스라엘을 공격할 명분을 찾으려 할 것이다. 그들은 미디어에 말한다. "자신이 대다수의 침묵하는 대중을 대변하고 있다고." "미국도 이제는 시온주의 점령정부에 질려있다고." 그럴 때는 이들에게 강하게 맞서라. 실제로 이들은 다수를 대변하지 않고 2~3명의 소수에 지나지 않는다. 적도 나도 자신을 감추고 상대를 드러내려 하기 때문이다. (形人而我無形, 虛實篇 적은 드러내고 아군은 드러내지 않는다.)

이스라엘은 건국 이후 아랍세계와의 갈등의 대처에 늘 속임수로 응했다(兵者詭道也). 하마스도 이에 대응해 궤도(詭道)를 사용한다. 2008년 가자지구 폭격과 지상군 전투에 하마스의 리더들은 수송수단으로 엠불런스를, 지휘소로 병원을 사용하여 만약 이를 IDF(이스라엘 국방군)가 공격하면 전쟁범죄로 몰아 선전 거리로 사용하려 했다. 서로 간의 협상 기간에도 이스라엘은 가자(Gaza)를 폭격하고 하마스는 민간 버스를 납치해 인질을 잡았다. 《손자병법》을 잘 읽었던 살라딘이 천 년 전에 보여주었던 관용과 배려, 약속의 이행은 어느 쪽도 보이지 않는다.

> 죽간본 : (故上兵伐謀, 其次伐交, 其次伐兵)
> 전래본 : 故上兵伐謀, 其次伐交, 其次伐兵, 其下攻城
> 그러므로 최상의 용병법은 적의 전쟁 의도를 치는 것이고, 그다음은 적의 외교 관계를 치는 것이고, 그다음은 군대를 치는 것이다.

기하공성(其下攻城)은 죽간에는 문맥상 기하공성지법(其下攻城之法)으로 다음 구절에 붙어있다. 구절을 어디에서 자르느냐에 따라 미묘한 의미의 차이가 있다. 전래본의 대부분이 모(謀), 교(交), 병(兵), 성(城)을 하나의 절로 한 것은 전략목표를 사변(四變)[48]과 병행해서 보았기 때문이다. 유일하게 손교본에는 기하공성(其下攻城)을 하정공성(下政攻城)으

---

48) 四變 : 途有所不由 軍有所不擊 城有所不攻 地有所不爭 전래한 전통적 사변은 途, 軍, 城, 地의 형세 변화를 뜻했으나 은작산 죽간에 〈四變〉이 한 篇으로 출토되어 새로운 개념이 부여되었다. 구변 4 참조

로 바꾸어 전술적 하드웨어로 앞 구절과 분리해 주목할만하다.

모공(謀攻) 4

죽간본 : 其下攻城之法, 脩櫓, (轒轀, 具器械), 三月而止(也). 距, 闉, 有三月(後已). (將不勝其忿, 而蟻附之, 殺士卒三分之一, 而)城不(拔者, 此攻之)烖也.

가장 하책인 성을 공격하는 방법은 망루와 장갑 수레를 수리하고 투석 장비를 갖추는데 3개월이 지난다. 충격 무기와 지휘 요새는 3개월 후에 된다. 그러나 장수가 분을 이기지 못하여 준비 없이 병사들을 성벽에 개미떼처럼 기어오르게 하여 그중 3분의 1을 죽게 하고서도 성을 함락시키지 못한다면, 이는 공성으로 인한 재앙이다.

전래본 : 攻城之法, 爲不得已, 修櫓, 轒轀, 具器械, 三月而後成, 距堙, 又三月而後已. 將不勝其忿, 而蟻附之, 殺士卒三分之一, 而城不拔者, 此攻之災也.

성을 공격하는 방법은 부득이하여야하는 것이니, 망루와 공성 장갑 수레를 수리하고 투석 장비를 갖추는 데 3개월이 지나야 이루어지고, 토산(土山)을 쌓아 성(城)을 넘게 길을 내어도 또한 3개월이 지나야 완성되는 것이다. 그러나 장수가 분을 이기지 못하여 준비 없이 병사들을 성벽에 개미떼처럼 기어오르게 하여 그중 3분의 1을 죽게 하고서도 성을 함락시키지 못한다면, 이는 공성으로 인한 재앙이다.

노(櫓)는 망루, 분온(轒轀)은 공성용 장갑 수레이다. 수(脩)는 수(修)와 고대 통가자이다. 죽간의 거(距)는 한비자에는 공성용 충격 도구로[49] 묘사

---
49)　韓非子, 八說, "干城距冲 不若埋穴伏橐"

되었고 무경총요에는 산을 쌓아 그 위에 올린 지휘 망대와 같은 모습[50] 이어서 그 정확한 용도를 알 수 없다. 인(闉)은 구부러진 성곽 문 또는 내부 방어용 성문을 뜻하나 인(堙)과 인(闉)은 통가자이고 설문해자에는 이를 "요새"의 뜻으로 풀었다.[51] 전래본에는 거인(距堙)으로 변화되어 토산을 쌓아 길을 낸 것으로 뜻이 바뀌고 말았다. 죽간의 재(烖)는 재(災)와 음이 비슷하여 오기된 것으로 볼 수 있으나 의심이 남을 수밖에 없다.

성채(城砦)는 이미 오랜 시간을 들여 방어를 준비한 전쟁물이다. 방어는 공간을 내주고 시간을 버는 쟁간병법(爭間兵法)이니 그 사이 어떤 전술 전략적 불균형이 생길지 모르는 일이다. 시간을 끌수록 공자(攻者)에게 불리하니 지구전을 도모하는 것은 방자(防者)이고 5사(事) 중에 천시(天時), 기후변천은 역시 대체로 현지에 적응된 방자에게 유리하다. 그러므로 모공의 단계에서 군대(兵)와 도시(城)와 나라(國)를 싸우지 않고 손에 넣는 방법을 생각하건대, 병법의 행간에 제시되지 않은 방법은 무엇이었을까? 교묘하게도 위의 문장은 갈등의 실존적 주체가 작은 단위 병사에서 큰 단위, 성(城)과 나라로 전개된 것은 작은 사건이 큰 사건이 될 수 있다는 단순한 전개를 열람하라는 말은 아니다.

전국(戰國)의 제후들은 자신의 나라의 인구가 줄어드는 것을 매우 두려워했다. 백성들은 국경을 자유롭게 넘어 인덕(仁德) 있는 제후를 찾아 유랑했다. 혹 그가 덕이 없어도 식량을 많이 가지고 있다는 소문이 나면 사람들은 몸과 가족을 그에게 의탁했다. 세상인심은 어지러워 베푸는[政] 것이 인의(仁義)가 아니라도 곡식을 많이 거두는[利] 곳이라면 사람이 모였다. 사람이 곧 국력이었으니 제후들은 사람을 모으는 방법에 고심한다. 사람을 모으는 법은 두 가지가 있으니 덕을 베풀어 신망을 얻거

---

50) 武經總要 "城制圖"
51) 說文 云 : "堙, 塞也"

나 전쟁을 하여 소출이 많은 땅을 얻고 포로를 잡는 것이었다. 삽시간에 나라가 망하고 어제의 귀족이 오늘 노예가 되어 사람의 모습과 상황에 깊은 내면적 성찰이 이루어졌다. 그러므로 출신이 어디이며 간판이 무엇인지 묻지 않는 학벌이 아닌 학력의 시대였으니 전국시대의 인재 등용은 그야말로 능력주의 메리토크라시 풍토에 의한 분별로 이루어졌다. 학력이란 곧 끊임없이 질문할 수 있는 능력이므로 제후 앞에 나아가 상황을 설명하고 뛰어난 대책을 진언하여 채택되면 하루아침에 장상(將相)이 되는 정념의 시대였다.

전국시대(기원전 475~221)에 가장 뚱딴지같은 인물은 맹자이다. 무력을 써서 강함을 다투는 시대였으니 제후들은 인재를 등용함에 용병(用兵)과 권모(權謀)에 힘쓰는 자를 가장 뛰어난 인물로 여겼다. 그리하여 이 시기에 진(秦)나라에는 법가(法家)인 상앙(商鞅)이 토지와 세제를 개혁하여 진을 강국으로 만들었고, 위(魏)에는 오자, 제(齊)에는 손자(손빈) 등 병법가(兵法家)가 출현하여 그야말로 부국강병에 열을 올렸다. 그런데 맹자는 위(魏)나라—후에 양(梁)나라 혜왕의 부국강병을 묻는 말에 "왕이시여, 하필 이익을 물으십니까? 오로지 인의가 있을 뿐입니다(王 何必曰利 亦有仁義而已矣)"하며 면박을 준다. 왕 앞에서 담대한 유세가란 생각하기 어려운 시기였기에 훗날 이 사건은 〈맹자〉의 맨 서두에 등장한다. 《손자병법》의 저자가 사마천의 주장대로 실제 춘추시대 역사 인물이었다면 병법에 전국시대 "맹자의 이(利)"에 대한 인식이 손자에 나타날 수 없었을 것이다.

전쟁을 좋아하는 양혜왕(기원전 370 318 재위)은 동시대에 살았던 제나라의 손빈(360±10 BC)의 연전연승 소식을 듣고 부럽고 애가 탔던 모양이다. 맹자도 그가 부른 유세가의 한 사람이었을 것이다. 그러므로 그의 인의(仁義) 정신이 손자에 스며든 것은 같은 때인 전국시대였다고 보기 어렵다. 제자(諸子)의 학교에서 텍스트가 오가고 사상의 교섭이 이루어진 시간이 흘러, 대체로 유교가 국교화된 한나라에 이르러 손자의 행간(行簡)에 나타났다고 여겨야 옳을 것이다. 모공편(謀攻篇)은 인간의 희생이 예상되는 싸움을 피하는 것이 인의(仁義)임을 잘 설명하고 있다.

죽간본 : 故善用兵者 詘人之兵而非戰也, 拔人之(城)而非攻也, 破人之國 而非(久也, 必以全爭於)天下. 故(兵不鈍)而利可(全, 此謀攻之法也).

전래본 : 故善用兵者 屈人之兵, 而非戰也, 拔人之城 而非攻也, 毀人之國而非久也, 必以全爭於天下. 故兵不鈍 而利可全. 此謀攻之法也.

그러므로 용병을 잘하는 자는 적의 부대를 굴복시키되 전투 없이 하고, 성을 함락시키되 공성 없이 하고, 적국을 무너뜨리되 오래 끌지 않는다. 반드시 천하를 온전히 두고 승부를 겨룬다. 그러므로 군대도 둔해짐이 없고 그 정예 함도 가히 온전할 것이니, 이것이 모공의 법칙이다.

굴(詘)은 굴(屈)과 다르지 않으나 쓰임새에 다른 뉘앙스가 있다. 굴(詘)은 능동사여서 동작의 주체를 움직인다. 유편(類篇)에 보이는 충굴(充詘)은 "기뻐 만족하여 절제된 용모를 잃음(喜失節貌)"이며 예기(禮, 儒行)의 "부귀에 충굴하지 않음(不充詘于富貴)"에서 보듯[52] 스스로 깨달아 뜻을 굽힌 양태이다. 전래본의 굴(屈)은 피동적이며 억압에 의한 결과이다. 그러므로 뒤에 이어지는 싸우지 않음[非戰]의 문리에 굴(詘)이 더 적합하다.

파국(破國)과 훼국(毀國) 역시 앞의 문장의 전(全)과 파(破)의 대비된 맥락을 가져와 파(破)로 했음이 당연하다. 위 문구는 점증법을 구사하며 굴(詘)-발(拔)-파(破)로 의미를 상승시켰는데 개인에서 체제로의 변환

---

52) 康熙字典, 詘

도중에 근본의 뿌리를 뽑아 근성을 바꾸는 뜻의 발(拔)[53]은 논리적이고 심오하다. 이리가전(而利可全)의 리(利)는 앞의 부둔(不鈍)과 대비한 날카로움으로 풀이되나 후세에 이익을 보존함으로 뜻이 확대[衍誤]되었다. 전쟁 없이 이익을 보존하는 것은 무엇일까? 육도삼략(六韜三略) 하략(下略)의 마지막 문장에 이에 대한 말이 전해지고 있다.

"한 사람에게만 이익을 주기 위해 백 사람에게 손해를 끼치면 백성은 성을 떠날 것이다. 한 사람에게 이익을 주기 위해 만 사람에게 해가 미치게 되면 나라를 생각하는 마음은 산산이 흩어질 것이다(利一害百 民去城郭 利一害萬 國乃思散)"

모공(謀攻) 5

죽간본 : (用兵之法, 十則圍之, 五則攻之, 倍則分之, 敵則能戰之, (少則能守之, 不若則能避之. 故少敵之 堅, 大敵之 擒也)

전래본 : 故用兵之法, 十則圍之, 五則攻之, 倍則分之, 敵則能戰之, 少則能逃之, 不若則能避之. 故少敵之 堅, 大敵之 擒也

그리고 용병의 법에서 적보다 10배이면 포위하고, 5배이면 공격하고, 2배이면 (아군을) 분할 운용 가능하고 (또는 적을 둘로 분할시키고), 적과 필적하면 (진을 쳐) 전투해야 하고, 적보다 적으면 도주(수비)하고, 상대가 안 될 정도이면 피해야 한다. 적의 수가 적다면 (요새를) 견고히 할 것이요, 적의 수가 많다면

---

53) 韓非子, 解老 "外物引之 引之而往 故曰拔" 漢書, 高帝紀 "攻碭三日拔之 韋昭注 "拔者破城邑而取之若拔樹木并得其根本也"

(아군을) 사로잡으려 할 것이다.

모공편의 문장중 논란이 많고 고금의 주(注)가 길게 달린 부분이다. 죽간(竹簡)에는 "전지(戰之)" 두 글자만 발견되었고 무경본(武經本)은 용병지법(用兵之法) 이하 문장이 보이지 않는다. 사고본(四庫本)은 소즉능도지(少則能逃之)가 소즉능수지(少則能守之)로 보인다. 전국(戰國)시대에 나온 전적(典籍) 중 곡량전(穀梁傳)에는 소즉수(少則守)라는 말이 있다.[54] 문장의 진행 순이 十(열 배), 五(다섯 배), 倍(두 배), 敵(대등), 少(적보다 열세), 不若(적보다 매우 열세)으로 층으로 나열하여 설명하고 있다. 이 것은 군사력의 움직임이 꼭 병력의 수나 기동력이 아니더라도 그 템포가 약화하여 공세 종말점에 도달하면 변하는 형세와 상황을 잘 표현한 것이다.

전쟁, 군사용어는 같은 동방문자(漢字) 문화권인 한국, 중국, 일본에서 현대적 단어로 사용하는 의미가 서로 다르고 이 부분 역시 해석의 왜곡을 가져올 수 있다. 동방문자는 하나의 글자가 하나의 문장인 경우가 흔하다. 근세 일본이 서양 용어를 한자화 하면서 그 의미에 혼돈이 생긴 것을 탓할 수 없지만, 고전을 일본식 단어로 대입할 수는 없다. 공(攻)이란 글자를 보아도 이제는 군사용어에서 "공격"의 줄임말이거나 "Offensive, Attack"의 번역어 또는 "방어"의 반대말로 여겨진다. 그러나 엄밀히 따지면 전국시대 중반까지 공(攻)이란 오로지 성(城)을 치는 의미였다. 적(敵)이란 말 역시 "Enemy"라는 뜻으로 고착해서는 안 된다. 춘추(春秋, 文公七年)에는 적(敵)이란 국력이 같은 것(敵, 强弱等也)으로 정의하고 있고, 또 《손빈병법(孫臏兵法, 十問)》에 적(敵)이란 "식량도 같

---

54) 穀梁傳, 僖公二十二年 "襄公曰 不鼓不成列 須其成列而後擊之 則衆敗而身傷焉 七月而死 倍則攻 敵則戰 少則守"

은 수준으로 가지고 있으며, 사람과 군대가 균형을 이루고 공자와 방자가 서로 두려워하는 사이(糧食均足 人兵敵衡 客主兩懼)"라고 정의하고 있다.

모공편을 이해하는 데 전국시대의 주적관(主敵觀)에 대한 관찰이 필요하다. 적의 생성은 균형이 있는 곳에서 발생한다는 것이다. 불균형이 전쟁을 일으킨다는 지금의 통념과는 다르다. 대국과 소국 간에는 외교적 주종관계가 있을 뿐 적대적이 되어 전쟁이 있을 수 없다는 매우 신사적인 불문율이 존재했던 것 같다. 이 관념은 주(周) 왕실이 아직 완전히 쇠퇴하기 전인 춘추시대에 생긴 것으로 약육강식의 전국시대에는 사라져버려 맹자에 이르러는 국가 간의 국력의 불균형이 전쟁의 원인이 되어서는 안 된다고 특별히 역설하게 된다. "큰 나라로서 작은 나라를 섬기는 것은 하늘의 도리를 즐기는 것이요, 작은 나라로서 큰 나라를 섬기는 것은 하늘의 도리를 두려워하는 것이다. 하늘의 도리를 즐기는 자는 천하를 편안케 하고, 하늘의 도리를 두려워하는 자는 자기 나라를 편안케 한다(以大事小者 樂天者也 以小事大者 畏天者也 樂天者 保天下 畏天者 保其國.)"[55]

큰 나라가 작은 나라를 섬기는 것은 온 천하를 편안케 하는 큰 용기라고 맹자가 떠들고 다녀도 제후들의 귀에는 마이동풍이었을 것이다. 그러나 전국시대의 실상이 아닌 전국의 이상향 역시 《손자병법》의 형성에 영향을 주었다. 자연은 이상(理想)을 가지고 있지 않다. 이상은 불균형이 초래한 것이다. 인위와 작위가 없다면 세상에는 자연히 인의(仁義)가 자리 잡는다. 그러므로 오로지 인의가 있을 뿐, 인간의 욕망인 이(利)라는 작위가 익의 이상에서 비롯된다는 것은 유가와 도가의 공통된 사상이었다. 굳이 이상(이데아)이라는 서구적 용어가 주는 혼돈과 실제적 해악을 현대에 경험하고 있는 우리는 전국시대의 실존적 언어가 훨씬 합리적이

---

55) 맹자, 양혜왕

라는 것을 느끼게 된다.

　세(勢)의 불균형이 전쟁의 원인이 아니라는 비범한 견해는 적즉능전지(敵則能戰之)라는 말에 깊이와 함의성이 더해져 여러 번 되씹어 보게 한다. 힘이 대등하여 적과 필적하면 능히 싸우라는 이 말은 사대사소(事大事小)의 질서가 깨진 이후이다. 현대 중국이 꿈꾸는 사대양소(事大養小)의 중국몽(中國夢)이 그것이다. 그러면 싸움이 일어난다. 전(戰)[동사]이라는 글자는 진(陳)[명사]을 치고 싸우는 형태의 움직임을 상형한 것으로 본래 단(單) 자로 표현되었다. 단(單)은 금문에 전(戰)과 단(單)이 같은 의미로 통용되었고[56] 마왕퇴(馬王堆) 노자(老子)에는 "잘 싸우는 자는 화를 내지 않는다(善單(戰)者不怒)."가 보인다. 일설에 단(單)의 갑골문 상형이 갈라진 나무에 돌을 매단 무기라고 설명하나, 달리 보면 이는 생산수단인 밭(田)을 균등히 나누어 균형을 이룬 모습이다. 즉 힘이 대등하여 필적(匹敵)을 이루고 싸움이 일어난 것이다. 이럴 때 진을 쳐 대비하되 싸우지 않도록 하는 것이 (孫臏兵法 勢備, 陣而不戰) 손자의 조언이었다.

모공(謀攻) 6

> 죽간본 : (夫將者國之輔也. 輔周則國必强, 輔口則國必弱)
>
> 전래본 : 夫將者國之輔也. 輔周則國必强, 輔隙則國必弱.
>
> 무릇 장수는 나라의 보이니 보가 두루 완벽하면 나라가 반드시 강해지고, 보에 결함과 틈이 있으면 나라는 반드시 약해진다.

---

56)　리러이(李樂毅), 漢字演變五百例, 중국 사회과학원

장군은 어떤 존재인가? 장(將)을 차륜의 축인 보(輔)라고 정의한 것은 국가와 국민이라는 차체와 군대라는 바퀴를 연결하는 축과 같은 매우 중요한 지위이기 때문이다. 그러므로 "Locus General", 일반적인 근거로서의 장수의 지위에 동서양이 그 두루 완벽함(周)과 두루 통함(General)의 의미를 부여했다. 계급장을 무겁게 달고 그 지위의 높음을 의미하는 것이 아니었다. 장(將)이 군사에 천명(天命)을 전달하는 매개라면, 그 소통이 투명하고, 엄하며, 박학해야 한다.

　국가의 정책과 군사의 운용 사이에 장군이 존재하는데, "그가 보주(輔周), 결함이 없는 보(輔)이면 나라가 반드시 강해지고, 그가 보극(輔隙), 틈새와 결함이 있으면 나라가 반드시 약해진다."라는 말로 장군의 자질을 주(周)와 극(隙)의 명료한 대비에 올려놓았다. 진잔본(晉殘本)[57] 에는 "극(隙)은 본래 손자 원본에 口였다."라고 전하고 있다.[58] 극(隙)은 현대 중국어에서 Xi로 발음하나 북송(北宋) 이전 까지는 口와 같이 "쿠"로 발음했다.[59] 《한비자(韓非子, 亡徵)》에는 "담장이 무너지는 것은 필시 틈이 생겼기 때문이다(牆之壞也必通隙)."라는 말이 있는데, 극(隙)은 구멍(口)과 같다고 해석을 달았다. 보에 구멍이 생기고, 보에 입이 생겼다는 표현의 함의에서 죽간 손자의 뜻이 더 심원하다. 장군이 말(口) 뿐이고 군대 내에 균열(口)인 파벌을 조성하면 그 나라는 반드시 약해지고, 장군이 두루 재능이 있어 국가 정책과 국민의 뜻을 알고 이를 군대의 운용에 적용하면 나라가 강해지는 것은 너무 당연하다.

---

57)　敦煌晉寫本(殘本) 통칭 진잔본

58)　李零, 孫子古本研究, 北京大學出版社

59)　Baxter—Sagart Old Chinese by MC initial, final, and tone, 2011: page 77 口 khuwX (mouth), page 74 隙 khjaek (crack)/ Bernhard Karlgren " The reconstruction of Acient chinese, N. G. D. Malmqvist (2010). Rowman & Littlefield. pp. 334. Retrieved 1st of March, 2012.

죽간본 : (故君之所)以患軍(者三, 不知軍之不可以進, 而謂之進, 不知軍之不可以退, 而謂之退, 是謂縻軍).

전래본 : 故軍之所以患於君者三, 不知軍之不可以進, 而謂之進, 不知軍之不可以退, 而謂之退, 是謂縻軍.

그러므로 임금으로 인해 군대에 근심이 생기는 일이 세 가지이니, 군대가 진격할 수 없는 것을 알지 못하고 진격하라고 명령하며, 군대가 후퇴할 수 없는 상황임을 알지 못하고 후퇴하라고 명령하는 것, 이를 "군을 속박한다"고 일컫는다.

태평어람과 통전에는[60] 모두 죽간과 같은 "고군지소이환어군자삼(故君之所以患於軍者三)"으로 되어 있어 고금 어법의 차이에서 발생한 어(於)를 제외하고는 의미가 같다. 군사운용의 정치적 간섭을 금하는 위 문구는 모두 위정자의 군에 대한 무지에서 비롯된 과오를 경계한다.

죽간본 : (不知三軍(之事, 而同三軍之政 則軍士惑矣. 不知三軍之權, 而同三軍之任, 則軍士疑矣. 三軍)旣(惑且)疑 諸侯之(難至矣, 是謂亂軍)

전래본 : 不知三軍之事, 而同三軍之政 則軍士惑矣. 不知三軍之權, 而同三軍之任, 則軍士疑矣. 三軍旣惑且疑, 則諸侯之難至矣, 是謂亂軍引勝.

군의 사정을 알지 못하고 군사행정에 개입하면 군사들이 미혹될 것이오, 군의 명령 권한을 알지 못하고 군의 임무와 보직에 개입하면 군사들은 의심할 것이다. 군이 미혹되고 또 불신하면 인접 제후국이 침공하는 어려운 상황에 이를 것이니 이를 일컬어 "난군(亂軍)이 침공군의 승리를 초래했다." 라고 한다.

난군인승(亂軍引勝)은 해석이 난해하고 조조가 인(引)을 빼앗김[奪]으

60) 太平御覽, 兵部三 將帥上 "故君之所以患於軍者三 三者何也" 通典, 兵一 "故君之所以患於軍者三"

로 보는 등 여러 설이 있으나, 앞의 문구인 시위미군(是謂縻軍)과 대구를 이루는 시위난군(是謂亂軍)으로 맺음이 문리에 맞는다. 죽간으로는 잔멸되어 추정할 수 없으나 진잔본(晉殘本)에는 역시 난군(亂軍)으로 절을 맺고 있다.

미군(縻軍)과 난군(亂軍)은 군사운용의 절묘한 균형을 정치에 요구한다. 정책과 군사 운용 간의 혼선으로 전사에 기록된 패망의 예는 너무나 많다. 고대에서부터 내려오는 이 교훈은 더디고 어지러워 인간의 근본 성향이 여전히 혼돈 속에 남아있음을 지적하고 있고 이성적 질서나 역사 발전을 회의하게 한다. 히틀러와 그의 장군들 간의 혼선이나 군국 일본의 대본영이 어떻게 정치적 상황을 왜곡해서 자신의 군대를 파멸시켰는지 그 사례 역시 매우 많다. 옛날에 똑같은 일이 있었는데도 여전히 그 잘못을 반복하고 있는 것이다.

위 문구는 오래된 부패와 매너리즘 그리고 자리 세습에 빠진 군대가 군 개혁을 저항하며 강변(强辯)의 변(辯)으로 사용하곤 한다. "정치가여! 너희는 군대를 모르니 내버려 두라."는 것이다. 제멋대로 노는 북한군의 오만방자한 언행도 이와 유사하고, 한국군의 개혁을 거부하는 태도 역시 그 내용이 전도되었을 뿐 이와 다르지 않다. 당송팔대가의 한 사람인 소순(蘇洵, 1009-1066)은 오늘의 국방장관격인 추밀사(樞密使) 한기(韓琦)에게 올리는 밀서에서[61] 《손자병법》의 위 내용으로 왜곡된 당시 병가의 작태를 고발하고 있다. 오늘날 한국군 내부에 흐르는 기류를 그대로 느낄 정도로 그의 고언은 시대 초월적이다. 군정과 임면권에 대해 외부로 독립돼야 하는 본래의 의미를 벗어나 군대가 부패하여 인사 군기가 문란해져 방종을 일삼게 된다면, 이를 수습하기 매우 어렵다며, 소순은 "태위는 위무를 사납게 하여 그 타락된 것을 바로잡고(太尉厲威武以振其墮)

---

61)　蘇洵, 上韓樞密書

저들이 천자의 깊은 인애를 생각하여(彼其思天子之深仁) 그 사랑이 교만 방종에 이르지 않도록 해야(則愛而不至於驕)"한다고 강조한다. 천자는 오늘날 주권자인 국민이다. 국민의 사랑 없는 군대는 존재의 가치가 없다.

그러나 군대에 대한 강경책에 반론을 드는 사람이 있게 마련인데, 소순의 〈밀서〉에도 이것이 보인다. "혹자는 군대가 오랫동안 교만하고 방종해서 통제되지 않던 것을, 하루아침에 군법으로 이를 바로 잡으려 한다면, 이것이 동기가 되어 반란이 일어나게 되지나 않을까 두렵다고 말한다(或者以爲兵久驕不治, 日旦繩以法, 恐因以生亂)." 문민정부 들어선 지 20년이 되어도 왜 군대를 개혁하지 못했는지 그 이유를 알만하다. 더구나 오랫동안 실제 전쟁을 하지 않고 그 앉은 자리에서 세만 늘리고 거드름 피웠다면, 차후 위기에 군을 사용하려 할 때 더 큰 비용이 들고 전장 지휘의 효율성은 녹이 슬게 된다. 소순은 말한다. "비록 세상에 아무 변란이 없어 군대를 오랫동안 쓰지 않게 된다면, 그들의 올바르지 못한 마음이 쌓이기만 하고, 발산시킬 수 없게 되며, 배불리 먹고 편안하게 지내면서 양민들에게 받들어만 주기를 바란다. 그들의 일 없을 때를 본다면, 불평하는 말을 내서 윗사람에게 무리하게 요구한다. 그러다 만일 긴급한 사태가 일어나기라도 한다면, 한 사람 앞에 천금씩이라도 주지 않고서는, 부려 먹을 수 없다(雖然, 天下無變 而兵久不用 則 其不義之心 蓄而無所發 飽食優游 求遲於良民 觀其平居無事 出怨言以檄其上 一日有急 是非人得千金 不可使也)."

삼군(三軍)은 전에 기술했듯이 1군은 12,500명이다. 《주례(周禮)》에 천자는 6군을 갖고 대국의 제후는 3군, 소국은 1, 2군을 가진다고 되어 있으나 실제 3군의 편제는 선진(先秦)시대에는 존재하지 않고 한대(漢代)에 와서 이루어졌다. 위 구절의 핵심 주제는 "어찌하여 난군(亂軍)이 되는가?"에 모여 있다. 그리고 그 대답으로 국군(國君, 국민과 위정자)의 군에 대한 무지에서 연유한다고 단정하고 있다.

모공(謀攻) 7

죽간본 : (故知勝有五) 知可而與不可而戰 勝. 知衆(寡之用 勝, 上下同欲 勝, 以)虞待不(虞 勝, 將能而君不御 勝, 此五者 勝之道也)

전래본 : 故知勝有五. 知可以與戰 不可以與戰者 勝, 識衆寡之用者 勝, 上下同欲者 勝, 以虞待不虞者 勝, 將能而君不御者 勝, 此五者 知勝之道也

그러므로 다섯 가지로 승리를 알 수 있다. 가히 싸울 수 있는지 없는지 아는 자는 이긴다. (전세가) 우세할 때와 열세할 때의 용병을 아는 자는 이긴다. 상하가 같은 마음을 가지면 이긴다. 사려 깊은 자가 사려 없는 적을 맞으면 이긴다. 장수가 유능하고 임금이 간섭하지 않으면 이긴다. 이 다섯 가지가 승리 방법이다.

전래본의 종결 구인 "차오자 지승지도야(此五者 知勝之道也)"는 지(知) 자가 추가되어 문맥이 통하지 않고 의미의 명확성이 떨어졌다. 진잔본에 "승지도야(勝之道也)"로 보이므로 죽간 역시 이와 같으리라 여겨진다. 승리의 여부(與不)를 묻는 구절도 죽간이 명쾌하다. 승리하는 군대를 객관적으로 규정하기는 쉽지 않다. 그러나 어느 쪽이 이기는지 미리 알수 있다고 말함으로써 전쟁을 막을 수 있다는 부전승(不戰勝) 사상이 역시 깔렸다. 이 문장은 시대가 변천하면서 좀 더 객관화된 표현으로 바뀌었는데, 예를 들어 유명한 말인 "상하동욕자승(上下同欲者勝)"은 본래,

송나라 이전의 주요 병서에는 "상하욕동, 승(上下欲同, 勝)"으로 객관적인 지시적 수사인 "자(者)"가 대부분 없었다. 이런 형태의 문장은 양한(兩漢) 시대의 문헌에는 가끔 보이기도 한다. 이것은 흥미있는 현상이다. 필자의 주장이지만, "~이라는 것"을 뜻하는 "자(者)"는 다른 문헌에서 차용하거나, 언어의 변화에 따른 시대적 요청으로 또는 이미 그 시대에 통념으로 통해 종합한 의미가 작사(作辭)된 것일 때 흔히 사용하는 수법이다. 그렇다면 자(者)는 고전의 다른 원류에서 따온 것인데, 손자 전래본의 대반 문구가 그렇듯이 위의 문구도 전국시대 이후의 수많은 군사적 경험을 인용한 문식이다.[62]

진화론에는 "개체는 계통을 반복한다."는 말이 있다. 동빙문자(漢字)에 보이는 시각적 자의(字意)는 역시 현대적 의사소통의 기능에서 흘러온 과거의 경험과 뜻을 발산하고 있다. 문자에서도 개체의 의미가 계통의 의미를 반복하고 있다. 그러므로 심원해지기도 하지만 혼란스럽고 모호해지기도 한다. 중국의 중원은 충허(沖虛)하여 오랜 시간 다른 언어의 정복자들이 들어와 자리를 잡곤 했다. 그 언어가 어떻게 혼돈의 소용돌이를 거쳐 왔는지 상상조차 할 수 없는 일이다. 중원을 중심으로 한 언어의 변천에 따라 고전은 자주 개작되었고, 뜻을 상하지는 않았으나 후에

---

62)   司馬法, 嚴位 "무릇 승리란 삼군이 한 사람처럼 일치하여 승리하는 것이다. 凡勝 三軍一人勝"
左傳, 成公六年 "성인은 뭇사람과 생각을 같이한다. 聖人與衆同欲"
呂氏春秋, 執一 "군대는 장수가 반드시 필요하니 이로써 하나로 움직이게 한다. 軍必有將, 所以一之也"
육도三略, 中略, "출병하여 전투할 때 장수는 전권을 가져야 한다. 진격과 후퇴를 왕이 간섭하면 공을 이루기 어렵다. 出軍行師 將在自專 進退內御 則功難成"
《손빈병법(孫臏兵法, 纂卒)》"손자 왈, 항상 이길 수 있는 것이 5가지니, 주도권과 전권을 가지면 이긴다. 알면 이긴다. 부하들의 신망을 얻으면 이긴다. 군내 좌우가 화목하면 이긴다. 적을 파악하고 상황을 계산하면 이긴다. 손자 왈, 항상 이기지 못하는 것이 5가지니, 장수를 얽매면 진다. 모르면 진다. 무능한 장수는 진다. 정보를 사용하지 않으면 진다. 부하의 신망을 못 얻으면 진다. 孫子曰 恒勝有五 得主專制 勝, 知道 勝, 得衆 勝, 左右和 勝, 量敵計險 勝, 孫子曰 恒不勝有五 御將 不勝, 不知道 不勝, 乖將 不勝, 不用間 不勝, 不得衆 不勝"

곡해의 가능성을 남겼다. 대표적인 예로 북송(北宋) 시대를 중심으로 그 전인 한당(漢唐) 시기는 어순이 알타이계와 유사해 한국어 어순을 닮았다. 오늘날 한국 한자의 발음은 거의 북송 이전의 한자음과 유사한 것으로 최근의 연구들이 밝히고 있다.[63]

송나라 초에 발간된 중요한 자료의 보고인 태평어람(太平御覽, 兵部 三, 將帥上)에는 손자 모공편의 어순 변화를 잘 기록하여 전하고 있다. "故知勝者五, 知可以戰與不可以戰者 勝, 識衆寡之用者 勝, 上下欲同者 勝, 以虞時不虞者 勝, 將能 君不御者 勝, 此五者 知勝之道" 이와 같은 문장은 남송에 이르러 故知勝者五 → 故知勝有五, 知可以戰與不可以戰者 → 知可以與戰 不可與戰者, 上下欲同 → 上下同欲, 以虞時不虞 → 以虞待不虞, 將能 君不御者 → 將能而君不禦者와 같이 어순이 바뀌어 나타난다. 간단한 예로 上下同欲(위아래가 같은 의욕)은 송대 이전에는 上下欲同(위아래가 의욕이 같아)와 같이 한국어와 같은 어순이었다. 이런 부분적인 구절들은 원래의 출처가 어디였는가 암시하곤 한다. 송대에서부터 거슬러 올라 2천여 년전인 상나라 말에는 중원 지역에 고대 한국어가 사용되었다는 주장은 기록으로 남겨둘 필요가 있다. 갑골문의 문법이 현대 중국어와 같지 않은 것의 연유를 애써 부인하고 있는 중국 학계의 입장은 물론 이와 다르다.

남송의 주자에 이르러 유교의 재해석은 언어의 혼돈과 어순의 변화에 대처하기 위한 초조한 중화 애국주의를 배경으로 한다. 오늘의 현대《손자병법》의 텍스트는 모두 이 그늘에 있다. 주자(朱子)가 병서를 애독하고 주를 넣었다는 이야기는 듣지 못했는데,[64]《손자병법》에 그의 손길이 닿

---

63) Baxter–Sagart Old Chinese by MC initial, final, and tone, 02/20/11

64) 주희(朱熹, 1130~1200)가 손자를 언급한 것은 정후(鄭厚, 1100~1161)의 藝圃折衷에 기술한 "손자 13편은 무인의 자질 만을 위한 것이 아니라 문사들 역시 의당 배워야 한다. 그 문장은 간략하면서 수사적이고, 쉬우면서 심오하니 널리 쓰일 수 있다. 논어와 역대전의 수준이며, 맹자, 순자 양자의 저서는 이에 미치지 못한다. 孫子 十三篇 不惟武人之根本 文士

앉었더라면 하는 아쉬움이 있다. 남송은 금과 몽골의 침공으로 위기감이 넘친 사회였으니 손자 11가주의 판각 역시 남송 초기 효종 때 이루어졌다.[65] 그 후 주자학의 영향 아래 놓인 《손자병법》이 어떻게 해석되었는지 알 수 있는 자료는 많다. 주자는 아마도 그 시대에 무력의 사용을 당연시하는 북방 민족, 여진족의 금과 몽골족에 대해 극도의 반감을 품었을 것이다. 남송 문치사회의 폭력에 대한 저항은 우주의 기(氣)와 이(理)를 연구하는 차원 높은 것이지만 현실과는 동떨어져 병법서의 인쇄와 배포는 활발했으나 심도있는 연구는 진전하지 못했다. 뛰어난 사상가들이 병법에 대해서 말하기 시작한 것은 후에 양명학이 일어나고, 사상의 허식과 위선을 싫어하는 이지(李贄)와 같은 양명 좌파가 세상에 나와서였다.

모공(謀攻) 8

손자는 적을 알고 자신을 알면 결코 싸울 수 없으며 피차 사정이 그러하다면 승자는 이미 결정되어 졌다는 필연적 모습을 상연하여 갈등을 잠재우길 희망하고 있다. 모두 승자의 식탁에 앉아 천하를 나누자는 세상에 대한 벌모(伐謀)이다. 끊임없이 계획을 꾸미는 세상을 향해 무위(無爲)를 유의(有爲)로 말한 이 절묘한 구절은 이제 만고의 명언이 되었다.

죽간본 : 故兵 知彼知己, 百戰不殆. 不知彼而知己, 一勝一負. 不知彼不知己,

盡心焉 其詞約而縟 易而深 暢而可用 論語 易大傳之流 孟筍楊著書皆不及也"를 평가하면서 공자가 병법에 대한 위령공(衛靈公)의 질문에 "군사의 일을 알지 못한다. 甲兵之未之聞"고 답한 데 대한 후세의 논의를 교정하고 "聖人文武併用"을 주장하기 위해서였다.

65) 《손자병법》연표 참조

▲▲▲▲
每戰必殆)

전래본 : 故曰 知彼知己, 百戰不殆. 不知彼而知己, 一勝一負. 不知彼不知己,
每戰必敗.

그러므로 군사운용에 적을 알고 자기를 알면 백 번을 싸워도 위태롭지 않고,
적을 모르고 자기만을 알면 한 번은 이기고 한 번은 지고, 적을 모르고 자기를
모르면 싸울 때마다 반드시 위태롭다.

　과연 이것이 알고 모르고의 차이를 말한 것일까? 결코, 아니다. 인간
작위의 부질없음과 욕망의 무모함을 말한 것이다. 그러므로 백전백승이
아니라 백전불태(百戰不殆)이다. 모든 위태함을 부르는 욕망을 자제함에
는 인간 인식능력의 한계를 자각하고 어리석음을 깨닫는 뜻이 포함돼 있
다. 그러나 전지적(全知的) 입장에서 전쟁할 수 있는 인간은 없다. 이렇
게 승리를 자신하는 것을 경계한 것은 《손자병법》 상편(上篇)의 모든 계
(計)가 그렇듯이 하늘의 뜻을 두려워하기 때문이다.

　고병(故兵)은 고왈(故曰)로 필태(必殆)는 필패(必敗)로 문헌마다 혼용
되어 나타난다. 죽간본에 나타난 표기를 우선으로 하고, 이를 분석한 자
료들에는 손자의 말투와 앞의 문맥에 상통하고 대구를 이루는 언어로 고
병과 필태를 타당하다고 보고 있다. 그러므로 고병(故兵)은 앞의 모공의
첫머리 문장인 최선의 군사 운용[上兵]의 뜻을 받고 있다. 패배와 위태
함의 의미는 상황에 따라 완전히 달라질 수 있다. 패(敗)는 승(勝)의 반대
말이 아니다. 승(勝)의 반대말은 불승(不勝)이므로 앞의 불태(不殆)를 패
(敗)로 받을 수 없다. 패(敗)의 갑골문의 자형은 청동 제기를 막대기로 깨
부수는 모습이다. 조직이나 체제, 노력이 몰락하는 두려운 용어이고, 태
(殆)는 알(歹, 부서진 뼈에서 台의 음을 빌린 것) 즉 죽음에 가까워지는
위태함인지라 전군(全軍), 군대를 온전히 보전할 수 없는 상황을 말한다.

모공의 이 마지막 말은 백전백승의 환상을 없애라는 충고로 끝난다.

▣ 죽간본에 따른 〈모공〉

손자가 말하기를, 무릇 용병의 법에 (적국을) 온전한 채로 굴복시키는 것이 상책이요, 깨뜨려서 굴복시키는 것은 차선책이고, 군(軍) 지휘부, 여(旅, 500명), 졸(卒, 100명), 오(伍, 5명) 등을 온전한 채로 두는 것이 상책이요, 그것들을 깨뜨리는 것은 차선책이라 하였다.

이러한 까닭에 백번 싸워 백번 이기는 것은 최선이 아니며, 싸우지 않고 이기는 것이 최선이다. 그러므로 최상의 용병법은 적의 전쟁 의도를 치는 것이고, 그다음은 적의 외교 관계를 치는 것이다.

가장 하책인 성을 공격하는 방법은 망루와 장갑 수레를 수리하고 투석 장비를 갖추는데 3개월이 지난다. 충격 무기와 지휘 요새는 3개월 후에 된다. 그러나 장수가 분을 이기지 못하여 준비 없이 병사들을 성벽에 개미떼처럼 기어오르게 하여 그중 3분의 1을 죽게 하고서도 성을 함락시키지 못한다면, 이는 공성으로 인한 재앙이다. 그러므로 용병을 잘하는 자는 적의 부대를 굴복시키되 전투 없이 하고, 성을 함락시키되 공성 없이 하고, 적국을 무너뜨리되 오래 끌지 않는다. 반드시 천하를 온전히 두고 승부를 겨룬다. 그러므로 군대도 둔해짐이 없고 그 정예 함도 가히 온전할 것이니, 이것이 모공의 법칙이다. 그리고 용병의 법에서 적보다 10배이면 포위하고, 5배이면 공격하고, 2배이면 (아군을) 분할 운용 가능하고 (또는 적을 둘로 분할시키고), 적과 필적하면 (진을 쳐) 전투해야 하고, 적보다 적으면 도주(수비)하고, 상대가 안 될 정도이면 피해야 한다.

적의 수가 적다면 (요새)를 견고히 할 것이요, 적의 수가 많다면 (아군을) 사로잡으려 할 것이다.

무릇 장수는 나라의 보이니 보가 두루 완벽하면 나라가 반드시 강해지고, 보에 결함과 틈이 있으면 나라는 반드시 약해진다. 그러므로 임금으로 인해 군대에 근심이 생기는 일이 세 가지이니, 군대가 진격할 수 없는 것을 알지 못하고 진격하라고 명령하며, 군대가 후퇴할 수 없는 상황임을 알지 못하고 후퇴하라고 명령하는 것, 이를 "군을 속박한다"고 일컫는다.

군의 사정을 알지 못하고 군사행정에 개입하면 군사들이 미혹될 것이오, 군의 명령 권한을 알지 못하고 군의 임무와 보직에 개입하면 군사들은 의심할 것이다. 군이 미혹되고 또 불신하면 인접 제후국이 침공하는 어려운 상황에 이를 것이니 이를 일컬어 "난군(亂軍)이 침공군의 승리를 초래했다." 라고 한다. 그러므로 다섯 가지로 승리를 알 수 있다. 가히 싸울 수 있는지 없는지 아는 자는 이긴다. (전세가) 우세할 때와 열세할 때의 용병을 아는 자는 이긴다. 상하가 같은 마음을 가지면 이긴다. 사려 깊은 자가 사려 없는 적을 맞으면 이긴다. 장수가 유능하고 임금이 간섭하지 않으면 이긴다. 이 다섯 가지가 승리 방법이다. 그러므로 군사운용에 적을 알고 자기를 알면 백 번을 싸워도 위태롭지 않고, 적을 모르고 자기만을 알면 한 번은 이기고 한 번은 지고, 적을 모르고 자기를 모르면 싸울 때마다 반드시 위태롭다.

형(形)

孫子曰 兵者 國之大事也 死生之地

存亡之 不 道 二曰天 三

效之以 以索其請 一曰道 上同

日地 四曰將 五曰法 道者 上同

意者也 故可與之死 可與之生 民弗詭

也天者 陰陽寒署 時制也 順逆兵勝

也地者 高下廣陝 死生也 將者知信

也

月下讀書方來影
空山破寂犬吠聲
獨覺踪滅客棧痕
誰道能爲形無形

달빛 아래 독서하니 찾아오는 그림자,
빈 산에 고요를 깨는 개 짖는 소리,
홀로 깨달아 여행의 자취 모두 지웠으니,
그 누가 형(形) 없는 형(形)을 만들 수 있다 말하겠나!

형(形) 1

형(形)은 죽간의 배면에 형(形(刑))으로 표기되었으나 군형(軍形)이라는 편제(篇題)가 보이기 시작한 것은 조주본(曹註本)부터이다. 그러나 후대에 나온 회주본(會註本) 역시 형(形)으로 복원되어 있고, 의고적(疑古的)인 청대(淸代)에 나온 손교본(孫校本)에도 형(形)으로 되어있다.

> 죽간본 : 孫子曰, 昔善(者, 先爲不可勝, 以待適之可勝, 不可勝在己, 可勝在適
>
> 전래본 : 孫子曰, 昔之善戰者, 先爲不可勝, 以待敵之可勝,. 不可勝在己, 可勝在敵
>
> 손자 말하기를 옛날에 잘 싸우는 자는, 적이 이기지 못하도록 나의 형세를 먼저 갖추고, 내가 적을 이길 수 있는 형세를 기다렸다. 적이 이기지 못할 형세는 나에게 달려 있고, 내가 이길 수 있는 형세는 적에게 달려 있다.

선전자(善戰者)와 선자(善者)는 문맥과 의미에 엄연한 차이가 있다. 부전승(不戰勝)의 사상에서 "잘 싸운다"는 하위의 의미이며 불안한 세계에 대한 통시적 관리를 말함에 "잘 함"이 더 어울린다. 따라서 승(勝)이 누구의 승인지 구별되지 않고 의도적으로 피아 식별이 어려운 혼돈의 사태로 문장을 몰아갔다. 적(適)은 적(敵)과 고대 통가자이다. 군사력은 태세에 따라 힘의 크기가 달라진다. 흔히 쓰는 말로 전투력 극대화이다. 이 어려운 과업은 주어진 여건에서 피아 상황을 잘 알고 준비하고 시행하는 과정에서 그 과제가 변하기도 해서, 그로해서 맞이하게 되는 시간적 배비(우발상황)에 대한 부대원의 이해도에 따라 "형(形)"을 달리하게 된다.

한서(漢書)[66]에 "신이 듣건대, 옛날 제왕의 싸움은 부대를 온전히 하고 승리를 얻는 것이었습니다. 이것이 바로 계략을 귀히 여기고 실제 싸움을 천히 여기는 것입니다."라고 하여 먼저 스스로 방비태세를 견고히 하여(言先自完堅), 적이 이길 수 없으므로, 아군이 공격하지 않는 한 실제 싸움이 일어나지 않도록 한다는 것이었다. 그렇다면 형(形)의 전투력은 무엇인가? 용병은 각개병사 행동의 집합이 아니라 군이라는 집단의 형에 의해 각개병사의 행위가 제어되는 것이라고 손자는 강조한다. 그러므로 形(형)은 《손자병법》 상권 계(計)의 마지막 부분으로 올려졌다. 하지만 아직도 미약하게 천인지(天人地) 삼재의 천재(天才) 끝단으로 여전히 알 수 없는 적(彼), 알 수 없는 나(我)라는 자연, 천명(天命)에 의존한다.

롬멜(Erwin Rommel)이 그의 1차대전 이탈리아 전선의 경험을 토대로 쓴 《보병공격전술(Infanterie Greift An)》(1937)은 20세기 군인이라면 모두 애독했던 책이다. 이 책은 무슨 어마어마한 전략을 논하거나 군사의 거대담론을 말한 것이 아니다. 오히려 남부 독일에서 이탈리아로 여행하는 도보 여행자의 기록처럼 수채화 같은 아름다운 풍광 묘사가 마치 괴테의 《이탈리아 기행》을 연상케 한다. 롬멜은 그 당시 독일 장교들이 대부분 프로이센의 귀족 군인 집안을 배경으로 한 정규 사관학교 출신인 데 비해 평범한 서민의 가정에서 태어나 지방 위수 지역 연대의 부사관 겸 수습 사관으로 출발하여 1912년 소위로 임관 후 뛰어난 능력을 인정받아 군의 최고 지위인 원수에 오른 사람이다. 이러한 그의 경험은 그의 《보병공격전술》 속에 군의 하부구조를 세밀히 체험한 이야기와 소부대 전투의 기량에 대한 탁월한 의견으로 잘 나타나 있다.

《보병공격전술》은 《손자병법》 형편(形篇)의 주요 주제와 교차 중첩되는 부분이 가끔 보인다. 특히 부대의 군사준비 태세는 거의 완벽하게 손

---

66) 漢書, 趙充國辛慶忌傳 "臣聞帝王之兵以全取勝, 是以貴謀而賤戰"

자의 말과 일치하고 있다. 병사와의 인간적인 의사소통, 무기와 병사의 배치, 작은 소부대 군수지원, 임무와 과업 그리고 목적에 대한 부단한 재확인과 상황에 따른 재평가 등등, 전장을 보는 시각과 감각이 손자와 아주 닮았다. 이것은 작은 전투, 일개 분대(5~7명)의 경험이 대부대 전투에 어떻게 작용하는지 그리고 어떤 파문을 일으키는지 예견된 기미(機微)에 관한 기록이다. 롬멜은 형(形)을 충격부대(Sto ß truppen)의 모습으로 보았다. 신속하고 기만적인 형태로 적진 깊숙이 파고 들어가 기습을 달성하고 적을 압도하는 모습(形)을 계획을 통해 부대원이 이를 상상하게 하고 소리를 죽이고 준비시킨다. 군의 시각적, 공간적 배치가 아니라 무형적, 시간적 배치를 개념화한 것이다. 후에 북아프리카 사막에서 그의 판저(Panzer) 전차 사단들이 연합군의 전차부대에 비해 열세임에도 승리로 이끈 것은 이러한 형의 개념의 준비태세 때문이었다. 롬멜의 말대로 "변화를 예측하기"가 힘들다면 "적을 압도하는 모습(形)"을 최대한 창조하여 적의 전의를 빼앗는 자가 승리한다.

　롬멜의 형(Disposition)에 대한 감각은 독특하다. 주어진 전투자산 그 이상의 모습을 적에게 보였다. 그는 1941년 리비아 사막에서 《손자병법》의 세(勢)와 실허(實虛)을 망라한 용병술을 보여준다. 그는 독일 제5 경보병 사단과 전의가 상실된 2개 이탈리아 사단을 실시간 실(實)로 보유하고, 후에 지원될 제15 판저 전차 사단을 유령처럼 허(虛)로 사용하여 주도권을 잡는다. 결국, 호주, 영국 등 수십 개 사단의 압도적인 영연방 군을 지휘하는 아치볼드 웨이블 장군은 롬멜 군을 과대평가하고 소극적 방어전략으로 일관했다. 이런 상황에서 영국 전쟁 지도부는 영연방 군 일부인 제4 인도 사단을 그리스 전역으로 이동시켜 전력의 차질을 가져왔다. 롬멜은 "시간적 배치의 형으로 적을 이길 기회를 포착한다(以待敵之可勝)".

형(形) 2

　형(形)에 대한 더 넓은 해석은 군사 사상 속에서 무한하게 달리 표현할 수 있다. 형(形)은 전장(戰場)을 인식화하는 방법에서 하나의 표상으로 보아 시간, 공간, 피아간의 인과율 등에 의해 기술되는 과학의 대상일 수 있다. 인식되는 모든 것, 즉 세계는 단지 주관에 대한 객관이며, 따라서 세계는 나의 표상이며 현상이라는 쇼펜하우어의 주장을 전국시대의 선장 관찰인 형(形)에서 아직 인지하지 못한 사태의 표현 방식으로 목격할 수 있다. 쇼펜하우어는 칸트가 인식의 대상일 수 없다고 한 물자체(Ding an sich)를 의지 속에서 발견했다.[67] 다음 손자의 문장은 주객이 혼용된 전쟁 주체자의 주관에 대한 객관을 현상화 한 것이다.

> 죽간본 : 故善者, (能爲不可勝, 不能)使敵可勝. 故曰 勝可智, (而)不可爲也
> 그러므로 최선은 능히 (적을) 이기지는 못해도, 적이 나를 이기지 못하도록 한다. 그러니 승리란 알 수는 있지만 만들어 낼 수는 없다.
>
> 전래본 : 故善戰者, 能爲不可勝, 不能使敵之必可勝. 故曰, 勝可知而不可爲
> 그러므로 잘 싸우는 자라도 적이 이기지 못하도록 할 수는 있으나, 적으로 하여금 반드시 이기도록 할 수는 없다. 그러므로 승리란 알 수는 있지만 만들어 낼 수는 없다.

　노자의《도덕경》69장에는 "용병을 함에 다음과 같은 말이 있다. 나는 감히 싸움의 주가 되지 않고 객이 되겠다(用兵有言 吾不敢爲主而爲客)." 라는 말이 보이는데, 이런 도가사상의 모호함에 위 구절 해석의 실마리

---

67)　김중기 역, 쇼펜하우어의 〈의지와 표상으로서의 세계〉 집문당 1972

가 있다. 주객(主客)은 병법에서 방자[主]와 공자[客]이다. 그러나 이는 전쟁을 맞이하는 쪽과 전쟁을 일으키는 쪽을 상대적 주객의 입장에 두어 전국시대의 유세가가 전쟁 상황을 객관화하고 몸을 보존하기 위해 고안한 표현법이기도 했다. 이런 유형의 문장은 적과 나의 혼동을 가져와 기묘한 뜻을 내포한다.

죽간에 전래본과 달리 선전자(善戰者)가 아닌 "선자(善者)"인 것은 전쟁을 초월하여 사태의 전체를 보는 죽간의 기조를 따랐다. 죽간에 없었던 지필(之必)이 전래본에 나타난 것은 필(必)은 비(非)나 불(不) 음의 혼동에 더해 주객의 구분이 어려운 문장에 의한 혼란이라는 주장이 있다.[68] 승리에 대한 인식과 실제의 차이를 설명한 것은 죽간본 그대로가 훨씬 명쾌하다. 형(形)편은 역시 노자《도덕경》51장 "물질이 이에 형태를 주고, 형세가 이를 완성한다(物形之 勢成之)."라는《도장경(道藏經)》에 보이는 이런 주문처럼[69] 손자의 논리 구조 전개의 한 부분이므로 형(形) 다음에 세(勢)가 온 것이라는 추론도 가능하게 된다. 무에서 유를 만들어 내는 형이상혼합(形而上混合)의 고대 중국적 사유방식은 의지 속에서 "물자체"를 발견한 쇼펜하우어와 그렇게 달라 보이지 않는다. 더구나 세(勢) 편부터 실허(實虛), 군쟁(軍爭), 구변(九變), 행군(行軍)의 5편은 삼재 가운데인 인재(人才), 즉 인간의 노력과 의지를 말하려 하기 때문이다.

형(形) 3

---

68) 대만, 책략연구센터
69) 道生之 德畜之 物形之 勢成之〈도덕경 51장〉

죽간본 : 不可勝 守, 可勝者 攻也. 守則有餘 攻則不足

이길 수 없다면 방어하고, 이길 수 있다면 공격한다. 방어는 병력의 여유가 생기나, 공격은 부족하게 된다.

전래본 : 不可勝者 守也. 可勝者 攻也. 守則不足, 攻則有餘

(전체 상황이) 이길 수 없는 자는 방어하고, 이길 수 있는 자는 공격한다. 방어는 부족하기 때문이요, 공격은 여유가 있기 때문이다.

승세는 이미 결정되어 있다. 적극적 공세 행동 또는 소극적 수세 유지는 형세 흐름의 파악 결과이다. 전래본의 전통적 해석은 공방(攻防)의 행위로 형세를 판단하려하니 죽간의 의미와 도치되었다. 한국 육군대학 교재에는 독특한 해석을 내놓았는데, "나를 이기지 못하게 하는 것은 나의 지키는 태세이고, 내가 이길 수 있게 해주는 것(허점의 활용)은 나의 공격 태세이다. 지킨다는 것은 부족(전력, 승리여건, 주도권 등)하기 때문이요, 공격한다는 것은 여유(전력, 승리여건, 주도권 등)가 있기 때문이다."라고 하여 전승(戰勝)의 의지에 관한 형(形)의 무형적 측면을 강조했다. 대체로 이런 해석에 무리가 없었던 것은 뒤이은 문장인 수즉부족, 공즉유여(守則不足, 攻則有餘) 때문이었다. 그러나 이것은 본래 죽간과 뜻이 다르다.

수(守)를 소극적인 수비로 보기보다는 형세에 응한 기동인 방어로 표현함이 적절하다. 현대적 의미의 공격 기동과 방어 기동은 전래본의 연역적 결론이 아니라 오히려 죽간본의 귀납적 진술에 가깝다. 역시 행위의 양면성을 관찰하는 중국적 사유의 결과이다. 한묘(漢墓)에서 발굴된 죽간본 2채(竹簡甲乙本)에는 완전히 거꾸로 된 내용인 "수비하면 여유가 있고, 공격하면 부족하게 된다(守則有餘 攻則不足)."가 발견되어 학계의 비상한 관심을 끌었다. 전래한 통행본에 글자가 바뀌고 구절이 변조된 시기를 대체로 위진(魏晉) 시대 이후라고 볼 수 있는 것은, 그전에 형(形)을 언급하는 각종 한적(漢籍)에[70] 대체로 "여유가 있으면 지키고 부족하면 공격한다(守有餘 攻不足)"라는 말이 보이기 때문이다. 《후한서(後漢書, 皇甫嵩傳)》에 공즉부족을 설명하면서 "적이 수비하는 것은 전력이 부족해서이니 아군이 그 적의 여유를 공격한다(彼守不足, 我攻有餘)."라고 하여 훗날 이 자료를 오류의 기원으로 보기도 한다. 이것은 모두 피아(彼我)의 주어가 없는 고대 언어 때문에 생긴 혼란이었다.

죽간본 형(形)편의 마지막 문장은 "싸움에 이기는 비교 우위에 있는 것은 마치 수위가 높은 물이 계곡의 틈으로 쏟아져 들어가는 것과 같다(稱勝者戰民也 如決積水於千仞之隙 形也)"는 결언으로 맺고 있다. 형(形)편 전체를 통해 형(形)을 묘사함에 "잘 하는 자(善者)"와 "잘 지키는 자(善守者)"는 있으나 전래본에 보이는 "잘 공격하는 자(善攻者)"는 기술되어 있지 않음은 주목할 만하다. 따라서 그 문맥이 상통하고 문리가 합당하려면 바로 그 "지킨다(守)"는 의미로 수렴이 필요했다. 수(守)는 쌓아 놓아 실력을 기르는 것(積蓄實力) 그리고 그 실력이 충족되어 넘치면(力越充足), 바로 적의 약점(敵之隙)이 출현 시 아군의 방책으로 성공의 기회를 확대할 수 있는 공세이전(攻勢移轉)을 위한 작전 기동적 측면에서의 목표이다. 그러므로 수즉유여, 수비하여 여유가 있다는 말과 통한다고 설명할 수 있다. 이 논리의 전개 결과 뒤 문장에 형(形)을 비교함에 "이기는 싸움은 무거운 무게인 일(鎰)로 가벼운 무게인 수(銖)를 비교하는 것과 같다(勝兵如以鎰稱銖)"라고 하여 형(形)이 곧 계수(計數)가 될 수 있음을 강조했다.

---

70) 黃帝四經, 經法, 君正: "以有餘守 不可拔也 以不足攻 反自伐也" 漢書, 趙充國辛慶忌傳 "引兵法曰 攻不足者 守有餘" 潛夫論, 救邊: "此皆以至彊攻至弱 以上智圖下愚 而猶不能克者 何也 曰 攻常不足 而守恆有餘也" 後漢書, 馮岑賈列傳, 馮異: "夫攻者不足 守者有餘"

당 태종과 이정(李靖)이 병법을 논한 《당이문대(唐李問對)》[71] 권하(卷下)에는 당 태종이 형(形)편의 위 문장을 이정에게 묻자 이정은 다음과 같이 대답한다. "손자 이르기를 이길 수 없다면 지키고 이길 수 있다면 공격하라 했습니다. 이것은 적의 처지에서 보아 승리할 수 없음을 일컬음이니 아군은 이로써 수비할 수 있습니다. 때가 되어 적을 이길 수 있다면 그를 공격합니다. 이것은 형세의 강약을 말한 것이 아닙니다. 후에 사람들이 이 말의 그 뜻을 깨닫지 못하고 공격을 당하면 수비하고 적이 수비하면 공격한다로만 알았습니다. 여기에는 두 가지 용법이 그대로 있는 것이니 하나의 방법으로만 여길 수는 없습니다."[72] 이정의 이런 발언에는 그(또는 기록자)가 당시 볼 수 있었던 텍스트의 오류를 뛰어넘은 탁월한 생각이 들어있다.

형(形) 4

형(形)은 균형(均衡)이다. 병의 기세를 세밀한 저울에 올려놓고 그 눈금을 논한 것이다. 무게를 달아 올려 저울대[稱]의 균형을 보아 형세와 수(數)를 계량하고 앞으로 논하게 될 역수(逆數)를 훈련한다. 세의 균형은 전(戰)이라는 글자가 생산력과 힘의 상징인 밭의 균형[單]에서 온 것임을 알듯, 세력이 같을 때 싸움이 생긴다는 이율배반적인 상황은 이해하기 어렵다. 그러나 《춘추(春秋)》에 "적(敵)이란 국력이 같은 것(敵, 强

---

71) 唐李問對, 武經七書의 하나, 李衛公問對라고도 한다. 당의 대장군 李靖(571~649)과 이세민의 대화형식으로 병법을 논했다.

72) 孫子云 '不可勝者 守也 可勝者 攻也' 謂敵未可勝 則我且自守 待敵可勝 則攻之爾 非以强弱爲辭也 後人不曉其義 則當攻而守 當守而攻 二役既殊 故不能一其法

弱等也)"이라 정의한 것은 고대의 전쟁 사상을 바라보는 데 매우 중요한 관점이다. 《손빈병법(孫臏兵法, 十問)》에 역시 적(敵)을 대등이나 균형을 맞추어 병사를 취합하여 차별하지 않고 내부 군문의 군쟁을 잠재우는 뜻으로[73] 정의하고 있다. 그러므로 불균형에 의한 공세와 수세가 반드시 전투로 이어지는 것이 아니며 "적례(敵禮)"를 유지하여 Cold War 또는 Hot Peace[74]로 피아를 온전히 보전하려 한다.

> 죽간본 : 昔善守者,　藏九地之下, 勳九天之上,　故能自葆全勝也
>
> 전래본 : 昔善守者,　藏於九地之下, 善攻者,動於九天之上,　故能自保而全勝也
>
> 잘 지키는 자는 깊은 땅속에 숨은 것같이 하고, (공격을 잘하는 자는) 높은 하늘 위에서 움직이듯이 한다. 그러므로 능히 자신을 온전히 보존하고 승리할 수 있다.

장(藏)은 장(藏)과 통가자, 동(勳)은 동(動)과 비슷해 오류로 보인다. 보(葆)는 포대기 보(褓) 또는 작은 성 보(堡) 등과 같이 고서에서는 서로 통용되고 후에 의미가 확장되고 글자는 분화되었다. 죽간의 보(葆)는 풀숲에 감춰서 보호한다는 소극적 은폐의 뜻이 숨어있기도 하다.

구(九)란 헤아릴 수 없는 것을 뜻하는 중국인의 사유구조에 있는 허구이다. 구(九)는 전부이기도 하지만 아무것도 아니기도 하다. 아편전쟁에 패한 중국이 열강에 반식민지가 되면서 1898년 제2차 베이징 조약에서 영국에 홍콩의 내륙 구룡(九龍) 반도를 떼어줄 때 "99년간"의 의미는 본래 기한이 없다는 뜻이었다. 구(九)는 또한 양(陽)의 수인 용(龍)의 상징이

---

73)　交和而舍 糧食均足 人兵敵衡 客主兩懼

74)　　敵禮란 세력균형이 이루어진 필적(匹敵)의 상태, 左傳, 僖公二十四年 "有喪, 拜焉"을 唐 孔穎達은 疏에 "未 是先代之後 王以敵禮待之"라고하여 平等한 相待之禮로 해석했다.

기도 해서 양강(陽剛)이며 보이지 않는 모습이기도 하다. 이는 불가측 움직임이며 노양(老陽)인 구(九)는 시적인 용어이다. 굴원의《초사(楚辭, 天問)》에는 "하늘 끝은 어디인가? 어느 곳인가?"[75] 물으며 불가해한 인생과 자연을 노래한다. 구지하(九地下)와 구천상(九天上)은 인간의 인식 능력 밖의 세계이므로, 그곳에서 숨고[藏] 움직인다[動]면 능히 자신을 보존한다.

죽간본에 없는 "선공자(善攻者)"는 수당 시대에 이르러 각종 병서에 언급된 손자를 주(註)하며 나타났는데, 전래본의 위 구절은 천지(天地)를 공수(攻守)에 대비하여 문맥은 통하나 전체 형(形)의 군사사상에 올려 보면 중대한 왜곡이다. 왜냐하면, 앞문장에서 수즉유여(守則有餘)란 쌓아 놓아 실력을 기르는 것이므로 잘 감추어야 하기 때문이다. 그러기에 감추어진 장(藏)과 움직이는 동(動)으로 앞 절(節)을 받았다. 또한, 노양인 구(九)를[76] 천지 앞에 수사법으로 넣어 필연적 변화에 유연히 대응함을 암시한다.

순자(荀子)에 보면 "나라를 충족하게 하는 길은 비용을 절감하여 백성을 부유하게 하고 남는 것은 잘 저장해 둔다."라고[77] 하여 유여(裕餘)가 장(藏)으로 귀속되어 그것이 바로 잘 지키는 자로 풀이된다. 수비를 잘하는 자의 형(形)은 천지간을 벗어나 있으니 주변의 제후국에 보이지 않아 필적(匹敵) 되지 않으며 전쟁이 나지 않고 나라가 온전히 보전된다. 실력을 감추고 사람들에게 보이지 않는 것은 도가에서 강조하는 덕목이기도 하다. 그러므로 정치적 정상의 성인(聖人)은 피갈회옥(被褐懷玉),[78] 허름한 옷 안에 옥을 품고 있는 것과 같다. 나라의 첨단 기술력이나 신무기를

---

75) 굴원의 楚辭, 하늘에 묻노니 (天問) "九天之際 安放安屬?"

76) 주역 건괘(乾卦) 용구(用九)에 대한 해석에서 구양수의 역동자문(易童子問)과 주희의 주역본의(周易本義)에는 9를 효의 앞에 붙여 임박한 변화를 알리고 있다. 九는 양이 극성하여 변하여 다른 것으로 가며, 사물은 변하지 않는 것이라고는 없고, 변하면 통하지 않는 것이라고는 없다.

77) 足國之道 節用裕民而善藏其餘

78) 老子, 道德經 70장

세계 최초, 세계 최고라고 자랑하고 다니면 정권의 인기가 올라가고 정권 안보는 될지 몰라도 전쟁을 끌어들이는 일이다.

형(形) 5

죽간본: (見勝 不過)衆人之所知, 非善(者也. 戰勝, 而天下)日善, 非(善者)也.
승리의 결과에서 보인 다른 사람들도 아는 바를 아는 것은 잘 아는 것이 아니다. 싸움에 이겨 천하가 잘했다 말해도 잘 한 것이 아니다.

전래본 : 見勝, 不過衆人之所知, 非善之善者也. 戰勝, 而天下日善, 非善之善者也.
승리 가능성에 대한 예측이, 많은 사람이 아는 것보다 더 나을 것이 없으면 최고 수준은 못되며, 싸움에 이기고 나서야 세상 모든 사람이 "잘했다."라고 하는 것도 최고 수준은 못 된다.

문장은 서로 비슷한 것 같으나 내포된 사상은 다르다. 《손자병법》은 그 성격이 세월이 지나면서 점차 호전적이 되어갔다는 느낌을 지울 수 없다. 죽간 손자에는 강한 비전(非戰) 사상이 들어 있다. 견승(見勝)의 의미는 승리를 예측하는 것이 아니라 승리의 결과에 따라 보이는 상황을 말한다. 견(見)은 "본다"가 아니라 "보인다"는 수동태이다. 그러므로 사태의 결과이다. 노자[79]에 도(道)란 "보려고 해도 보이지 않아 이름 하여 형(形)이 없는 것이다."라고 하여 시(視)는 의지를 가지고 보는 능동태이

---

79) 도덕경 14장 "視之不見 名曰夷"

고 견(見)은 보이는 수동태임을 명확히 나타내고 있다. 그런데 이 견승(見勝)은 영문본에는 모두 Foresee로 번역되어 있는데, 수동적으로 예견(豫見)된 사건이 비록 승전(勝戰)이어도 전쟁을 한 게 잘한 것이 아니라는 강한 비판 의식이 숨어 있다. 그리하여 뒤에 이어지는 죽간본 문장에 견(見)이 아닌 시(視)가 보이니 과연 더욱 논리적이고 심오하다.

> 죽간본 : 舉(秋毫不為多)力, 視日月不為明目, 聞雷霆不為聰耳
>
> 전래본 : 故舉秋毫不為多力, 見日月不為明目, 聞雷霆不為聰耳
>
> 그러므로 이것은 가는 털을 든다고 힘이 세다고 하지 않으며, 해와 달을 본다고 눈이 밝다고 하지 않으며, 천둥소리를 듣는다고 귀가 밝다고 하지 않는 것과 같다.

총(聡)자는 죽간에 좌측 부분이 상실되어 정확히 알 수 없으나 사고본(四庫本) 이후에 총(聰)으로 바뀌었다. "본다고 해서 보이지 않는 것"이 형(形)이라면, 노자에 통달한 손자의 저자가 명백한 해와 달을 보듯이(視) 전쟁의 결과가 보이는 것이 아니라는 뜻을 숨겨둔 것이 아닐까? 참으로 미스터리하다. 세상 사람들이 말하는 천하왈(天下曰)을 시끄러운 우렛소리로 들으려고 하지 않고, 청(聽)이 아닌 문(聞), 들려온다는 수동태로 받은 것도 매우 의도적이다. 위의 문장은 맹자, 양혜왕 상편에 "나의 힘은 삼천 근을 충분히 들 수 있지만, 새털 하나를 들기에 부족하며, 나의 시력은 가을 터럭 가는 끝을 충분히 살필 수 있지만, 수레에 가득 실은 나무를 볼 수 없다(吾力足以舉百鈞而不足以舉一羽, 明足以察秋毫之末而不見輿薪)."를 상기시킨다. 이 말은 맹자가 제나라 선왕(宣王)과의 대화에서 왕으로부터 "하지 않는 것과 하지 못하는 것의 형(形)은 어떻게 다른가(不爲者 與不能者之形 何以異)?"라는 질문을 이끌어 내었는데, 맹자는 왕에게 왕도가 없음을 은근히 꾸짖으며 다음과 같이 말한다. "왕께서 전쟁을 일으켜 병사와 신하를 위태로운 지경에 빠지게 하고 이웃 나라 제후들과는 원수를 맺어야만 마음이 통쾌하십니까(抑王 興甲兵 危士臣 構怨於諸侯然後 快於心與)?"

왕이 형(形)을 물은 것에 맹자와 손자는 결국 같은 대답을 한 것이다. 하지 말라는 것 무위자(無爲者)가 되라고 한다. 능력이 있음에도 하지 않음이 왕도(王道)라는 용병 사상과의 교섭이 흥미롭다. 시(視)와 청(聽)은 한쪽에서 일방적인 정보를 획득하는 용어이고, 상호 간의 소통을 의미하는 견(見)과 문(聞)에 대비된다. 감시와 도청으로 아무리 눈과 귀가 밝다고 해도 이를 밝다고 하지 못하는 것이다. 중국 인민 해방군보에는 "擾亂視聽 增廣見聞"이라는 말이 자주 보이는데, "시청을 교란하고 견문을 넓혀라"라는 이 말은 정보 획득의 주도권을 갖고 객관적 사실을 파악하되 이면에는 사찰보다는 소통의 중요함을 강조하고 있다.

형(形) 6

죽간본 : 所謂善者, 勝易勝者也. 故善者之戰, 無奇(勝), 無智名, 無勇功
일컬어 잘하는 것이란 쉽게 이기는 승리이다. 그러므로 훌륭한 사람의 싸움은 기발한 승리도 없고, 지혜롭다는 이름도, 용맹한 공도 없다.

전래본 : 古之所謂善戰者, 勝於易勝者也. 故善戰者之勝也, 無智名, 無勇功
옛날에 싸움을 잘한다는 일컬음은 쉽게 이길 수 있게 하여 이긴 것이다. 그러므로 잘 싸우는 자의 전쟁에는 지혜롭다는 이름도, 용맹한 공도 없다.

전래본에 없는 무기승(無奇勝)은 세(勢)편의 최고 금언 "정(正)으로 대치하고 기(奇)로써 승리한다(以正合, 以奇勝)"[80]와 모순된다. 그러나 기승 역시 부전승의 하위 개념이다. 철학적이고 시적인 모공편의 "최선의 군사운용은 그 꾀를 치는 것이다(上兵伐謀)"라는 말을 염두에 두면 선전자(善戰者) 이전에 선자(善者)여야하는 이유가 분명하다. 의문은 모공편(謀攻篇)이 원시 《손자병법》(晉殘本 이전자료, 竹簡本 등)에는 거의 온전한 문장으로 전래한 것이 없어 고도의 사유 결과인 벌모(伐謀)라는 용어가 후세에 나타나지 않았나 하는 것이다. 이것은 전국시대에서 전래한 거칠고 근육 같은 법가(法家)적 성향의 병법서에 유가(儒家)와 도가(道家)의 부드러운 소프트웨어 "싸우지 않고 이기는(不戰勝) 사상"을 신경으로 걸어두어 시간이 지나며 신경 다발인 척추와 같이 돼버린 것과 같다. 그 진화의 계통은 사용된 한 개체 언어 속에 신비하게도 내장되어 있어 숨기려고 해도 숨겨지지 않았고, 다분히 의도적으로 준비되어 의미를 풀 수 있는 암호로 남았다.

　"이겨 놓고 싸운다."는 생각의 기저에는 현대 군사 사상가들이 "전략적 계층과 단계(Tier of Strategy)"를 설명할 때 구성하는 그야말로 "형(形)의 얼개"와 같은 것이 들어있다. 전술, 작전, 전략, 대전략은 모두 승세를 가지고 하부 개념과 구조를 제어한다. 과학 기술이 급속히 발전한 20세기에는 항공기와 탱크의 출현으로 그 형(形)을 인위적으로 창조하기 시작했는데, 1차대전 시 이탈리아의 장군 두에(Giulio Douhet)는 적의 산업 통신 분야에 전략 폭격을 시행 싸울 의지를 제거해야 한다고 하여 최초로 전략공군 개념을 군사력 일부로 수용토록 주장했다. 이 이론은 미국의 미래군사 계획으로 정립되어 2차대전에서는 공군의 역할이 지대했었다. 전략단계에서는 하책인 벌병(伐兵)이지만 지상의 전술부대에는

---

80) 兵勢 3

벌모(伐謀)였다.

　승세는 있으나 구체적인 방책과 수단이 없으면 모공을 수행할 수 없다. 20세기 초에 고속 기동화가 가능한 운송수단으로 출현하자 이를 벌모(伐謀)의 전략개념으로 연구를 내놓은 것은 《손자병법》에 정통한 리델하트와 캉브레에서 대전차전(大戰車戰)을 기획한 영국의 훌러(J. C. Fuller) 장군이었다. 리델하트의 생각은 손자의 《우직지계(迂直之計, 軍爭篇)》와 같은 간접접근 방법으로 적의 전쟁 리더쉽을 마비시키고 전투 의지를 말살하는 것으로 전선에서 교착상태에 따른 군인의 희생을 줄이기 위해서였다. 먼 거리를 돌아 빠른 시간에 목표에 도달하는 기동력이 가능하다면 견고한 방어진지를 회피하고 적의 심장부에 곧바로 파고드는 대담 하면서 여전히 기사도 정신이 좀 남은 신사적인 벌모(伐謀)이다. 그러나 영국은 지상군의 보조 수단으로 전차를 사용하려 할 뿐, 독일처럼 독립된 병과로 나누어 고속 기동력을 가진 군사력으로 발전시키지 못했다. 이런 기술력의 발전에 따라 달라진 승세의 형을 구체적으로 만든 사람은 독일의 구데리안(Heinz Guderian) 소령이었다. 전차와 차량화 부대의 야전 경험을 토대로 독일 일반참모 부서(Truppenamt)에서 그는 후세에 길이 남을 전격전(Blitzkrieg)의 모델을 만들어 내고 1939년 폴란드 침공에 그대로 사용했다.

　적의 형(形)은 Net-war라고 불리는 비대칭 전쟁(Asymmetric warfare)에서는 새롭게 다시 정의되어야 한다. 이겨놓고 싸울 수 있다는 이론이 근래의 대테러전에는 전혀 먹혀들지 않았다. 형은 다른 양상으로 다양하게 적용되고 있다. 전쟁의 양상은 게릴라전 같지만, 적의 지도력이 보이지 않고 적은 아군 속을 들락거리고 태생적으로 아군의 몸에서 나왔다. 아프간 전쟁의 탈레반 지휘부는 거의 모두 CIA에서 배양된 인물들이다. 이런 상황에서 "잘 싸우는 자의 전쟁은 기발한 승리도, 지혜롭다는 이름도, 용맹한 공도 없다." 조조는 아직도 말한다. "적군의 형이 완성되지 않았거늘, 하늘에 빛나는 혁혁한 공훈도 없다."[81] 승리에 대한 논의가 불필요한 상황에서 재능있고 창의적 사고를 하는 이들이 공명도 없이 흉사(凶事)인 전쟁을 보이지 않는 곳에서 막아내고 있는지 모르는 일이다.

형(形) 7

죽간본 : 故其勝不貸, 不貸者, 其所錯勝, 勝敗者也. (故)善(者, 立於不敗之地, 而不失敵之敗也. 是故, 勝兵先)勝(而)後戰, 敗(兵先戰)而後求勝.

그러므로 그 싸움은 싸움 없이 이김에, 그 싸움이 없는 것은 승리 여건이 이미 패한 적을 이기는 것이기 때문이다. 따라서 최선은 패하지 않을 위치에 서서, 적의 패배 기회를 놓치지 않는 것이다. 이런 까닭에 승리하는 군대는 먼저 이겨놓고 싸움을 구하고, 패배하는 군대는 먼저 싸우고 나서 후에 승리를 구하려 한다.

전래본 : 故其戰勝不忒, 不忒者, 其所措勝, 勝已敗者也. 故善戰者, 立於不敗之地, 而不失敵之敗也. 是故, 勝兵先勝, 而後求戰 兵先戰而後求勝.

그러므로 그런 싸움의 승리는 틀림이 없다. 틀림이 없는 것은 승리 여건이 이미 패한 적을 이기는 것이기 때문이다. 그러므로 잘 싸우는 자는 패하지 않을 위치에 서서, 적의 패배 기회를 놓치지 않는다. 이런 까닭에 승리하는 군대는 먼저 이겨놓고 싸움을 구하고, 패배하는 군대는 먼저 싸우고 나서 후에 승리를 구하려 한다.

---

81) 曹操曰 敵兵形未成 勝之無赫赫之功也

착(錯)은 착(措)과 음이 같은 통가자이다. 불대(不貸)의 대(貸)는 전래본 이후 현대에 통행하는 《손자병법》에는 대부분 불특(不忒), 또는 불태(不殆)로 되어있다. 특(忒)과 태(殆)는 송대(宋代) 이후에 발음이 태[tè]와 다이[dai] 분화되었으나 그 이전에는 모두 톡[thok]으로 발음되었다.[82] 죽간본에는 불태(不貸)로 출토되어 이 부분에 대한 논의에서 현대 중국 학자들(대륙과 대만 다 같이)은 "고대에는 대(代) 자가 대(貸)와 같았고 그 음으로 "위태하다"는 태(台) 자와 병용되었다고 결론짓고 있다.[83] 그러나 전래본의 특(忒)은 익(弋),특(忒),특(貸),대(貸),이(貳)와 같이 후세에 훈과 음이 혼용 교차 사용되어, 결국 육덕명(陸德明)[84]의 음훈을 논한 석문음의(釋文音義, 周易音義)에서 주역의 한 문장 "그러므로 해와 달은 지나침이 없고 사계절은 틀림이 없다(故日月不過, 而四時不忒)."에 보이는 불특(不忒)과 같이 여겨 그 자리에 끼어들게 되었다.

대(代)는 사람(人)과 창(戈)에서 온 글자로 사람이 무력의 위협과 관계된 언어로 발전한다. 이것은 마음(心)이 창(戈) 아래 있어 "틀린 것(忒)"이라는 의미로 변하기도 하고, 틀렸다는 훈은 배반이나 모함, 바뀐다는 뜻의 이(貳)로 변용되기도 했다. 그러나 같은 한대(漢代)의 것으로 출토된 노자 《도덕경(帛書 道德經, 四十一章)》에 "무릇 도란 그것이 이미 이루어지도록 (이름 없이 숨어서) 도움을 주는 것(夫唯道 善貸且成)"이라는 말에서 보듯이 대(貸)는 "도움을 빌려주는 것" 또는 "추가적인 노력"을 의미한다. 여기에서 대(貸)는 "싸움이 없는" 무위(無爲)의 위(爲)를 의미하며 역시 부전승(不戰勝) 사상에 비추어 전쟁이라는 인위적인 노력 없이 드러나지 않게 승리해야 한다는 전제의 문맥과도 통하게 된다.

---

82) Baxter—Sagart Old Chinese by MC initial, final, and tone, 2011 page 20 殆 dojX (danger), page 141忒 thok (err, change; deceitful), page 141貸 thojh (borrow;lend)
83) 통행 수정본, 중국손자학회와 대만 책략연구센터 주(註).
84) 陸德明 550?~630, 唐의 유학자.

손자로서 손자를 해석해야 옳은 것이라면, "틀림없이 싸움에 이긴다."는 용어는 손자에 맞지 않다. 싸움을 위한 어떤 노력이나 자원을 빌림이 없이 숨어 있는 도(道)처럼 작용하는 용병을 그는 말하고 싶었을 것이다. 원시《손자병법》의 심오하고 철학적인 맛이 후세에 전투 승부적 용어로 가려진 것은 아쉽다. 드러나지 않는 것이 외형을 주관한다는 고대 동방인의 생각은 아직도 우리의 피와 사색체계에 숨어 있어 은연중 도덕 판단의 기준이 된다. 명나라 말에 나타난 신비한 인물 홍자성은 그의 채근담에서 "권모술수를 알지 못하는 사람은 고상하고, 이를 알면서도 쓰지 않는 사람은 더욱 고상하다(智械機巧不知者爲高, 知之而不用者爲尤高)"라고 말해, 이렇게 술수를 빌리지 않고 승리할 수 있는 전쟁윤리와 잘 통한다. "승부대(勝不貸)"라는 말은 다음 문구 "군사 운용을 잘하는 자는 도를 닦고 법을 보존한다(故善者 修道而保法)"와 그러므로 잘 이어질 수 있다.

형(形) 8

> 죽간본 : 故善者, 修道(而保)法, 故能為勝敗正
> 그러므로 최선은 도(道)를 닦고 법(法)을 보존하여, 능히 승패를 분별하는 것이다.
>
> 전래본 : 善用兵者, 修道而保法, 故能為勝敗之政
> 군사운용을 잘하는 것이란, 도를 닦아 법을 보존하여, 그러므로 승패의 정사에 능하다.

도를 닦고 법을 보존해야 하는 이유는 앞 문구인 "싸움이 없는(勝不

貸)"에서 가져올 수 있다. 노자가 말하듯 "도는 이름 없이 숨어 대저 만물에 힘을 빌어주어 그것들이 이루어지게 하는 것"[85]처럼 형(形)은 이름 없이 숨어 있다. 그러므로 전세(戰勢)를 얻으려고 굳이 형(形)을 강하게 하고자 힘을 무리하게 어디선가 빌리려 한다면 본래 은밀히 작용하는 도의 힘을 잃어버리게 된다.

도(道)는 민주국가에서는 정의로우며 분별 있는 국민의 의지이다. 도(道)가 전쟁의 위험을 두려워하지 않는 국민의 동의(同意)라면, 이 국민정신을 잘 유지하여 법을 잘 지켜서 전쟁의 승패를 미리 가릴 수 있다. 국민이 지역 패거리에 휘말려 분별을 잃고 법을 어지럽히면 숨어있는 도(道)는 저마다 왜곡되어 승패가 공정했는지 알 수 없게 된다.

승패정(勝敗正)의 정(正)은 전래본에 정(政)으로 되어 있으나 전국시대의 문식(文式)에 맞는 죽간본의 정(正)을 따랐다. 이런 예는 관자(管子, 水地)에 "거북은 물에서 살고 점화는 불에서 되며, 만물의 처음 순서가 이것이며 재앙과 복의 분별을 정하게 된다."[86]에서 보이듯 "재앙과 복을 정하는 것(禍福正)"과 같이 "승리와 패배를 정한다(勝敗正)"는 문장용법이다. 음(陰, 물) 속의 양(陽, 거북)을 구워 길흉을 점치는 것 같이 전쟁의 승패는 도(道)와 법(法)이 어떻게 닦이고 보호되는지 보아 분별 되었다. 전래본은 "승패지정(勝敗之政)"으로 바뀌어 분별력이 아닌 술법이 되어 맥락을 벗어났다.

이어서 도덕경 42장에 "도생일(道生一), 일생이(一生二), 이생삼(二生三), 삼생만물(三生萬物)……"과 매우 유사한 문장을 손자에서 보게 되는 게 흥미롭다. 부대자(不貸者)가 수도(修道)에 이르고, 다시 5가지의 각론으로 분화되는데 이것은 도덕경의 41장에서 42장으로 이어지는 논법 전

---

85)   도덕경 41장 "道隱無名 夫唯道善貸且成"
86)   龜生於水 發之於火 於是為萬物先 為禍福正

개와 똑같은 것이다. 도(道)가 무너지면 덕(德)이 되고 덕(德)이 타락하면 법(法)을 세울 수밖에 없었다. 그 법제는 손자가 좋아하는 다섯이라는 숫자에 올려 5가지로 분화되어 각론을 말하고 있다.

> 죽간본 : 法. 一曰度, 二曰量, 三曰數, 四曰稱, 五曰勝. 地(生度, 度生量, 量生數, 數)生稱, 稱生勝.
>
> 전래본 : :兵法. 一曰度, 二曰量, 三曰數, 四曰稱, 五曰勝. 地生度, 度生量, 量生數, 數生稱, 稱生勝.
>
> 법제는 첫째는 계측이요, 둘째는 양이요, 셋째는 수요, 넷째는 비교요, 다섯째는 승리 예측이니, 계측은 지형에서 생기고, 자원의 양은 넓이에서 생기고, 군사의 수는 자원의 양에서 생기고, 전력비교는 그 군사의 수에서 생기며, 승리의 예측은 전력비교에서 생긴다.

죽간은 왜 병법(兵法)이 아니고 법(法)인가에 대한 이해는 병(兵)자를 가능한 피하려는 죽간의 특성에도 있지만, 전 문장에서 말한 "수도이보법(修道而保法)"의 법(法)의 성격을 규정하면 가능해진다. 이 법은 병법의 상위에 있는 더 상식적인 자연율을 모방한 것이고 노자의 "도는 자연을 따른다(道法自然)"과 같은 법(法)이다.

《당이대문(唐李問對)》) 권중(卷中)에 대장군 이정(李靖)이 당 태종의 도량수칭에 대한 질문에 다음과 같이 답변하고 있다. 이정 장군이 말하길 "오자병법에 '떨어져 있되 단절되지 않도록 하고, 물러나 있되 흩어지지 않도록 한다.'라는 말이 있습니다(靖曰 吳起云 絕而不離 卻而不散)." 이것은 작전지역과 군사역량을 조화롭게 배비한 명언이다. 즉 법이란 상황에 맞게 군사력을 통제하는 것으로 軍形의 절제된 모습이 만들어지도록 제도화한다는 것이다. 여건에 맞게 도량수칭을 규제하는 규범이다.

법(法)은 손자에서 계(計)를 수립하는 5가지 요소로 늘 설명되고 있다. 계(計)편에는 다섯 가지를 전투력 비교 매트릭스에 올려 놓았고(計 經之以 五), 모공편에는 승리를 아는 다섯 가지(謀攻 知勝有五)를 말한다. 구변편에는 장수에게 있는 다섯 가지 위험(九變, 將有五危)을 열거하고, 화공편에 화공법 다섯 가지 (火攻, 攻火有五)를, 그리고 용간편에 첩자를 쓰는 다섯 가지(用間, 用間有五)를 말하고 있다. 손자는 법(法)을 늘 다섯 가지로 하여 전장에 나가는 군인이 손쉽게 손가락 다섯 개를 짚어 알 수 있게 하였다.

형(形) 9

> 죽간본 : 勝兵如以溢稱朱, 敗兵如以朱稱溢, 稱勝者戰民也, 如決積水於千仞 之壙(隙), 刑也
>
> 전래본 : 故勝兵如以鎰稱銖, 敗兵如以銖稱鎰, 勝者之戰, 若決積水於千仞之 谿者, 形也
>
> 그러므로 승리하는 군대는 (무거운) 일(鎰)의 무게로 (가벼운) 수(銖)의 무게를 저울질하는 것과 같고, 패하는 군대는 수(銖)로써 일(鎰)을 저울질하는 것과 같다. 승산이 있으면 백성은 싸우게 된다. 이는 마치 천길 갈라진 틈으로 막아둔 둑의 물을 터뜨리는 것과 같은 것이며 이것이 바로 형(形)이다.

　형(形)은 《손자병법》 상편 천재(天才)의 마지막 편이고 마지막 위 문장은 참으로 시적이고 질묘하다 하지 않을 수 없다. 고대의 언어 지식 체계가 망라된 느낌을 받는, 온 힘을 다해 마지막까지 하늘의 뜻을 기다리다 어느 날 물밀 듯이 내려치며 중편인 인간의 재(才)가 시작되는 세(勢)편으로 들어서기 때문이다. 형은 힘을 내주고 모습을 감추어 버린다.

위 문장의 핵심 단어는 일(鎰)이나 수(銖)와 같은 무게 단위가 아니라 "둑이 무너져 터지는 결(決)"이라는 오묘한 말이다. 결(決)은 쾌(夬)와 같은 뜻으로 쓰였다. 이것은 주역의 택천쾌(澤天夬)를 연상케 할 뿐만 아니라 손자가 그 이미지를 빌린 확실한 근거가 있다. 쾌괘(夬卦)는 하늘 위에 연못이 있는 상으로 아래의 다섯 양효가 그 세력이 성장하여 극에 달하고 위에 하나의 음(陰)이 그 세력이 쇠하여 사라져 버린다는 의미이다. 물이 하늘 위로 솟아 넘쳐 흐른다. 그러나 무력에 의해 맨 위에 군림하는 사악한 음(陰)을 일거에 제거하지 말고 시세의 추이를 살펴야 한다고 풀이한다. 군대의 움직임은 그것이 혁명이든 전쟁이든 한 방울의 물이 넘칠 때까지 기다려야 한다는 것이다.

한대(漢代)의 문자 대부분은 무게 단위 일(鎰)을 일(溢)로 혼용하여 원시 손자(竹簡本, 晉殘本)에는 "승병여이일칭주(勝兵如以溢(鎰)稱朱(銖))"로 표기되어 있다. 溢(넘칠 일)은 바로 성(城)의 해자(垓字)에서 물이 넘치는 것과 같다. 해자는 성곽의 방어를 위해 성벽 기단을 따라 파 놓은 연못이다. 수비하는 자는 여유를 지켜 천시의 도움을 받아 해자의 수면이 높아지길 기다린다. 일(鎰)이라는 자에 나타나는 사고의 프로세스는 물(水)-그릇(皿)-넘침(益, 溢, 鎰)으로 진행된다. 그릇에 물이 넘쳐 이익(益)이 되니 이 의미는 역시 溢(넘칠 일)과 섞어 사용되었다. 마왕퇴(馬王堆)에서 출토된 금서(帛書)인 《무위한간본(武威漢簡本, 儀禮)》에는 명(皿, 그릇)에 물(水)이 넘침이 곧 익(益)이라고 했는데 이것은 물건을 저울에 달 때 그 균형추로 물그릇을 사용한 것을 의미한다. 보통 무거운 물건을 재는 물그릇은 일(溢)이고 금이나 귀금속을 재는 작은 물그릇은 주(朱)였다. 여기에 저자의 메타포가 작용하여 균형이 깨져 물이 쏟아져 넘치는데, 주역의 쾌(夬)처럼 통쾌하게 하늘 위로 뿜어져 오른다. 형(形)이 곧 세(勢)로 변한 것이다. 그렇지만 형태를 정해놓지 않았다. 그러므로 형(形)은 물과 같은 것(兵形象水, 虛實篇)이라 말할 수 있게 되었다.

"칭승자전민야(稱勝者戰民也)"는 전래본에 "승자지전(勝者之戰)"으로 축약되어 "전민(戰民)"의 의미가 사라졌다. 당(唐)의 우세남(虞世南)[87]이 주(注)한 《손자병법》[88] 이후에 이처럼 바뀐 것은 태종 이세민의 이름을 피하기 위해서[李世民之諱]임을 알 수 있다. 전민은 형세를 타고 나타난 기꺼이 싸우려는 백성이고 잡혀 온 노예에 불어넣은 전투 의지이다. 따라서 문리를 확고하게 하는 중요한 문구였다. 일(鎰)과 수(銖)의 무게 단위는 맹강(孟康)의 주(注)가 있는 집해(集解)에는 일(鎰)은 20양(兩)이고 1양(兩)은 24수(銖)로 일과 수의 비교는 480 : 1이다. 보편적으로 중국학자들은 통상 도설(陶說)이라고 하는 진(晉)의 도홍경(陶弘景)의 주(注)를 따라 일(鎰)은 24양(兩), 1양(兩)은 24수(銖)로 하여 576 : 1로 풀이하지만 별 의미가 없는 일이다. 승자와 패자의 전력 차를 상수화(常數化) 할 수는 없다. 승자의 무게인 일(鎰)이라는 것은 무게 단위에 국한하지 않고 본래 글자인 일(溢)에서 보다 깊은 의미를 끄집어낼 수 있을 것이다.

《장자(莊子) 제물론(齊物論)에는 대소 경중 들의 대립하는 가치를 넘어서 도(道)란 실제적이며 모든 것은 절대 무차별이라는 이른바 만물제동(萬物齊同)의 사상이 등장한다. 장자에서의 일(溢)은 빠져들어 님치고 돌이킬 수 없는 것이다. 세상의 충만한 세력이라는 것도 모두 나약함과 대등하니 힘을 믿고 마구 폭력을 행사하지 않고 늘 불쌍해하는 마음을 가지라는 것이다. 이처럼 《손자병법》은 도가 사상에 깊이 영향을 받고 또 그 사유와 교섭했다. 일(溢)은 승리로 기운 추이며 그리하어 님치시만,

---

87) 우세남(558~638), 당 태종 때 홍문관 18 학사의 한사람, 貞觀 5년(631)부터 시작된 대규모 편찬 및 사적 정리작업에 주를 달았다.

88) 北堂書鈔 武功部六 攻戰 卷一百一十八 "若決水於千仞" 虞世南注 孫子兵法云 "勝者之戰, 若決水於千仞之谿者, 形也."

사물의 양단을 보아야 하는 교묘한 단어이다. 제물론에서 그 일(溢)은 "자신을 얽어매어 상자 속에 갇힌 듯, 늙어 감에 따라 더욱 빠져들어 마침내 죽음에 접근하고 다시 소생시킬 도리가 없는 것(其厭也如緘 以言其老溢也 近死之心 莫使復陽也)."이었다. 생각이 굳어버려 양(陽)의 힘을 밀어붙여 제방을 깨버리는 결(決)은 승자의 기세이지만 이미 전쟁에 빠져들어 돌이킬 수 없게 되었다.

▣ 죽간본에 따른 〈형(形)〉

손자 말하기를 옛날에 잘 싸우는 자는, 적이 이기지 못하도록 나의 형세를 먼저 갖추고, 내가 적을 이길 수 있는 형세를 기다렸다. 적이 이기지 못할 형세는 나에게 달려 있고, 내가 이길 수 있는 형세는 적에게 달려 있다. 그러므로 최선은 능히 (적을) 이기지는 못해도, 적이 나를 이기지 못하도록 한다. 그러니 승리란 알 수는 있지만 만들어 낼 수는 없다.

이길 수 없다면 방어하고, 이길 수 있다면 공격한다. 방어는 병력의 여유가 생기나, 공격은 부족하게 된다. 잘 지키는 자는 깊은 땅속에 숨은 것같이 하고, (공격을 잘하는 자는) 높은 하늘 위에서 움직이듯이 한다. 그러므로 능히 자신을 온전히 보존하고 승리할 수 있다.

승리의 결과에서 보인 다른 사람들도 아는 바를 아는 것은 잘 아는 것이 아니다. 싸움에 이겨 천하가 잘했다 말해도 잘 한 것이 아니다. 그러므로 이것은 가는 털을 든다고 힘이 세다고 하지 않으며, 해와 달을 본다고 눈이 밝다고 하지 않으며, 천둥소리를 듣는다고 귀가 밝다고 하지 않는 것과 같다.

일컬어 잘하는 것이란 쉽게 이기는 승리이다. 그러므로 훌륭한 사람의 싸움은 기발한 승리도 없고, 지혜롭다는 이름도, 용맹한 공도 없다.

그러므로 그 싸움은 싸움 없이 이김에, 그 싸움이 없는 것은 승리 여건이 이미 패한 적을 이기는 것이기 때문이다. 따라서 최선은 패하지 않을 위치에 서서, 적의 패배 기회를 놓치지 않는 것이다. 이런 까닭에 승리하는 군대는 먼저 이겨놓고 싸움을 구하고, 패배하는 군대는 먼저 싸우고 나서 후에 승리를 구하려 한다. 그러므로 최선은 도(道)를 닦고 법(法)을 보존하여, 능히 승패를 분별하는 것이다.

법제는 첫째는 계측이요, 둘째는 양이요, 셋째는 수요, 넷째는 비교요, 다섯째는 승리 예측이니, 계측은 지형에서 생기고, 자원의 양은 넓이에서 생기고, 군사의 수는 자원의 양에서 생기고, 전력비교는 그 군사의 수에서 생기며, 승리의 예측은 전력비교에서 생긴다. 그러므로 승리하는 군대는 (무거운) 일(鎰)의 무게로 (가벼운) 수(銖)의 무게를 저울질하는 것과 같고, 패하는 군대는 수(銖)로써 일(鎰)을 저울질하는 것과 같다. 승산이 있으면 백성은 싸우게 된다. 이는 마치 천길 갈라진 틈으로 막아둔 둑의 물을 터뜨리는 것과 같은 것이며 이것이 바로 형(形)이다.

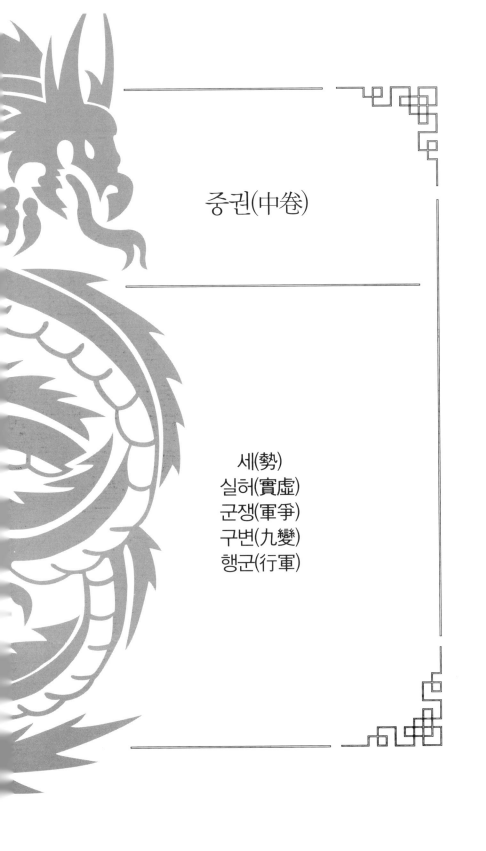

중권(中卷)

중권을 읽기 전에

《손자병법》중권(세, 실허, 군쟁, 구변, 행군)은 사람 모습의 부정을 통해 사람의 길을 찾고 있다. 인간은 이중적이고 혼란스럽다. 사람의 길은 인재(人才)의 모든 것을 탐구한 것이라기보다는 인간다움의 무형적 모습이었다. 상권의 하늘의 모습인 형(形)이 인간의 모습으로 나타나지 않고 중권에서 내재한 세(勢)로 받아 점진적으로 표현된 것은 천지의 기운이 인간으로 되면 형(形)을 상실하기 때문이었다. 그러므로 형(形)이 중권에는 텍스트로 나타나지 않았다.

텍스트에 없는 지식은 인간이라는 기(氣) 속에서 공동체의 경험이 축적된 누구나 접근 가능한 것이어야 한다. 지식이 권력이 되고 비밀이 되고 권위적이 되고 환금적 가치로 타락하면 그것은 더는 지식이 아니다. 인간 안에서 이러한 형(形-권력, 비밀, 권위, 돈, 명예)에 갇히면 인간의 모습을 말함에 형이상과 형이하의 경계에 머물게 된다. 다른 말로 표현하면 천지는 엄연히 영구한 형을 가지되 인간은 영원히 무형이기 때문이다. 인간은 언제나 중화(中化)의 반을 넘을 수 없었다. 그리하여 《손자병법》하권은 바로 이어서 땅의 모습 지형(地形)으로 받아 인간과 결별하는 가혹한 자연으로 돌아간다.

형(形)-인간-지형이라는 순환 프로세스를 천지간에 충만한 에너지의 수렴과 진동으로 볼 수만은 없다. 인간은 땅에서 태어나 하늘로 오르고 공간에 흩어진 기운은 시간을 만나 다시 땅으로 환원한다. 인간이 거짓된 형을 세우고 발전과 개발을 논했다면 참으로 망령된 일이다. 그래서 인간다움(仁)을 다시 돌아볼 수밖에 없다. 인(仁)이란 여하한 상황에서든 공감(共感) 능력이다. 《손자병법》을 읽는 동안 독자는 죽간에 기록된 본래의 의미에 더 매혹될 수밖에 없었다. 후세에 덧붙인 해석과 수정은 본의를 왜곡했을 뿐만 아니라 그 형틀 안에 묶여 지리멸렬하거나 미궁에 빠지고 말았다. 그러하니 어찌 인문이 발전했다고 할 수 있겠는가! 모든 전적(典籍)에 대한 독해가 시대적 해석만을 남겨 둔다면 인(仁)이 아니었다.

인재(人才)는 나타낼 수 없는 인간의 모습이었다. 경(經)을 설계한 수많은 독학은 지식을 나누면서 그 난해한 의미를 혼자 지고 갔다. 이는 고풍스러운 도피처가 아니라 한문학(漢文學, 동방 문학)은 왜 독학이 가능한가에 대한 무응답이었다. 남송(南宋)에 이르러 13경으로 정리된 동방고전 모두를 읽어야 하나의 경(經)을 해석할 수 있다는 깨달음은 무언으로 전해졌다. 손자의 뒤편에는 늘 노자가 서 있고 그의 손에는 도덕경이 들려 있다. 이러한 손자를 멀리서 바라보고 있는 이중적 태도의 유자(儒者)들은 혼돈의 전국시대 비책(Confidential)들을 비밀합동보관소에 숨겨두고 싶었을 것이다. 그래서 그는 그 시대의 시시콜콜한 역사서 좌전(左傳)에 전혀 보이지 않는지도 모른다. 고독한 손자의 독자들은 명령에 몸을 맡긴 하급 무부(武夫)들이거나, 전쟁에 염증을 느끼는 종군 군유들이었다. 그들은 여하튼 살아남아야 했다. 그리하여 병법 해석의 최고는 부전승이 되었다. 싸우고 싶지 않다. 인간적 고뇌가 절절히 묻어나는 《손자병법》의 문장들을 애써 무시하면서 편안한 후방의 전쟁 지도부 흉사(凶士)들은 이들을 전장으로 몰아간다.

세(勢)

孫子曰兵者國之大事也死生之地

存亡之

效之以　以索其請　道　天五三

意者也故可與之死可與之生民弗詭

日地四曰將五曰法道者令上同

也天者陰陽寒暑時制也順逆兵勝

也地者高下廣陝死生也將者知信

勢

去國隱身忘賊世
白首萬顧古土事
逋 客孫者嘔心憤
荒飲狂歌玄同勢

고국을 떠나 숨어 살며 도둑의 때를 잊었지만
흰머리는 늘 고향의 일을 돌아보았네
도망친 신하와 달아난 자들 심장을 토해내며 분개하고
술 처마시고 미친 노래 불러 그 힘 숨기려 하네

세(勢) 1

그러므로 인간이었다. 세(勢)는 천재(天才)와 지재(地才) 사이에 중권(中卷)의 인재(人才)가 형(形)을 받는 연결점이다. 상권과 중권을 잇는 논리적 전개에서 하늘의 형을 인간의 형으로 물려받는다. 그리고 그 형(形)은 세(勢)가 되었으나 승리를 구함에 세에서 구하지 인간에서 찾지 않는다. 본래 인간은 무형(無形)이므로, 인간으로 형세를 잇는데 인간을 수단으로 삼지 말도록 경계했다.

하늘에서 인간으로 문맥이 이어지는 세(勢)편 역시 원래 편제가 "세(勢)"이었으나 조조가 "병세편(兵勢篇)"으로 병을 추가하여 뜻을 숨겼다. 그의 정치적 의도가 무엇이었든 간에 형에 군을 합하여 군형이 되고 세에 병을 더해 병세로 한 것은 군사(軍事)를 군병(軍兵) 안에 잡아두려는 생각이 확실해 보인다. 중권은 5편[세(勢), 실허(實虛), 군쟁(軍爭), 구변(九變), 행군(行軍)]으로 가장 편수가 많다. 모두 사람의 움직임과 모습을 담았다. 사람의 행위는 상편(上篇) [天才]의 말에 제어를 받지만, 행위가 하늘의 뜻과 다를 수 있다. 그러나 진실하고 성실하다면 천명을 바꿀 수도 있었다. 분노가 전민(戰民)을 움직여 여러 형태의 저항이 나타난다. 그러나 불인(不仁)하여 마비되었다면, 힘을 발휘할 수 없다. "민주주의의 최후의 보루는 깨어있는 시민의 조직된 힘"[1]인데, 민중은 양처럼 둥글게 모여있을 뿐, 수를 나누어[分數] 세를 만들지 못한다. 이것이 바로 분수를 모르는 것이다.

> 죽간본 : 治衆如治寡 分數是.
>
> 전래본 : 孫子曰 凡治衆如治寡 分數是也.

---

1) 노무현, 《성공과 좌절》 2009

> (손자 말하기를 대체로) 많은 군사를 지휘하기를 마치 작은 군사를 지휘하듯 하는 것이 바로 분수이다.

죽간에 손자왈(孫子曰)이라는 개두문(開頭文)이 없는 편은 세(勢)와 실허(實虛)이다. 그 외 모공, 군쟁, 구변, 행군, 지형, 구지는 잔멸되어 그 유무를 알 수 없다. 범(凡) 자 역시 문장의 서두에 흔히 쓰인 예를[2] 찾을 수 있으나 죽간에 범(凡)이 안 보이는 것은 일반화된 분수(分數)의 의미와 구별하고 용병에서의 분수가 특정한 의미를 지칭하기 때문으로 보인다. 군의 전투태세는 조직과 편성을 기반으로 이루어진다. 많은 병력을 다루기 쉽게 임무를 분담하고 책임을 나누는 것은 현대 전장에서도 여전히 큰 과제이고 끊임없는 연구의 대상이다. 병세는 한정된 자원을 어떻게 재단(Tailoring)하느냐에 따라 좌우된다. 반응시간이 지극히 짧아진 현대전에서 고전적 편성으로 대처하기 어렵게 되어 보다 즉응적인 TF(Task Force, 특수임무 편조)를 만드는 추세이다. 구태의연한 분수에 사로잡혀 불필요한 자리를 만들고 보직을 늘려 계급을 유지하려 한다면 신속 반응이 필요한 현대전에 적용하기 어렵다. 사람을 잘 나누는 것은 인재를 적재적소에 쓰고 깨끗하고 절도있게 하는 것인바, 인물지(人物志)에 분수를 논하며 보이는 말처럼 "이를 법제와 절도에 맞게 하고 함부로 바꾸지 아니하여 나중에 능히 기책(奇策)을 쓸 수 있는 것은 평소에 법을 준수해 왔기 때문"이라고 말할 수 있을 것이다.[3] 그러므로 기(奇)는 정(正)이 바로 섰을 때 나올 수 있다는 후의 문장과 연결된다.

---

2)   作戰 "凡用兵之法" 用間 "凡興師十萬" 行軍 "凡處軍相敵" 火攻 "凡攻火有五" 實虛 "凡先處戰地而待戰者佚 後處戰地而趨戰者勞"

3)   人物志, 接識 "夫清節之人以正直為度, 故其歷眾材也, 能識性行之常, 而或疑法術之詭 法制之人以分數為度, 故能識較方直之量, 而不貴變化之術 術謀之人以思謀為度, 故能成策略之奇, 而不識遵法之良"

분수는 아주 오래된 위정(爲政)과 관련된 용어이다. 분수를 사용한 기원은 제자(諸子)의 여러 문헌에 등장한다. 분(分)은 춘추시대 말기에 서로 뜻을 빌어 교차하여 나타났지만, 더 아주 오래전 상나라의 갑골문에는 팔(八)이라는 문자로 "나눔"을 표기한 것이 보인다. 설문(說文)에 의하면 팔(八)은 나중에 여덟이라는 숫자로 가차 되고 나눔은 도(刀)가 더해져 분(分=八+刀)자로 뜻이 분리된다. 왜 나눔이라는 팔(八)이 숫자가 되었을까? 아마도 고대에는 8가구에 하나의 우물을 두어 이를 공유하고 살면서 잡아온 사냥물이나 곡식을 나누었을 것이다. 우물 [井]은 가운데를 빼고 모두 8구역으로 구획된다. 그러므로 나누어야 할 것이 항상 8이 되었을 것이다. 한 촌락은 4개의 우물을 하나의 읍(邑)으로 하여 조직화 되고, 인간은 자연이 주는 공통 자본을 나누어 쓰며 자연 앞에 그 권한이 평등했다.

명말(明末)에 나타난 양명 좌파이며 페미니스트 반항아인 매력적인 인물 이지(李贄)의 《분서 병식론(焚書, 兵食論)》에 보이는 "깃발로 표시하고 징과 북으로 알려 포로나 적의 머리를 바친 다음에야 기뻐하는 마음이 생기는 것이 아니다. 농사를 지을 때면 여덟 가구가 되고 진을 치면 팔진이되었다. 가운데는 중군(中軍)이며 여덟 머리와 여덟 꼬리가 힘을 합쳐 상응하니, 육서(六書)를 보거나 산법(算法)을 가르치지 않아도 저절로 분수(分數)에 밝아졌다."[4]에서 8분의 의문점에 대한 답을 주고 있다. 이지는 그의 명저인 《손자참동(孫子參同)》 세(勢)편에서 분수와 편제에 대해 자세히 설명하였는데, "편장(偏將), 비장(裨將), 졸오(卒伍, 백 명과 다섯 명) 등을 나누는 것을 분(分)이라 하고 십, 백, 천, 만의 숫자를 각자 각기 통제하고 그 부대장이 ㄱ 강령을 총괄함을 수(數)라고 한다."[5]고 해설하고 있다.

---

4)   焚書, 兵食論, 不待耀之以旌旗, 宣之以金鼓, 獻俘授馘而後樂心生也. 分而爲八家 布而爲八陳 其中爲中軍, 八首八尾, 同力相應, 不待示之以六書, 經之以算法, 而後分數明也
5)   李贄, 孫子參同, "分, 謂偏裨卒伍之分 : 數, 謂十百千萬之數各有統制, 而大將總其綱領"

손자의 분수를 의미화하여 사용한 최초의 문헌은 문자(文子)이다. 분수와 관련된 선진(先秦) 전적 (典籍) 중 문자(文子)의 상례(上禮)에 다음과 같은 말이 있다. "산천 계곡을 나누는 것은 땅을 경계로 하여 있고, 사람의 많고 적음을 세는 것은 분수로 하여 있다."[6] 문자는 당나라 이후 위서(僞書)로 취급되었으나 1973년 중국 허베이 성 정현 40호 한묘(漢墓)에서 일부 죽간의 문자(文子)가 출토되어 오랜 세월의 억울함을 풀었다.

세(勢) 2

진나라에서 한나라에 걸친[秦漢之際] 대통합과 제국의 시대에 역시 글자의 의미가 정비되고 통일되었으리라 추론하는 것은 자연스러운 일이다. 분수(分數)라는 용어가 전국시대에 개념화된 것인지는 아직도 분명치 않다. 춘추시대 사상가의 한 사람인 문자(文子)의 죽간에서 처음 보이지만 그것은 한대의 묘에서 출토된 것이다. 분수(分數)는 확실히 주나라의 토지제도인 정전제(井田制)에서 파생하여 노동력과 생산 소출을 여덟(八)으로 나누(刀)는 봉건영주의 정치행위로 만들어졌다. 이탁오[李贄]의 말대로 "농사를 지을 때면 여덟 가구가 되고 진을 치면 팔 진이 되었다." 처럼 병농일치(兵農一致)의 체제에서는 저절로 분수를 알았다. 그러나 앞서 계(計) 7에서 언급했듯이 병서에 편제 개념으로 쓰인 것은 한나라에 이르러서였다고 보는 것과는 모순된다.

> 죽간본: 鬪衆(如鬪寡 形名是也)

---

6) 文子, 上禮 "分山川溪谷 使有壤界 計人眾寡 使有分數"

전래본 : 鬪衆如鬪寡 形名是也

많은 군사를 싸우게 하기를 적은 군사를 싸우게 하듯이 하는 것이 형(形)과 명
(名) 그것이다.

형(形)과 명(名)은 글자 그대로 지휘공구(指揮工具)라는 풀이가 지배적
이다. 조조를 비롯한 11가주(家注) 모두 형(形)을 시각적 깃발신호(旌旗)
로, 명(名)을 징과 북 등 청각적 음향신호로 해석한다. 군을 편성하고(分
數) 통신 SOP(표준운용절차, 形名)를 정하여 많은 수의 병력을 움직이게
하는 것은 대부분의 나라에서 전쟁원칙으로 발전했다. 군사전략가들은
전쟁원칙에 간명(Simplicity)의 원칙을 넣어 이해하기 명확하고 간단한
계획으로 전쟁에 임해야 한다고 말한다. 전장의 피로와 불확실성은 복잡
함으로 가중된다. 전장을 작게 축소하여 바라보려는 시도는 지휘관에게
여유를 주어 건전한 판단을 하고 더 넓게 멀리 보기 위함이다.

그런데 형명을 그렇게 단순한 지휘기술로 바라보지 않는 주장도 있
다. 형명학설 또는 형명론(形名論)은 본래 법가(法家)의 이론이었다. 이
것은 한비자(韓非子)가 법으로 나라를 다스려야 한다는 주장에서 형명학
(刑名學)과 통한 아주 오래된 논리이다. 국가를 경영하는데 신하의 이론
형(形)과 실제의 성적 명(名)을 비교하여 명(名)으로 실(實)을 따진다는
것이었다. 전국 말에 형명학이 유행했던 시기가 있었다. 장자(莊子) 천
도(天道)의 후반부에 "눈으로 보아 볼 수 있는 것은 형태와 빛깔이고 귀
로 들어서 들을 수 있는 것은 이름과 소리다."[7]처럼 형명은 가용한 소통
의 모든 수단을 말하는 것은 틀림없어 보인다. 그러나 더 거슬러 올라 천
도(天道)의 중반 문장을 보면, 민중을 다스리는데 형명상벌의 가치를 도

---

7) 장자, 천도편 "故視而可見者, 形與色也. 聽而可聞者, 名與聲也"

의 하위에 두어 논하고 있는데 왕부지(王夫之)의[8] 지적대로 도저히 장자의 사상이라고 하기 어려운 법가의 영향을 받은 후세 도가의 잡설이라고 평가하는 글에, "명목(形)과 내용(名)에 대해 논하고 상벌에 대해 논하는 사람은 정치적 수단에 대해서는 알고 있는 것이 될지 몰라도 정치의 근본인 도에 대해서는 무지한 자이다."[9]라고 하여 형명이 사람들을 다루는 수단이라고 말하고 있다. 부언하면, 형명은 성과와 상벌로 이어지는 "성적표"라는 의미가 더 강해진다.

물론 이는 도가(道家)에서 "아는 사람은 말하지 않는다(도덕경 56장, 知者不言)."라는 금언을 가지고 최고의 소통은 침묵이라는 도가적 사유의 논쟁에서 나온 말로서의 형명이다. 이런 의미를 배경으로 하여 다시 해석하면 "많은 군사를 적은 군사처럼 싸우게 하려고 (그 부대가 이룬) 성과와 상벌로 한다."라는 좀 어색한 풀이가 되지만, 세(勢)라는 문장의 목적에 맞아 전투 의지로서의 병세는 지휘 수단으로 고양되는 것이 아니라 성과와 상벌로 싸우고 이름을 높인다는 뜻이 된다. 발굴된 죽간 손빈병법 기정(孫臏兵法, 奇正)에 "그러므로 그 무리에 성과가 있으면 진형이 만들어지고(故有形之徒 陣形) 부대에 명성을 주지 않을 수 없다(莫不可名 陣名). 이름난 무리는 이기지 못하지 아니한다(有名之徒 莫不可勝)."라고 말하고 있다.

세(勢) 3

---

8) 왕부지(王夫之, 1619~1692) 자는 而農 호는 姜齋, 호남 형양 사람, 명청 교체기에 나라 잃은 비분을 품고 은퇴하여 살며 주역을 공부했다. 주역을 이용한 도리를 수많은 경전을 인용 政論을 펼치고 방대하고 치밀한 철학체계를 구축했다.
9) 王夫之, 莊子通, "五變而形名可舉 九變而賞罰可言也."

죽간본 : (三軍之衆), 可使畢受適而無敗, (奇)正是(也, 兵之所加) 如以段(投卵
者, 實虛是也)

대부대의 많은 병력을 다하여 적을 맞아 패함이 없게 하는 것이 바로 기정(奇
正) 이것이며, 병력을 더 투입하는 곳은 마치 숫돌로 알을 치듯이 하는 것이니
바로 실허(實虛), 주력으로 적의 약점을 치는 것이다.

전래본 : 三軍之衆, 可使必受敵而無敗者, 奇正是也. 兵之所加, 如以碬投卵
者, 虛實是也

대부대의 많은 병력으로 반드시 적을 맞아 패함이 없게 하는 것이 바로 기정
(奇正) 이것이며, 병력을 더 투입하는 곳은 마치 숫돌로 알을 치듯이 하는 것이
니 바로실허(實虛)이 이것이다.

    송나라 왕석(王晳)[10]은 손자 주석에서 필(반드시 必)은 필(다하다 畢)과
음이 같아 후대에 오기(誤記)된 것으로 필(畢)이 타당하다고 하여, 그 이
유를 뒤에 이어지는 말인 기정(奇正)을 설명하는데 두었다. 즉, "기와 정
은 서로 맞물려 태어나 돌고 도는 것이다. 그러므로 (병력을) 다하여 적
을 맞아 패함이 없게 하는 것이다(奇正還相生, 故畢受敵而無敗也)." 따라
서실허(實虛)에 대한 판단이 이루어져 세(勢)가 형성되니 전쟁이 유리한
국면으로 조성된다고 왕석은 풀이한다. 형세를 알고 계산이 이미 이루어
지면 응당 변화하는 법을 알게 된다는 것이다. 과연 20세기에 필(畢)로
기록된 죽간본이 발굴되어 그가 문맥을 보는 혜안은 탁월했다.
    숫산의 난(段)은 선서에 난(碬)의 고자(古字)이다.[11] 죽긴의 47행 하단에
보이지는 않지만 일설에는 실허가 허실로 도치된 것은 본래 전국시대 문

---

10)   왕석(王晳), 宋의 시인이며 손자11가 주의 한 사람.
11)   說文解字, 碬의 段玉裁注 "段, 篆書舊作碬"

리에 맞지 않는다고 보고 그 예로 《위료자(尉繚子, 兵令)》의 예를 들고 있다. "허실이란 군사운용의 요체(虛實者, 兵之體也)."란 말이 출토된 죽간(銀雀山漢簡, 尉繚子, 兵令)에는 "실허란 군사운용의 요체 實虛者 兵體也."로 보이기 때문이다. 그러나 앞의 문구인 기정(奇正)에 대비하기 위해서는 실허(實虛)이 문리에 맞고 뒤에 이어지는, 이정합 이기승(以正合, 以奇勝)은 바로 허실과 관련하여 적과 대치를 속임수[虛]로 하고 승부는 실제 주력[實]으로 결정한다는 문맥에도 상통한다. 그러나 역시 죽간 53행 뒷면에는 편제명이 "실허(實虛)"로 엄연히 쓰여있고 이를 단순히 실(實)을 동사로 보아 적의 허(虛)한 곳을 실(實)로 친다는 의미로 해석이 가능하다.[12]

전사(戰史)의 많은 페이지에서 병력의 축차적 투입으로 말미암은 패전의 예를 볼 수 있다. 병세는 전쟁 자원을 다 하는 집중의 원칙에 따라 얻어진다. 사마천은 《사기》 전단열전(田單列傳)에서 연나라의 침공을 막아낸 제나라의 장수 전단이 행한 용병의 예를 들며 힘을 다하면[畢力] 기(奇)를 사용할 세(勢)가 만들어진다고 말한다. 제나라는 한두 개의 성을 제외하고는 모두 연나라의 점령하에 놓았다. 왕도 죽고 백성은 지리멸렬했다. 전단(田單)은 기책(奇策)를 써서 끊임없이 백성의 저항의식을 북돋운다. 사마천은 이를 손자의 문장을 빌어 "태사공은 말한다. 전쟁은 정면으로 대치하여 기병으로 이기는 것이다. 싸움을 잘하는 자는 기병을 쓰는 것이 무궁무진하여 기계(奇計)와 정합(正合)이 서로 일어나 도는 것이 마치 고리가 끝이 없는 것과 같다(太史公曰, 兵以正合, 以奇勝. 善之者, 出奇無窮. 奇正還相生, 如環之無端)."라고 묘사했다.

죽간본 : (凡戰者, 以正合, 以奇勝.)

전래본 : 凡戰者, 以正合, 以奇勝.

---

12) 허실 1.

> 무릇, 싸움이란 정(正)으로 (적을) 맞이하고, 기(奇)로써 승리한다.

합은 교류하고(交), 접촉을 유지하고(接), 모인다(會)는 의미를 다 포괄하고 있다. 합(合)의 자원(字源)은 갑골문에 용기와 뚜껑이 서로 합해져 그릇을 덮는 형상으로 나타냈다. 그러므로 이것은 적을 모두 끌어들여 전체의 상황을 장악한 상태다. 합은 외교와 국경선 유지, 협상 등 어떤 모습이든지 적의 형태와 능력, 상황을 파악하는 노력의 결과인데, 정(正)으로 합을 이룬다는 말은 대치된 상태를 유지하라는 것이다. 정(正)은 정(征)의 본래 자(字)이다. 정(正)은 성[口]을 공격하고 봉쇄하기 위해 전진하다 정지(止)한 모습에서 자형이 만들어졌다.

대치된 상태에서 "플러스 알파"가 기(奇)이다. 기는 창의적인 계획, 기습, 꼼수 등을 뜻하나 정(正)을 벗어난 모든 현상을 기(奇)라고 말할 수 있다. 노자 《도덕경》 57장에 "정으로 나라를 다스리고 기로써 전쟁한다(以正治國 以奇用兵)."라는 말에서 보듯이 전쟁 자체가 기(奇)의 산물이다. 승리는 정의(正義)의 문제가 아니고 기계(奇計)의 결과이므로 전쟁을 시작한 이상 이기지 않으면 그 죄를 면하기 어렵다. 이 문장이 만들어진 사고의 프로세스를 추적하기는 그리 어렵지 않다. 역시 《도덕경》 58장으로 한 페이지를 더 넘기면,

> 孰知其極　누가 그 지극함 알 수 있겠는가?
> 其無正　　절대로 옳은 것은 없다.
> 正復爲奇　올바름도 뒤집히면 기이한 것이 된다.

이런 패턴은 《황제 4경》 경법, 도법(黃帝四經, 經法, 道法)에도 유사하게 나타난다.

絕而復屬　떨어졌지만 되돌려 속하고,

亡而復存　사라졌지만 존재하니

孰知其神　누가 그 신묘함을 알 수 있겠는가?

死而復生　죽어도 다시 살아 돌아오고,

以禍為福　재앙으로 복을 이루니

孰知其極　누가 그 지극함을 알 수 있겠는가?

죽간본 : (故善出奇者, 無)窮如天地, 无謁如河海. 冬而復始, 日月是. (死而復生, 四時是也.)

전래본 : 故善出奇者, 無窮如天地, 不竭如江海. 終而復始, 日月是也. 死而更生, 四時是也.

그러므로 기(奇)를 잘 쓰는 자는 천지와 같이 막힘이 없고, 강과 바다와 같이 마르지 않는다. 끝나는 듯 다시 시작되는 것은 해와 달 같고, 죽은 듯 다시 살아나는 것은 사계절과 같다.

알(謁)과 갈(竭)은 대개 갈(曷)과 음이 유사하여[13] 고대 통가자(通假字)로 쓰였다. 하(河)는 역시 황하(黃河)이고 강(江)은 장강(長江, 양자강)의 고유명사이다. 죽간이 발견된 산동성에 황하가 흐르고 《손자병법》의 발원지인 제나라 지역이므로 하(河)로 표기됨이 당연하다. 기(奇)를 잘 쓰는 모습을 비유한 "종이복시 일월시야 사이복생(終而復始 日月是也 死而復生)"이라는 말의 유래는 이미 오래된 전적에서 찾을 수 있다. 그런데, "죽었지만, 다시 산다(死而復生)" 라는 구절은 후대에 일부 병서[14]에 사

---

13)　Baxter-Sagart Old Chinese by MC initial, final, and tone, 2011: page 43 曷 hat, page 7 謁 'jot, page 38 gjet

14)　曹註本, 武經本, 太平御覽 兵部十三 機略一

이갱생(死而更生)으로 변해 전해졌는데 이는 진서(晉書)에 "검은 머리로 죽었으나 새로 살았다."라는[15] 구절에서 유래한 것으로 추정된다. 수당(隋唐) 시대 이후의 병서와 손자에는 모두 "갱생(更生)"으로 표기되어 본래의 멋진 의미가 훼손되었다. 사시시야(四時是也)로 끝나는 위 문장은 결국 5행의 언급으로 이어지는데 이것은 사기 천관서(史記, 天官書)에 천지 우주관의 질서를 논한 "음양이 나뉘고(分陰陽), 4계절이 만들어지며(建四時), 오행을 고르게 하였다(均五行)."라는 말의 궤적을 따라가고 있다. 이처럼 변화하는 정과 기의 양단을 잡고 융통성 있게 대치해야 한다는 뜻이 서로 고리로 연결되고 있다.

손자가 선진(先秦) 문헌의 누적된 지혜임은 틀림없다. 손자의 저자는 분명 도가적 골격을 가진 세련된 영혼의 소유자였다. 그는 법가의 지성을 넘어 전쟁을 생성하는 인간의 깊은 악의 근원을 처음부터 찬찬히 들여다보고 있었다. 그의 인문적 소양이 녹아있는 구절 하나하나는 최적의 단어를 선택하여 적은 것이다. 후세에 가필(加筆)하고 오독(誤讀)되어 원시 손자에 나타나는 광채가 바래기는 했어도 지금에 이르러 그 장구한 변화 과정을 살피면 오류 또한 아름답다.

세(勢) 4

세(勢)에서 싸움을 기(奇)와 정(正)으로 나눈 것은 고대 중국인의 사유 법인 음양오행(陰陽五行)의 세계관으로 시간 속에서 사태들의 존립을 끝없는 변화 속에서 바라본 것이기 때문이다. 이것은 인간의 오온(五蘊 色,

---

15)　晉書, 刑法志, 黔首死而更生

受, 想, 行, 識)과 오근(五根 色, 聲, 香, 味, 觸)을 통해 무한히 축적되고 감득된다. 그러므로 세(勢)는 굳이 개념화할 것 없이 오행의 변화에 기민하게 따를 뿐이다. 정(正)으로 대치[合]된 상황에서 오행은 서로 물고 물렸다. 이것은 마치 비트겐슈타인이 사후에 남긴 책《철학적 탐구》[16]에서 "세계는 사실들의 총체이므로 이것들은 대상들의 결합에 의해서만 존립할 수 있고 항상 복합적인 것에서 단순한 것들로 환원되는 순환의 고리"라고 말한 것과 유사하다.

가만히 생각해보면 상편 천재(天才)에서 계산은 하늘이 한 것이지 인간의 것이 아니었다. 하늘의 노력은 하나이며 일정하지만, 인간의 노력은 언제나 둘이며 양면적이다. 인간은 유한히여 시작과 끝이 있으니 늘 양단에 걸려있다. 모든 행위에는 반작용이 있고 무엇을 하든 반 이상을 성취할 수 없다. 그러므로 정(正)이 완전히 그리고 성실히 서지 않은 상황에서 기(奇)를 행할 수 없었다. 전쟁이라는 삶과 죽음의 땅(死生之地)에서는 이것이 더욱 명료하다.

기(奇)로써 승리하는데 손자는 오행의 요소를 초월해야 한다고 주장한다. 기(奇)의 발생은 기미(機微)를 잘 감지 할 때 순조로워진다. 전장을 관찰하는 전장 감시기구가 아무리 발전해도 이를 넘어선 "그 무엇"을 알아차릴 수 있어야 한다. 미군의 전장 정보체계는 "그 무엇"을 알기 위해 영상정보(IMINT), 신호정보(SIGINT), 인간정보(HUMINT), 기술정보(TECHINT) 등으로 과학 기술력을 바탕으로 높은 수준에 올라서 있다. 그러나 영상정보가 발달하여 위성과 정찰기로 지상을 샅샅이 보고 있다고 해도 현지에 나가 적들과 같이 밥을 먹고 냄새를 맡는 완전한 인간정보에 의해 확인되지 않고서는 잘못된 표적정보에 의한 무인기 공

---

16)   Ludwig Josef Johann Wittgenstein (1889~1951) "Philosophical Investigation (Philosophische Untersuchungen)" 1953, English Translation by G. E. Anscombe, Basil Blackwell Ltd, 1986 Reprint, Part I page 32, 123, 146, 214

격(Drone Attack)으로 민간인을 죽이기에 십상이다. 아무리 신호정보가 발달해서 세상의 모든 이메일을 분석하고 모든 언어를 도청한다 해도 "도외도(道外道)" 법과 인간의 상식을 벗어난 방식으로 세상을 사찰한다면 그 기(奇)의 사용을 성공적으로 수행할 수 없다. 손자는 도가 바로 서야(正道) 기를 행할(奇行) 수 있다고 말하고 있다.

죽간본 : (聲不過五, 五聲之)變. 不(可勝聽也. 色不過五, 五色之變, 不可勝觀也. 味不過五, 五味之變, 不可勝嘗也. 戰勢不過奇正, 奇正)之變, 不可勝窮也.

전래본 : 聲不過五, 五聲之變, 不可勝聽也. 色不過五, 五色之變, 不可勝觀也. 味不過五, 五味之變, 不可勝嘗也. 戰勢不過奇正, 奇正之變, 不可勝窮也.

소리는 불과 5가지이지만 그 변화는 다 들을 수 없다. 색깔은 불과 5가지이지만 그 변화는 다 볼 수 없다. 맛은 불과 5가지이지만 그 변화는 다 맛볼 수 없다. 전세는 기와 정에 불과하지만, 그 변화는 끝을 알 수 없다.[17]

  5행 설을 병법에 도입한 가장 오래된 병서는 아마 육도삼략일 것이다. 후세에 다시 개작되고 산편(刪篇)되었어도 주나라 창업 공신인 강태공 여망(呂望)이 저술한 병서라면, 상나라 제후였던 그의 지식적 배후를 보아 오행 사상은 기원전 12세기 이전에도 있었다. 육도의 용도(龍韜) 제28편 오음(五音)에는 오행을 근거로 한 전장 관찰 방법을 서술하고 있다. 비과학적이고 터무니없는 내용도 있지만, 고대인들이 자연 과학을 규정하는 다섯 요소의 틀에서 보면 해석의 폭넓은 지평을 제공하기도 한다. 고대의 전장 감시 기구 중에는 율관(律管)이라는 긴 대롱이 있어 적 진영을 향하게 하고 적진에서 나는 소리를 청취하게 했다.

---

17) 五聲(상, 각, 우, 치, 궁), 五色 (백, 청, 흑, 홍, 황), 五味 (신, 산, 함, 고, 감)

"강태공이 말하기를, 적진의 병사들이 놀라서, 동요했을 때에 오 음을 들어보면, 북채 북소리가 들리면 각(角)에 해당한다. 불빛이 보이면 치(緻)에 해당한다. 금속성의 창소리가 들리면 상(商)의 소리에 반응했다고 본다. 사람이 큰 소리로 부르는 소리가 들리면 우(羽)에 해당한다고 판단한다. 조용해서 아무 소리도 안 들릴 때는 궁(宮)이라 판단한다. 이러한 다섯 가지 반응은 소리나 색에 나타난 징조로 알 수 있다."[18]

20세기 중국학 연구에 빼놓을 수 없는 사람인 니담은 그 유명한 저서 《중국의 문명과 과학(Science and Civilization in China)》[19]에서 음양오행의 서구적 분석을 가하여 이것이 매우 합리적이며 서로 상극하고 생성하는 원리를 자연 과학적 기초에 충실하게 설명하고 있는 것이라고 주장하고 있다. 인간의 모든 행동과 사고는 인과가 있고 그 인과의 범주에서 삶의 문제들을 찾아야 한다는 것이다. 전쟁학에도 오행은 위 강태공의 이론에 의한다면 만약 적의 동태를 파악한 결과 창소리가 들리면 오행의 상(商)에 해당하여 공격 방향은 서쪽으로 무기는 도끼를 사용하게 된다. 금의 상극(相克)은 불이므로 화공도 시도해 본다. 공격 기동은 적을 분리하도록 계획하고, 공격 시기는 7, 8월이다.

그러나 그 변화를 어찌 다 알 수 있다는 말인가! 오행의 주기는 짧기도 길기도 하거늘 그 기미를 알기가 미묘지신(微妙之神) 아닌가? 남송의 명장 악비(岳飛)는 위의 도표와 같은 오행을 기초로 한 형의권(形意拳)을 그의 군대에 단련시켜 전투를 승리로 이끄는데 큰 효과를 보기도 한다.[20]

---

18) 육도삼략, 용도, 오음 "敵人驚動則聽之 聞枹鼓之音者角也 見火光者緻也 聞金鐵矛戟之音者商也 聞人嘯呼者羽也 寂莫無聞者宮也 此五者聲色之符也"

19) Joseph Needham(1900-1995), Science and Civilization in China, volume 2, pp. 262

20) 形意拳은 팔괘장(八卦掌), 태극권(太極拳), 소림권(少林拳)과 함께 중국 4대 내가권(內家拳)의 하나이다. 악비 제창설은 다양한 연구 중 일설이지만 5행을 근거로 전투용으로 개

죽음 앞에서 인간의 감각은 어떻게 열려있는지, 자연이 어떻게 순환하는지, 인간의 심리가 어떻게 변화하는지 전쟁 속에서 오행을 찾아보는 노력을 불합리하다고만 할 수는 없다.

오행	색	소리	맛	방향	기동	무기
금	백(白)	상(商)	맵다(辛)	서	분리(劈)	도끼
목	청(靑)	각(角)	시다(酸)	동	붕괴(崩)	활
수	흑(黑)	우(羽)	짜다(鹹)	북	돌파(鑽)	섬광
화	홍(紅)	치(緻)	쓰다(苦)	남	타격(炮)	대포
토	황(黃)	궁(宮)	달다(甘)	중	횡단(橫)	탄약

세(勢) 5

죽간본 : 奇正環相生, 如環之毌端, 孰能窮之

기와 정(奇正)이 서로 되돌아 바꾸어 낳고 낳음은 마치 끝이 없는 고리와 같으니, 누가 능히 이를 다하랴!

전래본 : 奇正相生, 如循環之無端, 孰能窮之哉

기와 정이 서로 상생하는 것은 순환의 끝이 없음과 같다. 누가 능히 이를 다하랴!

죽간에 보이는 환상생(環相生)이 전래본과 다르므로 의미가 비상하게 변할 수 있다. 환(還)은 환(環)과 음이 같아 통가자이나. 그래서 사의(字意)를 바로 잡으면 큰 차이점이 보인다. "되돌아와 뒤바뀌고 복원되는 환

발한 주장은 설득력이 있다.

(還)"을 기정(奇正) 뒤에 넣어야 앞의 주장을 토대로 한 문맥이 통한다. 전래본에 순환(循環)은 하나의 움직임이 고리(環)라는 물체와 같은 연결체를 따르는 데 국한되어 "고리 모양으로 선회하여 물러나고 나타나는 환(環)"의 포괄적 의미를 소쇄 시키고 있다. 따라서 기와 정이 서로 교차하여 자리를 바꾸는 뜻을 충분히 전하지 못한다.

그러므로 기(奇)는 정(正)이 되고 정은 기가 되니 한 이름으로 부르기 어렵게 되었다. 서로 붙어 있어 동전의 양면과 같다. 현대전장에서 재래식 전쟁(Conventional War)과 비재래식 전쟁(Unconventional War) 모두가 정에 속한다면 기는 양상을 규정할 수 없는 또 다른 전장이다. 정규전(Regular Warfare)과 비정규전(Irregular Warfare) 모두가 정(正)에 속한다면 기(奇)는 예측하거나 규정할 수 없는 또 다른 전장이다. 선형전투(Linear Battle)와 비선형전투(Non-linear Battle) 모두가 정에 속한다면 기는 공간으로 규정할 수 없는 또 다른 전장이다. 대칭 전력(Symmetric Combat Power)과 비대칭 전력(Asymmetric Combat Power)이 정에 속한다면 기는 비교를 초월한 또 다른 전장이다.

군사, 외교에서 탁월한 비대칭 전략을 구사하는 나라들은 상식과 몰상식, 인간의 존엄을 하찮게 여기는 패륜의 방법으로 주민을 압박하고 도발적 언어를 사용하여 스스로 상대의 대응을 바라지 않는 비대칭의 상황으로 몰아간다. 손자 세(勢)의 사상에 대입하여 보면 이것은 정(正)으로 합(合)한다는 실력의 대치를 피하기 위한 것이다. 비대칭(Asymmetric) 전력과 전략이라는 용어는 월남 패망 이후 이를 분석한 앤드루 맥(Andrew JR Mack)의 〈World Politics〉 기고문 "Why Big Nations Lose Small Wars 1975"에서 처음 등장하여 최근의 국지전 상황을 설명하는 데 아주 유용한 단어가 되었다. 역시 "비대칭"이라는 용어와 개념은 약소국을 크게 고무한 게 사실이다. "터무니없다. 반칙이다. 상식 밖이다."라는 말은 전쟁의 결과를 두고는 통하지 않는 것이다. "큰 나라가 왜 작은 전쟁에서 지는가?"라는 질문은 지난 2001년 "초개념 테러 (High Concept Terror)"가 자행된 911에서 여실히 그 답을 보여주었다.

《노자》 57장의 "정(正)으로 나라를 다스리고 奇로써 군사를 운용한다 (以正治國 以奇用兵)"의 의미를 다시 상기하면, 왕필(王弼)은 노자(老子) 주(注)에서 선택적 적용이 아닌 변함없는 법치 국가만이 군사 전략에서 기(奇)로써 책략을 낼 수 있다(以恆常的法度治理國家 以出奇的策略用兵 打仗)는[21] 비범한 해석을 달았는데, 이것은 바로 기와 정이 서로 돌아 바꾸어 낳는(奇正還相生) 손자의 사상과 상통하는 말이다. 함부로 비대칭을 기(奇)의 개념으로 군사 외교에 적용한다면, "체제 안에 사람을 속박하는 규제가 심해지고 주민은 더욱 가난해진다(天下多忌諱 而民彌貧)"라는 노자의 경고대로 될 것이다. 지도층이 무능하고 부패하며 사회가 공정하지 않아 양질의 정치 서비스를 받지 못하는 상황에서 기병(奇兵)이라는 탁월한 군사운용을 기대하기 어렵다.

그러므로 "누가 이를 능히 다하랴(孰能窮克之)!"를 외치며 핵무기가 궁극의 안보수단이 될 수 있다는 생각은 모두 잘못된 무도한 정치상황에서 비롯되었다. 비대칭 전쟁무기로서의 핵은 언제든지 대칭될 수 있는 군사력이다. 왜냐하면, 핵과 비핵은 국가의 전략 사상에서 높은 위기 단계의 군사적 대립이 되면 총력 대치 상태인 正合에 놓여있게 되므로 주변의 비핵국가 역시 언제든지 핵무장이 가능하다. 핵은 위협이 될 수 있으나 전승(戰勝)의 수단이 결코 될 수 없다. 한반도 내의 두 작은 체제는 핵전쟁에서 쌍방 모두 재차 타격(Second Strike) 능력을 갖추고 있지 못하다. 승자가 없는 멸망 전쟁을 하겠다는 비이성적 발언은 비대칭 전략의 진정한 이점을 망각하고 있기 때문이다. 왜 손자는 위의 문장에서 상생(相生)

---

21) 王弼, 노자 57장 註 "以道治國則國平 以正治國則奇正起也"

만 말하고 기정오행(奇正五行)을 설명하는 데 꼭 필요한 상극(相克)이라
는 말을 피했을까? 상대를 흡수하여 멸하는 전쟁과 멸망의 용어 극(克)
을 의도적으로 따돌린 것이다.

세(勢) 6

죽간본 : 水之疾, 至(於漂石者, 勢也. 鷙鳥之擊, 至於毀折者, 節也. 故善戰者,
其勢險, 其節短, 勢如彍弩, 節如發機.)

전래본 : 激水之疾, 至於漂石者, 勢也. 鷙鳥之疾, 至於毀折者, 節也. 故善戰
者, 其勢險, 其節短, 勢如彍弩, 節如發機.

거세게 흐르는 물이 돌을 떠내려가게 하는 것이 세(勢)이며, 사나운 새가 날쌔
게 먹이의 뼈를 꺾어 버리듯 하는 것이 절(節)이다. 이런 까닭에 잘 싸우는 자
는 그 세가 맹렬하고 그 작전 시간(節)이 짧으니, 세는 당겨진 활과 같고, 절은
그 활을 쏘는 것과 같다.

세(勢)와 절(節)의 핵심을 정의한 명문이다. 세(勢)는 숨겨진 형(形)이
마치 물처럼 거세게 흐르는 보이지 않는 힘이다. 절(節)은 앞에서[22] 언급
한 중용의 중화(中化) 사상 속에서 化(중화)는 庸(중용)과 달리 발이개중
절(發而皆中節), 나타나 모두 절(節)에 맞는 것이니 전술에 응용하면 작
전 단계(Phase)의 때에 맞게 세를 운용하되 변화에 대응하는 것으로 풀
이된다. 병문졸속(兵聞拙速)―전쟁(전투)를 빨리 끝내는 것은 세가 맹렬
하여 작전 시간이 짧은 것과 같은 맥락이다. 작전의 목표에 적중(適中)하

---

22) 작전 3

고 작전의 단계에 시중(時中)하기 위해 절(節, Phase)은 전장 통제수단(Control Measures)으로 사용된다.

　물과 새와 활은 자연과 생명과 인간의 힘을 상징하는 언어 이상의 도구이다. 대부분 고전이 그렇듯이 《손자병법》의 글들도 아주 오랜 시간을 거쳐 다듬어지고 그 뜻이 심화하였다는 것은 의심의 여지가 없다. 그 문장 하나하나는 역시 깊은 역사적 연고를 가지고 있다. 지(鷙)라는 새는 정확한 지칭을 알 수 없으나, 독수리 매 등 맹금류일 것이다. 정현의 주에는 매, 응(鷹)이 바로 지(鷙)라고 되어 있다.[23] 《시경(詩經, 大雅 大明 8章)》에 "태공망이 새매가 나는 것 같이 저 무왕을 도와(維師尙父 時維鷹揚, 涼彼武王)"는 얼핏 보면 평범한 문장 같으나 이것은 역사적 사건을 아주 잘 아는 저자가 쓴 것이다. 지금 손에 들고 볼 수 있는 이 아름다운 시경의 채집자나 편집자가 주(周) 왕실을 이상 국가로 여겨 이를 사모하는 종주주의자(從周主義者)였든, 보편 합리주의를 사랑했던 공자(孔子)였든 널리 알려진 숨길 수 없는 사실에 기초한 것이다.

　본래 산동성을 근거로 한 상(商)의 제후인 강태공 여망(呂望)은 허황한 하늘 이야기만 떠드는 부패 포악한 상의 멸망이 도래하고 있음을 알았으나 그의 속 뜻을 함부로 내비치지 않았다. 그는 천명이 신흥강국 주(周)에 내렸음을 알고 있었다. 매가 날카로운 발톱을 감추듯 세(勢)와 의지를 숨기고 때를 기다렸다. 그리고는 기원전 1046년 1월 28일 맹진 나루에서 동이의 제후를 모아 주의 무왕에 협력한다. 한 번 발톱을 드러낸 이상 맹렬하고 짧은 시간[其勢險, 其節短] 안에 끝내야 했다. 군대를 몰아 하루 30공리 라는 사상 추유의 행군 속도로 한 달 만인 2월 26일 새벽 목야(牧野)[24]에 도달한다. 그야말로 숨어 있던 매가 하늘 높이 나는

---

23)　시경, 대아. 대명 8장 鄭玄 注 鷹, 鷙鳥也
24)　　牧野, 지금의 河南省 淇縣의 남쪽, 衛河의 북쪽.

것이었다. 이 전략적 상황에서의 절(節)은 바로 상의 정예군 대부분이 북서 쪽에서 괴롭히는 오랑캐 여(黎)족을 정벌하기 위해 떠난 틈새를 의미한다. 적 힘의 불균형을 노린 것이다.

후세의 문(文)과 사(史)에는 이를 지조지격(鷙鳥之擊)이라고 하여 자주 인용하였다. 죽간에 보이지 않아 아쉽지만 왜 전래본에 지조지질(鷙鳥之疾)이라 표기되었었는지는 알 수 없다. 다만 "수지질(水之疾)"을 "격수지질(激水之疾)"로 하여 "지조지질(鷙鳥之疾)"로 대구를 만들어 물과 새가 대비를 이룬 음운적 통일을 보기 위함이 아니었나 추측할 수 있다. 손자 전래본을 통해 "지조지질(鷙鳥之疾)"이라고 장시간(송나라에서−청나라까지) 전해졌으나 청나라 손성연(孫星衍)의 손교본(孫校本) 이후에는 지조지격(鷙鳥之擊)으로 표기되고, 격(擊)이 타당한 이유는 여러 곳에서 찾아볼 수 있다. 《설문해자(說文解字, 鳥部)》에는 지(鷙)라는 새는 "습격하여 새를 죽이는 새(擊殺鳥)"라고 정의하고 있다. 또한, 《사기(史記)》의 월왕구천세가(越王句踐世家)에 "사나운 매가 목표를 공격할 때는 반드시 자신의 형체를 숨긴다(且鷙鳥之擊也, 必匿其形)"처럼 문리가 격(擊)이 더 어울린다. 이 밖에 조조의 주[曹注本]에 역시 발기격적(發起擊敵), 두우(杜佑) 역시 "무리로부터 떨어져 홀로 외로이 숨어있다가 전광석화 같은 기세로 짧은 시간에 공격한다(鷹隼一擊, 百鳥無以爭其勢)."로 풀이하고 있다.

"세는 당겨진 활과 같고, 절은 그 활을 쏘는 것과 같다(勢如彍弩, 節如發機)"는 좀 다른 해석의 여지가 있다. 지금까지의 문맥으로 보아 세는 무형의 에너지이고 절은 통제된 시간과 공간이다. 그러므로 발기(發機)는 중용에서 중화를 정의(定義)한 "나타나 모든 절에 맞는 것(發而皆中節)"으로 보면 활이 발사되는 것이 아니라 활을 쏘는 타이밍을 말하게 된다. 발기는 시간을 적중시키는 것이므로 필자의 해석으로는 "절(節)은 시

간에 맞게 발사하는 것"이다. 국가의 전략 자산인 위성 로켓을 쏘는데 초
기 개발 단계에서 일시와 장소를 다 공개하고 발사하는 나라는 별로 없
다. 대부분 녹화된 내용을 방송하거나 실시간과는 차이를 두고 미디어에
발표한다. 발사의 성공 여부를 시중(時中)에 두는 것은 깊은 의미가 있다.

《회남자(淮南子, 兵略)》에 "분기탱천함이 당겨진 활과 같고 세는 활을
쏘는 것 같다(疾如彍弩, 勢如發矢)"라는 말은 질(疾)과 세(勢)를 다르게
조합한 것인데 활의 긴장 상태와 궁수의 호흡을 맞추는 관용적 용어로
보인다. 질(疾)은 빠르고 흥분된 상태의 뜻으로 변화되고 다시 연변(演
變) 하여 병질(病疾)로 병용 사용하나, 본래 갑골문에는 화살(矢)을 맞아
병상(疒, 병들어 기댈 녁)에 누운 외상에 근거한 상처를 뜻했다. 가벼운
상처로 아드레날린이 솟아 흥분하고 화가 난 상태이다. 전한(前漢)의 학
자 양웅(揚雄)[25]이 쓴 《방언(方言, 卷一)》에는 큰 활(弩)은 바로 분노(怒)
로 표현되기도 하고 세를 가진 분노(有勢怒也)를 말함이었는데, 이런 글
자의 형상과 발음은 황하, 양자강 유역과 강남, 강북, 요동과 그 밖(한반
도)에서 각기 다르다고 전하고 있다.

세(勢) 7

인간은 늘 혼란스러운 존재였다. 이길 것 같았지만 이길 수 없고 패한
듯하나 패하지 않았다. 대중은 변덕스럽고 리더의 아첨을 바란다. 세(勢)
는 역시 사람의 행위이나 천명(天命)의 제어를 받는다. 아무도 그 세를

---

25) 揚雄(기원전 53~ 18년) 자는 子雲. 언어학자, 문학가 "法言" "太玄" "方言"의 저술을 남
겼다.

볼 수 없고 평가할 수 없었다. 그것은 인간의 모습 그대로 혼돈이었다. 혼돈 속의 세는 너무 자연스러워 힘이 분별 되지 않고 측정되지 않는다. 혼란 속의 질서를 규정하는 것은 도(道)이다. 그러나 이것은 속임수의 대상이 되기도 했다.

> 죽간본 : (紛紛紜紜 鬪亂而不可亂, 渾渾沌沌 形圓而不)可敗 .
> 전래본 : 紛紛紜紜鬪亂而不可亂(也), 渾渾沌沌 形圓而不可敗(也).
> 어지럽게 뒤섞이고 흐트러져 싸우지만 실제로는 어지럽힐 수 없으며, 뒤섞여 혼돈 속에 둥그렇게 진형이 없이 되어도 패배시킬 수 없다.

그 도(道)가 "백성이 위와 더불어 뜻을 같이한 것(계편 令人與上同意者)"이라면 어지러운 전차 바퀴 자국[紛紛]과 자욱한 먼지[紜紜] 속에서도 흐트러지지 않고 싸울 수 있다. 위의 문구는 장자(莊子)의 혼돈 자연 사상에서 영향을 받은 것 같다. 노장(老莊)에서 도의 본성은 혼돈이었고 전쟁도 얼굴이 없는 혼돈이다. 인위를 가하여 혼돈을 죽게 하는 세상의 상식으로 이해할 수 없다.[26] 도가에서의 전장의 도(道)는 바로 혼돈인데, 이것이 바로 인간의 모습이었다. 역시《장자 응제왕》7장에 "어지럽게 뒤섞이고 흐트러져도 그대로 생애를 마쳤다(紛而封戎 一以是終)."라는[27] 인생과 사회에 대한 도가적 단편 사색은 손자에게도 나타나 "비록 움직여도 본래의 참진은 흩어지지 않는다(雖動而眞不散也)"라는 후대의 풀이와 들어맞는다.

　전투의 모습과 그 이면에 내재한 작전목표와 지휘관 의도가 다르게 보인다면 속임수 궤도(詭道)에 성공한 것이다. 질서없이 와글거리는 원형군집(圓形郡集)의 양 떼처럼 보이지만 실제에는 교묘한 분수(分數)가 있

---

26)《莊子》, 應帝王 9장에 사람처럼 살라고 혼돈에게 7개의 구멍을 내니 이래째 되자 혼돈이 죽어 버렸다. "七日而渾沌死"
27)　郭象의 응제왕 7장 해석

는지도 모른다. 한국전쟁에 개입한 중공군은 무질서한 농사꾼 대형으로 압록강을 건너 미군을 혼란 시켰다. 동경 제일 생명빌딩 2층의 극동사 정보부서는 최초정보판단에서 "이들이 잠시 농사를 지으러 월경한" 집단으로 평가한 것이다. 또한, 편성과 병력 규모를 판단치 못하도록 사단, 병단, 집단군의 용어를 비대칭으로 구성하여 교란하고, 분수(分數)가 없는 떼거리로 보이게 했다.

죽간본 : 亂生於治, 怯生於悪, 弱生於強. 治亂, 數也. 愚怯, 埶也. 強弱, 形也

전래본 : 亂生於治, 怯生於勇, 弱生於強. 治亂, 數也. 勇怯, 勢也. 強弱, 形也.

어지러움은 질서에서 나오고, 겁은 용기에서 나오고, 약함은 강함에서 나온다.

난을 다스리는 것은 수(數)이고, 두려움에 용기를 주는 것은 세(勢)이며, 약함을 강하게 하는 것은 형(形)이다.

그리하여 혼돈이 "하나"라면 질서는 늘 "둘"로 갈라진다. 하나에서는 언제나 상대적인 두 개의 법(道生一 法生二)이 파생한다.[28] 항상 양단을 보는 중국적 사유가 역시 보인다. 방심하지 않으며 그렇다고 전전긍긍하지도 않는다. 세(勢)를 형으로 보여주는 것이므로 적을 속이는 것 또한 이중적이다. 약세를 강형으로 보이게 하고 강세를 약형이나 무질서한 원형으로 보이게 하여 적을 기만하는 것이니 그 수가 무한하다. 한(漢) 시대에 나온 것이라 믿어지는 《잠부론(潛夫論)》에 "무릇 가난은 부귀에서 나오고, 약함은 강함에서 나오고, 어지러움은 질서에서 나오고, 위기는 평안에서 나온다."[29]라는 그 시대의 가르침이 병법과 교섭하지 않을 수 없었을 것이다.

용협(愚脅)과 용겁(勇怯), 세(埶)와 세(勢)는 음이 비슷하여 같이 쓰인

---

28) 《도덕경》 42장

29) 潛夫論, 浮侈 "夫貧生於富 弱生於強亂生於治 危生於安"

것으로 보인다. 석명(釋名)에는 겁과 협을 같은 의미로 설명하고 있다.[30] 용(慂)과 용(勇)은《설문해자(說文解字)》에 약간의 차이점이 있다. 용사(勇士)와 역사(力士)가 같은 뜻으로 쓰였던 시절에[31] 형성된 글자라면, 용(慂)은 역(力)과는 달리 힘과 상관하지 않는 심리적 상태를 의미한다.[32] 그러므로 세(勢)의 형성이 눈에 보이는 물리적 힘보다는 심리적 동기에 의한 것이라는 형(形)의 무형적 논리와 통한다.

세(勢) 8

죽간본 : 善動適者 刑之, 敵必從之 ; (予之, 敵必)取之, 以此動之, 以卒待之
적을 잘 움직이게 하는 자는 자신의 군형(軍形)을 적에게 보여 적이 반드시 좇아 응하게 하고, 모습(形)을 내주어 적이 반드시 취하려 하여 이로써 움직이게 하고 기습적으로 적을 기다린다.

전래본: 故善動敵者 形之, 敵必從之 予之, 敵必取之, 以利動之, 以本待之
그러므로 적을 잘 움직이게 하는 자는 자신의 군형(軍形)을 적에게 보여 적이 반드시 좇아 응하게 하고, 이익으로 유인, 적이 반드시 취하려 하여 움직이게 하고 주력으로 적을 기다린다.

손자는 형(形)에 대한 독자의 이해를 더 깊은 곳으로 몰아간다. 형은 정해져 있지 않으며 "이것(此)"으로 표현할 수밖에 없었다. 실허(實虛)편에

30) 釋名　釋言語 :怯, 脅也, 見敵恐脅也"
31) 晏子春秋, 卷一, 二 "力多足以勝其長 勇多足以弑其君 而禮不使也"
32) 說文, 力部 "慂, 古文勇從心"

서 더 구체화하는 "병형상수(兵形象水)"에 대한 사전 예시(豫示)이다. 마치 《도덕경》 1장의[33] 선언처럼 "형이라 할 수 있는 것은 형이 아니다(形可形非常形)."라고 하여 예측할 수 없는 혼돈에서 적이 취할 수 있는 행동과 사고의 자유를 제한한다. 그리고는 기습적으로 적을 맞이한다. 졸(卒)은 군사나 단위부대로 해석할 수 있으나 위 문구는 분명 병문졸속(兵聞拙速)의[34] 졸(拙)과 동의어이며 "갑작스럽고 예측할 수 없는 종결"의 의미가 강하다.

여(予)는 예(豫)의 원래 자(字)로 기쁨, 나, 나의 모습(予+象), 미리 알다 등 다의적이다. 《주역 뇌지예(雷地豫)》에 "예(豫)를 제후를 내세워 군대를 출동시키니 이롭다(豫, 利建侯行師)"라는 말로 괘사(卦辭)[점괘를 풀이하고 뜻을 매긴 대폿말]를 정해 놓았다. 그렇다면 여지(予之)라는 말은 자신의 모습을 적에게 보여주어 유인하는 아주 오래된 주역의 가르침을 다시 손자에 기술한 것으로 보이기도 한다. 따라서 그다음 글에 "적이 이롭다 여겨 움직이게 한다(以利動之)"는 말과 잘 연결된다. 죽간본에는 이차동지(以此動之)로 읽혔는데 일설에는[35] 차(此)는 정(正)의 오독이라고 주장하며 이기대지(以奇待之)의 기(奇)로 문리를 풀어놓아 종래의 의, 졸, 본(衣, 卒, 本) 등으로 기록된 텍스트의 혼란을 정리했지만, 이(利)를 정(正)으로 하고 졸(卒) 또는 본(本)을 기(奇)로 한 것은 주역의 예(豫)에서 이(利)를 세운다는 전적에 비추어 근거가 약하다. 그러나 병세(兵勢)의 사상적 배후인 기와 정을 다시 강조하고 그 맛을 심오하게 하여 좀 더 포괄적 해석을 가능케 하는 통행하는 수정본의 "이정동지 이기대지(以正動之 以奇待之)"는 매력적이다. 적에 직접 대응하고 불균형을 일으켜 간접접근 전략을 주로 하는 현대 군사 사상의 추이를 볼 때, 적을 유혹한다거나 이익을 준다는 계책은 낡아 보인다.

---

33) 道德經 1장, 道可道非常道, 名可名非常名
34) 작전 3
35) 朔雪寒의 주장, 대만 책략연구 센터

《손자병법》의 주요 8개의 텍스트는 죽간본(竹簡本), 진잔본(晉殘本), 치요본(治要本) 등 당나라 이전의 3 본(本)과 조주본(曹註本), 회주본(會註本), 무경본(武經本), 사고본(四庫本), 손교본(孫校本) 등 송나라 이후의 5 본(本)이다.[36] 대체로 당 이전의 손자는 내용의 유실이 많고 다른 부분이 있다. 송나라 이후의 5본은 비교적 문구가 같으나 주석가의 사상과 해석 태도에 따라 글자가 바뀌어 논쟁거리이다. 위 구절을 두고 대만과 북경 간의 양안 논쟁은 대만의 "맞대응(正)으로 적을 움직이게 하여 기책(奇策)으로 적을 기다린다(以正動之 以奇待之)."와 북경 학자들의 조주본, 무경본, 사고본에 기록된 "이익으로 적을 움직이게 하여 근본 태세로 적을 기다린다(以利動之, 以本待之)." 그리고 회주본, 손교본의 "이익으로 적을 움직이게 하여 뜻밖의 방법(卒)으로 적을 기다린다(以利動之, 以卒待之)."로 의견이 갈려있다.

최초의 가장 완전한 번역본이라 평가되는 영문본은 영국의 Dr. Lionel Giles의 《Sun Tzu's Art of War, 1910》인데, 이는 청나라 손성연(孫星衍)의 손교본(孫子十家註 校本, 孫子集成, 卷十五 일명 孫校本)을 번역한 것이다. 물론 번역의 오류도 발견할 수 있다. 가령 문제의 위 문구 "以利動之, 以卒待之"를 글자의 의미대로 "By holding out baits, he keeps him on the march, then with a body of picked men he lies in wait for him(미끼를 내주어 유인하여 적이 행군을 계속도록 하고, 한 무리의 병력을 차출하여 적을 기다린다)."로 하였으니 자의는 맞으나 본래의 심원한 의미를 훼손했다. 그러나 최근의 미군 정보기관 출신의 Robert Cantrell이 저술한 《Understanding Sun Tzu on the Art of War》에는[37] "direct method may be used for keeps him on the march, but

---

36) 일러두기 참조

37) Robert L. Cantrell, Understanding Sun Tzu on the Art of War, Center for Advantage, Arlington, VA 인터넷판, 2011

indirect methods will be needed in wait for him(직접 대응[正]으로 적을 움직이게 하고 간접적 방법[奇]으로 적을 기다린다)."와 같이 표현하여 정과 기의 의미로 해석했다. 1993년에 최초로 번역된 죽간본 영역에도[38] 위 문구가 "In so doing, he moves the enemy, and lies in wait for him with his full force."로 되어 있어 졸(卒)을 전래본의 본(本) 그대로 번역하여 아쉽다.

세(勢) 9

죽간본 : 故善戰者, 求之於埶, 弗責於(民, 故能釋民而任埶)
그러므로 싸움을 잘하는 자는 승리를 세에서 구하지 민중에게 책임을 묻지 않는다. 따라서 능히 민중에게 두어 세에 맡긴다.

전래본 : 故善戰者, 求之於勢, 不責於人, 故能擇人而任勢
그러므로 싸움을 잘하는 자는 승리를 세에서 구하지 사람에게 책임을 묻지 않는다. 따라서 능히 사람을 뽑아 세에 맡긴다.

전쟁에서 승리를 세에서 구(求)하고 인간을 책(責)하지 않는다는 금언은 양한(兩漢) 시대 이전에 널리 퍼져 있었다.[39] 죽간의 인(人)이 민(民)

---

38) Roger T. Ames, Sun-Tzu The Art of Warfare, Ballantine Books, 1st edtion(March 2, 1993) p 120

39) 文子, 自然"故善用兵者 用其自爲用 不能用兵者 用其爲己用 用其自爲用 天下莫不可用 用其爲己用 無一人之可用也" 韓非子, 姦劫弑臣 "故善任勢者國安 不知因其勢者國危" 韓非子, 難三 "凡明主之治國也 任其勢 勢不可害 則雖强天下 無奈何也"

으로 바뀐 것은 물론 당 태종의 이름(이세민)을 피하기 위해서(避李世民之諱故)였다. 당대(唐代)에 이르러 본래《손자병법》에 기록된 전민(戰民)은 모두 전인(戰人) 또는 인(人)으로 고쳐 써졌다. 따라서 죽간본과《진잔본》을 제외한 7개 전래본에는 모두 민(民)이 인(人)으로 바뀌어 손자 본래의 문리(文理)가 심하게 왜곡되고 말았다. 인(人)과 민(民)의 큰 차이는 문장의 주제를 바꾸어 놓는다. 궈머뤄(郭沫若)는 민(民)을 반봉건적 혁명의 주체세력으로 정의했지만, 본래 전국시대에서의 인(人)은 군자(君子) 즉 지배층을, 민(民)은 소인(小人) 즉 피지배층 노예를 의미했다. 민(民)이라는 글자는 기원전 10세기 전후의 금문에 처음 등장하는데 그것은 잡혀 온 포로의 왼쪽 눈을 찔러 노예로 삼은 모습을 상형화한 것이었다. 그리하여 노예의 군대를 전민(戰民)이라 불렀다. 그러나 죽간본에 나타난 손자의 전민(戰民)의 의미는 확실하지 않다.

앞서 기술했듯이 세(勢)는 팽팽히 당겨 긴장된 활과 같은 것이요, 민은 활을 떠난 화살[矢]과 같이 세를 수동적으로 수행한 것이다. 그러므로 책임이 없다. 여기에서 민이 인으로 바뀌면 해석이 미묘해진다. 활을 쏜 장수[人]를 책하지 말아야 하며 결국, 그 사람에게 임무를 줌에 자의적인 선택이 되고 말았다. 택인(擇人), 사람을 가리고 선택함에 이미 승리가 세에 달린 것이라면 "인간의 노력"은 허사가 돼버린다. 세는 인간 속에 있는 것인데 인간의 지성(至誠)이 무시 되었다. 글자의 왜곡은 사상의 편벽을 가져오고 사회나 군조직의 모순을 심화시킨다.

손자는 노예 군인의 피와 눈물을 알고 있었다. 사라진 단어 전민(戰民)을 부활시킨 것은 죽간본 덕분이지만 그 의미는 다시 살아나지 못하고 있다. 인(人)과 민(民)의 현대적 사용이 혼란을 가중시키고 있고 뒤를 따라 이어진 문맥이 다른 방향으로 가거나 시대적 상황에 적응해 버렸다. 그러므로 민을 쓰지 못해 인으로 했다면 "택인이임세(擇人而任勢)"이라는 문장으로 갈 수밖에 없었을 것이다. 최근의 학자들은 치열한 고증을 통해, 본래 민(民)이었다면 석(釋)이어야지 택(擇)이 되어서는 안 된다고 바로잡았다. 전국시대에 석(釋)은 사(捨)와 같이 섞어 쓰고 구분하지 않아(渾言無別), "풀어놓아 내버려 두는 것"의 의미였다. 전체 의미를 다시 정리하면, "싸움에 임했던 민중(軍卒, 戰民)에게 책임을 묻지 않고(弗責於民), 그러므로 능히 민중에게 두어 세에 맡긴다(故能釋民而任勢)." 이처럼 참신하고 깊은 맛을 띠게 된다. 석(釋)이 사(捨)와 동의어이면《논어》자한(子罕)에 "공자께서 냇가에서 말씀하시길, 지나간 것은 이와 같은 것이라! 밤낮없이 내버려 두어 멎지 않는다(子在川上曰 逝者如斯夫! 不舍(捨)晝夜)."에서의 가르침처럼 전쟁의 승패는 흘러간 일로 세에 맡긴 것이니 누구를 탓하지 않는다는 인(仁)의 사상에 귀화 된다.

손자 세(勢)편의 마지막 구절을 남겨두고 다시 생각하건대, 형(形)과 세(勢)는 천지재(天地才) 사이에 형(形)과 세(勢)를 잇는 연결점이므로 하늘의 형을 인간의 형으로 물려받은 것이다. 그러나 그 인간의 처절한 노력과 성실함은 어떤 결과에 이르든 비난받을 수 없었다. 하늘의 뜻에 너무 기울어 사람을 차별(擇人)하는 용병법은 이제 당 태종 이세민 홀로 지고 있게 한다. 권력을 잡은 자는 곧 하늘을 빙자하고, 출신을 세습하는 군대는 하늘이 주는 세(勢)를 끊어 버린다. 나치 독일은 인종차별과 학살로, 군국 일본은 포로 학대와 양민 학살로 전범재판에 올라 인간으로 형세를 잇는데 인간을 수단으로 삼지 말도록 경계한 손자의 말씀을 어겼다. 세(勢)는 인재(人才)의 시작 편이므로 인간의 노력은 가혹하고 무심한 하늘의 명도 바꿀 수 있다는 인본주의의 머리말이 되었다. 천명이 악의적 섭리를 가지고 있다면 가히 축지보천(縮地補天), 땅을 줄어 하늘을 깁는 것은 인간만이 할 수 있다.

승패는 병가지상사(兵家之常事)이다. 무엇을 구(求)하고 무엇을 책(責)할 것인지 분별해야 한다. 패전하여 대죄(待罪)하고 있는 장수에게 대부분 역사는 그렇게 가혹하지 않았다. 승패는 전세(戰勢)와 인민(人民) 모두에 복합적 인과 관계의 결과이다. 그러나 2차대전 종전 후 승전 연합국은 뉘른베르크와 동경에 전범 재판을 열어 패전한 독일과 일본의 전쟁 지도부를 단죄했다. 패자에게 관용을 베풀던 역사에 유례가 없는 것이었다. 괄목할 만한 한 예로는 1949년 국공 내전에 승리한 중국 공산당의 전범 처리에서 볼 수 있다. 그들은 단 한 명의 일본인 전범도 사형하지 않았다. 긴 시간 역사적 의의를 그 안에서 찾고 1964년까지 전원 일본으로 돌려보낸다. 20세기 새로운 용어 "전쟁범죄"란 손자에 비추어 승리를 세에서 구하지 않고 사람에게서 구했기 때문에 발생한 비인간적 잔혹 행위를 심판하기 위해 비상식적으로 조어(造語)된 것 같다. 전쟁 자체가 비인간적인데 그 속에 무슨 비인간을 가려낸다는 말인가?

세(勢) 10

세(勢)에 대한 이해는 현대에서도 시기와 상황에 따라 다르다. 적어도 죽간본에서는 세를 규정하고 있지는 않다. "두려움에 용기를 주는 것이 세이다(勇怯, 勢也)."[40] 역시 세의 무형적 작용을 지칭할 뿐 기세(氣勢)를 나타내지는 않는다. 세(勢)에 대한 다양한 해석은 영문 번역본을 통해 비교할 수 있다. 영문본의 원조이며 서방의 대다수 군사 학교에서 사용하는 자일스(Lionel Giles)의 1910년 번역 《Suntzu, The Art of War》에는 "Energy", 윙(R.L Wing)의 1988년간 《The Art of Strategy》에는 "Directing", 서이어(Ralph D. Sawyer)의 1996년간 《Seven Military

---

40) 세(勢) 7.

Classics 武經七書》에는 "Strategic Military Power" 그리고 가장 최근의 초호우위(Chow Hou Wee, 黃昭虎, 싱가포르 남양 대학 교수)의 《2003 Sunzi-Bingfa》에는 "Forces"라고 표현했다.

죽간본의 문리에서 보이는 세(勢)는 어떤 모멘텀에서의 동력, 즉 동기(動機)이다. 싸우기를 꺼리는 전민(戰民)을 어쩔 수 없이 싸우게 하는 잔인한 상황을 조성하는 것은 인간의 더 깊은 악의 문제일 것이다. 니체의 말 그대로 전쟁 역시 인간 존재를 위한 "권력에의 의지"라면, 이런 실존적으로 실재하는 힘들은 선량한 인간이 잡혀 와 노예(民)가 되고 다시 전민(戰民)으로 길드는 과정을 병법화한 세(勢)에서 통찰할 수 있다. 따라서 윙(Wing)이 주장하는 "Directing"이라는 표현도 일리가 있다. 서구적 개념에서 이것은 세의 움직임인 정(正)과 기(奇)를 직접접근과 간접접근(Direct & Indirect)로 설명하기도 쉬워 보인다. 위(黃)교수의 "Forces"라는 번역은 더 현대화된 상업적 냄새가 나고 서구인이 좋아하는 치[氣]를 연상하게 하지만 사회적 상황에 의해 어쩔 수 없이 피동적이 되는 의사를 박탈당한 목석 같은 현대인을 잘 묘사한 것이다. 그런 한편에서 학벌 사회에 사는 한국인에 작용하는 힘(Force)이 과연 내적 동력인가 아니면 외부적 모순에 의한 것인가를 돌이켜 보게 한다.

죽간본 : (任勢者, 其戰民也, 如轉)木石. 木石之生 ; 安則靜, 危則動 ; 方則(止, 圓則行. 故善者戰民, 如轉圓石於千仞之山, 勢也.)

전래본 : 任勢者, 其戰人也, 如轉木石. 木石之性 ; 安則靜, 危則動 ; 方則止, 圓則行. 故善戰人之勢, 如轉圓石於千仞之山, 勢也.

세를 타고 사람들을 싸우게 함에 목석을 굴리는 것과 같다. 목석의 본성은 안정되면 고요하고, 기울면 움직이며, 모나면 정지하고, 둥글면 굴러가니, 그러므로 잘 싸운다는 군대란(戰民) 마치 둥근 돌을 천길산에서 굴려내리는 것과 같으니, 그것이 세이다.

세(勢)의 흐름을 시와 같이 표현했다. 방(方)은 지재(地才)이고 고요하며 지형적 저항이 있는 곳이다. 원(圓)은 천재(天才)이며 하늘의 모습이고 역동적 순환이다. 천세(天勢)는 공격적이고 지세(地勢)는 방어적이다. 방(方)과 원(圓)은 진법으로 응용하기도 하는데,《손빈병법》에 "무릇 군대의 진 10가지 중 방진과 원진이 있다. 방진이라는 것은 잘리듯 모진 것이고 원진은 둥글게 모인 것이다."[41]라는 글이 보인다. 방진은 적의 움직임을 막아 세우는 방어용이고 원진은 공격 기동용 또는 기동 방어용이라 할 수 있다. 그야말로 자연의 물리력을 그대로 표현했다.

죽간본에 문구 후반이 보이지 않아 정확히 알 수 없으나 전래한 "선전인지세(善戰人之勢)"는 "선전민지세(善戰民之勢)"였을 것으로 추정되나 이는 앞의 문장 "고선전자, 구지어세(故善戰者, 求之於執)"와 문맥이 맞지 않는다. 민(民)에 세(勢)가 임하여 전민(戰民)이 되었으므로 다시 세(勢)가 추가됨은 부적절하다. 세(勢)의 고자(古字)는 세(埶)인데, 육(坴)과 환(丸)을 합한 회의자(會意字)이다.《설문해자(說文解字)》에 육(坴)은 높은 지대의 땅이니[42] 환(丸)을 굴려 질주할 수 있는 위치 에너지가 높은 곳이다. 전민(戰民)은 목석처럼 다루어진 인간이었다. 세는 인간의 뼈를 빻고 몸을 부숴버린다(粉骨碎身). 제갈량(諸葛亮)은 세의 무형적 모습을 다음과 같이 인간화시켰다. "장수가 위엄을 입고 병사들이 그 힘을 모으면 세는 헛되이 움직이지 않고 마치 둥근 돌처럼 움직여 높은 곳에서 추락하여 향하는 곳을 부숴버리니 멈출 수도 없고 앞의 적도 없고 뒤의 적도 없으니 이것이 용병의 세이다."[43]

---

41) 孫臏兵法, 十陣 "凡陳有十有方陳有圓陳……方陳者, 所制(專)也 圓陳者, 所以槫(團)也"

42) 說文解字 逵, "馗 或從坴逵 馗, 高也, 故從坴" 段玉裁注 "徐楚金云坴, 高土也, 會意"

43) 제갈량의 편의십육책(便宜十六策, 治軍) "將服其威, 士專其力, 勢不虛動, 運如圓石, 從高墜下, 所向者碎, 不可救止. 是以無敵於前, 無敵於後, 此用兵之勢也"

▣ 죽간본에 따른 〈세(勢)〉

　(손자 말하기를 대체로) 많은 군사를 지휘하기를 마치 작은 군사를 지휘하듯 하는 것이 바로 분수이다. 많은 군사를 싸우게 하기를 적은 군사를 싸우게 하듯이 하는 것이 형(形)과 명(名) 그것이다. 대부대의 많은 병력을 다하여 적을 맞아 패함이 없게 하는 것이 바로 기정(奇正) 이것이며, 병력을 더 투입하는 곳은 마치 숫돌로 알을 치듯이 하는 것이니 바로 실허(實虛), 주력으로 적의 약점을 치는 것이다.

　무릇, 싸움이란 정(正)으로 (적을) 맞이하고, 기(奇)로써 승리한다. 그러므로 기(奇)를 잘 쓰는 자는 천지와 같이 막힘이 없고, 강과 바다와 같이 마르지 않는다. 끝나는 듯 다시 시작되는 것은 해와 달 같고, 죽은 듯 다시 살아나는 것은 사계절과 같다. 소리는 불과 5가지이지만 그 변화는 다 들을 수 없다. 색깔은 불과 5가지이지만 그 변화는 다 볼 수 없다. 맛은 불과 5가지이지만 그 변화는 다 맛볼 수 없다. 전세는 기와 정에 불과하지만, 그 변화는 끝을 알 수 없다.

　기와 정(奇正)이 서로 되돌아 바꾸어 낳고 낳음은 마치 끝이 없는 고리와 같으니, 누가 능히 이를 다하랴! 거세게 흐르는 물이 돌을 떠내려가게 하는 것이 세(勢)이며, 사나운 새가 날쌔게 먹이의 뼈를 꺾어 버리듯 하는 것이 절(節)이다. 이런 까닭에 잘 싸우는 자는 그 세가 맹렬하고 그 작전 시간(節)이 짧으니, 세는 당겨진 활과 같고, 절은 그 활을 쏘는 것과 같다.

　어지럽게 뒤섞이고 흐트러져 싸우지만 실제로는 이지럽힐 수 없으며, 뒤섞여 혼돈 속에 둥그렇게 진형이 없이 되어도 패배시킬 수 없다. 어지러움은 질서에서 나오고, 겁은 용기에서 나오고, 약함은 강함에서 나온다. 난을 다스리는 것은 수(數)이고, 두려움에 용기를 주는 것은 세(勢)이며, 약함을 강하게 하는 것은 형(形)이다. 적을 잘 움직이게 하는 자는 자신의 군형(軍形)을 적에게 보여 적이 반드시 좇아 응하게 하고, 모습(形)을 내주어 적이 반드시 취하려 하여 이로써 움직이게 하고 기습적으로 적을 기다린다.

싸움을 잘하는 자는 승리를 세에서 구하지 민중에게 책임을 묻지 않는다. 따라서 능히 민중에게 두어 세에 맡긴다. 세를 타고 사람들을 싸우게 함에 목석을 굴리는 것과 같다. 목석의 본성은 안정되면 고요하고, 기울면 움직이며, 모나면 정지하고, 둥글면 굴러가니, 그러므로 잘 싸운다는 군대란(戰民) 마치 둥근 돌을 천길 산에서 굴러내리는 것과 같으니, 그것이 세이다.

실허(實虛)

綿綿不斷古人辭
濛濛結晶化法身
攻玉貫璋 非賣形
昏暗不明隔窓燈
雨中至人幻虛實

끊임없이 이어지는 옛사람 말씀
안개비 맑게 맺혀 가르침 되어
옥으로 다듬고 구슬을 꿰어 그 모습 팔지 않고
창밖의 등불 어둑어둑 밝지 않아
빗속에 나온 사람 긴가민가 보이네.

실허(實虛) 1

가장 먼저 눈길이 가는 것은 죽간본의 전도된 실허(實虛)이다. 전래본에 허실(虛實)로 연변 된 과정을 파악하면 군사사상이 그 시대의 철학과 교섭한 중요한 내면적 통로가 열린다. 서한 때 써진 죽간본의 실허가 단순히 실(實)을 동사로 보아 허(虛)한 곳을 실(實)로 보강한다는 의미로[44] 해석하기에 주저되는, 그 변화 과정에서 찬란한 사색의 광배(光背)가 보인다.

비어있는 것이야말로 사용 가능한 것이었다. 동방인의 마음속에 있는 무(無)의 공용(功用)은《노자》에 그 비어있는 것의 구실을 소박하게 표현하고 있다. "그러므로 있음[有, 實]이 어떤 구실을 하는 것은 없음[無, 虛]이 작용하는 까닭이라 할 수 있다(故有之以爲利 無之以爲用)."[45] 있음과 없음은 양극단이 아니라 서로 이어진 순환의 고리이면서 배척과 단절의 힘을 가지고 있다. 그러나 사태의 양면성을 사생지지(死生之地)인 전장에서 초연히 바라볼 수 있기는 어렵다. 실허(實虛)의 내면적 구조에 이러한 갈등이 보이고 무형(無形)의 자유로움으로 이를 돌파한다.

은작산 한묘 죽간본이 써진 시기는[46] 전한 한무제(漢武帝) 때로 여겨지는데, 황제 자신이 귀신을 부르는 방사(方士)를 궁궐에 두고 장생술(長生術)에 몰두했으니, 그 시대 상황에서 음양술(陰陽術)이 병가에 합쳐 천인감응(天人感應)의 이론이 병법에 작용했음을 짐작할 수 있다. 그러나 한편에서는 후한에 이르러 자연과학의 발전으로 하늘은 인간사와 감응 관계가 없다고 주장하며 오로지 인간의 노력만이 개운의 주제라고 한 사

---

44) 세(勢) 3.
45) 도덕경 11장.
46) Roger Ames SUNTZU the Art of Warfare, appendix Dating the tombs and indentifying the occupants.
北京 문무출판사 "銀雀山 漢墓 竹篇, 1985, 은작산 甲墓(BC 140~118) 乙墓(BC 134~118)의 주인"

상 또한 정밀한 얼개로 병법에 영향을 주었다.[47]

　실허(實虛)편은 세(勢)를 사용하는 주도권(Initiative)을 논한 것이다라고 생각하기 쉽다. 그러나 그 이면에는 더 깊은 행동의 자유(Freedom of Action)에 대한 고찰이 숨어 있다. 바야흐로 인간이 세(勢)로부터 자유롭다면 그는 세를 주도하게 된다. 경직된 계급 위주의 군대에서 예하 부대의 군사행동의 자유를 기대하기 어렵다. 그러나 무절제한 행동의 자유가 아니라 그 세(勢)와 절(節)의 흐름을 잘 알아야 한다. 미군 교범《THE SOVIET ARMY: Operations and Tactics》에 소개된 러시아군 야전요무령(Field Operations)에는 "올바른 주도권은 지휘관의 의도를 잘 이해해야 행사할 수 있다."고 단정히고 있다.

죽간본 : 先處戰地而待戰者失, 後處戰地而趨戰者勞. 故善戰者, 致人而不(致於)人. 能使適(自)至者, 利之也 能使適(不得至者, 害之也.)

전래본 : 孫子曰 凡先處戰地而待戰者佚, 後處戰地而趨戰者勞. 故善戰者, 致人而不致於人. 能使敵自至者, 利之也 能使敵不得至者, 害之也.

(손자 말하기를 대저) 싸울 장소를 정해 오는 적을 맞이하는 자는 편하고, 싸울 장소를 뒤늦게 정해 싸움에 끌려드는 자는 힘들게 된다. 그러므로 잘 싸우는 자는 적을 끌어오되 적에게 끌려가지 않는 것이니, 적으로 하여금 스스로 오게 하는 것이 이롭다 여기게 하고, 오지 못하면 해롭다 여기게 한다.

　대(待)와 대(侍), 실(佚)과 실(失)은 고대 통가자이다. 치(致)는 문장상에 "이끄는 힘" 주도권으로 해석되나 글자의 원형은 이를 지(至)+칠 복(攵)을 합해 힘으로 끌어들이는 의미를 표현한다. 치(致)와 지(至)는 고대에 같은 음으로 지(至)로 사용되었다. 지(至)는 갑골문에 "화살이 도달하

---

47)　王充(27~97), 〈論衡〉.

여 떨어지는 곳"을 상형했고 이것은 힘의 영향권 하에 든 것을 뜻하게 된다. 단순히 해석하면 이 유명한 문구 "치인이불치어인(致人而不致於人)"은 "적들을 나의 활 사정거리에 들게 하고 나는 적의 활 사정거리에 들지 않는다."는 소박한 전투상식이 된다. 즉, 힘의 크기가 바로 행동의 자유를 결정한 것이다. 선진(先秦)시기의 문헌인 《귀곡자(鬼谷子, 中經)》에 "치인이불치어인이란 즉, 적이 (나의 영향권)에 이르는 것이고 적이 나로 하여금 (적의 영향권)에 이르게 하지 않는 것이다(致人而不致於人 即 使人自至而不讓人使己至)."라는 구절이 보인다. 싸울 장소를 정해 놓는 것은 이미 계획이 있음을 의미한다. 주도적 위치에서 적을 제압하는 작전행동을 전술용어로 기선(機先)이라 하고, 이 기선을 제압하는 뜻으로 선제(先制)라는 말이 사용된다. 오늘날 대부대의 전투지대는 무기의 능력과 작전지역에 한정하여 나라마다 개념이 달라 다소 용어상의 차이가 있으나 전투 지역(Area of Combat), 영향 지역(Area of Influence), 관심 지역(Area of Interest) 등으로 구분한다. 전장 감시기구가 고도로 발달한 현재는 이들 지역의 경계가 모호해지고 있다. 지역 또한 비선형, 비대칭 되어 종래의 공간적 개념을 적용하기 어려워졌다.

그러므로 주도권의 유지는 공간의 군사운용에서 벗어나 더욱 행동의 자유를 얻을 수 있는, 지금까지 상상하지 못했던 새로운 영역에서의 군사력 운용의 자유를 모색함으로써 가능해질 것이다. 허실로 나타내는 세(勢)의 궁리(窮理)는 그렇다면 손자가 주장한 인재(人才, 천명에 맞는 인간의 노력과 지성)에서의 프로세스, 즉 기(奇)와 정(正)의 바른 대응, 세(勢)와 절(節)의 적절한 운용을 바탕으로 보다 다이내믹한 힘의 입체적 연출인 허(虛)와 실(實)로 이어진다. 다르게 설명하면 기(奇) 정(正) 세(勢) 절(節) 허(虛) 실(實)의 다양한 조합에서 사고의 자유(Freedom of Thought)가 생겨났다.

실허(實虛) 2

엄중한 현실에 투철한 유학자들은 전쟁을 다루기에 그 폭로해야 할 실상이 너무 고통스러웠는지 모른다. 그래서 생사의 문제에 대한 사색의 단편은 유생(儒生)들 보다는 도사(道士)들이 많이 남겼다. 괴로운 인생을 몽상처럼 다루는 도가(道家)의 황허(黃虛)들이 유명(幽明)과 사생(死生)의 문제를 해석하는 기초 위에 다양한 방법으로 또는 은밀하게 병법을 전래하였다. 도교를 숭상하던 당나라 시기에 손자에 대한 활발한 해석이 이루어진 것도 이 때문이라 보이지만, 원래의 모습에서 왜곡된 결과를 가져오기도 했다. 산속의 도사에게서 무술을 배우는 로망은 있지만 치열한 현실 참여에서 한치도 인간의 인의(仁義)에 소홀할 수 없는 유학자들이 내놓은 전쟁 이야기는 별로 없다.

그러나 유사시 전쟁에 뛰어든 것은 대부분 유학자였다. 난세가 되면 도사(道士)는 산으로 더 깊이 숨고 병법은 포의(袍衣)를 갑옷으로 갈아입은 군유(軍儒)의 손에 남았다. 오로지 현실만을 다루는 유생이 다시 병법의 형이하학적 참전 기록을 남기면 황허들은 몽상 속에서 병법의 변증법적 발전을 가져왔다. 그리하여 당대(唐代)에 이르러 병법의 축적된 지혜와 총화적 가르침은 최고조에 이른다. 하지만 대고구려 원정 전쟁에 패배하고 전몰자의 뼈를 산처럼 쌓아 놓고 제를 올린 당 태종은 위징(魏徵)과 같은 도가적 유학자가 살아있었으면 이 전쟁을 말렸을 터인데 하며 중화 중심적 병법에 너무 자만했던 걸 후회하며 눈물을 흘렸다. 수당의 고구려 원정 이후 병법의 변화가 일어났는데, 특히 손자의 실허(實虛)편에서 많은 문구가 개조되었다. 이 연구는 별도로 다루어져야 할 거대하고 중요한 분야이므로 여기서는 잠시 논외로 하고 죽간본의 원시 손자와 달라진 점만 살펴보고자 한다.

죽간본 : (故敵佚)能勞之, 飽能飢之者, 出於元所必(趨也;) 行千里而不畏, 行無人之地也.

그리고 적이 쉬면 피로하게 할 수 있어야 하고, 적이 배부르면 굶주리게 할 수 있어야 하니, 적이 꼭 가야 할 곳으로 나아간다; 천 리를 진군해도 두렵지 않은 것은 적이 없는 곳으로 진군하기 때문이다.

전래본 : 故敵佚能勞之, 飽能飢之, 安能動之. 出其所不趨. 趨其所不意. 行千里而不勞者, 行於無人之地也.

그리고 적이 쉬면 피로하게 할 수 있어야 하고, 적이 배부르면 굶주리게 할 수 있어야 하고, 안정되어 있으면 동요시킬 수 있어야 하고, 갈 수 없다고 여긴 곳으로 나아가며, 뜻하지 않은 곳으로 나아가나니, 천 리를 진군해도 피로하지 않음은 적이 없는 곳으로 진군하기 때문이다.

수당의 고구려 원정 패전 원인의 분석이 활발히 이루어진 성당 말엽인 8세기 초, 당 현종 때 출사한 것으로 알려진 군사학 천재 이전(李筌, 생몰년 미상)은 그의 두 권의 손자 주(注)에서 조조의 손자 주(曹操本文之注)를 다시 분석하면서 위 손자 문구의 변형을 초래한 해석을 가하고 있다. 조조는 적을 유리한 전장으로 끌어들이기[致] 위해서는 적이 사랑하고 아끼는 곳을 공격하고 적이 반드시 갈 곳으로 나아가 적으로 하여금 부득불 서로 구하게 하도록 한다(攻其所愛, 出其必趨, 則使敵不得不相救也)고 하였는데, 이전은 이를 인용 해석하면서 적이 반드시 갈 곳으로 나아가(出其所必趨), 뜻하지 않은 곳을 치고(擊其所不意), 반드시 사랑하는 곳을 공격하여(攻其所必愛), 적이 부득불 구하도록 하는것(使不得不救也)이라는 주를 달았다. 죽간본에 애초에 없는 "안능동지 출기소불추 추기소불의(安能動之 出其所不趨 趨其所不意)"라는 문구는 이때에 삽입되었을 것으로 추정할 수 있다. 두 왕조의 고구려 원정 실패의 가장 큰 원인을 "적이 없는 곳으로 진군(行無人之地也)"하라는 손자의 충고를 잊었기 때문이라 아쉬워한 이전(李筌)은 당 태종의 군대가 강력한 안시성과 요동성을 우회해서 바로 수도인 평양성으로 가지 않은 전략의 실패를 지적하고 교훈화한 것이다. 그러나 이 때문에 손자의 문리(文理)가 손상되었다. 죽간에 글자가 차지하는 공간을 분석해도 죽간에 없는 전래본의 14자가 들어갈 공간이 없다. 후세의 전래본에 이전(李筌)의 주장이 의도적으로 추가된 것으로 추정된다.

강한 방어선을 피해 뜻하지 않은 곳으로 가는 이러한 작전술(Operational Art)은 후에 대륙에서 흥기한 몽골과 만주족이 한반도 공격 기동에 그대로 적용하였다는 것을 전사(戰史)를 통해 익히 알고 있다. 이 경험은 실(實)을 허(虛)로써 남기거나 허를 실로 대처하는 교훈을 주었다. 송원(宋元) 대에 이르러 주역 철학의 영향을 받아 병법의 허실 사상은 세(氣-勢)와 상(象-形)의 관계로 설명된다. 여기에서의 상은 형과 구분되어 "상(象)이 있다고 반드시 형(形)이 있는 것은 아니며 형(形)이 없어도 상(象)이 있을 수 있다는 설"이[48] 제출되었는데, 이 말은 바로 무형(無形)을 공허로 보는 것은 착오라는 것이다. 이것은 전술의 허실 사상에 깊은 영향을 주었다. 전술적 특색이 강한 곳이라도 내버려 두어 허(虛)로써 세(勢)를 가할 수 있다는 것이다.

---

[48] 장재(張載, 1020~1077)는 송명 리학의 기초를 닦은 리학 4대 학파 가운데 관학파(關學派)의 창시자이다. 장재의 역학 저서 〈橫渠易說〉에는 氣 일원론을 기초로 하여 氣와 象의 관계를 설명하고 있다. 왕필 학파는 주역을 풀이하여 "천지 만물은 無가 근본이다."라고 주장하여 상을 배척하였으나, 장재는 形이란 볼 수 있는 것이고 象은 剛柔動靜과 같은 성능을 가리키며, 그러므로 상이 있는 것이라도 반드시 형이 있는 것은 아니되 단 형이 있는 것은 반드시 상이 있다고 보았다. (吉林 대학 古籍所 연구) 이런 주장은 송명 철학에서 유물론을 발전시키는 데 지대한 영향을 미쳤고 병법의 해석과 발전, 군사 심리의 변화를 가져왔다.

실허(實虛) 3

현대전장에서 사용하는 군사용어(Military Term)는 간편화를 위해 많은 약어(略語)를 사용했는데 이는 오히려 약어 사전이 출현할 정도로 더 복잡하고 번쇄한 결과를 가져왔다. 그러나 긴 역사의 곡절을 거친 손자의 용어들은 고대 중국인의 사유가 담긴 동방문자(漢字) 속에 남아 다른 경전과 교섭하고 뜻을 심화시켰다. 그러므로 특정 용어에 대한 단선적 변화보다 손자 특유의 용법을 잘 아는 것이 중요하다. 또한, 이런 글자의 연변(演變)으로 다양한 해석이 가능하게 된 것은 지칭하는 사물이나 사상의 혼란이 아니라 더 뚜렷한 입체성을 제시하는 고전적 근거(Classical Locus)가 된다.

실허편(實虛篇)에 이르러 이 용어들은 전사들의 경험(戰民之故)이 지지하는 "의미"로만 그 뜻이 고착되지는 않는다. 장구한 인문적 대화 속에서 어떤 사상이든 독신으로만 살 수는 없었을 것이다. 기(奇)와 정(正), 세(勢)와 절(節), 허(虛)와 실(實)의 다양한 조합에서 사고의 자유(Freedom of Thought)가 생겨날 수 있는 것은 그 개념을 초월할 수 있는 포괄적 도리가 실허(實虛) 속에서 완성되기 때문이다. 실허(實虛)는 전략, 작전, 전술의 각층에서 도달된 경지에 따라 달리 이해될 것이다. 그러므로 손자는 말하지 않은 것을 말할 수 있게 되었다.

실허(實虛)의 더 깊은 이해를 위해 주희(朱熹)의 말이 참고된다. 주자는 주역의 의리를 인식하는 과정에서 인간의 행위가 가해져 충돌하는 것이 허실이라 말한다. "리(理)가 정해지면 이미 실(實)하고 사(事)가 오면 아직 허(虛) 하다. 체(體)를 보존하여 용(用)에 응하며, 실(實)을 고찰하여 허(虛)를 기다린다(理定旣實 事來尙虛 存體應用 稽實待虛)."[49]라는 말은

---

49) 〈주자어류〉 권68.

현대어로 표현하면 사리(事理)의 시차를 뜻한다. 리를 먼저 알고 사를 제어하면 실하고, 허는 사가 먼저 발생하는 것이니 시기를 놓치거나 과도한 행위로 지나친 것이다. 그러나 달리 생각하면, 아직 사건이 없는데도 이(理)를 미리 말하여 허다한 도리를 포괄할 수 있다는 것이다. 그렇다고 이론이 행위로만 증명되는 것은 아니다. 계획이 없으면 실시는 불온한 것이 돼버린다. 현대 군사 사상의 중요 부분인 준비템포와 실시템포를 한마디로 말하고 있다. 시차에 따라 허실을 뒤바꿀 수 있으니 이렇게 빈 것의 쓰임은 오묘하게 《손자병법》 인재(人才) 5편의 문리를 꿰뚫고 있다. 정(正)이 없이 기(奇)를 일으킬 수 없으며, 세(勢)의 스피드 없이 절(節)의 삭선 템쏘가 가능치 않고, 실(實)한 준비 없이 허(虛)를 운용할 수 없다. 이것은 세(勢)편의 "병(兵)이 가해져 숫돌로 달걀을 치는 것과 같은 것이 허실이다(兵之所加, 如以碬投卵(者), 虛實是也)."와 상통한다.

동방인의 사상을 심저에서 깊이 지배하는 역(易)에서 허실의 정체를 더 끄집어낼 수 있다. 계실대허(稽實待虛), 실을 상고하여 허를 기다린다는 것은 장차 올 일을 대비하는 것인데, 도리는 정태적이고 인간사는 가변적이기에 "정(靜)으로 동(動)을 제어"할 수 있으니, 매우 단순한 말 같으나 의미를 돌이킬수록 심오하다. 허실이 숫돌로 달걀을 치는 것과 같은 것이라면 피아간에 그 숫돌과 달걀이 되는 순간을 포착하는 것이 바로 계실대허라 할 수 있다. 분산되었던 실허(實虛)에 대한 사유는 주자가 역(易)의 의리를 풀이한 "계실대허(稽實待虛)" 한 점으로 압축된다.

죽간본 : 攻而必取 攻其所不守也 ; 守而必固, 守兀所必攻也. 故善攻者, 適不知所守, 善守者, 適不知(所攻)

전래본 : 攻而必取者, 攻其所不守也 ; 守而必固者, 守其所不攻也. 故善攻者, 敵不知其所守 ; 善守者, 敵不知所攻.

> 공격하여 반드시 성공함은 수비하지 않는 곳을 공격하기 때문이요, 반드시 굳게 지킴은 반드시 공격하는 곳을 지키기 때문이다. 그러므로 잘 공격하는 자는 적이 그 수비해야 할 곳을 모르게 하고, 잘 지키는 자는 적이 공격해야 할 곳을 모르게 한다.

　반드시 공격하는 곳을 지킴(守其所必攻)은 오랜 시간 공격하지 않는 곳을 지킴(守其所不攻)으로 오인되어 전래하였다. 그 이유에 대해서 많은 설이 있고 죽간본에 찬성하지 않고 불(不)을 여전히 고집하는 학자도 있다. 필자가 허실의 매력을 가장 많이 느끼는 곳이 이 문구이다. "반드시 필(必)"과 "아니 불(不)"의 논쟁이 바로 허실 아닌가? 있는 것과 없는 것은 4가지 "팩트"를 만드는데, 있는 것을 없게 보이고 없는 것을 있게 보이는 두 가지(實虛虛實)와 있는 것을 있게 보이고 없는 것을 없게 보이는 두 가지(虛虛實實)이다. 필(必)과 불(不) 두 글자 역시 허실이다.

　조조는 실전에서 허실의 국면을 맞아 뼈저린 경험을 한 적이 있다. 적벽에서 패하고 철퇴하는 과정에서 그는 퇴로를 차단하고 지키는 관우의 군대를 두 개의 통로로 돌파해야 할 상황이었다. 적의 주력이 어느 쪽인지 알 수 없었다. 제갈량은 주력이 있는 통로에 주력으로 보이도록 균형을 만든다. 평범한 기만책으로 생각한 조조는 주력이 대기하고 있는 통로를 택하여 허허실실에 걸려들고 말았다. 훗날 그는 허실을 읽으며 정보의 중요성에 탄식한다. 4분지 일의 확률을 가지고 군사를 움직이는 것은 두려운 일이다. 조조는 위 문구의 주(注)를 달며 이렇게 말한다. "반드시 굳게 지킨다는 것은 적이 반드시 공격할 곳을 지킨다는 것이다. 이것은 적에 대한 정보를 알기 때문이다(曹操注：守而必固者 守其所必攻也 知敵之情者也). 잘 지킨다는 것은 적이 공격할 곳을 모르기 때문이다. 이것은 아군의 정보가 누설되지 않았기 때문이다(善守者 敵不知其所攻 為

情不洩也)." 조조는 이 문장을 정확히 본 것이다. 그러므로 "필공(必攻)"은 적에 대한 정보를 알고 공격의 방향과 장소를 정할 수 있는 연역적 단어이다. 수비 또한 적정을 잘 알아 적이 공격할 곳에 역량을 집중하여 방어할 수 있으니 성공한다.

죽간에도 역시 필(必)로 되어 있어 그간의 논쟁이 어느 정도 잠재워졌지만, 문맥 안에서 앞의 불수야(不守也)에 대구로 불공야(不攻也)로 하는 것이 음운 연결이 부드러운 것은 사실이다. 이것은 다른 대부분 고전이 그렇듯이 한대(漢代) 이후 위진(魏晉) 시기에 이르기까지 입으로 구전되었기 때문이다. 이전(李筌)의 손자 주(注)에도 음이 비슷하여 오인된 것(音近而誤也)이라 하고 필(必)을 지지했다. 이전이 해석한 "적이 반드시 갈 곳으로 나아가(出其所必趨), 뜻하지 않은 곳을 치고(擊其所不意), 반드시 사랑하는 곳을 공격하여(攻其所必愛), 적이 부득불 구하도록 하는 것(使不得不救也)이라는 주(注)마저도 후세에는 "소필애(所必愛)"가 "소불애(所不愛)"로 오기(誤記)되기도 하는데, 그 이유는 문장에서 종종 불(不)을 불(弗)로 쓰고 불(弗)이 고대 발음으로 비(祕)와 같아 비(祕)와 유사한 필(必)이 불(弗), 그리고 불(不)로 왜곡되었기 때문이었다.

허실에 대한 도착현상은 A 수기소필공(守其所必攻) vs. B 수기소불공(守其所不攻)과 C 공기소불수(攻其所不守) vs. D 공기소필수(攻其所必守)로 간단히 도식화할 수 있는데, 반드시 공격하는 곳을 지키는 것(A)은 반드시 지키는 곳을 공격하는 것(D)으로 허허실실이고, 공격하지 않는 곳을 지키는 것(B)은 수비하지 않는 곳을 공격하는 것(C)이므로 허실실허이다. 재미있는 역전이다.

실허(實虛) 4

죽간본 : (<u>微乎微乎</u>, 至於無形; <u>神乎神乎</u>, 至於無聲,) 故能為適司命

전래본 : 微乎微乎, 至於無形; 神乎神乎, 至於無聲, 故能為敵之司命

은밀하고 은밀하다. 형태가 없는 경지여! 신비하고 신기하다. 소리가 없는 경지여! 그러므로 능히 적의 운명을 좌우할 수 있다.

과연 적의 운명을 손아귀에 쥘 수 있는[司命] 것일까? 이런 격정적 표현은 손자 13편을 통틀어 전혀 없다. 손자에게 인재(人才)는 늘 인재(人災)일 수 있어서 전장 상황을 완전히 장악한다 해도 백승(百勝)이 아니라 불태(不殆)였다. 그는 늘 조심스럽다. 손에 틀어쥔 사명(司命)의 사(司)는 갑골문과 금문에 손을 앞으로 높이 쳐들고 크게 벌린 입으로 명령을 내리는 모습을 상형했다. 아이러니하게도 모습(形)과 소리(聲)로 생사여탈을 주관하고 있다. 그러나 그 주관자는 모습과 소리로부터 숨어 있다. 위 구절은 문식(文式)에 맞지 않아《태평어람》에는[50] 형태가 없는 경지인 지어무형(至於無形)을 일상의 형태로부터 숨은 은어상형(隱於常形)으로 하여 풀이되어왔는데 이것은 일리가 있다. 형을 숨김으로 적은 피동적이 되고 아군은 능동적이 된다.

미(微)와 신(神)은 문자(文子)에 "무릇 지극히 큰 것은 천지로도 그를 담을 수 없고, 지극히 작은 것은 신묘히 밝아도 뵈지 않는다."[51]와 같이 그 의미가 불가사의의 범주 안에 들어있다. 전국시대를 거쳐 진한지제(秦漢之際)까지 신(神)은 god이 아니라 "불가사의"를 의미했다. 굳이 신(god)을 표현한다면 귀(鬼)로 표기되었다. 죽간에는 문구가 잔멸되어 알

---

50) 太平御覽, 兵部四八, 攻圍上"微乎微乎! 故能隱於常形 ; 神乎神乎! 故能為敵司命"

51) 文子, 下德 "夫 至大, 天地不能函也 ; 至微, 神明不能見也."

수 없으나, 없어진 죽편의 공간에 10자 이상이 들어갈 수 없음을 감안하면 "지극히 작아 형이 없고; 인식할 수 없어 소리도 없다(至微而無形; 至神而無聲)."라는 문구가 적절할 것 같다.

2차대전 독소 전역(戰域) 스탈린그라드 전투에서 소련의 저격 영웅 바실리 제이체프(Vasily Zeytsev)는 "나를 잘 숨길수록 적은 더 잘 드러났다."라는 명언을 남겼다. 숨기고 예측할 수 없는 시간과 장소는 어떻게 창조되는가? 미 육군은 아프간 전쟁 이후 다양한 종류의 저격수 비밀 교범(Sniper's Field Manual)을 발간했는데, 이것은 19세기 영국의 아프간 전쟁에서부터 현재까지 전해 내려오는 아프간 게릴라의 뛰어난 저격 능력에 대응하기 위해서였다. 탈레반의 저격 소총 유효 사거리가 700미터를 넘지 못하는 상황에서, 결국 예측을 넘는 거리에서 사격이 가능한 첨단 기술을 가진 미군은 이 무자비한 저격전을 승리로 이끌고 있다. 1,200미터가 넘는 상상할 수 없는 거리에서 적을 쓰러뜨리고 소리 없이 사라지는 저격 전투는 무형과 무성의 경지에 이르러 있다. 탈레반 게릴라의 기도문에는 이 "아메리칸 유령"으로부터 알라의 가호를 기원하는 문구가 들어있을 정도이다.

행동의 자유와 주도권은 자신을 감추고 적을 드러내는(形人而我無形) 상황에서 얻어진다. 전장의 외로운 보병 전투에서 먼저 보고 먼저 듣는 자에게 살길이 열리는 것은 현대전에도 예외가 아니다. 선진(先秦) 문헌에는 이를 도(道)에 빗대어 많은 글이 전해지고 있다. 《관자(管子)》 내업(內業)에 "그 모습이 보이지 않고 그 소리가 들리지 않아 이루어짐의 시작이 이것이니 이를 일컬어 도(道)라 말한다(不見其形, 不聞其聲, 而序其成, 謂之道)."라는 말이 보인다. 《황제4경(黃帝四經)》 도원(道原)에는 "그러므로 오직 성인만이 그 보이지 않는 것을 관찰하고, 소리 없는 것을 듣는다(故唯聖人能察無形, 能聽無聲)."했다. 《회남자(淮南子)》 설림(說林)에는 "모습 없는 것을 보는 것은 보이는 바를 얻었기 때문이다; 소리 없어도 듣는 것은 그 들리는 바를 얻었기 때문이다(視於無形, 則得其所見矣; 聽於無聲, 則得其所聞矣)."라고 하여 "보고 듣는바"가 무엇인지 깊이 생각하게 한다.

그러므로 다시 도(道)로 회귀하게 된다. 손자는 처음부터 "도란 백성과 뜻을 같이하는 것"(令民與上同意, 계편)이라 규정하고 연역과 귀납을 반복하여 이를 증거하고 있다. 도가 있으면 군대로 하여금[令民] 적의 목숨을 좌지우지[敵司命]할 수 있게 되는 데, 그것은 보이지 않는 것을 보고 들리지 않는 것을 들을 수 있기 때문이다. 노자(老子) 도덕경 14장은 도의 형상을 이렇게 묘사한다. (道德經, 十四章) "보려 해도 보이지 않아 모습이 없는 것이라 한다(視之不見名曰夷)." "들으려 해도 들리지 않아 소리가 없는 것이라 한다(聽之弗聞名曰希)." "잡으려 해도 잡히지 않아 형태가 없는 것이라 한다(捫之弗得名曰微)." 이런 도의 정체는 무엇인가? 바로 백성의 뜻이며 그 뜻이 세(勢)와 합쳐져 백성이 전투원(戰民)이되는 무형의 모습이다.

실허(實虛) 5

《노자(老子)》는 병법을 보는 것 같고 《손자(孫子)》는 도덕을 보는 것 같으니 마음은 한가하나 사상은 도착(倒錯)하여 있다. 병법에서 끊임없는 도(道)에로의 회귀는 손자를 저술한 사람이 얼마나 긴절히 평화를 희원했는지 보여준다. 그 어머니인 도(道)는 소리도 없고 형태도 없는 거대한 모습이고 인간의 잔재주를 녹여버리는 소용돌이다. 보이지 않는 것을 관찰하고 소리 없는 것을 들으니 하늘을 등 뒤로 하여 맞아 싸울 적(敵)도 없다. 《도덕경》 41장에 "거대한 방형은 각이 없고, 큰 그릇은 천천히 만들어지며, 큰 소리는 잘 들리지 않고, 큰 모습은 형체가 없다(大方無隅, 大器晩成, 大音希聲, 大象無形)."라는 말에서 역시, 무형무성(無形無聲)인 도의 속성과 그 전능함으로 병법을 귀화시킨다. 같은 책 41장에 보이는 "무릇 도란 그것이 이루어지도록 (이름 없이 숨어서) 도움을 주는 것(夫唯道 善貸且成)."이라는 말은 그대로 숨어서 작용하는 도(道)와 연결되고 이미 패배한 적에게 승리하는 부전승(不戰勝) 사상과 통한다.[52]

> 죽간본 : 進不可迎者, 衝(其虛也 ; 退)可止者, 遠(而不可及也)
> 나아가되 적이 맞이하지 못함은 그 허점을 찔러 공격하기 때문이요, 물러가되 적이 막지 못함은 멀어서 적이 따를 수 없기 때문이다.
>
> 전래본 : 進而不可禦者, 衝其虛也 ; 退而不可追者, 速而不可及也
> 나아가되 적이 방어하지 못함은 그 허점을 찔러 공격하기 때문이요, 물러가되 적이 쫓지 못함은 빨라서 적이 따를 수 없기 때문이다.

영(迎)은 주도권을 갖고 적을 맞을 장소를 정해 공격하는 것으로 죽간본이 기존 전래본 보다 허실의 사상에 부합된다. 어(禦)는 바로 한정된 방어(防禦)를 뜻하므로 영과 어의 두 의미는 비슷하나 싸울 장소를 적이 선택하게 되는 피동적(被動的)인 상황을 지칭하게 되므로 주도권 사상에 맞지 않는다. 자신의 의지를 실현하는 주도권의 획득은 행동의 자유에서 비롯된다. 그러므로 이어지는 문리가 추격(追)이나 속도(速)를 거론할 필요없이 너무 멀어 막을 수 없는 속수무책으로 군사행동을 몰아간다. 죽간본의 말이 훨씬 정렬(精烈)하다.

---

52) 형(形) 8.

죽간본 : (故我欲戰, 雖高壘深溝,) 適不得不(與我戰)者, 攻亓所(必救也 ; 我不欲戰, 畫地而守)之, 敵不得與我戰者, 膠亓所之也.

그러므로 내가 싸우고자 하면, 비록 성루를 높이고 해자를 깊이 파고 있다 해도 적이 싸울 수밖에 없는 것은 반드시 구해야 할 곳을 공격하기 때문이다. 내가 싸우지 않으려 하면, 땅에 선만 긋고 지킬지라도 적이 싸움을 걸지 못하는 것은 그 싸우고자 하는 곳에 묶여있기 때문이다.

전래본 : 故我欲戰, 敵雖高壘深溝, 不得不與我戰者, 攻其所必救也 ; 我不欲戰, 雖畫地而守之, 敵不得與我戰者, 乖其所之也.

그러므로 내가 싸우고자 하면 적이 비록 성루를 높이고 해자를 깊이 파고 있다 해도 (나와서) 싸울 수밖에 없게 하는 것은 그들이 반드시 구해야 할 곳을 공격하기 때문이다. 내가 싸우지 않으려 하면 비록 땅에 선만 긋고 지킬지라도 적이 싸움을 걸지 못하는 것은 (그 기도하는 바가) 어긋나기 때문이다.

죽간의 교(膠)는 공간인 그곳 "기소(亓所)"에서 이루어지는 행동을 뜻하는 동사이다. 이는 어느 지역에 고착되어 행동의 자유를 잃은 상황이다.[53] 전래본에 교(膠)가 어그러질 괴(乖)로 된 것은 음이 비슷한 이유도 있으나 서로 뜻이 유사하여 연용(連用)한 예가 많다고 보기 때문이다. 갈관자(鶡冠子)에는 괴교(乖謬)의 의미를 도(道)가 어긋나 서로 속이고 상하 소통이 없는 상태로 쓰고 있다.[54] 전래본에 보이는 괴는 나무를 타고 오르는 승(乘)이라는 글자에 아래 가지가 부러진 모습이다. 하고자 하는 의지가 어긋나 버린 것이다. 《주역》의 서괘전(序卦傳)에 "가정에서 가족을 다스리는 도가 막히면 무너진다(家道窮必乖)."라는 말이 보이는데, 가

---

53) 爾雅 釋詁 "膠, 固也"
54) 鶡冠子 天則, "上下乖謬者, 其道不相得也"

도(家道)에 들어 있는 함의성은 가족 간의 소통일 것이다. 군대 역시 도가 없으면 영이 서지 않고 소통이 되지 않아 조직이 무너지게 된다. 그러므로 괴(乖)는 도가 궁하여 주도권을 잃은 결과이다.

괴(乖)는 역대 주석(曹操, 李筌, 賈林, 梅堯臣, 王晳)에서 방대한 문헌을 동원하여 주(注)를 가하고 있는데, 싸울 곳을 선택하는 주도권을 잃고 끌려가는 것은 조직 운영이 공정하지 못해 내부에 내홍이 일어나 서로 사적 이익에 몰두하고, 눈물과 차별과 반목과 배신(戾也, 異也, 睽也, 背也 −《설문해자》)이 있기 때문이라고 말한다. 이것은 군내의 결속을 다지도록 강조하는 다음의 군쟁편(軍爭篇)으로 이어지는 문세(文勢)의 한 포석이다. 주도권은 소통에서 나오고 소통은 도에서 나온다. 아무리 막대한 국방비를 소비하여 적보다 5배나 많은 하드웨어 군대를 건설해도 항상 열세인 것은 군대 내의 출신 차별과 문란한 인사로 정신전력이 어그러졌기 때문이다. 그리하여 매요신(梅堯臣)의 말대로 땅에 그림만 그려(畵地), 적의 특정 파벌에 이익을 보이면 무너질 것이요(乖其道而示以利), 서로 의심토록 해서 감히 나아가지 못하게 하니(使其疑而不敢進也) 도가 막혀실허(實虛)에 휘둘리는 것이다.

실허(實虛) 6

싸움이 한창이고 급한 허실의 상황 한가운데에서 안타까운 일이 일어났다. "나는 숨기고 적은 보인다(形人而我無形)"라는 금언(金言)에 금이 간 것이다. 이 문구는 시, 사, 역(詩, 史, 易)의 문학적 가치가 높았던 말씀이었다. 그러나 죽간에 나타난 "적을 보이게 하되 무형으로 본다(形人

而無形)"는 그 말은 그 의미가 아주 다른 것은 아니지만, 문맥에 미묘한 변화가 일어날 수 있고 해석의 깊이가 달라진다.

죽간본 : 故善將者, 刑人而無刑, (則我) 榑而適分 我榑而為壹, 適分而為十, 是以十擊壹也
그러므로 훌륭한 장수는 적을 보이게 하되 무형으로 보며, 나는 뭉치고 적은 분산시키니, 나는 하나로 뭉치고 적은 열로 나누어지면 이는 나의 열로써 적의 하나를 공격하게 되는 것이다.

전래본 : 故形人而我無形, 則我專而敵分 我專為一, 敵分為十, 是以十攻其一也
그러므로 적의 형태를 드러나게 하고 나의 형태는 드러나지 않게 하면 나는 뭉치게 되고 적은 분산하게 되니, 나는 하나로 뭉치고 적은 열로 나누어지면 이는 나의 열로써 적의 하나를 공격하게 되는 것이다.

적이 안 보이는 주관적 인식마저 감추라는 것이다. 적을 보되 무형으로 본다. 그래서 형인이무형(形人而無形)이 형인이아무형(形人而我無形) 보다 더 심오하다. 적 정보의 노출을 적이 인지하지 못하도록 하는 것, 정보용어로 이야기하면 출처보안이다. 뒤에 따라오는 문장인 "적은 나누고 나는 뭉친다(敵分我集)."에 문리가 맞아 연결되려면 나 역시 적은 보지 못하지만, 아군들이 잘 보이는 곳에 있고, 적은 자기들끼리도 보지 못하여 이합집산 분열된다. 만약 전래본과 같이 아(我)가 삽입된 문장으로 받는다면 "형태가 드러나지 않는 나"로 하나를 이룬다는 것은 모순이다. 《회남자(淮南子, 兵略)》에 "그러므로 훌륭한 장수가 부하를 다루는 것은, 그 마음을 같이 하고, 힘을 일치시키며, 만용을 부려 혼자 앞으로 나아가지 않게 하고, 겁을 먹고 혼자 후퇴하지 않게 한다(故良將之

用卒也, 同其心, 一其力; 者不得獨進, 怯者不得獨退)."라는 말이 보이는데, 이는 장수의 위치와 그 형(形)이 견고하여 그 부하가 잘 훈련된 지휘 주목(Commanding Attention)을 강조한 것이다. 리더는 늘 부하들이 볼 수 있는 곳에 있어야 한다. 위험한 전장에서 부하의 심리적 안정은 자신의 상관을 볼 수 있어야 얻어진다.

그렇다면 아(我)가 왜 끼어들게 된 것일까? 형인이아무형(形人而我無形)이라는 말은 아름답다. 고전이 파편화된 것은, 필자의 생각이지만 대중에 어필하기 위한 간단하고 충격적인 언어가 필요했기에 단장취의(斷章取義)한 때문이었을 것이다. 그리하여 전후의 문장이 뒤틀어지게 된 예는 너무나 많다. 세월이 지나면서 이런 "Frag – 파편"은 더욱 힘을 얻고 본래의 진의에서 분리되어 갔다. 그러나 고전은 의미를 위한 것이지 글자를 위한 것이 아니다.

논의와 멀지만, 《논어》 위정편에 "공호이단 사해야이(攻乎異端 斯害也已)"라는 말의 해석을 보며 이와 비근한 예를 찾는다. 대부분 책은 이것을 "이단을 전공하는 것은 해로울 뿐이다."로 해석했다. 최근의 다른 책에는 "이단을 공격한다."로 더 빗나갔다. 그 앞 구절의 말 "배우되 생각하지 않으면 종잡을 수 없고, 생각만 있고 배우지 않으면 위태하다(學而不思 則罔 思而不學 則殆)."를 보아도 간단히 해석의 실마리가 열린다. 그 의미는 공자의 전체 사상을 꿰뚫고 있는 보편 합리주의 사상이다. 사색과 학습의 극단[異端]에 쏠리지 말고, 상응한 노력을 동시에 힘쓰라는 것이다. 보편적이 되라는 말씀인데, 어찌 이단이라 "괴이한 실마리"이며 정통을 교조화하여 다른 "이단"이 될 수 있는가? 모노로그인 손자에서만이 아니고 다이얼로그인 《논어》에서 조차 파편적 해석의 폐는 여전하다.

실허(實虛) 7

죽간본 : 我寡而適眾 能以寡擊(眾, 則吾所與戰之)地不可知; 不可知, 則適之 所備者多; 所備者多, 則所戰者寡矣

내가 싸울 장소의 수가 적고 적이 싸울 장소가 많으면 능히 적은 수로 많은 적을 친다. 즉, 내가 싸우려는 장소를 적이 알지 못하게 된다. 알 수 없으므로 적은 대비하는 곳이 많을 것이다. 대비하는 곳이 많으면, (적은 분산되어 적이 주도권을 가지고) 싸우고자 하는 바(시간과 장소)는 적어진다.

전래본 : 則我眾敵寡 能以眾擊寡, 則吾之所與戰者, 約矣. 吾所與戰之地不可 知, 不可知, 則敵所備者多, 敵所備者多, 則吾所與戰者, 寡矣

즉, 나는 우세하고 적은 열세할 것이다. 능히 우세로써 열세를 치면, 내가 싸워야 할 장소가 줄어든다. 내가 싸우려 하는 곳을 알지 못하게 할 것이니, 적이 그것을 알지 못하면 적은 대비해야 할 곳이 많아지고, 적이 대비할 곳이 많아지면 내가 싸울 상대는 열세가 될 것이다.

전쟁 자산이 한정된 고대 전투에서 주도권의 큰 부분은 싸울 장소를 선택할 수 있는 상황과 힘이다. 실허(實虛)편은 싸울 장소에 대한 의논이 집중된 곳인데, 위 문장에서 중(眾)과 과(寡)의 위치가 출토된 죽간본과 기존에 전해진 전래본에서 뒤바뀌어 있다. 어찌 된 일인가? 이것은 앞의 문장을 어떻게 이해했는가에 따라 달라진 것이다. 중(眾)과 과(寡)를 병력의 다소로 본 것은 전래본이고 중과 과를 싸울 장소의 다소로 설명한 것이 죽간본이다. 이 차이점 역시 전후 문장을 살피면 해결을 볼 수 있다. "그러므로 훌륭한 장수는 적을 보이게 하되 안 보이게 보이도록 하여 나는 뭉치고 적은 분산시키니, 나는 하나로 뭉치고 적은 열로 나누어지면 이는 나의 열로써 적의 하나를 공격하게 되는 것이다(故善將者, 形人而無形, 則我專而敵分 我專而為一, 敵分而為十, 是以十擊一也)."라는 앞의 문장은 집중된 힘으로 적을 분산 격파하라는 것이다. 그러므로 이어서 집중된 과(寡)로 흩어진 중(衆)을 치는 논리가 성립된다. 후세에 전래본에서 중과(衆寡)가 병력의 우열로 오해되어 뒤에 따라오는 문장 역시 논리가 약한 둔사(遁辭)가 되고 말았다. 전래본에 보이는 "능히 우세로써 열세를 치면, 내가 싸워야 할 장소가 줄어든다(能以衆擊寡, 則吾之所與戰者, 約矣)."는 말은 전혀 논리적이지 않고, 싸울 장소를 절약(約矣)하는 것인지 병력을 절약하는 것인지 어수선하다.

이 혼란은 다음 문장으로 가 전래본을 해석하면 더욱 종잡을 수 없지만, 죽간본의 해석을 이으면 자연스러워진다. 주도권은 많고 적음[衆寡]에 있는 것이 아니라 상대성에 있었다.

죽간본 : 備前(者後寡, 備後者前寡; 備左)者右寡, (備右者左寡); 无不備者无不寡 (寡者, 備人者也); 衆者, 使人備己者也

앞을 대비할 수 있는 것은 뒤에서 (싸울 장소가) 적기 때문이고; 좌측을 대비할 수 있는 것은 우측에서 (싸울 장소가) 적기 때문이다. 대비하지 않아도 되는 곳이 없다면 (병력이) 열세해지지 않을 수 없다. (싸울 장소가) 적어야 적을 대비하고; 병력이 많아져 적이 자기를 대비토록 하게 한다.

전래본 : 故備前則後寡, 備後則前寡, 備左則右寡, 備右則左寡, 無所不備 則無所不寡 寡者, 備人者也; 衆者, 使人備己者也

앞을 대비하면 뒤가 열세해지며 뒤를 대비하면 앞이 열세해지고, 좌측을 대비하면 우측이 열세해지며, 우측을 대비하면 좌측이 열세해지고, 대비하지 않는 곳이 없으면 열세하지 않은 곳이 없게 되느니, 열세하다는 것은 (주도권을 잃

어) 적을 대비하기 때문이요, 우세하다는 것은 적으로 하여금 자기를 대비하게
하기 때문이다.

"비후즉전과(備後則前寡)"와 "비우즉좌과(備右則左寡)"는 죽편의 공간
자수로 보아 죽간본에는 없었다. 문장을 지루하게 하는 사족이기도 하지
만, 전투의 요소인 병력, 공간과 시간을 표현하고 집중과 분산의 효과를
설명하는데 왜곡되고 축소된 의미로 작용할 수 있다. 나는 한 곳에서 싸
우는데 적은 여러 곳에서 싸운다면 지휘력이 집중되고 적을 허(虛)로써
견제하니 나의 힘은 온전한 실(實)을 이룬다. 중(衆)과 과(寡)는 수의 문
제가 아니고 시간과 장소의 문제였다.

《손빈병법(孫臏兵法)》에 다음과 같은 말이 보인다. "적을 능히 나눌 수
있는 군대, 적을 능히 누를 수 있는 군대란 아주 근소한 차이를 여유 있게
만드는 군대를 말한다. 적을 능히 나누지 못하는 군대, 적을 능히 누르지
못하는 군대는 그 수가 배가 되어도 부족하다. 수가 많다고 이기는가? 무
기가 날카롭고 갑옷이 견고하다고 이기는가? 승리는 쉽게 알 수 있는데,
그러므로 부유해도 편안치 않고, 가난해도 위태하지 않으며, 수가 많다고
이기지 못하며, 적다고 패하지 않으니 승패안위를 결정하는 것은 도(道)
이다. 적의 수가 많아도 능히 분리하여 서로 돕지 못하게 하고, 적을 맞아
그들이 서로 알지 못하게 한다. 그러므로 해자가 깊고 성루가 높아도 지
키지 못하며 갑옷이 견고하고 무기가 날카로워도 강하지 못하니 병사가
용맹해도 그 장수를 보위치 못하니 이것이 바로 승리의 도이다."[55] 이렇게
도(道)란 바로 시간과 장소에 병력을 집중하는 주도권이다.

---

55) 孫臏兵法 客主人分, "能分人之兵, 能按人之兵, 則錙銖而有餘; 不能分人之兵, 不能按
人之兵, 則數倍而不足. 衆者勝乎? 兵利甲堅者勝乎? 則勝易知矣. 故富未居安也, 貧未居危
也; 衆未居勝也, 少未居敗也. 以決勝敗安危者, 道也. 敵人衆, 能使之分離而不相救也, 受敵
者不得相知也. 故溝深壘高不得以為固, 甲堅兵利不得以為強, 士有勇力不得以衛其將, 則
勝有道矣."

실허(實虛) 8

죽간본 : 知戰之日, 知戰之地, 千里而戰 ; 不(知戰之)日, 不知戰之地, 前不能
救後, 後不能救前, 左不能救(右, 右)不能救左 ; 皇遠者數十里, 近者數里(乎)

전래본 : 故知戰之地, 知戰之日, 則可千里而會戰 ; 不知戰之, 不知戰之地,
則前不能救後, 後不能救前, 左不能救右, 右不能救左 ; 況遠者數十里, 近者
數里乎

싸울 때와 싸울 곳을 알면, 가히 천 리 내에 싸울 수 있을 것이요, 싸울 때와 싸
울 곳을 알지 못하면, 전위가 후위를 구하지 못하고 후위가 전위를 구하지 못
하며, 좌익이 우익을 구하지 못하고 우익이 좌익을 구하지 못할 것이니, 하물
며 멀리는 수십 리, 가까이는 수 리가 떨어지면 어떻게 하겠는가?

군사운용은 장소보다 시간이 더 지배적 요소로 작용한다. 시간은 천
재(天才)이고 장소는 지재(地才)이다. 위 문장의 첫 구절에서 죽간본과
전래본의 차이는 시간(日)과 장소(地)의 순서가 뒤바뀐 데 있다. 최근의
중국학자들은 대부분 시간을 먼저 기술한 죽간본을 따르고 있다. 그러나
장소를 중심으로 시차와 기후가 결정되는 것도 사실이다. 지리의 위치에
따라 천문(기후, 시간)이 다르게 작용할 수 있다. 맹자는 천시(天時)는 불
여지리(不如地利)라 했다. 무엇이 우선인가? 실허(實虛)편은 사람의 노
력[人才]을 논하고 있는 곳이다. 사람의 노력을 돕는 것은 불변하는 지리
보다 상변하는 천문을 이용함이 더 합리적이다. 전천후 주야 기동할 수
있는 현대 군대와는 달리 고대 전투에서 일시와 기상은 화살의 방향과
속도, 화공(火攻)의 여부, 안개와 야음을 이용한 기도비닉의 성공을 결정
하는 주요 요소였다. 그러므로 전투의 때를 더 중요시했을 것이다.

그런데 왜 후세에 이것이 뒤바뀐 것일까? 한(漢) 나라 이후 당(唐)에

이르면서 중국은 제국주의 전쟁을 경험하게 된다. 한 무제(漢武帝)는 서역 평정을 국시로 내걸고 장건(張騫)을 페르시아와 인도에 파견했고, 당태종은 고구려 캠페인을 벌여 원거리에서의 전력투사(Force Project)의 어려움을 맛보았다. 고선지는 타는 듯한 타클라마칸 사막을 건너고 만년설이 덮인 파미르 고원을 넘었다. 지형과 지세, 길을 찾는 것이 시간보다 얼마나 중요한지 뼈저리게 느꼈을 것이다. 싸울 장소를 먼저 정하고 그곳의 기후와 기상을 고려해야 했을 것이다. 실허(實虛)에서의 군사운용 요소가 공간적 개념에 크게 몰입하게 되고 말았다.

8세기 이전(李筌)의 주(注)까지는 원래 죽간본과 같은 순서였으나, 공간이 시간을 앞서게 된 것은 국제적 식견이 있는 두우(杜佑, 735~812)가 801년 펴낸 총 200권으로 된 방대한 《통전(通典, 兵十一)》에 처음 보인다. 그로부터 손자의 전래본 모두는 "고지전지지, 지전지일(故知戰之地, 知戰之日)"로 쓰고 있다. 중원을 벗어난 싸움에 염두를 둔 것이었다.

시간과 공간의 개념적 우선순위는 용병에서 매우 중요하다. 이에 따라 작전운용 방책이 달라지고 상황을 장악하는 안목과 수단도 바뀌게 된다. 순수한 전략, 작전의 시행 테두리 안에서는 속도와 템포가 전승을 좌우하게 되나, 전략의 계획이라는 패러다임에는 어디를 전구(戰區, Theater)로 하느냐가 더 중요하여 속도와 템포라는 시간 요소는 하위개념이 된다. 싸울 장소를 정하는 것은 이미 평화가 사라진 세상에 계(計) 안에서 논하는 일이었지만 정책을 최대한 지원 할 수 있는 전략의 시행 때의 선택은 시절(時節)에 맞게 장소와 중화(中化)를 이루도록 하는 인간의 의지 안에 들어있다.

천 리에 싸울 수 있다는 뜻의 "천리이전(千里而戰)과 천리이회전(千里而會戰)"은 현대어에서는 그 뜻이 비슷하여 사용이 무방하나 본래의 의미에는 큰 차이가 있다. 서한(西漢) 이전의 경험으로 죽간에 써진 "회(會)"와 당나라 이후 오늘까지 사용하는 "회전(會戰)"은 그 용법이 다르고 뜻도 다르다. 좌전 선공 7년(左傳, 宣公七年, 기원전 602년)에 "무릇 군대가 출동하는 데, 함께 작전모의 함을 급(及)(모의한 제후들에 따름)이라 이르고, 그러한 모의에 참가하지 않고 싸움에 나간 것을 회(會)라 이른다(凡師出, 與謀曰及, 不與謀曰會)."라는 말이 보인다. 그러므로 천 리 밖에서 때와 장소를 알고 작전을 계획하여 싸움을 기술하는데 죽간본에 회(會)자가 보이지 않는 것은 너무 당연하다고 다수의 중국학자는 말하고 있다.[56] 회(會)는 갑골문에 합(合)과 같이 쓰인 것이 보이지만 약간 그 의미가 다르다. 일설에는 이 두 글자는 용기를 덮은 뚜껑이 합해져 있는 것을 상형한 것인데, 회(會)는 그 안에 사람 머리가 들어 있는 것이다. 즉 합의 없이 군대를 움직인 자의 죽음을 뜻했다. 모략의 목표가 아닌 동맹군이 계획 없이 움직인 것을 회(會)라 이르든, 아니면 모략에 참가하지 않고 명령만 수행한 것을 회(會)라 하든 본래 손자의 문맥에는 전혀 맞지 않는다. 그러므로 이른바 "회"는 합의되지 않은 사조직에 붙는 딱 들어맞는 언어다.

실허(實虛) 9

죽간본 : (以吾度之, 越人之兵雖多, 亦奚益於)勝哉!

전래본 : 以吾度之, 越人之兵雖多, 亦奚益於勝哉!

이로써 내가 헤아려 보건대 병력이 비록 과다해도 어찌 승리에 도움이 되겠는가!

병력의 다소가 전승의 요건이 아님을 다시 한 번 강조하고 있다. 시간

---

56) 中国社会科学院, 簡帛研究中心編集

과 장소에서의 상대적 우세가 승리를 좌우하므로 병력의 수로 주도권을 논하지 않았다. 위 문장 역시 일관된 해석보다는 여러 가지 색다른 주장이 많다. 결국 "의문으로 남긴 것은 많이 들어 알도록 하고, 남은 의문 된 것은 말하기를 삼가"[57]하는 수밖에 없다.

죽간본은 거의 잔멸되어 보이지 않으나 전래본 5개 텍스트는 그렇게 다르지 않고, 회주본(會註本)과 손교본(孫校本)에 "승재(勝哉)"가 "勝敗哉 (승패재)"로 패(敗)가 추가 삽입되어 있다. 오(吾)와 월(越)의 해석은 여전히 미궁에 빠져 있는데, 조조를 비롯한 11가 주(家注) 대부분은 월(越)을 춘추 말의 월나라로 보고 있다. 그러므로 "월인지병수다(越人之兵雖多)"를 "월나라 사람의 군대가 비록 많다고 하나"로 풀이했다. 이 해석에 확신을 준 것은 앞의 오(吾)를 오(吳)나라로 본 것이다. 오와 월은 오월동주 (吳越同舟)라는 고사가 있을 정도로 서로 원수의 나라이다. 오왕 부차와 월왕 구천의 와신상담(臥薪嘗膽) 역시 귀에 익은 성어이다.

조조나 장예(張預)는 오(吾)자가 오(吳)자의 잘못임을 못 박아 말했는데, 춘추전국 시대에 이 두 글자는 서로 상통하는 자임은 확신하고 한 말이다. 더구나 손자는 오나라 왕을 위해 복무했으므로 손자가 말하는 "나(吾)"는 "우리 오(吳) 나라"로 보아야 한다는 것이다. 과연 안후이 성 남릉현의 오나라 궁궐터에서 출토된 오왕광검(吳王光劍)에는「攻吾王光自作用劍, 以戰戍人(공오왕광자작용검, 이전수인)」이라고 검에 전자(篆字)로 음각되어 새겨진 명문(銘文)이 나와 오왕(吳王)과 오왕(吾王)이 같다는 주장을 도왔다. 그러나 고대 중국어를 연구하는 학자들은 吳(Wu)의 언어체계와 음운은 중원과 크게 달라 서로 통역이 필요했을 것이라는 연구 결과를 발표하고 있다. 또한, 송대 이후 중국어에서 오(吾)는 ∗ŋa(나)로 발음되어 한국어와 유사하다. 그러므로 두 글자 (吳, 吾)가 통가자로

---

57) 論語 爲政, "多聞闕疑 愼言其餘"

혼용되었을지 의심스럽다.[58]

손자에서 기술된 오(吾)는 그저 단순히 "나"로 봄이 적절하다. 손자가 병법을 저술하여 오왕(吳王) 합려(闔閭)에 바친—필자는 이것이 《손자병법》의 기원이라 믿지 않지만—시기에 더 남방에 있는 월 나라(越國)는 오 나라의 적수가 될 수 없었다. 그 무렵의 월(越) 나라는 초(楚) 나라에 속한 대부의 속국으로 작은 성읍 국가였다. 《손자병법》이 오왕 합려에게 바쳐진 것이라면 "월인지병수다(越人之兵雖多)"를 "월나라 사람의 군대가 비록 많다 하나"로 해석할 수 없을 것이다. 그러므로 뒤에 이어지는 문장 월인(越人)은 월나라가 아니라, 초과(超過) 또는 월과(越過)로 적이든 아군이든 수적인 균형을 넘어선 것을 의미한다고 보는 것이 타당하다. 그래야 앞에서 기술한 "싸울 장소가 적은 것은 적을 대비하는 것이요, 많은 것은 적이 자기를 대비토록 하게 하는 것이다(寡者, 備人者也; 衆者, 使人備己者也)."와 문맥이 맞는다. 실허(實虛)에서 말하고 있는 요지는 나를 집중하고 적을 분산시켜 주도권을 잡는 것으로 비록 적 병력이 나의 병력을 초과하여 균형이 깨져 필적하지 못하는 중과부적(衆寡不敵)이라도 승리에는 아무런 영향을 주지 못한다는 것이다.

실허(實虛) 10

죽간본 : 故日 勝可擅也 ; 適雖衆, 可毋(豆斤, 鬪)也

그러므로 말하기롤, 승리를 가히 마음대로 할 수 있으니, 적이 비록 많아도 가

---

58) Baxter—Sagart Old Chinese by MC initial, final, and tone, 2011: page 104 吳 고대 ngu 중세 *ŋwɐ, ʌʔwɐ, 吾 고대 ngu 중세 *ŋʌ

히 싸울 수 없다.

《설문해자(說文解字)》에 "천(擅)은 전이다(擅 專也)"라고 하여 상황을 장악하여 멋대로 좌지우지함을 뜻한다. 전래본에서 이 부분이 위(爲)로 바뀐 것에 정확한 이유를 설명하는 문헌은 없다. 천(擅)과 위(爲)는 음운상으로도 비슷하지 않고 뜻도 전혀 다르다. 다만 추측하건대, 형(形)편에 "승리는 미리 알 수 있으나 그렇게 만들 수는 없다(勝可知而不可爲也)"라는 말을 재차 되뇐 것이라 생각되지만 구전되는 과정에서 조음(調音)의 메너리즘에 빠져 "승리를 만들 수 있다(勝可爲)"는 말로 변형되었다면, 이것은 본래의 뜻과 모순된다. 위(爲)라는 글자가 갑골문(甲骨文)에 나타난 자형은 사람에게 끌려 일을 하는 코끼리[人牽象服役]의 모습이다. 필자의 눈에는 그것이 말이나 다른 동물로 보이는데, 갑골문의 출처를 동이족의 터전을 벗어나 남방으로 확대하려는 중국학자들의 애잔한 모습도 같이 그려 볼 수 있다. 위(爲)는 시켜서 만드는 타동적인 의미로, 주도권, 행동의 자유 더 나아가 사고의 자유를 가지고 전장(戰場)을 장악하는 손자의 본뜻과 크게 어긋난다.

그래서 뒤에 이어지는 문장에서 자유로운 전장 활동이 묘사된다. 이미 외교 전략을 통해 적의 정책 목표와 교섭하여 꾸며진 계략을 알고(計), 주도권 확대를 위한 수색 정찰(偵), 적을 기만하기 위해 양공(陽攻, Feint)과 양동(陽動, Demonstration)으로 우군의 모습을 내보이고(形), 적의 반응을 보기 위한 위력수색(Reconnaissance in force)으로 적과 부딪치는(角) 등 다양한 방법을 나열한다. 이것은 전쟁 기획과 운용에서 본래 형이 없으며(無形), 전투력은 물과 같아(象水), 아군이 공격하면 적이 그 수비할 곳을 알지 못하고(我善攻則敵人不知所守), 아군이 수비하면 적이 그 공격 할 곳을 알지 못하는(我善守則敵人不知所攻), 형(形)편에서 주장한 수비 시 구지(九地) 아래 숨고(藏於九地之下), 공격 시 구천(九天) 위에 움직인다(動於九天之上)를 구현하기 위한 각론이다.

죽간본 : 故 績之而知動 靜之理, 形之而知 死生之地, 計之(而知)得失之(策, 角之而知)餘不足之(處)
그러므로 정찰하여 적의 동정의 이치를 알고, 모습을 보여 사지와 생지를 알아내고, 계획 하여 각 방책의 득실을 알고, 적과 부딪쳐 적의 여유와 부족한 지점을 알아낸다.

전래본 : 故 策之而知得失之計, 作之而知動靜之理, 形之而知死生之地, 角之而知有餘不足之處
그러므로 방책으로 적의 득실의 계획을 알아내고, 적을 움직이게 해서 적의 동정의 이치를 알고, 적이 형태를 나타내게 하여 그들의 사지 생지를 알아내며, 적과 부딪쳐서 적의 여유와 부족한 지점을 알아낸다.

서로 다른 글자가 무질서하게 뒤바뀌었다. 전래와 죽간의 차이에 무엇이 옳은 것인지 알 수 없다. 문장의 순서도 뒤바뀐 것은 앞으로 죽간의 발굴 당시 혼란 때문일 수도 있다. 죽간은 아군을 중심으로 설명했고 전래본은 적을 중심으로 해석했다. 두 차이점도 크다고 할 것이다. 처음에 보이는 책(策)자를 음이 비슷한 이유에서 적(績, ji)으로 보느냐 극(棘, ji)로 보느냐에 따라 그 자리를 차지하는 근거가 달라진다. 적(績)이 되면 적의 상황을 살피는 척후의 후(候)로 정(偵)과 같이 쓰였다. 고대 병법에 기술된 문장 용법에서 정은 후와 같은 의미이고 이것은 척후를 멀리 파견하여 동정을 살피는 것이었다. 육도의 호도, 동정(六韜, 虎韜, 動靜)에 "아군을 뽑아 멀리 척후로 내보내어, 그 동정을 가서 본다(發我遠候, 往視其動靜)"는 말이 보인다.

극(棘)으로 풀면 책(策)이 되어 득실을 따지는 계산의 의미인데 바로 책(策)은 극(棘)에서 유래했고 그 의미 사용은 출토된 노자 금서(帛書) 갑본에, "수를 잘하는 자는 주판을 사용치 않는다."[59]에서 보듯 극(棘)은 석(析)과 음이 같아 대나무에 가시 매듭 형상을 한 주판의 뜻으로 쓰였다. 다시 정리하면, 책(策)은 계(計)의 수단이니 잃고 얻음을 판단하는 방책을 꾸미는(計) 것으로 풀이함이 타당할 것 같다. 문장의 순서는 죽간, 금본 모두 적절하지 않아 보인다. 필자의 생각이지만, 만약 위 문장을 다시 기술한다면 계(計), 정(偵), 형(形), 각(角)의 순이 용병 프로세스에 더 합당하며 이것은 현대전에서 계획, 정찰, 기만, 위력수색으로 이어지는 적정(敵情) 파악을 위한 상황 전개 순과 유사하기 때문이다.

실허(實虛) 11

형(形)은 아마 《손자병법》에서 군사 사상의 토대를 이루는 용어 중 가장 많이 등상하는 난어이며 문장이다. 그렇지만 그에 대한 이해가 쉽지 않고 손자가 살던 전국시대에서의 쓰임새와 진한지제(秦漢之際)의 통일화된 용법의 변화를 거쳐 오늘에 사용되는 의미 역시 다르고 복합적이

---

59) 道德經, 二十七章, "善數者不以檮策(竹/析)", 전래본 "善計者不用籌策"

다. 형(形, 모습)은 본래 형(刑, 형벌)이라는 자와 통용됐으나, 후한(後漢) 이후로 추정되는 시기에 음과 자형을 재조합한 형(形) 자가 분리되었다. 형을 사변적 용어로 사용한 것은 아마 주역에서 공자가 짓고 풀이한 《계사전(繫辭傳)》에서 처음일 것이다. 《계사전》 상(上)에 "형상 이전의 것, 구체적으로 볼 수 없는 것을 도(道)라 하고, 형상 이후의 것, 구체적으로 볼 수 있는 것을 기(器)라 한다(形而上者謂之道 形而下者謂之器)."에서 보듯이 형(形)은 어떤, 전환점, 테두리, 임계선 등으로 인식한 것이다.

서구철학의 "Metaphisics"를 형이상학(形而上學)으로 번역한 것은 그 의미가 완전하지 않아 서구적 시각에서 다시 보면 본래 주역의 말씀이 왜곡될 가능성이 있다. 아나 다를까, 이를 걱정한 공자의 세심한 배려가 문장에 보인다. 도(道)와 기(器)는 본디 하나인데, 《계사전》을 쓰며 유형(有形), 무형(無形)이라 하지 않고 형이상,하(形而上, 下)로 형(形) 자를 놓아둔 것은 도와 기가 각자 다른 것이 되어버리는 것을 걱정했기 때문이었다.

형(形)의 상하(上下)는 칸트가 도달하지 못한 인식에 대한 고민을 이미 돌파했다. 형상 이전의 것(形而前者)은 인식을 현실이 직접 인간 정신에 모사되는 것처럼 이해되는 것이 아니고, 이미 인식하는 주체의 고유 활동에 전부터 있었다. 그러므로 사물을 물자체(ding an sich)로 이해할 수 없었던 칸트의 형이상학적 시도는 좌절되지만, 형을 경계로 도(道)와 기(器)가 다르지 않은 동방의 사고는 삶의 형(形) 속에서 영혼의 불멸과 신(神)에 대한 물음에 쫄지 않고 대답할 수 있었다.

> 죽간본 : 刑兵之極, 至於无刑; 則深閒弗能規也, 智者弗能謀也
> 전래본 : 故形兵之極, 至於無形, 無形, 則深間不能窺, 智者不能謀
> 지극한 군사 배비(形)는 무형에 이른 것이다; (형태가 없으면) 깊이 잠입한 첩자도 능히 엿보지 못하고, 지혜 있는 자도 능히 계책을 쓰지 못한다.

형(形) 또는 형(刑)은 갑골문에는 보이지 않으며 비교적 후기인 상(商) 말 주(周)초, 기원전 12세기에 청동기 제기에 명문(銘文)으로 등장한다. 그때는 천국이라는 초자연적 횡포에서 인간성을 해방한 동방 역사에 가장 중요한 르네상스 시기였다. 은상(殷商)이 고고학적 발굴을 토대로 고조선과 주나라로 분리되었다는 주장에 근거하면, 천신을 섬기고 인민을 착취하여 피라미드를 짓는 노예사회인 상의 적통을 이어받은 고조선은 그들의 문화와 글자에 대한 인문적 해석을 하지 않아 중원을 빼앗기고 암흑기로 접어들지만, 주나라는 합리주의와 인간성 회복을 창업정신으로 하여 상으로부터 빌린 글자(갑골문)를 재해석했다. 그리하여 주나라 이전의 고대 언어들은 공자에 의해 그 근본원리, 체계원리 그리고 실천 원리가 논의되어 찬란한 고전의 모습으로 우리에게 전해졌다.

형(刑)이라는 글자는 그러므로 주나라 초기에 만들어진 것인데, 자형은 우물(井)을 지키는 칼을 든 병사[刀]의 모습이다. 이것은 정전제(井田制)인 주나라의 사회상을 그대로 보여준다. 우물은 인간의 노력으로 얻은 물이다. 하늘에 빌어 비에 의존하는 천수답(天水畓)의 물이 아니다. 그러므로 형(刑)이 체제를 지키는 말임은 당연하고 거기서 음을 가져와 우물에 비친 모습 형(形)이 되었으니, 이것은 삶과 영혼의 기준이 될 수 있었다. 그러니 손자에게서 형은 매우 귀중한 말이었다. 지극무형(至極無形)은 공자와 노자를 존경하는 손자가 함부로 쓴 말은 아니었다. 무형은 형(形)의 이전(以前)이므로 적이 알지 못하는 계획이며 용병 원칙이다. 무형은 형이상의 도(道)이므로 나라가 바르게 다스려지면 기책으로 전쟁할 수 있으니(以正治 以奇戰) 그런 나라에서는 아무리 깊이 오래전 잠입한 심저어(沈低魚) 같은 전략 첩자라도 그 나라의 군사 운용을 알 수 없다.[60]

---

60) 용간 2 참조.

실허(實虛) 12

전략 정보의 범주와 자산은 특정한 제한을 두지 않는다. 형(形)의 이전과 형(形)의 이후를 알고자 한다면 여건을 조성하고 정보력을 투입하는 데 장기간 시간과 돈을 들여야 한다. 무형으로 표현되는 형의 이전을 파악하는 것은 전략정보이고, 아마도 유형으로 나타난 형의 이후를 탐지하는 것은 전술정보일 것이다. 《손자병법》 마지막 용간편(用間篇)에서 주의 깊게 다루어야 할 부분이지만, 국가의 총력으로 나타나는 전력의 형이상(形而上)과 형이하(形而下)를 능히 알 수 있는 정보조직을 가졌던 국가는 드물었다. "나라는 무너져도 산하는 그대로 있다(國破山河在)."라는 두보의 시를 빌어 표현하면, 나라는 무너져도 전투력은 존재한다(國破抗力在). 아프간 전쟁에서 강대국들의 실패는 전력의 무형적 문제에 대한 연구가 부족했기 때문이었다. 그들의 끈질긴 저항근성은 어디에서 온 것일까? 긴 역사를 통해 동서양이 충돌하고 거기에 버려진 전사(戰士)의 따라지들이 어떤 인종적 분류로 서로 간에 무슨 애증과 원한을 가졌는지 충분한 전략정보를 수집 분석하지 못하여 실패를 반복하고 있다.

형태가 없는 부분은 내부로부터 무너졌는데, 그것은 나라 기강과 공정성이라는 도(道)에 금이 갔기 때문이었다. 이러면 나라는 있어도 전투력은 존재하지 않는다(國在抗力破). 그야말로 전국위상 파국차지(全國爲上 破國次之, 謀攻篇), 즉 나라를 깨고 전쟁에 이기는 것보다 나라를 온전히 하고 전쟁에 이기는 것이 상책이라는 전략에 말려든 것이다. 국력의 형이상(形而上)에 적이 참여하고 그 형이하(形而下)가 적에게 버젓이 열람 되어 국가급 정보가 적에게 넘어가면 유형으로 나타난 전투력은 허상일 뿐이다.

죽간본 : 因刑而錯勝(於衆, 衆不能知; 人皆知我所以勝)制刑, (而莫知吾)所以勝者勝不(復, 而應刑於無窮)

형에 따라 맞는 방법으로 사람들로부터 승기를 잡아가나, 사람들은 알지 못한다; 적은 대개 내가 승리한 형(形)은 알아도, 나의 승리가 이긴 방법을 반복하지 않는 이유였다는 것은 모르니, 이는 무궁한 방법으로 형세에 응했기 때문이다.

전래본 : 因形而措勝於衆, 衆不能知; 人皆知我所以勝之形, 而莫知吾所以制勝之形 故其戰勝不復, 而應形於無窮

형에 따라 맞는 방법으로 사람들로부터 승기를 잡아가나, 사람들은 알지 못한다. 적은 대개 나의 승리의 유형(類形)은 알아도, 내가 승리의 조건을 만들어 나간 모습은 알지 못한다. 그러므로 싸워 이긴 방법은 다시 반복하지 않고, 무궁한 방법의 형으로 응한다.

　매우 심오하고 시적인 고백이다. 해석 또한 어려워 여러 가지로 다르게 의미를 부여할 수 있다. 문자의 의미를 벗어나지 않으려 하면 종잡을 수 없어 모호해지고, 지나친 의역은 본래의 뜻을 상할 수 있다. 무형이란 형(形)이 없는 것이 아니고 형을 파악할 수 없는 것이라면, 실허(實虛) 3에서 논했듯이 전술의 허실 사상을 근거하는 주역의 철학적 배경인 "무형(無形)을 공허로 보는 것은 착오"라는 의미를 다시 한 번 상기해 볼 필요가 있다. 그러므로 같은 형을 보더라도 사람들은 허상으로 보고 주도권을 좌우하는 "나"는 실상으로 볼 수 있으니, 오랜 세월 마상에서 전장을 관찰해 온 조조(曹操)는 위 문장을 보고 다음과 같은 말을 할 수 있었다. "하나의 형으로써 이기지 않고 수많은 형으로 이긴다. 혹자는 말하기를 대비하지 못한 것을 알기 때문이라고 한다. 그러나 승리의 조건을 만들어 나간다는 것은 사람들이 대개 이미 승리한 것은 아나, 승리할 수 있는 조건을 적의 형세에 맞게 한 나를 알지 못하게 하는 것이다(不以一形之勝勝萬形 或曰 : 不備知也 制勝者, 人皆知吾所以勝, 莫知吾因敵形而制勝也)."

　조조의 이 말은 전래본에 어떤 형태든 영향을 주었다. 피아의 형이 혼착(混錯)되어 이해하기 어렵지만, 오히려 적의 형과 나의 형을 구분할 필요없이, 이승지형(以勝之形(有形))은 이미 나타난 형 이후, 형 이하이고 제승지형(制勝之形(無形))은 나타나도록 조건을 만든 형 이전, 형 이상에 대입하면 오히려 쉽게 풀이된다. 죽간에는 부분적으로 안 보이지만 "승제형 勝制形"이라는 표현은 후에 전래본에 "제승형 制勝形"으로 받아 승리 후에 보인 형과 승리를 만든 숨겨진 형의 표현이었음을 유추할 수 있다.

　《손빈병법(孫臏兵法)》의 기정(奇正)편을 보면 "형으로써 형에 대응함이 정이요; 형이 없되 형을 만들어 가는 것이 기이다(形以應形, 正也; 無形而制形, 奇也)"라는 위 문리를 해결하는 반가운 말이 보인다. 결국, 정(正)은 형이하(形而下)이고 기(奇)는 형이상(形而上)이었다. 하여 세(勢)편에 "정으로 합하고 기로써 이긴다(以正合 以奇勝)."라는 말의 의미가 더욱 깊어진다. 형이 기형(奇形, Software)과 정형(正形, Hardware)으로 표현될 수 있다면, 기(奇)는 도(道)이고 정(正)은 기(器)이니 만도일기(萬道一器, 하나의 전투력에 수많은 방법을 숨김)로 적의 눈을 가리고 일도만기(一道萬器 하나의 방법으로 수많은 전투력을 내보임)로 적과 대치하여 승리한다. 어찌 같은 방법이 있을 수 있겠는가? 죽간에는 "승자불복(勝者不復) - 이긴 것은 반복하지 않는다."로 하여 전(戰)이 없는 부전승(不戰勝)의 사상을 계승하지만, 전래한 것은 "전승불복(戰勝不復) - 싸워 이긴 방법은 다시 반복하지 않는다."이니 결국 싸움터의 명언으로 바뀌고 말았다.

실허(實虛) 13

주나라 왕실 도서관 사서였던 노자(老子)는 물의 흐름의 관찰을 국책으로 하는 종주주의자(從周主義者)였다. 물은 우물에서 나와 강(江)과 하(河)로 흐르고 한 번 가버리면 돌아오지 않는[流] 것이므로 시간을 형상(形象)하는 형이상과 형이하의 경계에 선 재료였다. 물이 고대의 본초(本初) 시계였던 것은 자명하다. 물시계가 놓인 뤄양의 도서관 정원을 거닐며 깊은 사색에 빠진 이이(李耳, 노자)는 물을 우러르며 인류 최고의 선언을 한다. 바야흐로 이상국가(理想國家)로 섬긴 주나라는 쇠망해 가고 있었다.

최고의 선은 물과 같다(上善若水).
물은 만물에 혜택을 주지만 남과 지위를 다투지 않아(水善利萬物而不爭)
모두가 싫어하는 낮은 지대에 고여 있다(處衆人之所惡).
그러므로 도에 가깝다고 할 수 있다(故幾於道).
물은 최적의 곳에 모이고 그 중심은 깊다(居善地 心善淵).
　　　　　　　　　　　　　　　　　－노자, 《도덕경》 8장－

물을 따라가는 것이 도(道)의 귀로(歸路)였다. 물을 찬양하는 노자는 황하의 상류를 따라 거슬러 올라 함곡관을 벗어나 서쪽으로 사라진다. 그가 관문 지기 윤희(尹喜)에게 오천 언의 저서 노자를 써주었다고 하니, 발행인 윤희, 서사 이이라는 의심스러운 《도덕경》이 우리에게 전해졌다. 발행인 오나라 왕, 저자 손무라는 《손자병법》에 다루는 물의 상념에 대한 지적 소유권은 노자가 가지고 있으나, 하늘 아래 새로운 것이 없으니 노자의 물은 손자의 물이요 손자의 물은 노자의 물이었다. 손자가 도교를 바탕으로 유교적 교양으로 가공된 것은 한나라 이후로 보인다. 손자를 죽간에 써 내려간 한나라 군유(軍儒) 들의 머릿속은 공자와 노자라는 이 두 개의 우주적 정신이 소용돌이쳤다. 공자가 정(正)이므로 노자는 기(奇)로 설명된다. 정이 없이 기가 생겨 날 리 만무하다. 황허(黃虛)의 입장에서는 노자를 정으로 보고 공자가 기로 발한 것이라고 순환의 도를 말할 수 있으나 문화의 변증법적 발전을 통해 우리는 공자가 먼저였음을 알 수 있다.

혹자는 어쩌면 도(道)는 정(正)이요, 기(器)는 기(奇)라고 주장할 수 있다. 그 순환의 한 시점에서 단면을 끊어 설명하기는 어렵다. 그래서 세(勢)에 기술했듯이 기성의 순환은 멈추지 않으니 "기와 정(奇正)이 서로 되돌아 바꾸어 낳고 낳음은 마치 끝이 없는 고리와 같다(奇正還相生, 如環之無端)."라고 했다. 그 흐름은 흘러가기만 하고 되돌아올 줄 모르는(맹자, 流- 從流下而忘反)것이 아니다.

죽간본 : (夫)兵刑象水 水行, 辟高而走下; 兵勝, 辟實擊虛. 故水因地而制行, 兵因敵而制勝

전래본 : 夫兵形象水 水之形, 避高而趨下; 兵之形, 避實而擊虛. 水因地而制流, 兵因敵而制勝

무릇 군사운용의 모습은 물과 같으니, 물의 운행이 높은 곳을 피해 낮은 곳으로 흐르듯, 전투에서 이김은 적의 실한 곳을 피해 허한 곳을 치는 것이다. 그러므로 물은 땅의 형태에 따라 흐름을 바꾸니, 군사운용도 필적(匹敵)하는 적에 따라 승세를 바꾸어 간다.

죽간에 처음으로 등장하는 적(適)이 아닌 적(敵)으로 표현된 문구이다. 이것은 적(敵)과 적(適)이 통가자가 아닌 의도적으로 다른 뜻으로 쓰였다는 것을 의미한다. 단옥재(段玉裁)의 설문해자주에는 "적(敵)과 적(適)은 고대에 많이 가차로 사용"했다고[61] 하므로 필사자가 여럿이었던 은작산 한묘 죽간에 우연히 기록된 것일 수도 있다. 그러나 뒤에 이어지는 적화 (敵化, 적성이 사라져 중화되는 것)의 의미를 풀기에 통가자로 혼용하지 않았을 이유를 발견할 수 있는데, 이 미묘한 차이에 대한 논의는 앞으로 계속할 수 있을 것이다. 적(適)은 본래 "가다" 또는 "맞이함"을 표기한 글 자이고 이후 연변 되어 적응 또는 상대가 우군으로 귀화된 의미를 갖게 된다. 《손자병법》에 적(適, 敵)이라는 글자가 최초 등장하는 것은 작전편 후반에서이다.[62] 상대역(Opponent) 또는 잠재적 적성을 가진 적(適)과 대등한 힘의 균형을 의미하는적(敵)은 전국시대 병서에 별도의 의미로 사용되기도 한다. 오늘날 Enemy의 뜻인 적(敵)의 용법상 차이를 손자에서 밝히는 것은 매우 중요하다.

　군사력의 모습을 물에 비유한 것은 노자의 상선약수(上善若水)를 "상병약수(上兵若水), 최고의 군사운용은 물과 같은 것"에 대입하여 도(道)의 명분이 있는 군대에 내민 격문(檄文) 같다. 물이 깊이 고여 중심(重心 −Center of Gravity)을 이루는 것은 가장 낮은 곳이고 지위의 높음을 다투지 않고 그 중심은 형세에 따라 언제든지 변할 수 있다. 진급에 연연하지 않고 각개 장병이 전문성을 키우면 용병의 중심이 만들어지고 그런 풍토에서 제대로 된 전술적 중심, 작전적 중심, 전략적 중심이 형성된다.

　위 문장에서 "높은 곳을 피해 낮은 곳으로 흐르는" 죽간본의 피고이주하(辟高而走下)와 전래본의 피고이추하(避高而趨下)는 큰 차이는 없다. 주(走)는 자연적 속도로 능동적이고, 추(趨)는 다른 힘으로 움직이는 피동적이다. 역대의 주(注)마다 이 부분은 행(行), 보(步), 주(走), 추(趨), 부

---

61)　段玉裁, 설문해자注, 古多假借適爲敵

62)　작전 7.

(赴), 분(奔) 등으로 약간씩 다르게 표기되어 미묘한 차이를 보인다. 《위료자(尉繚子, 勒卒令)》에 보면 "북 한 소리에 일 보를 가는 것을 보고(步鼓)라 하고; 북 한 소리에 십 보를 가는 것을 추고(趨鼓)라 한다(一步一鼓, 步鼓也; 十步一鼓, 趨鼓也)."라는 말이 있으니 군의 행군 속도를 통제하는 차이로 보인다. 속도에 대한 정의는 석명(釋名)에 "서행을 보(步)라 이르고, 질행을 추(趨)라 이르고 질추를 주(走)라 이른다(徐行曰步, 疾行曰趨, 疾趨曰走)."에서 보듯이 주(走)는 비교적 빠른 속도이다. 그러나 능동적으로 아래로 달려 가속을 얻은 것이니 자연의 운행을 묘사함에 맞고, 추(趨)는 템포를 가지고 좇는 것이므로 인위적 운동을 묘사함에 맞다.

"그러므로 물은 땅의 형태에 따라 흐름을 바꾸며(故水因地而制行)"에서 행(行)은 형(形)으로 보아도 무방하다. 행은 무형의 힘이므로 제형(制形)이라는 앞의 문장과 맥이 통한다. 이것이 전래본에 류(流)로 바뀐 것은 매우 잘못된 것이다. 《중용》 10장에 "군자는 화합하되 휩쓸리지 않는다 (君子和而不流)."라는 금언에 보이듯 류(流)의 의미는 부정적이다. 출랑거리고 따라다니는 일시적 기분을 류(流)라고 하므로 물이 가진 망동을 경계하여 행(行)으로 함이 옳다.

실허(實虛) 14

죽간본 : 兵无成埶, 無恒刑, 能與敵化之胃神
군사력은 고정된 세(勢)가 없고, 지속적인 형이 없으며, 능히 적(敵)으로 하여금 적(適)이 아니게 만드니 이는 알 수 없는 것[神]이다.

전래본 : 故兵無常勢, 水無常形, 能因敵變化而取勝者, 謂之神

그러므로 군사력에는 일정한 세(勢)가 없고, 물도 일정한 형(形)이 없으니, 능히 적의 변화에 맞게 승리를 얻는 자, 이를 신이라 일컫는다.

무형에 대한 앎과 무지가 어떻게 인식되었는지 혼란에 빠지고 말았다. 그 사유가 현재에 이르기까지 어떤 과정을 거쳤는지 가늠하지 못한다. 글자의 가감과 변화가 인식의 틀을 바뀌게 한 것인지, 아니면 인식이 바뀌어 고대의 원형을 찾기 위해 새로운 글자를 이용 의미를 환원한 것인지 알기 어렵다.

성(成), 정(定), 상(常)은 6개의 전래본 모두에는 "고정불변(固定不變)"과 같은 의미로 서로 바꾸어 사용되었다. 그러나 병무성세(兵無成勢)와 병무상세(兵無常勢)는 그 사색이 천착해 간 목표가 완전히 다르다. 상(常)은 시간에 따른 변화에 대척된 것이고, 성(成)은 공간적 형에 변화하지 않는 것이다. 공간적으로 고정된 모습이 아니므로 같은 형으로 오래가지 않는다. 항(無恒, 恒)이 상(常)으로 개작된 것은 한나라 효문제의 이름 항(恒)을 피하려고(蓋避漢文帝之諱) 다른 글자 상(常)을 택한 것으로, 《한서(漢書, 文帝紀)》 순열(荀悅)의 주(注)에 "항 자를 꺼려 상으로 부른다. (諱恒之字曰常)."는 기록이 보인다. 그러나 이로 해서 정예(精銳)로운 문세(文勢)가 둔화되고 말았다. 다시 풀이하면 군사력의 형세는 공간적(成)으로나 시간상(恒)으로 늘 변한다는 것이다. 전래본은 물이 가진 시간성이 새어 버렸다.

위 문장에서 병(兵)은 현대 용병 술어로 표현하면 전력(War potential), 군사력(Military capabilities), 전투력(Combat power)과 이들의 운용을 위한 수적, 질적, 유형, 무형의 요소가 통합된 개념이다. 병은 대체로 전략적 차원에서 보면 전력, 작전적 수위에서는 군사력, 전술 제대의 운용에서는 전투력으로 표현할 수 있다. 손자의 병(兵)의 의미는 현대 군사운용에서 상황에 따라 다르게 해석할 수밖에 없다. 전투력의 본질은 집중, 분산, 기동, 정지이므로 물로 상형(象形)하면 이해하기 쉬워 여기에서 병(兵)은 전투력이라 일컬음이 타당할 수도 있다. 그러나 같은 전구(戰區)와 작전 환경이라는 틀에 놓고 시간과 공간의 요소를 더하게 되면 보다 상위적 개념인 "군사력"이라는 용어로 확대하여 해석해도 무난할 것이다. 군사력은 또 다른 표현으로 한 캠페인에서 적과 그 동맹국을 목표로 경제전력, 외교전력, 문화전력이 전투력에 맞춤을 이룬 힘이다. 그리하여 이어지는 죽간본의 단순 강력한 언어 능여적화(能與敵化) (해석에 논란이 있겠지만) "능히 적을 적이 아니게 만드는 것"으로 귀결될 수 있다. 전래본에 능인적변화이취승자(能因敵變化而取勝者), 즉 "능히 적의 변화에 맞게 승리를 얻는 자"와는 그 의미가 크게 달라진다.

　　손자가 말하는 "적화(敵化)"는 무슨 뜻이었을까? 후대에 인(因)이라는 시간적 연속성의 글자를 더 추가하고 송대(宋代) 이후에 대중화된 글자로 보이는 "변화(變化)"가 삽입된 것은 본래의 뜻을 그 시대에 이해시키기 위한 바른 노력이었을까? 변(變)은 물리적 변화나 형상의 교대를 뜻하는 글자로 갑골문이나 금문에는 발견되지 않고 상당히 후대인 서한 시기에 나타난 것으로 추정된다. 화(化)는 "A가 A가 아니게 되는 것"으로 본래 갑골문에는 두 사람이 거꾸로 누워 있는 형상인데, 자연으로 녹아드는 모습이고 존재에서 비존재로 소멸하는 죽음을 의미한 아주 오래된 글자이다. 그러므로 적화(敵化)는 적이 죽은 것 또는 적이 아니게 되는 것이라고 풀이할 수 있다. 한의학에서 현존하는 가장 오래된 의학 서적인 소문(素問)[63]에 "사물이 생기는 것을 화라 이르고, 사물이 극에 달

---

63)　황제내경 素問: 중국 최고(最古)의 의서(醫書). 진한지제(秦漢之際) 때에 총 24권으로 편찬된 것으로 전해진다. 음양오행(陰陽五行), 침구(鍼灸), 맥(脈) 등에 관하여 황제(黃帝)와 그 신하인 명의(名醫) 기백(岐伯)의 문답 형식으로 쓰여 있다.

한 것을 변이라 이른다(物生之謂化, 物極之謂變)."하여 화(化)의 뜻을 생명의 시작으로 본 것은 아이러니하다.《손빈병법(孫矉兵法, 積疏)》에 "집중과 소산이 서로 변하고, 차고 비움이 서로 변하고, 종대와 횡대가 서로 변하고, 빠름과 느림이 서로 변하고, 많음과 적음이 서로 변하고, 편함과 고됨이 서로 변한다(積疏相爲變, 盈虛相爲變, 徑行相爲變, 疾徐相爲變, 衆寡相爲變, 佚勞相爲變)."에서 보듯 변(變)은 서로 위치와 처지가 바뀌어 부단히 순환하는 것이다.

　　그러므로 적화(敵化)는 적성(敵性)이 사라진 것이라 보는 것이 정확하다. 적의 변화에 맞게 승리를 얻는 것보다 훨씬 상병벌모(上兵伐謀, 최고의 군사운용은 적의 꾀를 치는 것)의 군사사상에 맞다. 그런데 이를 일컬어 신(神)의 경지라 함은 또 다른 오해이다. 재론이지만 춘추 전국시대의 신(神)은 오늘날 서구에서 전래한 God의 개념이 아니었다. 서구의 신을 고대 중국의 용법에 쓴다면 귀(鬼)에 가깝다. 상나라 이전에 유일신이라는 시앙티 "상제(上帝)"는 주나라 이후 소멸하여 인문의 세계에서 더는 언급하지 않았다. 신들은 은상(殷商)의 피라미드에 모두 갇혀있다. 신은 칼 야스퍼스가 20세기에야 발견한 그대로 이미 3천 년 전에 동아시아에서는 세계 밖에 있었다. 신(神)에 대한 동방사상의 정의는 주역을 통해 분명한 선이 그어졌다. 그것은 음양의 변화가 있는 세계 안에서 측정 가능하지 않은 것이다.[64] 왕필은 주역의 계사전에 기술된 신(神)을 주 하며 "형(形)으로 맺을 수 없는 것"으로 규정한다. 따라서 손자에게서도 신(神)의 의미는 예측할 수 있지 않은 카오스이다. 종주주의자인 손자에게서 불가지(不可知)는 부도덕, 부정적 언어이다. 그러니 전지전능한 신의 경지라 풀이하는 것은 이만저만한 오해가 아니다. 종주주의자에게 신은 세

---

64)　周易, 繫辭上傳 "陰陽不測之謂神" 王弼云 "神也者, 變化之極, 妙萬物而爲言, 不可以形詰"

계 밖에 계시며 세계 안에서 무능하다. 변화의 내적 영역을 신으로 규정한 것은 지위신(之謂神)(죽간본)과 위지신(謂之神)(전래본)이 뒤바뀐 것처럼 "이를 일컬어 알 수 없는 것이요(之謂神), 일컬음의 그것을 모르는 것(謂之神)"으로 혼란을 가져왔다. 그리하여 손자는 허실 형세에 대한 인식을 불가지론(不可知論)으로 맺고 있으며 다시 무한한 변화에 귀의한다.

죽간본 : 五行无恒勝, 四時(无)常立 ; 日有短長, 月有死生. 神要
오행(金, 水, 木, 火, 土)은 계속 이길 수 없으며, 사계절은 언제나 한자리에 서 있지 않으니, 해도 길고 짧음이 있고 달도 차면 기울어진다. 허실(신요)

전래본 : 故五行無常勝, 四時無常位 ; 日有短長, 月有死生.
오행(金, 水, 木, 火, 土)은 늘 이길 수 없으며, 사계절은 언제나 고정된 자리가 없으니, 해도 길고 짧음이 있고 달도 차면 기울어진다

상(常)은 역시 효문제의 이름 항(恒)을 피한 피휘(避諱)이다. 입(立)은 위(位)와 고대 통가자로 마왕퇴에서 발굴된 금서(帛書)《황제사경》과《주역》계사전에 자주 보인다.[65] 입(立)은 실허(實虛) 14에서 논한 "물은 땅의 형태에 따라 흐름을 바꾸니(故水因地而制行)"와 같이 말한 "행(行)"의 원리적 본체이다. 따라서 입(立) 또한 무상하다. 이러한 문식(文式)은《맹자(孟子)》등문공하(滕文公下)편에 "드넓은 천하에 거하며, 천하의 바른 자리에서 천하의 대도를 행한다(居天下之廣居, 立天下之正位, 行天下之大道)."와 유사하게 생각이 교섭된다.

세월이 무상한 것은 어제의 적이 오늘의 동지가 되는 인간사의 변화와

---

65) 馬王堆帛書, 黃帝四經 經法, 道法 "天地有恒常, 萬民有恒事, 貴賤有恒立(位)" 주역 繫辭, "崇效天, 卑法地, 天地設立(位)"

같다. 적은 늘 변하니 항승(恒勝)이 없는 것이요, 시간과 상황 또한 무상하다. 허명을 가지고 자리에 앉아 있은들 변화를 거역할 수 없다. 인간이 형(形)을 세움을 경계한 위 구절은 죽간에 "신요(神要)"로 시작되는 문맥에서 멈춘다. 그 이후 죽편(竹片)이 군쟁편과 이어지는 부분은 잔멸되어 내용을 알 수 없다. 신요(神要)는 일설에는 "실허(實虛)"의 다른 말로 보고 있다. 중국 손자 학회가 논쟁과 소송으로 얼룩진 이른바 위서라고[66] 하는 장장본(張藏本)에 "신요(神要)"의 정체에 대한 정밀한 근거가 있다.

미스테리한 장장본의 발견은 이를 위서로 규정하고 있는 중국 군사과학원 손자학회와 재야 학자들 간의 첨예한 대립을 불러왔다. 장장본은 손자 13편의 저자와 시기에 관한 확고한 신념을 지닌 사람들에게는 매우 "위험한 책"일 수 있다. 이미 《한서》 예문지에 나와 있는 《손자병법》 82편과의 관계에서 《손자병법》의 고유 13편의 지위가 흔들리게 된다. 이것은 사마천이 사기에 기술한 13편을 위증으로 몰아갈 수 있고 더 나아가 장장본 역시 여타 손자 전래본과 같이 스스로 저자가 기원전 6세기 손무(孫武)라는 주장에 모순되는 한대(漢代) 이후의 용어가 다수 있기 때문이다.

다소 허술하지만 장장본(張藏本)은 전체 구성에 대한 "손자"의 "일러두기" 같은 입언(立言)과 전언(殿言)이 포함되어 있다. 입언(立言)에는 "신요"를 아홉 가지 불가사의[神]의 하나로 갑자기 역사의 어둠을 뚫고 나타난 손자의 아들[孫馳, 子動]을[67] 통해 다음과 같이 말하고 있다.

兵之九神者 曰神謀 曰神明 曰神要 曰神算 曰神治 曰神變 曰神心 曰

---

66) 《손자병법》 연표 주 6 참조. 1996년 발견 西安 張氏家藏 周書漢簡抄本 <孫武兵法>82篇

67) 손자의 후계에 대한 다른 기록은 없다. 장장본에는 마치 아들 삼 형제가 있는 것처럼 묘사되었다. "손자는 3명의 자식이 있다. 장자는 손치 자는 動이고 둘째는 손명 자는 靜이며 셋째는 손적 자는 化이다. 孫武共有三個兒子 長子孫馳 字動 二子孫明 字靜 三子孫敵 字化" 그러나 이것은 손자 13편의 성격을 "動靜變化"로 암시한 것이다.

神聲 曰神擊 厥(知)於九神之終始 民安國昌 不厥於九神之終始 軍亡國
殃 此謂天下之名理也 神者 易也 易者 變也 變者 通也 通者 理也 故名
理者 知利知害也 兵之九神者 至陰至陽 理於十三之中也 立其何也 父
作賦以定之 詩曰 "子動問今縮立何 立十三分曲一歌 計謀形勢爭戰變
要算治心擊聲多"

전쟁의 아홉 가지 불가사의는 모(謀), 명(明), 요(要), 산(算), 치(治),
변(變), 심(心), 성(聲聖), 격(擊)이[68] 있다. 이 아홉 가지 불가사의
의 시작과 끝을 알면 백성은 안전하고 나라는 번영할 것이요, 이 아
홉 가지 불가사의의 시작과 끝을 모르면 군대는 망하고 나라는 재앙
에 떨어진다. 이를 일컬어 천하의 명리(名理)라 한다. 불가사의[神]란
변하는 것이고, 변한다 함은 통하는 것이고, 통하면 이치에 맞는다.
그러므로 명리(名理)란 이로움과 해로움을 아는 것이니, 전쟁의 아
홉 가지 불가사의는 음양이 지극하여 바뀌듯 13편의 가운데 들어있
다. 입(立)이란 무엇인가? 부친(孫武)은 시를 지어 정해 두었으니 "아
들 동(動)이 어찌 축간가(縮簡歌) 하나로 만들었나 물으니, 13 혜(兮)
를 하나의 입언(立言)으로 줄여 계모형세쟁전변(計謀形勢爭戰變) 요
산치심격성(要算治心擊聲 多)"라 했다.

장장본 위 문구는 분명 위서 논쟁의 여지가 있다. 변(變)과 모(謀)자는
진의 통일 후 소전에 처음 등장하는 글자이고 명리(名理) 역시 두 개의
단어가 하나의 뜻으로 나타난 것은 송대 이학(理學) 이후이다. 그러나 한
적(漢籍)의 전래본들이 연변되었듯이 위 문구도 원형에서 연오(衍誤)하

---

68) 용간[神聲]과 화공[神擊]의 순서가 바뀐 것은 일본 櫻田本에도 보인다. 용간 1 참조

여 후세에 글자가 바뀐 것으로 생각할 수 있다.

구신자(九神者)는 손자 13편의 별칭이라는 설은 축간가(縮簡歌)와의 관계로 설명할 수 있다.

계(計), 모공(謀攻)	−신모(神某)
형(形), 세(勢)	−신명(神明)
실허(實虛)	−신요(神要)
행군(行軍)	−신산(神算)
지형(地形)	−신치(神治)
작전(作戰), 군쟁(軍爭), 구변(九變)	−신변(神變)
구지(九地)	−신심(神心)
화공(火攻)	−신격(神擊)
용간 (用間)	−신성(神聲)

신(神)은 불가사의이며 손자의 문리에서는 "형(形)으로 맺을 수 없는 것에 대한 알고 모르고의 차이"를 말한다. 실허(實虛)의 별칭이 신요(神要)인 것은 중요한 우선순위[要]의 알고 모름을 말함이니 이와 뜻이 통한다. 성(聲)은 성(聖)과 고대 통가자이니 용간편의 핵심 사상인 "用間以聖 − 간첩의 운용은 성(聖)[현장에 있지 않고 귀로 듣고 입으로 말하는 데스크]으로 한다"를 요약했다.[69]

---

69) 용간 9 "非聖不能用間"

▣ 죽간본에 따른 〈실허(實虛)〉

(손자 말하기를 대저) 싸울 장소를 정해 오는 적을 맞이하는 자는 편하고, 싸울 장소를 뒤늦게 정해 싸움에 끌려드는 자는 힘들게 된다. 그러므로 잘 싸우는 자는 적을 끌어오되 적에게 끌려가지 않는 것이니, 적으로 하여금 스스로 오게 하는 것이 이롭다 여기게 하고, 오지 못하면 해롭다 여기게 한다. 그리고 적이 쉬면 피로하게 할 수 있어야 하고, 적이 배부르면 굶주리게 할 수 있어야 하니, 적이 꼭 가야 할 곳으로 나아간다; 천리를 진군해도 두렵지 않은 것은 적이 없는 곳으로 진군하기 때문이다.

공격하여 반드시 성공함은 수비하지 않는 곳을 공격하기 때문이요, 반드시 굳게 지킴은 반드시 공격하는 곳을 지키기 때문이다. 그러므로 잘 공격하는 자는 적이 그 수비해야 할 곳을 모르게 하고, 잘 지키는 자는 적이 공격해야 할 곳을 모르게 한다.

은밀하고 은밀하다. 형태가 없는 경지여! 신비하고 신기하다. 소리가 없는 경지여! 그러므로 능히 적의 운명을 좌우할 수 있다.

나아가되 적이 맞이하지 못함은 그 허점을 찔러 공격하기 때문이요, 물러가되 적이 막지 못함은 멀어서 적이 따를 수 없기 때문이다. 그러므로 내가 싸우고자 하면, 비록 성루를 높이고 해자를 깊이 파고 있다 해도 적이 싸울 수밖에 없는 것은 반드시 구해야 할 곳을 공격하기 때문이다. 내가 싸우지 않으려 하면, 땅에 선만 긋고 지킬지라도 적이 싸움을 걸지 못하는 것은 그 싸우고자 하는 곳에 묶여있기 때문이다. 그러므로 훌륭한 장수는 적을 보이게 하되 무형으로 보며, 나는 뭉치고 적은 분산시키니, 나는 하나로 뭉치고 적은 열로 나누어지면 이는 나의 열로써 적의 하나를 공격하게 되는 것이다.

내가 싸울 장소의 수가 적고 적이 싸울 장소가 많으면 능히 적은 수로 많은 적을 친다. 즉, 내가 싸우려는 장소를 적이 알지 못하게 된다. 알 수 없으므로 적은 대비하는 곳이 많을 것이다. 대비하는 곳이 많으면, (적은 분산되어 적이 주도권을 가지고) 싸우고자 하는 바(시간과 장소)는 적어진다. 앞을 대비할 수 있는 것은 뒤에서 (싸울 장소)가 적기 때문이고; 좌측을 대비할 수 있는 것은 우측에서 (싸울 장소)가 적기 때문이다. 대비하지 않아도 되는 곳이 없다면 (병력이) 열세해지지 않을 수 없다. (싸울 장소가) 적어야 적을 대비하고; 병력이 많아져 적 자기를 대비토록 하게 한다. 싸울 때와 싸울 곳을 알면, 가히 천 리 내에 싸울 수 있을 것이요, 싸울 때와 싸울 곳을 알지 못하면, 전위가 후위를 구하지 못하고 후위가 전위를 구하지 못하며, 좌익이 우익을 구하지 못하고 우익이 좌익을 구하지 못할 것이니, 하물며 멀리는 수십 리, 가까이는 수 리가 떨어지면 어떻게 하겠는가?

이로써 내가 헤아려 보건대 병력이 비록 과다해도 어찌 승리에 도움이 되겠는가 !

그러므로 말하기를, 승리를 가히 마음대로 할 수 있으니, 적이 비록 많아도 가히 싸울 수 없다. 그러므로 정찰하여 적의 동정의 이치를 알고, 모습을 보여 사지와 생지를 알아내고, 계획 하여 각 방책의 득실을 알고, 적과 부딪쳐 적의 여유와 부족한 지점을 알아낸다.

지극한 군사 배비(形)는 무형에 이른 것이다; (형태가 없으면) 깊이 잠입한 첩자도 능히 엿보지 못하고, 지혜 있는 자도 능히 계책을 쓰지 못한다. 형에 따라 맞는 방법으로 사람들로부터 승기를 잡아가나, 사람들은 알지 못한다; 적은 대개 내가 승리한 형(形)은 알아도, 나의 승리가 이긴 방법을 반복하지 않는 이유였다는 것은 모르니, 이는 무궁한 방법으로 형세에 응했기 때문이다.

무릇 군사운용의 모습은 물과 같으니, 물의 운행이 높은 곳을 피해 낮은 곳으로 흐르듯, 전투에서 이김은 적의 실한 곳을 피해 허한 곳을 치는 것이다. 그러므로 물은 땅의 형태에 따라 흐름을 바꾸니, 군사운용도 필적(匹敵)하는 적에 따라 승세를 바꾸어 간다.

군사력은 고정된 세(勢)가 없고, 지속적인 형이 없으며, 능히 적(敵)으로 하여금 적(適)이 아니게 만드니 이는 알 수 없는 것[神]이다.

오행(金, 水, 木, 火, 土)은 계속 이길 수 없으며, 사계절은 언제나 한자리에 서 있지 않으니, 해도 길고 짧음이 있고 달도 차면 기울어진다. 실허(신요).

군쟁(軍爭)

獨臥竹隱冷
孤佚厭俗行
時意問孫子
心閑看花爭

홀로 대숲에 숨어 누워 차가운 것은
외롭고 게을러 속된 일 싫어하기에
시대의 뜻을 병법에 묻고
마음은 한가하여 꽃 싸움 보네.

군쟁(軍爭) 1

군쟁이라는 편제명(篇題名)은 그 기원과 연유를 알기 어렵다. 은작산에서 같이 출토된 한묘 죽간의 목독(木牘)에도[70] 없고, 손자 죽간본의 군쟁이 시작되는 68행의 상단이 잔멸되어 그 배면편명(背面篇名)이 있었는지도 알 수 없다. 전래본은 조조의 주와 해석이[71] 강하게 역대 주에 영향을 주고 후학들이 이를 따르고 있어 아마도 조조에 의해 제명(製名)되었을 가능성이 높다. 그것은 상당한 정치적 이유를 애둘러 말한 구절 속에 숨어있기 때문이다. 장예(張預)는 "군쟁이라는 제명은 양군이 서로 승리를 다투는 것을 일컫는다."고 말하며 "먼저 적과 나의 허실을 안 연후에 능히 적과 싸워 승리할 수 있어 허실 다음 편에 군쟁을 두었다."라고 주(注) 하였다.[72]

서구의 연구가들은 라이오넬 자일스(Lionel Giles)가 번역한 《Maneuvering 기동성, 1910년》을 원조로 하여 사무엘 그리피스(S. B Griffith)의 《Maneuver 기동, 1963》 윙(R. L. Wing)의 《Engaging The Force 접전, 1988》 은작산 한묘 죽간을 최초 영문 번역한 에임스(Roger Ames)의 《Armed Contest 무력경쟁, 1993》 서이어(Ralph D. Sawyer)의 《Military Combat 군사전투, 1996》 그리고 싱가포르 남양대학의 위(Chow How Wee)의 《Military Maneuvers 부대기동, 2003》 등 군쟁(軍爭)의 번역에 유사하면서 보는 시각에 큰 차이가 있는 해석을 내놓았다. 대체로 서구의 관점에서 군쟁(軍爭)은 작전 지역과 시간을 예하 부대에 나누는 기동계획이다.

---

70) 지형편 참조.

71) 송본 11가주 軍爭 "曹操曰 兩軍爭勝"

72) 송본 11가주 "張預曰 以軍爭爲名者 謂兩軍相對而爭利也 先知彼我之虛實然後 能與人爭勝 故次虛實"

군쟁(軍爭)은 과연 군 내부의 다툼인지 아니면 적과의 교전인지 그 의미와 상징성이 이중적이고 모호하다. 군에 동기를 유발하여 경쟁케 해서 기동성(機動性)을 증대시키는 용병법이라 단정하기도 어렵다. 세(勢), 실허(實虛)을 거쳐서 군쟁(軍爭)에서는 인간의 문제가 고조된다. 뒤에 이어지는 구변(九變), 행군(行軍)의 지휘적 논조의 정점에 있다. 군쟁편을 정치적 동기에서 군을 다루는 기법으로 보면 매우 위험한 일이다. 그러나 차후 설명하겠지만, 역사적으로 이런 사건이 부지기수로 일어났다. 군쟁에서는 피아의 식별을 벗어난 초월적 문제들과 인간의 심연에 내재해 있는 악마성이 보인다. 적과 동지가 따로 없으며 배신과 투합이 난무한다. 위정자가 적과 내통하여 우군을 속이고 자신의 정치적 목표를 달성한다. 유통기간이 지난 군을 용도폐기하고, 천하가 안정되면 스스로 무장 해제토록 군쟁을 일으킨다. 손자는 군쟁편 이후에서 군유(軍儒)정신의 바탕인 군사부(君師父)에 대해 어떻게 충성과 반항의 하이브리드 반응이 숨게 되어 있는지 지금까지 기술한 언어를 반복하여 은연히 나타낸다. 중권(中券)에서 인재(人才)의 이중적 측면을 설명하게 되는 것은 이 때문이다.[73] "고기를 잡으면 통발을 잊는다(得魚忘筌)."처럼 역할이 끝나면 군은 사라져야 한다. 이런 비극적 내성이 숨어 있는 군을 손자는 담담히 응시하고 있다.

　춘추시대 제후들은 여전히 주 왕실을 향해 허리를 굽히고 있었으나 강자의 야욕이 노골화 된 전국시대에 이르러 천하는 약육강식의 세상이 된다. 군역과 전화를 피해 그리고 덕 있는 제후를 찾아 유랑하는 백성이 많아졌다. 천차만별의 사람들이 모이니 서로 다른 것을 이해하려는 노력이 생기고 더 보편적인 가치를 찾게 된다. 하늘의 명보다 사람의 힘이 더 거룩했다. 당연히 제후들의 관심은 인구를 모아 증대시키고 이를 기반으로

---

73) 上券, 인트로 참조.

영토를 확장하는 것이었다. 전쟁에 명분이 없다면 그 동원령에 응소하는 사람이 많을 수 없었을 것이다. 맹자의 전쟁론이라고 하는 공손추편(公孫丑篇)에는 전쟁으로 피폐한 전국시대에 인구를 모으고 잡아두기에 초조한 제후들을 설파하는 구절이 있다. 백성의 포의(布衣)를 벗기고 갑옷을 입히는 데는 인화(人和) 없이는 불가능하다는 것이다. 그러므로 "하늘이 주는 기회는 땅의 이점만 못하고 땅의 이점은 인화만 못 하다고 역설한다(天時不如地利 地利不如人和)."[74] 아무리 견고한 성을 쌓고 깊은 해자를 파 두어도 도(道)가 없으면 도망치는 백성을 잡아둘 수 없다.

죽간본 : (合軍聚衆, 交和而舍, 莫難於軍爭)
부대와 병력을 모으고, 적과 대치하여 진을 치고 부대원을 화합시키는 군쟁보다 더 어려운 것은 없다.

전래본 : 孫子曰 凡用兵之法 將受命於君, 合軍聚衆, 交和而舍, 莫難於軍爭
손자 말하기를 용병법에 장수가 임금에게서 명령을 받아, 부대와 병력을 모으고, 적과 대치하여 진을 치고 부대원을 화합시키는 군쟁보다 더 어려운 것은 없다.

"손자왈 범용병지법 장수명어군(孫子曰 凡用兵之法 將受命於君)"은 다음에 이어지는 구변편(九變篇)의 시작 문구에 똑같이 등장한다.[75] 죽간에는 전래본에 보이는 문구 전체가 잔멸되어 보이지 않지만, 죽간 68행에서 이 부분에 들어갈 수 있는 글자 수는 10~12자이다. 따라서 구변과

---

74) 맹자, 공손추편(公孫丑篇) 下, 得道多助章
75) 구변편의 이부분도 역시 죽편(82행)이 잔멸되어 보이지 않으나 글자수와 공간을 분석하면 "凡用兵之法 將受命於君 合軍聚衆"이 있었으리라 추정된다.

중복되는 "손자 말하기를 용병법에 장수가 임금에게서 명령을 받아"는 죽간의 군쟁편 서두에는 본래 없있으리라 추정된다.

11가주에는 교화이사(交和而舍)의 풀이에 막혀 고심한 흔적이 여러 곳에서 보인다. 아직도 정확한 의미를 알 수는 없다. 과연 "적과 대치하여 진을 치고 부대원을 화합시키는" 것으로 종래의 해석을 따를 수 있을지 앞으로의 연구가 더 필요하다. 손자는 혹시 여기에 비밀 표시를 해둔 것이 아닐까? 역시 은작산 한묘에서 죽간으로 출토된《손빈병법》에 "부대와 병력을 모아 사기를 높이고 단련시킨다(合軍聚衆, 務在激氣)."라는[76] 말이 보인다. 적개심에 불을 붙여 사람을 모은다는 의미이다.《손빈병법》에는 "교화이사"라는 용어가 여러 번 등장한다.[77] "교화이사(交和而舍), 양측의 군량이 균등히 넉넉하고, 병력이 균형을 이루고, 피아가 서로 두려워하고 있다. 적은 원형의 진으로 함께 기다리고 있으니 견고해 보이는데, 어떻게 칠 수 있는가(糧食鈞足, 人兵敵衡, 客主兩懼, 敵人圓陣以胥, 因以為固, 擊之奈何)?" "교화이사(交和而舍), 적은 풍부하고 나는 가난하며, 적의 병력은 많고 나는 적으며, 적은 강하고 나는 약하다. 적은 다가와 방진(方陣)을 치고 있다. 어떻게 칠 수 있는가(敵富我貧, 敵衆我少, 敵強我弱, 其來有方, 擊之奈何)?" "교화이사(交和而舍), 적은 우세하고 강하며 강건히 훈련되어 날래고 굳세다. 대비를 갖추고 정예의 진을 치고 있다. 어떻게 칠 것인가(敵人既衆以強, 勁捷以剛, 銳陣以胥, 擊之奈何)?"

《손빈병법》의 구절을 보면 "교화이사"에 대한 의미는 분명하다. 피아 상호 간에 대치 상태에서 상황이 전개될 준비 행동을 뜻하고 있다. 그러나 조조는 여기에 독특한 주를 달고 있다. "조조의 주에 이르길, 군은 서

---

76) 은작산 한묘 죽간 孫臏兵法, 延氣
77) 은작산 한묘 죽간 孫臏兵法, 十問

로 화합을 이루어야 한다. 좌군과 우군은 각 정문(旌門)을 두어 오색 깃발로 신호하고, 전차로 진영을 만들고 차량을 정렬하여 걸어두는 원문(轅門)을 만든다. 일반병력이 드나드는 인문(人門)도 만들고 좌우 양군이 서로 마주 대해 교통하고 화합(交和)하도록 한다(曹操注曰: 軍門爲和門, 左右門爲旌門, 以車爲營曰轅門, 以人爲營曰人門, 兩軍相對爲交和)."[78] 마치 설영(設營)에 대한 고대의 야전 교범을 보는 듯하다.

최초의 영문본의 하나인 자일스의 번역본에 이 군쟁편을 기동성과 부대의 움직임으로 번역한 것은 참으로 탁월하다. 전투를 치르기 위해 각지에서 모여든 대부(大夫)들의 군대는 서로 공명을 논쟁하고 좋은 지형과 위치에 진을 치려 다투었을 것이다. 두우(杜佑)의 주(注)를 보면 "양군이 서로 다투는 것은 교문에서 멈추게 하고 세(勢)가 좋은 자리에 먼저 진 치게 하도록 촉박하면 기동성이 생겨 형세의 변화가 일어난다(兩軍對爭, 交門而止, 先據便勢之地, 最其難者, 相去促迫, 動則生變化)."라고 하여 이해를 돕고 있다. 여기에서 교문(交門)이라 함은 현대 군사용어로 각 기동부대의 상위 지휘소(CP) 또는 전투지경선 상의 협조점과[79] 같은 전장통제수단으로 볼 수 있다. 군쟁은 더 나아가 군의 작전, 인사, 군수에서의 기회균등(E/O)을 상기시킨다. 위험한 작전에 투입되는 순서로서의 기회균등, 출신과 성분을 떠나 능력과 업적으로 승진되는 기회균등, 좋은 장비를 임무에 맞게 고르게 나누는 군수에서의 기회균등 등은 군의 인화(人和) 단결(團結)과 직결된다.

---

78) 曹註本
79) 협조점(Coordinating Point) : 인접부대간 혹은 대형간 통제 및 협조 목적상 접촉해야 할 지점, 병학사, 용병술어연구 1993

군쟁(軍爭) 2

　　1950년 봄부터 베이징은 사천(四川), 청해(靑海) 지역에 군사력을 모아 티베트 침공을 기획한다. 동시에 한반도에 출병할 중남 군구의 제 4야전군을 모아 동북 방면으로 이동시킬 준비를 한다. 중국의 이 거대한 내선 전략은 매우 은밀하고 용의 주도하게 진행되었다. 한국전쟁에 바쁜 동경의 미 극동사 정보부서는 10월 중순이 되어서야 중공군이 티베트를 침공, 수도 라싸(Lhasa)를 향하고 있다는 정보를 입수하고 예하 부대 G-2에 첩보요구를 하게 되지만 미국의 더 상층부에서는 이를 이미 알고 있었다. 베이싱 주재 인도 내사가 티베트 문제를 항의해도 세계는 이를 주목하지 않았다. 한반도에서의 전쟁이 가열되는 1951년 3월 한 달 동안 중공군 10여만 명이 사망하는 참사가 벌어지는 판이었다. 현대적 장비 없이 참전한 중국인들은 UN군의 우세한 화력에 갈려 나갔다. 이른바 38선과 37선이라는 맷돌 사이에서 피와 강철을 녹여버린 "Meat Grind Operation"이 벌어졌다. 중국은 성동격서(聲東擊西)의 전략으로 작은 한반도에서 시끄럽게 굴면서 한반도의 10배가 넘는 2백5십만 제곱 킬로의 티베트 땅을 소리 없이 먹어치운 것이다. 이런 큰 그림을 보고 있는 것은 모택동이었다. 그는 장개석 군 포로들을 한반도로 내몰아 처리했다. 군쟁의 어려움(軍爭之難)을 알고 우군 예하 부대를 멀리 돌려 움직이며 우환을 이익으로 삼았다. 잠 못 이루던 밤마다 모택동은 손자병법의 군쟁 편 다음 구절을 읽고 또 읽었다.

> 죽간본 : (軍爭之難者,) 以(迂)為直, 以患(為利 故迂其途,) 而誘之(以利) ; 後人發, 先人至者, 知迂直之計者也
>
> 전래본 : 軍爭之難者, 以迂為直, 以患為利 故迂其途, 而誘之以利 ; 後人發,

군쟁의 어려움이란 먼 길을 우회해도 곧은 길 같이 여기고, 근심을 이익으로 삼는 것이다. 그러니 그 길을 돌아 우회해 이로운 듯 유인하는 것은, 적보다 늦게 떠나 적보다 일찍 도착하는 것이며 우직지계를 아는 것이다.

 "적의 움직임 이후(後人發)"는 대개 부대 기동에 적이 아군의 움직임을 먼저 보지 못하도록 하고, "적보다 먼저 도착(先人至)"하여 기선을 잡는 기동술로 해석하고 있다. 유사한 글이 전국시대 《순자(荀子)》[80]나 양한 시대의 《한시외전(漢詩外傳)》[81]에도 보인다. 《회남자(淮南子)》 병략(兵略)에는 이런 기동의 이유를 "적보다 먼저 아군이 움직이면, 바로 그 형세를 보여주기 때문(敵先我動, 則是見其形也)."이라고 말하고 있다.

 죽간의 우(汙)는 본래 의미가 더러운 진흙탕이다.[82] 우(汙)와 우(迂)는 고대 통가가이지만 본래자는 우(于)이고 초기 자형은 물길을 돌아가는 구부러진 길의 모습이다. 그러므로 전래본의 우(迂)는 다양한 함의성이 있다. 먼 길을 돌아 우회하는 의미도 있으나 오염되고 더러운 갈 수 없는 길을 가는 뜻도 있다. 기꺼이 근심과 고통을 받아들이는 것은 분명한 목적이 있다. 《예기(禮記)》 단궁(檀弓)에 "도가 융성하면 바로 그 융성을 따르고, 도가 더러워지면 바로 그 더러움(汙)을 따른다."[83]와 같이 우직시계 사유의 본질은 명확한 전쟁 목표이다.

 리델하트는 군사 전략에 관한 20여 권의 책을 쓰면서 군사문제에 관

---

80) 《荀子》議兵 "王(趙孝成王)日 請問兵要 臨武君對日 上得天時, 下得地利, 觀敵之變動, 後之發, 先之至, 此用兵之要術也"
81) 《韓詩外傳》卷三 "王日 敢問兵之要? 臨武君日 夫兵之要 得天時, 下得地利, 後之發, 先之至, 此兵之要也"
82) 설문해자 汙, 薉也. 一日小池爲汙. 一日涂也.
83) 禮 · 檀弓上, "道隆則從而隆, 道汙則從而汙"

한 모든 것은 이미 손자가 언급한 것이어서 결국, 그의 저서의 창의성을 부인할 수밖에 없다고 말한다. 리델하트의 그 유명한 간접접근 이론은 우직지계(迂直之計)에서 온 것이지만 우직지계를 간접접근이라는 틀에 넣어 이해하기에는 그 의미가 너무 크고 다양한 해석이 가능하다. 게다가 완전히 거꾸로 된 풀이로 갈 수도 있는 것은 고대 동방인의 사색에 결의된 양단이 항시 순환하기 때문이기도 하다.

그러므로 "우회해도 곧은 길 같이 여기고, 근심을 이익으로 삼는 것(以迂爲直, 以患爲利)." 역시 전략의 한 방편처럼 보이기도 하고 어쩌면 우군을 기만하여 정치적 목적을 달성하려는 흉사(凶士)들의 권력투쟁에 대입할 수 있는 문구이기도 하나. 이환위리(以患爲利)에서 이(利)는 본래의 의미인 "날카로움"으로 해석하면, 군대에 늘 걱정거리를 주어 정예롭게(날카롭게) 만들 수 있다는 해석도 가능하다. 도가적 파라독스가 넘치는 책《갈관자(鶡冠子)》학문(學問)편에 "군의 승리는 도에 순응하고 인간에 맞아야 한다. 그를 알지 못함은 그 거스름으로 순함을 삼는 것이니, 근심으로 이익을 위한다. 거스름으로 순함을 삼으면 그 자원이 가난해지고, 근심으로 이익을 위하면 그 군대를 잡아 둘 수 있다(兵之勝也, 順之於道, 合之於人. 其弗知者以逆爲順, 以患爲利. 以逆爲順, 故其財貧; 以患爲利, 故其兵擒)."라고 하였다. 이 문장 또한 그 의미가 다양하게 반대의 뜻으로 해석될 수 있다.

《갈관자》가 손자보다 더 오래된 문헌인지는 확실하지 않다. 군을 조롱하는 듯한 자유로우며 정열적인 초(楚)나라 스타일의 풍자적인 윗글에서 "군쟁"은 바로 군의 폭력을 관리하기 위한 치무폭지계(治武暴之計)일 수 있다. 군의 폭력이 제대로 관리되지 못하고 문민통제에서 벗어나면 군내에 사조직이 창궐하고 군사반란의 수괴가 사관학교를 사열하는 어처구니없는 일이 생기고 말 것이다. 군이 국가의 안보를 근심하지 않고 오로지 정권의 배후에서 권력에 그림자를 드리우기에 이런 망령됨을 막으려면 군에 늘 안보상 근심거리가 있어야 군을 잡아둘 수 있다(以患爲利, 故其兵擒). 그러므로 "군쟁은 어려움으로 한다(軍爭爲難)."의 말이 성립된다. 그 어려움은 "고된 훈련으로 날카롭게 만들고 위기에 대처시키는 것이다(軍爭爲利, 軍爭爲危)."

이렇게 군쟁이란 용어의 이중성은 독자를 어지럽힌다. 그러나 넌지시 일러주는 그 배후의 의미를 읽을 줄 하는 자가 바로 선용자(善用者)이고 우직기계를 아는 자(知迂直之計者)이다. 그러나 군쟁은 조조에 이르러 정치 전략적 의미에서 작전 기동적 의미로 변화되어 해석되기 시작한다. 우직기계에 대한 조조(曹操)의 주(註)를 보면, "길을 우회해서 가는 것은 멀어져 있음을 (적에게) 보여주는 것이다. 늦게 출발하여 먼저 도착한다는 것은 계획과 피아 방책 비교 판단에 밝아 작전 지형의 원근을 먼저 알았기 때문이다(迂其途者, 示之遠也. 後人發, 先人至者, 明於度數, 先知遠近之計也)."라고 하여 군사 작전 기동에 충실한 해석을 내놓았다. 이전(李筌)은 조조의 주에 다시 소(疏)를 넣어 "그러므로 그 길을 우회하는 것은 전진 속도가 빠르지 않음을 적에게 보여 늦게 출발하지만 먼저 적보다 도착하는 것이다. 이와 같은 부대 운용이 근심을 이익으로 삼는 것이다(故迂其途, 示不速進. 後人發, 先人至也. 用兵若此, 以患爲利者)."라고 했는데 본래 손자가 말하려는 의도보다 그 의미가 얕다. 영문본에는 이 부분, "돌아가서 적보다 먼저 도착하는 것을" 대개 유인책으로 보아 기동계획의 일부를 적에게 보이게 하여 적을 유인하는 미끼(bait)로 해석한다. 우직지계는 리델하트에게 영감을 준 목표와 수단을 달리 보이게 해서 적의 불균형을 초래하는 간접접근 전략임은 틀림없다. 그러나 군쟁(軍爭)이라는 큰 틀에서는 적보다는 우군을 다루는 문제가 숨어 있고 손자는 그것을 찾도록 암호를 남겼다.

군쟁(軍爭) 3

죽간본 : 軍爭為利, 軍爭(為)危 舉軍而爭利, 則( )不及; 委軍而(爭)利, 則輜
重捐

군쟁으로 군을 정예롭게 만들고 군쟁으로 위기에 대처한다. 부대 전체를 한
번에 기동하면 그 (선두 부대를) 따르지 못하고, 각기 다른 임무를 주어 나누어
기동하면 치중부대에 손실을 보게 된다.

전래본 : 軍爭為利, 衆爭為危; 舉軍而爭利, 則不及, 委軍而爭利, 則輜重捐
해석 1 : 군쟁(軍爭)은 정예롭고 중쟁(衆爭)은 위태롭다. 전군을 이끌고 싸우려
면 신속성이 미치지 못하고, 정예만으로 싸우면 치중부대의 손실을 보게 된다.
해석 2 : 군의 장수(軍)들은 이익으로 싸움을 이끌고, 병사(衆)들은 위험을 느
껴 싸우게 한다. 부대 전체를 한 번에 기동시키면 그 기동의 목적에 이르지 못
하고, 각기 다른 임무를 주어 적게 나누어 기동시키면 목적은 이루나 치중부
대에 손실을 보게 된다.

군쟁의 의미는 다양하고 함의적이고 양면성이 있다. 죽간본과 전래
본의 구절은 유사하나, 중쟁(衆爭)으로 표기한 전래본(조주, 무경, 치요)
과 죽간본과 같이 군쟁(軍爭)으로 표기한 전래본(회주, 손교)이 있고 또
한 그 사색의 연역적 근거가 전혀 다르다. 위 문구들은 후세에 완전히 다
른 의미로 재해석 될 수도 있다. 군쟁(軍爭)은 작전 지역과 시간을 예하
부대에 나누는 기동계획인데, 이를 적과의 접전으로 오해한 해석이 여전
히 많다. 군쟁이 전래본에서 중쟁(衆爭)으로 바뀐 것은 왜곡일 뿐만 아니
라 손자의 문리에 맞지 않는다. 군과 중의 갑골문 해석을 보면 군(軍)은
갑골문에 보이지 않고 비교적 군대의 편제가 갖추어진 상(은)나라 후기

의 청동 금문에 처음 나타난다. 군(軍)은 차에 올라 지휘하는 차양을 친 사령탑의 모습이다. 중(衆)은 초기 갑골문에도 보이는데 햇볕 아래 서 있는 노예들의 모습이다. "상하가 일치단결해야 전쟁에 이긴다(上下同欲者勝)."를 주장하는 손자가 군쟁과 중쟁을 나누었을 리 만무하다. 그러나 병사와 장수가 움직이는 동기가 다를 수 있으므로 굳이 나누어 둘 수가 있으나 이것은 이치에 맞지 않고 근거가 궁핍한 둔사(遁辭)이다.

죽간의 군쟁위 리, 위(軍爭爲 利, 危)는 군쟁(기동) 속의 이점과 약점을 논한 것이 아니라 군쟁의 목적이 군의 정예로움[利]과 위기[危]에 대처하기 위함이었다. 그러나 이(利)의 의미가 날카로움에서 이익으로 연변(演變)하면서 매요신(梅堯臣)이나 조조의 주는 모두 잘하고 못함으로 해석했다. 군쟁위리(軍爭爲利)와 군쟁위위(軍爭爲危)는 모두 동일한 군쟁(軍爭)의 결과론이다. 그러므로 중쟁(衆爭)은 곡해이다. 작전편(作戰篇)을 보면 비슷한 문맥의 글이 보인다. "용병의 해로움을 다 알지 못하는 자는 곧 용병의 이로움을 다 알지 못한다(不盡知用兵之害者, 則不能盡知用兵之利也)."와 같이 같은 주어에 서로 반대되는 결과를 비교하는 것이 손자의 문리에 맞는다. 중쟁위위(衆爭爲危)란 말로 변화한 것은 아마도 군쟁편 최초에 나오는 앞의 문장 "부대를 합치고 병사를 모은다(合軍聚衆)"에서 영향을 받은 듯하다. 조조(曹操)의 주 역시 "(군쟁)을 잘하면 이익이고 잘하지 못하면 위태롭다(善者則以利, 不善者則以危)."라고 하였는데 여기에 오해가 있다. 이(利)와 위(危)는 잘하고 못해서가 아니라 군쟁 즉, 기동이라는 용병에는 이(利)와 위(危)가 양존한다는 것이다. 위리(爲利)와 위해(爲害)의 위(爲)는 원인이 되는 위(因爲)로 해석해야 타당하다. 이것은 후에 전래본 화공편(火攻篇)에 "이익이 없으면 움직이지 않고, 얻을 수 없으면 운용하지 않고, 위태하지 않으면 싸우지 않는다(非利不動, 非得不用, 非危不戰)."처럼 군대에 동기를 주고 기동시키는데 발안한 원시적 착상과 연관된다.

글자 하나를 식별할 수 없는 죽간의 "즉( )불급(則( )不及)"은 (무엇)을 따라가지 못함이고 전래본의 "즉불급(則不及)"은 앞의 문장에 그 기동의 신속성과 주체에 미치지 못하는 의미가 된다. 그러나 "즉( )불급(則( )不及)"은 뒤에 대구로 보이는 "즉치동연(則輜重捐)"에 대비된 치중대라는 군수지원 요소와 반대되는 전투 기동요소가 표기되었음을 유추할 수 있다. 문구 전체는 분명 기동계획 수립의 고려사항처럼 보인다. 고대의 부대 기동에서 전투부대와 전투근무 지원(치중)부대의 운용을 고민한 것은 수많은 자료에서 찾을 수 있다. 전투부대의 기동이 빨라 병참선이 과도하게 신장되면 보급이 위태로울 수가 있다. 한(漢) 나라 때 유향(劉向)이 편집, 저술한 역사 고사집 《신서(新序)》 선모(善謀) 하(下)편에 부대 배치와 기동에 대한 고대인의 생각이 보인다. "무릇 부대 형세를 가로로 하면 가운데가 끊기고, 형세를 중심으로 하면 각개격파의 위협이 있다; 느리게 기동하면 후위가 안전하고, 빠르게 기동하면 보급 식량이 공격받을 수 있다(夫橫行則中絕, 從行則迫脅; 徐則後利, 疾而糧伐)."

기동에서의 이익과 위험의 두 가지 결과는 다음 문장에서 이어진다. 그리고 그것은 전투기동부대의 크기와 속도에 따라 후속하는 전투지원, 전투근무지원 부대의 운용과 생존에 영향을 미친다. 기동의 목적은 적보다 유리한 위치에 부대와 물자, 화력을 이동시키는 것이다. 공중이동이 가능해진 현대전에서 미군은 작전요무령 FM 100-5에 기동에 관한 새로운 개념을 기술하고 있다. 기동은 전투의 공세적 요소로서의 기습, 심리적 충격, 진지점령 및 기세를 달성하고 활용하기 위하여 결정적인 지역에 부대를 집중하여 소부대로 대부대를 격파할 수 있는 수단으로 개념 정리하고 있다. 기동은 나라마다 전쟁원칙에 포함될 정도로 중요하다. 기계적 메커니즘으로 부대가 고속 기동하는 현대와 달리 손자의 시대는 인간의 심리와 사회적 질서를 아우르는 기동, 즉 군쟁을 언급함에 얼마나 어려운지 손자는 "군쟁보다 어려운 것은 없다(莫難於軍爭)"고 토로한다.

군쟁(軍爭) 4

죽간본 : 故綦甲而趨利, (則日夜不)處, 信(道兼行. 百里而爭利, 則擒上將 ; 勁者先. 疲)者後, 則十一以至. 五十里而爭利, 則厥上將, 法以半至. (三十里而爭利, 則三分之二至)

그러므로 갑옷을 걷어 올려 묶고 빨리 이동하여 밤낮을 쉬지 않고 하루에 가야 할 거리의 두 배를 강행군하여, 백 리를 나가 싸우면 잘 싸우는 장수도 사로잡히며, 굳센 장병은 먼저 가되 피로한 장병은 뒤에 쳐질 것이니, 전 병력의 10분의 1 정도만 도달할 수 있을 것이다. 그렇게 오십 리를 나가서 싸움하면 잘 싸우는 장수도 패하며, 병력은 반 정도만 도달할 것이고, 삼십 리를 나가서 싸우면 전 병력의 3분의 2가 도달할 것이다.

전래본 : 是故, 卷甲而趨, 日夜不處, 倍道兼行 百里而爭利, 則擒三將軍 ; 勁者先, 疲者後, 其法十一而至. 五十里而爭利, 則厥上將軍, 其法半至. 三十里而爭利, 則三分之二至

그러므로 갑옷을 벗어 말아두고 빨리 이동하여 밤낮을 쉬지 않고 하루에 가야 할 거리의 두 배를 강행군하여, 백 리를 나가 싸우면 다수 장군이 사로잡히며, 굳센 장병은 먼저 가되 피로한 장병은 뒤에 쳐질 것이니, 전 병력의 10분의 1 정도만 도달할 수 있을 것이다. 그렇게 오십 리를 나가서 싸움하면 상장군도 패하며, 병력은 반 정도만 도달할 것이고, 삼십 리를 나가서 싸우면 전 병력의 3분의 2가 도달할 것이다.

권(絭)과 권(卷)은 음이 같은 통가자로 볼 수 있으나 실상은 의미 이상의 차이가 있다. 죽간에 보이는 권(絭)은 《설문해자(說文解字)》에는 "권(絭)이란 팔을 걷어 올려 묶는 것(纕臂繩也)."이라고 풀이한다. 전래본의 권(卷)은 죽책(竹册)을 둘둘 말아 묶는데서 유래한 글자로 권갑(卷甲)이란 기병의 비늘 갑옷을 말아 둔 것이다. 그러므로 죽간본의 의미는 갑옷을 벗지 않은 것이고 전래본은 갑옷을 벗어 후속하는 치중대의 수레에 실은 것으로 전투준비태세에 차이점이 있다. 죽간의 의미는 무거운 갑옷을 입은 채로 과도한 속도로 달렸으니 병마(兵馬)가 피로하여 형세가 약해진 무리한 군쟁(軍爭)을 말하고 있다. 전래본에서는 손자의 본의가 후에 발전한 작전 개념과 뒤섞어, 기동력을 배가하기 위해 경량화된 부대가 무리하게 작전 반경을 벗어난 것을 경계한 것이다.

신(信)은 배(倍)와 자형이 비슷하여 오기된 것으로 보인다. 궐(厥)은 궐(蹶)과 음이 같아 가차 되었다. 전한말(前漢末)에 나타난 신비한 인물 초연수(焦延壽)가 지은 《초씨역림(焦氏易林)》에 원괘 64괘를 통변(64×64)하여 알 수 없는 술사의 말을 적어놓았다. 전체 4,096 점괘에는 전국시대 전투의 단면을 묘사한 글귀가 보이고 이는 좌전(左傳)의 기록을 무질서하게 흩어 놓은 것처럼 보인다. 그중 곤(坤)괘와 태(兌)괘를 대변한 곤지태(坤之兌)의 풀이에 "전차가 치닫고 사람이 질주하니 복갑(卜甲)의 점도 치지 않고 싸우는 원수가 되었다. 제와 노가 노략질의 싸움을 벌이다 패하여 견구(犬丘)까지[84] 밀렸다(車馳人趨, 卷甲相仇, 齊魯寇戰, 敗於犬丘)."라고 하였다. 여기에서 권갑의 의미는 거북점도 치지 않는다는 "무계획"을 뜻한다. 필자는 이것을 무작정 서둘러 공을 다투는 군쟁의 관용적 표현으로 본다. 군대의 진퇴를 점에 의존했던 상나라의 관습이 전국시대까지 이어졌을 것이라는 추론은 가능하다. 그렇다면 손자의 권갑이

---

84) 犬丘, 지금의 간수성(甘肅省) 리쌴(禮縣)

추(卷甲而趨)는 완전히 달리 해석될 수도 있을 것이다.

부대 내에 서로 다른 기동력을 가진 작전 요소들은 전투 준비템포, 기동 실시템포에 조화를 이루고 서로 상호지원하도록 계획하고 운용되어야 한다. 피아간에 작전 반응시간의 차이를 잘 고려하면 적의 약점을 발견하기 쉽다. 갑옷이 비늘로 된 기병과 통판 갑옷을 입은 장창(長槍) 보병의 기동성과 그 반응시간이 다른 것은 오늘날 기계화 여단을 구성하고 있는 공격헬기 부대와 전차 부대의 기동성이 다른 것과 같다. 실시간에 노력이 장소와 통합하도록 동시화(Synchronized)하는 현대적 군쟁(軍爭)의 이점을 살려야 한다.

고대의 리(里)는 400m라는 일설이 있는데 이것은 우물을 중심으로 그 주변으로 형성된 촌락의 폭을 말했다. 고대의 보병은 하루 30리(12km)를 행군하는 느린 속도였다는 주장은 당시의 기동력을 너무 과소평가한 것이다. 전국 시대의 군인들은 가죽과 나무로 된 양질의 착용감 있는 군화를 신고 있었다. 군화의 바닥에는 병종과 부대별로 화문(靴紋)이 다르게 새겨져 있을 정도로 관리되었으니 보병의 행군 속도가 오늘날과 그렇게 다르지 않았을 것이다.[85] 접적전진(接敵前進)[86]이 아닌 상태에서 현대군 보병의 하루 행군 속도는 30km로 하루 8시간 시속 4km의 속보로 걷는 것이다. 30kg 이상의 군장을 메고 때로는 작전제대인 군단의 작전 종심 40km를[87] 하루에 걸을 수 있어야 한다. 한국의 건전한 남성은 그 고통 속에서 만들어졌다. 그때에 머릿속에 소용돌이치는 사색은 젊은 날의 아름다운 화석처럼 남아 있다. 고통의 끝에 찾아오는 고즈넉한 뮤즈의

85) Zang Wenli(Director at the Terracotta Museum, Lintong), The Qin Terracotta Army, Cultural Relics publishing House, 1996 p 71

86) 접적이동 Movement to Contact, 상황을 조기에 전개하기 위해 적과 접촉을 이루든가 또는 재접촉하기 위한 공격작전

87) 기계화된 기동군단의 경우 80~120km이고 이는 보유 화력의 유효 사거리에 따라 종심은 달라질 수 있다.

목소리도 들린다. 권갑귀래(卷甲歸來)는 고시(古詩)에서 많이 인용하는 관용적 표현으로 전쟁이 끝나 군이 해산되어 갑옷을 말아 묶어 등에 지고 고향으로 돌아간다는 뜻이다. 변방에 나가 집을 그리워하며 군인들이 꿈꾸는 것이 권갑귀래이다. 군에서 봉사한 한국의 젊은이들이 얼마나 아름다운지 그것을 감득하고 이해하는 국민이 많아지고 양질의 정치 서비스는 국민이 그런 수준의 정치 고객일 때 받을 수 있다.

군쟁(軍爭) 5

쟁(爭, Competition)은 전(戰, War)이나 투(鬪, Battle)와 달리 분명히 다른 목적으로 쓰인 글자이며 전국시대 논객들의 주요 주제였다. 그러므로 군쟁(軍爭)의 해석에 주의할 것은 항시 그 안에 내적 갈등이 숨어 있다는 것이다. 과도한 경쟁이 전투지속능력을 저하하고 우군 상호 간의 오인으로 말미암은 교전, 성급한 판단에 의한 오폭, 전투 주요 국면에서 장수의 교체로 승기(勝機)를 놓쳐 패전의 원인이 되는 중대한 오판 등 이런 모든 우군끼리의 살상(Fratricide)을 가져온 원인이 군쟁 속에 들어 있다.

Fratricide는 라틴어로 형제란 뜻의 "frater"와 살인자란 뜻의 "cida"에서 유래했는데, 최초의 사건은 물론 코란이나 바이블에 나오는 카인과 아벨의 형제 살인사건이다. 형제를 죽이지 않고는 평화에 도달할 수 없다고 여긴 생각은 역사상 모든 "왕자의 난"에서 볼 수 있지만, 이것이 제국통치를 위해 제도화되기까지 한 것은 오토만 제국에서였다. 새로운 술탄이 즉위하는 순간 모든 왕자는 비단 실로 목을 졸라 죽임을 당했다. 내란을 방지하기 위해서라는 것이 이 "합법적 왕실 살해법"이 제정된 이유였다.

20세기에도 거대한 군쟁이 일어났다. 2차대전에서 승리한 미국은 유럽 전역(戰域)의 아이젠하워와 태평양 전역(戰域)의 맥아더 간에 정치적 충돌이 일어날 가능성이 있었고, 대전을 승리로 이끈 이 두 장군은 국민적 영웅이며 인기의 최정상이었다. 군국주의의 위험성을 감지한 투르먼 대통령은 맥아더를 극동에 묶어 두려는 차에 한국전쟁이 일어난다. 한국전쟁은 결국, 맥아더의 정치적 몰락을 가져온 사건이었고, 한국전쟁의 기원에 관한 논쟁이 아직도 이어지고 있는 대전략적 군쟁(軍爭)이었다.[88] 한국전쟁은 아이젠하워가 대통령에 취임한 지 6개월 후인 1953년 7월 휴전한다.

> 죽간본 : (是故),軍毋輜重(則亾, 无)糧食則亾, 无委責則亾
>
> 전래본 : 是故, 軍無輜重則亡, 無糧食則亡, 無委積則亡
>
> 이 때문에 군대에 보급 지원이 안 되면 망하고, 양식이 없어지면 망하고, 비축된 보급 물자가 없으면 망한다.

무(毋)는 행위를 않는 것이고 무(无)는 사물이 없는 것이다. 무(无)는 무(無)의 고자(古字)이므로 해석의 차이는 없으나 무(毋)는 정밀하게는 해석을 달리할 수 있다. 망(亾)은 망(亡)과 같은 고대 통가자이고 소전(小篆)에 같은 자형으로 보인다. 본래는 "망하다, 죽다" 보다 "도망가다"의 의미가 강했다. 죽간의 "치중"은 동사이나 전래본에 "치중대"로 명사화되면 무(無)의 쓰임이 틀린 것은 아니다. 치중(輜重)이라는 용어는 송대의 《태평어람(太平御覽, 兵部六十五, 輜重)》에 무거운 물건들을 수레에 실은 것이라고 풀이했다. 《석명(釋名)》에는 그 용어의 기원이 치(輜)는

---

88) Steve Neal 〈Harry and Ike, the partnership that remade the postwar world, First Touchstone Edition 2002〉

뒷간[廁也]으로 집기와 잡동사니를 같이 싣는데, 똥이 점점 쌓여 무거워졌다(以其累重). 그러므로 이를 일러 치중이라 한다(故稱輜重)는 말이 보인다. 부대의 인분 처리는 위생을 관리하고 흔적을 없애는 부대방호 대책이다. 사람의 똥으로 부대규모, 급양 상태, 군기, 주둔시간 등 다양한 정보를 얻을 수 있으므로 고대에도 역시 인분을 남기지 않고 모두 실어 날랐다는 것을 알 수 있다.

위자(委積)는 나라의 여러 요충지에 국고(國庫)를 지어 식량과 물자를 쌓아둔 것을 뜻했다. 《주례》의 "유인은 나라에서 모아서 쌓아둔 것을 관장하고 때가 되면 이를 풀어 혜택을 준다. 기근이 생기면 이로써 백성을 구호한다. 삼십 리 마다 잠잘 곳이 있고 거기에는 노실을 두었다. 노실은 작은 창고이다. 오십 리 마다는 시장을 열어 후관을 두었는데, 후관은 큰 창고이다."[89]라는 말을 보아 위자는 보급창고(Depot)임은 틀림없어 보인다.[90] 정현(鄭玄)의 주(注)에는 "적은 것을 위(委)라 이르고 많은 것을 적(積)이라 이른다(少曰委, 多曰積)."라는 말을 잘 들여다보면, 위(委)는 소매창고로 샘플이 진열되고 자(積)는 도매창고로 대량의 물자가 저장된 것으로 생각할 수 있다. 고대의 물류 계통이 어떻게 이루어지고 유통되었는지 알 수 있다.

그러므로 군쟁에서 이런 기존의 물류 시스템을 이용하지 않고 군대를 운용하면 패망하기 쉽다고 손자는 말하고 있다. 국가의 기간 산업이 지원하는 범위에서 전쟁 기획을 해야 하고, 보급 지원의 범위 안에서 최고의 기동성을 발휘해야 한다. 전쟁에 보조를 맞출 수 있는 모든 요소가 조화롭게 관리되고, 준비된 시스템이 퇴행하지 않도록 감시해야 한다. 특

---

89) 주례(周禮, 地官, 遺人), "遺人掌邦之委積, 以待施惠 以恤民之艱阨....三十里有宿, 宿有路室, 路室有委; 五十里有市, 市有候館, 候館有積"
90) 작전 5.

히 공을 다투지 않는 심불경(心不競)의 경지에 이르도록 리더들을 키워내야 한다. 특정 출신이 군권을 독점하고 군쟁을 독단하면 전투에서 우군 내에 살상(Fratricide)이 발생할 것은 자명한 일이다.

군쟁(軍爭) 6

죽간본 : 是故, 不知諸侯之謀者, 不能預交; 不知山林, 險阻, 沮澤之刑者, 不能行軍; 不(用)鄕道(者, 不能得地利)

전래본 : 故不知諸侯之謀者, 不能預交; 不知山林, 險阻, 沮澤之形者, 不能行軍; 不用鄕導者, 不能得地利

그리고 제후들의 계략을 모르면 (미리) 외교관계를 맺을 수 없고, 산림이나 험한 곳, 늪지 등의 지형을 모르면 행군을 할 수 없고, 지역 안내자를 활용하지 않으면 지형의 이로움을 얻을 수 없다.

재해석: 그러므로 여러 전략비축 계획을 모르면 물자를 보급 유통할 수 없고, 산림이나 험한 곳, 늪지 등의 지형을 모르면 행군을 할 수 없고, 지역 안내자를 활용하지 않으면 지형이 주는 이점을 얻을 수 없다.

이 문구는 구지편(九地篇)에도 같이 등장한다.[91] 지정학적 여건과 상황에 대한 정보의 중요성을 강조한 것은 구지에서 주장하는 논제이다. 대다수 학자들은 이 문구가 군쟁에 "삽입"된 것은 잘못이라 평가하고 있다.[92] 그러나 손자를 편집한 조조(曹操)는 스스로 구지편에 "제후, 지형,

---

91) 구지 19, 20.

92) 楊炳安(Yang Ping-an), "孫子校釋" 軍事科學出版社, 1990.

개척수단"을 삼사(三事)라 하며 "이미 위에 나열하여 설명한 삼사를 다시 반복한 것(上已陳此三事, 而復云者)."이라고 말해 이 문구가 본래 군쟁에 있었음을 강력히 시사하고 있다. 또한, 죽간본의 구지편에 역시 죽편의 자리를 보면 이 문구가 들어설 공간이 없다. 그러므로 이는 군쟁의 고유 문구가 분명하다.

시고부지제후지모자, 불능예교(是故不知諸侯之謀者, 不能豫交)는 제후국 간의 이해가 얽힌 외교관계로 보는 것이 전통적 해석이다.《태평어람(太平御覽, 兵部一, 敍兵上)》에는 "적의 계략에 관한 정보를 모르면 외교관계를 맺을 수 없다(不知敵情謀者, 不能結交也)."라는 말로 이를 풀이했는데 이것은 제후국 간에 합종연횡하여 적과 우방의 예측이 어려웠던 전국 시대나 현대의 국제 정세에도 충분히 적용할 수 있다. 두목(杜牧)은 여기에 주를 달면서 교(交)는 즉, 교병(交兵, 동맹군 형성)이라 하며 다음과 같은 논리로 풀고 있다. "예(豫)는 먼저이고; 교(交)는 동맹군이다. 제후의 계략이라는 말은 먼저 모름지기 아는 것이다. 그런 연후에 동맹 연합을 이뤄 싸울 수 있다; 만약 그 동맹할 제후의 계략을 모른다면, 결코 동맹군을 이룰 수 없다(豫, 先也; 交, 交兵也. 言諸侯之謀, 先須知之, 然後可交兵合戰; 若不知其謀, 固不可與交兵也)."

그러나 군쟁의 주제인 부대 기동을 논하며 이어온 전체의 문리에 비해 외교 관계로 비약하는 것은 너무 갑작스럽고 마치 모공편의 주제 같다. 그 이전의 문장에 위자(委積)는《주례(周禮, 地官, 遺人)》를 근거로 해석되었다. 위자는 나라의 여러 요충지에 지은 전략 비축 창고이다. 물자와 사람이 교통하는 곳에 세워졌고 전시에 대비하게 되어 있다. 다시 주목할 것은 위자의 풀이에서《주례》에 "오십 리마다는 시장을 열어 후관을 두었는데, 후관은 큰 창고이다(五十里有市, 市有候館, 候館有積)."이라는 문구인데, 여기서 후(侯)는 제후가 아니라 큰 창고이다.

기동을 논하는 군쟁편에서 외교를 말한 것은 이상하다. 예교(預交)의 의심스러운 예(預) 역시 주역(周易) 예괘(豫卦)의 풀이에서 위 문장에 대한 해석의 폭을 더 넓힐 수 있다. 예는《주역》의 위기감이 가득한 6개의 [93] 5음(陰) 1양(陽)의 괘중 하나이다. 뇌지예(雷地豫)는 땅속에 숨어 막혀 있던 양(陽)이 급히 솟아올라 (九四) 위에서 부르르 떠는 모습이다. 사물의 모순, 대립하는 쌍방 관계를 교감 화합으로 이끄는 언사가 달려 있다. 양한 시대에 유행한 상수파의 괘기설로 해석하면 "예는 제후를 세워 군대를 출동시키니 이롭다(豫, 利建侯行師)."라고 대상(大象)으로 설명하게 된다. 그러나 이어지는 단전의 풀이를 상(象)을 버리고 문자의 의미에 충실하면 "예는 강에 응하여 그 뜻을 행한다. 순으로 움직이는 것이 예이다 (彖 豫, 剛應而志行, 順以動, 豫)." "예의 순이동(順以動)이란 바로 천지가 순하게 움직이는 것과 같다. 하물며 비축 창고(제후)를 세우고 군사를 행하는 일이야 말해 무엇하랴(故天地如之, 而況建侯行師乎)!"와 같이하여 예(豫, 預)의 행위가 창고를 세우고 군대를 보내는 일임을 알 수 있다.

다시 생각을 정리하면 주역의 예 괘에 보이는 메타포는 다섯 개의 사악한 음에 의로운 하나의 양이 있는 상황의 예시이다. 세상은 난세이며 갈등이 고조되어 내란과 전운이 감돈다. 가뭄과 흉작이 이어져 백성은 도탄에 빠져 있다. 적의 침공도 임박했다. 그러므로 "이건후행사(利建侯行師)"는 "큰 구호 창고를 세우고 군대를 움직인다."라는 해석 역시 타당할 것이다. 이것은《주례(周禮)》에 근거한 무리없는 해석이다. 천자(六五)의 바로 아래의 효위(九四)에 베푸는 창고가 있는 것 역시 기쁨(豫)이니 주역의 전통적 해석과도 교류한다. 그러므로 "여러 전략비축 계획을

---

[93] 왕필(王弼)은 괘상을 사용하지 않고 오로지 의리에 주목한 풀이를 내놓아 효변을 격식화하는 괘기설(卦氣說)을 부정했는데, 주역 5음 1양의 괘 地水師, 水地比, 雷地豫, 地雷復, 地山謙, 山地剝에서 하나의 올바른 효(양)가 다수의 부정한 효(음)에 어떻게 영향을 주는지 (獨體陽爻 衆陰所從) 사변적 주석을 달았다.

모르면 물자를 보급 유통할 수 없다(是故, 不知諸侯之謀者, 不能預交)"로 풀이가 가능하다. 그러면 이어지는 예교(豫交)는 미리 외교관계를 맺는 것이 아니라 원활한 교통으로 무리 없이 이어질 수 있다.

군쟁편은 부단히 기동성을 말한다. 군의 보급지원과 그 유통과정 역시 언급하지 않을 수 없을 것이다. 이어지는 문구는 지형을 관찰하고 전장 정보준비(IPB, Intelligence Preparation for Battlefield)를 통한 기동공간의 평가이다. 부대 기동 계획을 세우고 접근로(Avenue of Approach)를 판단하는데 "산림이나 험한 곳, 늪 등의 지형을 모르면 행군을 할 수 없다(不知山林, 險阻, 沮澤之形者, 不能行軍)."고 행군 계획 수립의 원칙을 세운다.

전국 시대의 병가(兵家)에서 지형에 관한 용어 정의는 산(山), 림(林), 험(險), 저(阻), 저(沮), 택(澤)이었다. 조조(曹操)의 주에는 전술용어로서의 지형지물을 다음과 같이 기술했다. "높아 올려 보아야 하는 것이 산(山)이요, 나무가 우거진 것이 임(林)이요, 구덩이 지고 골이 깊은 것이 험(險)이요, 오르막 내리막이 심한 것이 저(阻)이고, 수초가 자라고 빠지는 습지가 저(沮)이며, 물이 모여 몰려 흐르지 않는 것이 택(澤)이다. 이러한 산천 지형에 군대가 갈 곳을 미리 알지 못하면 군의 출병은 불가능하다(高而崇者爲山, 衆樹所聚者爲林, 坑塹者爲險, 一高一下者爲阻, 水草漸洳者爲沮, 衆水所歸而不流者爲澤 不先知軍之所據及山川之形者, 則不能行師也)."

《장단경(長短經)》에 역시 지형지물에 대한 충분한 연구와 그 지형을 잘 아는 자를 안내잡이로 쓰는 이유와 준비를 똑같이 역설하고 있다.[94] 군쟁은 기동의 한 표현이기도 하지만 부대이동으로서의 행군뿐만 아니

---

94) 長短經, 地形 "故不知險阻, 沮澤之形者, 不能行軍 ; 不用鄕導, 不能得地利"

라 부대의 전개와 작전지역 및 병력할당, 예상되는 고립을 포괄하고 있다. 그러나 군쟁에서의 행군 역시 군사력의 역량이 끊이지 않고 이어져 있는 형세가 행군이라는 고금의 뜻은 다르지 않다. 그러나 손자의 용어로서의 행군편에서의 행군(行軍)은 같은 의미는 아니다. 《오자병법(吳子, 治兵)》에 "무릇 행군의 도(道)는 나아가고 그침의 단계가 훼손되지 않고, 때에 맞게 음식을 차질없이 제공하고, 사람과 말의 힘이 끊겨서는 안 된다(凡行軍之道 : 無犯進止之節, 無失飮食之適, 無絕人馬之力)."라고 기술되어 있다. 행군은 긴 생명력을 가져야 하는 부대 기동 예술이다. 행군장경과 시간장경, 부대 이동 시간이 절도있게 통제되고 그 전투력이 유지되어야 한다. 그것은 세밀하고 실천 가능한 보급지원 능력에 달려있다.

군쟁(軍爭) 7

죽간본 : (故兵以詐立, 以利)動, 以(分)合變者也
그러므로 (군쟁의) 군사운용은 거짓으로 만들어 세우고, 이익으로 움직이게 하며, 서로 갈라놓아 변화에 따라 대치하는 것이다.

전래본 : 故兵以詐立, 以利動, 以分合爲變者也
그러므로 군사운용은 속임수로써 여건을 조성하고 이로우면 움직이고 분산과 집중으로 변화하는 것이다.

궤(詭)는 적과 우군을 동시에 속이는 것이고 사(詐)는 우군을 속이는 것이다. 궤는 형이상적인 속임수이고 사는 형이하적인 속임수이다. 그러므로 궤는 보이지 않게 속이고, 사는 동참한 사람들에게 보여서 속인다. 과연 그럴까? "속임수로 세운다(以詐立)."는 말은 매우 정치적이다. 적대적 공존 관계를 이용한 안보 장사꾼들의 멘토로 보이기도 한다. 정확한 해석은 불가능한 것 같다. 읽어가면서 더욱 감탄하는 것은 잘 못 읽어서 막다른 골목에 도달한 두려움보다 그 오해와 왜곡마저 시대에 적응하여 훌륭한 병가의 금언(金言)이 되고 말았기 때문이다. 인류가 만들어 낸 문헌 대부분이 그렇듯 《손자병법》에도 신념 상의 대결과 인습적 불순물이 섞여 있다.

사(作)는 갑골문의 자형에 옷옷의 옷깃 모양인데 "일하다" "만들다." 등으로 후세에 뜻이 분화된다. 사(詐)는 거짓의 생성을 처음부터 보여준다. 그러므로 이것은 서로 아는 사람, 가까운 이들을 속이는 것이다. 잠깐 우군을 속여 기동성을 높였다면 다음은 이익을 보여 움직이게 한다. 그러나 군쟁(軍爭)과 병세(兵勢)를 위해 부대를 나눌 수밖에 없다. 그래야 공격 시에는 주공과 조공, 수비 시에는 방어의 중점과 예비대의 투입 시기와 장소를 기만할 수 있다.

죽간본은 전래본과 "이분합위변자야(以分合爲變者也)"의 해석에서 차이를 보이고 있다. 위(爲)라는 글자가 첨가되면 분합(分合)은 하나의 단어로 분산과 집중의 뜻이 된다. 그러나 죽간본의 의미는 갈라져(分) 적의 변화에 대치(合)하는 것이 된다. 손자가 기술하는 적과 맞서는 공격 어법에는 전(戰), 공(攻), 격(擊), 합(合)이 있다. 합(合)은 적과 대치하여 접촉을 유지하고 적정(敵情)을 파악하는 것이다. 그러므로 문맥이 변자(變者) "적이 변하는 것"에 따르게 된다. 하지만 전래본의 이분합(以分合)으로 기술되면 집중과 분산으로 아군이 변하는 것이 되고 만다.

《당이문대(唐李問對, 卷上)》에 이세민이 이 문구에 의문을 갖고 이렇게 질문한다. "당 태종 왈, 변화에 나누어 대치하는 것에 기(奇)와 정(正)은 어떻게 있는가(太宗日 分合為變者, 奇正安在)?" 그러자 대장군 이정은 의미심장한 대답을 한다. "이정 왈, 군사운용을 잘하는 자는 싸움에서 정(正)이 아님이 없고 기(奇)가 아님도 없으니 적으로 하여금 예측하지 못하도록 하여 정(正)으로도 역시 이기고 기(奇)로도 또한 이깁니다(靖曰 善用兵者, 無不正, 無不奇, 使敵莫測, 故正亦勝, 奇亦勝)." 이를 다시 풀면, 부대 기동에 집중과 분산으로 나누는 유형적 모습이 아니라 기와 정으로 나눈 무형적 형세로 적의 변화에 대처한다는 것이다. 두 사람의 대화는 죽간본의 의미에 더 가깝다.

이분합변(以分合變)에 대해서 《태평어람(太平御覽)》의 같은 문헌 안에도 병부 44장에는 위(爲)가 없고 병부 1장, 서병 상(敍兵 上)에는 위(爲)가 끼어들어 있다. 역대에 그 차이점을 주목한 주석은 보이지 않는다. 현대 중국학자들이 의문을 제기한 것은 죽간본이 발굴되고 어느 정도 파편들이 맞추어진 21세기 이후부터이다. "이분합변"은 지금까지 손자가 누누이 주장해 온 주요 주제들, 전쟁의 궤도(詭道)와 기정(奇正)의 순환 등을 현장에서 전술적 용어로 다시 표현한 것이다. 전래본의 글자가 왜곡되었는데도 당 태종과 이정(李靖)의 대화는 궤도를 벗어나지 않고 정곡을 찌르고 있다. 세(勢)편에서 기술한 바와 같이 "변화하는 정과 기의 양단을 잡고 융통성 있게 대치해야 한다는 뜻"에 다시 서로 고리로 연결되어 있다.[95]

군쟁(軍爭) 8

《손자병법》에서 인간의 장(場)이 절정에 달한 군쟁편에 전투의 흥분이

---

95) 세(勢) 5.

무대에 올려지고 시(詩)로 읊어진 게 그 유명한 풍림화산(風林火山)이다. 낡은 무협 용어의 때를 벗겨 내고 순진한 원시적 감정으로 상상해 본다면 바람과 숲, 불과 산 그리고 번개는 전쟁에 임하는 사람의 마음속에 인화된 사진이다. 인생이 지루했던 사람들이 전쟁에 나아가 그의 일기장에 써 볼 수 있는 게 풍림화산이다.

죽간본 : (故其疾如風, 其徐如林, 侵掠如火, 不動如山); 難知(如陰, 動如雷霆, 指向分衆, 廓地)分利; 縣權而動, 先知汙直之道者(勝, 此)軍爭之法也

전래본 : 故其疾如風, 其徐如林; 侵掠如火, 不動如山; 難知如陰, 動如雷震; 掠鄉分衆, 廓地分利; 懸權而動, 先知迂直之計者勝, 此軍爭之法也

그러므로 그 빠름은 바람 같고, 그 느림은 숲과 같고, 침략은 불 같으며, 움직이지 않음은 산과 같아; 어두운 그늘처럼 알기 어렵고, 그 움직임은 번개와 같다. 부대를 타일러 나누어 방향을 지시하고 적의 성곽과 영지의 이익을 분리하며; (적이든 우군이든 질서를 어지럽히는 자의 머리를 베어 나무에 달아 懸) 움직이게 하니, 먼저 우직지도를 아는 자가 승리한다. 이것이 군쟁의 법이다.

위의 문구는 해석의 여하에 따라 다르지만, 점령군의 행동에 대한 손자의 경고로 보인다. 부대 움직임의 시적인 비유인 풍림화산은 병가에서 회자하고 있으나 죽간본에는 죽간 73행의 공간 자수를 보아 실제 있었는지는 의심스럽다. 또한, 그 뒤에 이어지는 문맥은 혼란과 오해로 뒤범벅되었다. 전래본에 "지향분중(指向分衆)""이라는 중요한 문구가 "고을을 약탈하여 부대에 나누어 줌(掠鄉分衆)"으로 뒤바뀌고, 이 때문에 오해되어 이어지는 "곽지분리 현권이동(廓地分利 懸權而動)"의 해석도 지리멸렬하게 되었다. 지향분중(指向分衆)이란 점령지에서 부대를 나누어 할당 통치구역을 주는 정책이다. 군정(軍政)은 가능한 현지인과 귀순자에게 권한을 주어 행하여진다. 그러기 위해 적지의 경제 시스템을 뒤바꿀 필요가 있고 영지에서 성곽으로 공급되는 이익을 분리한다(廓地分利).

점령지에서 이익을 재분배하는 과정에서 현지인의 민심을 모을 수 있다. 같이 출토된 죽간《손빈병법(孫臏兵法, 威王問)》에는 "무릇 권력이란 것은 민중이 모이는 곳에 있다(夫權者, 所以聚衆也)."라고 기술하고 있다. 그러나 오랜 시간 "현권이동(懸權而動)"이라는 문구는 해석이 혼란스러웠다. "현(懸)"의 풀이에서《순자》의 주를 연구한 당 나라의 양량주(楊倞注)를 보면 "높이 걸어 천하에 내보이는 평등한 권력으로 그 가볍고 무거움의 총량을 아는 것(懸天下如權稱之懸, 摠知輕重也)."이었다. 보건대, "현이란 수직적 권력이고 평이란 수평적 고른 평등이었다(懸之者權也, 平之者衡也)." 권(權)이란 전국 시대에는 "법의 한가지이고, 평가의 규제 기준인 현(懸)으로 사물의 경중을 가리는 것(者即古時之法碼, 懸之以稱物之輕重也)."이라는 해석이 주류를 이루었다. 그러므로 전래본의 "토산물을 빼앗으면 나누어주고, 땅을 얻으면 이익을 나누어주며, 상황의 경중을 평가한 후에 움직인다(掠鄕分衆, 廓地分利 懸權而動)."는 손자의 위민(爲民) 정신에 어긋나는 글과 해석이 되고 말았다.

그러나 갑골문과 금문의 연구가 진행되면서 "현(懸)"의 의미는 점잖게 높이 걸은 법의 현수막이 아니라, 힘을 내보이는 모습의 자형 "현(縣)"에서 유래한 것이 확실해 졌다. 현(縣)은 금문(金文)에 처음 자형이 보이는데, 사람의 머리를 새끼줄로 묶어 나무에 매달아 놓은 끔찍한 모습이다.[96] 고대에는 주로 사냥을 하여 잡은 포획물을 매달아 놓은 것을 의미했다. 훗날 통치구역을 정하고 법을 세우는 것으로 의미가 전이된 것은 이해할만하다. 그러나 손자에게서의 현(懸)의 해석은 전국시대의 본래의 의미로 하여 점령지의 통치를 위해 "적이든 우군이든 질서를 어지럽히는

---

96) 리러이(李樂毅), 한자연변오백례(漢字演變五百例), 중국사회과학원

자의 머리를 베어 나무에 다는" 것으로 직역함이 본래의 현장 감정에 가깝고 더욱 생생한 맛이 있다.

전래본의 "약향분중(掠鄕分衆)"은 죽간에 무엇이었는지 알 수는 없다. 최근에는 통전(通典, 兵十五)에 이 문구의 주에 "지향분중(指嚮分衆)"을 근거로 현대 중국의 해석자들은 약향분중(掠鄕分衆)이 손자의 문리에 맞지 않아 틀린 것으로 판단하고 있다. 우선의 이익을 희생하고 엄한 군기를 세우는 것은 후에 이은 처형의 권한으로 움직이는(懸權而動) 것과 근심으로 이익을 삼는(以患爲利) 우직지계자가 승리하고 군쟁의 법으로 한다(先知迂直之道者勝, 此軍爭之法也)와 통하기 때문이다. 또한, 그래야 군쟁의 의미가 깊어진다. 약향분중(掠鄕分衆)이라는 말로 바뀌게 된 원인은 고대에는 향(鄕), 향(嚮), 향(向)이 모두 같은 뜻으로 통용되었으나 훗날 그 의미가 분리되었기 때문이다. 부대를 나누는 "분(分)"에 부대원[衆]을 타일러 분별에 이른다는 구절은 《회남자(淮南子, 主術)》의 "손짓으로 휘하에 의미를 전하는 것으로 그 지휘가 망령되면 부대가 어지러워진다(譬而軍之持麾者, 妄指則亂矣)."를 근거로 풀면 지향분중(指向分衆)의 이유와 의미가 분명해진다.

향(向)은 역시 향(鄕)과 가자(假字)로써 서로 통했다. 《전국책(戰國策, 趙策一)》에 "다른 나라가 듣지 않으면 반드시 군대로 그를 향하게 한다 (他國不聽, 必鄕之以兵)."가 보인다. 향(鄕)이 향(向)으로 통용된 것을 《석명(釋名, 釋州國)》에는 "만 이천오백 가구를 향이라 한다. 향(鄕)은 향(向)이다. 여러 사람이 향하는 곳이기 때문이다(萬二千五百家爲鄕; 鄕, 向也, 衆所向也)"라고 설명하고 있다. 그러므로 향은 고을이 아니라 방향과 분별 있는 리더쉽을 말하는 것이 분명해졌다. 중세 아랍의 위대한 장군이며 통치자인 살라딘(살라흐 웃 딘)이 알레포와 다마스쿠스에서 전투를 승리로 이끌고 사악한 십자군을 몰아내고 마침내 예루살렘을 수복한 것은 그가 싸워 이겨 점령한 도시에서 약탈을 철저히 금했기 때문이었다. 이것은 코란에 명시된 승리자에게 3일간의 약탈 기간을 허락한 것을 초월한 용기였다. 살라딘은 오히려 십자군의 편안한 철수 공간을 터주고 주민을 안무한 "지향분중(指向分衆)"이었기에 결국은 주민을 약탈하고 나누어 가진(掠鄉分衆) 십자군을 이길 수 있었다.

군쟁(軍爭) 9

죽간본 : 是故,〈軍(政)曰 : 言不相聞, 故為)鼓金 ; 視不相見, 故為旌旗 是故, 晝戰多旌旗, 夜戰多鼓金. 鼓金旌旗者, 所以壹民之耳目也. 民既已槫, (則)勇者不(得獨進, 怯者不得獨退 : 此用衆之法也)

그래서 〈군정(軍政)〉이라는 병서에서 말하기를, 말소리가 서로 들리지 않기 때문에 징과 북을 사용하고, 우군이 서로 보이지 않으므로 깃발을 사용한다고 했다. 그러므로 주간 전투에 깃발이 많고 야간 전투에는 북소리가 많다. 북, 징 그리고 부대 깃발 등은 부대원의 이목을 하나로 모으기 때문이다. 부대원이 하나로 뭉쳐지면 용감한 자도 홀로 나아갈 수는 없고, 비겁한 자도 혼자 물러설 수 없으니, 이것이 병력 운용법이다.

전래본 : 〈軍政〉曰 : 言不相聞, 故為之金鼓 ; 視不相見, 故為之旌旗 夫金鼓旌旗者, 所以一人之耳目也. 人既專一 則勇者不得獨進, 怯者不得獨退, 此用衆之法也 故夜戰多火鼓, 晝戰多旌旗 所以變人之耳目也

〈군정(軍政)〉이라는 병서에서 말하기를, 말소리가 서로 들리지 않기 때문에 징과 북을 사용하고, 우군이 서로 보이지 않으므로 깃발을 사용한다고 했다. 무릇 징, 북, 깃발 등은 사람들의 이목을 하나로 모으기 때문이다. 사람들이 하나로 뭉쳐지면 용감한 자도 홀로 나아갈 수는 없고, 비겁한 자도 혼자 물러설 수 없으니, 이것이 병력 운용법이다. 그러니 야간 전투에 불과 북소리가 많고 주간 전투에 깃발이 많은 것은 사람의 귀와 눈의 (감득 방식)이 다르기 때문이다.

민(民)은 손자의 기술 용법에 전민(戰民)을 줄인 말이다. 앞에 기술했듯이 전래본에서 인(人)으로 바뀐 것은 이세민 이름의 피휘(避諱) 때문이다[避李世民之諱故]. 따라서 후세에 문맥의 혼란을 가져왔는데, 인(人)으로 하면 피아가 불분명해지고 유가(儒家)에서 사회적 계층을 구분하는 소인(小人) 민(民)과 군자(君子) 인(人)으로 성격 지워진다. 해석이 달라지는 것은 말할 것도 없다. 더욱이 병서에서의 인(人)은 타인이나 적을 뜻하는 것이므로 그냥 "사람들"이라고 하는 보통 명사에 다른 뜻을 내포하게 되고 만다. 결국 매요신(梅堯臣) 같은 주석가는 전래본을 토대로 한 주(注)에서 "소이변인지이목야(所以變人之耳目也)"를 풀이하면서 "주야에 걸쳐 깃발과 불, 징, 북을 많이 쓰는 것이란 적군의 눈과 귀를 현혹하고자 하는 것(多者, 欲以變惑敵人耳目)."이라고 인(人)을 적(敵)으로 지칭하여 손자의 본의와는 다른 해석에 도달하고 만다. 전래본에 추가된 것으로 보이는 "고야전다화고, 주전다정기, 소이변인지이목야(故夜戰多火鼓, 晝戰多旌旗, 所以變人之耳目也)"는 죽간 77행의 공간 글자 수로 보아 죽간본에는 없었던 것으로 추정된다.

전민(戰民)은 싸움에 동원된 부대원이다. 그러므로 군쟁(軍爭)의 대상이고 그 주체이다. 군쟁 속에 모략이 들어 있다면 그 모략의 목표는 적이 아니고 우군이다. 군령이 일사불란하게 전달되는 것은 신호체계가 정비되었기 때문임은 물론, 이를 토대로 숙달 훈련되었기 때문이다. 넓은 공간을 차지하고 있는 수많은 병력의 지휘 주목을 위해 선진(先秦) 시대 이

전부터 다양한 SOP(Standing Operating Procedure, 부대예규)가 마련되어 있었다. 기원전 7세기 제(齊)의 환공을 도운 관자가 저술했다는 병법편(管子, 兵法)을 보면 이것은 놀라울 정도로 세부적이다. 실제 병법이행해진 시기는 아마도 《관자》를 수집 정리한 한나라 유향(劉向)의 시기, 기원전 26년 시점의 군사운용 SOP라고 보는 것이 타당할지 모른다. 삼관, 오교, 구장이 그것이다.

삼관(三官)은 북, 징, 깃발의 신호를 이용한 작전명령이고 전투 행동지침이다. 부대 단위로 움직임을 제어하고 있다. 오교(五敎)는 병 기본과제로, 개인화기, 각개전투, 제식훈련 등과 같은 것을 연무(練武)하고 군인복무규율을 숙지하는 것과 같다. 구장(九章)은 상황에 따라 지형지물을 이용하기 위한 부대 행군내규이며 명령 신호와 같다. 이 모든 것은 조화롭게 조합하면 오늘날 현대군이 말하는 TTP(Tactic and Technical Procedure, 전술 및 기술적 절차)에 해당한다.[97]

---

97) "삼관(三官)은 어긋나지 않고 오교(五敎)는 어지럽지 않고 구장(九章)은 분명해야 바로 위험해도 위험하되 해가 없고, 막혀도 막히되 어려움이 없다." (三官不繆, 五敎不亂, 九章著明, 則危而無害, 窮窮而無難) "삼관이란 첫째 북이다. 북소리로 임무를 주고, 부대를 일으켜 세우고, 부대를 전진시킨다." (三官 : 一曰鼓, 鼓所以任也, 所以起也, 所以進也) "둘째는 징이다. 징소리로 부대를 앉히고, 후퇴시키고, 임무를 거두어들인다." (二曰金, 金所以坐也, 所以退也, 所以免也) "셋째는 깃발이다. 깃발로 부대의 위치를 정하고, 병력을 훈련하며, 뉘여서 휴식을 준다." (三曰旗, 旗所以立兵也, 所以利兵也, 所以偃兵也) "오교(五敎)는 첫째 깃발의 색깔과 형태를 보고 알도록 가르치는 것이다." (五敎 : 一曰敎其目以形色之旗) "둘째는 호령의 수법을 듣고 몸을 움직이는 것을 가르치는 것이다."(二曰敎其身以號令之數) "셋째는 진퇴의 정도에 맞는 발의 움직임을 가르치는 것이다." (三曰敎其足以進退之度) "넷째는 길고 짧은 무기를 다루고 이에 맞게 손쓰는 법을 가르치는 것이다."(四曰敎其手以長短之利) "다섯째는 상별의 지극함을 마음에 두게 가르치는 것이다. (五曰敎其心以賞罰之誠) "구장(九章)은 첫째 해 기를 들면 낮에 행군하고 (九章 : 一曰擧日章則晝行) "둘째, 달 기를 들면 밤에 행군하고"(二曰擧月章則夜行) "셋째, 용 기를 들면 물로 나아가고" (三曰擧龍章則行水) "넷째, 호랑이 기를 들면 숲으로 나아가고" (四曰擧虎章則行林) "다섯째, 까마귀 기를 들면 언덕으로 나아가고" (五曰擧烏章則行陂) "여섯째, 뱀 기를 들면 연못으로 나아가고" (六曰擧蛇章則行澤) "일곱째, 까치 기를 들면 뭍으로 오르고" (七曰擧鵲章則行陸) "여덟째, 늑대 기를 들면 산으로 가고" (八曰擧狼章則行山) "아홉째, 활집 그림 기를 들면 식량을 수레에 싣는다." (九曰擧橐章則載食而駕)

군쟁(軍爭) 10

죽간본 : (三軍不可奪氣), 將軍可奪心
전군의 사기를 다 빼앗을 수는 없으나, 장수 하나의 마음은 빼앗을 수 있다.

전래본 : 故三軍可奪氣, 將軍可奪心
전 부대는 가히 사기를 잃을 수 있고, 장수는 가히 마음을 빼앗길 수 있다.
재해석 : 전 부대는 가히 사기를 잃을 수 있고, 그로 인해 장차 군의 단결이 와
해 될 수 있다.

탈(奪)의 원형은 탈(敓)이다. 금석문에는 자형이 한 손으로 새를 잡고
그것을 옷깃 안에 숨긴 모습이었다. 그래서 "놓치기 쉽다"는 수동태의 동
사로 사용되었다. 싸워 빼앗는다(爭奪)의 탈(奪)은 능동사인 탈(敓)로 쓰
여 후세에 탈(奪)이 "빼앗는다"의 뜻으로 가차 되었고 탈(敓) 자는 폐기
되었다. 한나라 시대에는 특별한 주가 보이지 않으나 수당시대에 이르러
삼군(三軍)과 장군(將軍)을 적군과 적장으로 해석하여[98] 전래본은 모두
이에 따르고 있다. 그러나 탈(奪)이라는 글자의 원래 의미를 따진다면 이
것은 비단 적을 대상으로 한 것이 아니고, 군에 내재한 군쟁(軍爭)의 속
성과 심기(心氣)인 단결과 사기를 언급한 것으로 보인다.

《논어(論語)》에도 위 문구와 유사한 문장이 있다. 《논어》 자한편(子罕
篇)에 "삼군이 그 장수를 빼앗을 수는 있으나, 한 사내의 지조를 빼앗을
수는 없을 것이다(三軍可奪帥也 匹夫不可奪志也)."라는 문장은 그 문법이
可와 불가(不可)를 대비시킨 것이다. 죽간의 이 문구는 자수를 가늠할 수
없게 잔멸된 부분이 크다. 만약 "고삼군불가탈기(故三軍不可奪氣)"였다

---

98) 昭明文選, "則彼三軍可奪氣, 將軍可奪心"

면, 기세는 빼앗을 수 없으나 장수 한 사람의 마음은 잡을 수 있다는 손자 특유의 부전승을 위한 가(可)와 불가(不可)의 대비로 문장이 완전해 진다.

　위 문구에서의 장(將)은 전통적으로 장수를 의미한다고 해석했다. 장은 마음(心)이고 군졸은 근육지절(筋肉肢節)로 표현한 예가 위료자에 보인다. (尉繚子, 攻權) "장수란 마음이고, 그 휘하 무리는 팔다리 관절과 같다(將帥者, 心也 群下者, 肢節也)." 그러므로 장수와 마음을 유기적으로 함께 하는 것은 병가의 미덕처럼 보이기도 한다. 그러나 "장군"이라는 단어는 오늘날과 같은 "General"이라는 의미로 전국 시대에 존재하지 않았다. 그러므로 장수가 마음을 빼앗기는 풀이는 논리적이지 않다. 일부 학자들은[99] 군장가탈심(軍將可奪心)으로 글자의 위치를 전도하여 문장을 재해석하기도 한다. 이는 주례에 보이는 왕과 제후, 군장(軍將)의 군대 통솔을 위한 도구의 사용을 규정한데 근거한다.[100] 그러나 군장(軍將)이란 군 내부의 여러 리더와 브레인을 말하는 것이 아니라 군 내부에 "~으로 인해 장차(將次) 도래할 사건"이다. 이렇게 풀면 그로 인해 "마음을 빼앗기는" 주체이며 주제가 장(將)이 아니라 군(軍)이 된다. 더 나아가 필자는 심(心)을 마음이 아니라 중심으로 향하는 힘(centrifugal force)로 풀이한다. 즉, "탈심(奪心)"이란 군의 사기가 사라져 장차 단결이 와해하는 논리로 정리할 수 있다.

죽간본 : (是故. 朝氣銳. 晝氣惰. 暮氣歸. 故善)用兵者. 辟亓銳氣. (擊其惰潰. 此治)氣者(也)

전래본 : 是故. 朝氣銳. 晝氣惰. 暮氣歸. 善用兵者. 避其銳氣. 擊其惰歸. 此治

---

99)　대만, 책략연구센터

100)　　周禮, 夏官司馬 "王六軍 大國三軍 次國二軍 小國一軍. 軍將皆命卿. ……中春教振旅 司馬以旗致民 平列陳 如戰之陳 辨鼓鐸鐲鐃之用 王執路鼓 諸侯執賁鼓 軍將執晉鼓 師帥 執提 旅帥執鼙 卒長執鐃 兩司馬執鐸 公司馬執鐲 以教坐作 進退 疾徐 疏數之節"

> 氣者也
>
> 그것은 아침의 사기는 날카롭고, 대낮의 사기는 나태하고, 저녁의 사기는 쉬고 싶어 하기 때문이다. 따라서 용병을 잘하는 자는 (적의) 왕성한 사기는 피하고, 나태하고 쉬고 싶은 것을 치니, 이로써 기세를 다스린다.

　귀(歸)는 동방사상에서 사변적인 단어이다. 도연명의 〈귀거래(歸去來)〉에 보듯 어지러운 세상에 돌아가야 할 심경을 담는 그릇이고 죽어서 귀(鬼)가 되면 머무를 안식처이다. 살벌한 전장이든, 징집돼 끌려온 타향에서든 병사들 마음의 중심에 있는 것이 집에 돌아가고 싶은 귀(歸)이다.[101] 기(氣)는 군기와 사기를 망라한 군의 무형적 전투력이다. 군기(軍氣)는 경직되고 엄숙한 외연이 아니라 "반드시 임무를 완수하려는 심적 태도"이다. 사기(士氣)는 고무된 충동적 내포가 아니라 "부대 단결에 필요한 상하 소통"이다.

　군의 심기(心氣)가 단결과 사기라는 군쟁의 내성(內性)은 하루의 바이오리듬에 달려있다고 보는 것은 무리이다. 현대적 군사운용에서의 사기(士氣)는 기분과 생체 시간에 따라 오르내리는 것이 아니라, 임무를 기필코 완수하겠다는 의지이다. 고전적 의미에서 전투 의지를 기(氣)라고 한다면, 기(氣)를 낭비하지 않고 적절히 안배하는 병력 운용의 템포라고 이해할 수 있다. 그러나 적을 피로하게 하여 생체리듬을 망가뜨리고 공격한다면 작전에 성공할 수 있으며 이것이 기(氣)를 다스리는 것이라는 해석은 전쟁이라는 극한에서 자연 과학 속 인간의 재(才)를 최선을 다해 살피고 인간의 악한 본성을 끌어내어 응시하는 손자에게는 어울리지 않는다.

　일설에는 모기귀(暮氣歸)는 문맥이 맞지 않고 기맥(氣脈)이 순환하는 인체의 섭리에 부적합한 용어라고 하여 모기궤(暮氣潰)로 수정함이 옳다

---

101)　廣雅," 歸, 息也" 列子云 "鬼, 歸也"

고 주장한다.[102] 궤(潰)는 기운이 가라앉고 흩어지는 것이므로 그 근거로 《황제내경》의 생기통천론(生氣通天論)을 들고 있다. 동방 의학의 가장 오래된 문헌인 《황제내경》에 인체에서의 기의 순환을 다음과 같이 설명한다.

"인체의 양기는 낮에는 주로 몸의 외부를 보호한다. 새벽에는 양기가 신체의 표면에서 생성된다. 정오가 되면 양기는 가장 왕성한 단계에 이른다. 태양이 서쪽으로 기운 다음 몸 표면의 양기가 점점 줄어들고, 땀구멍은 닫힌다. 그러므로 저녁에는 양기는 체내로 수렴되어 잘 간수되는데, 근육과 뼈를 심히 움직이지 말고 이슬과 안개를 보지 말아야 한다. 하루 동안 이 세 단계의 활동법칙을 지키지 못하면 몸은 이내 피로함을 느끼고 쇠약해진다."[103]

기(氣)는 부대 정신이며 인간의 의지이고 용기이다. 《좌전(左傳)》 장공 10년(莊公十年)에는 전투에서 피아의 기(氣)를 잘 간파하고 다스려 승리한 기록이 보인다. 장공 10년 봄에 제(齊) 나라는 노(魯) 나라를 친다. 제후들은 춘궁기에 서로 적병의 고기[人肉]를 먹으려 전쟁을 일으켰다.[104] 전쟁을 일으키는 것은 귀족층으로 백성들은 이들을 육식자라 불렀다.[105] 그때 노(魯)의 모사로 조귀(曹劌)가 따라나서며 전투의 기세를 잘 관찰하여 북을 치고 멈출 때를 잘 조절하여 전쟁에 승리한다. 조귀는 승리의 이유를 이렇게 고한다. "무릇 싸움이란 용기에 달려있습니다. 한 번 북이 울리면 기가 생기고, 두 번째는 쇠하며, 세 번째는 다 없어집니다. 적의

---

102) 朔雪寒, 孫子兵法論正 : 孫子兵法終極考證 2013, 대만, 책략연구센터
103) 內經, 素問, 生氣通天論, 陽氣者, 一日而主外 平旦人氣生, 日中而陽氣隆, 日西而陽氣已虛, 氣門乃閉 是故暮而收拒, 無擾筋骨, 無見霧露 反此三時, 形乃困薄
104) 작전 4, 인량어적(因糧於敵)
105) 左傳, 莊公十年, "其鄕人曰 肉食者謀之 又何間焉?"

기운이 다 했을 때 우리는 채웠기 때문에 이긴 것입니다(夫戰, 勇氣也 一鼓作氣, 再而衰, 三而竭 彼竭我盈, 故克之)"《좌전(左傳)》의 이런 기록은 전투의지를 생기[生], 쇠기[衰], 갈기[竭]로 이어지는 그 순환의 맥을 파악하여 손자의 위 구절인 기(氣)의 정예로움[銳], 나태함[惰], 쉼[歸]으로 대비시켜 보게 하여준다.

군쟁(軍爭) 11

죽간본 : (以治待亂, 以靜待譁, 此治心者也. 以近待遠, 以失(佚)勞, 以飽待飢, 此治力者也.

전래본 : 以治待亂, 以靜待譁, 此治心者也. 以近待遠, 以佚待勞, 以飽待飢, 此治力者也.

다스림으로 혼란을 막고, 고요함으로 시끄러움을 막는 것, 이것이 부대의 단결(心)을 다스리는 것이다. 가까움으로 먼 것을 막고, 편안히 하여 피로를 막고, 배불리 먹여 굶주림을 막는 것, 이것이 부대의 힘을 다스리는 것이다.

사기(氣)에 이어 심(心), 역(力), 변(變)의 다스림[治]을 단계적으로 설명하고 있다. 다스림(治)은 그 대상이 적이 아니라 우군과 따르는 백성이다. 적을 다스릴 수 있다면 그것은 이미 적이 아니다. 위 문구의 심(心)역시 마음이 아니라 중심(中心)이며 단결력이다. 전래한 해석에서 "치심자(治心者)"를 적의 마음을 다스리는 것으로 풀이한 것은 난센스이다. 치자(治字)는 금석문 태(台)에서 형성(形聲)하였으나, 최초 발생 시기는 학자마다 주장이 다르다. 대체로 선진(先秦)문헌이 재해석되고 옮겨 쓰인

한(漢) 나라 시기에 만들어졌다는 주장이 타당해 보인다. 치(治)는 "물을 다스린다."에서나 백성의 입(口)에 음식을 넣어주는(厶) 숟갈에서 상형하여 "기쁨으로 백성이 자연스레 따른다."는 의미를 포착한 글자로 만들어졌다.

사(寺)는 특(特)의 본래자이고 지(持), 시(侍), 대(待)와 같이 가차자(假借字)로 쓰였다. 대(待)는 수동적으로 기다린다는 것이 아니라 대책을 세워 막는다는 뜻이다. 유사한 문구가 있는《오자병법》의 치병(吳子, 治兵)편을 보면 이해가 쉬워진다. "가까움으로 먼 것을 막고, 편안히 하여 피로를 막고, 배불리 먹여 굶주림을 막는다. 무질서한 원형의 진(陣) 같으나 정렬된 방진(方陣)이고, 앉아 있으나 서 있게 하고, 행군을 하나 멈춰 있고, 좌익은 우익이 되고, 전위는 후위가 되고, 분산하여 합쳐지고, 연결되어 풀어진다. 매번 변하는 것을 항상 익히니 이로써 병사를 가르치는 이것이 장수의 일이다(以近待遠, 以逸待勞, 以飽待飢 圓而方之, 坐而起之, 行而止之, 左而右之, 前而後之, 分而合之, 結而解之 每變皆習, 乃授其兵, 是謂將事)."

군의 사기는 혹독한 훈련을 통해 배양된다. 군쟁(軍爭)의 심오함은 우군 내에 들어 있는 출신, 문화, 심리적 배경에서의 갈등적 요소들을 용광로처럼 녹이는 "장수의 일"에서 그 과업을 해체하여 힘을 다스린다고 볼 수 있다면 그 뜻은 더 깊다. 이근원대(以近待遠)란, 공간적 부대운용이라기보다는 먼 미래의 과제를 가까운 일처럼 보다 미리 대비하는 시간적 부대운용이라고 보는 것이 이해하기 쉽다. 미리 준비하여 힘의 안배를 가져와야 하는 균형감으로 전투부대의 안정을 기한다.《당이문대(唐李問對)》의 권중(卷中)에서 당 태종이 손자의 위 문구에서 "힘을 다스림(治力)"에 관하여 이정 장군에게 물으니 이렇게 대답한다. "가까움으로 먼 것을 막고, 편안히 하여 피로를 막고, 배불리 먹여 굶주림을 막는다는 병략(兵略)의 말은 마땅히 그러한 것입니다. 용병을 잘하는 자는, 이에

그 세 가지 뜻을 여섯으로 확대하여 알 수 있는데: 적을 유인하여 접근을
막고, 고요함으로 성급함을 막고, 중심을 잡아 가벼움을 막고, 엄히 하여
게으름을 막고, 잘 다스려 혼란을 막고, 수비로 공격을 막는 것이니, 이
렇게 하지 않으면 그 힘을 보유할 수 없습니다. 그것을 다스리는 기술 없
이 어떻게 군사의 일을 맡을 수 있겠습니까(靖曰 以近待遠, 以佚待勞, 以
飽待飢, 此略言其槪爾 善用兵者, 推此三義而有六焉：以誘待來, 以靜待
躁, 以重待輕, 以嚴待解, 以治待亂, 以守待攻 反是則力有弗逮, 非治之之
術, 安能臨兵哉)."

죽간본 : 毋要(广+日/壬+糸)(广+日/壬+糸)之旗, 毋擊堂堂之陳, 此治變者
깃발이 정연하면 요격하지 말고, 진영이 당당하면 공격하지 마라. 이것이 상황
의 변화를 다스리는 것이다.

전래본 : 無邀正正之旗, 勿擊堂堂之陳, 此治變者也
깃발이 정연한 적을 치지 않고, 진영이 당당한 적을 공격하지 않는 이것이 상
황의 변화를 다스리는 것이다.

단결과 사기(心氣)에서 단결과 전투력(心力)으로 논리적 귀결은 그것
이 잘 다스려질 때 마침내 변화마저 다스려(治變)질 수 있게 한다. 국론
이 분열되고 중요한 전략 판단이 밀실에서 사적 욕구로 결정되면, 단결
이 무너져(亂心) 상황의 변화에 대처할 수 없다. 죽간과 전래의 차이는
무요(毋邀)와 무요(無邀), 무격(毋擊)과 물격(勿擊)에서 볼 수 있는데 이
것은 현격한 사상적 시각차로 확대 해석할 수도 있다. 풀이 또한 천해만
의(千解萬意)로 나올 수 있다.

무(無)는 본래 무(舞)의 가차(假借)로 "없다"는 비존재이고 무(毋)와 물

(勿)은 "하지 말라"는 행위의 부정형이다. 무(無)와 물(勿)은 같은 뜻(通意字)으로 여겨져 전래하였으나 중국 고대어의 연구가 활발해진 21세기에는 전국시대의 말의 용법에서 현격한 차이를 보인다는 연구가 나오고 있다. 손교본(孫校本)에는 기존의 전래본의 "무요(無邀)"를 "무요(無要)"로 개작(改作)한 것이 보이는데, 이것은 죽간본의 무요(毋要)와 같아 주목할 만하다. 죽간에 보이는 정정(正正)의 자리에 있는 "疒+日/壬+糸"자는 지금 있지 않고 과거의 서적에도 보이지 않는다. 미궁이겠지만, 혹시 "정연한 깃발은 필요 없다."는 고졸(古拙)한 의미가 아니었을까? 형세를 속이기 위한 기만책으로서의 정연한 깃발일 수 있을 것이다.

후세에 "정정당당히 싸우자."라는 말이 전해진 이 유명한 문구는 실상 속내는 정정당당히 싸우지 말라는 손자의 충고가 들어 있다. 병자(兵者)는 궤도(詭道)이므로 정의감에 사로잡히면 싸움에 진다. 정(正), 당(堂)의 일반적 의미로 널리 알려진 것은 당나라 초기의 서예가 우세남(虞世南)이 필법을 논한 주에 "정정은 말쑥하게 정돈된 것이고; 당당이란 큰 것이다(正正, 齊整也; 堂堂者, 大也)."라는 말이 후세 해석에 영향을 주었다. 위진(魏晉) 시대에 편찬된《편의 16책(便宜十六策)》의 치군(治軍)에는 깃발이 가지런하게 펄럭이는 것과 당당 소리 나는 북(整整之旌, 堂堂之鼓)으로 표현하고 있다. "정정"이란 正正, 整整, 堤堤 덩덩, 쟁쟁 그리고 째~안(塡塡)과 같은 의태어이다. 세(勢)편에 논의된 형명(形名)에 의하면 정정(整整)은 형(形)이고 당당(堂堂)은 명(名)이다.[106] 즉, 시각과 소리로 병력을 움직이는 지휘공구이다.

죽간의 표기는 알 수 없는 글자이지만 손자의 문리로 보아서는 전래본에 정정(正正)으로 표기된 문구는 제갈량의《편의 16책》에 보이는 "정정(整整)"이 적합하다. 이것은 같은 음의 "전전(塡塡)"과 통하는데 바로 자

---

106) 세(勢) 2.

신감에 넘쳐 느리고 위풍당당하게 걷는 모습이다. 《장자(莊子)》 외편 마제(馬蹄)에 "지극한 덕이 있던 세상에는 사람들의 걸음걸이는 느리고 무겁고 그 눈빛은 침착했다(故至德之世, 其行塡塡, 其視顚顚)."라는 말이 있다.

군쟁(軍爭) 12

죽간본 : (故用兵, 高陵勿向, 窮寇勿迫, 銳卒勿攻); 倍丘勿迎, 詳北勿從, 圍師遺闕, 歸師勿謁, 此用衆之法也. 四百六十五.

그러므로 용병에서 높은 구릉은 향하지 말며, 미끼로 유인하는 병력을 잡지 말며, 궁지에 처한 적을 압박하지 말며, 정예 병력을 공격하지 말아야 하는 것은; 적이 등을 지고 있는 구릉을 마주하지 말라는 것이며, 패주하는 척하는 적을 쫓지 말라는 것이며, 포위된 적에게 빠져나갈 틈을 남기라는 것이며, 집에 귀환하는 적을 막지 말라는 것이니 이것이 병력을 운용하는 법이다. 군쟁편 총 460字

전래본 : 故用兵之法 高陵勿向, 背丘勿逆, 佯北勿從, 銳卒勿攻, 餌兵勿食, 歸師勿遏, 圍師必闕, 窮寇勿迫, 此用兵之法也

그러므로 용병법에 높은 구릉의 적진을 향하지 말며, 언덕을 등진 적을 공격하지 말며, 거짓 패주하는 적을 추격하지 말며, 정예 병력을 공격하지 말며, 유인하는 적병을 잡으려 하지 말며, 귀환하는 적 부대를 막지 말며, 포위 시에는 반드시 틈을 내주고, 궁지에 처한 적은 압박하지 말아야 한다. 이것이 용병법이다.

군쟁(軍爭)의 마지막 부분인 위 문구는 다음 편인 구변편(九變篇)으로 잘려 구변의 첫 문장으로 나타난 오류가 여러 문헌에 보인다. 문의(文意)로 보아 부대 기동에 대한 아주 오래 축적된 경험이고, 상황의 변화인 "다양함(Variation, 九變)"을 언급한 것이 아니었다. 결국, 부대 기동이라는 군쟁에서 절체절명의 상황으로 몰아가되 심리적 충격 이후에는 이를 완화하는 상황 조성이 필요하다는 것이다. 이는 적이든 우군이든 같은 상황에서 작전 기동의 양단을 모두 고찰하라는 뜻이 숨어 있다. 승패의 문제가 아니라 인간다움(仁)에 대한 고뇌였다. 장수가 죽을 각오를 하고 결전의 뜻을 부하에게 보이는 것은 말이 아니라 기동형태에 따른 상황으로 하는 것이다. 《위료자(尉繚子, 天官)》에는 전투의 승패가 사람의 쓰임과 인사에 있음을 강조한다. "하늘이 터준 방법[天官]이나 일시는 사람을 쓰는 일만 못 하다. 그러므로 천관의 형세를 살핀 진(陣)을 말한다면, 배수진이란 것은 물에 의해 끊어진 땅에 자리한 진이고, 산비탈을 향한 진은 (결전을 위해) 퇴로를 막은 진이다(天官時日, 不若人事也 故按刑德天官之陣曰 : 背水陣者, 為絕地 ; 向阪陣者, 為廢軍)."

죽간의 죽편 81행은 80행과 사이에 15자 내외 정도의 잔멸된 공간이 있다. 죽간본이 4가지 명제를 문장의 후미에서 다시 푸는 대위법(代位法)으로 설명했다고 추정하면 그 명제는 고릉(高陵), 이병(餌兵), 궁구(窮寇), 예졸(銳卒)이라 볼 수 있다. 이러한 죽간본에 보이는 논리 정연한 문장 순서가 전래본에는 뒤죽박죽이 되어있다. 전래본은 마치 8단계의 기동 프로세스를 나열한 듯 보인다. 접적이동—위력수색—급편방어—협조된 공격—전과확대—추격 등과 같은 현대 전술 교범의 상황전개와 같은 과정을 용병법으로 기술한 것은 그 나름대로 질서 있어 보인다. 그러나 군쟁편의 끝에 손자가 기술하고 싶은 의도는 상황의 전개와 변화가 아니라, 죽간을 통해 정확히 알 수 있듯이 각 기동 형세에 대한 논정(論正)이다.

"적이 등을 지고 있는 구릉을 마주하지 마라."는 죽간에는 배구물영(倍丘勿迎)으로 전래본에는 배구물역(背丘勿逆)으로 표기되었는데 영(迎)과 역(逆)은 고대에 음이 비슷하여 통용되었다.《주례(周禮, 春官, 小祝)》의 "때에 맞는 비를 맞이하고 가뭄을 달래 보내도다(逆時雨, 寧風旱)."에서 보듯 역(逆)은 영(迎)의 의미이다.[107] 그 밖에《사기(史記)》초세가(楚世家)에 역시 "초나라로 돌아가도 초가 맞이하지 않았다(歸楚, 楚不迎)."의 영(迎)은 좌전의 기록 역(逆)을 영(迎)으로 표기한 것이다.[108] 그러므로 이 두 글자는 선진시대 이전 전국시대의 통가자(通假字)임을 알 수 있다. 죽간의 영(迎)이 더 정밀한 것은 적이 등을 지고[背] 있다면 나는 맞이[迎]하는 것이 논리적이기 때문이다. 행군편(行軍篇)에 "나는 이를 멀리하고 적은 가까이하게 한다; 나는 이를 맞이하고 적에게는 이를 등지게 한다(吾遠之, 敵近之; 吾迎之, 敵背之)."의 표현과 같은 것이다. 어쨌든, 배수의 진(背水一陣)이든 배구의 진(背丘一陣)이든 손자의 주장은 이런 진을 맞이하지 말라(勿迎)는 것으로, 그것은 적이 후방으로의 퇴로가 없고 후퇴가 어렵다는 것을 알면 죽음을 가볍게 여기고 필사적으로 싸우기 때문이다.

상(詳)은 양(佯)과 알(謁)은 알(遏)의 가차자이다. 양패(佯北)란 패배하여 도주하는 척 속이는 것이다. 배(北), 배(背), 패(敗)는 문장에 따라 같은 뜻으로 쓰였는데 "패"라는 발음 때문이기도 하지만, 초당(初唐) 시기의 안사고(顏師古)는 그의 주에 "페이(北)는 숨은 응달의 땅이므로 전투에 패하여 허겁지겁 퇴각하는 것을 배(北)라 한다(陰幽之處, 故謂退敗奔走者爲北)."고 풀이했다. 귀사물알(歸師勿遏)은 귀중물추(歸衆勿追)나 귀군물추(歸軍勿追)로 전래본 마다 다양하게 표기되었는데 사(師)와 중

---

107) 鄭玄注：逆, 迎也
108) 左傳, 昭公十三年, 歸楚而不逆

(衆) 그리고 군(軍)은 대체로 같은 의미로 쓰였으나 상황에 따라 약간 미묘한 차이도 있다. 평범하게는 모두 "군대, 군중, 병사" 등의 의미이지만 항상 내재한 의미로 사(師)는 하나의 전역(戰役), 캠페인으로 일으킨 일정 기간 동원된 군대와 병력 또는 책사를 의미하는 경우가 많다. 중(衆)은 자유가 없는 노예 상태로 군에 동원된 병력의 뜻이 있어 엄격한 통제가 필요했다. 군(軍)의 자의는 차양을 치고 작전을 계획하는 지휘부를 뜻한다. 그러므로 본문에서 "歸師勿遏(집으로 귀향하는 부대를 막지 마라)."로 함이 정확하고 문리에 맞는다. 사(師)는 동원되었다가 전투가 끝나고 돌아가는 전쟁에 염증을 느끼는 병력이기 때문이다.

인구에 회자하는 위사필궐(圍師必闕)은 위사유궐(圍師遺闕)로 죽간에 표기되어 비상한 관심을 끌었다. 전래본에 필궐(必闕)인 것은 궐(闕)의 의미가 확대되어 "터주다"라는 뜻에 부연된 것이다. 궐(闕)은《설문해자》에 "문을 보다"[109]라는 뜻이고,《석명》에는 "성의 중앙 양방에 난 길에 선문"이라고[110] 하여 중심이 되는 출입구를 의미했다. 출구를 남김으로써 적을 소멸하지 않겠다는 의지를 보여 적이 필사적으로 싸우지 않도록 하는 부전이승(不戰而勝) 사상이 담겨있다.

이(餌)란 부정한 방법으로 얻은 음식, 독이 든 식량, 미끼 등을 표현하는 말이다. 그러나 역사를 통해 많은 풀이가 황무(荒謬)하여 글자 그대로 이해에 독이 되고 말았다. "이병물식(餌兵勿食)"이란 이(餌)와 병(兵)을 어떻게 끊어 읽는가에 따라 풀이가 달라지는데, 이병을 하나의 단어로 하면 미끼로 사용하는 병력이고, 분리하면 "독이든 음식을 병사로 하여금 먹게"로 달라질 수 있다. 이(餌)라는 단어의 정체는 갑골문이나 금석문에는 아직 발견되지 않고《설문해자(說文解字)》에는 먹이 또는 낚

---

109)　說文解字, 闕 "門觀也"
110)　釋名, 釋宮室 : "闕, 在門兩旁中央闕然為道也."

시 미끼로 풀이되어 있다. 이(餌)는 먹다[食]와 귀[耳]를 합해 음을 이(耳)에서 취한 것이므로 "이"라는 발음은 글자 이전에 "먹을 수 있는 대상"을 지칭하는 말로 존재했을 것이다. 전국시대에는 전투에서 적을 죽이면 전과로 그 귀를 베었다. 그리고 그 적군의 인육은 식량으로 사용했다. 취하다의 취(取) 자 역시 칼로 귀를 베고 식량을 얻는다는 뜻에서 유래했다.

이(餌)의 해석은 갈수록 난감하다. 적에서 취한 식량은 함부로 먹지 말라는 뜻도 가능하다. 《좌전 (左傳)》 양공 14년(襄公 十四年, BCE 559년)에 진(晉)의 제후가 진(秦) 나라에 대항하기 위해 경수(涇水) 강가에서 제후들의 군대를 모아 "경수를 건너 주둔했는데, 이때 진나라 사람들이 경수 상류에다 독약을 풀어 많은 병사가 죽었다(濟涇而次 秦人毒涇上流 師人多死)."의 기록을 근거로 이전(李筌)은 "이병물식(餌兵勿食)"에 "진인대경상류(秦人毒涇上流)"라는 주(注)를 옮겨 달았다. 당의 두목(杜牧)은 이 주(注)를 근거로 "적이 몰래 음식을 남기고 갔다면, 먼저 반드시 시험 삼아 맛을 보고 먹게 해서는 안 된다. 독을 염려하기 때문이다(敵忽棄飲食而去, 先須嘗試, 不可便食, 慮毒也)."라고 했으니 손자의 본의와는 참 많이 빗나갔다.

매요신(梅堯臣)은 이(餌)의 의미를 미끼로 해석하여 "고기가 미끼를 탐하면 죽고, 병사가 먹을 것을 탐하면 패한다. 이병물식(餌兵勿食)이란 적이 아군을 낚으려고 온 것이니 따라가서는 안 된다(魚貪餌而亡, 兵貪餌而敗 敵以兵來釣我, 我不可從)"라고 하여 의미가 접근했다. 장예(張預)는 육도삼략의 예를 들어 "삼략에 이르기를, 향기로운 미끼 아래에는 필히 고기가 걸려있다는 말처럼 고기가 미끼를 탐하면 낚시꾼의 소득이 되고 만다. 이것이 대개 이를 말함이다(三略 曰 香餌之下, 必有懸魚. 言魚貪餌, 則為釣者所得, 皆為餌也)."라고 풀이한다.

유혹과 함정을 피하고 마침내 전쟁에서 승리하여 패전의 귀향자들을 측은히 여긴다면 그는 도(道)에 가까운 자이다. 《도덕경(道德經)》 35장에도 이(餌)라는 의미를 심오하게 다루고 있다. 이(餌)는 자신의 분수가 아니면 욕심을 내지 않는 것이다. "큰 그림(道)을 지니고 천하를 간다면 어디를 가도 장애가 없으며 안전하고 평온하고 태평하다. 음악과 맛있는 음식에는 길을 가던 사람도 발을 멈춘다. 그러나 도의 산물들은 담박하고 맛이 없다(執大象天下往, 往而不害, 安平泰, 樂與餌, 過客止, 道之出口, 淡乎其無味)." 도(道)는 사람들의 이목을 끌지 못한다는 보편성과 평범함에서 평화와 안정의 거대한 힘을 지탱하고 있고, 손자는 노자의 도를 황량한 전장에서 이렇게 꿈꾸었다.

죽간본에 보이는 마지막 "사백육십오(四百六十五)"는 군쟁편의 글자 수를 의미한다. 은작산 한묘에서 발굴된 다른 문헌에도 종종 이와 같은 표기가 각 편의 끝에 보인다.[111]

▣ 죽간본에 따른 〈군쟁〉

부대와 병력을 모으고, 적과 대치하여 진을 치고 부대원을 화합시키는 군쟁보다 더 어려운 것은 없다. 군쟁의 어려움이란 먼 길을 우회해도 곧은 길 같이 여기고, 근심을 이익으로 삼는 것이다. 그러니 그 길을 돌아 우회해 이로운 듯 유인하는 것은, 적보다 늦게 떠나 적보다 일찍 도착하는 것이며 우직지계를 아는 것이다.

군쟁으로 군을 정예롭게 만들고 군쟁으로 위기에 대처한다. 부대 전체를 한 번에 기동하면 그 (선두 부대를) 따르지 못하고, 각기 다른 임무

---

111) 中國國家數字圖書館, 華夏記憶, "吳問 편말 二百八十四", "見吳王편말 千十五"

를 주어 나누어 기동하면 치중부대에 손실을 보게 된다. 그러므로 갑옷을 걷어 올려 묶고 빨리 이동하여 밤낮을 쉬지 않고 하루에 가야 할 거리의 두 배를 강행군하여, 백 리를 나가 싸우면 잘 싸우는 장수도 사로잡히며, 굳센 장병은 먼저 가되 피로한 장병은 뒤에 처질 것이니, 전 병력의 10분의 1 정도만 도달할 수 있을 것이다. 그렇게 오십 리를 나가서 싸움하면 잘 싸우는 장수도 패하며, 병력은 반 정도만 도달할 것이고, 삼십리를 나가서 싸우면 전 병력의 3분의 2가 도달할 것이다.

제후들의 계략을 모르면 (미리) 외교관계를 맺을 수 없고, 산림이나 험한 곳, 늪지 등의 지형을 모르면 행군을 할 수 없고, 지역 안내자를 활용하지 않으면 지형의 이로움을 얻을 수 없다. 그러므로 (군쟁)의 군사운용은 거짓으로 만들어 세우고, 이익으로 움직이게 하며, 서로 갈라놓아 변화에 따라 대치하는 것이다. 그 빠름은 바람 같고, 그 느림은 숲과 같고, 침략은 불 같으며, 움직이지 않음은 산과 같아; 어두운 그늘처럼 알기 어렵고, 그 움직임은 번개와 같다. 부대를 타일러 나누어 방향을 지시하고 적의 성곽과 영지의 이익을 분리하며; (적이든 우군이든 질서를 어지럽히는 자의 머리를 베어 나무에 달아—懸) 움직이게 하니, 먼저 우직지도를 아는 자가 승리한다. 이것이 군쟁의 법이다.

〈군정(軍政)〉이라는 병서에서 말하기를, 말소리가 서로 들리지 않기 때문에 징과 북을 사용하고, 우군이 서로 보이지 않으므로 깃발을 사용한다고 했다. 그러므로 주간 전투에 깃발이 많고 야간 전투에는 북소리가 많다. 북, 징 그리고 부대 깃발 등은 부대원의 이목을 하나로 모으기 때문이다. 부대원이 하나로 뭉쳐지면 용감한 자도 홀로 나아갈 수는 없고, 비겁한 자도 혼자 물러설 수 없으니, 이것이 병력 운용법이다.

전군의 사기를 다 빼앗을 수는 없으나, 장수 하나의 마음은 빼앗을 수 있다. 그것은 아침의 사기는 날카롭고, 대낮의 사기는 나태하고, 저녁의 사기는 쉬고 싶어 하기 때문이다. 따라서 용병을 잘하는 자는 (적의) 왕성한 사기는 피하고, 나태하고 쉬고 싶은 것을 치니, 이로써 기세를 다스린다. 다스림으로 혼란을 막고, 고요함으로 시끄러움을 막는 것, 이것이 부대의 단결(心)을 다스리는 것이다. 가까움으로 먼 것을 막고, 편안히 하여 피로를 막고, 배불리 먹여 굶주림을 막는 것, 이것이 부대의 힘을 다스리는 것이다.

깃발이 정연하면 요격하지 말고, 진영이 당당하면 공격하지 마라. 이것이 상황의 변화를 다스리는 것이다. 그러므로 용병에서 높은 구릉은 향하지 말며, 미끼로 유인하는 병력을 잡지 말며, 궁지에 처한 적을 압박하지 말며, 정예 병력을 공격하지 말아야 하는 것은; 적이 등을 지고 있는 구릉을 마주하지 말라는 것이며, 패주하는 척하는 적을 쫓지 말라는 것이며, 포위된 적에게 빠져나갈 틈을 남기라는 것이며, 집에 귀환하는 적을 막지 말라는 것이니 이것이 병력을 운용하는 법이다.

군쟁편 총 460字

구변(九變)

自古忠孝難兩全
去國隱身爲逋臣
不爲奸世一策謀
天天看　夜夜想
靑梅煮酒論英雄
倣化虐民申彈劾
故人不答而連盃
送君千里終有別
亢龍有悔未九變

자고로 충성과 효도는 둘 다 이루기 어렵고
고국을 떠나 몸을 숨겨 달아난 신하 되어
간악한 세태에 단 하나의 계책도 주지 않았네
낮에 보고 또 보고, 밤에 생각에 또 생각
청매로 익힌 술 놓고 영웅을 논하고
잘못된 것을 본받아 백성을 괴롭힌 자 탄핵을 묻는데
옛 친구는 대답 없이 술만 들이켜고
천 리를 배웅해도 마침내는 헤어지니
높이 오른 용 후회하며 변화하지 못하네

구변(九變) 1

　반드시 변해야 한다는 구변(九變)은 "군사운용의 형세에 일정한 모습이 없는(兵形無象)" 것에 관한 인식적 논제이다. 인간에 대한 믿음이 어려운 전국시대에 인치(人治)에 모든 것을 걸어야 한다면, 비록 어둡더라도 교화하여 문명(文明)을 이뤄야 하는 것이 갑옷을 입은 유가(儒家)의 이상이었다. 그리하여 군유(軍儒)는 전장에 나아감에 전장 환경에 인간이 적응하는 것이 아니라 인간에게 맞는 전장 환경을 만들어가야 한다고 주장한다. 그것은 상황의 변화이기도 했다. 인간을 다스리는《손자병법》인재(人才)의 편(세(勢), 실허(實虛), 군쟁, 구변, 행군)은 지극한 인치에 대한 현실론이고 그 실제이다.

　손자가 보는 인치에서의 인(人)은 성인이 아니라 사유의 실마리로써 인간에 대한 모든 지식이다. 서구 철학자로서 동양적 사유에 근접해 있는 장 자크 루소(Jean Jacques Rousseau)는 "모든 지식은 자신에서 모범을 취해 자기 성찰로써 얻어진다."고 주장해 경박한 낙천주의를 신봉한다고 비난받았지만, 이것은 동방사상의 핵심을 말한 것이었다. 인간 속에서 자연적 질서를 취할 수 없었다면《손자병법》이라는 위대한 사유는 나타나지 않았을 것이다. 군쟁편에서 보았고 이어서 구변편에서 보게 되지만, 손자가 보는 인간은 이중적이며 분열적 존재이다. 어떠한 통일적인 모습으로도 설명되지 않는다. 거기에 모든 사건, 사물의 양면을 보는 중국적 사유가 중심에 자리 잡고 있다. 인간과 전장환경 역시 양면을 보도록 "듀얼객주화(Dual 客主化)"－주관과 객관이 혼합되고 피아가 구분이 없는－ 하여 해석은 여전히 혼란하다. 인간은 스스로 동력을 가져 의욕적으로 보이기도 하고 노예처럼 끌려가는 대상이기도 하다. "이성의 말에 귀를 기울일 때는 능동적이지만 격정에 사로잡히면 수동적이 된다."라고 한 루소의 말이 다시 상기된다.

변(變)에 대한 《중용》에서의 풀이는 물리적 바뀜, 역물변리(易物變理)
이다.[112] 이(理)를 바꾸는 것은 이성으로써 더욱 이성적이라 풀이할 수 있
다. 욕망으로 욕망을 제어할 수 있다면 역시 이(理)를 바꾸는 것이다. 작
전환경의 변리(變理)를 설명하고 이해하기는 쉬운 일이 아니지만, 구변
편(九變篇)을 지나며 어느 정도 감득하게 된다. 물(物)이 바뀌는 것은 격
물치지(格物致至), 후천적 지식에 이르러 사물을 보는 인식이 바뀌는 것
이니, 전장을 관찰하여 합리적 근거를 포착하는 것이다. 인간 속에 든 자
연의 질서가 혼란되면 그것이 바로 상황(Situation)이다. 필자에게는 구
변이 무질서에 의한 사태, 상황으로 이해함이 더욱 편하다. 최근의 서구
손자 연구가들은 구변을 "Variations and Adaptability(변화와 적응)"으
로[113] 원문에 충실하게 근접했지만, 구변(九變) 안에는 인간의 어둠과 무
질서, 악의 또한 숨어 있음을 간과할 수 없다. 구변의 구(九)를 무한의 수
로 보아 "혼돈의 상황"으로 보는 주장과 "아홉 가지 상황"으로 보는 주장
은 논의가 무의미하다. 다만 《주역(周易)》에서 구(九)는 양효의 뜻이며
적극적 움직임으로 표현되는 노양(老陽), 양이 극에 달해 변하지 않을 수
없는 상황)을 뜻한다. 조조는 구변편의 서두에 조금은 추상적인 주를 달
았는데, 구(九)를 주역에 기초한 용구(用九)로 본 것은 그가 세련된 사변
적 성격이었음을 엿보게 해 준다.[114] 그러나 이어지는 11가주의 해설은 구
(九)를 산술적 의미로 보거나 장예(張預)처럼 아예 군쟁과 구지(九地)를
잇는 프로세스 안의 "구지지변(九地之變)"으로 본 폐를 가져왔다.[115] 구변

---

112) 사태, 사물, 상황을 바꾸고 이치를 변화시킴

113) Chow-Hou Wee (2003), "Variations and Adaptability"/ Roger Ames (1992),
"Adapting to the Nine Contingences"

114) 송본 11가 주, "曹操曰 變其正得其所用九也"

115) 송본 11 가 주, "張預曰 變者不拘常法 臨事適變從宜而行之之謂也 凡與人爭利必知九
地之變 故次軍爭"

은 9가지 변화가 아니라 인간의 의지로 제어하는 상황이다.[116)]

주자(주희)가 《주역본의》에서 건괘(乾卦)의 용구(用九)를 풀이하면서 "구(九)는 노양(老陽), 육(六)은 노음(老陰)이므로 이들은 변화하려 한다. 그러므로 9를 가지고 양효를 대표 시키고, 6을 가지고 음효를 대표 시킨다. 용구(用九)에서 '뭇 용(龍)을 보는데 머리가 없다(見群龍无首)'고 하고, 용육(用六)에서 '항구하게 올곧음에 이롭다'고 한 것은 9와 6이 반드시 변한다는 뜻을 거듭 분명히 한 것이다. 9는 어째서 반드시 변하는가? 그것은 양이 극하면 항(亢)이고, 항(亢)은 흉이기 때문이다. 즉, 뭇 용(龍)을 보았는데 머리가 없다는 상황은 (본질과 떨어진 위기이니) 변화할 수 밖에 없고 그러므로 길(吉)하게 된다."라고 한 것은 구변(九變)의 구(九)에 대한 이해에 도움이 된다. 구(九)는 항룡(亢龍)이어서 반드시 변화해야 하는 상황이다.

구변(九變) 2

과도한 충족을 두려워한 동방사상의 가르침이 늘 몸을 비워 변화를 갈구한다는 것은 또 다른 충족이고 자유를 향한 변태이다. 대저, 구(九)는 용(龍)이며 변화인데, 변화를 모르면 인간이 전장을 지배하는 것이 아니라 전장이 인간을 지배하게 된다. 마치 오늘날 인간이 시장을 지배하지 못하고 시장이 인간을 지배하는 처참한 처지와 같다. 《손자병법》의 구변편(九變篇)을 잘 읽기 위해서, 쉽게 우선은 "구(九)는 용(龍)이며 용(龍)은 용(用)이다."라고 정하고 용변(用變)의 의미로 접근하길 권하고 싶다. 그

---

116) 구지 1 참조

러므로 전장에 인간이 적응해야 하는 비인간을 피하고, 지금의 시장 권력이 만들어 내는 전쟁의 시장화 역시 감시할 수 있다.

서구사회에 《손자병법》이[117] 처음 소개된 것은 일반적으로 중국에 들어와 출사한 제주이트교 신부 장 요셉 마리 아미오(錢德明, Jean Joseph marie Amiot)의 파편적 프랑스어 번역(1772년)으로 알려졌으나, 명백한 오역과 잘못된 주석들이 너무 많고 그 해석이 황무하다. 최초의 영어 번역은 1905년 영국군 대위였던 칼드롭(Everard Ferguson Calthrop)에 의해 부분적으로 시도되었고 가장 완전하다고 평가된 영문 번역은 1910년 자일스(Lionel Giles)가 출간한 것이었다. 그러나 손자의 진의가 전달되기에는 그 "무거운 정신"에 가로막혀 막다른 구름 위에 있었고, 때로는 다른 서구적 관점에서 참신한 본의가 되돌아온 경우도 발견할 수 있다. 《손자병법》은 중세 아랍지역이나 페르시아의 일한국에서 일어난 몽골제국의 후예들이 기록물을 내기 시작한 14세기 초에 이미 그 개념과 사상이 세계화되기 시작했을 것이라는 추측은 할 수 있다.

---

117) 《손자병법》의 서구사회 번역에 관한 中國 國防部뭐의 자료 : The Seven Classics on war art" entered the Western world in the 18th century. In 1772, the French Jesuit Jean Joseph Marie Amiot selected several famous Chinese military books for translation, with Joseph De Guignes as the editor. Called The Chinese Art of War, it was published by the Didot Publishing Company in Paris. The book included Sun Tzu's Art of War and The Methods of the Sima; these were the earliest translations from "The Seven Classics on war art" to appear in the West. Written on the title page of this translation was: "I hope that the Chinese art of war books become required for military officers as the main content of their exams." The French academic world at that time thought very highly of this translation, and in 1782 it was reprinted by the Nyon Publishing Company. In 1948 a French scholar created annotations for Amiot's translation and wrote a very insightful introduction and foreword, and it was published again. In 1860, Sun Tzu's Art of War was translated into Russian by Sreznevskij. By 1957, the Soviet Union had published another translation which became fairly influential, by J.I. Sidorenko, with a foreword by the military theoretician Major-General J.A. Rasin. In 1905, the English Captain E.F. Calthrop completed the first English language translation of Sun Tzu's Art of War, which was published in Tokyo. The English sinologist Lionel Giles completed a different translation into English in 1910, which was published in London. Later translations appeared in the Americas, primarily the United States, and Bruno Navarra's translation, the first in German, was also published in 1910.

서구사상의 독소가 어느 정도 해독된 21세기에 이르러 그 제독(除毒) 과정에서 기원전 12세기 은(商)의 멸망과 더불어 일어난 인문의 르네상스가 이와 유사했음을 떠올리지 않을 수 없다. 인간성을 가로막았던 그 무거운 정신은 종주(從周) 주의자인 공자에 의해 세상 밖으로 쫓겨나고, 비로소 인간 내부의 자연 질서가 회복되었다. 다른 제자백가의 서술과 더불어 《손자병법》 역시 그런 시대 정신에서 탄생했고 그 정신과 시대 언어로 읽을 수밖에 없다. 그리하여 인간은 어떤 모습인가를 떠나서 그 모습을 그리는 태도를 인(仁) 하게 여긴 것이다.

구변편(九變篇)은 상징적 언어로 되어 있고, 지금까지 손자의 문세(文勢)인 리얼리즘이 가시고 당혹스런 파라독스도 엿보인다. 그 행간에 깊이 숨은 의미는 상황과 장소에 갇혀 전쟁하는 것이 아니라, 전쟁을 그 상황과 장소를 택해 하는 것이다. 실허(實虛), 군쟁에서 나타난 "생각의 자유"를 더 전개 시킨 것이 구변이다.

죽간본 : (孫子曰 凡用兵之法, 將受命於君 合軍聚衆)

전래본 : 孫子曰 凡用兵之法, 將受命於君 合軍聚衆.

손자 말하기를 용병법에, 장수가 상급부대에서 명령을 받아 부대와 병력을 모은다.

전래본에는 위 문구가 군쟁편(軍爭篇)의 첫 문구와 똑같으나 죽간본의 군쟁편 서두에는 없었다는 것을 확인할 수 있었다.[118] 구변편의 죽간은 거의 파편으로만 발굴되어 지극히 일부만 해독하였는데, 매 죽간 한 편[片竹]의 자수(字數)와 한 묶음의 책(冊)에 들어 있는 글자 수를 구명하면 원본의 자수를 추측할 수 있다. 죽간 내의 글자 수를 따지는 공간분석

---

118) 군쟁 1, 죽간 68행

은 죽간의 상태에 따라 많은 제한이 있어 원형의 모습에 대한 확신을 주지 못하나, 위 문구는 죽간 82행에 "범용병지법 장수명어군 합군취중(凡用兵之法 將受命於君 合軍聚衆)"의 14자가 잔멸된 공간에 들어갈 자리가 있어 본래 있었을 것으로 추정된다. 이 구절이 군쟁과 구변 모두에 있었다는 주장은 더 나아가 장수명어군(將受命於君)을 장수명어군(將受命於軍)으로 수정하였는데 이는 군 통수권자로부터 받은 명시된 임무를 추정된 과업으로 재해석하여 다시 예하 부대에 하달하는 지휘계통을 연상시켜, 과연 현대적 군의 명령체계로 전국시대의 수명 절차를 이해할 수 있는 것인지 의문이다.

그러나 전례본을 통해 "징수가 싱급부대 또는 (임금)에서 명령을 받아 부대와 병력을 모으면"이라는 구절이 반복된 것은 이어지는 전술 행동에 대한 명령의 재진술(Restate)에 해당하므로 그 가치가 인정된다. 다시 정리하면 명령의 정당성을 되묻고 동원령을 선포 군사(軍師)를 모으는 주체(君主 또는 民主)의 정통성을 확인하는 절차를 반복한 것은 합리적이다. 이것은 몇 구절 뒤에 이어지는 "임금의 명령에는 받지 말아야 할 것이 있다(君令有所不受)"에 대한 원리적인 대답을 준비한 것이고, 군 지휘부에서 각급 제대로 내려지는 명령의 변화와 전술적 판단이 융통성 있게 이루어져야 하는 구변(九變) 전체 이야기의 서문과 같다.

구변(九變) 3

죽간본: (泛地無舍), 瞿地(合交, 絕地無留, 圍地則謀, 死)地則戰
개활지에는 숙영하지 말며, 네거리 교통 요충지에서는 우군 전력과 연합하고,

끊어진 곳에서는 머물지 말며, 포위의 상황에서는 즉시 계책을 세우며, 사지에 이르면 바로 싸우라.

전래본 : 圮地無舍, 衢地合交, 絶地無留, 圍地則謀, 死地則戰
무너지는 땅에서 숙영하지 말며, 네거리 교통 요충지에서는 외교에 힘쓰고, 끊어진 곳에서는 머물지 말며, 포위의 상황에서는 즉시 계책을 세우며, 사지에 이르면 바로 싸우라.

지(地)는 처지(處地)이며 상황이다. 어쩌면 심리학적 장(場) 이론에 해당하는 것과 유사하다. 《손자병법》의 지(地)는 장소와 시간과 처지 그리고 인과 관계가 얽혀 이루어진 상황이다. 사지(死地)라 하면 죽음의 땅이어서 꼭 결전해야 하는 장소를 떠나 전투지역 안에 살상반경, 임기표적 (臨機標的, Pay-off Target)과의 교전을 위한 주어진 조건이다. 그러므로 굳이 땅의 조건이 아니라 상황이다. 어느 작은 섬이 적으로부터 포격을 받는 순간 그곳은 평화로운 땅이 아니라 사지이며 바로 응전해야 시간 안에서 자위권을 행사할 수 있게 된다. 사지(死地)는 그렇다면 국제사회에서 분쟁지역의 자위권 행사가 점점 어려워지고 있는 때에 어떤 정치 외교적 고려 사항 없이 바로 대응할 수 있는 전술 황금 시간이 자리한 땅이기도 한 것이다.

전래본의 의미가 잘 통하지 않아 현대 중국학자들은[119] 위의 문구를 "절지무류, 구지합교, 복지무사, 위지즉모, 사지즉전(絶地無留, 衢地合交, 覆地無舍, 圍地則謀, 死地則戰)"으로 수정했다. 그리고 그 이유는 뒤에 이어지는 구지편(九地篇)과 상응해야 하며, 구변(九變)이란 바로 구지 (九地)의 장소적 양태인 9가지(散, 輕, 爭, 交, 衢, 重, 圮, 圍, 死) 땅과 연

---

119) 〈孫子兵法論正〉, 대만 책략연구센터

계되어야 한다는 것이다. 그러나 이것은 상황을 공간적 개념에만 묶어 놓은 난센스이다. 위 문구가 죽간본 82행에는 훼손이 심해 원래 글자가 무엇인지는 알 수 없으나 구지편의 죽간 105행에는 산(散)을 제외하고는 경(輕), 쟁(爭), 교(交), 구(瞿), 중(重), 범(汜), 위(圍), 사(死)가 여실히 표기되어 있다.

범(汜)은 범(泛)과 통가자이다. 죽간의 범지(汜地)는 교본으로 병법을 필사하는 과정에서 자형이 비슷하여 오해되었을 것이다. 태평어람에는 비지(圮地)를 사지(汜地)로 표기하여 해석의 차이를 보이고 있다. "사지(汜地)에는 숙영하지 않는다. 의지할 곳이 없기 때문이다. 구지(瞿地)에는 각 진영과 교류한다. 제후와 동맹해야 하기 때문이다. 절지(絶地)에는 머무르지 않는다. 오래 멈춤이 없기 때문이다. 위지(圍地)에는 책략을 꾸민다. 기책(奇策)으로 싸워야 하기 때문이다. 사지(死地)에서는 바로 싸운다(汜地無舍, 無所依也 瞿地交舍, 結諸侯也 絶地無留, 無久止也 圍地則謀, 發奇兵也 死地則戰)."[120]

비지무사(圮地無舍)의 전통적인 해석은 "비지에서는 숙영하지 마라." 인데, 비(圮)와 이(圯), 사(汜)의 혼동이 일어나 글자의 원형을 의심케 하는 여러 문헌이 보인다. 사고전서(四庫本)의 《태평어람》에는 "강의 지류가 합해지는 지역"을 사(汜)라고 풀이하였는데 이는 범(汜)과 자형이 비슷하여 오독된 것이다. 다시 사(汜)는 사(巳)와 음이 같은데,[121] 사(巳)는 갑골문 초기에 농기구 보습을 뜻하는 사(耜)라는 글자로 상나라에서 시작하여 전국시대 이래 사용한 오래된 글자이다. 글자의 자형을 보면 가래 뢰(耒)에 사(巳)를 합한 것임을 알 수 있다. 즉, 경작하여 땅을 일궈 놓은 곳이다. 그러므로 민폐를 끼치지 않기 위해 손자 사상의 맥락에 맞게

---

120) 太平御覽, 兵部三, 將帥上
121) Baxter-Sagart Old Chinese by MC initial, final, and tone, 2011: page 183

"백성이 경작하고 있는 땅에는 주둔하지 마라."는 해석도 가능하게 된다. 어쨌든 범(氾)은 사(汜)로 오해되고 옮겨 표기하는 과정에서 같은 사(巳)에서 유래한 허사 이(巳)로 바뀌었다. 이것은 강이 만나 제방을 이룬 "흙다리 이(圯)"로 그리고 무너질 비(圮)로 곡해되었다고 전래본을 의심하지 않을 수 없다.

구변편은 지형분석의 전술적 측면보다는 전술 상황 분석의 작전적 측면이 더 강하게 의도된 손자의 상황지도(狀況指導) 문장으로 구성되어 있다. 그러므로 사지무사(耙地無舍)로 복원하면 작전지역의 민사(民事), 심리(心理)를 아우르는 중요한 문장이 될 수 있다. 일부 통행본에[122] 이것을 뒤에 이어지는 구지편에 장소적이며 전술적 측면에 부합하려 복지무사(覆地無舍, 뒤집혀 통행이 어려운 땅에는 주둔하지 않는다.)로 교정한 것은 그 근거가 궁색하다.

구변(九變) 4

죽간본 : (途有所不由, 軍有所不擊, 城有所不)攻, 地有所不爭, (君令有所不行)

전래본 : 途有所不由, 軍有所不擊, 城有所不攻, 地有所不爭, 君令有所不受

길에 가서는 안 될 길이 있으며, 적군에 쳐서는 안 될 군대가 있으며, 성에 공격해서는 안 될 성이 있으며, 땅도 쟁탈해서는 안 될 땅이 있으며, 임금의 명령이라도 시행하지 않을 바가 있다.

상황은 복잡해졌다. 그러나 그럴수록 유연해야 한다. 전통적으로 오

---

122) 위의 주 5.

변(五變)으로[123] 잘못 해석된 사변(四變)은[124] 유도(由途), 격군(擊軍), 공성(攻城), 쟁지(爭地)로 현대적 의미에서는 모두 기동(Maneuver)이다. 상황의 자의적 해석이나, 매너리즘을 경계한 위 문구는 당연한 것도 당연하지 않다는 긴장감으로 독자를 몰아간다.[125] 인간은 모르는 영역과의 갈등을 자신의 유사한 경험으로 해소하려는 경향이 있다. 인간은 모두 완전한 인간성을 지니지 않았기에 인간이다. 그에게 부여된 무한한 변화(九變)는 가야 하는 길도 목적지가 다르고, 격파할 군진도 형세에 힘을 합하지 못하며, 공격할 성은 비어있고, 다투어 얻은 땅은 사지(死地)일 수 있다. 그래서 임금으로부터 명령을 받지 말아야 할 상황(전래본, 君令有所不受)이나, 명령을 받아도 시행하지 않을 상황(죽간본 四變, 君令有所不行)에 처하게 된다.

은작산 한묘에서 같이 출토된 《사변(四變)》에 "君令有所不行(임금의 명령에는 실행하지 않아야 할 것이 있다)."는 사변의 고전적 근거를 마련해 주었다. 임금의 명령은 상황의 변화에 따라 실시하지 않을 수 있다. 그러므로 4가지 상황 변화에 군령무소불수(君令有所不受)와 같이 명령을 받지 않는다는 것은 잘못된 표현이다.

작전명령에서 목적을 이루기 위한 "임무"와 이를 구체화한 수단과 방

---

123) 조조(曹操), 가림(賈林) 등은 九變의 부분으로 五變 (途:糧充 軍:兵銳, 城:將智, 地:地勢 君:臣忠, 不測之變而不攻)을 다루고 五事, 五利와 연계한 해석을 내놓아 후에 태평어람(太平御覽 兵部三 將帥上, "治人不知五變 雖知五利 不能得人用之矣") 이나 길천보(吉天保 校曰 "九變 一云五變")에 五變이 격식화하는 오류가 발생한다.

124) 은작산 출토 죽간 《四變》 279자 徐(途)有所不由 軍有所不擊 城有所不攻 地有所不爭 君令有所不行. 徐(途)之所不由者 曰 淺入則前事不信 深入則後利不椄(接) 動則不利 立則囚 如此者 弗由也. 軍之所不擊者 曰 兩軍交和而舍 計吾力足以破其軍 獲其將. 遠計之有奇執(勢) 巧權於它 而軍……□將. 如此者 軍唯(雖)可(擊) 弗擊也. 城之所不攻者 曰 計吾力足以拔之 拔之而不及利於前 得之而後弗能守. 若力不足 城必不取. 及於前 利得而城自 利不得而不為害於後. 若此者 城唯(雖)可攻 弗攻也. 地之所不爭者 曰 山谷水□能生者 □□□而□□……虛 如此者 弗爭也. 君令有所不行者 君令有反此四變者 則弗行也. □□□□□□□□□行也. 事……變者 則智(知)用兵矣.

125) 이 구절은 용간편 (용간 12)에서 다시 반대 상황으로 재진술된다.

법인 "실시"가 같은 문단이나 페이지에 쓰여 있을 수 없다. 무대를 보는 정치가와 전쟁 무대(Theater Army) 위에 올라 있는 장수의 상황과 그 판단은 다르다. 앞의 모공편에 이미 "임금이 제어하지 않는 자가 이긴다. (君不御者勝)"라는 명언이 등장한 것은 정치적 명제와 군사적 명제를 한 상황에서 어지럽히지 말라는 것이었다.

역사적으로 정치가의 간섭으로 패전한 기록이 많지만, 이 구절을 극명히 증명한 사례가 1962년 발간된 《히틀러와 그의 장군들》[126] 이라는 책에 잘 나타나 있다. 1942년 겨울부터 독일은 전 전선(유럽, 러시아, 북아프리카)에서 후퇴하기 시작한다. 11월 4일 롬멜은 엘 알라메인에서 퇴각했고, 11월 8일 아이젠하워의 미군이 모로코와 알제리에 상륙했다. 11월 19일과 20일에는 러시아군이 스탈린그라드(지금의 볼고그라드)의 북서부와 남쪽에서 과도하게 신장한 독일의 병참선을 차단하고, 22일에는 러시아군이 스탈린그라드에서 독일 제6군을 포위했다. 전쟁의 전기(戰機)가 변하고 있는 급박한 구변(九變)의 상황이었다. 1942년 12월 1일 저녁 8시 20분 히틀러는 전쟁 상황실 벙커에 나타나 그의 "독특한 견해"를 말하기 시작한다. 총통(Führer)은 요들(Jodl) 원수, 카이텔(Keitel) 장군 등의 전선상황을 통찰한 의견을 대부분 받아들이지 않았다. 괴벨스의 일기[127]에는 장군들이 총통을 속이고 있고, 장군들은 총통의 말을 "비전문적"이라고 무시했다고 적고 있다.

그러나 《히틀러와 그의 장군들》의 편집자인 헬무트 하이버(Helmut Heiber)는 독일군의 전세가 내리막길로 가는 상황에서, 꼭 "히틀러의 전

---

126) 1942년 12월부터 1945년 4월까지 2차대전의 종반 무렵 유럽과 러시아, 북아프리카 전역의 독일군 전쟁지도를 기록한 상황실 기록 "Stenographic record"이다. 〈HITLERS LAGEBESPRECHUNGEN, Die Protokollgragmente seiner militärischen Konferenzen 1942-1945〉
127) Goebbels Diaries p280

쟁 지도"로 인해 패전으로 치달았다고 평가하기는 어렵다고 책의 서문에서 밝히고 있다. 히틀러의 전쟁 지도에는 명석한 비전이 있었고, 단호함 그리고 새로운 기술력의 무기화에 탁월했으며, 전쟁 역사와 군사 이론에 초인적인 기억력을 가지고 있었다. 그런데 왜 상황이 악화된 것일까? 상황을 복잡하게 한 그의 정치적 상징성에서 해답을 찾을 수 있을 것이다. 전장에서 빠르게 대처해야 할 문제들이 정치가의 테이블에서는 다른 속도와 방향으로 변질하기 쉬웠을 것이다. 독일 육군의 찬란한 전문성이 정치적 간섭으로 무너지면서, 지하 벙커 상황실에서 지도 위에 그려진 상황은 점점 비현실적으로 되어가고 아첨꾼이 지휘하는 군대는 패망했다.

위 문구와 관련하여 전국시대에 춘추를 해석한 《공양전(公羊傳, 襄公十九年)》에는 "대부가 임금으로부터 명령을 받아나오면, 군의 진퇴 여부는 대부 스스로 판단한다(大夫以君命出, 進退在大夫也)."라는 말이 보인다. 이것 역시 임금의 상황 간섭을 경계한 것이다. 수당 시대의 문헌으로 태백음경(太白陰經, 卷二, 地勢篇)에는 "그러므로, 성에 공격해서는 안 될 성이 있다는 것은 (작전목표)와 계획에 맞지 않기 때문이다. 땅을 차지할 필요가 없다는 것은 이익을 발견하지 못했기 때문이다. 임금의 명도 듣지 않을 바가 있는 것은 유리한 방법이 아닐 수 있기 때문이다(是故, 城有所不攻, 計不合也 地有所不受, 未見利也 君命有所不聽, 不便事也)."고 하여 상황의 변화에 민첩하고 융통성 있게 대처해야 한다고 말하고 있다.

죽간본 : (故將通於九變之利, 知用兵矣 ; 將不通)於九(變之利, 雖知地形, 不)能得地(之利矣)

전래본 : 故將通於九變之利, 知用兵矣 ; 將不通於九變之利, 雖知地形, 不能得地之利矣

> 장수가 수많은 변화(九變)의 이점에 통달하면 용병법을 잘 아는 것이요, 장수가 구변의 이점에 통달하지 못한다면 비록 지형을 안다 하더라도 지형의 이점을 능히 얻지 못할 것이다.

《사변(四變)》에 관해서는 일설로 그 상황 변화의 관계가 전략적 층을 이루고 있다고 분석한 글이 관자(管子)에 보인다. 도, 군, 성, 지(途, 軍, 城, 地)는 도(道)가 있는 전쟁이라면, 그리고 그 나라에 왕도(王道)가 행해지고 있다면, 전략 단계와 계층(Tier of strategy)이 서로 유기적으로 돕고 있다고 보는 것이다. 군대(軍)와 도시(城)와 지역(地)은 각각 의존적인 전략요소를 가지고 있다. 관자(管子)에 "지역을 지키는 것은 성에 있고, 성을 지키는 것은 군대에 있으며, 군대를 지키는 것은 사람에 있으며 사람을 지키는 것은 식량에 있다."[128]고 하여 식량으로 사람을 모으고 사람으로 군대를 만들며 군대로 성을 짓고 성으로 지역을 지키는 전략관계를 설명한다. 당(唐) 위징이 편한 군서치요(群書治要)에는 군의 존재 이유를 역설하면서 "땅이란 백성을 키우는 곳이요, 성은 땅을 지키는 것이요, 전쟁은 성을 지키는 것이다. 그러므로 경작에 힘써 백성이 굶주리지 않고, 수비에 힘써 그 지역이 위태롭지 않고, 전쟁(국방)에 힘써 그 성이 포위되지 않는다. 이 세 가지는 선왕들이 힘쓰는 근본이었다. 군대야말로 최우선이다."[129]라고 주장한다.

그러나 이런 전략 요소가 《사변(四變)》 속에 들어 있는 것은 그 변화무쌍함이 무량하기 때문이다. 도형(途形), 군형(軍形), 성형(城形), 지형(地形)이 인간의 인지능력 경계에서 반드시 변화하는 것이고 그러한 변화는

---

128) 管子, 權修, "地之守在城, 城之守在兵, 兵之守在人, 人之守在粟"

129) 群書治要, 尉繚子, "戰威地所以養民也, 城所以守地也, 戰所以守城也 故務耕者, 其民不飢 ; 務守者, 其地不危 ; 務戰者, 其城不圍 三者, 先王之本務也, 而兵最急矣"

다른 변화에 영향을 주는 점증되는 순환의 고리를 가지고 있었다. 그래서 손자는 이렇게 말을 잇고 있다.

구변(九變) 5

죽간본 : (治兵不知九變之術, 雖知五利, 不能得人之用矣)

전래본 : 治兵不知九變之術, 雖知五利, 不能得人之用矣

군사를 다스리는데 구변의 전술을 모른다면 비록 오리(五利)의 이점을 안다 해도 군사운용의 원하는 바를 이룰 수 없다.

이 구절이 자리한 죽간 84행은 잔멸되어 보이지 않는다. 일설에는 오리(五利) 보다는 구리(九利)가 문맥에 맞는다고 주장한다. 그러나 전래본의 오리(五利)가 오변(五變)이라는 오류에서 나온 귀납적 결과라면 죽간은 구변술에서 얻어지는 수많은 이점[九利]으로 표기되었을 것으로 유추할 수도 있다. 그러나 한편 구변(九變)의 구(九)를 변화의 한계에 다다른 의미의 허수(虛數)로 보지 않고 아홉 가지 변화의 가능성으로 따진 실수(實數)로 본 결과일 수 있다. 구(九)는 손자에게서 사(四)와 오(五)로 분화되기도 한다. 구지편(九地篇)에 보이는 "사오자(四五者)"가 구지를 가리키듯[130] 사변오리(四變五利)는 구변을 지칭할 수 있다.

그러므로 뒤에 따르는 다섯 가지 이점(五利)을 서로 상응되게 아홉 가지 이점(九利)으로 맞추어 놓은 문헌도 보인다.[131] 죽간의 표기가 무엇이

---

130) 구지 21 "四五者, 一不知, 非王 霸之兵也"

131) 〈孫子兵法論正〉, 대만 책략연구센터

었든 간에 이점에 관한 논쟁은 별로 의미가 없다. 앞의 형(形)편(軍形篇)에 "구지(九地) 아래 숨고 구천(九天) 위에 움직인다(藏於九地之下, 動於九天之上)"처럼 구(九)를 형이외(形而外)로 본다면 구변(九變)의 의미가 더 깊어진다. 손자의 문리(文理) 속에서는 구(九)는 허수이고 오(五)는 실수로 보는 것이 해석에 무리가 없다. 손자에서 오(五)라는 수는 구체적으로 구변편의 오리(五利)와 오위(五危)(다섯 가지 이점과 위기), 모공편의 오승(五勝, 다섯 가지 승리), 용간편의 오간(五間, 다섯 가지 간첩) 등과 같이 다섯 가지 숙지할 사항을 나열한 것이다. 전래본의 오리(五利)는 앞에 기술한 도(途), 군(軍), 성(城), 지(地), 군(君)의 전략적 이해관계를 간파한 장수의 유리함을 말한다. 그러나 그 오리(五利)를 알더라도 헤아릴 수 없는 변화의 가능성에 대비하지 못하면 의도하는 군사운용을 할 수 없게 된다.

전국시대의 자형과 의미에서 득(得)은 오늘날의 "얻다" 보다는 원하는 욕망을 채운다는 뜻이었다. 이 글자는 손(手)으로 조개(貝)를 만지는 상형에서 유래했지만, 실제는 갑골문에 성적 욕망의 표현으로 정사(Sexual Intercourse)의 모습인 식(食)과 함께 사용되었다. 득(得)은 적에게서 얻는 취(取)와는 달리 우호적 조건에서 얻는 설득이나 양해의 결과이다.

죽간본 : (是故, 智者之慮, 必雜於利害. 雜於)利, 故務可信; 雜於害, 故憂患可(解也)

그래서 지혜로운 자의 생각은 반드시 이와 해를 함께 고려한다. 해로운 일이라도 이로운 점을 보아야, 맡은 일을 펼칠 수 있고; 이로운 일이라도 해로운 점을 생각함으로써 우환을 풀 수 있다.

전래본 : 是故, 智者之慮, 必雜於利害. 雜於利而務可信也; 雜於害而患可解也

> 그래서 지혜로운 자의 생각은 반드시 이와 해를 함께 고려한다. 이로운 일에 섞어 맡은 일을 펼칠 수 있다; 해로운 일에 섞어 근심을 해결할 수 있다.

신(信)은 굴신(屈伸)의 신(伸)과 같이 읽는 가차자이다.[132] 죽간과 전래본의 차이가 미소한 것 같으나 전개되는 사고에 따라 해석을 달리할 수 있다. 역시 사물의 양단을 균형 있게 이해해야 하는 사유의 결과이다. 노자(老子)의 유물혼성(有物混成)처럼 사태의 존립에는 언제나 무엇이 섞인다. 우주는 혼잡(混雜)하며 선과 악이 양존하니 그것이 도의 모습이다. 구변에서 이해(利害)가 혼재한 것은 인간의 자연적 본성을 따라야 하기 때문이었다. 자연(道法自然)이라는 단어가 최초로 등장하는 도덕경 25장을 통해 위 문구를 바라보면 죽간본이 무위적(無爲的)이며 전래본이 인위적(人爲的)임을 알 수 있다. 죽간은 이해의 혼성(利害之混成)으로 사태의 변이가 동시적이다. 그러므로 일을 힘써 추진하며 확장할 수 있고 이미 내재하고 외연에 있는 우환(憂患)의 문제를 같이 해결한다. 무한한 변화에 대처가 능동적인 자연스러운 관점의 문제였다.

그러나 전래본은 사태가 인위적으로 고립되어 있다. 조건에 따라 변이되므로 따라잡기 어렵다. 고의로 상황을 개척하는 동안 미궁에 빠질 수 있고 인간성의 악화를 가져올 수 있다. 전래본의 해석은 조조(曹操)에 의해 완성되었는데, 그는 인간 내면의 자연성을 인위적으로 구축한다. 조조(曹操)는 위 구절에 대해 이렇게 말하고 있다. "이익이 있으면 해를 생각하고, 해가 있으면 이익을 생각한다. 어려움을 당하면 권위로 행하는 것이다(在利思害, 在害思利, 當難行權也)" 그러면서 이어지는 문구를 "적이 할 수 없다는 판단이 서면, 나에게 해로운 다섯 가지 처지라도 가히 펼쳐 힘쓸 수 있는 바가 있다(計敵不能, 依五地爲我害, 所務可信也)"

---

132) 정현(鄭玄)의 注 "信, 讀如 屈伸之伸, 假借字也"

라고 풀며 상황을 밀어붙인다. 이 말은 목적이 선하다면 수단과 방법이 악해도 정당하다는 뜻이 된다. 조조는 원소와의 전투에서 군량이 떨어져 군심(軍心)이 어수선하고 버틸 수 없을 때 이런 사실을 보고한 병참 담당에게 군량을 빼돌렸다고 죄를 씌워 참하여 급한 상황을 해결한다.

조조는 상황의 이해관계를 동시에 보는 듯하나 실상은 상황을 고립시켰다. 죄 없는 부하의 목을 베어 상황을 타결한 것은 작은 것을 희생하여 큰일을 도모한 것일 수 있으나, 진정성 있는 득인(得人)에 실패하여 후에 적벽 대전에서 패하는 원인의 하나가 된다. 구변은 사람다움을 중심으로 하는 상황의 변화이다. 더욱이 인간에게는 이해관계를 넘어서는 관계가 있다. 그것이 인(仁) 아닌가? 그러므로 그는 인(仁) 하지 못하여 후세에 간웅(奸雄)으로 비난받았다.

구변(九變) 6

> 죽간본 : (是故. 屈諸侯以害, 役諸侯以業, 趨諸侯以利)
>
> 전래본 : 是故, 屈諸侯者以害, 役諸侯者以業, 趨諸侯者以利
>
> 하여, 해로움으로 제후들을 굴복시키고, 일거리를 주어 제후들에 힘든 짐을 지우고, 이익으로 제후들을 좇게 한다.

제후(諸侯)란 무엇인가? 주 왕실의 권위를 독점한 패자(覇者)의 말투로 된 위 문구는 제후가 잘 다루어야 할 골칫거리로 보인다. 제후는 패권을 꿈꾸는 실력자이며, 적과 동지로 구변(九變)하는 이웃 나라다. 제후를 다루는 문장의 속사정은 천자의 권위를 업고 진언된 야심과 모략의 둥지를 살펴봐야 알 수 있다.

그러나 군쟁편에서 살펴보았듯 "제후"란 중앙에서 유인(遺人)을 파견하여 관장하는 여러 후관(侯館)으로 전쟁 지속 능력을 의미하는 "전략 비축 시설"이기도 하다.[133] 이 점은 더 연구가 필요하지만, 봉건 천하에서 각 영주를 다루는 일이 "해로써 굴복시키고, 사업으로 부리며, 이익으로 좇도록(以害屈, 以業役, 以利趨)"하는 것이라면, 이는 마치 사업장을 관리하는 것과 같다. 바야흐로 재벌에 의한 신봉건 사회로 가는 한국 사회처럼 손자의 견지에서 보면, 자본력으로 시장의 틀 안에서 인간을 굴복시키고, 직업을 운명으로 받아들여 길들고, 온통 이익만 좇는 사회로 인간성을 말살하면 백성의 정치적 의지를 약화시키고 우민화(愚民化)하는 정략과 유사하다.

그러나 그 다스리는 대상이 백성이 아니고 제후였기에 그것이 재벌이라면, 오늘날 천자라고 할 수 있는 국민이 그를 다스릴 수 있는지도 모를 일이다. 선진시대의 문헌, 《사마법(司馬法)》 인본(仁本)에 제후를 다스리는 방법을 논하고 있다. "왕백(王伯)이 제후를 다스리는 바에는 6가지가 있다 : 땅을 나누어 제후에 봉하고, 정책과 강령으로 제후를 고르게 하고, 예와 믿음으로 제후와 가까이 친하며, 재능과 힘으로 제후를 설득하며, 계략으로 제후를 묶어 놓고, 군으로 혁명하여 제후를 바꾸어 버린다. 같은 근심과 같은 이익으로 합치게 하여; 작은 나라가 큰 나라를 섬겨 제후국 간 평화롭게 한다(王伯之所以治諸侯者六 : 以土地形諸侯, 以政令平諸侯, 以禮信親諸侯, 以材力說諸侯, 以謀人維諸侯, 以兵革服諸侯. 同患同利, 以合諸侯; 比小事大, 以和諸侯)."

제후의 이익과 손해 사이에 업(業)이 자리 한 것은 주목할 만하다. 업(業)은 "왕패지업(王覇之業)"으로 전통적으로 해석됐다. 《설문해자(說文

---

133) 군쟁 6, "故不知諸侯之謀者, 不能預交"의 해석, 군쟁편 주 15 참조

解字)》에 업(業)이라는 글자의 의미는 "큰 판자이다. 종과 북을 걸어서 장식하는 곳이니, 흰색을 칠해 톱날 모양으로 만든다(大版也, 所以飾縣(懸) 鐘鼓, 捷業如鋸齒以白畫之)."였다. 이것은 고대의 악기인 종(鐘)과 북(鼓), 경(磬)을 걸어두는 톱날 모양의 판자였다. 후에 와서는 담장을 둘러치는 판자나 글을 쓰는 서판, 그리고 서책을 쌓아두어 업무를 관장하는 뜻으로 변화했다. 업(業)은 사(事)라고 하나, 여러 가지 일을 오케스트레이트하는 종합적 사무이고, 결국은 얽어매어 책임을 지우는 일로 의미가 확장된다. 1세기 후한 시대에 중국에 불교가 전래하면서 5세기 초에 구마라집(鳩摩羅什)이 Karma를 업(業)으로 번역하여 격의(格義)에 의한 중국 사상적 술어로 가져가니 후세에 그 의미가 더욱 복잡해졌다.

> 죽간본 : (故用兵之法 無恃其來, 恃吾有以待之; 無恃其)不攻, (恃吾有所)不可攻
>
> 전래본 : 故用兵之法 無恃其不來, 恃吾有以待之; 無恃其不攻, 恃吾有所不可攻也
>
> 그러므로 용병법에서, 그 오지 않음을 믿지 말고 나의 대비함이 있음을 믿으라는 것은; 그 공격이 없다는 것을 믿지 말고 나를 공격할 수 없는 바가 있음을 믿으라는 것이다.

"온다는 것"은 적뿐만 아니라 동맹을 맺은 연합군의 배신 또는 예측 못 했던 불리한 상황이기도 하다. "공격이 없다는 것"은 구변 상황의 변화가 일어나지 않으리라 기대하지 말고 나의 능력을 정확히 알고 최악의 상황에 대비하라는 것이다. 전래본의 "시오유소불가공야(恃吾有所不可攻也)"는 군서치요 《손자병법》에는 "시오지불가공야(恃吾之不可攻也)"로 회주본과 손교본에는 "시오유이대지(恃吾有以待之)"로 앞 구절을 반복했다.

죽간에는 온전한 형태로 보이지 않지만 일설에는 유소(有所)를 삭제한 "시오불가공(恃吾不可攻)"으로 유추하고 있다. 그 근거로 선진(先秦) 시대에 나타난 《문자(文子)》와 전국말의 《한비자(韓非子)》의 이와 유사한 문장을 들고 있다. 《문자(文子, 下德)》에 "그러므로 말하되 내가 빼앗기지 않음을 믿지 말고, 내가 빼앗길 수 없음을 믿는다(故曰無恃其不吾奪也, 恃吾不可奪也)."라는 말이 있고, 《한비자(韓非子, 外儲說左下)》에는 "그러므로 밝은 군주는 그가 나를 판단하지 않음을 믿지 말고, 내가 판단할 수 없음을 믿는 것은; 그가 나를 속임이 없음을 믿지 말고, 나를 속일 수 없음을 믿는 것이다(故明主者, 不恃其不我叛也, 恃吾不可叛也; 不恃其不我欺也, 恃吾不可欺也)."라고 하여 그 비슷한 문형 속에 유소(有所)라는 말이 없으므로 손자의 원형에도 없을 것이라 주장하고 있다.

《문자》로부터 《한비자》까지 춘추전국 시대의 문헌 중 병법에 관해서는 손자(孫子)에 숨어 있고 오자(吳子)에 나타나는 문장은 매우 많다. 그리고 그 책이 출현한 시대의 선후를 가늠하기도 어려워 그 원형의 시점을 알 수 없다. 그러므로 사상의 지적 소유권은 이런 문화를 공유하고 있는 잘 읽는 독자에게 있다.

죽간의 잔멸된 죽편의 공간 자수를 보아도 전래본에 들어있는 "바가 있다(有所)"가 들어 있었을 가능성이 높다. 전래본에 삽입되었다는 위 문구는 읽을수록 더 그 뜻을 분명하게 알 수 있다. 믿는 바가 있는 것은 형세에 대한 능동적 행동의 결과이고 유형적인 준비처럼 보인다. 시(恃)는 지(持)와 함께 그 본래자가 시(寺)이고, "지키다. 믿고 의지하다."라는 뜻으로 지(持), 시(恃), 대(待)와 같이 가차자(假借字)로 쓰였다.[134] 마왕퇴 한묘(馬王堆, 漢墓)에서 출토된 《십대경(十大經)》에 "백성에게 해로운 바

---

134) 군쟁 11.

를 제거하고, 백성에게 유익한 바를 지킨다(除民之所害 而寺民之所宜)."라는 문구에 보이는 시민지소(寺民之所)가 시오유소(恃吾有所)와 같은 용법임을 알 수 있다. 따라서 전래본과 죽간본의 차이가 없었을 것이다.

구변(九變) 7

죽간본 : 故將有五(危 : 必死可)殺, 必生(可虜, 忿速可侮), 潔廉可辱, 愛民可(煩 凡此五者, 將之過也, 用兵之災也, 覆軍殺將, 必以五)危, 不可不察也.

전래본 : 故將有五危 : 必死可殺, 必生可虜, 忿速可侮, 廉潔可辱, 愛民可煩 凡此五者, 將之過也, 用兵之災也, 覆軍殺將, 必以五危, 不可不察也.

그러므로 장수에게는 다섯 가지 위태함이 있으니: 필사적인 자는 죽게 되고, 살려고만 하는 자는 사로잡히고, 잘 노하고 급한 자는 업신여겨져 (분노를 일으키고), 청렴결백을 고집하는 자는 욕을 주면 (격분하게 되며), 백성 사랑에 치우친 자는 (생각과 일이) 번거로워진다. 무릇 이 다섯 가지는 장수의 과오이며 용병의 재앙이다. 군이 뒤집히고 장수가 죽는 것은 반드시 이 다섯 가지 위태함에 있는 것이니 신중히 살피지 않으면 안 된다.

상황 변화의 중심에 장수의 성품이 자리 잡고 있다. 계(計)편에 천재(天才)에 등록된 장수의 보편적 덕목은 지(智), 신(信), 인(仁), 용(勇), 엄(嚴)이다. 천재(天才)라 함은 인재(人才)가 본을 받아 때에 맞추어 추구하는 보편적 가치이니, 이윽고 인간 심성에 나타난 구변(九變)의 위태한 상황이 대비되어 묘사되고 있다. 그래서 인간의 덕성이 전장에서는 다르게 패전의 원인이 될 수도 있음을 경계한다. 인간이 이중적이며 분열적 존재라는 자연 현상으로서의 인간을 이해한다면[135] 손자의 리얼리즘에서는 상황과 장소에 갇힌 인간이 아니라 그것을 선택하는 생각이 자유로운 인간이다.

장수의 오덕(五德)은 전장에서 장수의 오위(五危)와 대비된다. 손자 11가주(十一家注)의 한 사람인 남당(南唐)의 하연석(何延錫)은 장수의 다섯 덕목을 풀며, "지(智)가 아니면 적을 안다고 하여 기(機)에 응하지 말아야 한다. 신(信)이 아니면 아랫사람을 훈계하여 이끌지 말아야 한다. 인(仁)이 아니면 무리를 이끌어서 사(士)를 위무하지 말아야 한다. 용(勇)이 아니면 꾀를 써서 싸움하지 말아야 한다. 엄(嚴)이 아니면 강(強)으로 굴복시켜서 무리를 다스리지 말아야 한다. 이 오재(五才)를 완전히 함이 장수의 기본이다."라고 하였다. 이것은 오위(五危)와 다음과 같이 연결될 수 있을 것이다. 지혜(智)가 없으니 싸움을 죽음(死)으로 끝내려 하고, 믿음(信)이 없으니 살길(生)을 찾아 투항하고, 사람다움(仁)이 없으니 성급(忿速)하여 모욕을 당하고, 용기(勇)가 없으니 욕을 당함을 못 참아(潔廉) 그 잘못됨을 고치지 못하고, 엄함(嚴)이 없으니 무리를 다스리는 데 그저 사랑(愛民)만 주니 위태하다고 풀이할 수 있다.

사람됨이 청렴결백한 것은 천하의 미덕이다. 그러나 이것은 전장에서 부하를 죽이기 꼭 맞은 덕성일 수 있다. "War is messy, let's play dirty(전쟁은 지저분하다. 더럽게 놀자)." NATO군의 TOC(전술지휘소)에서 이런 표어가 붙어 있는 것을 재미있게 본 적이 있다. 정의와 청렴은 목표 덕목이면서 실천 덕목이다. 그러나 진흙탕 싸움에 빠졌다면 너무 부끄러워 자괴감에 끌려다녀서는 안 된다. 그래서 조조는 "나에게 해로운 다섯 가지 처지라도 가히 펼쳐 힘쓸 수 있는 바가 있다(計敵不能, 依五地為我害, 所務可信也)."라고 하며 오욕(汚辱)이라는 스트레스를 견뎌야 한다고

---

135) 구변 1.

말한다. 국어(國語, 晉語一)에는 사람이 소심(小心)하면 대개 "정결하여 쉽게 욕을 보니 거듭되면 병이 들고 사람들을 참지 못한다(精潔易辱 重債可疾 不忍人)."라는 말로 결백함의 현실적 문제를 사회상에 비추어 파악하고 있다.

　구변의 마지막 문장이 장수의 성품과 기질을 논하고 있는 것은 사람이 모든 변화의 중심에 있음을 다시 상기하게 한다. 사람은 본받아야 할 덕목이 인본주의로 조각된 하늘의 모습 천재(天才)에 있지만, 그것이 인간과 땅이라는 삼재(三才)에 뒤섞이면서 청렴, 사랑 등의 고귀한 가치마저 생사를 위태하게 만들게 했으니, 군인 된 자 그 몸과 마음의 고단함이 한이 없다. 송나라 때 편찬되어 남송에서 간행된 《무경총요(武經總要, 制度一, 將職)》에는 다음과 같은 애틋한 말이 보인다.

　"옛말에 장수는, (그 마음)을 숨겨 고요하고, 잘 다스려 바르게 했다; 능히 맑고 능히 고요하며 능히 고르고 능히 말쑥하니, 내심에 원하는 것이 없고 노여움을 옮기지 않았다; (마음이) 즐겁되 걱정하지 않으며 깊으면서도 의심치 않았다. 무릇 장수된 자는 스스로 다스림이 이와 같았으니 이런 연유에서 항상 근심의 일들은 장수의 재난으로 삼았다. (그러므로) 무릇 (과거의 경험의) 거울로 비춰 그것이 흉한 문이라도 그리 나가고, 죽음에 임하여 삶을 구하지 않았다(古之言將者曰 靜以幽, 正以治; 能清能靜, 能平能整; 不內顧, 不遷怒; 樂而不憂, 深而不疑 凡將之自治如此, 然而事有常患, 為將之災 夫鑒凶門而出, 臨死而不為生)."

　백성 사랑에 너무 치우치면 생각과 일이 번거로워진다(愛民可煩)는 말은 그래서 백성을 사랑하지 말라는 것이 아니라, 백성의 처지에 대한 잘못된 상황 판단을 말한다. 전장에서 민간인과 전투원을 구분하지 못하거나, 전투지역 내에서 민간인 통제가 이루어지지 않으면 학살이 유발될 수 있다. 조조(曹操)는 실허(實虛)편의 문구를 인용하여 "반드시 급히 나갈 곳으로 나가는 것은 백성을 사랑하기 때문이니, 반드시 이틀 걸리는 길을 하루에 달려와 구하려 할 것이고, 이런 구함은 번거롭고 수고로운 것이다(出其所必趨, 愛民者, 必倍道兼行以救之, 救之則煩勞也)."라고 하여 군사역량과 노력이 허비된다고 말한다. 두목(杜牧)은 장수의 애민 품성에 대해 좀 더 패션(Passion)의 인간으로 평하고 있다. "너무 어질고 사람을 사랑하면, 살상을 두려워하고 단점을 버리고 장점을 좇지 못하며 객관적인 것을 버리고 주관적인 것만 취하여 원근을 헤아리지 못하고 사력을 측량하지 못한다. 대저 이를 공격하면 반드시 와서 도우려 하니 이것이 가히 번거로운 것이며, 결국 그 명령 체계가 피로하고 둔해지니 그 이후 이를 (공격하여) 취할 수 있다(言仁人, 愛人者, 惟恐殺傷, 不能捨短從長, 棄彼取此, 不度遠近, 不量事力, 凡為我攻, 則必來救, 如此可以煩之, 令其勞頓, 而後取之也)."

"애민(愛民)"이 당송 이후 문헌 중 일부 전래본에 "애인(愛人)"으로 되어 있는 것은 역시 이세민의 이름을 피하기(避諱也) 위한 것이다. 염결(廉潔)은 최근의 중국 손자 연구가들이 죽간본에 써진 대로 결염(潔廉)으로 글자의 위치를 바꾸어 놓은 교정본을 내놓았는데, 의미에 큰 차이는 없으나 전국시대의 문리(文理)를 회복하여 놓은 의의는 있다. 《묵자(墨子)》의 "귀신을 밝힌다(明鬼下)"에 "만약 그렇지 않다면, 관리가 관부를 다스림에 깨끗지 못할 것이고 남녀의 행위가 구분되지 않을 것이다. (그러나 그렇지 않은 것은) 이는 귀신이 보고 있기 때문이다(若以為不然, 是以吏治官府之不潔廉, 男女之為無別者, 鬼神見之)."에서 역시 결렴(潔廉)의 어순으로 되어있고, 《대대예기(大戴禮記, 文王官人)》에 역시 "장하다. 그 깨끗함을 봄이여. 사사로움을 이기고 일에 힘쓰는 도다(其壯, 觀其潔

廉務行而勝其私也)."에서도 결렴(潔廉)이 보인다.《열자(列子, 力命)》에
도 "그 사람됨은, 깨끗하고 선한 무사로다(其爲人也, 潔廉善士也)."와 같
이 결렴(潔廉)으로 표현되었다.

　장수의 오위(五危)는 주관적이고 편집적인 성품을 경계한 것이다. 청
렴결백(淸廉潔白)이라는 고상한 인격체는 또한 동양적 전인(全人)의 모
습이었다. 귀신이 보고 있는 객관적 상황의 깨끗함은 모함과 무고를 받
더라도 그렇게 분노할 일은 아닌 것 같다. 선조의 영혼이 돌보고 있는 백
성을 사랑함은 비록 번거롭더라도 전쟁의 도(道)라는 큰 그림에는 아름
답게 보인다. 인간적 덕성을 장수의 약점으로 잡은 위 문구는 더 큰 배경
을 보아야 할 책임을 독자에게 지우고 있다.

■ 죽간본에 따른〈구변〉

　손자 말하기를 용병법에, 장수가 상급부대에서 명령을 받아 부대와
병력을 모은다. 개활지에는 숙영하지 말며, 네거리 교통 요충지에서는
우군 전력과 연합하고, 끊어진 곳에서는 머물지 말며, 포위의 상황에서
는 즉시 계책을 세우며, 사지에 이르면 바로 싸우라. 길에 가서는 안 될
길이 있으며, 적군에 쳐서는 안 될 군대가 있으며, 성에 공격해서는 안
될 성이 있으며, 땅도 쟁탈해서는 안 될 땅이 있으며, 임금의 명령이라도
시행하지 않을 바가 있다.

　장수가 수많은 변화(九變)의 이점에 통달하면 용병법을 잘 아는 것이
요, 장수가 구변의 이점에 통달하지 못한다면 비록 지형을 안다 하더라
도 지형의 이점을 능히 얻지 못할 것이다. 군사를 다스리는데 구변의 전

술을 모른다면 비록 오리(五利)의 이점을 안다 해도 군사운용의 원하는 바를 이룰 수 없다. 그래서 지혜로운 자의 생각은 반드시 이와 해를 함께 고려한다. 해로운 일이라도 이로운 점을 보아야, 맡은 일을 펼칠 수 있고; 이로운 일이라도 해로운 점을 생각함으로써 우환을 풀 수 있다. 하여, 해로움으로 제후들을 굴복시키고, 일거리를 주어 제후들에 힘든 짐을 지우고, 이익으로 제후들을 좇게 한다. 그러므로 용병법에서, 그 오지 않음을 믿지 말고 나의 대비함이 있음을 믿으라는 것은; 그 공격이 없다는 것을 믿지 말고 나를 공격할 수 없는 바가 있음을 믿으라는 것이다.

장수에게는 다섯 가지 위태함이 있으니: 필사적인 자는 죽게 되고, 살려고만 하는 자는 사로잡히고, 살 노하고 급한 자는 입신여겨져 (분노를 일으키고), 청렴결백을 고집하는 자는 욕을 주면 (격분하게 되며), 백성 사랑에 치우친 자는 (생각과 일이) 번거로워진다. 무릇 이 다섯 가지는 장수의 과오이며 용병의 재앙이다. 군이 뒤집히고 장수가 죽는 것은 반드시 이 다섯 가지 위태함에 있는 것이니 신중히 살피지 않으면 안 된다.

행군(行軍)

獨上北樓羅城夜
看天神奇人正合
交龍渡河星片散
我從天路强行軍

홀로 LA 북쪽 다락에 오른 밤
하늘을 보아 인간이 정도(正道)로 합하니
귀신이 기책(奇策)을 보이네.
교룡은 은하를 건너며 별 조각을 흩트리고
나는 하늘길을 따라 강행군이라

행군(行軍) 1

상권에서 중권으로 이어지는 형(軍形)에서 세(兵勢)로의 전이 과정과 같이 중권의 마지막 편인 행군에서 하권의 시작인 지형(地形)으로 이어가는 《손자병법》의 구성은 13편의 순서에서 논했다. 하늘의 형과 인간의 세가 매듭되어 인간으로 이어지고 다시 인간에서 인간의 行(행군)이 땅의 形(지형)으로 녹아들며 자연의 모습으로 돌아가고 있다.

행군편(行軍篇)의 "행군"은 현대적 의미의 부대 이동 방법인 행군이 아니다. 전투력의 주요 요소인 병력을 전개하면서 지형에 맞게 배치하고, 지형의 지배적 요소들을 피아간의 상황에 적용하여 관찰하는 전장정보준비(IPB)[136]이다. 그러면서 좀 더 복합적인, 오늘날의 관점에서 보면 지형 평가 5개 요소인 관측과 사계, 은폐와 엄폐, 장애물, 중요지형지물, 접근로를 고대인의 표현으로 포괄하고 있다. 군사력의 역량이 끊이지 않고 그 생명이 이어져 있는 형세가 행군이다.[137] 이 용어는 오자병법의 치병(吳子, 治兵)에서 표현된 행군의 의미와도 다르다.[138] 행군편에서 손자가 뜻하는 행군은 지형에 맞추어 사람을 움직이는 것이니 인간과 땅이라는 자연물에 인간의 의지를 가차 없이 소속시키는 것이었다.

조조(曹操)가 전술용어로서 지형을 규정한[139] 산(山), 림(林), 험(險), 저

---

136) Intelligence Preparation for Battlefield
137) 군쟁 6
138) 《오자병법(吳子, 治兵)》에 "무릇 행군의 道는 나아가고 그침의 단계가 훼손되지 않고, 때에 맞게 음식을 차질없이 제공하고, 사람과 말의 힘이 끊겨서는 안 된다."(凡行軍之道 : 無犯進止之節, 無失飮食之適, 無絶人馬之力)라고 기술되어 있다.
139) 조조의 注 "높아 올려 보아야 하는 것이 산(山)이요, 나무가 우거진 것이 임(林)이요, 구덩이 지고 골이 깊은 것이 험(險)이요, 오르막 내리막이 심한 것이 저(阻)이고, 수초가 자라고 빠지는 습지가 저(沮)이며, 물이 모여 몰려 흐르지 않는 것이 택(澤)이다. 이러한 산천 지형에 군대가 갈 곳을 미리 알지 못하면 군의 출병은 불가능하다. 高而崇者爲山, 衆樹所聚者爲林, 坑塹者爲險, 一高一下者爲阻, 水草漸洳者爲沮, 衆水所歸而不流者爲澤 不先知軍之所據及山川之形者, 則不能行師也"

(阻), 저(沮) 택(澤)은 행군편에서 강산(江山)의 상하(上下) 고저(高低) 원근(遠近)으로 기복을 이룬다. 그것은 인간의 피와 땀이 합쳐진 것이며 현장에서의 감각적 요소이다. 게다가 천시와 음양의 때에 맞추어 음지와 양지, 건지와 습지를 분별하고 있다. 군쟁(軍爭)과 구지(九地)는 심리와 성찰이었으나 행군(行軍)은 관찰과 실병 지휘이다.

> 죽간본 : (孫子曰 凡處軍相敵 : 絶山依谷, 視生)處高, 戰降毋登 : (此)處山之(軍也)
>
> 전래본 : 孫子曰 凡處軍相敵 : 絶山依谷, 視生處高, 戰降無登 : 此處山之軍也
>
> 손자 말하기를 무릇 군을 배치해 적을 상대하면서 : 계곡을 따라 산을 나누어 배치하고, 높은 곳에 있어 양지를 보며, 전투는 아래로 향하고 위로 오르지 마라. 이는 산악에서의 병력 배치이다.

죽간 89행의 보이지 않는 공간에는 14자가 들어갈 수 있어 전래본과 다르지 않고 "손자왈"로 문장을 열었을 것이다. 행군을 군의 움직임, 이동으로 해석하면 혼란스러워진다. 20세기 초부터 현재까지 영문본의 번역에서 미묘한 변화를 볼 수 있는데, 초기에는 부대 행군이동 (The Army on the March), 전력 이동 (Moving The Force) 그리고 부대 기동 (Maneuvering the Army)이었다. 손자에 대한 이해가 심화된 21세기에는 이동 및 부대 전개(Movement and Development of Troops)라는 표현이 나와 본래의 의미에 근접했다. 더 정밀히 번역하면 정찰 및 부대배치(Reconnaissance and Deployment of Troops)이다.

절산의곡(絶山依谷)은 산악지역을 행군하여 계곡을 이용해 산을 넘는다는 것이 전통적 해석이었다. 한대(漢代)에 이르러 예로부터 "넘다"의 월(越)을 절(絶)로 표기하고 읽었다는 기록이 있는데《육도삼략》의 예를 들고 있다.《육도(六韜, 犬韜, 戰車)》에는 전차전을 벌임에 "골이 깊은 험(險)과 울퉁불퉁한 저(阻)는 깎아 넘는다(越絶險阻)."는 표현이 있어 이를 근거한 듯하나, 문맥은 결국 어수선해지고 말았다. 전차의 기동력 발휘를 위해 평지에서 땅을 골라 끊는 절토의 의미를 지나치게 확대한 것이다. 절산(絶山)은 군을 배치하는 처군(處軍)이라는 명제의 각론으로 산악전에서 능선을 연결하여 병력을 배치한다는 뜻이 더 전술상식에 맞는다. 절(絶)의 자원(字源)은 알아보기 어려우나 소전(小篆)이 새겨진 금문에는 칼로 실이나 사람을 끊는 형상이다. 그러므로 절산이라 함은 산을 끊어 나누는 것이 아니라 지형 정찰 후에 사람을 나누어 산에 배치하는 풀이가 상식적이다.

이어지는 시생처고(視生處高) 역시 해석이 어지럽다.《태평어람(太平御覽, 兵部三七, 軍行)》에 또한 시생(視生)의 생(生)을 시좌(視坐)로 해석하였는데 그것은 생(生)이라는 글자가 좌(坐)와 자형이 비슷하여 오기된 것이라 여겼기 때문이었다. 이는 해석의 편의는 있으나 뒤에 이어지는 전사후생(前死後生)이라는 말을 미궁에 빠트리고 말았다. "높은데 위치해 생을 바라본다." 그리고 이어지는 "앞에 죽음이 있고 뒤에 삶이 있다."란 도대체 의미가 통하지 않는다. 그러므로 서생 주지주의(主知主義) 한계 내에서 병법을 풀이하기 어려운 것이다. 혹한과 혹서의 고통 속에서 부하들과 같이 산을 오르내린 군인이라면 이 의미를 금방 알게 된다. 뜨거운 태양 아래 땀이 흘러들어 따가운 눈을 여닫게 하는 것은 역시 태양이다. 생(生)이란 예부터 그 글자의 훈으로 양(陽)이라는 풀이를 하여왔다.[140] 그러므로 사(死)는 바로 음(陰)으로 풀이하고 생사는 양지와 음지의 음양학적 언어이며 산양과 산음, 양지말과 음지말로 나뉘는 지형지

---

140) 王晳注："凡軍……貴陽而賤陰 養生而處實" 生字自來皆訓陽

물을 지칭하는 용어이다.

높은 고지에서 양지를 바라보는 것은 오늘날에도 전술적으로 중요한 행동이다. 자신은 보이지 않고 적은 잘 보이므로 이런 지형의 이점을 알고 선점하는 것이 유리하다. 《위료자(尉繚子, 戰權)》에 "높은 곳에 거하여 밝게 보는 것에 위세가 있으며 병력운용의 극치이다(明視而高居則威之 兵道極矣)."라고 하여 지형이 주는 전장관찰의 유리 점을 강조하고 있다. 생사를 음양으로 봄으로써 뒤에 이어지는 문장의 문리가 맞고 상식적이 된다. 그러므로 뒤에[141] 평평한 땅에 배치 시(處平陸)에는 "죽음을 앞으로 하고 삶을 뒤로하라(前死後生)"가 아니라, 평지에서는 해를 등에 지고 적이 해를 마주하게 하라는 것이 되어 이해가 분명해진다.

행군(行軍) 2

죽간본 : (絕水必遠水; 客絕水而來, 勿迎之於水汭, 令半渡而擊之, 利. 欲戰, 無附水而迎客; 視生處高, 無迎水流) 此處水上之軍(也)

하천으로 나뉜 지역에 병력을 배치 시에는 반드시 물에서 멀리 떨어지고, 적이 하천을 건너오면 물의 북쪽 여울에서 맞지 말고, 반쯤 건너게 하고 공격하면 유리하다. 싸우고자 한다면, 물가에 붙어 적을 맞지 말고, 고지에서 해를 등에 지고 양지를 보되, 물을 거스르지 마라. 이것이 하천에서의 병력 배치이다.

전래본: 絕水必遠水, 客絕水而來, 勿迎之於水內, 令半濟而擊之, 利. 欲戰者, 無附於水而迎客; 視生處高, 無迎水流 此處水上之軍也

---

141) 행군 4.

> 강을 건너면 반드시 물에서 멀리 떨어지고, 적이 강을 건너오면 물속에서 맞
> 아 싸우지 말고, 반쯤 건너게 하고 공격하면 유리하다. 싸우고자 한다면, 물가
> 에 붙어 적을 맞지 말고, 생지(生地)를 보면서 높은 곳에 있어 물 흐름을 맞지
> 않도록 할 것이니, 이것이 물에 처한 군사이다.

　다시 한 번 행군이란 군의 움직임이 아니라 군의 배치와 전개임을 생
각할 때 해석에 큰 차이를 볼 수 있다. 절수(絕水)는 수당 시대의 많은 문
헌이 절(絕)을 월(越)의 뜻으로 보고 있다. 그래서 천연 장애물인 하천을
도하하여 지형을 극복하는 의미의 월이 맞는 듯하나, 행군편에 내재한
통시적 의미인 처군(處軍), 군의 정찰, 전개, 배치를 풀이하는데 논리적
이지 못하다. 따라서 위 문장이 마치 도하작전으로 오해되기 쉬운 것 역
시 피아간 병력의 움직임으로 보았기 때문이다.

　그러나 절(絕)을 해석함에,[142] 앞의 절산(絕山)이나 위 문장의 절수
(絕水)는 산과 물을 개척하여 통과한다기보다는 산과 물에 맞게 병력을
"Tailoring-재단(裁斷)"하여 배비(配備)하고 기동한다고 봄이 타당하다.
죽간에는 이 부분이 없으나 본래의 글자를 예상케 하는 문헌에는 글자와
해석이 다른 것들이 보인다. 수당 시대에 간행된 《장단경(長短經, 水火)》
에는 손자의 글을 인용하여 "절수필원수, 객절수이래, 영지어수내, 영반
도이격지(絕水必遠水, 客絕水而來, 迎之於水內, 令半渡而擊之)"처럼 전
래본의 제(濟)가 도(渡)로 표기되어 있다. 《통전(通典, 兵十三)》에도 역시
"적약절수, 필원수; 객절수이래, 물영지어수내, 영반도이격지(敵若絕水,
必遠水; 客絕水而來, 勿迎之於水內, 令半渡而擊之)"라고 적약(敵若) "적

---

142) 絕의 전통적 해석 : 六韜 犬韜 戰車 "越絕險阻"에서 越絕은 유의사(類義詞)이다. 吳
子 應變 "敵若絕水 半渡而迫之" 또는 史記 天官書의 "後六星絕漢抵營室 曰閣道"를 素隱에는
絕, 渡也"라고 하고 있다. 漢書 李廣蘇建傳(李廣)에는 "南絕幕 乃遇兩將軍"이라는 말이 보
이는데 이를 안사고(顏師古)는 이를 주하며 "絕, 渡也"라고 풀이했다.

이 만약"이라는 구절이 추가되어 의미가 뒤틀려졌지만, 도(渡)로 표기되어있다.

제(濟)와 도(渡)는 의미상 큰 차이가 있다. 제(濟)는 도섭이 불가한 깊은 물[深水]을 건너는 것이고 도(渡)는 인마(人馬)가 걸어서 건너는 얕은 물[淺水]이다. 도섭이 가능한 하천을 횡단하는 공격 작전을 도하작전이라 부르지 않는다. 위 문장에서 손자가 말하는 하천에서의 병력배치(處水上之軍)는 그렇다면, 수륙(水陸)이 혼잡한 지형에서 병력의 이동과 배치를 말함이 분명하다. 도섭이 가능한 하천에서 교량 또는 도섭장의 우연한 확보로 선택된 지점에서 전투이므로 문맥 안에 "(적이) 하천을 건너오면 물의 북쪽 여울에서 맞지 마라(勿迎之於水汭)."는 말이 가능하게 된 것이다. 왕석(王晳)은 그의 주(注)에서 내(內)는 당연히 예(汭)라고 했다. 그래서 "내는 예이며 물의 예를 마주하라. 그러면 적이 감히 건너지 못한다(內當作汭 迎於水汭, 則敵不敢濟)."라는 해석을 내놓은 것을 이해할 수 있다.

예(汭)란 강의 북쪽 여울이나 굽어 흐르는 강의 유속이 빠른 안쪽 부분을 뜻했다. 중원의 대부분 하천은 서에서 동으로 흐르고 북으로 맴돈다.[143] 예하(汭河)는 본래 서안(西安)의 서북쪽에서[144] 경하(涇河)와 만나는 황하의 지류이다. 황하(河)와 양자강(江) 모두 동으로 흐르므로 지형은 강에 의해 남북으로 분리되어 있다. 북쪽 대안인 예(汭)는 남쪽에서 도섭 하여 공격하면 교두보가 될 수 있는 곳이다. 그러므로 수비의 입장에서는 해를 마주하게 되는 전술적으로 불리한 사지(死地)가 된다. 적과 대치하여 병력을 배치한다면 강의 남쪽을 차안으로 하고 적을 북쪽의 대안에 두도록 지형을 선점해야 한다. 이 점은 내선을 가지고 있는 오늘날

---

143) 李白의 詩, 望天門山, 天門中斷楚江開 碧水東流至北廻 兩岸靑山相對出
144) 中國 甘肅省 平涼 涇川縣 汭河

의 선형전투 개념으로는 이해하기 어렵다.

역사상 인물로 손무가 활동한 곳은 오(吳) 나라 초강(楚江, 양자강) 유역이다. 행군편을 읽으면 병법의 지형적 묘사 범위가 넓어지고 있다는 것을 알게 된다. 황하의 상류 지역이 병법적 논의에 편입된 것은 진(秦)의 통일 이후로 볼 수밖에 없다. 손자가 강조하고 있는 것은 어쩌면 비선형적이며 지형에 따른 병력배치의 유불리가 인간의 의지에 있다는 것임을 알 수 있다. 그러므로 지형을 먼저 차지하고 높은 고지에서 양지를 보되(視生處高) 물의 흐름을 거스르지 말라(無迎水流) 하며 자연의 힘에 의지하기를 권하고 있다.

고대인에게 물은 험한 간난(艱難)의 상징이었다.《장단경(長短經)》수화(水火) 편에서《손자병법》의 도하(渡河)를 언급한 것은《주역(周易)》의 63번째 괘인 수화기재(水火旣濟)에서 도입한 상징화된 서술 같으나 이는 병법과 역학을 착란한 허사(虛辭)이다. 그러므로 도(渡)가 제(濟)로 바뀌는 혼란이 생겨났다.《손자병법》의 고전적 지위는 경(經)이지만 본래의 경(經)의 요건인 신뢰할 만하고[信], 품위 있으며[雅], 통달한 경지가[達] 이처럼 훼손되어왔다.

행군(行軍) 3

죽간본 :(絶沂澤, 唯亟去無留) 交軍沂澤之中, 依(水草而背衆樹 此處沂澤之軍也)

운하와 호수에 병력을 배치해야 한다면, 오직 급히 지나가고 머물지 마라. 운하와 호수 속에서 교전하게 되면 수초(水草)에 의지하고 나무 숲을 등지고 싸워라. 이것이 운하와 호수에서의 병력배치이다.

전래본 : 絶斥澤, 唯亟去無留; 若交軍於斥澤之中, 必依水草而背衆樹 此處斥澤之軍也

마른 늪이나 호수에 병력을 배치해야 한다면, 오직 급히 지나가고 머물지 마라; 만약 마른 늪과 호수에서 교전하게 되면 반드시 수초(水草)에 의지하고 나무 숲을 등지고 싸워라. 이것이 늪과 호수에서의 병력배치이다.

극(亟)은 질(疾)과 같이 급한 움직임이다.[145] 약(若)과 필(必)은 대응관계에 있고 죽간에는 필(必)이 없으므로 문리상 약(若)이 있을 수 없다. 척택(斥澤)은 물이 빠진 늪으로 사막과 유사한 곳이다. 주로 중국의 막북(漠北) 지역인 칭하이, 내몽골, 신장 위구르(신장웨이우얼) 지방으로 전국시대 전쟁터의 범위를 벗어난다. 죽간에 척(斥)이 기(沂)로 표기되어 있어 오기(誤記)로 간주하는 것은 잘못이다. 척택이라는 사막 지형은 중국이 중원 밖에서 제국주의 전쟁을 일으켰던 한나라 때에 이르러 병법에 등장했으리라 추정할 수 있다. 중앙아시아와 페르시아로 통하는 길목에 수없이 등장하는 "척택"은 힌디-페르시아어로 "카비르"라고 하는 소금 사막이다. 낮에는 푸른색, 새벽과 황혼에는 붉은색을 띠는 아름답기 그지없지만 죽음의 땅이다.

척택은 바로 척로(斥鹵)로 통용되어 《설문해자(說文解字)》와 같은 한나라 때 문헌에는 소금의 산지를 언급함에 "소금은 천연으로 생산하는 것을 노(鹵)라고 하며, 인공적으로 생산하는 것을 염(鹽)이라 한다(鹽, 鹵也 天生曰鹵, 人生曰鹽)."고 하여 척로가 물이 빠진 간척지와 메마른 암

---

145) 詩經, "經始靈台 經之營之 庶民攻之 不日成之 經始勿亟 庶民子來" 國語 楚語上, "經始勿亟 庶民子來"韋昭注 "亟,疾也"

염 지대임을 말하고 있다.

상나라 때부터 전해진 것으로 알려지고 《손자병법》에 큰 영향을 준 《육도삼략(六韜, 豹韜, 鳥雲澤兵)》에 "내가 (만약) 소금사막에 거하고 사방에 마을이 안 보이고 또한 풀과 나무도 없다면(吾居斥鹵之地, 四旁無邑, 又無草木)"이라는 말이 보이는 것은 은상의 지배층이 사막을 건너온 중외 지역 사람이라는 것을 방증하기도 한다. 위 문장은 사막과 늪이라는 두 개의 지형을 묘사한 것이 아니라면 문맥에 충돌이 일어날 수밖에 없다. 필자는 틀렸다고 여겨져 버려진 죽간의 기(沂)자에 주목하지 않을 수 없다. 그렇지 않다면 위 문장은 극단적인 두 개의 지형인 북방의 사막과 남방의 습지가 한 문장에 동시에 나타나 모순을 이루고 있어 논리적인 풀이가 가능하지 않다.

예부터 기(沂)는 기하(沂河)를 가리켰다. 죽간 《손자병법》이 발굴된 산동성 린이시(臨沂市)는 은작산을 끼고 기하(沂河)가 흐른다. 임기(臨沂)는 3세기에 나타난 병법의 귀재 제갈량의 고향이다. 이 하천은 현재의 산동성(山東省) 동쪽에서 발원하여 하비현(下丕縣) 서쪽에 이르러 사수(泗水)로 흘러들어 강소성(江蘇省)의 수많은 택지와 연결된다. 유방을 도와 한(漢)을 일으킨 그 유명한 장자방(장량)이 어린 시절 하비(下邳)의 이교(圯橋)를 지나다가 황색 옷을 입은 노인에게 병법을 전수받은 전설의 지방이다. 이 유역은 역시 손무(손자)와 손빈이 활약했던 제(齊)와 오(吳)의 땅이기도 하다.

기하(沂河)는 강소성에 거미줄처럼 얽힌 운하로 수초가 우거지고 병력 기동에 큰 장애가 되어 과서에 몽골의 남송 징벌 시에도 수년간을 지체했던 곳이다. 강소성의 기(沂) 유역은 전차와 기병의 기동이 지극히 제한되어 북방 민족의 중원 침공에 늘 장애가 되곤 했다. 남송이 임안부(지금의 항저우)에 수도를 정하고 100년 이상을 버틸 수 있었던 것도 이런

行軍 319

운하와 늪이라는 천연 장애물 때문이었다. 한묘에서 출토된 죽간《손빈병법(孫臏兵法, 地葆)》에 "다섯 가지 패배의 땅을 일러 계곡, 하천, 호수, 운하, 마른 소금호수(五地之敗曰 谿, 川, 澤, 沂, 鹵)"라는 말이 보이는데, 아마도 한대(漢代)에 표기된 것이므로 손빈이 활약했던 전국시대에는 알 수 없었을 노(鹵)라는 글자가 등장한다.

　　그러므로 의당 기택(沂澤)을 따르지 않을 수 없다. 또한, 추정하건대, 왜 척(斥)으로 전해졌는가는 두 가지 이유를 들 수 있다. 하나는 더 오래된 《육도삼략》과 병법을 논함에 퓨전(fusion)적인 사고가 작용했을 것이고, 둘째는 한(漢) 나라에 이르러 넓혀진 제국 통치에 막북의 지형을 언급하지 않을 수 없었기 때문이었을 것이다. 본래의 원형이 무엇이었든 간에 여러 갈래의 문헌으로 전파되면서 글자가 해석되고 새롭게 정의되었으므로 글자의 변형을 예측할 수 있다. 우기(雨期)에 기(沂)는 범람으로 강줄기가 바뀌고 대홍수를 연출하지만, 해수면이 내려가고 건기(乾期)가 되면 염전처럼 하얀 대평원을 이루어 이를 척(斥)이라 했다. 글자의 자형도 기(沂)에서 물(水)이 빠지면 척(斥)이 되니 역시 소금기 많은 간척지이다. 《설문(說文)》에는 이를 "노는 소금기 있는 땅이다. 동쪽 지방에서는 척(斥)이라 이르고, 서쪽 지방에서는 노(鹵)라 이른다(鹵, 鹹也 東方謂之斥, 西方謂之鹵)."라고 정리하고 있다.

행군(行軍) 4

죽간본 : (平陸處易, 而右背高, 前)死後生 此處陸(上之軍也)

전래본 : 平陸處易, (而)右背高, 前死後生 此處陸上之軍也

평지에서는 편한 곳에 위치하여 오른쪽 뒤편에 고지를 두고, 앞에는 사지(死地) 뒤에는 생지(生地)를 둘 것이니, 이는 평지에서의 병력 배치이다.

재해석: 평지에서는 시간의 변화(易의 원리)에 맞추어 병력을 배치한다. 앞으로 전진 시에는 뒤에 고지를 두고, 해를 등져 전방은 양지, 후방은 음지로 한다. 이것이 평지에서의 병력 배치이다.

《주역》에 잠재해 있는 철학적 개념들이 병법에서 명확해지면서 오히려 언어의 혼란을 가져온 경우가 많다. 자고로 병가(兵家)에서는 우(右)를 귀히 여겨 전방으로 삼고 좌(左)는 퇴로로 생각했다. 그러므로 우는 전진하는 것이고 좌는 후퇴하는 것이다. 《주역》 지수사(地水師)[146] 괘(卦)의 4번째 음효(六四)를 풀이함에 "군이 후퇴하여 머무니 허물이 없다(師左次 無咎)."라는 말에 보듯이 좌는 후퇴를 의미했다. 좌차(左次)는 물러서 쉬는 것인데, 좌전(左傳)에 "군대(師)가 한 번 물러서 쉬는 것이 사(舍)이며, 두 번 쉬는 것을 신(信), 그 이상 쉬는 것을 차(次)"라고 했다. 군을 분수(分數)[편성] 함에 우(右) 장군을 공격작전에 선봉으로 하고 좌(左) 장군을 방어작전과 후퇴에 지연전을 담당케 하는 것도 같은 용어의 용법이다. 수당 시대에 나온 《백씨육첩 둔영편(白氏六帖, 屯營)》에 《손자병법》과 관련하여 "병법에, 우측에 구릉을 뒤에 두고, 전방 좌측은 수택을 둔다(兵法 右背丘陵, 前左水澤)."라는 해석은 사실, "군은 뒤에 구릉을 두고 전진하고, 후퇴의 앞에는 강과 연못을 둔다."로 풀이함이 더 정확할 것이다.

---

146) 《주역》의 地水師 괘는 병법과 관련된 문헌에 지대한 영향을 주었다. 漢 唐의 역학가들은 방통법(旁通法)에 의해 師 괘가 출현했다고 생각했다. '방통'이란 말은 건곤 두 괘의 의미를 거듭 설명한 주역 文言傳에 "6효가 발휘하여 실정을 방통한다. 六爻發揮 旁通情"에 근거한다. 문언전은 음효와 양효가 완전히 상반된 두 괘를 가리켜 방통이라 했다. 同人 괘(天火동인)의 九五 효사에 "대군을 움직여 싸워 이겨 서로 만난다. (大師克相遇)" 라는 말은 전쟁이 하늘의 뜻(점괘)에서 인간 중심으로 간 것이므로 天의 방통인 地, 火의 방통인 水로 하여 師괘가 만들어졌다고 여겨지고 있다. 여기에서 師는 병법이며 군을 운용하는 책사이다.

전후좌우에 대한 전술적 용어의 정의가 고정된 것은 아니었다. 음양의 순환에 따라 위치가 변동되기에 십상이다. 군이 이동해서 앞으로 나아가고자 하는 방향은 양(陽)이며 12시 방향이다. 그러나 도교적 사유에서는 음양이 전도되어 표현되기도 한다.《회남자(淮南子, 兵略)》에 "지형의 이점을 일컫는 바에는 뒤를 생지(양지) 앞을 사지(음지) 좌를 수컷(양지) 우를 암컷(음지)(所謂地利者, 後生而前死, 左牡而右牝)"라는 말이 보이는데, 이런 모든 표현은 우군이 해를 등에 지고 적이 해를 마주해야 한다는 뜻을 내포하고 있다. 하여 역설적이게도 암컷이 양의 자리에 수컷을 음의 자리에 두어 모빈(牡牝)이 좌우와 방통(旁通)하고 있다. "방통"이란《주역》의 '문언전'에 나오는 말에 근거하지만, 하나의 괘가 그 여섯 효 모두 반대되는 괘로 뒤바뀌는 것을 방통이라 한다. 사건과 정황이 완전히 상반되는 사태의 관점은 동방문명에 나타나는 독특한 사유체계이며 모든 해석의 초월점이라 아니 할 수 없다.

　　위 구절은 평이(平易)한 것 같으나 심오하다. 처이(處易)가 가진 대표적 함의성은 지형 공간이 아닌 시간의 변화이다. 역(易)은 변화이지만 예측하여 거슬러 맞이[逆]하는 것이다. 역(易, 逆)은 앞에 기술했던 땅과 물을 아우르고 다음 구절에 마침내 인간의 출현을 예고한다. 그리고 그 인간다움을 역수(逆數)로[147] 나타낸다. 이 용어는 지형편과 구지편에서 상세히 논의하게 된다. 나관중의《삼국지연의》는 그 소설의 중반에 제갈량을 출연시키는데, 필자는 삼국지가《손자병법》의 순서를 그대로 본뜬 것이라 단언할 수 있다. 소설의 전반부는 하늘의 형세를 받은 조조가 등장하여 활약하며 천재(天才)의 법을 두루 기술하고, 인의(仁義)를 중히 여

---

147)　逆數는 병법에서 논의해야 할 수많은 과제를 담고 있다. 역수에 대한 전통적 정의는 주역, 설괘전의 數往者順知來者逆 是故易逆數也(지나간 일을 헤아림은 순하고 앞날을 미리 아는 것은 거스르는 것이다. 그런고로 易은 역수이다.)에서 비롯된다. 易은 逆이므로 미리 알아 변화에 대처한다는 뜻과 통하게 된다.

기는 유비는 인재(人才)인 제갈량을 만나 땅의 형세로 기운을 받은 손권의 지재(地才)와 연합하여 마침내 삼국을 정립시킨다. 《손자병법》과 병행하여 소설의 구성과 진행과정에서 제갈량의 출현 시점은 아마도 행군편 즈음 될 것이다.

《손자병법》의 행군편에 이르러 이와 관련된 제갈량의 언급은 《촉지(蜀志)》의 제갈량전(諸葛亮傳)이나 《통전(通典)》에서 보이기 시작한다. 제갈량은 지형에 배비한 인간의 역수를 간파한 말을 하고 있다. "제갈량이 이르길, 산악과 육지 전투에서 고지를 마주하여 오르지 마라. 수상 전투에서는 그 흐름을 거스르지 마라. 초원에서의 전투에서 너무 깊이 건너지 마라. 평지에서의 전투에서 공허한 쪽을 향하지 마라. 이것이 싸움의 이점이다(諸葛亮曰 山陸之戰, 不升其高; 水上之戰, 不逆其流; 草上之戰, 不涉其深; 平地之戰, 不逆其虛, 此兵之利也)." 그리고 제갈량의 병법을 모은 《편의십육책(便宜十六策, 治軍)》에는 똑같은 문장 "山陵之戰, 不仰其高; 水上之戰, 不逆其流; 草上之戰, 不涉其深; 平地之戰, 不逆其虛" 외에 "도로에서의 전투에서는 고립된 적을 상대하지 마라. 이 다섯 가지가 전투의 이점이고 지형의 도움을 받는 바이다(道上之戰, 不逆其孤 此五者, 兵之利, 地之所助也)"라는 말이 추가되어 있다.

흥미로운 것은 제갈량은 늘 인간의 견지에서 전투 환경의 자연에 역수(逆數)를 따졌다는 것이다. 자연스러움에 반대되는 것에 반대하는 것을 순(順)이라고 할 수는 없지만, 천시(天時)를 받은 조조와 지세(地勢)를 누리는 손권을 인화(人和)로 대치해야 하는 그의 전략 상황에서 나온 예지가 넘치는 전언이다.

행군(行軍) 5

인간은 거역(拒逆)으로 하여 인간답다. 존 밀튼은 그의 《실낙원》에서
거역의 영(靈)을 타락한 천사, 악마라고 규탄하나 동방사상에서는 인간
이 인간답지 않음이 악(惡)이었다. 훼손된 인간성의 회복이 인의이고, 인
의(仁義)는 자연 속에서 인간의 존립을 위한 인간다움의 역수(逆數)였다.
모든 생명은 이렇게 항거하며 자기 자신에 몰입해가는 모습을 가지고 있
다. 그러므로 인간은 자연 자체이면서 상제(上帝)의 간섭에서 벗어나 있
다. 하늘을 근심하고 인간을 연민했던 공자는 그의 인본주의의 시작을
"하늘 또한 제어할 수 있는 것"으로 하여 그것마저 천명(天命)이라 탄식
한다.

천명이 무거워져 후세에 누가 되었다면 어느 맑은 날 혁명군이 폭군을
주벌하여, 천상의 치자[帝]를 몰아내는 것은 인간적인, 너무나도 인간적
인 사건이다.[148] 그리하여 신(神)이 인간에게 이성을 부여했다는 에라스
무스적 기독교 인문주의에 반대하며, 이성의 건설이 인간의 노력으로만
가능하다는 망극한 사색에 도달한다. 손자를 비롯한 선진 제자(先秦 諸
子)들은 신정화(神政化) 된 은상(殷商)사회나 그 주변국의 부도덕을 고발
하였는데 거기에는 끊임없이 노력하여 배우려는 의지가 올바른 정치, 보
다 행복한 삶을 위한 가장 중요한 근원이라고 여겼기 때문이었다.

사실, 《손자병법》 안에는 손자가 주장하지 않은 사상이 무분별로 제시
되어 있기도 하다. 언어가 명멸(明滅)된 자리에 엉뚱한 해석이 자리 잡
고, 경험이 지지하지 않은 책상머리 서생의 틀에서 미로를 헤매고 있다.
피라미드에 올라 하늘과 통하는 문을 열어 보인다 해도, 인간은 보이는
것(見)이 아니고 보는 것(視)이다. 지리를 보는 것은 더욱 그렇다. 올려보

---

148) 詩經, 大雅, 文王之什에 주 무왕이 상나라를 멸망한 사건을 묘사했다.

는 것이 아니고 내려보는 것이기 때문이다. 그리하여 마침내 인문[黃帝]이 신화[四帝]를 토벌하여 승리함으로 인간이 산(山), 수(水), 기택(沂澤), 평륙(平陸) 등 사지(四地)를 배우는 이성을 스스로 건설하고 스스로 가장 도덕적이라는 신권주의를 극복했다. 손자의 인본주의는 인간의 지리에 관한 연구와 모색을 설명한 행군편에 이르러 다음과 같이 결정적으로 나타난다.

죽간본 : 凡四軍之利, 黃帝之(所以勝四帝也)

전래본 : 凡四軍之利, 黃帝之所以勝四帝也

무릇 네 가지 지형의 군사적 이점은 황제(黃帝)가 사제(四帝)들을 이기게 된 이유였다.

행군(行軍) 6

죽간본: (凡軍好高而惡下, 貴陽而賤陰; 養生處實, 是謂必勝, 軍)无百疾

무릇 군의 속성은 높은 곳을 좋아하고 낮은 곳을 싫어하며 양지를 귀히 여기고 음지를 천히 여긴다; 양지(生)에서 실전적(實)으로 기르니 이것이 필승의 태세이며, 부대원 아무도 전상(戰傷)을 입지 않는다.

전래본: 凡軍好高而惡下, 貴陽而賤陰 養生而處實, 軍無百疾, 是謂必勝

무릇 군대는 높은 곳을 좋아하며 낮은 곳을 싫어하고, 양지바른 곳을 귀하게 여기며 음지를 천하게 여기니 잘 먹이고 실한 곳에 있어 군에 아무 질병이 없으면 이를 필승의 태세라 이른다.

비슷한 문장이나, 문구의 순서가 바뀜에 따라 생각에 비상한 차이가 있다. 지금까지 지형에 따른 부대의 배치를 논하면서 그 논리가 이어지는 문세(文勢)이지만, 글자가 뒤바뀌고 의미가 모호해지면 그저 금언적(金言的) 파편으로 전해지기 일쑤였다. 병력을 기동시켜 주둔하고 또 배치할 때 적과 자연 지형의 형세를 정찰하는 것은 전장의 상식이다. 전편을 통해 부단히 손자가 주장하는 것은 "높은 곳을 등에 져야지 높은 곳을 향하지 말라."는[149] 것이다. 그런 까닭에 행군편 첫 문장(행군 1)에 "시생처고(視生處高), 높은 곳에 있어 양지를 보라." 라는 말에 대한 부연 설명으로 "양생처실(養生處實), 양지에서 실전적으로 기르라." 와 같은 답변들이 이어질 수 있었다.

도교적 기풍이 강했던 수당시기(隋唐時期)에는 "양생"이라는 단어에 몰입하여 생명을 길러 불로장생에 이르는 길을 곳곳에서 찾고 있었다. 병법에도 적용됨이 예외가 아니어서 《태백음경(太白陰經, 卷二, 地勢篇)》에는 "전투를 잘하는 자는 고지를 향하지 않고, 구릉을 등에 지고 마주하지 않는다. 음지를 뒤로하고 양지를 안으니 충실하게 생명을 길러 바로 군대에 질병이 없다(善用兵者, 高陵勿向, 背丘勿迎, 負陰抱陽, 養生處實, 則兵無百病)."라는 말로 훗날 해석의 틀을 잡아 놓았다. 그러므로 대부분 손자 11가주(家注)에는 양생을 "병력을 잘 먹여 키우는 것"으로 풀이함에 이의를 달지 않고 있다.

그러나 위 문장의 양생이 급양의 의미가 되면, 행군편에 흐르는 손자의 문리(文理)에 맞지 않을 뿐만 아니라, 병력의 배치를 논하는데 보급 급양과 질병 위생의 이론이 나온 것은 아무리 고대 병법이 혼성적(混成的)이라 하더라도 허조망설(虛造妄說) 같다. 양(養)과 생(生)은 분리된 의미로 앞의 주장인 시생처고(視生處高)를 부연하기 위한 것이다. 다시 말

---

149) 군쟁 12, 高陵勿向, 背丘勿迎

하면 "높은 곳에서 양지쪽을 바라보는 곳에 군을 배치하고, 양지(生)에서 양병(養, 군을 훈련)하니" 그것이 실전적인 전력배치가 된다. 군사력의 실체는 용병(用兵)과 양병(養兵)이다. 병력을 모집하고 훈련하고 관리하는 것은 모두 생지(生地)에서 이루어지고 그곳은 높고 밝고 호감이 가는 곳이다.

또한, 죽간과의 비교에서 논쟁이 되고 있는 것은 "시위필승, 군무백질(是謂必勝, 軍無百疾)"이라는 구절의 순서가 전래본과 도치된 때문인데, 전래본은 전국시대의 글과 문장의 용법을 왜곡시켰다. 질(疾)이라는 단어가 병질(病疾)과 혼용된 것은 진한시대 이후로 알려졌다. 그전에는 전장에서 화살[실 矢]에 맞아 상처를 입고 누워 있는 [녁疒] 뜻으로 오로지 전상(戰傷)을 뜻했다. 그러므로 다시 해석하면, "양지[生]에서 실전적[實]으로 기르니 이것이 필승의 태세이며, 부대원 아무도 전상(戰傷)을 입지 않는다."로 함이 논리적이다. 이 순서는《태평어람(太平御覽, 兵部三七, 軍行)》에는 바로 잡혀 있는 것이 신기하다. "무릇 군대는 높은 것을 좋아하고 낮은 것을 싫어한다. 양을 귀히 여기고 음을 천히 여긴다. 산의 남쪽이 양지이고 산의 북쪽이 음지이다. 양지에서 실전적으로 기르니 이것이 필승이고 군은 전상을 입지 않는다(凡軍喜高而惡下, 貴陽而賤陰 山南曰陽, 山北曰陰 養生處實, 是爲必勝, 軍無百疾)."

이러한 문장 순서는 전국시대의 문식(文式)에 맞는다.《도덕경(道德經)》36장에 "뺏고자 하면 잠시 주어두는 것이 좋다. 이런 도리를 아는 것을 일러 미명이라 하니, 부드러운 것이 견고한 것을 이기는 것이다(將欲奪之, 必固予之. 是謂微明, 柔弱勝剛強)."처럼 특정한 사실을 열거하고 시위(是謂) 이후에 문장에 귀납적 결론을 내리는 것이다.

《손자병법》의 기저에 흐르는 사상은 역시 국가를 온전히 보전하고[全國] 군을 온전히 보전하는[全軍] 싸우지 않고 이기는 병법이다. 누누이 강조되지만, 승리가 목적이 아니고 죽거나 다치지 않음이 목적이다. 이것은 군인이 전투를 회피하는 것이 아니라 용병가라면 항상 염두에 두어야 할 고려사항이다. 그러므로 위 문장에서도 필승(必勝)보다는 군이 다치지 않음(軍無百疾)이 마지막 문구로 자리 잡은 죽간본이 문식에도 맞고 손자의 사상에도 맞는다.

행군(行軍) 7

> 죽간본 : 陵丘隄(防, 必)處亓陽, 而右倍之 : 此兵之利, 地之助也
>
> 전래본 : 陵丘隄防, 必處其陽, 而右背之 : 此兵之利, 地之助也
>
> 구릉과 제방에서는 양지바른 곳에 병력을 배치하고 (구릉과 제방을) 오른쪽 뒤편에 둘 것이니, 이것이 용병의 유리함이요 지리(地利)의 도움이다.
>
> 재해석: 구릉이나 제방에서는 양지바른 곳에 병력을 배치하고 전방을 바라보아 (구릉과 제방을) 뒤편에 둘 것이니 : 이것으로 용병이 유리하고 지리(地利)의 도움을 받는다.

전과 같은 이유(行軍 4)에서 우(右)를 병가에서 말하는 전방으로 재해석하였다. 전방(前方)이란 행군의 진행 방향이거나 적 방향을 의미한다. 땅의 고저 또한 높은 곳은 건조하고 낮은 곳은 습하다는 자연 상식에 근거하여 부대 기동과 접근로를 분석한다. 부대가 높은 곳에 있으면 관측과 사계가 좋고 활을 쏘면 고저각(高低角)이 높아 사거리가 연장된다. 구릉과 제방은 평지보다는 높은 곳이어서 물을 잡아두는 저수 관제 시설을 만들 수 있는 곳이다. 《관자(管子)》 도지(度地)편에[150] "땅에 풀이 자라지 않는 곳에는, 반드시 주머니(저수지)를 만든다. 큰 방죽은 제(隄)라 하고 작은 방죽은 방(防)이라 하니, 작은 물길을 사방에 내어 심은 벼가 말라 상하지 않게 한다."라고 하여 제방을 뒤로하는 것은 물의 흐름을 관찰하는 높은 곳에 병력을 배치하는 것이고 댐을 통제하는 유리한 지점을 확보하는 것이다.

전투지대에서 중요 지형지물인 댐과 제방은 승패에 결정적 영향을 줄 수 있다. 한국전쟁에서 화천의 파로호 전투, 북한 지역의 장진호, 부전호 전투에서 피아간에 전기(戰機)를 바꾸는 중요한 결전이 벌어졌다. 인도 파키스탄 분쟁 지역인 인파 국경에서 파키스탄군의 저지선인 인더스 강 유역은 특히 그 지류인 라비 강에서 인도군의 기동 군단을 막는 핵보다 좋은 방법은 범람작전(Inundation Operation)이라고 평가하고 있다. 모의 워-게임에서 인도군의 두 개 기갑 군단이 순식간에 수공으로 소멸하여 버리고 말았다.[151] 이러한 원시적 수공(水攻) 작전은 현대전에서도 매우 유효하다. 그러나 댐은 공자에게나 방자에게나 매우 민감한 전략 자산이다. 중국의 거대한 싼샤댐(長江三峽大壩)은 주변 문화 유적을 수몰시키고 환경을 파괴한 것을 넘어 장차 큰 전쟁에서 전략 표적으로 중국의 치명적 아킬레스건이 될 가능성이 높다. 이 댐이 무너지면 양자 강 유역에 자리 잡은 대부분의 군수산업은 회생 불능의 타격을 받을 것이고 전쟁을 지속할 능력을 상실하게 될 것이다.

> 죽간본: 上雨水, 水流至; 止涉, 侍元定

---

150) 관자, 토공(土功)과 식산(植産)을 말한 부분 "地有不生草者, 必爲之囊 大者爲之隄, 小者爲之防 ; 夾水四道, 禾稼不傷"

151) Battle field Simulation CPX 1996 Command and Staff College, Quetta

> 상류에 비가 오면 (마른 바닥의 강)에도 물이 흘러 이르니; 도섭을 중지하고
> 안정되기를 기다려야 한다.
>
> 전래본: 上雨, 水沫(沫)至; 欲涉者, 待其定也
> 상류에 비가 와서 물거품이 떠내려오면; 강을 건너고 싶더라도 물살이 안정되
> 기를 기다려야 한다.

마치 큰물을 만나 나루를 지키는 횡강리(橫江吏)가 급류를 가리키며 나그네를 붙잡아 두듯이 행군은 멈추었다. 자연(自然)은 무정(無情)하고 천도(天道)는 무친(無親)하다. 먼 남의 일 같은 것이 자연에서는 늘 나에게 직접적 영향을 미친다. 늘 메말라 강바닥이 보이는 와디(Wadi)라도 함부로 숙영해서는 안 된다. 지평선 너머에 폭우가 내려 새로운 강이 탄생하고 인간이 탐지할 수 없는 영역 너머에서 사태가 만들어진다.

기원전 326년 가을 알렉산더의 헬레니즘 군대는 인더스 강의 지류인 젤름(Jhelum)에서 강을 넘지 못하고 하천 제방을 따라 군을 셋으로 나누어, 오늘날 파키스탄의 물탄(Multan) 일 것이라고 믿어지는 지점에서 강물이 마르기를 기다리고 일부는 인도양을 향했다. 강 건너에는 인도 군왕(群王) 중의 하나인 포러스(Porus)의 군대가 공포를 주는 강력한 코끼리 부대를 이끌고 나와 전의가 등등했다. 결국, 도하에 실패한 것은 상류인 펀자브 지방에서 내린 큰비 때문이었다. 페르시아를 정복하고 철수하는 도중에도 알렉산더 군은 지금의 아프간 남부인 동페르시아 지역의 하릴 강(Halil Rud)의 메마른 강바닥에 숙영 도중 갑자기 들이닥친 강물로 피해를 본다. 눈에 보이지도 않고 예상할 수도 없는 상황이었다.

위 문장에서 어찌하여 한(漢) 나라 죽간에 써진 "류(流)"라는 글자가 전래본에 "말(沫)" 또는 "매(沫, 조주본)"로 변형되었는지 정확한 이유를

알 수가 없다. 위·진(魏晉) 시대에 나와 송(宋) 대에 써졌을 것이라고 여겨지는 조조의 주(注)를 모은 조주본(曹註本)에 거품인 "말(沫)"로 바뀌어 처음 보인다. 다른 유사한 문헌에는 "매(沬)"로 되어 있는데 대부분 중국학 학자들은 본래의 류(流) 자가 말(沫) 자나 매(沬) 자와 모양이 비슷하여 옮기는 과정의 착오라고 말하고 있다. 그러나 문헌을 필사하여 배포하는 사람들이 잘못 쓰면 목이 달아나는 판에 과연 오필(誤筆)했을지는 의문이다. 말(沫)은 거품이고 매(沬)는 북두칠성 국자 모양 뒤에 보이는 작은 별의 이름이었다. 어쩌면 2011년 9월 대폭발(Supernova)을 일으키고 사라진 지구에서 2천백만 광년 떨어진 그 별이었는지도 모른다. 여기에 동방인 사유에 잠재해 있는 장기간 소외되었던 느낌을 감지할 수 있다. 《주역(周易)》 뇌화풍(雷火豊)의 괘 가운데 세 번째 효인 구삼(九三)에 약간의 힌트가 보인다. "그 젖은 땅이 커진다. 대낮에도 작은 별이 보인다. 그 오른쪽 팔꿈치가 꺾인다. 화를 면할 수 있다(豊其沛 日中而見沬 折其右肱 無咎)." 대낮에도 매(沬)라는 작은 별이 보인다는 것은 천지가 어두운 것이니 앞날을 예측할 수 없다는 뜻이 된다. 그러므로 슬그머니 매(沬)로 바뀐 것은 고의성이 있다.

《장자(莊子)》 내편 덕충부(德充符)에는 지인(至人)의 경지를 자연에 비추어 묘사하고 있다. "중니(공자)가 말하길, 사람은 흐르는 물에 자기 모습을 비쳐 보려 안 하고 멈추어 있는 물에 비쳐 본다. 이처럼 고요히 멈추어 있는 사람만이 멈추고자 하는 사람을 멈출 수 있다(仲尼曰 人莫鑑於流水 而鑑於止水 唯止 能止衆止)." 인간과 자연의 관계는 무친 하지만 자연 속에서 인간을 보고 인간 속에 자연을 본다. 그러므로 자연의 변화를 부단히 관찰해야 인간을 알 수 있고 병법을 알 수 있으니 흐르지 않고 멈추어 거품이 사라지길 기다릴 수밖에 없다. 그것이 "지섭 시기정(止涉, 俟亓定)"이다.

행군(行軍) 8

죽간본: (絶澗遇)[152] 天井, 天窖, 天離, 天(堯+召), 天都, 必亟去之, 勿近也. 吾遠之, 敵近之 ; 吾迎之, 敵背之)

계곡 물이 끊어진 곳을 만나면 거기에는 자연 우물이 있거나, 지형이 감옥 같이 막힌 곳이거나, 들어가면 빠져나오기 힘든 곳이거나, 천연 늪지가 있거나, 틈이 벌어진 동굴지대 등이 있는 것이니, 반드시 빨리 지나가야 하고, 가까이 있어서는 안 된다. 나는 이를 멀리하고 적은 가까이 있게 하고, 나는 이를 마주하고 적은 등지게 해야 한다.

전래본: 凡地有 絶澗, 天井, 天牢, 天羅, 天陷, 天隙, 必亟去之, 勿近也 吾遠之, 敵近之 ; 吾迎之, 敵背之

무릇 지형에는 깊은 계곡, 움푹 꺼져 물이 모이는 지형, 산이 험하여 감옥 같은 지형, 한 번 들어가면 다시 나오기 어려운 지형, 천연 늪지, 틈이 벌어진 동굴지대 등이 있거든 반드시 빨리 지나가야 하고, 가까이 있어서는 안 된다. 나는 이를 멀리하고 적은 가까이 있게 하고, 나는 이를 마주하고 적은 등지게 해야 한다.

죽간 94행에서 시작한 오천(五天)에는 절간(絶澗)이라는 표기 없이 바로 천정(天井)으로 이어진다. 《병가》에서는 전래본의 구절대로 6가지 해로운 땅 "육해(六害)"로 전해지고 있으나 죽간에 표기된 구절은 5가지 천연장애 "오천(五天)"으로 읽게 된다. "오천"은 인간과 하늘이 땅에 구속

---

152) 絶澗遇라는 구절은 죽간에 없다. 전래본에 絶澗이 五天과 합쳐져 六害로 변한 것은 오류이다. 그 원인은 송대에 발간된 태평어람 〈御覽〉卷三零六에 "절간을 지나면(絶澗過) 天井 天牢 天羅 天陷 天隙이 있다."를 다른 문헌이 인용하면서 오독, 오기된 것으로 추정한다.(대만, 책략연구소) 태평어람 포각본(鮑刻本, 청 嘉慶 12년 1807년간)에는 絶澗過를 絶澗遇로 표기하여 주목된다.

된 모습이어서 물과 인간이 모두 하늘에서 내려온 물상(物象)인바,《주역》의 감위수(坎爲水)에서처럼 양(인간)이 음(땅) 속에 함몰된 어려운 상황이다. 오천은 그렇다면 지형에 대한 지칭이 아니라 지형에 접한 인간의 상황이다.

죽간의 천조(天窖)가 천뢰(天牢)로 된 것은 자형이 비슷하여 오기된 것으로 보인다. 리(離), 라(羅)는 고대에 음이 같아 통가자였다.[153] 천극(天郤, 天隙)은 음과 의미가 다르지 않다.《무경총요(武經總要, 制度九, 土俗)》에는 전래본을 따라 육해(六害)의 땅으로 설명하여 손자의 본뜻과는 차이가 있다. "병법에 이르길, 절간, 천정, 천뢰, 천라, 천함, 천극 여섯 가지는 육해(六害)라 이른다. 여기에 이르면 신속히 통과하고 가까이 가지 않는다. 이른바 절간이란 산수가 깊고 큰 땅이다. 천정이란 하늘의 모습 아래 큰물이 이를 수 있는 땅이다. 천라란 산 계곡이 비좁아 병력이 끊기고 포획될 수 있는 땅이다. 천뢰란 수풀과 나무에 은폐되고 갈대가 깊고 넓게 우거진 땅이다. 천함이란 도로가 진흙 진창인 곳으로 사람과 말이 통과할 수 없는 땅이다. 천극이란 흙에 도랑과 구덩이가 많아 물이 고인 나무와 돌의 땅이다."[154] 라고 풀이하는데 내용이 산만하고 의미를 설명함에 둔사(遁辭)가 되었다.

오천(五天)에 대한 해석은 육해(六害)로 여겨져 11가주(家注)가 거의 대동소이한 듯 보이나 지형의 논리적 평가에 커다란 차이가 있다. 가만히 들여다보면 이 모든 험한 지형은 물이 만들어 놓은 침식(浸蝕) 작용에 의한 것이다. 물의 흐름을 따라왔지만 안정되길 기다린 결과 (止涉,

---

153) Baxter-Sagart Old Chinese by MC initial, final, and tone, 02/20/11: page 78, 83

154) 兵法曰：絕澗, 天井, 天牢, 天羅, 天陷, 天郤六者, 謂之六害, 遇之者速去, 不可近也 所謂絕澗者, 山水深大之地也；天井者, 天形下, 大水可及之地也；天羅者, 山澗迫狹, 可羅絕人之地也；天牢者, 林木隱蔽, 葭葦深廣之地也；天陷者, 道路泥淖, 人馬不通之地也；天郤者, 土多溝坑, 坎陷, 木石之地也

待其定也) 물이라는 장애는 사라졌다. 그러나 물이 만들어낸 땅의 지형적 버전이 기다리고 있다. 지금까지 절(絕)의 의미는 지형의 극복이나 통과, 초월로 전래하여 동사용(動詞用)으로 절산(絕山), 절수(絕水), 절척택(絕斥澤 또는 沂澤) 등으로 사용되었으나, 이를 병력을 나누어 배치(Tailoring Force)하거나 지형 정찰을 통해 평가된 지식을 이용하여 부대를 편조(task force)하고 지형적 배비(task terrain)의 복합적 의미로 설명할 수 있었다. 그러나 전래본 문구의 절간(絕澗(遇))은 계곡 물을 건너넘는 것도 계곡 물에 병력을 배치하는 뜻도 아닌 아주 단순한 글자 그대로의 의미인 "계곡 물이 끊긴 것"으로의 풀이가 타당하다. 그러므로 물이 끊긴 곳을 만났으니(遇) 과연 다섯 가지의 천연 장애(五天)를 나열하게 된 것이다.

《다경(茶經)》을 저술하여 다성(茶聖)으로 추앙되는 인물인 당(唐) 시인 육우(陸羽)는 늘 차 끓이기 좋은 물을 구하기에 고심했다. 물이라고 하는 이상적 질료를 따라가지만, 사라졌다 갑자기 나타나는 형태적 마법에 심경이 압도된다. 그는 물이라는 어마어마한 힘의 실체에 놀라며 다음과 같은 멋진 시를 남겼다.

辟疆舊林間 怪石紛相向
絕澗方險尋 亂岩亦危造
瀉從千仞石 寄逐九江船

속세를 피해 옛 숲에 드니 괴석은 엉클어져 서로 마주 대하고
계곡 물은 끊겨 험준한 곳 찾아 어지러운 바위 또한 위태로이 지어졌는데
아뿔싸! 천 길의 암벽을 따라 쏟아지며 온 세상 강 배에 실어 보내네.

육우가 계곡 물이 끊긴 곳에서 느낀 위태한 심경은 천길 암벽으로 갑

자기 쏟아지는 통쾌한 예감이면서 병법적 커타르시스이기도 하다. 가장 허(虛)한 곳이 가장 실(實)한 곳일 수 있다. 손자는 그가 즐겨 사용하는 다섯이라는 수를 다시 매겨 물이 만든 위험한 지형을 천정(天井), 천뢰(天牢), 천라(天羅), 천함(天陷), 천극(天隙)으로 나누고 있다.

오천(五天)은 주나라 이전의 시대에도 그 언어와 뜻이 정립된 듯하다. 공자 이전의 책으로 고대 유교 13경의 하나인《이아(爾雅)》는 사물의 지칭을 하은(夏殷) 시대의 고대 동방 언어에서 한(漢) 나라 이후의 중국어로 바꾸어 놓은 귀중한 문헌이다. 《이아》 석수(釋水)에 "천정(天井)이란 한 번은 물이 있고 한 번은 물이 없는 간헐적 샘물(井一有水, 一無水為瀱汋)"이라 전하고 있다. 4세기 초 동진(東晉)의 신비주의자 곽박(郭璞)은 그의《산해경(山海經)》주(注)에 "천정(天井)은 여름에는 물이 있고 겨울에는 물이 없는 것(天井, 夏有水, 冬無水)"이라 풀이한다. 조조의 풀이를 보면 역시, 육해(六害)의 땅이라는 의미보다는 오천(五天)인 다섯 가지 천연 장애가 만들어지는 이유를 합리적으로 설명하고 있다. "조조 이르길, 산이 깊고 물이 크면 계곡 물이 끊길 수 있다; 사방이 높고 중앙이 낮으면 천정(天井)이 만들어진다. 산이 깊어 지나갈 곳이 어둡고 구석진 곳은 천뢰(天牢)가 만들어진다. 병력이 끊기고 막힐 수 있는 곳은 천라(天羅)가 만들어진다. 지형이 움푹 무너진 곳은 천함(天陷)이 만들어진다. 산 계곡로가 협소하고 급하며 지형이 수 척 깊고 거리가 수 장 길면 천극(天隙)이 만들어진다(曹操曰：山深水大者, 為絕澗; 四方高, 中央下者, 為天井; 深山所過若蒙籠者, 為天牢; 可以羅絕人者, 為天羅; 地形貽者, 為天陷; 山澗道迫狹, 地形深數尺, 長數丈者, 為天隙)."

이 위험천만한 지형이 전형적으로 나타나 있는 것이 오늘날의 아프간 동남부 지역이다. 힌두쿠시 산맥에서 갈라져 파키스탄 발루치스탄으로 뻗은 술레이만 산맥과 아프간으로 뻗은 토바 카카르 산맥에는 고산의 빙하가 녹은 물이 만들어 낸 석회 지하동굴이 거미줄처럼 얽혀져 있다. 고대 페르시아는 제국 통치를 위한 공문의 발송과 수신을 병에 담은 문서로 이 지하 수로를 통해 주고받았다. 물의 흐름은 하계에는 동에서 서로 동계에는 서에서 동으로 흐르도록 설계하여 이를 "페르시아 카레즈 또는 힌두 카레즈"라고 불렀다. 물이 끊긴 곳 주변에 갑자기 폭포가 생기고 또 얼마를 못 가 하천이 갑자기 사라진다. 손자의 오천(五天)이 교과서적으로 전시된 곳이지만, 침공군에게는 악몽과 같은 지형이다.

행군(行軍) 9

죽간본 : (軍旁有險阻, 潢井葭)葦, 小林翳薈, 可伏匿者, 謹復索之, 姦之所處也
부대가 행군 (정찰 시)에 근처에 험한 곳, 갈잎이 우거지고 떠다니는 우물 웅덩이, 무성하고 어두컴컴한 외딴 숲 등이 있거든 적의 복병이 숨을 가능성이 있으니 신중히 반복 수색해야 한다. 이런 곳은 아군도 매복을 둘 수 있는 곳이다.

전래본 : 軍旁有險阻, 潢井, 林木, 蒹葭, 翳薈者, 必謹覆索之, 此伏姦之所也
부대가 행군 (정찰 시)에 근처에 험한 곳, 꺼진 웅덩이, 수풀, 갈대숲, 가시덤불 등이 있거든 반드시 신중히 반복 수색해야 한다. 이런 곳은 적의 세작이 숨는 곳이다.

인간이 풍수에서 역수(逆數)를 취하듯 병법은 지형에서 역수를 취했다. 다섯 가지 천연 장애(五天)에 접근하지 말라는 말은 어쩌면 인간의 힘이 최대로 발휘될 수 있는 지역이기 때문이다. 압도적인 전력에 맞서

게릴라전을 펼치기에는 이러한 오천에 역수를 취함이 선용병자(善用兵者)이다. 적에게 역(逆)이면 나에게는 순(順)이므로 험악한 지형이 나에게 해(害)이라면 적은 분명히 리(利)점을 차지하고 있다. 그러므로 험조(險阻)하여, 황정가위(潢井葭葦), 소림예회(小林翳薈)와 같이 지형이 착잡하고 식물이 우거진 곳은 피아간에 어떻게 이용하느냐에 따라 전술적 가치가 달라진다.

군방(軍旁)에 대해서는 여러 설이 있으나 일설로 나온 군행(軍行)으로 봄이 타당하다. 군이 움직임을 통해 지형과 접하는 것이므로 부대의 주변 근처(旁)를 뜻하는 것으로 한정하면 너무 정태적 표현이 된다. 적과 접촉이 임박한 지형에서 수색 정찰(Reconnaissance and Patrol)을 통해 적정을 파악하는 상황이며 필요시에는 소부대 지휘자가 독단적으로 적과 조우전을 벌일 수도 있다. 손성연(孫星衍)은 군방을 군행으로 바꾸어 주(注)를 달며 "군부대가 처하고 있는 땅으로 도처에서 적을 상대하고 있는 것(此言處軍之地, 必謹覆索之, 凡處軍相敵)"으로 풀이했다. 손자가 처음부터 군방(軍旁)이라고 썼는지는 알 수 없지만 《태평어람》에는 방(旁)으로 정하고 이것을 사기(史記)에 기록된 "마릉의 길은 좁고 그 근처 주변의 지형은 험조하다(馬陵道狹 而旁多險阻)"의 용법으로 풀어 설명하고 있다.

위 문구에서 주목할 것은 험난한 지형이 아니라 이를 이용하고 있을지 모르는 적의 동태이다. 그러므로 전투 기동부대라면 군행(軍行)으로 이해할 수 있고 전투 지원부대나 전투 근무지원 부대라면 군방(軍旁)으로 이해하면 족하다. 기동부대는 적의 척후나 전초 기지와의 접촉을 예상해야 할 것이고 지원부대라면 적의 습격에 대비한 자체 방어를 준비하는 상황이다. 적의 접근로에 풀과 나무를 베어 사계청소를 하고, 부대 울타리 주변에 불모지 작업으로 지형을 이용한 적의 기습에 대비한다.

지형과 초목을 묘사한 위 문장은 자형(字形)이 복잡하고 어려워 11가
주(家注) 역시 저마다 구구하다. 정확한 의미를 규명할 수 없으나, 당의
이선(李善)은 참신한 주를 달았는데, 그는 황정(潢井), 가위(葭葦), 소림
(小林), 예회(翳薈)가 4개의 자연물을 묘사한 게 아니라 가위는 황정을
수식하고 예회는 소림을 수식하는 두 개의 구절이라는 암시를 주고 있
다. "임목예회 초수몽롱(林木翳薈, 草樹蒙籠)"이라고 주(注)를 달며 "넝
쿨과 덤불로 우거진 수풀, 그늘지고 어두운 구석 같은 풀나무"로 묘사한
다. 틀린 것임을 알면서도 경(經)을 숭상하는 시대였기에 함부로 텍스트
를 고칠 수는 없었을 것이다. 《포박자(抱朴子, 外篇, 博喩)》에 "넝쿨과 덤
불로 우거진 울창한 숲은 바로 새들이 구름처럼 모이는 곳(繁林翳薈 則
羽族雲萃)"이라는 표현 역시 "예회"가 관용적 수식어로 쓰였다. 그렇다
면 위 문장은 이렇게 다시 쓸 수 있을 것이다.

　"潢井葭葦, 小林翳薈
　갈잎이 우거지고 떠다니는 우물 웅덩이, 무성하고 어두컴컴한 외딴 숲"

　죽간에는 "가복익자(可伏匿者)"가 추가되어 있다. 결국, 이러한 지형
에 적의 복병이 숨을 가능성은 논리적 귀결이지만 마지막 문구인 "간지
소처야(姦之所處也)"는 갑작스럽고 이해하기 어렵다. 대부분 주(注)는 간
(姦)을 간(間)으로 보아 간첩으로 풀이하나, 전투지대라는 무대에 간첩이
등장함은 어리둥절하다. 전투 정보는 부여받은 전투지대 내의 관심 지역
과 영향 지역 등에서 전투원에 의해 수집되는 전술 작전에 관한 정보이
다. 더 넓은 범위에서는 제 2제대에서 활동하는 적지 종심 부대, 빨치산,
귀순자, 포로 등에서 얻어지는 첩보의 수집원이다. 이런 출처들은 간혹
통제자(C/O) 등에 의해 운용되기는 하나 간첩(Agents)으로 부르지는 않

는다. 현대적 이해의 범위를 벗어나지 않는 것이 해석이라면, 이러한 풀이는 《손자병법》의 마지막 편인 용간편(用間篇)에 주장되는 스파이 운용에 관한 손자의 사상과도 맞지 않는다.

《설문해자(說文解字)》에는 간(姦)이 사(厶, 私)이며 사리사욕의 뜻으로 사용되어 자신의 이익만을 도모하는 것을 사(厶)라고 했는데 소전(小篆)이 쓰인 진(秦) 나라에 이르러 간(姦)과 분리되고 사(私)로 통일되었다. 설문을 해석한 단옥재(段玉裁) 주(注)에는 "사(厶)는 (나를 위해) 속이는 도구이다. 소전과 대전 두루 이렇게 주(注) 했다(厶下曰姦衺也 二篆爲轉注)."라고 하여 간(姦)과 간(奸) 자를 통용하여 사용했다. 일설에는 《설문해자(說文解字)》에 구(宄)와 간(姦)이 같은 자로 되어 있는 고로 도적이나 적으로 보아 귀(宄)로 하여 매복한 적으로 풀이한다. 그러나 간(姦)이 귀(宄)보다 오래된 글자이며 적어도 좌전이 써진 시대보다 더 오래된 것이므로 본래 간은 나(私)로 볼 수 있다. 좌전(左傳)에 "밖이 어지러운 것이 간(姦)이요, 내부가 그러면 귀(宄)이다."[155]라는 말이 보인다. 또한 《국어(國語, 晉語六)》에는 "어지러움이 내부에 있으면 귀(宄)요, 외부에 있으면 간(姦)이다."[156]라고 하였으니 두 글자의 용도는 분명히 다르다.

간(姦)을 간첩, 세작(細作, 奸細)으로 보는 전통적 해석은 아무래도 무리가 있다. 소전(小篆) 이전에 써진 사(厶, 私)의 뜻이 분화되고 연변(演變)한 것이라면, "간지소처야(姦之所處也)"는 아마도 손자가 사지소처야(厶(私)之所處也)"로 쓴 것이 아니었을까? 행군과 지형에서 손자의 역수는 지형의 인간적 이용이다. 전술적으로 적에게 유리하면 아군에게도 역시 유리한 것이다. 적의 간첩이 있는 곳이 아니라 내가 매복을 서야 하는 땅이라면 기막힌 지형적 역수이다.

---

155) 左傳, 成公十七年, "亂在外爲姦, 在內爲宄(宄)"
156) 國語, 晉語六 "亂在內爲宄, 在外爲姦"

행군(行軍) 10

죽간본: 敵近而(靜)者, 恃元險也; 敵遠(而挑戰, 欲人之)進者, 元所居易, (利也)

적이 (험한 지형에) 가까이 있어 조용한 것은 그 험함을 믿기 때문이다; 적이 (험한 지형에서) 멀리 떨어져 있는데 도전하는 것은 아군의 전진을 유인하려는 의도이고, 거기에 배치된 것은 (싸움이 쉽고 자신 있어) 이롭기 때문이다.

전래본: 近而靜者, 恃其險也; 遠而挑戰者, 欲人之進也; 其所居易者, 利也

(적이) 가까이 있으면서도 조용한 것은 지형의 험함을 믿기 때문이다; (적이) 먼 거리인데 도전하는 것은 아군의 전진을 유인하려는 의도이다; (적이) 평탄한 (지형에) 배치되어 있다면 (병법에) 이롭다.

전래본에 주해를 단 대부분 문헌[157]에는 근(近)과 원(遠)의 앞에 적(敵)자가 자리 잡고 있다. 과연 출토된 죽간에 적(敵)자가 있어 그 뜻이 분명해졌다. 험하고 장애가 되는 지형지물에서 가깝고 먼 적의 움직임을 살피고 융통성 있게 병력을 배비(配備)하라는 말로 이해되어, 적의 의도를 험한 지형과의 거리에서 갖는 적 배치로 판단하는 것이 된다. 그러나 전래본은 그 해석이 아군으로부터 원근 거리에 있는 적으로 오해되기 쉽다. 두목(杜牧)은 전래본을 근거로 풀이하기를 "적이 험한 지형에 배치되지 않았다는 말은 평지에 있다는 것이니 반드시 싸움을 쉽게 하려는 것이다. 한 책에 이르기를 전사들이 그 거(居) 하는 바에서 싸운다는 것은 쉽고 이로운 것이다(言敵不居險阻, 而居平易, 必有以便利於事 一本云 士爭其所居者, 易利也)."라고 하여 지형을 기준으로 적의 의도를 평가

---

157) 長短經, 通典, 太平御覽, 武經總要

한다. 사(士)의 본래의 뜻은 선비가 아니라 "전사"이다. 그들이 지형을 의존하지 않고 평지에서 싸우려 하는 것은 전투력이 강하기 때문이다. 《오자병법(吳子, 應變)》에 "쉬운 곳은 피하고, 막히고 어려운 지형을 택하라(避之於易, 邀之於阨)."처럼 역시 지형을 사이에 두고 피아간의 상황 평가를 말하고 있다.

도전(挑戰)이라는 용어는 《전국책(戰國策)》 제책오, 소진설제민왕(齊策五, 蘇秦說齊閔王)에 그 용법이 유래한 것으로 알려졌다. 장의(張儀)와 함께 제(齊)의 귀곡자(鬼谷子)에게 웅변술을 배운 소진(蘇秦)은 전국시대의 책사(策士)로 종횡가(縱橫家)의 한 사람이다. 신비의 산 천문산(天門山) 귀곡(鬼谷)을 나와 처음에는 진(秦)의 혜왕(惠王)에게 유세했으나 설득할 수 없었다. 후에 연(燕)의 문후(文候)에게 기용되어 동방의 6국을 설파하고 합종동맹(合從同盟)을 체결해 진에 대항토록 했다. 그 한 단면이 《전국책》에 이렇게 기록되어 있다. "위왕은 몸에 갑옷을 입고 칼을 갈아, 조나라를 꼬여 전쟁의 트집을 잡았다(魏王身披甲砥劍, 挑趙素戰)." 이처럼 "도전"이란 꼬여서 전쟁을 일으킬 명분을 찾는 것이다. 시인 이백(李白)은 천문산 중턱 귀곡 입구에서 위대한 귀곡자의 제자들이 천하를 합종과 연횡으로 양분하는 기세를 감격하여 이렇게 읊고 있다.

天門中斷楚江開 천문산 가운데가 갈라져 장강이 열렸도다. ─望天門山

도전의 의미는 약간씩 다르게 사용되기도 했다. 시대적으로는 전국시대 이전 상주 교체기를 무대로 써진 《육도삼략》에도 "도전"이라는 말이 보인다. 《육도(六韜, 虎韜, 臨境)》에 "전초부대를 내보내, 아침부터 싸움을 걸어 적의 전의를 피로하게 한다(令我前軍, 日出挑戰, 以勞其意)."라는 말에는 적을 속여 유인한다는 의미는 아니다. 《국어(國語, 吳語)》에는 오왕이 민심을 수습하는 목적으로 "오늘 저녁 반드시 싸움을 걸어 이로써 민심의 (지지를) 넓힌다(今夕必挑戰, 以廣民心)."와 같이 오늘날 국민을 분발케 하는 "challenge"의 뜻으로 쓰였다. 전쟁을 정치적 위기의 국면 전환으로 사용한 부도덕한 사례이다. 전국시대에 나타난 "도전"이라는 용어 이전에는 치사(致師)라는 말이 사용되었다. 즉, 모병하여 캠페인(役)을 벌인다는 의미였다. 《주례(周禮, 夏官)》에는 "환인으로 하여금 치사(致師)를 관장하게 한다(環人, 掌致師)."라고 하였는데, 환인은 설(薛또는 楔) 씨라는 《주례》의 해석을 따른다면 아마도 셀랭기(솔롱고-한국인의 몽골어)를 지칭하며 이것은 기골이 장대하고 사나운 동이족, 즉 한국인의 조상을 의미한다. 정현의 주(注)에는 "치사란, 필전의 의지를 갖춘 것으로 옛날에 전쟁하려면 먼저 용감한 무사들로 하여 적을 침범하게 했다(致師者, 致其必戰之志也 古者將戰, 先使勇力之士犯敵焉)."라고 해석하여 치사(致師)란 바로 도전(挑戰)과 같은 말이라 풀이했다.

위 문장은 다른 여러 가지 의미의 해석을 내포하고 있다. 이(易)는 평탄하고 쉬운 지형으로 문장을 표상(表象)하고 있으나, 손자가 즐겨 말하는 역(易)은 상황의 변화에 대비하는 태세이다. 전래본의 "其所居易者(평탄한 지형에 배치된 것)"이라는 문구는 출토된 죽간의 "其所居者易(거기에 배치되어 변화할 수 있는)"처럼 다른 해석의 여지가 있는 문구보다 의미가 제한되어 있다. 글자의 순서가 바뀐 것은 지형에 몰두해 버렸기 때문이다. 죽간 손자는 완성된 경(經)이 아니라 새로운 자극을 받으면 변하는 경(經)이므로 새로운 재해석도 가능하게 되었다.

행군(行軍) 11

죽간본 : 없음

전래본 : 衆樹動者, 來也; 衆草多障者, 疑也. 鳥起者, 伏也; 獸駭者, 覆也

나무 숲이 흔들리는 것은 적이 오는 것이고, 풀이 우거져 장애가 되는 곳은 의심스러운 곳이다. 새가 날아오르면 복병이 있는 것이요, 짐승이 놀라 달아나면 적이 기습하는 것이다.

위 문장은 죽간에 확실히 없다고 하기는 어렵다. 그러나 죽간 96행의 잔멸된 부분 공간 자수인 최대 14자를 분석하면 끼어 넣을 수 없지만, 죽간이 발굴된 당시 순서의 착란과 실수를 생각하면[158] 아마도 죽간 97행 전에 하나의 죽편이 더 있었을 수 있다. 이점의 논의는 지금으로서는 미궁이다.

해석은 어느 언어권에서든 천태만상일 수 있다. 중초다장자(衆草多障者)는 대부분의 한국어 해석에 "풀을 묶어 장애가 되는 것"으로 풀이했으나, 그 결초(結草)의 의미를 말한 중국 문헌은 찾을 수 없다. 수색 정찰하는 과정에 풀이 묶인 것을 발견했다면 그 뒤의 문장인 매복과는 연결되지 않고 전투 현장 감각에 맞지 않는다. 스스로 방어 전초를 표시하고 있는 것이니 논리적이지 않다. 이 문구는 저마다 다른 해석을 내놓고 있고 시비를 따지는 것은 무의미하다.

전장을 관찰하고 적정을 살피는 관점은 제대별로 다르다. 소부대 전술 제대에서 새가 날고 짐승이 놀라 뛰는 것은 적과의 접촉이 임박한 것이고 군단급 작전 제대에서 "나무가 움직인다"고 보고되면 적의 고속 기동을 위한 기갑과 공병의 통로 개척으로 판단하게 될 것이다. 적의 공격 시점과 움직임을 아는 것은 매우 중요한 사안이므로 상위 제대에서는 예

---

158) Rogers Ames, SunTzu, The Art of warfare, Appendix—Background to the excavation at Yin—Chueh—Shan

비대의 사용과 추가 전력 투입을 위한 중요한 정보가 된다. 조조(曹操)는 "짐승이 놀라 뛰는 것은 복(覆)이다(獸駭者, 覆也)."에 대한 해석에서 매복이 아닌 적의 진형의 모습으로 파악하고 있다. "조조 말하길 적이 넓은 진(陣)과 긴 측위를 펼친 것은 아군을 뒤집어 (정황을 수집하려고) 오는 것이다(曹操日 敵廣陳張翼, 來覆我也)."라고 한 것은 상위 작전제대의 관점이다. 그러나 같은 문장 안에서 두목(杜牧)은 "새가 날아오르는 것은 매복이 있는 것이다(鳥起者, 伏也)." 풀이하기를 "복병이 와 숨어 있는 것으로 새와 접촉하여 놀라 날아오르는 것(下有伏兵住藏, 觸鳥而驚起也)"이라 하여 소부대 전술의 관점에서 풀이했다.

대부분의 주(注)는 "복은 복병이다(覆即伏也)."로 전해지고 있다. 그러나 복(覆)과 복(伏)에는 전술적 관점에서 엄연한 차이가 있다. 두예(杜預)의 주(注)에는 약간의 변화를 볼 수 있는데 "복, 위복병칠처(覆, 為伏兵七處)"처럼 "복(覆)은 7곳에 복병을 둔 것이다."라고 하여 단순히 엎드려 숨어 있는 복(伏)보다는 전술 운용의 다른 점을 언급했다. 갑자기 7이라는 수의 출현은 주역 지뢰복(地雷復) 괘(卦)에 "그 도를 반복하여 7일 만에 돌아온다(反復其道 七日來復)"에서 상징적으로 착상한 듯하다. 조조는 확실히 복(覆)을 복병으로 보지 않고 광진장익(廣陳張翼)의 태세를 가진 적의 수색정찰 활동과 내습(來襲)으로 보았다. 그의 해석은 복(覆)은 글자 그대로 아군을 뒤집어(覆) 형세를 파악하기 위한 적의 위력수색(Reconnaissance in Force)이다.

자연 생태계의 모습을 관찰하여 적정을 파악함은 상식이다. 험준한 지형은 인간의 발길이 닿지 않아 금수(禽獸)가 안일하게 지내는 곳이므로 인간의 움직임은 즉각적인 영향을 줄 것이다. 적의 움직임과 아군의 반응을 다시 논리적으로 정리하려면 래(來), 의(疑), 복(伏), 복(覆)에 대한 주객상관의 이해가 필요하다. 래(來)와 복(伏)은 적의 움직임이고 의

(疑)와 복(覆)은 아군의 반응이다. 그러므로 의(疑)는 적이 의심을 사게 하는 것이라기보다는 아군이 주체적으로 의심하는 것이고, 복(覆)은 적이 매복하는 것이 아니라 아군이 적의 습격으로 소요를 일으키는 것으로 정리할 수 있다.

수해자(獸駭者), 즉 "짐승이 놀라 달아난다는 것"에 해(駭)자는 매우 의미심장하다. 해(駭)는 해(絯)와 같이 가차자로 쓰였다. 장자(莊子) 잡편(雜篇) 외물(外物)에 "음양의 기운이 그 평형을 잃으면 천지의 변괴가 생기기 마련이어서 우레가 울리고 번개가 친다. 물속에 불이 생긴 것이다(陰陽錯行 則天地大絯 於是乎有雷有霆 水中有化)."라는 말이 보이는데, 물속에 불이 있는 택화혁(澤火革)은 곧 땅속에 뇌전이 있는 지뢰복의 괘로 상상력이 전이된다. 그러므로 해(駭-革) 다음에 복(覆-復)으로 의미를 받은 것은 사색의 유희인가?

행군(行軍) 12

죽간본 : (塵高而銳者, 車來也; 卑而廣者, 徒來也; 散而條遠者, 採樵者也; 少而往來者, 營)軍者也

전래본 : 塵高而銳者, 車來也; 卑而廣者, 徒來也; 散而條遠者, 採樵者也; 少而往來者, 營軍者也

먼지가 높이 날카롭게 오르는 것은 적의 전차 부대가 오는 것이며; 먼지가 낮게 널리 퍼지는 것은 보병이 오고 있는 것이다; 흩어져 점점이 종횡으로 움직이는 것은 땔나무를 하는 것이며; 적은 병력이 오가는 것은 숙영준비를 하는 것이다.

지난 재래식 전쟁(Conventional Warfare)에서 전술 거리는 통상 2km를 의미했다. 이것은 인간이 육안 관측으로 피아를 식별하고 보병 소부대의 화력으로 통제할 수 있는 거리이다. 비무장지대(DMZ)는 무력충돌의 방지를 위해 군사분계선(MDL)으로부터 남과 북이 각각 2km 씩 4km 이격 되어 있는 공간이다. 2km 즉, 오 리(里)는 건강한 인간의 시각과 청각으로 감지할 수 있는 거리여서 예로부터 오리무중(五里霧中)이란 인간관계를 회피하고 싶은 인간의 자연적 신체와 사회적 신체 간의 거리에 있는 모호함을 뜻했다. 후한(後漢) 시대에 장해(張楷)라는 은사(隱士)가 사람들을 피하려고 도술로 안개를 뿜어낸 것이 오리이니, 그는 전술 거리에 대한 식견이 있었던 모양이다.

　　보병 전투에서는 적과의 거리가 오리 안에 들면 적과 접촉이 이루어졌다고 간주한다. 그러므로 차장 연막(Smoke Screen), 방해 연막(Smoke Curtain), 모포 연막(Smoke Blanket) 등의 연막작전으로 적의 지상 및 공중 관측을 방해하고 아군의 기동을 은폐한다. 연막은 또한 양동(Demonstration)과 양공(Feint), 기만작전에서 주요한 수단이기도 하다. 현대전에서 사용되는 연막은 연소, 증발 또는 가수분해되었을 때 형성되는 액체나 고체의 미립자가 빛을 산란시켜 만들어지지만, 고대의 전투에서는 연기를 피우거나 먼지를 일으켜 차장과 기만의 한 수단으로 사용되었다.

　　한반도에서는 상상이 되지 않는 중국 중원의 대평원과 낮은 구릉 지대는 메마른 건기인 초봄에 약간의 바람에도 큰 먼지가 일어난다. 그 웅장함과 두려움은 압도적이다. 캘리포니아 티헌 패스(Tejon Pass)를 넘어서 내려다보이는 베이커스필드의 대평원 지대 같은 하늘과 나뉜 녹색의 지평선과는 그 느낌이 사뭇 다르다. 전국시대의 제후들은 식량이 모자라는 봄에 전역(戰役)을 일으킬 때 실허(實虛)의 수단으로 중원의 먼지를 이용했다. 선진시대(先秦時代) 문헌과 이를 차빙(借憑)한 그 이후의 문헌에는 먼지를 일으키는 발진(發塵)에 대해 여러 사례로 기술하고 있다. 좌전(左傳, 襄公十八年)에 "전차에 오른 자는 후속부대(左)를 실하게 하고 전방부대(右)를 거짓으로 꾸몄는데, 먼저 부대 깃발을 앞서게 하고 앞의 수레가 땔나무를 끌고 이를 따르도록 했다. 제나라 제후가 이를 보고 그 무리가 많음이 두려워 이내 벗어나 되돌아왔다(使乘車者左實右僞 以旆先 輿曳柴而從之 齊侯見之 畏其衆也 乃脫歸)."라는 말은 먼지를 일으켜 허와 실을 기만하고 부대 규모를 허장성세한 사건을 의미한다.

위 문장은 손자가 침착하게 전장을 응시하며 가능한 적의 의도를 제시하지 않은 채 전방을 스케치한 사경도(寫景圖)와 같다. 적이 땔나무를 모으고 있다면 기만책을 세우기 위함인지 그저 난방과 취사를 위함인지 평가하지 않고 있다. 섣불리 상황을 고정하지 않고 있다. 그러나 후세에 이르면 전술 상황을 템플릿(Template)에 넣어 규격화한 경향이 보이기 시작한다. 송(宋)나라 함평(咸平) 연간의 사람인 허동(許洞)이 지은 《호검경(虎鈐經, 料塵)》에 먼지가 일어나는 모습을 관찰하여 평가하는 지침이 있다. "적이 오기 시작할 때, 먼지가 흩어지고 낭자하면 땔감을 끌고 있는 것이다; 이삭이 일어서며 놀라 흐드러진 것은 먼지 일으키는 차가 오고 있는 것이다; 먼지가 높고 농후하며 뒤섞여 일어나는 것은 기병이 오고 있는 것이다. 먼지가 낮고 넓게 퍼지며 분분히 떨쳐 일어나면 보병이다(敵之始來, 塵有條而散漫者, 曳薪也; 穗起而驚亂者, 塵車來也; 塵高濃厚, 渾渾而起者, 騎兵來也; 卑而廣, 奮奮而起者, 步兵也)." 이런 말들은 전장을 관찰하고 적의 병종을 구분함에 어느 정도 수긍이 가는 착안사항이다. 그러나 이어지는 호검경의 내용은 전술교리를 교조화시킨 경향이 있다.

"병력이 적은 데 먼지가 어지러이 흩어지는 것은 부대의 대오가 정돈되지 않았기 때문이다; 병력이 많은 데 먼지가 없고 진정돼 있는 것은 부대의 대오가 정렬하고, 장군의 명령지휘가 가지런하기 때문이다; 먼지 티끌이 전후좌우에서 일어나는 것은 일정한 법령을 시행하지 않고 있기 때문이다. 부대가 움직이는데 먼지 티끌이 산만하지 않고 질서 있게 일어나며, 부대의 움직임이 멈출 때 먼지가 같이 멈춘다면 이것은 대개 그 대장이 위엄과 덕을 시행하기 때문이며 부대의 대오가 정돈되고 말쑥하기 때문이다. 진영을 벌여 진을 구축할 때, 먼지가 날려 일어나는 것은 수비를 위해 부대가 움직이는 것이니, 틀림없이 적병이 잠입한 것이다 (兵少而塵散亂者, 部伍不肅也; 兵多而塵靜者, 部伍按行, 將之令整也; 塵埃左右前後起者, 使人無常法也. 軍動而塵埃不散漫, 倏達而起者, 軍止而塵亦止者, 此皆大將威德行, 部伍整肅故也. 列營結陣之時, 有塵飛起者, 隨所起處防之, 必有賊兵潛到)."

이런 문장이 생긴 것은 오랜 전장관찰을 통해 얻은 경험이기 때문일 것이다. 고금에 다름없이 훈련이 잘된 부대는 조용하고 은밀하다. 그러나 상황을 고착하여 교리화 한다면《손자병법》의 핵심 사상의 하나인 정합기응(正合奇應), "싸움이란 정(正)으로 (적을) 맞이하고, 기(奇)로써 승리하는 것"[159]에 맞지 않다. 적을 모두 끌어들여 전체의 상황을 장악하기에는 상황 템플리트에 다 집어넣을 수 없다. 합은 어떤 형세이든 적의 형태와 능력, 상황을 파악하는 노력의 결과이므로 불확실한 상황에서 정(正)으로 합을 이룬다는 말은 대치된 상태를 유지하여 임기, 실시간(Real Time)에 응하라는 뜻이다.

두목(杜牧)은 초채(樵采)의 의미를 전장 관찰에 한정했다. "각자가 이리저리 향하고 있으므로 먼지와 티끌이 흩어져 만연한 것이고, 조달(條達)이란 종횡으로 대열이 끊긴 모습이다(各隨所向, 故塵埃散衍. 倏達, 縱橫斷絶貌也)." 매요신(梅堯臣)은 "곳곳에서 땔감을 하므로 먼지가 종횡

---

159) 세(勢) 3.

으로 일어난다(樵采適處, 塵必縱橫)."로 표현했고, 왕석(王晳) 역시 조달(條達)이란 "가늘고 작게 끊고 이어진 모습(纖微斷續之貌)"으로 풀었다.

산이조원자, 채초자야(散而條遠者, 採樵者也)라는 문구에 대해서는 11가주(家注) 대부분이 대동소이하나 이 문구의 이해를 위해서는《좌전(左傳)》양공 18년(襄公十八年)의 기록이 후세의 주석에 어떻게 영향을 주었는지 살필 필요가 있다. 이전(李筌)은《좌전》의 기록을 그대로 인용하여 "연기와 먼지를 일으키며 진(晉) 나라의 군대가 제(齊) 나라를 칠 때 땔나무를 끌고 이를 따랐다. 제 나라 사람들이 산에 올라 바라보며 그 무리가 많은 것에 두려워해 밤새 달아났다. 땔감을 가지고 온다는 것은 그런 뜻이다(煙塵之候, 晉師伐齊, 曳柴從之 齊人登山, 望而畏其衆, 乃夜遁. 薪來即其義也)."라고 하였으니 "적이 땔감을 하고 있다"는 의미를 먼지를 일으키기 위한 기만책을 준비함으로 내비쳤다.

고대 전장에서 땔나무를 하고 군마초를 베는 일은 전쟁 지속능력 유지를 위한 주요한 행위였다. 전쟁 기간 군부대의 이동로는 초목이 황폐해지기 일쑤였을 것이다. 채초(採樵)에 대해 병서의 해석을 모은 각종 집해(集解)에는《한서음의(漢書音義)》의 주(注)를 인용하여 "초(樵)란, 장작을 모으는 것이고, 소(蘇)란 군마초 풀을 모으는 것이다(樵, 取薪也 蘇, 取草也)."라고 정의했다. 이러한 초소(樵蘇) 행위는 특별한 지시 없이는 일상적으로 이루어졌다.《삼국지(三國志)》촉서, 제갈량전(蜀書, 諸葛亮傳)에 한 편의 삽화 같은 글이 보인다. "서기 263년 봄에 제갈량의 묘당을 면양에 세우라는 소가 있었다. 그해 가을, 위(魏)의 진서장군 종회가 촉을 정벌해, 한천(漢川)에 이르자, 제갈량의 사당에서 제사 지내고, 군사로 하여 제갈량의 묘 좌우에서 땔감을 하거나 군마초를 베지 말라고 명했다(景耀六年春, 詔為亮立廟於沔陽 秋, 魏鎮西將軍鍾會征蜀, 至漢川, 祭亮之廟, 令軍士不得於亮墓所左右芻牧樵采)."

행군(行軍) 13

죽간본 : (辭)𤰞而備益者, 進也; 辭強而進驅者, 退也; 輕車先出居廁者, (陣也. 無約而)請和者, 謀也. 奔走陣兵者, 期也; 半進者, 誘也

전래본 : 辭卑而備益者, 進也; 辭強而(進)敺者, 退也; 輕車先出居側者, 陣也 無約而請和者, 謀也 奔走陣兵者, 期也; 半進半退者, 誘也

말을 겸손히 하면서 준비를 증강하는 것은 진격하려는 것이요, 말이 강경하면서 앞으로 달리려는 듯하면 후퇴하려는 것이다. 경전차가 먼저 나와 측위에 배치되는 것은 (공격을 위해) 진형을 갖추는 것이요, 아무런 조건 없이 강화를 청하는 것은 모략이 있는 것이다. 분주히 뛰며 진을 만드는 것은 전투의 기회를 잡은 것이요, 반쯤 전진하고 (반쯤 퇴각함은) 유인하려는 것이다.

적과 대치하고 적의 사신이 진영에 왔다. 궤사(詭辭)를 늘어놓으니 진의를 알 수 없고 오로지 부단하고 정밀한 전장관찰이 필요하다. 한국전쟁 동안 중국은 1951년 6월 말 동해의 제3국 병원선에 휴전을 제의한 이래 휴전이 조인되기까지 무려 2년을 더 끌었다. 이른바 모택동의 담담타타(談談打打) 전술을 그대로 구사한 것이다. 대화하면서 끊임없이 때리고, 때리면서 대화하는 화전(和戰) 양면을 궤도(詭道)로 사용하였다.

사(辤, 辭)는 어원은 다르지만 한(漢)대에 이르러 같은 뜻으로 쓰였다. 비(𤰞, 卑)는 음이 같아 쓰인 가차자이다. 위 문장은 전진(進), 후퇴(退), 대형 유지나 집결지 행동(陣), 책략(謀), 공격 시기 결정(期), 유인(誘)으로 전장의 각 국면을 시나리오화한 것이다. 죽간에는 반진(半進) 반퇴(半退)는 반진 하나로 축약되어 있으나 의미는 전래본과 같다. 전투의 주요 국면에 관한 참모판단은 적의 공방(攻防) 여부, 그 공방의 기동형태, 공격시기를 평가하고 전망하여 지휘관이 건전한 결심을 내리도록 하는 것이다. 적의 언행이 항상 불일치한 것인가는실허(實虛)의 여부를 판단하는 것과 같으므로 오로지 그 병세(兵勢)에 대한 정확한 정보를 얻는 것이 우선이다.

고대 전투의 전형적 진행 과정을 보여주는 위 문장은《손자병법》의 전장 경험이 보병보다는 전차전 위주였다는 점을 확인시켜주고 있다. 마치 장기판의 배열같이 전차는 진영의 맨 좌우 끝에 배치한다. 전차가 가진 돌파력은 적을 우회하여 후미를 공격하기 유리하다. 우세한 기동력으로 적을 포위하고 적의 전의를 저하한다. 그리고는 적을 안심시키려 아무런 조건 없는 강화를 청하며 때를 잡아(期) 기습한다. 이미 선진(先秦) 시대에 이러한 병법이 일반이었고 수당(隋唐)에 이르러는 수많은 문헌이 이를 풀이하고 있다.《장단경(長短經)》통전(通典)에 역시 손자와 같은 문구를 인용하여 기술하고 있다.[160]

《무경총요(武經總要)》에는 차(車)를 기(騎)로 표기하여 "경기병이 먼저 나와 측위에 배치된 것"[161] 이라 하였는데 이것은 기(騎)와 차(車)의 음이 비슷하여 오기된 것이라는 주장이 있으나, 송(宋)시기의 중세 중국어에 두 글자의 발음은 확연히 다르다.[162] 현대전에서 기계화 보병과 기갑부대의 전투기능이 다른 것처럼 기병과 전차는 그 기동력의 차이로 전투서열(OB, Order of Battle)이 다를 수밖에 없다. 전차의 측위 배치에 대한 여러 주석에서 조조(曹操)는 적의 공격 징후, "싸움을 벌이는 진병(陳兵欲戰也)"으로 보았고, 두목(杜牧)은 "경전차가 나오는 것은 전투지대에 유리한 지역을 먼저 정해놓은 것(出輕車, 先定戰陳疆界也)"이라 풀이했다. 장예(張預)는 조조의 주를 다시 풀이하면서 "경차는 전차를 말함이다(輕

---

160) 長短經, 料敵 "無約而請和者, 謀也" 通典, 兵三 "輕車先居其側者, 陣也 ; 無約而請和者, 謀也"

161) 武經總要, 制度四, 察敵形 "輕騎先出, 居其側者, 陣也"

162) Baxter-Sagart Old Chinese by MC initial, final, and tone, 2011: page 64, 騎 gje (g-+-jeA) 車 kjo (k-+-joA)

車, 戰車也)"라고 하였다. 전차는 진한지제(秦漢之際, 기원전 221~기원후 220)를 거치면서 두 개 축을 가진 중차(重車)가 선호되었고 이와 구분하기 위해 한 축으로 된 차를 경차(輕車)로 지칭 한 것으로 추정된다.[163] 그 후 송나라 이후의 전쟁에서는 뛰어난 품종의 말들이 개발되어 전차의 사용이 거의 사라지면서 문구상의 전차를 기병으로 인식한 것은 분명해 보인다.[164] 그러므로 음이 비슷하여 오기된 것이라기보다는 시대적 상황에 맞게 의도적으로 다르게 표기한 것이다.

"분주진병자, 기야(奔走陳兵者, 期也)에서 기(期)는 미묘한 해석을 동반하고 있다. 때와 기회를 뜻하는 기(期)를 속임수 기(欺)로 보는 해석도 있나. 기(期)에 대한《설문해사(說文解字)》의 풀이는 "만나다(會也)"이다. 《설문해자주(說文解字注)》에는[165] "회(會)란 합쳐 만나는 것이고; 기(期)란 조건, 약정의 의미가 있다. 회합을 위한 것이다(會者, 合也; 期者, 要約之意, 所以為會合也)."라고 하여 그 의미에 차이가 있음을 구별하고 있다. 그러므로 기(期), 회(會), 합(合)은 의미는 비슷하나《손자병법》의 전투 양상인 기전(期戰), 회전(會戰), 합전(合戰)에 대입하면 그 의미가 달라지고 문리가 바뀌게 된다. 따라서 위 문장의 기(期)는 준비된 시기에 기회를 포착하여 병력의 움직임이 부산해진 것으로 풀이할 수 있다.

죽간에는 반진자, 유야(半進者, 誘也)로 하여 문구를 맺고 있지만 전래본은 반진반퇴자, 유야(半進半退者, 誘也)로 그 의미가 혼란스럽다. 뻔한 유인책으로 보인다면 유인의 의미가 없다. 이전(李筌)은 "전방에서 대

---

163) Beckwith, Christopher I. (2009): Empires of the Silk Road: A History of Central Eurasia from the Bronze Age to the Present. Princeton: Princeton University Press

164) Shaughnessy, Edward L. (1988). "Historical Perspectives on The Introduction of The Chariot Into China". Harvard Journal of Asiatic Studies 48 (1): 189‒237.

165) 설문해자주 : 청의 단옥재(段玉裁, 1735‒1815) 저, 고문 연구에 근거를 제공한 문자 고증학의 역작

열이 흩어지는 것(散於前)"이라 하고, 두목(杜牧)은 "거짓으로 난잡하고 정돈이 안 된 상태를 보여 아군이 진격하여 나아가게 하려는 것(僞爲雜亂不整之狀, 誘我使進也)", 왕석(王晳)은 "속임수의 어지러운 형(詭亂形也)"이라고 해석했다. 필자는 죽간과 전래본의 차이는 전투수단이 다른 전장 관찰의 차이 때문으로 본다. 죽간의 반진자(半進者), 반쯤 전진하는 것은 전투 지대의 종심의 반으로 공간을 의미한 것이다. 전래본의 반진반퇴자(半進半退者), 반쯤 전진하고 반쯤 후퇴함은 병력의 반이 움직임을 말한다. 문장이 바뀐 것은 전차전에서는 그 기능상 구현 될 수 없는 양방향으로의 움직임이 보병 전에서는 가능했기 때문일 것이다.

행군(行軍) 14

죽간본 : 杖而立者, 飢也 ; 汲役先歙(者, 渴也 ; 見利)而不進者, 勞拳也 ; 鳥褋者, 虛也. 夜庽者, 恐也 ; 軍獿者, 將不重也 ;(旗動者, 亂也. 吏怒者, 倦也)

전래본 : 杖而立者, 飢也 ; 汲役先飮者, 渴也 ; 見利而不進者, 勞也 ; 鳥集者, 虛也. 夜呼者, 恐也 ; 軍擾者, 將不重也 ; 旗動者, 亂也 ; 吏怒者, 倦也

지팡이에 의지해 서 있는 것은 주린 것이요, 물을 길면서 먼저 물을 마시는 것은 목마른 것이다. 승리할 수 있음을 보고도 진격하지 않는 것은 피로한 것이며, 새가 모이는 것은 비었기 때문이다. 밤에 소리 지르는 것은 두렵기 때문이고, 군영이 시끄러운 것은 장수가 위엄이 없기 때문이다. 깃발이 흔들리는 것은 전차의 정비가 부실한 것이요, 간부가 화를 내는 것은 지쳐 있기 때문이다.

병사의 세세한 동작과 진영 내부의 동태와 기강을 살펴 평가한 첩보

보고는 적 상황, 적 능력, 적 의도, 적 방책을 판단하는 데 매우 중요하다. 굶주리고 목말라 전투 의지가 상실되어 적은 전장을 이탈했다. 원거리에서 조심스럽게 접근하여 적을 관찰하니 기(飢), 갈(渴), 노(勞), 허(虛)의 상황이고 마침내 잠입해 적의 진영을 정탐하니 내부의 분위기는 싸움을 두려워하고 장수는 경망스럽다. 전차에 꽂은 깃발이 흔들리는 것은 차축의 정비가 제대로 되지 않아 바퀴 자국이 어지러워서이니, 중간 간부들이 지친 병사들에게 화를 내고 있다.

음(歆)은 음(飮)과 같고 고문의 금수(今水)에서 변형되었다. 권(倦, 拳), 호(虖, 呼), 요(獿, 擾)는 음이 같고 통가자이다. 죽간의 노권(勞拳(倦))에 전래본과 달리 권(倦)이 있고 전래본의 마지막 문구 "이노자, 권야(吏怒者, 倦也)"는 죽간 99행의 잔멸된 끝 부분에 5자(旗動者, 亂也) 내외가 있었음을 추정하면 전래본에 추가된 것으로 보인다. 노권(勞拳)은 고대 문헌에 관용적으로 붙여 사용했지만[166] 《황제내경》에는 노(勞)는 형(形)과 관계하고 권(倦)은 기(氣)와 연계하여 표현한 문장들이 보인다.[167] 즉, 죽간의 표현은 외연인 노(勞)에서 형세를 읽고 내포인 권(倦)에서 사기를 측정한다는 깊이를 더하게 된다.

"장이입자 기야(杖而立者 飢也), 지팡이에 의지한 것은 주린 것"이라는 표현은 《무경총요(武經總要, 制度四)》의 적의 형세를 관찰함(察敵形)이라는 문장에 여러 주(注)가 보인다. 두목(杜牧)은 먹지 못해 피곤한 것(不食必困, 故杖也)이라 했고, 두우(杜佑)는 장(지팡이 杖)을 장(병장기 仗)으로 의역하여 "병기인 창과 극을 지팡이 삼아 짚고 의지한 것으로 굶

---

166) 六韜 龍韜 奇兵 "因其勞倦暮舍者 所以十擊百也" 司馬法 嚴位 "凡戰 擊其微靜 避其强靜 擊其倦勞 避其閑窕 擊其大懼 避其小懼, 自古之政也"

167) 內經 素問 調經論 "有所勞倦, 形氣衰少"
內經 素問 上古天真論 "恬淡虛無, 真氣從之 ; 精神內守, 病安從來. 是以志閑而少欲, 心安而不懼, 形勞而不倦"

었다는 뜻(倚伏矛戟而立者, 飢之意)"이라고 실감 나게 묘사한다. 그러나 후세에 단옥재(段玉裁)는 장(杖)과 장(仗)의 차이를 분명히 하여 장(杖)은 상을 당한 상주가 짚어야 하는 짧은 대나무인 상장(喪杖), 천자가 칠순을 넘긴 신하에게 더 일할 것을 권해 하사하는 치장(齒杖), 군 사령관에게 내리는 지휘봉인 병장(兵杖) 등과 같은 의미였으나 후에 장(仗)과 의미가 혼합되고 잘못 사용됐다고 지적하고 있다. 그러므로 단순히 "지팡이에 의지해 선(杖而立)"것은 창과 같은 무기에 의존에 신체를 지탱(支撑)하고 있다는 의미가 더 정확하다.

난(亂)은 전국시대에는 실이 헝클어지듯 마차 바퀴 자국이 가지런하지 못한 것을 뜻했다. 《오자병법(吳子, 料敵)》에는 "정기가 무질서하게 움직이면, 공격할 만하다(旌旗亂動, 可擊)."라고 하여 깃발의 어지러운 움직임을 중요한 호기로 파악하고 있다. 세작들은 마차 바퀴 자국의 미세한 변화를 보고 그 나라의 부흥과 기술력을 평가했다. 좌전에 역시 "나는 그 수레바퀴 자국이 헝클어진 것을 보았다(吾視其轍亂)."'라는 기록은 그 나라의 국력이 약해졌다는 것을 뜻했다. 《설문해자(說文解字)》에는 정(旌)과 기(旗)의 의미를 "차를 몰 때 다는 정기란 것은 깃봉에 깃털을 깃대 장식으로 달아 날리는 것이다(游車載旌, 析羽注旌首也)."라고 좀 더 분화해서 설명하고 있다.

모든 군대는 깃발을 가지고 있다. 상징적인 엠블럼이 든 국기와 부대기와 장군기를 정기(旌旗)라고 한다면, 지휘와 명령의 전달 수단으로 색채와 모양이 다른 신호기를 쓴다. 이런 깃발은 흔들림이 없어야 하고 기수는 장대하고 이목이 수려한 병사를 선발한다. 특히 전차에 깃발을 달고 달려 흔들리지 않는다면 그 전차 바퀴 폭이 일정해서 진철(前轍)을 따라 달릴 때 일사불난(一絲不亂)한 자국이 있는 나라는 강성한 나라이다. 사차(駟車, 4마리의 말이 끄는 마차)의 수와 정비를 위한 기술력은 국력

평가의 기준이다. 30복(輻)의 살을 가진 바퀴에 곡(轂, 바퀴의 중앙에 간 극을 두어 마찰을 줄이는 회전축)이 얼마나 정밀한지 국력이 강한 나라는 훌륭한 윤편(輪扁, 바퀴의 축을 깎는 장인,《장자》天道, 13장)이 많아 정비를 잘하므로 길의 바퀴 자국이 가지런하며 고속으로 달려도 그 깃발이 흔들리지 않았다.[168]

"새가 진영에 보이면 그곳은 비었다"는 말은 전국시대의 관용적 표현이다.《좌전(左傳)》장공28년(莊公二十八年) 기록에 "여러 제후가 정(鄭)나라를 구하려 하니 초(楚)의 군대가 밤에 달아났다. 정 나라 사람들이 동구(桐丘)로 뛰어올라 보니 첩자가 고하길 초나라 진영에 새가 있다(諸侯救鄭, 楚師夜遁 鄭人將奔桐丘, 諜告曰 楚幕有鳥)."라고 했고, 제(齊)가 진(晉)을 침공한 양공 18년(襄公十八年)에는 "성 위에 새가 있으니, 제나라 군대가 달아났다(城上有鳥, 齊師其遁)"라는 말이 보인다.《육도삼략》의 육도(六韜) 호도(虎韜, 壘虛)에 새가 적의 망루에 앉아있는데 놀라지 않으면 "사람이 일으키는 분기(氛氣)가 없는 것이니, 반드시 적이 허수아비를 세워 속이려는 것임을 알아야 한다(上無氛氣, 必知敵詐而為偶人也)."라고 하여 역시 적진의 허실을 관상(觀相)하고 있다.

행군(行軍) 15

> 죽간본 : (殺馬食肉者, 軍無糧也; 軍無懸)缻者, 不反亓舍者, 窮寇也
>
> 말을 죽여 고기를 먹는 것은 군량이 없는 것이다; 항아리 솥이 걸려 있지 않은 것과 (주둔지) 막사로 돌아가지 않는 것은 궁지에 몰려 쳐들어오려는 것이다.

---

168) 작전 1.

전래본(曹註本, 武經本) : 殺馬肉食者, 軍無糧也; 懸甀(缶)不返其舍者, 窮寇也
말을 죽여 고기를 먹는 것은 군량이 없는 것이요, 그릇을 걸어두고 막사로 돌아가지 않는 것은 궁지에 몰려 있는 것이다.

전래본(會註本, 孫校本) : 粟馬肉食, 軍無懸甀, 不返其舍者, 窮寇也
해석 1: 말을 군량으로 고기를 먹고, 항아리 솥이 걸려 있지 않고 (주둔지) 막사로 돌아가지 않는 것은 궁한 도적처럼 적이 쳐들어오려는 것이다.
해석 2: 말을 잘 먹이고 병사들에게 육식을 제공하고, 항아리 솥이 걸려 있지 않고 (주둔지) 막사로 돌아가지 않는 것은 궁한 도적처럼 적이 쳐들어오려는 것이다.

　비슷한 문구지만 시대의 상황에 따라 그 의미를 달리 해석할 수 있다. 음식 문화에 대한 이해가 확장되면서 전국시대의 죽간과 진한 시대를 거친 조조의 해석 그리고 청나라에 이르러 손교본은 같은 글자 같은 의미이나 해석은 명백히 다르고 문맥의 미묘한 변화를 볼 수 있어 경(經) 속의 언어 역시 시대적 상황에 종속되어 있음을 보이는 흥미로운 사례이다.

　전국 시대에서 말은 귀한 교통수단이며 말의 숫자로 제후의 힘의 서열이 매겨졌다. 전장에서 인육은 먹어도 말고기는 먹지 않는 것이 관습이었기에 "말을 죽여 고기를 먹는 것"은 그 군대의 군수 보급지원 상황이 매우 어려움을 뜻했다. 전투에서 승리하여 죽인 적을 식량으로 삼기도 했으나(因糧於敵, 작전 13) 노획한 말을 식량으로 쓰지 않았다. 이런 전쟁 문화는 삼국 시대를 거쳐 북송까지 이어진 것으로 보인다. 조주본(曹註本) 역시 같은 취지의 뜻으로 살마육식(殺馬肉食)을 문장에 끌어들였다. 그러나 전투식량으로 말고기를 주식으로 하는 북방 몽골이나 거란,

여진의 침공을 받은 경험이 축적되면서 남송의 회주본(會註本), 청나라 시기의 손교본(孫校本)에 보이는 속마육식(粟馬肉食)은 말이 바로 식량이어서, 이런 기동력 위주의 군대는 솥 그릇도 걸어 놓지 않고 돌아갈 막사도 없는 도적 떼 같은 군대라는 뜻이 문장 안에 스며있다.

적의 의도를 평가함에도 각 사본 간에 상당한 차이가 있다. 죽간은 굶주리고 곤궁한 적이어서 죽기를 각오하고 덤비는 적의 모습이나, 조주본은 군량이 바닥난 상황에서 솥은 그대로 걸어두고 철군하지 않는 것은 결전을 다짐하고 있다는 뜻이다. 이것은 서기 200년 관도의 전투라고 불리는 원소와의 싸움에서 조조 군의 식량 사정이 나빴던 경험이 반영된 것으로 추리된다. 그 후 천 년이 지나 손성연의 손교본(孫校本)은 식량이 떨어진 군대라는 의미보다 북방 기마 부대의 속성이 강하게 나타난 전술 행태로 표현되어 있다.

그런데 11세기 북송의 매요신(梅堯臣) 등은 좀 독특한 해석을 달고 있다. "좋은 급양으로 말을 잘 먹이고, 가축을 죽여 전투원에게 베풀고, 그릇을 버려 다시 취사하지 않으며 주둔지 막사로 돌아가지 않고 전장에 있는 것은 결전을 치러 승리를 구하려는 것이다(給糧以秣乎馬, 殺畜以饗乎士, 棄甌不復炊, 暴露不返舍, 是欲決戰而求勝也)."라고 하여 속마육식(粟馬肉食)의 의미를 "말을 잘 먹이고 병사들이 육식하며"로 풀이했다. 속마(粟馬)는 그렇다면 과연 말을 식량으로 하는 것인지 말을 잘 먹이는 것인지 혼란스럽다. 수당과 북송 이전의 주(注)(두목, 왕석, 장예 등)에는 말을 잘 먹이고 병사들에게 가축을 잡아 육식을 제공하는 것으로 보고 있다. 그렇다면 이 문장은 뒤에 "궁구야(窮寇也), 곤궁한 적"이라는 말과 문맥이 맞지 않는다.

죽간에 요(窑)로 보이는 글자는 취사도구인 추(甀), 부(甌), 부(缶)로 전래본마다 다르게 표기되었다. 뜻은 모두 흙을 구워 만든 질그릇이지만 지방마다 용도가 다르고 지칭이 다르다. 방언(方言, 卷五)에는 이런 글자는 모두 술단지 앵(罌)에서 모양과 쓰임이 달라 파생한 단어로 설명하고 있다. 황하의 상류와 관동 지역은 추(甀)라 하고 조(趙)와 위(魏)나라에서는 부(瓿), 주나라의 수도와 한(韓)과 정(鄭)나라에서는 역시 추(甀)라고 불렀으니 참고할 만하다. 《좌전(左傳, 襄公九年)》 기록에는 화재 예방 도구로 "줄 달린 두레박을 준비하다(具綆缶)"로 표현되었으니 매달 수 있는 줄 달린 그릇으로 봄이 타당할 것이다. 두예(杜預)는 주(注)에서 부(缶)는 "물을 긷는 그릇이다(汲器也)."라 했고, 후한(後漢) 말의 응소(應邵)가 편찬한 저서 풍속통의 성음편(風俗通義, 聲音)에는 "부(缶)란 질그릇이며 장류를 담가 익히는 와기(장군)이다. 진 나라 사람은 북으로 쓰기도 했다(缶者, 瓦器, 所以盛漿 秦人鼓之)."라고 전하고 있다. 이런 기록을 참고로 보건대, 고대 군대의 취사용 솥은 부뚜막이 없는 야전에서 매달아 거는 끈이 달린 그릇이다.

구(寇)라는 자는 자형이 비교적 복잡한데도 갑골문에 보이는 적어도 기원전 12세기 이전에 형성된 오래된 글자이다. 구는 적군(敵軍)이라는 의미보다 어떤 사태에서 발생한 침입자이다. 갑골문의 자형은 도둑이 집안에 들어와 두 손으로 무기를 잡고 옥(玉)과 도자기를 깬 후 집에 불을 지르는 모습이다. 금문에는 조금 단순화하여 집안에 들어와 무기로 사람을 치는 모습이다. 그러므로 궁구(窮寇)의 문맥상 풀이는 궁지에 몰린 적이 결사적으로 내습하는 것이라고 하는 것이 정확할 것이다. 구(寇)는 적에 대한 적개심의 표현이지만, 형세가 불리하고 계(計)의 천칭이 기울었음에도 싸움을 일으켜 아군의 악(惡)을 고조시키는 집요한 인재(人才)에 대한 손자의 불만이 선택한 단어이다.

행군(行軍) 16

죽간본 : (□□)閒閒, (□)言人者, 失亓衆者也 數賞者, 窘也; 數罰者, (困也)

(장수가) □□ 갈피를 못 잡고 눈치를 보며, □ 말하는 것은 병사들의 신망을 잃은 것이다. 자주 상을 주는 것은 궁색한 것이요, 자주 벌을 주는 것은 (상황이) 어려워졌음이다.

전래본 : 諄諄翕翕, 徐言人者, 失衆者也 數賞者, 窘也; 數罰者, 困也

(장수가) 반복하여 느리게 자신 없이 말하며 영합하는 것은 병사들의 신망을 잃은 것이다. 자주 상을 주는 것은 궁색한 것이요, 자주 벌을 주는 것은 (상황이) 어려워졌음이다.

진영 내에 반란의 기미가 있는 게 분명하다. 불온한 기운이 돌며 서로가 어색한 존댓말을 쓰고 있다. 상황은 통합되지도 전파되지도 않았다. 순순흡흡(諄諄翕翕)은 리더가 부하들의 장단에 맞추어 돌아가는 꼴이다. 그러니 상벌이 무질서하며 공정하지 못하다. 장수가 부하들에게 끌려다닌다면 그런 군대로 전투할 수 없다. 군 장교의 말은 간략하고 엄숙해야 한다. 복잡한 존대 어법이 있는 한국어를 사용하는 군대라면 계급 상하 간에 당연히 존대와 하대의 말을 구분해서 사용해야 한다. 군인이 상위 계급에 존대어를 써야 하는 것은 그 상관이 잘나서가 아니라 그 계급을 부여한 국가에 대한 존경의 표시이다.

조조(曹操)는 순순흡흡(諄諄翕翕)을 일러 순순(諄諄)은 말 본새[語貌]고 흡흡(翕翕)은 의지를 잃은 모습[失志貌]이라고 하고, 이를 다시 풀이한 이전(李筌)은 "말을 낮추어 애원하는 모습으로 사졸들의 마음을 두려워하여 상관들이 사적인 말을 하는 것이니 이것은 부대원의 (신망을) 잃

은 것이다(竊語貌 士卒之心恐, 上則私語而言, 是失衆也)."라고 주를 달았
다. 두목(杜牧)은 "순순이란 것은 병사의 사기가 결핍되어 독촉하는 것이
고; 흡흡이란 안색이 뒤집힌 모습이니 이런 징후는 내부에 근심이 있는
것이요, 바로 부대의 단결을 잃은 것이다(諄諄者, 乏氣聲促也; 翕翕者,
顚倒失次貌 如此者, 憂在內, 是自失其衆心也)."라고 했다.

《시경(詩經) 대아 탕지십 억(大雅, 蕩之什, 抑)에 회이순순(誨爾諄諄)
청아막막(聽我貌貌), "거듭 타일러 가르치지만, 나의 가르침을 새겨듣
지 않네."라는 구절이 있어 순순(諄諄)에 대해서는 수많은 풀이가 전해지
고 있다. 대표적인 두 가지는 "반복하여 타이르는 것"과 "말이 느리고 둔
한 것"으로 조맹지(趙孟之)는 순순(諄諄)이란 둔둔(鈍鈍)과 통가자(通假
字)로 본래는 느리고 둔한 말 모양새라 하지만, 순(諄)과 둔(屯)은 고대
중국어 음에서는 같이 읽히지 않았다.[169] 《강희자전(康熙字典)》에는 시경
의 순(諄)이라는 글자를 귀중히 여겨 정성스런 간절한 모습(誠懇貌)으로
읽히도록 권하고 있고 "순순히 삼갈 것을 고하고 순순히 가르친다(諄諄
告誡, 諄諄敎誨)."라는 성어를 만들어 놓았다. 그러므로 근신하고 가르
치는 방법은 "정성을 들여 간하고, 인내하는 마음으로 반복하는(誠懇, 耐
心, 反覆)" 것일 것이다.

흡흡(翕翕)은 전국시대의 다른 문헌에는 같은 음의 흡흡(歙歙)으로 표
기되어 있어 통가자(通假字)로 보고 있다. 일설에는 흡(歙)은 협(脅)으로
읽기도 해서 《회남자(淮南子, 本經)》에 천지의 운행에 "열리고 닫힘과 늘
어나고 줄어듦이 그 순서를 잃지 않는다(開闔張歙, 不失其敘)"에서 처럼
흡(歙)이란 장(張)의 반대 의미로 위협을 받아 수축(收縮 또는 收斂)한 뜻
이라고 전하고 있다. 《주역(周易)》 계사상전(繫辭上傳)에는 "무릇 땅(암

---

169) Baxter-Sagart Old Chinese by MC initial, final, and tone, 諄*qhˤraŋ {*[qh]
ˤraŋ} p168, 屯*dˤun {*[d]ˤun} p23

行軍 361

컷)은 그 고요함이 조여든 것 같고 그 움직임이 닫힌 것이니 이로써 생명을 넓히는 것이다(夫坤, 其靜也翕, 其動也闢, 是以廣生焉)."라고 하여 흡(翕)의 의미를 매우 소극적이며 정태적인 자연현상의 표현에 두었다.

그런데 흡흡이라는 구절의 자리에 출토된 죽간에는 한한(閒閒)으로 되어 있어 전래본과의 연관을 찾을 수 없다. 조금 궁색하지만《설문해자(說文解字)》에 한(閒)의 뜻을 극(隙)이라 하여 틈새로 본 해석이 있다. 즉 무엇인가 모자라 상황을 모르는 정보가 결핍된 상태이다. 그러므로 죽간의 한한(閒閒)과 전래본의 흡흡(翕翕)이 의미가 같은 것은 아니다.《장자(莊子)》내편 제물론(內篇, 齊物論)에 보면 한한(閒閒)의 뜻이 정확히 전달된다. "큰 지혜는 너그럽고 여유롭지만, 작은 지식은 틈새가 많아 갈피를 못 잡고 눈치를 본다; 위대한 말은 담담하지만 하찮은 말은 수다스럽다(大知閑閑, 小知閒閒; 大言炎炎, 小言詹詹)."라는 구절에는 한(閑)과 한(閒)이 오히려 대척되어 있다. 리더의 말에 충분한 정보가 담겨 있다면 그 말은 단순하고 단호하다. 군 계급 상호 간에 존댓말을 써야 하는 지경에 이르렀다면, 그 리더십은 붕괴한 것이다.

행군(行軍) 17

죽간본 : 없음

전래본 : 先暴而後畏其衆者, 不精之至也 來委謝者, 欲休息也

전래해석 : 난폭하게 한 후에 부하들을 겁내는 것은 매우 정예롭지 못한 것이다. 사자가 와서 사과하는 것은 휴식을 원하는 것이다.

재해석 : (적의 정황도 모르고) 먼저 부대를 전개해 후에 부대원을 겁내는 것

> 은 상황 파악에 이르지 못했기 때문이다. (그러므로) 사자가 와서 달래고 사과
> 하여 그치기를 원하는 것이다.

죽간 100행과 101행 사이에 위 구절이 들어갈 공간이 없으나 발굴 과
정에서 죽편 하나가 산일(散失) 되었을 수도 있다. 주변의 행간 글자 수
가 32자 내외이므로 전래본 문구에 대입하면 글자 수가 부합된다.

사태는 점점 기울고 인간의 모습은 존엄하지 않다. 이 문구의 전래한
해석은 군이 공포와 억압의 장소인 것은 부인할 수 없게 한 그릇된 상념
으로 사람들을 몰아갔다. 처음에는 사납고 무섭게 부하들을 다루다 나
중에 부드럽게 대하는 유치한 리더쉽에 그 정예로움을 판단하는 경박성
은 전혀 손자답지 않은 해석이다. 폭(暴)이란 글자는 리러이(李樂毅) 교
수의 설[170]에 따르면 춘추시대의 '중산왕정(中山王鼎)'에 금문으로 처음
보인다. 중산왕묘는 1974년 하북성 평산현에서 발굴되었는데, 중산국에
대해서는 여러 설이 있으나 흰 피부의 흉누[匈奴] 코케이전 백인[白狄]의
한 종족인 선우(鮮于) 씨가 기원전 20세기 하 왕조 때부터 중원에 터전을
잡고 동이족과 혈연을 맺고 이어진 제후국으로 기원전 3세기 전국시대
까지 존속했다는 연구가 대체로 인정되고 있다. 특히 출토된 청동 제기
와 솥의 명문이 아름답고 정교하여 소전을 대표하는 전형적 글자로 자리
잡았다. 금문에 보이는 폭(暴)의 소전(小篆) 자형은 두 손으로 갈퀴 모양
의 농기구를 잡고 햇볕 아래에서 쌀을 말리는 모습이다. 그러므로 손자
가 사용한 폭이라는 글자는 전국시대까지 난폭하다는 의미로 발전되지
않았음을 알 수 있다.

위 문장과 관련하여 《손빈병법(孫矉兵法)》에는 주목할 만한 구절이 있
다. 오공(五恭)과 오폭(五暴)으로 표현된 문장에서 폭(暴)은 사납고 난폭

---

170) 중국 사회과학원 〈漢字演變五百例〉

함이 아니라 "군을 동원한 것"이라는 의미가 분명하다. 이른바 군을 사용하는데 다섯 가지 삼감(五恭)과 다섯 가지 무리한 동원(五暴)이 있는바 "국경을 넘으면 삼가는데 군이 정상의 태세를 잃기 때문이고, 재차 일으킴을 삼가는데 군량이 떨어지기 때문이고, 세 번 일으킴을 삼가는데 군이 그 임무를 잃기 때문이고, 네 번 일으킴을 삼가는데 군이 급양하지 못하기 때문이고, 다섯 번 일으킴을 삼가는데 군이 그 임무를 따를 수 없기 때문이다(入境而恭 軍失其常, 再擧而恭 軍無所粱(糧), 三擧而恭 軍失其事, 四擧而恭 軍無食, 五擧而恭, 軍不及事)." 이상 다섯 가지 주의사항이 삼가야 할 오감(五恭)이었다. 또한 "국경을 넘으면 객이 되는 것인데,[171] 두 번 동원됨은 그 익도가 다 드러나게 되는 것이고, 세 번 동원됨은 그 기획자(主人, 전쟁을 주도한 세력)들이 두려워하는 것이고, 네 번 동원됨은 병사들이 그 거짓됨을 볼 것이고, 다섯 번 동원되면 군대는 크게 소모되니 이것이 오공오폭이며 반드시 상하 (장수와 사병)를 어긋나게 한다(入境而暴, 謂之客 再擧而暴, 謂之華 三擧而暴, 主人懼 四擧而暴, 卒士見詐 五擧而暴, 兵必大耗 故五恭五暴, 必使相錯也)."라고 하여 오폭(五暴)의 망령됨을 규탄한다.

작전편에 역시 구폭사즉국용부족(久暴師則國用不足), "군사작전을 오래 하면 국가재정이 부족하게 되니"처럼[172] 폭이란 백성이 동원되어 군대를 전개한 것, 원정하여 먼 곳에 주둔한 것이다. 햇볕 아래 노출된 폭과 더불어 손자는 민중(民衆)이라는 글자를 매우 민감하게 사용하고 있다. 민(民)은 갑골문에는 없고 금문에 나타나는데 노예로 쓰는 사람의 뜻이지만 《손자병법》에는 흔히 전민(戰民)으로 표현되었다. 중(衆)은 갑골문

---

171) 손빈병법에서 주객(主客) 용법은 정밀하다. 대부분 표현에 主는 방어 작전부대, 客은 공격 작전부대를 의미한다.

172) 작전 2.

에 자형은 햇볕에 서 있어 고통스러운 다수 사람의 모습으로 폭(暴)과 심리학적 장(Field)이 연계한다. 이것은 표현하고자 하는 글자의 선택에서 집단 심리의 레토릭이다. 그러므로 폭이란 백성의 고통을 무시하고 무분별하게 군대를 전개 시킨 것이다. 이 의미는 뒤에 이어지는 부정지지(不精之至)에 대한 해석을 쉽게 하여준다.

그렇다면 "부정지지(不精之至)"는 심히 정(精)하지 않은 것이 아니라 상황(情)을 잘 모르는 정세(情勢) 파악이 결핍된 지경이다. 전국시대에 정(精), 정(情), 청(請), 청(清)은 모두 청(青)의 음과 같은 통가자(通假字)였다. 《순자(荀子, 修身)》에 "태도가 거만하고 완고하며 마음가짐이 거짓되고, 일하는 방법은 예에 어긋나고 더러우며 주변 상황이 잡되고 천박하다면, 천하를 멋대로 다니며 비록 세상에 뜻을 이룬다 하더라도, 그를 천박하다고 여기지 않는 사람이 없을 것이다(體倨固而心執詐, 術順墨而精雜汗, 橫行天下 雖達四方, 人莫不賤)."라는 글에 정(精)은 주변 정황을 뜻하는 정(情)으로 쓰였다.[173] 은작산 한묘에서 출토된 죽간 《위료자(尉繚子, 兵談)》에 정(精)은 정신 영역의 형이상학적 대상이다. "정신세계는 재물로 섬길 수 없다(精不可事以財)."라는 해석으로서의 정(精)이다. 여기에서 정(精)은 상황에 대한 인지 능력을 의미하게 된다. 후세에 전래한 《위료자(전래본 尉繚子, 兵談)》에는 이 문구가 "청빈함은 재물로 다룰 수 없다(清不可事以財)."로 바뀌고 말았는데, 통가자로 사용되다 그 본의가 곡해되었다. 당사본(唐寫本)으로 나온 《회남자(淮南子, 齊俗)》에는 정(精)을 정(情)으로 적어 의미가 더 분명해졌다. "성인의 마음은 크게 포용하니, 만물의 정황을 다 아우르는 경지이다(抱大聖之心, 以鏡萬物之情)."라는 구절의 정(情)은 본래 정(精)으로 쓰였으니 《손자병법》은 위 구절에 맞는 뜻이 명백하다.

---

173) 楊倞注, 精, 當為情

"사자가 와서 달래고 휴식을 원한다(來委謝者, 欲休息也)."는 전투 중에 적의 메신저가 와서 휴전을 청하는 의미로 해석함이 전통적이나[74], 필자는 적이든 아군이든 상황 파악을 못 하는 장수의 무능으로 그 군영 내부의 상황이 불리하여 조정이나 본영에서 사람을 보내 군을 달래는 모습으로 해석하지 않을 수 없다. 죽간 손자의 관점은 늘 피아가 분리된 상황 묘사가 아니라 주객이 혼합되고 전장을 객관화한 제삼자의 독백으로 나타나기 때문이다.

행군(行軍) 18

죽간본 : (兵怒而相近, 交而不合, 又不)相去也. 必堇察此. 兵非多益, 毋(武進, 足以并力, 料敵, 取人而已. 夫唯無慮而易敵者, 必擒於人)

양군이 분노한 채 서로 가까이서 가끔 교전하지만, 접촉이 없고 또 철수도 하지 않는다면, 반드시 부지런히 살펴야 한다. 병력은 수가 많이 더해지지 않고, 비록 용감하게 나아가지 않더라도 족히 단결되어 힘을 합하면 적정(敵情)을 파악하고 적을 잡을 수 있다. 무릇 깊은 생각 없이 적을 가벼이 여기는 자는 반드시 적에게 잡힐 것이다.

전래본 : 兵怒而相近, 久而不合, 又不相去, 必謹察之. 兵非貴益多, 無武進, 足以并力, 料敵, 取人而已. 夫唯無慮而易敵者, 必擒於人

---

174) 來委謝者, 欲休息也 에 대한 武林 7家의 해석 "李筌曰 徐前而疾後, 曰委謝" "杜牧曰 所以委質來謝, 此乃勢已窮, 或有他故, 必欲休息也" "賈林曰 氣委而言謝者, 欲求兩解" "杜佑曰 戰未相伏, 而下意氣相委謝者, 欲休息也" "梅堯臣曰 力屈欲休兵, 委質以來謝" "王晳曰 勢不能久" "張預曰 以所親愛委質來謝, 是勢力窮極, 欲休兵息戰也"

양군이 분노한 채 서로 가까이 대치하고서 오랫동안 접촉이 없고 또 철수도 하지 않는다면, 반드시 부지런히 살펴야 한다. 병력의 수가 많다고 좋은 것이 아니니, 비록 용감하게 나아가지 않더라도 족히 단결되어 힘을 합하면 적정(敵情)을 파악하고 적을 잡을 수 있다. 무릇 깊은 생각 없이 적을 가벼이 여기는 자는 반드시 적에게 잡힐 것이다.

대치상태인 합(合)인데 접촉이 이루어지지 않고 있다. 오랜 냉전 기간 서로 증오하며 눈을 흘기고 바라보고 있다면 실제로 아무 일이 없었던 것이 아니다. 치열한 첩보전이 벌어졌을 것이다. 그러므로 적국과 제3국, 국내 정황을 세밀히 살펴야 한다. 《태평어람(太平御覽)》 병부 요적(兵部二二, 料敵下)에는 반드시 부지런히 살피는 것(必謹察之)은, 분명 손자의 이정합이기승(以正合以奇勝) 사상(正으로 합하고 奇로써 이기는 것)을 바탕으로, "기책을 숨겨 준비한 것으로 이것은 반드시 간첩을 운용하고 있다(備奇伏也, 此必有間諜也)."라고 풀이하고 있다.

11가주(家注)의 여러 해석은 이와 대동소이하다. 조조(曹操) 역시 "기책을 준비하여 숨긴 것(備奇伏也)", 맹씨(孟氏)는 "다른 대응을 준비하여 있는 것(備有別應)", 매요신(梅堯臣)은 "반드시 기책을 숨겨 준비하고 아군을 대비하는 것으로 상위 제대에서 적 상황에 대해 논의를 해야(必有奇伏以待我 此以上論敵情)"로 풀이한다. 그러나 적정 파악이라는 이른바 요적(料敵)은 적에 대한 부단한 관찰 이상의 뜻이 있지 않다. 요(料)란 세세히 나누어 분석하는 것이니 요적은 곧 적 상황, 적 능력, 적 의도, 적의 방책 그리고 적의 전투서열(OB)로 이해할 수 있다. 위 문구는 텍스트 상에 여러 의심되는 지적들이 전해지고 있다. 대개 교(交), 구(久), 문(文), 우(友)등의 글자는 자형이 비슷하여 전적(典籍)들 사이에서 오기된 경우가 많다. 《여씨춘추(呂氏春秋, 觀世)》에 "어린아이는 (남녀) 교접의 맛을 모른다. 즉 영미상득교(嬰未嘗得交)"는 문구의 교(交)의 예를 보아도 우(友)와 문(文)으로 혼독(混讀)되어 뜻이 산만해졌다. 청대(淸代)에 고전에 대한 여러 주를 남긴 고유(高誘)는 교(交)라는 글자는 다른 사본에 우(友)나 문(文)으로 바뀌어 전래한 경우가 많다고 전하고 있다. 현재까지 출토된 죽간본에 실멸(失滅)된 이 부분의 구(久)는 교(交)였을 가능성도 높다. 구이불합(久而不合)을 교이불합(交而不合)(접촉하되 대치하지 않는 것)으로 바꾸면 손자의 문리(文理)에 더욱 가깝게 느껴지기 때문이다.

죽간본의 "병력의 수가 많이 더해지지 않고(兵非多益)"는 대개 "병력의 수가 많다고 좋은 것이 아닌(兵非貴益多)"으로 전래하였는데, 뒤에 이어지는 전투력 집중과 부대 단결을 말하는 문구는 죽간이 훨씬 정확히 들어맞는다. 죽간(竹簡)의 "병비다익(兵非多益)"과 전래본의 "병비익다(兵非益多) 또는 병비귀익다(兵非貴益多)"는 다익(多益)이 익다(益多)로 어순이 바뀜에 따라 전래본에는 귀(貴)자가 따라붙어 쓸데없는 글[衍文]이 되고 말았다. 더구나 증가(增加)란 의미로서의 익(益)이 좋은 것(善, 好)이라는 의미의 변질을 가져왔다. 손자는 전세의 중요한 모멘텀을 부대 단결에 두고 있다. 병력의 수가 증원되지 않은 상황에서도 "적에 대한 정보를 정확히 알면 족히 힘을 합쳐 이미 적을 죽여 귀를 자를 수 있는 것(足以倂力, 料敵, 取人而已)"이기 때문이다. 그렇다면 비록 전투를 앞두고 겁에 질려 "용감하게 나아가지 않더라도(無武進)", 단결하면 승리할 수 있다. 전국시대 말기의 사회상과 사상을 통찰한 여씨춘추에 이런 생각의 배경이 전해지고 있다.

《여씨춘추(呂氏春秋)》결승(決勝)편에는 "무릇 백성은 늘 용감하지 않다. 또한, 늘 겁먹은 것도 아니다. 사기를 얻으면 바로 튼튼해지고, 튼튼하면 용감해진다; 사기가 없다면 바로 허약해진다. 허약하면 겁을 먹게 된다. 이러한 용감함과 겁냄, 허와 실은 그 까닭이 깊고 미묘하여 알기 어렵다. 용감하면 싸울 것이요, 겁을 내면 패배할 것이다. 싸움에서 이기는 것은 용기 있는 자이고; 싸움에서 지는 것은 겁을 낸 자이다. 겁과 용기는 무상하며 갑자기 뒤바뀔 수 있다. 그 형태를 알 수 없는 것이다. 오직 성인만이 홀로 그 연유를 알 것이다. 그래서 옛 상(商) 나라는 가고 주(周) 나라가 흥하니 걸(桀)과 주(紂)는 망한 것이다. 교묘함과 졸렬함은 서로 지나치니, 이익으로 백성의 기운을 주고 뺏어 이로써 능히 싸우도록 하고 싸우지 못하도록 했다. 군대가 비록 크고 병력이 비록 많더라도 승전의 이익이 없다. 군대가 크고 병력이 많아도 싸울 수 없다면, 병력이 열세한 것과 다를 것이 없다. 무릇 병력이 많음은 운이 좋은 것이지만, 그에 인한 재앙도 크다 할 수 있다. 마치 깊은 물에서 고기를 잡는 것에 비유하듯 그 잡은 고기는 크지만, 그 위험함도 역시 크다고 할 수 있다. 용병을 잘하는 것이란, 내부의 모든 여건이 싸울 수 없지 않도록 하는 것이고, 비록 하인을 시켜 빈 전차 수레를 달리게 하더라도 사방 수백 리에서 싸우려 모여드니, 전세(戰勢)를 모아 사용함은 그런 것이다(夫民無常勇, 亦無常怯 有氣則實, 實則勇; 無氣則虛, 虛則怯 怯勇虛實, 其由甚微, 不可不知 勇則戰, 怯則北 戰而勝者, 戰其勇者也; 戰而北者, 戰其怯者也 怯勇無常, 儵忽往來, 而莫知其方, 惟聖人獨見其所由然 故商, 周以興, 桀, 紂以亡 巧拙之所以相過, 以益民氣與奪民氣, 以能鬪衆與不能鬪衆 軍雖大, 卒雖多, 無益於勝 軍大卒多而不能鬪, 衆不若其寡也 夫衆之為福也大, 其為禍也亦大 譬之若漁深淵, 其得魚也大, 其為害也亦大 善用兵者, 諸邊之內莫不與鬪, 雖廝輿白徒, 方數百里, 皆來會戰, 勢使之然也)."라고 쓰여있다.

함께 나아간다는 병(幷)은 병(並)으로도 쓰여있다. 갑골문에는 두 사람이 나란히 서 있는 모습이다. 《설문해자(說文解字)》에는 이 글자를 병(倂)과 같은 자로 풀이하고 있다. 단옥재(段玉裁)는 그의 주(注)에 병(幷)

이란 "서로 따르는 것(相從也)"이라 풀이하고 이 글자에 합(合)과 겸(兼)의 의미가 있다고 했다. 나란히 같은 방향으로 힘을 모으는 것은 당연히 연합의 의미일 것이다. 겸(兼)은 역시 병(併)의 의미를 심화시켜 동시에 몇 개의 사물을 갖거나 관련을 맺는 것인데, 총화적 단결의 의미가 강하다. 《순자(荀子)》에 "겸청제명 즉천하귀지(兼聽齊明 則天下歸之), 다수 말을 동시에 듣고 가지런히 밝힌다면, 천하가 그에게 귀의할 것이다."처럼 단결의 정치적 멘토이다. 《주역(周易)》에서의 겸(謙, 地山謙)은 겸(兼)에서 출연한 언어로 불리한 상황과 간난에서 자신을 낮추어 민심을 모으고 단결하여 앞으로 나아가는 상(象)이다. 따라서 병력(并力)이란 천시(天時)도 좋지 않고 지리도 악조건인 상황에서 오로지 인화(人和)의 힘을 합하는 의미로 쓰였고 《손자병법》의 인재(人才) 후반 구절에 병력(并力)이라는 말을 사용해 인간의 도의 깊이를 더하고 있다.

그러므로 다음 하권에 지재(地才)로 이어지는 손자의 구지(九地)에서 인간의 단결과 화합에 대해 강조하는 문구로 맥이 닿는다. "기운을 합치고 힘을 쌓아…… 힘을 모아 한 방향으로 하면 천 리 밖의 적장도 죽일 수(并氣積力……并力一向, 千里殺將)" 있게 된다. 그러나 이것은 힘과 용기로만 되는 것이 아니고 깊이 살피는 지혜가 필요하니 "무릇 깊은 생각 없이 적을 가벼이 여기는 자는 (한 방향으로 전진하더라도) 적에게 잡히고 마는 것이다(夫唯無慮而易敵者, 必擒於人)." 《오자병법》의 장수를 논하는 논장(論將)에는 다음과 같이 말하고 있다. "무릇 문무를 다 갖추어야 하는 것이 군대의 장수이다; 강함과 부드러움을 겸하는 것이 군대의 일이다. 범인들이 장수를 논할 때, 늘 그 용맹만을 보지만, 장수의 용맹이란 작은 한 부분일 뿐이다. 무릇 용맹한 자는 반드시 가벼이 싸우려 한다. 승리를 모르고 가벼이 싸운다면 가당치 않은 것이다(吳子, 論將 夫總文武者, 軍之將也; 兼剛柔者, 兵之事也 凡人論將, 常觀於勇, 勇之於

將, 乃數分之一爾 夫勇者, 必輕合 輕合而不知利, 未可也)."

행군(行軍) 19

죽간본: (卒未槫 親)而罰之, 則不服, 不服則難用也; 卒已槫 親而罰不行, 則
不用
노예 군을 장악하기 전에 친히 벌을 주면 복종하지 않고, 복종하지 않으면 쓰기
어렵다; 노예 군을 장악했는데도 친히 벌을 행하지 않으면 바로 쓸 수 없다.

전래본: 卒未親附而罰之, 則不服, 不服則難用也; 卒已親附而罰不行, 則不
可用也
병사들과 아직 친하기도 전에 벌을 주면 복종하지 않고, 복종하지 않으면 쓰
기 어렵다; 병사들과 이미 친해졌는데도 벌을 행하지 않으면 역시 쓸 수 없게
된다.

죽간본(竹簡本)은 전래본의 "친부(親附)"가 "단친(槫(專)親)"으로 표기
되어 해석이 달라졌다. 《손빈병법》에 보이는 "군불단(軍不槫)"이라는 용
어의 사용에 비추어 죽간의 "졸이단(卒已槫)"이 전국시대에 통용되었음
을 알 수 있지만, 문구를 어디에서 나누느냐에 따라 그 의미와 풀이가 달
라지고 만다. 즉, "노예 군을 장악하여 친하기도 전에 벌을 주면 (卒未槫
親而罰之)"과 "노예 군을 장악하기 전에 친히 벌을 주면 (卒未槫親而罰
之)"이라는 행동 양태의 묘사가 다르게 이해되고 만다. 군서치요(群書治
要)에는 "고졸미부친이벌지(故卒未附親而罰之)"로 죽간과 어순이 같다.

죽간에 보이는 단(槫)은 대체로 묶을 박(縛)이나, 전(專), 박(博), 전(傅), 부(榑) 등으로 혼용되었고, 결국은 뜻이 유사한 박(搏)으로 바뀌고 전래본에 부(拊)로 쓰였는데, 고대 중국어에는 모두 "Pa" 중세(宋)에는 "Pjuh"로 발음되어[175] 통가(通假)자로 글자가 전이했다. 만약 손자의 원본이 잡혀 끌려온 포로를 다루는 상황에서 묶을 박(縛)이었다면, 졸미박(卒未縛)이나 졸이박(卒已縛)은 노예를 장악하지 못한 상태와 노예를 이미 장악한 상태로 다르게 해석할 수 있을 것이다. 어쨌든 박(槫)과 박(榑)은 음과 자형이 혼동되어 나타나 미궁이지만 "잡다"라는 의미로 썼다는 것은 다른 문헌에도 자주 보인다. 도덕경 14장(道德經, 十四章)에 "잡으려 해도 얻을 수 없어 형태 없는 거[微]라 이른다(搏之不得名曰微)."와 장자(莊子, 知北遊)에 "종일 보려 해도 뵈지 않고, 들으려 해도 들리지 않고, 잡으려 해도 얻을 수 없다(終日視之而不見, 聽之而不聞, 搏之而不得也)."에도 박(搏)이 보이므로 그 의미는 분명하다.

졸(卒)은 노예 군이다. 현대적 상황에서 보면 국민 개병제로 마지못해 입대한 병사이다. 사(士)는 자발적으로 참여한 무사집단이며 자신의 이익을 원하는 밀리시아(Militia)이다. 고대에 군을 구성하는 사회 계급적 차별이 엄연히 존재했다. 갑골문에 졸(卒)은 제복처럼 보이는 옷의 모습이다. 《설문해자(說文解字)》에 "졸(卒)이란 노예나 하인들이 입는 옷으로 옷에 표시가 있다."고 했다. 그 표시는 X 밴드를 두른 모양이고, 이것은 잡혀서 묶인 포승줄을 형상한 것이다. 사(士)는 고대로부터 현재까지 그 의미에 수많은 변화가 있었다. 상주시대에 사(士)는 감옥을 주관하고 포로를 다루는 형관이라는 기록이 보인다. (尚書, 汝作士 五刑有服, 너는 포로를 지키는 士(사)가 되어 다섯 가지 형을 시행하라.) 또는 금문(金文)의 자형을 보건대 10명의 노예(十)를 한 명의 사(士)가 감독 관리하는 모

---

175) Baxter-Sagart Old Chinese by MC initial, final, and tone, 2011, page 116

습으로 유추할 수 있다. 그 후 왕을 보좌하는 내관, 전문직을 가진 사람, 한국에서는 선비, 일본에서는 무사인 사무라이를 뜻하고 있다.

상주(商周) 교체 결전인 기원전 1046년 목야(牧野)의 전투에서 은의 주왕(紂王)은 변방으로 원정을 보낸 정예군 사(士)를 투입하지 못하고 노예 군 졸(卒)로 구성된 부대로 방어하지만 모두 주의 무왕에게 투항하거나 오히려 적의 앞잡이가 되어 길을 터주었다. 이것이 전투의 패인이었고, 은상(殷商)의 멸망으로 직접적 연결 되었다. 기원전 499년 시작된 페르시아 전쟁(Greco-Persian Wars)에서 스파르타군이 페르시아의 압도적 군대에 맞서 승리한 것은 그들의 전사가 모두 자유민에서 나온 자발적 군인이었기 때문이었다. 손자가 지금까지 사용한 사졸(士卒)의 뜻은 모두 부대원을 통칭하는 것이지만 위 문장은 각별히 졸(卒)을 구분해서 쓰고 있다. 그가 생각한 졸은 동원되어 끌려온 일반 백성이거나 잡혀 노예가 된 포로일 것이다. 그들을 훈련하여 자발적으로 싸우게 하는 것은 매우 어려운 일이다.

충무공 이순신은 1591년 2월 전라 좌도 수군 절제사로 제수된 후 왜란이 발발하는 1592년 4월까지 일 년이 넘게 전투준비에 전념하면서 부하들을 수없이 곤장으로 다스렸다. 난중일기에는 병졸들을 벌하고 돌아와 시름에 빠진 심정이 잘 기록되어 있다. 자발적으로 지원하지 않고 징집되어 온 백성은 비록 노예는 아니었으나 그들이 지켜야 할 종묘사직이라는 국가가 실체적 가치를 가지고 있다고 여기기 어려웠을 것이다. 그러나 왜적이 침공하여 만행을 저지르기 시작한 왜란 기간에 충무공의 휘하 백성은 그를 신망하고 믿고 따랐다. 그러기에 긴박한 전투 중이 아닌데 도망간 격군(노잡이)을 뇌물을 받고 놓아준 관리자들을 그 자리에서 처형한다.[176]

---

176) 《난중일기》, 계사년 일기 2월 3일

《무경총요(武經總要, 制度一, 將職)》에는 《손자병법》의 위 문구의 의미를 군 형법이 가진 의의로 잘 설명하고 있다. "병법에 이르길, 10중 3명의 병졸을 죽일 수 있는 것은 적국에 위세를 보이기 위함이다. 10중 1명을 죽여 전군에 영을 세워 행한다. 그러니 병졸들과 아직 친하기도 전에 벌을 주면 복종하지 않고, 복종하지 않으면 쓰기 어렵다. 이러한 위엄은 혼자 맡아, 되는 것이 아니며 또한 공정 공명해야 한다(兵法曰 十卒而殺其三者, 威振於敵國; 十殺其一者, 令行於三軍 然而卒未親附而罰之, 則不服, 不服者難用, 此威之不可獨任又明也)." 이렇게 부하로부터 신망을 얻은 장수는 그 부하를 주저 없이 처벌할 수 있다. 《손빈병법(孫矉兵法, 將義)》에는 병사들에 대한 처벌 이전에 장수의 신망을 더 강조한다. "장수란, 믿음이 없으면 불가하다. 믿음이 없으면 군령이 행해지지 않고 군령이 행해지지 않으면 부대를 장악할 수 없다. 부대가 장악 안 되면 명색이 없는 것이니 그러므로 믿음이야말로 군을 충족시킨다."[177]

행군(行軍) 20

죽간본 : 故合之以交, 齊之以(武 是謂必取 令素)行以敎元民者民服; 素(不行以敎元民者民不服 令素行者, 與衆相得也)

그러므로 적을 맞이함에 교(交)로써 하고 부하를 단련시킴에 무(武)로써 하여 이것이 군을 완성하는 것이라 이른다. 평소에 명령이 엄정히 시행되어 이것으로 그 전투원(戰民)을 가르치면 그 전투원은 복종하고, 평소에 명령이 엄정히 시행되지 않는 (잘못됨을) 가르치면 그 전투원은 복종하지 않는다. 명령이 늘

---

177) 작전 2.

일상적으로 엄정히 행해지는 것이 상하가 서로 득이 되는 것이다.

전래본 : 故 令之以文, 齊之以武 是謂必取 令素行以教其民, 則民服; 素不行
以教其民, 則民不服 令素行者, 與衆相得也
그러므로 령을 내림에 문(文)으로써 하고 부하를 단련시킴에 무(武)로써 하여
이것이 군을 완성하는 것이라 이른다. 평소에 명령이 엄정히 시행되어 이것으
로 그 전투원(戰民)을 가르치면 전투원은 복종하고 평소에 명령이 엄정히 시
행되지 않는 (잘못됨을) 가르치면 그 전투원은 복종하지 않는다. 명령이 늘 일
상적으로 엄정히 행해지는 것이 상하가 서로 득이 되는 것이다.

죽간본의 합지이교(合之以交)는 행군 18의 상황 교이불합(交而不合),
즉 불안한 적정(敵情)에 대한 방책이다. 전래본에 영지이문, 제지이무(令
之以文, 齊之以武)로 연변된 것은 참신한 오류이다. 문무(文武)가 대구를
이루어야 하는 초조감이 병법을 필사하는 군유(軍儒)들에게 이렇게 철학
적 사유가 깃든 금언을 만들게 했다. 무(武)는 본래 폭력을 사용하지 않
는다는 뜻에서 유래했다.《강희자전》에는《좌전》의 예를 들어 "무력을 그
치는 것을 무(武)"라고 한다고 정의한다.[178] 전국시대에 무(武)는 문(文)의
대구가 되는 말은 아니었다.

문(文)은 문사철(文史哲)을 대표하는 글자이다. 문(文)은 문화의 확실
성을 자기의 실제성의 길을 통해 확인한 감화된 상황이다. 전장에 지원
하게 할 수 있는 것, 전투에 주저 없이 앞장설 힘과 동기가 문화이고 교
육으로 전수되는 문(文)의 형태가 역사와 철학이다. 문(文)의 본래의 뜻
은 문신(文身)에서 유래했다. 갑골문과 금문에 같은 자형으로 나타났는

---

178) 左傳 · 宣十二年, "楚子曰 止戈爲武" 又 "夫武 禁暴戢兵 保大定功 安民和衆 豐財者也
武有七德"

데, 사람의 가슴이나 등에 아름다운 무늬를 새겨 놓은 모습이다. 그렇다면 文의 자원(字源)이 문신(紋身, Tattoo)이라는 오랜 세월 야만시 되었던 풍습에서 기원한 것은 아이러니하다.

《시경》대아(大雅) 대명(大明)에 고공단보(古公亶父)의 세 아들 중 장남 태백(太伯, 현대 중국에서는 泰伯으로 호칭)과 둘째 중옹(仲雍)이 막내인 계력(季歷)에게 족장의 자리를 양보하고 오월 지역인 양자강 하구로 도망친다. 그리고는 거기에서 그 지역 풍습인 문신을 하고 머리를 밀어 다시 돌아가지 않을 의사를 표시했다. 타투라는 영어의 어원 역시 태평양 지역의 폴리네시아인의 말인 Tatau에서 유래했다. 여러 고대 문헌에 소개되어 있듯이 문신은 서태평양 지역에 접한 일본(倭), 남동 중국 해안인 오월(吳越) 지역에 자리 잡은 문화였다. 《장자(莊子)》소요유(逍遙遊)에도 "월나라 사람은 단발에 문신했다(越人斷髮文身)."라는 말이 보인다.

고대에는 문신을 몸에 새긴 전사(戰士)들의 정신세계가 바로 문(文)이다. 그러므로 문(文)은 이념이고 사상이다. 무엇이 인간을 전쟁으로 이끄는가가 군유들에는 분명 문(文)이었다. 죽간에 "그러므로 적을 맞이함에 교(交)로써 하고(故合之以交)"와 전래본에 "영을 내림에 문으로써 하고(令之以文)"는 문맥에 큰 차이가 있다. 일설에는 전래본의 영(令)은 합(合), 교(交)는 문(文)의 오독에서 비롯되었다고 본다. 따라서 합지이문(合之以文)으로 수정했는데, 합(合)은 영(令)보다 문(文)의 의미를 훨씬 넓고 심오하게 받아들이기 때문이다. 문무의 의미는 시대를 통해 통념화되어갔다. 양한 시대(兩漢時期)의 《회남자(淮南子, 兵略)》에는 "시고, 합지이문, 제지이무, 시위필취(是故, 合之以文, 齊之以武, 是謂必取)"의 의미를 문무를 겸한 군 통솔로 보아 무(武)는 위(威), 문(文)을 의(義)로 해석하였다. 조조(曹操)는 "문(文)은 바로 인(仁)이요; 무(武)는 바로 법(法)이다."라고 풀이한다.

본래의 합(合)이 왜 영(令)으로 바뀌었는지는 정확히 알 수 없으나 당(唐)의 우세남(虞世南)이 지은 《북당서초(北堂書鈔)》 무공부일(武功部一), 논병(論兵)에 "합지이문, 제지이무(合之以文, 齊之以武)"라는 주(注)를 달아 "손자 말하길, 무릇 문(文)으로 맞서 싸우고, 무(武)로써 단련시켜 이것이 군을 완성하는 것이라 이른다(孫子云, 夫合之以文, 齊之以武, 是謂必取也)"를 청대(淸代)에 이르러 공광도(孔廣陶)가 《북당초서》를 교주(校注) 하면서 음운을 따지는 과정에서 합(合)을 영(令)으로 바꾸었다는 설이 있다. 그러나 대부분 오래된 전적(典籍)일수록 합(合)으로 기록되어 있다. 오류는 이처럼 참신하다.

　　전국시대 초(楚) 나라 사람이 지었다는 신비한 서적 《갈관자(鶡冠子, 近迭)》에는 "강자는 먼저 천하로부터 뜻을 얻고, 그 보이는 바를 영(令)으로 하고 그 보이지 않는 바는 합(合)으로 한다(强者先得意於天下 令以所見 合所不見)."라는 주목할 만한 문장이 보인다. 그러므로 영과 합은 분명 상대적 의미가 있고 상황의 대척을 이루고 있다. 글자가 비슷하여 오기(誤記)되었다면 의미가 왜곡되었다고 보지 않을 수 없다. 이어지는 문구인 "명령을 공정히 하여 그 전투원(民)을 가르치는(令素行以教其民)"의 뜻은 갈관자를 통해 본다면 영(令)은 보이지 않는 무형적 문화와 같아 앞 구절의 합(合)과 통하게 되어 이해의 깊이를 더 하게 된다. 이런 맥락으로 보면 "영소행(令素行)"은 그 명령이 공정하여 잘 드러나고 잘 보이도록 행해지는 것으로 풀이할 수도 있다. 그러나 이 구절은 《손빈병법(孫臏兵法, 威王問)》에 제(齊) 나라 위왕이 손자에게 묻는 말, "왕이 묻기를 : 백성으로 하여금 평소에 듣게 하는 것이 무엇인가? 손자 말하길 : 평소에 믿음이 있어야 합니다(王曰 令民素聽, 奈何? 孫子曰 素信)."에서와 같이 평소에 영이 행해지는 것으로 함이 전통적 해석이다. 교기민(教其民)은 만민을 교화한다는 확대된 해석보다 군사적 교육훈련으로 한정할 필요가 있다. 《손자병법》에서의 민(民)은 언제나 싸움에 동원된 전민(戰民)이어서 매우 수동적이고 속박된 상황 아래의 인간이었다.

▣ 죽간본에 따른 〈행군〉

손자 말하기를 무릇 군을 배치해 적을 상대하면서 : 계곡을 따라 산을 나누어 배치하고, 높은 곳에 있어 양지를 보며, 전투는 아래로 향하고 위로 오르지 마라. 이는 산악에서의 병력 배치이다. 하천으로 나뉜 지역에 병력을 배치 시에는 반드시 물에서 멀리 떨어지고, 적이 하천을 건너오면 물의 북쪽 여울에서 맞지 말고, 반쯤 건너게 하고 공격하면 유리하다. 싸우고자 한다면, 물가에 붙어 적을 맞지 말고, 고지에서 해를 등에 지고 양지를 보되, 물을 거스르지 마라. 이것이 하천에서의 병력 배치이다. 운하와 호수에 병력을 배치해야 한다면, 오직 급히 지나가고 머물지 마라. 운하와 호수 속에서 교전하게 되면 수초(水草)에 의지하고 나무 숲을 등지고 싸워라. 이것이 운하와 호수에서의 병력배치이다. 평지에서는 시간의 변화(易의 원리)에 맞추어 병력을 배치한다. 앞으로 전진 시에는 뒤에 고지를 두고, 해를 등져 전방은 양지, 후방은 음지로 한다. 이것이 평지에서의 병력 배치이다. 무릇 네 가지 지형의 군사적 이점은 황제(黃帝)가 사제(四帝)들을 이기게 된 이유였다.

무릇 군의 속성은 높은 곳을 좋아하고 낮은 곳을 싫어하며 양지를 귀히 여기고 음지를 천히 여긴다; 양지(生)에서 실전적(實)으로 기르니 이것이 필승의 태세이며, 부대원 아무도 전상(戰傷)을 입지 않는다. 구릉이나 제방에서는 양지바른 곳에 병력을 배치하고 전방을 바라보아 (구릉과 제방)을 뒤편에 둘 것이니 : 이것으로 용병이 유리하고 지리(地利)의 도움을 받는다. 상류에 비가 오면 (마른 바닥의 강)에도 물이 흘러 이르니; 도섭을 중지하고 안정되기를 기다려야 한다. 계곡 물이 끊어진 곳을 만나면 거기에는 자연 우물이 있거나, 지형이 감옥 같이 막힌 곳이거나, 들어가면 빠져나오기 힘든 곳이거나, 천연 늪지가 있거나, 틈이 벌어진 동굴지대 등이 있는 것이니, 반드시 빨리 지나가야 하고, 가까이 있어서는 안 된다. 나는 이를 멀리하고 적은 가까이 있게 하고, 나는 이를 마주하고 적은 등지게 해야 한다.

부대가 행군 (정찰 시)에 근처에 험한 곳, 갈잎이 우거지고 떠다니는 우물 웅덩이, 무성하고 어두컴컴한 외딴 숲 등이 있거든 적의 복병이 숨을 가능성이 있으니 신중히 반복 수색해야 한다. 이런 곳은 아군도 매복을 둘 수 있는 곳이다. 적이 (험한 지형에) 가까이 있어 조용한 것은 그 험함을 믿기 때문이다; 적이 (험한 지형에서) 멀리 떨어져 있는데 도전하는 것은 아군의 전진을 유인하려는 의도이고, 거기에 배치된 것은 (싸움이 쉽고 자신 있어) 이롭기 때문이다.

먼지가 높이 날카롭게 오르는 것은 적의 전차 부대가 오는 것이며; 먼지가 낮게 널리 퍼지는 것은 보병이 오고 있는 것이다; 흩어져 점점이 종횡으로 움직이는 것은 땔나무를 하는 것이며; 적은 병력이 오가는 것은 숙영준비를 하는 것이다.

말을 겸손히 하면서 준비를 증강하는 것은 진격하려는 것이요, 말이 강경하면서 앞으로 달리려는 듯하면 후퇴하려는 것이다. 경전차가 먼저 나와 측위에 배치되는 것은 (공격을 위해) 진형을 갖추는 것이요, 아무런 조건 없이 강화를 청하는 것은 모략이 있는 것이다. 분주히 뛰며 진을 만드는 것은 전투의 기회를 잡은 것이요, 반쯤 전진하고 (반쯤 퇴각함은) 유인하려는 것이다.

지팡이에 의지해 서 있는 것은 주린 것이요, 물을 길면서 먼저 물을 마시는 것은 목마른 것이다. 승리할 수 있음을 보고도 진격하지 않는 것은 피로한 것이며, 새가 모이는 것은 비었기 때문이다. 밤에 소리 지르는 것은 두렵기 때문이고, 군영이 시끄러운 것은 장수가 위엄이 없기 때문이다. 깃발이 흔들리는 것은 전차의 정비가 부실한 것이요, 간부가 화를 내는 것은 지쳐 있기 때문이다.

말을 죽여 고기를 먹는 것은 군량이 없는 것이다; 항아리 솥이 걸려 있지 않은 것과 (주둔지) 막사로 돌아가지 않는 것은 궁지에 몰려 쳐들어오려는 것이다. (장수가) ▢▢ 갈피를 못 잡고 눈치를 보며, ▢ 말하는 것은 병사들의 신망을 잃은 것이다. 자주 상을 주는 것은 궁색한 것이요, 자주 벌을 주는 것은 (상황이) 어려워졌음이다.

양군이 분노한 채 서로 가까이서 가끔 교전하지만, 접촉이 없고 또 철수도 하지 않는다면, 반드시 부지런히 살펴야 한다. 병력은 수가 많이 더해지지 않고, 비록 용감하게 나아가지 않더라도 족히 단결되어 힘을 합하면 적정(敵情)을 파악하고 적을 잡을 수 있다. 무릇 깊은 생각 없이 적을 가벼이 여기는 자는 반드시 적에게 잡힐 것이다.

노예 군을 장악하기 전에 친히 벌을 주면 복종하지 않고, 복종하지 않으면 쓰기 어렵다; 노예 군을 장악했는데도 친히 벌을 행하지 않으면 바로 쓸 수 없다. 그러므로 적을 맞이함에 교(交)로써 하고 부하를 단련시킴에 무(武)로써 하여 이것이 군을 완성하는 것이라 이른다. 평소에 명령이 엄정히 시행되어 이것으로 그 전투원(戰民)을 가르치면 그 전투원은 복종하고, 평소에 명령이 엄정히 시행되지 않는 (잘못됨을) 가르치면 그 전투원은 복종하지 않는다. 명령이 늘 일상적으로 엄정히 행해지는 것이 상하가 서로 득이 되는 것이다.

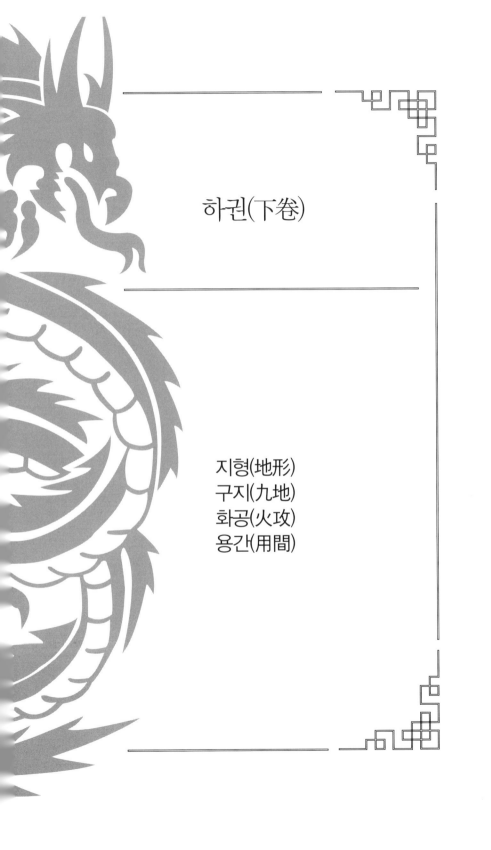

하권(下卷)

지형(地形)
구지(九地)
화공(火攻)
용간(用間)

하권을 읽기 전에

중권(中卷)의 인간다움의 무형적 모습인 인재(人才)를 이어받음에 하권(下卷) 첫 편 지형(地形)으로 한 것은 하늘로부터 반려된 상수(象數) 때문이었다. 무형(無形)의 인간은 다시 형(形)을 찾아 땅으로 돌아갈 수밖에 없다. 하권(下卷) 지재(地才)의 4편(地形, 九地, 火攻, 用間)은 인간의 행적을 남긴다. 인간적인 역수(逆數)를 제하고 남은 상수(象數)였기에 형(形)을 텍스트로 묘사할 수 있었다. 다시 정리하면 상권(上卷) 천재(天才)는 이미 정해진 형(形)을 가지고 있으나 중권(中卷)의 인간은 망령되이 형(形)을 세울 수 없다. 인간의 형(形)은 허위로 나타나기 때문이다. 천지는 엄연히 영구한 형을 가지되 인간은 영원히 무형이다.

병가의 멋진 금언이었던 "형인이아무형(形人而我無形, 적은 보이게 하고 나는 보이지 않게 한다)."가 죽간에 "형인이무형(形人而無形, 적을 보이게 하되 무형으로 한다)"로 발견된 것에 더는 당황스럽지 않음은 이렇게 천지(天地)의 형(形) 사이에 인형(人形)을 세우지 않는다는 《손자병법》 전체의 사상과 맞기 때문이다. 그리하여 "명명재하 혁혁재상(明明在下 赫赫在上, 지상에서 이치에 밝아야 하늘이 혁혁하다)."는 《시경(詩經, 大雅)》의 노래를 부끄럼 없이 부른다. 사람의 모습은 권세와 이익, 허장과 내실, 형과 무형 그리고 다스림(治)과 어지러움(亂)으로 혼돈이지만, 군유(軍儒)는 전쟁이라는 극단적 비인간의 상황에 이름 없이 죽을 수 있다.

《손자병법》 하권(下卷)은 무형이었던 인간의 모습을 땅의 모습 지형(地形)으로 받아 가혹한 자연으로 돌아간다. 죽간에 없는 지형편(地形篇)은 표현이 사나워졌다. 그러나 이어지는 구지(九地)의 극한 상황에서 인간의 참모습은 드러난다. 민감한 인간(仁)에게는 생각보다는 행동이 중요했다. 운명보다는 사명을 보여야 했다. 역사에 나타난 군유(軍儒)들은 행동으로 지지 되지 않는 사유는 사유가 아니라고 말한다. 그러기 위해 부정(否定)의 의미를 좀 더 제한하고 "성인(聖人)이 되려는 것이 아니라 속인(俗人)이 되지 않으려는" 실천 가능한 명제 속에 생각을 정립해 간다. 그들은 그 지행합일을 군사 행동 속에서 나타냈는데, 그 행동은 인지적 가치가 없는 순간적인 발언이나 행위가 아니라 군유(軍儒)로서 갖추어진 오래되고 지속적인 행동이 지지하는 사상에 의한 것이었다. 세상의 어둡고 허망한 변천으로부터 초연하지만, 세상 밖에서 포괄자의 눈으로 보며 배후에서 전황을 파악한다.

화공(火攻)과 용간(用間)은 형(形)을 노골적으로 드러내고 인간적 기교는 절정에 달한다. 군사적 극한의 모습을 보인 궁한 상태이다. 그러나 궁즉통(窮則通)은 바로 소통이고 간첩을 쓰는 방법에서 오행(五行)의 순환을 거스르지 않는다. 지형(地形)을 천형(天形)으로 돌리는 것 역시 인간이다. 정보수집의 기초는 지형에서 출발한다. 지형은 나라이며 방언이고 문화여서 이런 지정학(Geopolitic)적 여건이 용간책(用間策)의 기본 고려사항이다. 인간이 장소의 지배를 받아 어느 나라 여권으로 여행하느냐에 따라 정보의 동선이 형성된다. 현대전에서도 가장 신뢰할 수 있는 정보나 최고의 고급정보는 인간을 통한 인간정보이기 때문이다. 그러기에 "먼저 아는 것이란 귀신에게서 얻을 수 없고, 사건의 형상으로도 아니고, 그 수준을 시험에서도 아니며, 반드시 사람을 취해 적정을 알아야 했다 (先知者 不可取於鬼神 不可象於事 不可驗於度 必取於人之情者也)." 정보기관들이 만든 "World Fact Book"의 사용을 한 사람의 무상한 권력자가 소비하면 망령된 형인(形人)이 만들어져 그 고귀한 이상, 형(形)은 하늘로 순환하지 못한다. 인간의 경험이 하늘에 닿지 못하면 천명(天命)을 받지 못해 미래는 없다.

지형(地形)

孫子曰 兵者 國之大事也 死生之地

存亡之 不

效之以 以索其靖二天道者三天

曰地 四曰將 五曰法道者令二上同

意者也 故可與之死可與之生民弗詭

也天者陰陽寒署 時制也順逆兵勝

也地者高下廣陝死生也 將者知信

暮聽亮彈琴
吟李蜀道難
誰道一將功
勝作萬骨恨
以泪水允墨
思人和地形

저무는 날 제갈량의 탄금 소리 청해 듣고
이태백의 촉도난을 읊조렸다.
누가 장수 한 사람의 공이
수많은 전몰자의 한(恨)보다 낫다고 하겠나
눈물로 먹을 갈아
인간과 땅의 모습을 그리노라.

지형(地形) 1

죽간에 지형편이 없는 것에 대한 이유에 대해 중화권에서는 언급이 소극적이다. 은작산 한묘 수장물(隨葬物)의 하나인 죽간《손자병법》은 각 편을 몇 사람이 나누어 급하게 초기 예서체(隸書體)로 쓴 것이다. 따라서 실수로 지형편이 빠졌다는 추리는 가능하다. 그 근거로 같이 출토된 죽간《손자병법》의 목차라 할 수 있는 "편제목독(篇題木牘)"에 보이는 "형(刑)"자를 든다. 형(刑)은 물론 형(形)이지만, 목독 안에 형(形)이 따로 있지는 않다. 누군가 후세에 형(形)을 군형(軍形)과 지형(地形)으로 나누고 철학적 사변을 불어넣었기에 그 왜곡은 창조적이다. 어쨌든 고고학적 발굴에 의한 합리적 추론은 은작산 죽간이 써진 전한(前漢) 시기에는 지형편이 존재하지 않았고 손자 13편 역시 정립되어 있지 않았다고 보는 것이다.

19세기와 20세기에 걸친 중화굴치(中華屈恥) 시대의 주요 학자들은 [1] 의고적(疑古的)이어서 대부분 손자 13편이 춘추시대 산물임을 부인하고 전국시대 또는 그 이후 다양한 저자에 의해 내용에 손이 간 것이라고 주장했다. 그러나 최근 중화권 학자들은 손자 13편이 춘추전국시대 오나라 손무에 의해 처음부터 설계되고 써졌다고 주장한다. [2] 특히, 사마천의 《사기》의 "손자오기열전"을 예로, [3] 이를 근거로 번쇄한 주(注)를 내세우

---

1) 章學誠(청, 사학가 1738~1801) 牟庭(청대 고증가, 수학자 1759~1832)〈雪泥書屋雜志〉梁啓超 (근대 중국 사상가 1873~1929)〈中國歷史研究法〉, 錢穆(대만 역사학자 1895~1990)〈先秦諸子繫年〉, 金德建(1909~1996 상해사대 고적연구소 교수)〈古籍叢考, 孫子十三篇作於孫臏考〉, "可見 史記 稱 孫子 十三篇 是 孫子 眞本僅有此十三篇 漢書 藝文志的 孫子 篇數雖多 漢時人多不信之" 馮友蘭(철학자 1895~ 1990)〈中國哲學史新編試稿〉, 郭沫若(역사, 정치, 문학가 1892~1978) 李零(고문자 연구가 1948~)

2) 于汝波, 熊劍平, 軍事思想研究, 軍事歷史, 2011年 第3期, 北京, 朔雪寒 "孫子兵法終極考證" p 481~486, 대만

3) 史記 卷六十五, 孫子吳起列傳 第五 "孫子武者 齊人也 以兵法見于吳王闔廬 闔廬曰 子之十三篇 吾盡觀之矣"

고 있다. 이는 중국의 역사 공정 바람을 타고 대세로 굳어진 듯 보인다.

조조(曹操)가《손자약해(孫子略解)》에서 13편이 기전래했음을[4] 의미한 말은 서지학적 분석의 여지에 따라 뜻이 달라질 수 있다. 왜냐하면 발굴된 은작산 죽간이 써진 약 400년 후인 서기 3세기의 조조(曹操)가 손자 13편을 언급하기까지 죽간 이외에는 고고학적 발견에 의한 정확한 문헌적 근거를 가진 단서를 찾을 수 없다. 오히려 중국 최고의 문헌 목록이라 할 수 있는 후한(後漢) 시대 반고(班固)의《한서(漢書)》예문지(藝文志)에 "오(吳)나라의 손자(孫武)는《손자병법》82편과 도록(圖錄) 9권을 제(齊)나라의 손자(孫臏)는《손자병법》89편과 도록 4권을 남겼다."라는 말이나 6세기의 문헌 목록인 칠록(七錄)에는 수많은 다른《손자병법》에 대한 언급이 보인다.[5]

양한 기간 벌어진 서지학적 혼란은 종이의 출현에 기인한다. 종이가 사용된 이래 바로 목간(木簡)이 사라진 것은 아니었다. 습기에 강해 오래 보관할 수 있고 물에 젖어도 글자를 식별할 수 있는 목간은 상업과 군사 분야에서 근세까지 사용되었다. 종이가 발명에 의한 것인지 개량에 의한 것인지는 논외로 하고, 채륜(蔡倫)으로부터[6] 200년이 지나고, 진대(晉代)에 종이가 겨우 대중화되어[7] 사용되었을 것이라고 여겨지는 3세기 경 이후에 죽간이 종이로 옮겨 필사되면서 벌어진 일들은 상상하면, 위에 언급하고 있는 오늘날 전해진 주요 한적(漢籍)들이 3세기가 지나고 6

---

4) 魏武帝云 孫子者 齊人 事于吳王闔閭 爲吳將 作兵法十三篇

5) 〈칠록〉南朝 梁의 目錄学者 阮孝緒(479-536) "七錄 云 孫子兵法三卷 十三篇爲上卷 又 有中下二卷

6) 후한서 東觀漢記, "후한 和帝 元興 원년(서기 105년) 환관 채륜이 종이를 만들어 임금에게 바쳤다."

7) 晉의 문인 좌사(左思, 250?~308)이 지은 三都賦가 평판이 높아지자 앞다투어 사람들이 그것을 베껴 "낙양지가(洛陽紙價)를 올렸다."는 말에서 보듯 인쇄술이 없던 시기에 종이의 공급량이 많지 않았음을 알 수 있다.

세기에 이르러 본격적으로 판간된[8] 것이라는 점은 고대문헌을 평가하는 데 중요한 고려사항이다.

행군은 고단했다. 죽간에 안 보이지만 전래본 지형(地形)의 출현은 매우 서사적이며 사변적이다. 행군의 종착점에 인간적인 흔적이 필요했다. 돌아가는 길에 가매장했던 전몰자의 뼈들을 모아 태우고 영령을 위로하는 제를 지냈다. 군대가 지나간 길은 오염되고 질병이 창궐해 있다. 그러나 땅은 시간이 지나면 회복될 것이다. 인간은 모두 흙으로 귀속되고 거기서 치유를 받는다. 전쟁으로 인간의 역사는 위기 속에서도 후세에 전해진다. 신념이 산산이 부서졌지만, 아직 확신이 존재하는 것은 땅 때문이다. 정의로운 행동에 대한 의무감이나 결코 파괴될 수 없는 천상의 형(形)과 같은 심연에 자리 잡은 어떤 것은 전혀 손상되지 않았다. 아마 이것은 소크라테스가 발견했던 것, 자신의 운명을 피하지 않을 수 있는 내면의 속삭임과 같은 것이리라.

> 孫子曰 地形 有通者 有挂者 有支者 有隘者 有險者 有遠者
> 손자 말하기를 : 지형에는 통하는 것이 있고, 걸리는 것이 있고, 버티는 것이 있고, 좁은 것이 있고, 험한 것이 있고, 먼 것이 있다.

땅은 인간을 통해 하늘의 모습을 빚고 있다. 손자는 땅을 육형(六形)으로 구분하여 차근차근 설명하기 시작한다. 중국적 사유에서 육(六)은 음(陰)이며 땅이다. 손자가 좋아하는 오(五)라는 숫자는 잠시 보류되었다. 주역에 짝수는 음에 속하여 지(地)의 수(數)인 이(二), 사(四), 육(六), 팔(八), 십(十)에서 육(六)을 취한 듯 보인다. 현대전에서 지형은 관측과 사계, 은폐와 엄폐, 장애물, 중요지형지물 및 접근로를 포함한 전술적 고려

---

8)   通典(8세기), 文選(6세기), 太平御覽(10세기)

사항에 놓인다. 지형의 군사적 관점은 미군의 작전 요무령(FM100-5)에는 임무, 작전형태, 참가부대의 구성과 크기, 사용 무기의 효과와 장비의 효율성을 고려하고 기상의 변화와 물의 흐름, 지표의 기복, 인공지물을 분석함에 두었다. 《손자병법》에서의 지형은 더욱 심오한 동방적 사색의 결과로 논의되고 있는데, 지형 자체가 자연물을 떠나 인간적 형세를 가지고 있다. 인간을 자연으로 보고 자연을 인간으로 보는 동양 문화에서는 당연하다.

지형이 육형으로 구분된 것은 역(易)의 상수(象數)를 따라 천수 일(天數 一)이 지수 육(地數 六)과 합치는 수의 신비성을 논한 《주역》 계사전(繫辭傳, 上)에서 그 이미지를 빌린 것일 수 있다. 이 여섯 가지 지형의 묘사는 마치 물의 흐름과 같다. 통하고, 걸리면 그래서 버티고, 마침내 좁은 곳으로 터져 흘러 험하게 멀리 나아가는 세찬 기운이다. 이는 1에서 10까지의 하도(河圖)의 수를 천지 음양에 배당하여 하늘의 일(一)이 수(水)를 낳고 땅의 육(六)이 그것을 완성한다는[9] 주역의 실천원리와도 연결된다.

위 문장은 괘(掛, 挂)를 제외하고는 전래본에 같게 표기되어 있다. 수당시대에 새로운 해석으로 다시 써진 《장단경(長短經, 地形)》이나 북송시대의 《호검경(虎鈐經, 料地)》에도 유사한 문장이 보인다. 그러나 비교적 후대에 나온 회주본(會註本)과 손교본(孫校本)에는 약간의 차이가 있다. 그것은 해석이 모호한 괘(掛)를 괘(挂)로 고쳐 통용하였는데, 그 이유에 대해서는 여러 설이 있다. 대개 괘(挂)는 괘(掛)보다 오래된 초기 글자로 《설문해자(說文解字)》의 해석은 괘(挂)는 "그림이다(畫也)"라고 말한데 근거하고 있다. 왜냐하면, 그것은 공중에 걸어 놓은 것이기 때문이다. 그러므로 괘는 공중에 걸린 끊어진 지형으로 이해하기 어려운 표현이 되

---

9) 주역, 계사전(繫辭傳, 上) 一,二,三,四,五는 五行의 生數이며, 六,七,八,九,十은 五行의 成數이다.

고 말았다. 대부분 주(注)는 "갈 수는 있으나 돌아오기 어려운 지형을 일러 괘(挂)라고 한다(可以往, 難以返, 日挂)."로 하고 있다.

　괘가 걸려있는 것(挂, 縣也)이라는 미묘한 해석은 독자를 재미있는 상상으로 이끈다. 괘는 점서(占筮)의 서죽(筮竹)의 수에서 나타난 괘(卦)와 같이 왼손의 새끼손가락 사이에 끼어 있는 하나의 서죽으로 인간을 뜻한다. 인간이 천지 사이에 걸려 있는 것이다. 단옥재(段玉裁)도《설문해자》에 풀이한 "괘화야(挂畫也)"에 대해 정밀한 주를 달았다.《주역(易, 繫辭傳, 上)》에 "나누어 둘이 되고 이로써 두 개의 상이 된다. 하나를 걸어 이로써 세 개의 상이 된다(分而為二以象兩 掛一以象三). 공소(孔疏, 孔穎達疏)에 이르길, 그 하나를 새끼 손가락 사이에 걸은 것(掛其一於最小指間)이라 했다."《주역》의 점에 사용하는 젓가락 모양의 서죽(筮竹)의 실제의 수는 49개이다. 이것을 둘로 나누어 왼쪽을 천(天)과 양(陽)으로 하고, 오른쪽을 지(地)와 음(陰)으로 한다. 그리고는 땅인 오른쪽의 서죽 한 개를 취하여 하늘인 왼쪽의 새끼손가락과 약손가락 사이에 끼는데 이로써 천(天), 지(地), 인(人) 삼재(三才)를 나타내는 것이다. 이것은 서죽을 이용한 점서법의 과정에서 나와 계사전에 표현된 것으로 인간의 실존적 지위를 뜻한다. 그러기에 인간의 의지가 지형에 담겨 후세에 "괘형이라는 지형은 적의 방비가 없으면 나아가 승리할 수 있고 적이 방비하면 나아가 이길 수 없는 곳으로 돌아오기 어렵고 불리하다(挂形日 敵無備 出而勝之 敵有備 出而不勝 難以返 不利)."라고 해석하게 되었다.

지형(地形) 2

我可以往, 彼可以来, 曰通; 通形曰 先居高陽, 利糧道, 以戰則利. 可以往, 難以返 曰挂; 挂形曰 敵無備, 出而勝之; 敵有備, 出而不勝, 難以返, 不利. 我出而不利, 彼出而不利, 曰支; 支形曰 敵雖利我, 我無出也; 引而去之, 令敵半出而擊之, 利. 隘形曰 我先居之, 必盈之以待敵; 若敵先居之, 盈而勿從, 不盈而從之. 險形曰 我先居之, 必居高陽以待敵; 若敵先居之, 勿從也, 引而去之. 遠形曰 勢均, 難以挑戰, 戰而不利. 凡此六者, 地之道也; 將之至任, 不可不察也.

내가 갈 수 있고 적도 올 수 있는 것을 통(通)이라 한다. 통형에서는 높은 감제고지를 선점하여 보급로를 지켜 전세를 유리하게 한다. 갈 수는 있으나 돌아오기 어려운 것을 괘(挂)라 한다. 괘형에서는 적의 대비가 없으면 나아가 이에 이길 수 있으나, 적이 대비하고 있다면 돌아오기 어려우니 불리하다. 내가 나아가도 불리하고 적이 나아가도 불리한 것을 지(支)라 한다. 지형(支形)에서는 적이 비록 아군을 이롭게 해도 아군은 나아가서는 안 된다. 잠시 물러나 적이 반쯤 나오게 하여 공격하면 유리하다. 애(隘)형에서는 아군이 선점한다면, 반드시 적에 대한 대비에 빈틈없이 하고; 만약 적이 선점하여 전력을 기울이고 있다면 좇지 말고 적의 대비가 없을 때 좇는다. 험(險)형에서는 아군이 선점하여 높은 감제고지에서 적을 기다리고; 만약 적이 선점하고 있다면 좇지 말고 물러나라. 원(遠)형에서는 병세가 균등하므로 싸움을 걸기 어렵고 싸워도 불리하다. 무릇 이 여섯 가지는 땅의 도이다; 장수된 자의 지상의 임무이니 자세히 살피지 않을 수 없다.

《손빈병법(孫臏兵法)》 적소(積疏)에는 집중과 소산에 대한 논의가 자주 보인다. 그러나 결국은 내실이 허함을 이기는 "영승허(盈勝虛)"로 모든 책략이 귀착된다. 위 문장에는 교묘한 기교가 숨어 있는데 전래본 마다 차이는 있으나 육형(六形)이 그저 나열된 것이 아니라 앞에 전개되는 3가지 형세인 통(通), 괘(挂), 지(支)는 인간의 행위가 지형과 결합한 것이고 이를 받아서 지형이 구체적인 그림을 그려주는 것이 뒤에 이어지는 애(隘), 험(險), 원(遠)이다. 다시 설명하면, 통형(通形)은 애로(隘路)와 대구를 이루고, 괘형(挂形)은 험조(險阻)와 만나게 되고 지형(支形)은 원구(遠久)와 균형을 이루게 된다.

지형 안에서 인간은 늘 고립되기 마련이다. 지형에서 인간은 나누어지고 그 군을 배치하는 처군(處軍)의 문제가 논의될 수밖에 없다. 군의 형세는 늘 물과 같아서(兵形象水) 군을 배치함도 물의 흐름과 같이 한다. 군대를 기동시켜 배치함은《손자병법》의 문리에 따르면 "선처지(先處之)"로 함이 맞을 것이다. 일설에는 "아선거지, 필영지이대적 약적선거(我先居之, 必盈之以待敵; 若敵先居)"의 문장은 본래 "거(居)"가 아니라 "처(處)"로 기록되었다고 하나, 어느 시기에 변이하였는지는 알 수 없다. 《도덕경(道德經)》8장에 "(물은) 모두가 싫어하는 낮은 곳에 처하니 그러므로 도에 가깝다고 할 수 있다(處眾人之所惡, 故幾於道矣)."를 논하면서《경전석문(經典釋文)》에는 "처(處)라는 글자가 한 책에는 거(居)로 되어 있다(一本作居)"라는 말이 보인다. 《노자》마왕퇴 금서 갑, 을(馬王堆帛書甲, 乙本 道德經, 道經)에는 역시 거(居)자로 되어 있다.

어쨌든 지형에 인간이 적응함에는 물의 흐름에 대한 메타포가 들어 있다. 노자(老子)의 반전 평화사상이 여전히《손자병법》에 숨어 있다. "물은 만물에 혜택을 주고 낮은데 거하여 다툼이 없다(水善利萬物而不爭)" 그러한 물처럼 병력을 운용하니 싸움이 일어나지 않는다. 그래서 오랫동안 서로 버티니[支] 이러한 형세는 평화를 유지하며 오래[久]가게 된다. 두우(杜佑)는 우연인지는 몰라도 구(久)의 훈(訓)이 지(支)라고 풀이하고 있다.

지정학적 여건은 전략적 균형의 기본 고려사항이다. 싸움을 걸기 어렵고 싸워도 불리한 여건을 만드는 것이 원형(遠形)이며 이로써 전략의 균형이 이루어진다는 손자의 주장은 참으로 심오하다. 한반도는 어떤 형태로든 원정군(遠征軍)의 전쟁이 될 수밖에 없다. 원정군(Expeditionary Force)이 투사되는 것은 힘의 균형이 깨졌을 때이다. 대한민국의 외교 안보는 손자가 표현하고 있는 균(鈞), 등(等), 적(敵), 형(衡)이라는 글자의 뜻은 잘 이해하고 이것이 뜻밖에 같은 의미로 귀착되고 있다는 것을 공감한다면 거론되는 모든 문제를 풀 수 있을 것이다. 북한 관리 능력의 저울도 그 위에서 잴 수 있다.

그러므로 적(敵)이란, 모공(謀攻)에서 기술했듯이 "Enemy"라는 뜻으로 고착한 현대와는 달리 전국시대에는 균형자의 의미였다. 《춘추(春秋, 文公七年)》에는 적(敵)이란 글자의 의미를 국력이 같은 것(敵, 強弱等也)으로 정의하고 있으니, "필적(匹敵)한다." 함은 균형을 이루어 평화를 유지한다는 뜻이었다. 《손빈병법(孫臏兵法, 十問)》에 적(敵)이란 "서로 식량도 같은 수준으로 가지고 있으며, 사람과 군대가 균형을 이루고 주객이 서로 두려워하는 사이(糧食均足 人兵敵衡 客主兩懼)"라고 정의하고 있다.

6가지 지형에서 손자가 주장하는 것은 마지막에 언급한 원형(遠形)을 유지하는 것이다. 그 멀다 함[遠]이란 장소적 거리라기보다는 위기로부터 멀다는 상황적 간격이다. 그래서 "원형왈 세균(遠形曰 勢均)"으로 원형의 가치를 중요시했다. 그 위기는 사회의 불공정에 의한 경제적 위기이기도 하다. 이러한 안보 상황은 《설문해자(說文解字)》에서 단옥재(段玉裁)가 풀이하듯 균(鈞)이란 균(均)이므로 그 황금 30근의 가치가[10] 있는 인간으로 구성된 존엄한 인간사회를 평편화(平遍化) 하는 것이니 "양(陽)이 그 기운을 베풀고, 음(陰)이 이를 물화하여 대개 그 성취를 고르고 균등히 한다(陽施其氣, 陰化其物, 皆得其成就平均也)."는 말처럼 힘을 균등

---

10) 《주례(周禮)》에 감옥에서 나오기 위한 보석금은 황금 30근이었다. 段玉裁는 《설문해자注》에 30근을 鈞이라하고 漢志의 "鈞者, 均也"를 인용했다.

히 하는 양극화의 해소가 군사적 위기로부터 멀어질 수 있다.

지형(地形) 3

故兵：有走者, 有弛者, 有陷者, 有崩者, 有亂者, 有北者；凡此六者, 非天之
所災, 將之過也
그러므로 군사에는 도주하는 자가 있고, 안이한 자가 있고, 빠지는 자가 있고,
무너지는 자가 있고, 어지러운 자가 있고, 패배하는 자가 있다; 무릇 이 여섯
가지는 하늘의 재앙이 아니라 장수의 잘못이다.
재해석 : 그러므로 전쟁을 함에 그 전세(戰勢, 템포)는 달리기도 하고, 느리기
도 하며, 정지하여 부서지고, 흩어져 사라지는 것이니; 무릇 이 여섯 가지는 하
늘의 재앙이 아니라 장수의 잘못이다.

지형이란 자연의 모습이 아니라 인간의 태도였다. 왜 통(通), 괘(挂),
지(支), 애(隘), 험(險), 원(遠)에 대한 설명 후에 이어서 주(走), 이(弛), 함
(陷), 붕(崩), 난(亂), 배(北)로 연결된 것일까? 이것은 주패(走敗), 이패(弛
敗), 함패(陷敗), 붕패(崩敗), 난패(亂敗), 배패(北敗)라는 말인가? 지형을
잘못 파악하거나 정황을 잘못 해석해서 얻어진 결과란 말은 아니다. 해
석의 중심에는 늘 인간이 있어야 하며, 그 인간은 평화를 공부하고 균형
감각을 가지고 있어야 한다.

그리하여 그 중심에서 다시 보면, 주(走)는 통형(通形)의 지형에서 그
물이 흘러 달려가는 것이고, 이(弛)는 괘형(挂形)의 지형에서 걸려 그 물
의 흐름이 느려져 바뀌는 것이고, 함(陷)은 지형(支形)의 지형에서 물이

고여있는 것이며, 붕(崩)은 애형(隘形)의 지형을 만나 그 압력을 견디지 못하고 무너지는 것이고, 난(亂)은 험형(險形)의 지형에서 물이 흐트러져 갈라지니 마침내 북(北)으로 돌아 물의 근원이 있는 머나먼 원형(遠形)의 북해로 돌아간다. 그러므로 군대(兵)는 다시 돌아보아 물의 이미지이다. [兵形象水] 군대를 물처럼 운용하여 승리를 얻기도 하지만 장수의 잘못과 실패 역시 이러한 물의 이미지 속에 들어 있다.

가스통 바슐라르(Gaston Bachelard)는[11] 그의 생각을 가장 뚜렷이 계시적으로 나타낸 저서 《물과 꿈(L'eau et les reves)》에서 물의 사고, 물의 심적 현상(Psychisme Hydrant)의 정수를 나타냈는데, 손자 역시 물의 표면적인 이미지 밑에 더욱더 심화하고 점착력 있는 이미지의 한 계열이 존재한다는 것을 독자들에게 이해시킨다. 그러므로 앞서 기술한 3가지 형세인 통(通), 괘(挂), 지(支)는 인간의 행위가 물처럼 지형과 결합하고, 지형이 그 흐름, 행위의 정당함을 평가하여 주(走), 이(弛), 함(陷), 붕(崩), 난(亂), 배(北)의 결과로 혹, 패전으로의 병세(兵勢)의 흐름은 천재(天災)가 아닌 인재(人災)라고 강조하고 있다. 맹자 또한 "자연과 시간"이라고 하는 보편자를 이념으로 형상화하면 곤란함을 가르치니 "하늘이 내린 재앙은 피할 수 있어도 스스로 지은 재앙은 피할 길이 없게 되었다. (天作孽 猶可違 自作孽 不可活)"라고 하고 있다.

전래본에는 "천지소재(天之所災)"와는 달리 "범차육자, 비천지지재, 장지과야(凡此六者, 非天地之災, 將之過也)"로 대부분 되어있으나 후세에 나타난 회주본(會註本), 손교본(孫校本)에는 "천지(天地)"를 "천(天)"으로 바꾸어 기록하여 그 이유가 매우 궁금하다. 일설에는 천지는 인간 사회, 자연을 망라한 것이므로 문리에 맞지 않고 인간의 행위를 하늘의 뜻에서 분리해야 함이 타당하다고 하여 天災로 함이 바르다고 주장한다.

---

11) Gaston Bachelard 1884~1962 프랑스의 철학자.

필자 역시 병법 술어로 보아 "천지소재(天之所災)"는 제갈량의 편의십륙
책(便宜十六策, 治軍)[12]에도 보이는 "땅의 도움을 받는바(地之所助也)"와
상응하는 문장 술어이므로 손성연(손교본)의 주장을 따른다.

지형(地形) 4

夫勢均：以一擊十, 曰走 卒強吏弱, 曰弛 吏強卒弱 曰陷 大吏怒而不服, 遇
敵懟而自戰, 將不知其能, 曰崩 將弱而嚴, 教導不明；吏卒無常, 陣兵縱橫, 曰
亂 將不能料敵, 以少合衆, 以弱擊強, 兵無選鋒, 曰北 凡此六者, 敗之道也；
將之至任, 不可不察也

무릇, 병세가 균형을 이루는 상황에서 하나로 열을 치는 것을 주(走)라 한다.
병사가 강하고 지휘자가 약하면 이(弛)라 한다. 지휘자가 강하고 병사가 약하
면 함(陷)이라 한다. 상급 지휘관이 화를 내도 복종하지 않고 적을 만나면 적개
심으로 스스로 (제멋대로) 싸우고 장수가 그 능력을 알지 못함을 붕(崩)이라 한
다. 장수가 약한데도 엄격하여 그 가르침과 지휘가 분명하지 않으며, 휘하 지
휘자와 병사가 상시 (전비태세)가 없어 진을 침에 무질서한 것을 난(亂)이라 한
다. 장수가 적을 헤아리지 못하고 적은 병력으로 대병력과 대치하고, 약세로
강세를 치려 하면 부대에 정예 선봉이 없으니 이를 배(北)라 한다. 무릇 이 여
섯 가지는 패전의 길이니；장수된 자가 지상의 임무로 살피지 않을 수 없다.

조조가 손자를 편집하면서 하늘의 형[軍刑]과 대비하여 지형[地形]을

---

12) 便宜十六策, 治軍 "陵之戰, 不仰其高；水上之戰, 不逆其流；草上之戰, 不涉其深；平
地之戰, 不逆其虛；道上之戰, 不逆其孤；此五者, 兵之利, 地之所助也"

만들었다면 형(形)의 분기를 이룬 근거가 숨어있을 수 있다. 고전의 편집
과 고전적 근거에 대한 논의는 필자가 추구하는 논변(論變)의 수평선 너
머에 있다. 《손자병법》 각 편의 제목을 소급해 다시 분해하여 살펴도, 궁
극적으로 참된 의미가 훼손되어 이런 수수께끼투성이의 문헌학적 현실
에 대한 해명은 미궁에 빠지고 만다. 또한, 지형편에서 언급하고 있는 생
각은 비교적 평이하며 이른바 "지형적"이지 못한 것을 설명할 길은 없다.
그러나 그 형(形)이라는 것이 생성의 지평을 넘어 존재의 지평으로 들어
갈 수 있다면, 인간을 통해 지형 안에서 손자는 패전의 의미를 상기시키
고 있는 것이리라. 하늘의 뜻이 정치적 패배로 나타나는 것 역시 그가 설
명하려 하는 이른바 육패(六敗)인 주패(走敗), 이패(弛敗), 함패(陷敗), 붕
패(崩敗), 난패(亂敗), 배패(北敗)라는 형세의 프로세스이며 결과이다. 그
러므로 지형에서 병법을 관조하는 사상의 가장 안전한 집은 땅 밑 구지
지하(九地 地下)에 있었다. 거기에 숨어 천명이 바로 서기를 더 기다릴
수밖에 없다.

　하늘의 뜻은 분명하다. 유럽 철학사의 최초의 변증법자라고 여겨지는
헤라클레이토스(BC 540~480)는 "어떤 상호 대립의 관계이든 지속적인
통일이 가능하고 차이에서 최선의 조화가 생성된다."고 가르쳤다. 이것
은 만물은 일자(萬物槪一)인 동방적 사상과 같은 것이고, 《손자병법》에
서 추구된 하늘의 뜻 "태평천하"의 중심적 상징인 "도(道)"이다. 그래서
무릇 세력이 균형을 이루었는데도 불구하고 저지르는 인간의 잘못이 패
배로 세상을 이끌고 만다. 일시적 비대칭이 형성되어 병력이 집중된 곳
으로 소수 병력을 투입하여 도망가는 주패, 무능한 지휘자가 용감한 병
사를 제대로 운용치 못하면 이패, 지휘자는 강하나 병사가 약하면 함패,
분노하지만 조직화하지 못하여 무너지는 붕패, 장수가 권위만 내세우고
실제 전문성이 없고 상시 전투준비 태세를 못 갖추면 난패, 희생을 각오

하고 뛰어드는 정예부대가 없어 적정을 파악 못 하면 배패를 당한다.

부조리와 어긋남이 승리를 가져가도 슬퍼하지 말아야 한다. 천하는 무도하니 인간은 분열되어 천명을 받들 수 없다. 천명이 적대적 분파를 무너뜨린 데서 멈춘다면 이러한 붕패(崩敗)의 의미는 명확하다. 차라리 기존의 배를 채운 착취자들이 굶주린 새로운 도적들보다 낫다는 것이다. 어느 시대이건 육패의 징조 중 하나라도 나타났다면 이는 모두 민중의 잘못이지 리더의 잘못이 아니었다.

중국학자들은[13] 위 문장에서 전래본의 "장수가 약하고 엄하지 못한 것 (將弱不嚴)"을 "장수가 약한데도 엄한 것(將弱而嚴)"으로, "도를 가르침 이 분명하지 않은 것(敎道不明)"을 "가르침과 지휘가 분명하지 않은 것 (敎導不明)"으로 수정하는 데 대개 동의하고 있는데, 그 근거의 하나가 불(不)과이(而)가 글자의 형이 비슷하여 오기된 것(形近而誤也)이라는 주장이다. 많은 문헌에서 이런 예를 찾을 수 있다.[14]

이런 문리로 보아 장수의 불약(不弱)과 약(弱)은 엄(嚴)과 대비해 서로 같은 속성으로 있는 것이 아니라 부조리한 실천의 결과로 군의 기강이 흐트러진 난패(亂敗)의 상황이다. 도(道)는 현대적 의미의 도(導)와 고대에서는 같은 의미로 사용되어 위 문장은 좀 더 분화된 의미인 도(導)로 고친 것이다. 전국시대의 종합백과라 할 수 있는《문자(文子, 自然)》에 정치적 실천의 규율로 인간의 본성에서 공통성을 끌어내는 작위의 언어 인 "교도(敎導)"의 말이 있는데, "무릇 가르침과 지도는 덕에 어긋나고 사

---

13) 朔雪寒, 孫子兵法終極考證 2013.

14) 《태평어림》 병부 3, 장수 상(太平御覽, 兵部二, 將帥上)에 "노하여 슬거움으로 놀아갈 수 없고, 성을 내어 기쁨으로 돌아갈 수 없으니; 나라가 망하면 되돌릴 수 없고 죽은 자는 되살릴 수 없다. 怒不可復喜, 慍不可復悅; 亡國不可復存, 死者不可復生"라는 문구가 같은 태평어람 병부 42, 도전(太平御覽, 兵部四二, 挑戰)에 "노한 것은 다시 즐거움으로 되돌릴 수 있고 성난 것은 다시 기쁨으로 되돌릴 수 있으나; 나라가 망하면 되돌릴 수 없고 죽은 자는 되살릴 수 없다. 怒而可以復喜, 慍而可以復悅; 亡國不可以復存, 死者不可以復生"으로 고 쳤으니 이것은 而자와 不자가 와오(訛誤)된 것을 바로 잡은 예이다.

물에 해가 될 수도 있다. 그러므로 음양, 사시, 금, 목, 수, 화, 토는 길이 같으나 원리는 다르며 만물의 속사정은 같으나 나타남은 다른 것이다(夫教道者, 逆于德, 害於物, 故陰陽, 四時, 金木水火土, 同道而異理, 萬物同情而異形)."라는 표현에서와같이, 도(道)는 도(導)로써 종횡무상(縱橫無常)한 군대를 전투수행이 가능한 정병으로 만드는 가르침이다.

난패(亂敗)의 원인은 이패(弛敗)와 대위적으로 기술되었는데 역시 군 간부의 진급을 위한 비루한 처신이나 출신 차별, 인사의 불공정으로 무능한 장수의 진출이 바로 이(弛)이다. 《설문해자(說文解字)》에 "이(弛)는 활의 현이 풀어진 것(弓解弦也)"이라 정의한다. 《손빈병법(孫臏兵法, 兵情)》에는 "만약 군대의 속사정을 알고 싶다면, 활과 화살에 그 방법이 담겨 있다. 화살은 병사요, 활은 장수이다. 활을 쏘는 자가 주인이다(若欲知兵之情, 弩矢其法也 矢, 卒也; 弩, 將也; 發者, 主也)."라는 명문이 있다. 그런데 이 활이 해이(解弛)해져 있다면 국민 전체를 개병제로 끌어모아 5천만 개의 화살을 가지고 있더라도 아무 소용이 없는 것이다.

지형(地形) 5

전래본 : 夫地形者, 兵之助也 料敵制勝, 計險阨遠近 上將之道也

무릇 지형이란 군사운용에 도움이 되는 것이다. 적정(敵情)을 잘 알아 승리를 얻고, (지형의) 험함과 비좁음, 원근을 잘 평가 할 수 있다면 그것이 훌륭한 장수의 도이다.

수정본 : 夫地形者, 兵之助也 料敵制勝, 計險易, 利害, 遠近, 上將之道也

무릇 지형이란 군사운용에 도움이 되는 것이다. 적정(敵情)을 잘 알아 승리를 얻고, (지형의) 험함과 용이성, 이해와 원근을 잘 평가 할 수 있다면 그것이 훌륭한 장수의 도이다.

《손빈병법》과 《손자병법》의 큰 차이점은 그 기술 기법이 손자는 일인칭 독백이지만 손빈은 많은 부분이 대화형으로 되어 있다. 하지만 어떤 텍스트의 양식이 그 저자를 구분할 수 있는 것은 아니다. 병법이 경(經)으로 숭상되려면 그 시대 또는 과거의 명망가들을 불러 주장하고자 하는 논지를 재구성할 수도 있었을 것이다. 손무(孫武)와 손빈(孫臏)이 확연히 다른 인물이라고 평가되는 요즘이지만, 필자는 손자라고 하는 전쟁학파(School of Warfare)의[15] 텍스트로 한정하고 특정인에 의해 기술되었다는 세론을 보류할 수밖에 없다.

위 문장을 손자의 학생들이 이해하기 위해서는 전술 또는 작전상의 준비템포와 실시템포에 대한 선험적인 토론이 이루어진 다음에 가능하다. 장수의 육패(六敗)의 원인과 상황을 논의하였다면, 그것은 한때 세(勢)라고 부를 수 있는 템포(Tempo)에 대한 독자의 지식을 전제로 한다. "잘 싸우는 자는 승리를 세에서 구하지 사람에게서 책임을 묻지 않는다(善戰者 求之於勢 弗責於民)."라는[16] 말을 다시 상기한다면, 전투에서 세의 흐름을 감지하고 지형에 따라 그 속도를 조절할 수 있는 장수의 지혜가 필요하다. 《손빈병법(孫臏兵法, 威王問)》에는 현대 군사적 지형평가의 5개 요소(관측과 사계, 장애물, 접근로, 은폐와 엄폐, 중요지형지물)와 그렇게 다르지 않은 글이 보인다. 아마도 현대적 해석으로 작전 지역, 관심

---

15) 孫子가 한 사람을 지칭하지 않는 "School of Warfare"였다면, 이는 오히려 죽간 손자에 강력히 표현되고 있는 도망친 자들의 반전 평화에 대한 희원—孫者의 "School of Peace" 또는 "School of Fugitive"였을 개연성도 있다.

16) 세(勢) 9.

지역, 영향 지역에[17] 대한 전장 정보준비(IPB)에 적의 기동력을 통합하여 보는 고대적 안목일 것이다. 이 문장은 전기(田忌)와 손빈(孫臏)의 대화를 보면 명료하게 이해할 수 있다.

"전기가 묻기를, '군권, 병세, 작전방책, 기만은 군사운용에서 가장 우선이 아닌가?'에 손자 대답하여 가로되 '그렇지 않습니다. 무릇, 군권(權)이란 병력을 모으는 바이고, 병세(勢)란 예하 지휘자가 반드시 싸우도록 명령을 내리는 것이고, 작전방책(謀)이란 적이 대비하지 않는 계획을 세우는 것이고, 기만(詐)은 적을 피로하게 하는 것입니다.' 전기가 노하여 얼굴빛을 바꿔 말하길, '이 여섯 가지(험(險), 역(易), 이(利), 해(害), 원(遠), 근(近))라는 것은 대개 최선을 다해 운용하는 것 아닌가? 그대는 이것이 최우선이 아니라고 말하는데, 그렇다면 무엇이 가장 우선인가?' 손자 대답하여 가로되, '적정을 잘 알고 지형의 험함을 평가하여, 그 원근을 잘 살피는 것……. 그것이 장수의 도입니다. 수비하지 않는 곳을 반드시 공격하는 것, 그것이 군사운용의 최우선입니다.'(田忌曰 權, 勢, 謀, 詐, 兵之急者耶? 孫子曰 非也 夫權者, 所以聚衆也 勢者, 所以令士必鬥也 謀者, 所以令敵無備也 詐者, 所以困敵也 可以益勝, 非其急者也 田忌忿然作色 此六者, 皆善者所用, 而子大夫曰 非其急者也 然則其急者何也? 孫子曰 料敵計險 必察遠近, ……將之道也 必攻不守, 兵之急者也)."

전국시대 제(齊) 나라의 대장군 전기(田忌)는 세(勢)에서 준비템포와 실시템포를 혼동하고 있다. 급한 것은 속도와 다르다. 준비는 급하게 이

---

17) FM 100-5에 의하면 작전지역(Area of Operation, 공수세간에 부여된 기본임무의 완수를 위해 군사 작전 및 군사 작전에 부수되는 행정에 필요한 전쟁지역의 부분), 관심지역(Area of Interest, 아군 작전에 잠재적 영향을 줄 수 있는 적 부대가 존재하는 지역으로 제대별 종심은 지형에 따라 가변적이다.) 영향지역(Area of Influence, 상황이 변화함에 따라 필요한 군사 조치를 취해야 하는 책임지역)

루어질 수 없으며, 준비 안 된 적을 준비 안 된 우군으로 칠 수 있는 상황을 간파하는 안목이 중요하다. 미 육군 교범 FM 17-97, "기병작전"[18]에는 급속공격의 호기를 적이 전개하지 않고 준비 안 된 상황으로 보고 있다. 이것은 손자의 "적이 준비하지 않은 곳을 반드시 공격하는 군사운용의 최우선(必攻不守, 兵之急者也)"을 그대로 따른 것이다.

지형이 인간이 활동하는 스페이스이고 우주와 사이버 공간을 아우르는 3차원의 형이라면 군형(軍形), 즉 천형(天形)은 형이상학의 4차원 이상의 형이다. 세(勢)는 상편(上篇) 천재(天才)에 속한 군형(軍形, 天形)에서 나와 인간을 거쳐 지형으로 스민다. 세(勢)는 물과 같아 지형에 순응하여 그 급함과 느림을 인위적으로 할 수 없다. 험(險), 역(易), 이(利), 해(害), 원(遠), 근(近)은 지형으로 말미암은 인간의 인식적 과제이지 본질이 아니다. 손자의 언어는 늘 중심적이지 지엽적이지 않다. 인간이 예측할 수 없는 것, 돌발적 상황, 하늘의 뜻은 실존적이며 늘 현장에 있다. 그러므로 정형화 할 수 없는 것은 형(形)이라 하였고 언제나 상황은 자세히 살피지 않아서는 안 되는 불가불찰(不可不察)이었다. 이 문제는 전래본에는 계험액원근(計險阨遠近)으로 표기되었는데 이것은 《손빈병법》에 묘사된 위에 기술한 손자와 전기의 대화와 논리적으로 맞지 않는다. 지형은 이미 계(計)편에서 "땅이란 높고 낮고, 넓고 좁고, 멀고 가깝고, 험하고 쉬우며, 죽고 사는 것"이라고 규정하고 있다.[19] 전래본에 역(易)자가 변하여 액(阨)자가 된 것은 현대 중국학자들은 비슷한 자형에 의한 오기

---

18) FM 17-97, the United States Army field manual for Cavalry Troop operations, defines it as: "A hasty attack is conducted with a minimum of preparation to defeat an enemy force that is not prepared or deployed to fight. It is a course of action routinely employed in cavalry operations to seize or retain the initiative, or to sustain the tempo of operations. A hasty attack can be executed while the troop is engaged with a zone reconnaissance mission or movement to contact."

19) 計 ; 地者 : 高下, 廣狹, 遠近, 險易, 死生也

로 보고 있다. 즉 험역(險易)이 험액(險厄(阨))으로 표기되고 이후에 반복적인 관용어 "험액원근(險阨遠近)"으로 굳어졌다는 것이다. 또한《통전(通典)》,《어람(御覽)》에 모두 험이(險易), 이해(利害), 원근(遠近)으로 기술하고 있고, 지형이 육(六)이라는 수의 패러다임에 소속되려면 현대 수정본이 타당하다.

지형(地形) 6

> 知此而用戰者, 必勝; 不知此而用戰者, 必敗 故戰道必勝, 主曰無戰, 必戰可也; 戰道不勝, 主曰必戰 無戰可也
>
> 이를 알고 전술운용을 하는 자는 반드시 이길 것이요; 이를 모르고 전술운용을 하는 자는 반드시 질 것이다. 그러므로 전투에서 반드시 이긴다면 임금이 싸우지 말라 해도 반드시 싸우는 것이고; 전투에서 이길 수 없다면 임금이 반드시 싸우라 해도 싸우지 않는 것이다.

지형을 잘 살피는 자 전장의 세(勢)를 볼 수 있다고 손자는 말한다. 이를 안다는 것(知此)은 지형 자체뿐만 아니라 지형이 피아간에 미치는 영향을 안다는 것이다. 지형의 배후에 존립하는 고유의 활동에는 이미 자연과 소통하는 인간의 경험이 작용하고 있다. 그것은 마치 칸트가 이성의 도움에 대한 막다른 물음, 인간의 필연적인 오류나 정신의 최정상에서 맞이하는 "불온한 움직임"이다. 칸트가 인간 정신의 형이상학적 시도에서 내뱉은 탄식한 말을 빌리자면, 거친 전장에서 장수가 지형을 보며 말하게 되는 것과 비슷하다.

왕명을 거역해야 하는 이순신은 밤새 혼자 있는 시간이 많았다. 승리는 이미 그의 마음속에 있다. 남해의 지형은 해안선 방어에 유리하다. 수많은 안개 언덕과 홀연히 사라지는 섬들이 사람을 속이며 늘 새로운 지형처럼 보이게 한다. 정찰에 열중하여 해상을 배회하는 왜병(倭兵)들에게는 허무한 희망만이 있을 뿐이다. 1597년 정월 이순신은 거듭되는 임금의 경고에도 싸움에 나아가지 않는다. 그는 남해의 지형 속에서 세(勢)를 보고 있었다. 그 정세는 적의 반간계(反間計)가 작용하여 조정의 전략 지시가 아군을 죽이는 흉계임을 가르쳐 준다. 이순신의 전술 운용은 협수로(狹水路)를 통제하여 적의 기동 방책을 제한하고 전장을 주도하는 것이었다. 그러나 조정의 지시는 가토 키요마사(加藤淸正) 증원군의 도해(渡海)를 차단하라는 대담해 보이지만 지형을 모르는 거방무책(巨方無策)이다.[20] 대마도와 부산포 사이의 원형(遠形)의 지형에서 광역통제는 불가능한 것이다.

《손자병법》은 이 문제를 명료하게 기술하고 있다. "내가 나아가도 불리하고 적이 나아가도 불리한 것을 지(支)라 한다. 지형(支形)에서는 적이 비록 아군을 이롭게 해도 아군은 나아가서는 안 된다. 잠시 물러나 적이 반쯤 나오게 하여 공격하면 유리하다(我出而不利, 彼出而不利, 曰支; 支形曰 敵雖利我, 我無出也; 引而去之, 令敵半出而擊之, 利)." 이러한 상황의 평가는 "지형(支形)은 원구(遠久)의 균형을 이루게 된다."[21]이므로 승세를 가진 아군에게도 결코 유리하지 않다. 시간과 장소를 알고 있어도 싸워서는 안 되었다. 나고야(名古屋) 성(城)의 조선 원정군 사령부에서 이 논의를 일으킨 책사가 있었음은 분명하다. 그들은 동백꽃이 핏빛으로 움트는 정월 21일 가토 군이 대마도에 도착해 순풍을 기다려 거친

---

20) 거시적 이론의 모호함만 있고 실제적 책략이 없는 것
21) 지형 2, 통형(通形) : 애로(隘路), 괘형(拄形) : 험조(險阻), 지형(支形) : 원구(遠久)

해협을 건넌다는 정보를 흘린다. 대한 해협은 지(支)형의 형이니 적도 아군도 불리하다. 그러나 승세를 타고 있는 조선 수군에게는 위험한 모험의 압력이 가해질 것이다. 이순신이 나온다면 피아가 모두 불리한 상황에서 싸워 적어도 기울어진 해군력의 균형을 이룰 것이요, 나오지 않는다면 항명죄로 그는 제거될 것이다.

전래본 : 故進不求名, 退不避罪, 唯民是保而利於主, 國之寶也
그러므로 나아가도 이름을 구하지 않고, 물러서서는 죄를 피하지 않으며, 오직 백성을 보위하여 임금을 이롭게 하는 (장수가) 나라의 보배이다.

수정본 : 故進不求名, 退不避罪, 唯民是保, 利合於主, 國之寶也
그러므로 나아가도 이름을 구하지 않고, 물러서서는 죄를 피하지 않으며, 오직 백성을 보위하고, 임금의 안전에 이로운 (장수가) 나라의 보배이다.

이순신이 이길 수 없는 싸움에 나아가지 않고 부하장병을 보존하려는 것은 "임금의 명령이라고 시행하지 않을 바가 있는(君令有所不行)"[22] 병법에 근거한 상황적 소명이었다. 그러나 결국 7월 16일 칠천량 해전에서 조선 수군은 패망한다. 도체찰사(都體察使) 이원익과 원수(元帥) 권율의 강요로 마지못해 출전한 원균에게 책임을 따지기 전에, 여기에는 장수의 전장 관찰에 대한 근본적인 물음이 논의되어야 한다. 그것은 현장에 충실하여 "나아가고 물러섬"에 조금도 사심이 없어야 한다는 것이다. 오로지 국민의 안위와 행복을 걱정하지 정치 패거리의 주문에 따라 움직이지 않는다.

위 문구는 "보민명이합주리(保民命而合主利)"라는 전통 문헌상의 격

---

22) 구변 4.

언에 따라 현대에는 수정본과 같이 정리되었다. 장예(張預)는 주(注)에서 "나아가고 물러섬이 명령에 어긋나더라도 대저 이것은 백성을 보위하고 임금의 이익에 맞는 것이니 이런 충신이 국가의 보배이다(進退違命, 非爲己也 皆所以保民命而合主利, 此忠臣國家之寶也)"라고 해석하여 합(合)이라는 글자를 취했고 이전(李筌), 두목(杜牧), 매요신(梅堯臣), 왕석(王晳)의 주(注)도 모두 이를 따르고 있다. 지금까지 전해진 전래본은 당(唐)의 위징(魏徵)이 주도하여 편찬한 《군서치요(群書治要)》에 "이리전어주(而利全於主)"라고 써진 치요본(治要本)에서 기원하는데 이것은 10가주의 모둠 본인 회주본(會註本)의 "이리합어주(而利合於主)"가 편집 과정에서 합(合)이 전(全)으로 오기(誤記)된 것이다. 그러나 이 기록은 조주본(曹註本), 무경본(武經本), 손교본(孫校本)을 통해 4자 구격(句格)을 맞추기 위해 불필요하다고 생각되는 전(全)자를 삭제하여 나타나게 된다. 문구에 보이는 백성[民], 주권[主], 국토[國]는 문장의 격을 이루는 시적(詩的) 사자성어의 중심어로 보는 것이 타당하다.

그러나 필자가 알고 싶은 것은 문장의 격(格)보다 본질인 품(品)이다. 이러한 욕구를 양한(兩漢) 시대에 써진 《회남자(淮南子, 兵略)》에서 찾았는데, "적을 맞아 결전할 때, 죽음을 돌아보지 않고, 두 마음을 품지 않는다. 그리하여 위로는 하늘이 없고 아래에는 땅이 없으며, 앞에는 무적이며 뒤에는 임금도 없다. 나아가 이름을 구하지 않고 물러서 죄를 피하지 않는다. 오직 보위할 백성이 있고 임금의 안전에 이로우니 나라의 보배요 훌륭한 장수의 도이다(其臨敵決戰, 不顧必死, 無有二心. 是故無天於上, 無地於下, 無敵於前, 無主於後. 進不求名, 退不避罪, 唯民是保, 利合於主, 國之實也, 上將之道也)"라는 더 오래된 사상적 근원이 담긴 글이 보인다.

지형(地形) 7

전래본 : 視卒如嬰兒, 故可與之赴深谿; 視卒如愛子, 故可與之俱死

휘하 병사 보기를 어린아이같이 한다. 그러면 함께 깊은 골짜기도 갈 수 있을 것이다; 휘하 병사 보기를 사랑하는 자식같이 한다. 그러면 함께 죽을 수 있을 것이다.

수정본: 視卒如嬰兒, 故可與之赴深谿; 視卒如愛子, 故可與之居死地

휘하 병사 보기를 어린아이같이 한다. 그러면 함께 깊은 골짜기도 갈 수 있을 것이다; 휘하 병사 보기를 사랑하는 사식같이 한다. 그러면 사지에 같이 있을 것이다.

《손자병법》안에서 사랑과 죽음을 희비극으로 보기에는 너무 심각하다. 인간이 만들어낸 리얼리즘의 인간적인 최고조는 사랑할 때와 죽을 때이다. 찰리 채플린은 객석이 아닌 무대에서 "사랑과 죽음을 보면 모두 비극이다."라고 말했다. 극작가로서의 괴테는 무대 위의 사랑과 죽음을 상류층 객석에서는 독창적 성격이 아닌 낡은 고집으로 보기 쉽다고 경고한다. 라모르 (La mort)와 아모르 (Amor)는 같은 것, 그래서인지 위 문구의 사랑하는 자(愛子)와 죽음의 장소(死地)는 같은 문맥에 머물고 있다. 또한, 생명력이 넘치는 어린아이(嬰兒)는 "부심계(赴深谿)" 깊은 계곡으로 내달리고, "거사지(居死地)"와 상호 대구를 이루며 죽음의 냄새를 풍긴다.

전래본의 "구사(俱死)"를 "거사지(居死地)"로 수정한 현대 중화권의 통행본은 문헌에[23] 근거한다. 이는 역시 "부심계(赴深谿)"와 대구를 이루기

---

23)   대만, 中華國學百科, 四庫全書 本册目錄 長短經, 禁令 "居死地"

위함이지만, "어린아이 같이 따라 달려가며, 사랑하는 사람과 함께 사지에 거하는 것"은 강제적으로 "함께 죽는" 부자연한 표현을 피함이 손자의 문리에 맞는다고 보기 때문이다. 부(赴)란 추(趨)처럼 다른 힘으로 움직이는 피동성을 함의한다.[24] 병력의 이동 템포를 표현하는 행(行) → 보(步) → 주(走) → 추(趨) → 부(赴) → 분(奔)의 계수적인 언어에서 따온 것으로 유추할 수 있다. 그렇다면 그 대위적(對位的) 언어로 부대 기동 방법인 회(會), 합(合), 교(交), 절(絶), 거(居), 처(處)에서 거(居)를 택함이 논리적이다.

만세유전(萬世流傳)으로 지금 독자의 손에 들린 《손자병법》은 부하와 장수가 한 자리에서 죽는 방법은 사랑뿐이라고 갈파하고 있다. 그가 말하는 사랑은 병사를 달래어 사지로 몰아넣기 위한 꼬드김이 아니다. 이 말에는 엄연한 고전적 근거가 있다. 선진(先秦) 시대의 문헌인 《순자(荀子)》 군도(君道)에 이런 말이 보인다. "임금이란, 백성의 근원으로; 근원이 맑으면 그 흐름이 맑고, 근원이 탁하면 그 흐름이 탁한 것이다. 그러므로 사직을 가진 자(임금)가 백성을 사랑치 않으면 백성을 이롭게 할 수 없으며, 백성의 사랑을 얻으려 해도 얻을 수 없다(君者, 民之原也; 原淸則流淸, 原濁則流濁 故有社稷者而不能愛民, 不能利民, 而求民之親愛己, 不可得也)."

도의 근원은 허황한 하늘이나 권력자에 있는 것이 아니라 백성과 병사에 있다. 군주가 백성을 어린아이처럼 사랑하고, 장수가 부하를 자식처럼 사랑하는 것은 지극히 자연스러운 것이고 하늘이 부여한 사(私)적인 극한의 도덕적 완성이다. 《음부경(陰符經)》 강병전승연술장(强兵戰勝演術章)에는 이를 해석하여 "하늘의 지극함은 사사로움이고 이를 씀에 지극함은 공정한 것이다(天之至私, 用之至公)"라고 하여 어찌하여 사랑하

---

24) 허실 14.

는 부하를 죽음에 내몰 수 있는지 도덕적 근거를 제시한다. 이전(李筌)은 이 글에 주(注)를 달아, "성인은 하늘의 규제와 땅의 법을 따라 만백성을 기르고, 그 노고를 살피어 사사로움을 지극히 하고; 공정히 영을 행하고 법의 시행을 나타내 공정함을 지극히 한다(聖人則天法地, 養萬民, 察勞苦, 至私也; 行正令, 施法象, 至公也)."라고 풀이했다. 여기에서 사사로움[私]이란 각 개인의 자연스러운 필요와 욕구에 대한 관심과 배려를 의미한다.

부하를 어린아이나 자식처럼 여기는 것은 중국적 사유 속에서 유교와 도교 모두에게 보이지만, 손자에서의 정치적 표현은 도교의 독특한 인간관에 근거하기도 한다.《손빈병법(孫矉兵法, 將德)》에 "어린아이처럼, 사랑할 때는 버릇없는 아이처럼 하고, 공경은 엄한 스승처럼 하여, (병사들을) 흙과 풀처럼 사용할 수 있다(赤子, 愛之若狡童, 敬之若嚴師, 用之若土芥),"라는 표현은 노자《도덕경》55장, "덕을 두텁게 체득하고 있는 사람은 갓난애와 같다(含德之厚 比于赤子)."에서와 같이 그 도의 체용(體用)의 주체를 모두 부하, 사병, 백성에게 두고 있다. 갓난애가 도인의 상징으로 묘사되는 것 또한 도교적이다. 휘하 병사는 어린아이(赤子)이며 사랑의 대상이다. 그들은 묘사될 수 없는 도(道)의 본질이다. 이러한 사(私)의 지극함 사랑은 다시 공(公)의 지극함 죽음으로 순환될 수 있다. 노자《도덕경》5장, "성인은 인자하지 않아 백성을 풀로 만든 개처럼 본다(聖人不仁 以百姓爲芻狗)."라는 말 또한 그 심저에 흐르고 있다. 그리하여 도의 주체가 전장에서 토개(土芥)처럼 죽을 수 있음은 천도의 무심함에 근거한다. 그러나 그 죽음은 강제적이 아니고 자발적이다.

지형(地形) 8

치요본(治要本), 손교본(孫校本) : 厚而不能使. 愛而不能令. 亂而不能治; 譬
如驕子, 不可用也
(그 관심을) 두텁게 해도 쓸 수 없고, 사랑하여 영을 내릴 수 없고, 어지러워 다
스릴 수 없는 것은; 교만한 자식 같이 사용할 수 없는 것이다.

조주본(曹註本), 무경본(武經本) : 愛而不能令. 厚而不能使. 亂而不能治; 譬
如驕子, 不可用也
사랑하여 영을 내릴 수 없고, (관심을) 두텁게 해도 쓸 수 없고, 어지러워 다스
릴 수 없는 것은; 교만한 자식 같이 사용할 수 없는 것이다.

서구사상에서 부정(否定)이 완수될 때 우리 자신이 거기에 종속되어야
한다는 사실을 파악한 사람은 스피노자였다. 죽음과 사랑, 전쟁과 평화
는 종국적으로 같은 몸체로 귀속된다. 우리는 부정의 미덕을 너무 소홀
히 다루어 왔다. 부정으로 천재(天才), 인재(人才), 지재(地才)가 모두 소
멸 될 수 있는 것은 비인간적인 사회상인 전쟁에서 인간의 존엄이 가진
마지막 보루였다. 부정으로 모순은 극복된다. 그래서 사랑해도 쓰지 못
하는 것, 이런 자립적인 실체가 아닌 관념적인 것은 전투에서 소박하게
표현될 수밖에 없었다.

위 문장의 치요본, 손교본과 조주본, 무경본의 차이는 단순히 후(厚)
와 애(愛)의 순서가 바뀐 것으로 볼 수도 있다. 이에 대한 역대 문헌에서
특별한 분석이나 주석은 보이지 않는다. 수당(隋唐) 시대에 나온 《장단
경(長短經, 禁令)》, 《태백음경(太白陰經, 卷二, 子卒篇)》, 《통전(通典, 兵
二)》 등에는 후(厚)-애(愛)-난(亂)의 순으로 논리를 펴고 있다. 최근의

중국학자들(미국, 대만)은 현대적 사고에 기반을 둔 애(愛)−후(厚)−난(亂)의 순이 바르다고 여기고 있다. 사랑하면 어지러운 것인가! 사랑은 뜻을 어지럽히고 마음을 미혹하니(意亂情迷) 지나치면 군은 무너지고 나라는 망할 것이다.

후(厚)는 갑골문과 금문에 모두 보이지만, 그 상형은 입이 크고 몸통이 작은 질그릇에 곡식이 차서 넘치는 모습으로 풀이한다. 주어진 그릇을 넘치게 하는 것, 과분한 은혜를 뜻했다. 후(厚)는 그 은혜나 관심의 두터움 뿐만 아니라 상과 벌에 대한 엄격함의 의미도 있다. 《군서치요(群書治要)》의 손자병법(孫子兵法)에는 후(厚)의 해석에서 "은불가전용, 벌불가전임(恩不可專用, 罰不可專任), 혜택을 주었지만 오직 사용할 수 없고, 벌을 내리면 임무를 맡길 수 없는" 그런 지휘체계의 문란함으로 주를 달고 있다. 인간관계가 뒤엉켜 잘못을 발견해도 처벌하거나 교정할 수 없다. 후(厚)라는 글자가 사용된 가장 오래된 예는 《시경(詩經)》에서 찾을 수 있다.

《시경》 소아(小雅), 정월(正月) 육장(六章)에 "하늘이 높다 하지만 감히 몸을 굽히지 않을 수 없고 땅이 두텁다 하지만 감히 조심해 걷지 않을 수 없다(謂天蓋高, 不敢不局; 謂地蓋厚, 不敢不蹐),"에 후(厚)는 발을 디딘 땅의 두터움에 비유된 오래된 친분관계와 경험을 말하나, 그렇다고 상황을 마음 놓고 사용할 수 없다는 금언이다. 《공자가어(孔子家語)》에 공자가 《시경(詩經)》의 이 부분을 읽다가 두려워하며 다음과 같이 말한 것이 보인다. "저 사리(事理)에 밝지 못한 군자들이 어찌 위태롭지 않으랴! 윗사람의 명령만 따라서 세상에 의지하자니 도를 폐하게 되고, 위에서 시키는 명령을 어기자니 몸이 위태롭도다. 세상 사람들이 선(善)을 행하지 않는데 자기 홀로 선을 행하려 하면 사람들은 요망하다 말할 것이다. 그러므로 어진 자가 세상을 잘못 만나게 되면 그 명(命)을 제대로 마치지 못할까 걱정되는 것이다. 하나라의 걸(桀)이 어진 신하 용봉(龍逢)을 죽이고 상나라의 주(紂)가 간언하는 숙부 비간(比干)을 죽였으니 모두 이 같은 것이다. 시(詩)에서 말하기를 '하늘이 높다 하지만 감히 몸을 굽히지 않을 수 없고[謂天蓋高 不敢不局], 땅이 두텁다 하지만 감히 조심해 걷지 않을 수 없다[謂地蓋厚 不敢不蹐]'했으니 이는 일컬어 위와 아래로 죄짓기를 두려워하고 스스로 몸 둘 곳이 없는 것을 조심한 말이다."

어진 사람이 때를 밝게 보지 못하고 상황을 옳게 판단하지 못한다면 공자의 걱정대로 시대를 잘못 만나면 환난을 겪게 된다. 겉으로는 풍요롭고 후(厚)한 시대처럼 보이지만, 상황은 불안하고 양극화되어 "어지럽고 다스려지지 않는다(亂而不能治)" 그러하니 "사랑하여도 명을 내릴 수 없다(愛而不能令)" 령(令)은 명(命)이다. 천명을 받아 나아갔지만 우매한 군중은 눈이 멀고 귀가 먹었다. 양질의 정치 서비스를 받을 자격이 없는 "군중이라면 스스로 그 천명(天命)을 놓아버려 패할 수밖에 없다(失其衆則敗)"[25] 모든 시대는 모든 시대의 격분에 대해 알고 있다. 그리고 후세인들에게 분노에 대한 기미를 남기고 있다.

지형(地形) 9

> 知吾卒之可以擊, 而不知敵之不可擊, 勝之半也. 知敵之可擊, 而不知吾卒之不可以擊, 勝之半也. 知敵之可擊, 知吾卒之可以擊, 而不知地形之不可以戰, 勝之半也
>
> 우군으로 공격할 수 있더라도 (그 상황에서) 적을 공격해서는 안 된다는 것을

---

25) 六韜, 文韜, 守土, "천명을 어겨 道를 잃어 패한 것"

> 모르면 승리는 완전하지 않다. 적을 공격할 수 있는 상황이지만, 우군으로는 공
> 격할 수 없다는 것을 모르면 승리는 완전하지 않다. 적을 공격할 수 있는 상황
> 이지만, 전투할 수 있는 지형이 아니라는 것을 모르면 승리는 완전하지 않다.

번역어(한국어)로는 다양한 해석이 가능한 혼돈의 글이다. 그러나 잘 읽는다면 손자에게서 늘 발견되는 질서와 문장 법칙을 발견할 수 있다. 우군을 움직인다는 의미는 가이격 불가이격(可以擊 不可以擊)으로, 적 상황은 불가격 가격(不可擊 可擊)으로 표현되었다. 이러한 구절용법(句式)은 《관자(管子, 七法, 爲兵之數)》에 보이는 "사졸을 훈련해 오합지졸을 쫓아낸다(以敎士練卒擊驅衆白徒)." 또는 은작산 (銀雀山) 죽간《관지》왕병(王兵)에 이와 유사한 문장인 "전사[士]들을 교육하여 노예 군[民]을 쳐서 몰아낸다(以敎士擊驅民)"와 같이 이……격(以……擊)이라는 구식(句式)을 그대로 따른 것이다. 그러므로 이(以)는 훈련하여 전투태세가 마련된 우군에 적용되는 용도로서의 이(以)이다.

그러나 당송시대에 나온 《통전(通典)》, 《태평어람(太平御覽)》 등에는 "知吾卒之可用以擊之, 而不知敵之不可擊, 勝之半也. 知敵之可以擊 而不知吾卒之不可用以擊, 勝之半也. 知敵之可以擊, 知吾卒之可用以擊, 而不知地形之不可以戰, 勝之半也"와 같이 기록되어 해석이 어지러워졌다. 지적지가이격(知敵之可以擊)의 의미는 "우군이 적을 공격할 수 있는 것을 아는 것"이 아니라 "적이 우군을 공격할 수 있다는 것을 아는 것"으로 그 의미가 완전히 바뀌게 된다. 1910년에 간행된 라이오넬 자일스(Lionel Giles)의 영문본은 손성연의 손교본(孫校本)을 텍스트로 한 것으로 적지가격(敵之可擊)을 바르게 "Enemy is open to attack"으로 번역하였다. 적을 공격할 수 있는 상황이 열린 것으로 이해되니 올바른 번역이다.

《손자병법》의 사상과 문리는 적을 해석[料敵]하는 데 지극히 조심스

럽다. 함부로 적의 방책과 능력을 말하지 않는다. 매우 객관적인 판단을
위해 많은 해석을 보류시킨다. 지형편의 기저를 흐르는 군사 사상은 역
시 언제나 상황을 면밀히 바라보는 "불가불찰(不可不察)"이다. 특히 4가
지를 아는 것, 때를 알고(知天時), 적을 알고(知彼), 나를 알고(知己), 지
형을 아는(知地形) 것이었다. 이것은 오늘날 현대 군의 METT+T라고 하
는 작전 계획 수립 시 고려사항과 똑같은 것이다. 부여받은 소명인 임
무(Mission), 적 상황(Enemy), 가용한 우군 (Troops Available), 지형
(Terrain), 시간(Time)을 동시 상황 매트릭스에 올려놓고 계(計)를 반복
하도록 종용하고 있다. 손자의 혼자 속삭이는 일인칭 독백은 상황 전체
를 파악하는 전지적 관점이 결코 아니다. 그러므로 상황을 모른다면 그
모르는 것을 정확히 알아야 위기에 빠지지 않는다고 말한다. 모르는 것
을 모른다고 인식하고 결코 예언과 요행을 바라지 않는다. "전쟁은 죽느
냐 사느냐(兵者, 死生之地)"하는 절명의 상황이기 때문이다. 그리하여 손
자는 지형편의 마지막 문장을 이렇게 맺고 있다.

故知兵者, 動而不迷,[26] 擧而不窮. 故兵[27] 知彼知己, 勝乃不殆; 知天知地, 勝
乃可全
그러므로 전쟁을 아는 자는 움직여도 망설임이 없고 일어서도 곤궁하지 않다.
그러므로 군사운용에 적을 알고 나를 알면 승리하여 위태롭지 않고; 때와 지
형을 알면 그 승리는 곧 완전하다.

일부 통행본에는 동이불미(動而不迷)를 동이불곤(動而不困)으로 고쳐

---

26)   매요신(1002~1060)북송의 시인, 11가 주의 한 사람)의 해석 "움직임이 주저함이 없는
명료함"이다. "梅堯臣曰 無所不知 則動不迷闇 擧不困窮也."
27)   전래본은 "故曰 知彼知己"로 되어 있으나 죽간에 표현된 모공편(謀攻篇)의 "故兵 知彼
知己 百戰不殆"의 용법을 따라 수정하였다.

뒤의 "거이불궁(擧而不窮)"과 곤궁(困窮)으로 대구를 이룸이 타당하다는 주를 달고 있다. 두목(杜牧)도 유사한 주장을 하고 있으나[28] 매요신(梅堯臣)은 원전에 충실한 섬세한 풀이를 했는데, 미(迷)는 미암(迷闇), 상황을 몰라 흐릿하고 막히니 주저하고 망설이는 것이고, 궁(窮)은 곤궁(困窮)의 함축으로 본 것이다. 미(迷)는 동(動)[군사를 움직임]에 부정적 요소로 정신적이고 궁(窮)은 거(擧)[군사를 일으킴]를 가로막는 물질적 장애이므로 매요신이 타당하다.

---

28) 杜牧曰 未動未擧 勝負已定 故動則不迷 擧則不窮也 一云 動而不困 擧而不頓

구지(九地)

山 無親 水 無親
去國逋臣古痛新
風 無親 雲 無親
歸經疊疊入九地

산 설고 물 설은
고국 떠나
도망친 신하
옛날의 아픔 새롭기만 해
바람 설고 구름 선 데
돌아가는 길 겹겹이 구지(九地)에 드네.

구지(九地) 1

구지편(九地篇)은 《손자병법》에서 전술, 작전, 전략의 계층에서 인간의 심리가 섬세히 표현되고 전술 작전적 창의가 빛나는 곳이다. 구지(九地)란 아홉 가지 전장환경이라는 각론적인 의미보다 총체적인 극한상황을 묘사했다고 보아야 한다. 구지(九地)는 전투의 정합(正合)에서 벌어진 순간적이고 한계를 넘어선 경지(境地)이다. 그 상황은 기승(奇勝)을 누가 잡느냐 하는 운명적인 순간이며 손자의 핵심 전투 이론이며 실제인 "이정합이기승(以正合以奇勝), 정(正)으로 합하고 기(奇)로써 승리"하는 군사 운용 사상의 정수가 담긴 곳이다.

그러므로 생각보다는 행동이 중요했다. 운명보다는 사명을 보여야 했다. 역사에 나타난 군유(軍儒)[29] 들은 행동으로 지지 되지 않는 사유는 사유가 아니라고 말한다. 그러기 위해 부정(否定)의 의미를 좀 더 제한하고 "성인(聖人)이 되려는 것이 아니라 속인(俗人)이 되지 않으려는" 실천 가능한 명제 속에 생각을 정립해 간다. 양명학의 창시자 왕양명(王陽明)이나 명말 청초의 저항운동가 왕부지(王夫之)는 그 지행합일을 군사 행동 속에서 나타냈는데, 행동은 인지적 가치가 없는 순간적인 발언이나 행위가 아니라 군유(軍儒)로서 갖추어진 오래되고 지속적인 행동이 지지하는 사상에 의한 것이었다. 나의 사색 나의 상념(我思我想)은[30] 세상의 어둡고 허망한 변천으로부터 초연하지만, 세상 밖에서 포괄자의 눈으로 보는, 배후에 있되 전황을 정확히 파악하는 구지적(九地的) 상황을 염두에 둔 태도이다.

---

29) 외우내란에 도포를 갑옷으로 갈아 입은 유학자, 의병과 같은 잠재적 군사 역량.
30) 군유정신은 전통의 유가적 가치에 복귀하고 개인 경험(私之故)에 의한 민주적 가치이다.

극한에서는 총력이 동원된다. 왕양명이 15살 때(1486년) 쓴 군사적 문제에 대한 상념의 시(詩)를 보면, 극한적 구지(九地)의 상황은 단순한 무부(武夫)가 깨달을 수 없는 하늘의 뜻이 담겨 있음을 그 어린 나이에 이미 간파하고 있다. 동한(東漢)의 장군 마원(馬援)의 전설적 무용담을 숭모한 어린 왕양명은 군인의 미덕이며 전사적 지위(Warrior Locus)에 얽힌 고담— "남아 대장부는 당연히 변방의 전선에서 죽어, 그 주검은 말 가죽에 싸여 돌아오는 것(男兒當死於邊野 以馬革裹屍而還)"에 감동한다. 이 천재 소년은 그의 꿈속에 바쳐진 시를 훗날 회고하기도 했다.

卷甲歸來馬伏波 早年兵法鬢毛旛 雲埋銅柱雷轟拆 六字題詩尚不磨
갑옷 말아 고향에 온 마원(馬援) 장군
일찍 배운 병법에 귀밑머리 하얗게 세고
구름에 묻힌 구리 기둥 천둥소리에 깨어졌지만
여섯 글자 시 제목은 닳아 버리지 않았네.

죽간본 : (孫子曰 用兵之法 有散)地, 有巠地, 有爭地, 有交地, 有瞿地, 有重地, 有氾(泛)地, (有)圍地, 有死地

전래본 : 孫子曰 用兵之法 : 有散地, 有輕地, 有爭地, 有交地, 有衢地, 有重地, 有圮地, 有圍地, 有死地

손자 말하기를, 군사운용 (상황)에는 흩어져 싸우는 산지(散地), 적지 초입에서 싸우는 경지(輕地), 뺏고 빼앗기는 쟁지(爭地), 서로 통과하는 교지(交地), 요충지인 구지(衢地), 적진 깊숙이 있는 중지(重地), 넓게 소산하는 범지(泛地), 소수로 다수를 포위할 수 있는 위지(圍地), 죽음의 땅 사지(死地)가 있다.

죽간에서 행군편이 끝나는 죽간 103행과 구지편이 시작하는 죽간 104

행 사이에는 행군편의 마지막 문구를 제하고 남은 104행의 잔멸된 죽편 앞부분에 20여 자가 있었을 것으로 추정된다. 그러나 전래본의 글자수는 "손자왈용병지법유산(孫子曰用兵之法有散)"과 같이 9자가 전해졌다. 따라서 죽간 구지편의 시작 부분은 미궁이다. 편제가 적혔을 것으로 추정되는 죽간 104행의 배면(背面)은 없어져 알 수 없으나 편제를 표기한 목독(木牘)에는 구지(九地)를 볼 수 있으므로 구지편은 전국시대나 적어도 진한지제(秦漢之際) 이전에 있었던 손자 고유의 편제가 분명하다.

죽간의 경(巠)은 분명치 않지만 경(輕)으로 여겨진다. 고음(古音)에서도 음은 유사하나 경(巠)의 의미가 다른 것일 수도 있다.[31] 구(瞿)는 구(衢)와 통가자이고, 범(泛), 범(氾)과 이(圮), 사(耜)의 혼란한 연변은 구변편에서 기술한 것과 같다.[32] 《후한서(後漢書)》에는 사지(汜地)[33], 《장단경(長短經)》에는 범지(氾地)[34], 《통전(通典)》에는 비지(圮地)로 각기 달리 표기된 것으로 보아도 "지류 汜", "무너지다 圮"와 "흙다리 圯"는 자형이 비슷하여 오기된 것이다.

구지(九地)는 변방이며 원정군의 전력 투사 지역이다. 선비가 갑옷을 입어 군유(軍儒)가 되면 그의 자리는 거칠고 먼 싸움터지 도성(都城) 안에서 편안한 개인의 내면적 성취나 정치적 야심의 탁상이 아니다. 구지에서 군인은 생각을 희석하고 단순화시킨다. 그의 프로 근성은 군인이 가진 본래의 미덕에 기초하고 수렴해 간다. 인재(人才)를 다룬 중권(中券)에서 논의된 구변(九變)의 상황은 인간에게 맞는 전장 환경을 만들어

---

31) Baxter-Sagart Old Chinese by MC initial, final, and tone 2011, 輕 khjieng (kh- + -jieng A) p 75 巠 keng, 經 keng p 60

32) 구변 3.
33) 後漢書, 文苑列傳下, 高彪
34) 長短經, 地形

가는 것이지만,[35] 구지(九地)는 지형이라는 피할 수 없는 형(形)에 운명처럼 감수하고 받아들여야 할 지재(地才)에 관한 인식적 논제이다. 그러나 구변과 구지의 상황이 공간적 개념으로 묶였다는 해석은 난센스이다.[36] 구변(九變)이 바로 구지(九地)의 장소적 개념인 9가지(산(散), 경(輕), 쟁(爭), 교(交), 구(衢), 중(重), 비(圮), 위(圍), 사(死)) 땅과 연계되어야 한다는 것에 필자는 해석을 달리한다.

구변과 구지의 개념적 혼란이 온 것은 수당시대에 간행된《북당서초(北堂書鈔)》에[37] 서술된 구지는 "구변과 통한다(通九變)"한 우세남(虞世南)의 주(注)와《후한서(後漢書)》에 보이는 "땅에는 구변이 있다(地有九變, 丘陵山川)"를[38] 이현(李賢)이 주(注) 하면서 손자의 구변(九變)을 설명한 데 기인한다고 여겨진다. 상황과 전투 장소가 하나의 패러다임으로 고정될 수는 없다. 구변에서 말하는 지(地)는 장소가 아니며 처지(處地)이다. 구지에서의 지(地)는 제한된 시간의 공간이며 상황이 전개된 결과이다. 그것은 지형이 주는 군사적 이점과 취약점을 포괄한 선택이 불가능한 고립된 상황이다. 이러한 악조건은 서럽고 고통스럽다. 구변에서 제시된 생각의 자유는[39] 더는 없으며, 이미 정해진 시간과 장소에서 과감한 행동이 있을 뿐이다. 데프콘 1은 이미 발령되어 "싸우지 않고 이기는" 부전이승(不戰已勝)의 상책(上策)은 폐기되었다. 살아 돌아갈 생각은 이미 버렸다. 전투라는 전체의 틀을 깰 수 없다면 필사즉생의 신념만이 있을 뿐이다.

그러나 이러한 상황은 권력에 의해 악용되기도 한다. 20세기 중반 이

---

35) 구변 1.

36) 구변 3.

37) 北堂書鈔, 武功部三, 將帥一卷115

38) 後漢書, 文苑列傳下, 高彪

39) 구변2.

후 한반도에서 벌어진 남북의 적대적 공존 관계를 이용한 억압이나, 상황을 독점하여 왜곡하여 나타난 위험한 사례가 1920년대 독일 국가 사회주의(나치스)의 출현이었다. 개인의 양심이 최선을 다할 수 없게 되어, 이와 반대로 선(善)이 거짓에 협조하는 사회 분위기가 만들어진 1925년 7월 괴벨스의 일기[40]에는 그 "개인적인 고뇌와 경험의 확산"의 일반화가 가져온 사회적 위험을 히틀러라는 해결사를 통해 중심 Figure로 등장시킨다. 1차 대전의 패배에 대한 성찰을 부정하고 독일 사회의 위기를 바야흐로 "보이지 않는 증오"라는 머나먼 전쟁터 구지(九地)로 국민을 몰아갔다. 독자들은 구지편에서 전국(戰國)의 정세가 격화되고 참전한 군인의 소외된 감정과 예측하기 어려운 천하 통일에 대한 비관을 접하게 된다.

구지(九地) 2

죽간본 : 諸侯戰(其)地, 爲散. (入人之地而不深者, 爲輕. 我得則利 彼得亦利者, 爲爭 我可以往, 彼可以來者 爲交. 諸侯之地三屬, 先至)而得天(下)之衆者, 爲瞿. 入人之地深, 倍城邑多者 爲重.

제후가 그의 영지에서 싸움은 흩어져 한다. 적지에 깊이 들어가지 않는 것은 경량한 부대로 한다. 피아에게 서로 유리한 지역은 싸워야 한다. 피아간의 접근로에서는 교전을 벌여야 한다. 제후의 땅이 세 나라에 접하고 있어 먼저 점령해 천하의 백성을 얻을 수 있는 곳은 요충지로 삼는다. 적지에 깊이 들어가 성읍을 등지는 적지 종심부대를 이루면 증강해야 한다.

---

40) 나치의 선전상 괴벨스의 일기(Goebbels Diaries) 볼륨 1-1, 1923년 10월~1925년 11월, Elke Fröhlich 편집

전래본 : 諸侯自戰其地者, 爲散地 入人之地而不深者, 爲輕地 我得則利 彼
得亦利者, 爲爭地 我可以往, 彼可以來者 爲交地 諸侯之地三屬, 先至而得天
下之衆者, 爲衢地 入人之地深, 背城邑多者 爲重地.

전통적 해석 : 제후가 스스로 자신의 땅에서 싸우는 것을 산지라고 한다. 적의
땅에 들어가되 깊이 들지 않는 것을 경지라고 한다. 피아간에 얻으면 이로운
것을 쟁지라 한다. 피아간에 서로 지나갈 수 있는 것을 교지라 한다. 제후의 땅
이 세 나라에 접하고 있어 먼저 점령해 천하의 무리를 얻을 수 있는 곳을 구지
라 한다. 적의 땅에 깊이 들어가 성읍을 등지는 일이 많은 것을 중지라 한다.

단위 부대 전투에서 상황은 안개에 가려져 있다. 통신망은 끊겼고 오
로지 지휘관의 의도를 명찰하고 조우 되는 적과 전투를 벌인다. 적이 침
공해 들어와 나라의 주요 전략 위치를 점거하였다면 흩어져(散) 비정규
전 빨치산 투쟁을 벌인다. 정규적 역량이 남아 있다면 교(交)전을 벌인
다. 적국의 변방을 공격 시에는 경(輕) 보병부대로 하되 다른 제3국과 통
하는 중간지대, 전략 요충지(衢)는 반드시 탈취하여 통제한다. 지형을 잘
이용하면 적은 병력으로 적 다수를 포위(圍)할 수 있는 탁월한 전술을 구
사할 수 있다. 전쟁 지속 능력을 보장하는 전략자원은 싸워서(爭) 탈취하
고 깊이 들어간 장거리 원정군은 전투력의 수위를 계속 높여 생존력이
가중(重)되도록 해주어야 한다. 이들이 적지 깊숙이 제2 전선을 구축하
려면 필사적(死)으로 싸우려는 투지가 필요하다.

죽간본과 전래본이 텍스트뿐만 아니라 해석에 큰 차이를 보이는 것은
산(散), 경(輕), 쟁(爭), 교(交), 구(衢), 중(重), 비(圮), 위(圍), 사(死)를 풀
이함에 행위의 종용을 의미하는 것과 장소를 지칭하는 품사(品詞)를 떠
난 근원적인 사색의 방향이 다르기 때문이다. 구지(九地)는 정해진 상황
에서 결전의 장소이다. 주도권의 여부는 알지 못한다. 전세(戰勢)는 어떤

수단을 사용하는가에 달려있다. 가지고 있는 전투력은 기동력+화력+생존력+리더십이다. 전장의 모습은 선형이든 비선형이든, 또는 아군 지역(散)이든 적지 종심지역(重)이든 피비린내 나는 소모전(爭)이든 이미 던져진 상황에서 변하지 않고 있다. 상황 전개는 오로지 나의 의지에 달려있다. 절망해서도 안 되고 침묵해서도 안 되며 가만히 있어도 안 된다. 천시(天時)가 맞지 않고 지리(地理)가 불리해도 오로지 인화(人和)가 있다면 전투력을 보존할 수 있다.

전투지대(Zone of Action)의 선정은 피아 작전개념이 달라 같은 지대가 아닐 수 있다. 교전은 서로 다른 의도를 가지고 일어날 수도 있다. 전쟁에는 심판과 룰이 있을 수 없으며 적이 산지(散地)라고 생각한 것은 나에게 교지(交地)가 될 수 있고, 뜻밖에 제네바 협약이나 유네스코 문화유산 보호구역인 작전할 수 없는 범지(汜地)일 수도 있다. 민간인이 생업에 종사하는 지역이나 문화재 보호구역은 전투를 피해 NFA(No Fire Zone)으로 한다. 경보병으로 국경을 넘어 쳐들어가는 기동 계획(輕地)은 피아 지휘관 의도가 달라 우군에게는 중간지대라 여긴 요충지(衢地)의 점거가 적에게는 포위 섬멸할 수 있는 위지(圍地)가 될 수 있다. 적의 자원을 탈취하기 위해 반드시 싸워야(爭地) 한다면, 피아간에 전력 자원을 계속 투입하는 중지(重地)가 되어 고단한 소모전으로 발전할 수 있고 이는 적과 내가 모두 사지(死地)에 빠진 것이다.

구지(九地)의 9가지 상황은 참으로 교묘히 파트너를 바꾸며 배합하여 상황이 전개되는데, 부정과 긍정을 동시에 교차하여 보여주고 있어 신묘하기만 하다. 큰 테두리 안에서는 3-3-3으로 연계되나 이 모든 설명은 9!의 가짓수를 갖게 된다. 이는 땅을 설명한 것이 아니라 고립된 상황에서 행동 지침을 말한 죽간본이 더 문리에 맞는다. 죽간은 그러므로 위산지(爲散地)…… 위사지(爲死地)가 아니라 지(地)자가 빠진 위산(爲

散)……위사(爲死)라 말하고 있다. 그러나 의문점은 본래 죽간은 9가지 장소적 개념이 아니라 보다 상황과 사태를 표시한 상황도의 깃발처럼 느껴지는 데에 있다. 앞에 서술한 지형편(地形篇)[41]에서 거론한 지형의 여섯 가지 형(形)인 통(通), 괘(挂), 지(支), 애(隘), 험(險), 원(遠)으로 표현된 육형(六形)과 산(散), 경(輕), 쟁(爭), 교(交), 구(衢), 중(重), 비(圮), 위(圍), 사(死)의 상황인 구지(九地)를 조합하면 다양한 상황이 연출됨을 알 수 있고 머릿속에 섬세하고 멋진 상황도가 그려진다.

그러나 구지의 구(九)의 의미는 단지 아홉 가지로 한정할 수는 없다. 구지(九地)는 구천(九天)과 같이 산술적 의미를 초월한 형이상의 의미이다. 구(九)는 언제나 그렇듯 주역이 배후에서 지지하는 노양(老陽)의 뜻을 가진다. 노양은 변하지 않을 수 없는 상황이며 음(陰)의 수인 육(六)에 다시 역수인 양(陽)의 수 구(九)를 취하여 무한한 지형의 변화를 표현했다. 죽간 105행 하단부에 잔멸되어 볼 수 없는 15자 내외의 자리에 전래본의 40자 중 경(輕), 쟁(爭), 교(交)를 설명한 32자가 들어갈 공간은 없어 보인다. 섣불리 판단할 수는 없으나 경(輕), 쟁(爭), 교(交)가 추가되어 굳이 아홉 가지 상황으로 맞춘 것은 조주본(曹註本)에 처음 보인다. 이어지는 후세의 모든 전래본들은 이를 따르고 있다. 이것은 조조에 의한 편집으로 정리된 이후 발생한 변화라고 볼 수 있다.

죽간본 : 行山林, 險阻, 沮澤, 凡難行之道者, 爲(泛, ▲▲▲▲ 所由入者隘 ▲▲▲所從歸者迂, 彼)寡可(以擊)吾衆者,爲圍 疾則存, 不疾則亾者, 爲死.

산림과 험한 지형, 습지, 연못은 지날 때 대개 지나기 어려운 곳은 병력을 넓게 소산한다. 부대 진입에 애로가 있고, 이를 따라 돌아오려면 멀리 우회해야 하며, 적이 소수인데 다수인 아군을 칠 수 있는 곳은 포위해야 한다. 달아나야 살

---

41)　지형 1.

고 달아나지 못해 죽는다면 결사적으로 싸운다.

전래본 : 山林, 險阻, 沮澤, 凡難行之道者, 爲圮地. 所由入者隘, 所從歸者迂,
彼寡可以擊吾衆者, 爲圍地. 疾戰則存, 不疾戰則亡者, 爲死地.
산림과 험한 지형, 습지, 연못 등 무릇 가기 어려운 땅을 비지라 한다. 따라 들
어가는 길목은 좁고 돌아오려면 멀리 우회해야 하며 적이 소수로 다수인 아군
을 공격할 수 있는 곳을 위지라 한다. 신속히 싸우면 살고 속히 싸우지 않으면
죽는 곳을 사지라 한다.

죽간에 범(氾(泛))이 비(圮)로 표기되었었는지는 알 수 없다. 비(圮)는
은작산 죽간을 쓴 초기 예서(隸書) 이전인 소전(小篆)에도 등장하므로 죽
간에 써지지 않았다고 할 수 없다.[42] 와오(訛誤)된 글자 사이에 해석은 유
추일 뿐이다. 물이 범람하는 범(氾)의 상황은 그 방책으로서의 위범(爲
泛), 즉 병력의 집결을 피하고 넓게 소산하는 것이 전술적 상식이다. 가
기 어려운 길은 병력을 한 통로에 집중하지 않고 분산하여 다양한 길을
개척해야 한다.

전래본의 "질전즉존, 부질전즉망자(疾戰則存, 不疾戰則亡者)"는 죽간
본과는 다른 의미로 변화되었다. 질(疾)은 군쟁편의 기질여풍(其疾如風)
과 같이[43] 신속한 군사행동을 의미하나 본래 죽간의 소박한 의미인 "달
아나다"가 문리에 맞는다. 후세에 전(戰)자를 추가하여 사지즉전(死地則
戰)이라는 구호의 싸움으로 몰아간 것은 손자답지 않다. 전체 문맥을 통
해 알 듯이 불리한 지형과 우세한 적 상황에서 싸움을 가능한 피하고 부
득이한 경우 싸워야 하는 상황을 사지(死地)로 정의한다.

---

42) 康熙字典, 說文解字
43) 군쟁 8.

사지(死地)에 관해 11가주(家注)에는[44] 하씨(何氏)의[45] 풀이에 주목할 만하다. 《통전(通典)》의 오문(吳問)에는[46] 두우가 인용한 《손자병법》의 새로운 구절이 보이는데, 후에 손성연(孫星衍)[47]은 하씨주를 기반으로 통전에 없던 부분을 재구성했다.[48] 《통전》의 오문은 은작산에서 죽간 손자와 같이 발굴된 오문(吳問)과는[49] 다른 것으로 구지에서의 병력운용을 정교하게 말하고 있다. 하씨(何氏)는 사지(死地)를 오문을 빌어 주(注)를 달며 지형적 여건보다 인간적 노력의 프로세스가 실패하여 도달하는 지점으로 보았다. "곤란한 상황에서 계책을 세우지 않으면 궁지에 몰리고, 궁지에 몰려서도 싸우지 않으면 죽게 된다(困而不謀者窮, 窮而不戰者亡)." 하여 구지가 장소가 아닌 상황임을 다시 상기시킨다. 이 상황은 외연적이지 않고 여전히 변화의 가능성을 암시한다.

---

44) 북경 대학도서관, 宋本十一家注孫子, 上海古籍出版社, 2003 ; 死地에 관한 11家注에는 8家(조조, 이전, 두목, 진호, 매림, 매요신, 하씨, 장예)의 해석이 보인다. 손자십일가주는 宋 천보(天保) 시대에 〈十家孫子會註〉 15권을 편집하면서, 두우(杜佑)의 통전(通典)에 인용된 주해를 손자십가주에 추가하여 넣었다. 이는 첫째 판본을 발전시킨 것이므로 큰 차이는 없지만 두우가 인용한 《손자병법》은 唐의 제국주의적 성향과 발전된 군사운용 개념으로 전래본과 죽간본에서 발견되지 않은 구절이 있다.

45) 하연석(何延錫, 宋代), Ho yen hsi

46) 〈吳問〉通典 卷 159, 오왕 합려가 손자에게 물은 九地의 병력운용

47) 孫校本, 청나라 손성연(孫星衍) 〈孫子十家註〉 校本, 清嘉慶二年兗州觀察署刊本, <孫子集成> 卷十五

48) Roger Ames, The art of Warfare, Yin chuech-shan texts, p 199 A Conversation between the King of Wu and Sun Wu, note 242-243. These eight passages have been reconstruted from treatise 159 of a Tang dynasty encyclopidic work in two books, the Tung-tien(通典), compiled by Tu Yu(杜佑, 735~812). The Tung-tien text does not have the first portion of this paragraph. It is restored on the basis of the Sung, Ho Yen hsi commentary.

49) 〈은작산 죽간 吳問 考辨〉四川文物, 2010, 河南科技學院, "한묘죽간 吳問은 병법과는 무관한 田地제도의 정치적 견해"

구지(九地) 3

죽간본 : 是故, 散(地則毋戰), 輕(地則毋止), 爭(地則毋攻, 交地則毋絕), 瞿(地則合交, 重地則掠, 氾地)則行, 圍地則謀, 死地則戰

그러므로 (적이) 흩어진 상황에서는 싸우지 말고, 적지에 진입해서는 멈추지 말고, (적이) 싸우려고 하는 곳은 공격하지 말며, (피아) 기동 공간이 되는 곳은 (후속 부대가) 끊기지 않도록 하고, 요충지에서는 (제3국, 중립국)과 연합하고, 적진 후방의 깊숙한 곳에서는 자원을 약탈하며, 개활지에서는 즉시 지나가고, 적에게 포위된 상황에서는 계략을 꾸미고, 사지에 들면 결사적으로 싸워라.

전래본 : 是故, 散地則無戰, 輕地則無止, 爭地則無攻, 交地則無絕, 衢地則合交, 重地則掠, 圮地則行, 圍地則謀, 死地則戰

그러므로 산지(散地)에서는 싸우지 않고, 경지(輕地)에서는 멈추지 않고, 쟁지(爭地)에서는 공격하지 않고, 교지(交地)에서는 끊기지 않도록 하고, 구지(衢地)에서는 연합하고, 중지(重地)에서는 약탈하며, 무너지는 곳에서는 즉시 지나가고, 위지(圍地)에서는 계략을 꾸미고, 사지(死地)에서는 싸워라.

중간 지대의 선점은 중화(中化)에서 대립자의 발전을 중간선에서 인위적으로 제한, 반드시 싸워야 하는 사지(死地)의 상황을 피하는 것이었다. 선진(先秦) 시대 이미 해석된 이러한 주역(周易)의 변증법적 정치사상[50]이 정연하게 군사 사상에 스며있다. 읽는 독자마다 위의 주요 아홉 문구

---

50) "중국의 전통적 변증법 사상의 두 근원 중의 하나는 역전(易傳)에 기인한다. 한 번 음이고 한 번 양이 되지 않는다면 道라고 할 수 없다. 그러나 이러한 부단한 운동 속에서 중간선을 넘어서 지나치는 과실은 경계하지 않을 수 없으며 중간지대에 대한 명료한 인식이 필요하다." 〈주역철학사, 심경호 역〉, 1994, p735 "모든 배척면에 다시 또 뜻이 통하는 일면이 존재한다."는 사유의 양면성은 《손자병법》 전체에 일맥상통하게 흐르는 풀이의 방향을 제공한다.

를 입 안에 넣고 중얼거려 본다면, 그 해석은 서로 대척적이고 이중적이다. 전통적 풀이는 전투 상황에 대한 필연적인 인간의 반응이다. 그러나 가만히 생각해보면, 결국 죽음에 직면했을 때 이외에는 싸우라는 말은 그 어디에도 없다. 사지즉전(死地則戰)의 극한의 상황 이외에는 싸우지 말고(毋戰), 멈추지 말고(毋止), 공격하지 말며(毋攻), 서로 떨어지지 말며(毋絕) 중간지대에 이르러 그 어긋난 것(交)을 다시 합치고, 전개된 상황을 다시 재검토(謀)하라는 것이다.

교(交)란 본래 갑골문에 출연한 자형이 "다리가 꼬여 엇갈린" 모습의 상형이 연변(演變) 된 글자이다. 오늘날의 "서로 만나 사귄다."는 의미와는 사뭇 다르다. 그러므로 교(交)란 상황이나 지형이 꼬여서 서로 만나지 못하는 것이다. 이러한 상황은 구지(衢地)인 중간 지대에서 풀어야 하며, 이를 기점으로 더욱 공세적인 활로를 찾게 된다. 그러므로 다시 구절을 들여다보면, 아마도 고립된 소부대 전술이나 병법이 아닌 생존법으로 보이기도 한다. 전쟁에 염증을 느끼는 군인이 평화에 대한 내적 욕구가 은연중 스며있는 위 문장은 분명 이중적이다. 《손자병법》은 전쟁과 승리의 고전이 아닌 평화와 반전(反戰)의 경(經)이기에 전래한 모든 지칭과 평판을 뒤엎을 수 있는 사상적 함의가 위 문구에 들어 있다. 그러므로 일개 군유(軍儒)가 군대를 이끌고 전쟁에 나아가 혼자 마음속 깊이 새기게 되는 것은 "하늘을 본받아 군사를 다스림 (法天治兵)"에서 초월하여 "하늘을 본받지만, 군사에서 말미암은(法天因兵)"이라는 가르침이다. 다시 말하면, 그의 전장 활동은 인간 중심적이며 하늘의 도(道)보다 인간의 정(情)이 더 우선이다.

그럼에도 불구하고 산지(散地)에서 사지(死地)까지의 사상적 프로세스 또는 전술 기술적 절차(TTP, Tactic and Technical Procedure)가 《손자병법》의 의도와는 정반대로 나타난 뼈아픈 사례를 우리는 전사(戰史)

에 많이 가지고 있다. 산지(散地)는 제후가 자신의 영토 내에서 전투하는 상황이나, 반대로 적의 영토를 석권한 후에 흩어진 적의 비정규전 부대와 교전하는 상황으로 풀이할 수 있다. 구지편(九地篇)에서 묘사되는 전투 양상에 산지를 처음 언급하면서 전체적인 게릴라전 양상으로 논의를 몰아간다. 한국 전쟁 시 미 8군 작전처에 기타업무부서 소모전과(G-3 Miscellaneous Group Attrition Section)가 설치된 때는 전세가 가장 불리하던 낙동강 방어선이 형성되기 시작한 7월 말이었다. 한국전쟁사에 아직 언급되지 않는 이 부분은 훗날 게릴라전 연구의 프레임을 그리는 데 매우 중요하다. 한국전쟁을 음모론적 시각으로 본다는 비판을 받을 수 있지만, 각기 남과 북이 100일간(6.25~10.1 10.1~1.4) 쌍방이 해방구역이라고 주장하는 점령지에서 일으킨 학살과 살의는 아직도 전쟁을 지속하고 국력을 소모하는 적대적 공존을 위한 남북 관계 긴장의 주요 동력임을 부인할 수 없다.

그러므로 산지에서는 싸우지 말라고 말한다. 전쟁은 세(勢)이지 인간의 상쟁(相爭)이 아니기 때문이다. 산(散)은 한자연변(漢字演變)에 보면 금문(金文)에 처음 자형이 나타난다고 설명하며 삼 껍질을 손으로 때려 풀어진 모습으로 그리고 있다. 일설에는 산(散)의 글꼴이 기원전 12~7세기까지는 초기에 곡식의 나락을 터는 상형에서 월(月)이 추가되어 고기(月, 肉)를 발려 널어놓은 전투의 종결을 의미하는 것으로 변화되었다고 보기도 한다. 전투단계에 적용하면 전기를 잡아 전과확대와 추격, 그리고 적 지역을 석권하는 단계이다. 북송시대에 나온 《호검경(虎鈐經 料用地形)》에는 "병법이 이르길 : 산지에서는 싸우지 마라. 산지란 국경 안의 영토이며[51] 병사들이 집을 돌아보아 그 전의를 모을 수가 없으니 싸울 수

---

51) 散地에 대한 主客의 논의는 무의미하다. 공자(客)로서의 산지와 방자(主)의 산지는 모두 역수(逆數)의 관계로 풀이한다.

없다(兵法曰 : 散地無戰 散地者, 境內地土也 士卒顧家, 其意未專, 不可戰 也)"라고 초연히 말하고 있다. 적의 침공에 나라를 잃었다면 끝까지 저항 하여 싸우는 것이 군인의 미덕인데 이 무슨 말인가?

대저 레지스탕스 운동은 우군의 전세가 불리한 상황에서는 일어나지 않는다. 그러므로 위 문구의 해석은 다시 이중적이다. 적의 처지에서 산 지는 싸우는 것이고 우군의 처지에서는 싸우지 않는 것이다. 그러나 이 를 교묘히 뒤집어서 한국전과 같은 국지 소모전 상황에서는 그 반대의 작전운용을 할 수 있었다. 미 8군 기타업무부서 소모전과는 북한지역이 라는 구지(九地)에 서해안(Able 부대), 동해안(Canon 부대) 그리고 공중 (Baker 부대)에서 제2 전선 작전을 위한 전력투사로서 반공 빨치산 투쟁 을 계획하고 전개했다.[52] 이 활동에 대해서 아직도 역사적 위치와 전사적 평가는 이루어지지 않고 있지만, 《손자병법》의 "산지무전(散地無戰)" 산 지에서는 싸우지 않는 것이라는 충고에 어긋난다. 한국전쟁이 승리를 위 한 통일전쟁이 아니었다면 이에 대한 해답이 될 수 있는지 모른다.

산지에서 저항하지 않는다는 의미로서 재해석은 피아가 보는 관점에 따라 다르다. 이어지는 경지(輕地), 쟁지(爭地), 교지(交地)는 가능한 한 적과의 접촉을 피하고 중간지대인 구지(衢地)로 가는 것이다. 그리고 마 침내는 중지(重地)의 상황의 결과에 따라 범지(泛地),[53] 위지(圍地), 사지 (死地)에 이르게 된다. 중지(重地)는 적지에 깊이 들어간 상황으로 일반 적으로 풀이되나, 재보급(重)을 해야 하는 뜻으로 전국 말에 이르러는 관 용적으로 사용되었다.

《사기》 평진후 주부열전(史記, 平津侯 主父列傳)에 "전에 진시황제의

---

52) Johns Hopkins Unv. Operation study, 〈Non-conventional Operation in Korean War〉, 1956.

53) 죽간의 氾은 泛과 통가자이다. 상황과 장소적 개념을 통합하여 "개활지, 범람지 또는 병력의 분산으로 해석할 수 있다.

전승 위업은 제후국을 조금씩 잠식해 전국을 합하여 천하를 통일하니 그 공이 삼대에 가지런한데 승리를 도모함이 여기서 그치지 않고 흉노를 공격하려 했다. 이에 이사(李斯)가 간하여 말하길 '불가합니다. 무릇 흉노는 성곽을 지어 살지 않고 그 보급품을 지킴이 새떼가 이동하듯 하여 이를 통제하고 얻을 수 없습니다. 우리 경보병부대가 깊이 적지에 들어가면 식량이 끊길 것인데 뒤따라 식량을 재보급하기가 불가능합니다.'라고 했다"[54]라는 문장에는 구지(九地)에서 중(重)의 의미가 뚜렷하다.

중지(重地)에서 약(掠)은 보급 수단의 절박한 방편이다. 성곽(京)이 있음은 취(手)하여 약탈(掠奪)할 수 있을 진데, 후세에는 이를 의(義)롭지 않다고 왜곡된 해석을 내놓는다. 11가주 이전(李筌)은 "적국에 깊이 들어가 의롭지 않을 수 없다. 인심을 잃기 때문이다. 한 고조 유방은 진나라 수도에 입성 시 부녀를 범하지 말고 보화를 취하지 말도록 했다. 인심은 이처럼 얻는 것이다(深入敵境, 不可非義, 失人心也 漢高祖入秦, 無犯婦女, 無取寶貨, 得人心如此)."라고 주(注)를 달면서 "약탈(掠)을 약탈하지 말라(無掠)"로 바꾸었는데[55] "중지즉략(重地則掠) 중지에서는 약탈하라."는 말을 전함에 도학적 입장에서 해석의 어려움은 이해할 수 있으나, 이념이 사실을 왜곡하지 말도록 염려한 "글을 짓되 조작해서는 안 되는(述而不作)" 공자의 걱정은 잊었던 모양이다.

구지(九地) 4

---

54) 史記, 平津侯主父列傳, "昔秦皇帝任戰勝之威, 蠶食天下, 并吞戰國, 海內為一, 功齊三代; 務勝不休, 欲攻匈奴 李斯諫曰:'不可 夫匈奴無城郭之居, 委積之守, 遷徙鳥舉, 難得而制也 輕兵深入, 糧食必絕; 踵糧以行, 重不及事"

55) 宋本十一家注孫子 下卷, 이 문구에 대한 李筌의 注와 부언 "筌以掠字爲無掠字"

죽간본 : 所胃古善戰者, 能使適人前後不相及也. (衆寡不相救, 貴賤不相持,
上下不相收; 卒離而不集, 兵合而不齊. 合乎利而用, 不合而止.)
이른바 전쟁을 잘하는 것이란, 능히 적으로 하여금 전방과 후방이 미치지 못
하게 하는 것이다. [다수 병력으로 소수를 구하지 못하게 하고, 신분의 귀천이
서로 부지하지 못하게 하며, 지위의 상하가 서로 어울리지 못하게 해서; (적의)
병력이 흩어져 모이지 못하고, (적의) 병력이 합쳐도 질서가 없게 하는 것이다.
(이러한 적의 상황이) 아군의 형편에 유리하다면 이용하며, 그렇지 않다면 그
친다.]

전래본 : 古之善用兵者, 能使敵人前後不相及, 衆寡不相恃, 貴賤不相救. 上
下不相收; 卒離而不集, 兵合而不齊. 合於利而動, 不合於利而止
예로부터 군사운용을 잘하는 것이란, 능히 적으로 하여금 전방과 후방이 미치
지 못하게 하고, 다수와 소수 병력이 서로 대응치 못하게 하며, 신분의 귀천이
서로 돕지 못하게 하며, 지위의 상하가 서로 어울리지 못하게 해서; (적의) 병
력이 흩어져 모이지 못하고, (적의) 병력이 합쳐도 질서가 없게 하는 것이다.
(이러한 적의 상황이) 이익에 맞으면 움직이고, 이익에 맞지 않으면 그친다.

죽간 109행과 110행 사이에 하나의 행이 산일(散佚) 되었을 것으로 의
심된다. 그렇지 않으면 "중과불상구(衆寡不相救)" 이하는 죽간본에 존재
하지 않았고, 그 아래 문구에서 사라진 34자 가운데 10여 자 정도가 문맥
에 맞게 표기되었을 것으로 추정된다. 잔멸되었는지 본래 없었는지 평가
를 할 수 없지만 만일 죽간을 복원한다면 전국시대의 문법 용례를 따라
가설(假設)할 수 있다. 또한, 병력의 비교[衆寡不相]와 사회현상[貴賤不
相]에 들어맞는 문리 역시 상식적이어야 한다. 군사운용에서 병력의 집
중과 분산이 원활하면 서로 구(救)할 수 있고, 사회적 신분이 달라도 서

로 신뢰[恃]할 수 있다면 그 사회는 방호력이 강하기 때문이다. 전국시대 군사 사상의 원류라고 할 수 있는 은상(殷商)과 주(周)에서 전래한《육도(六韜)》에[56] 이미 보이는 "중과불상구, 귀천불상대(衆寡不相救, 貴賤不相待)"라는 문장은 그 이후 중국 병법서에 여러 곳에서 등장한다. 위 문장에서 죽간의 글을 추정 복원한다면 전래본에 보이는 구(救)와 지(恃)를 육도의 예를 빌어 서로 바꾸어 붙여야 한다. 의미를 더 정교히 하려면, 고어에서 "기다릴 대(待)"는 균형 잡힌 대등 세력의 맞대응(等待), "믿을 시(恃)"로 하면 한쪽이 일방적으로 믿고 의지하는 의시(倚恃)로 해석하게 되므로, 서로 돕는 부지(扶持)의 의미가 있는 "가질 지(持)" 자가 정확하다.

더 오래된 육도의 같은 문구가 전래본에서 구(救)와 대(恃(持))가 서로 뒤바뀌게 된 이유는 문헌이 교섭하며 일어난 해독의 잘못이나 필사하는 과정에서의 오류로 볼 수 있으나, 전국시대에서 통일왕조 시대로 바뀌면서 시대적 상황이 신분의 차이가 심화하고, 병법을 전술적 배경보다는 더욱 정치적 판단에 적용했기 때문일 것이다. 그러므로 전투상황에서 다수로 소수를 구함이 정치적으로 다수와 소수가 서로 믿지 못하는 신뢰문제로 변형되고, 신분의 귀천은 서로 지탱하는 관계가 아니라 그 세습 체계가 심화하여 어느 한쪽이 일방적으로 도울 수밖에 없게 되었다면 왜 전래본에 다르게 쓰였는지 이해할 수도 있다. "합호리이용, 불합이지(合乎利而用, 不合而止)"는 호(乎)와 어(於)는 다르나 유사한 문구가 뒤의 죽간 화공편(火攻篇)에[57] 있다. 그러나 위 문구에서는 앞 구절인 병합(兵合)과 문리에 맞지 않으므로 죽간에는 없었다는 의심이 합리적이다.

사회의 분열상을 표현한 위 문장은 역사상 많은 해석가가 전국시대 조

---

56) 六韜 虎韜 動靜 "戰合, 鼓噪而俱起. 敵將必恐, 其軍驚駭, 衆寡不相救, 貴賤不相待, 敵人必敗"
57) 화공 8.

(趙)나라의 사례를 든다. 조나라는 전국시대 강대국 사이 중앙 북부에 있는 작은 나라였으나 세력이 성장하여 한(韓), 위(魏)와 함께 진(秦)의 영역을 삼분하게 되고 전국 칠웅이 되지만 결국 기원전 228년 진(秦)의 침공을 받아 멸망하게 되는 데, 패망의 주원인이 나라의 분열이었다. 조나라는 북방계의 호족(胡族)의 문화를 받아들여 사회가 다양하고 다이나믹했으나, 그만큼 이질화된 인종과 문화 그리고 기득권층의 부패와 백성과 소통하지 못하는 밀봉정책으로 붕괴하여 가고 있었다. 《전국책(戰國策 秦策一)》에는 장의(張儀)가 진왕(秦王)에게 조나라 사회상을 들어 설하는 이런 말이 적혀 있다. "그때에, 조씨는 상하가 서로 친하지 않았다. 귀천이 서로 신뢰하지 않았으니, 당연히 그 수도인 한단을 지킬 수 없었다(當是時, 趙氏 上下不相親也, 貴賤不相信, 然則是邯鄲不守)."

대국 사이에 있는 작은 나라는 대개 분열의 세(勢)가 자생하거나 대국의 분열책이 부식되기 마련이다. 소국의 운명은 그 나라가 얼마나 단결되어 있느냐에 달려있다. 국가 통합의 차원 높은 단계는 신뢰이지만, 그 통치자의 권력이 법치에 의하지 않고는 그 신뢰는 단결로 가지 못하고 다만 권력을 두려워하기에 생긴 일시적인 것이 되고 만다. 이런 치밀한 정론(政論)을 잘 설명한 것이 한비자(韓非子, 外儲說右下)에 보이는데, 왜 권력이 사유화되어서는 안 되며 그렇다고 "내가 권세를 버리고 백성과 어울리는 것도(吾釋勢與民相收)" 안 되는 미묘한 중화(中化)의 세계를 탁월하게 묘사하고 있다. 여기에서 백성과 어울린다는 "수(收)"는 《손자병법》의 위 문장 상하불상수(上下不相收), "상하가 서로 어울리지 못함"을 더 깊게 이해하게 하여준다. 그 어울림은 초법적이 아니며 오로지 법치 아래 놓인 왕도이다. 춘추 말에 나타난 제(齊) 나라의 재상 안영(晏嬰)의 언행을 기록한 《안자춘추(晏子春秋)》에는 "위 사람이 아래 사람을 돌보아 기르지 못하고, 아래 사람이 위 사람을 섬기지 못하면; 상하가 서로 어울리지 못하여, 바로 정치라는 큰 체제를 잃어버리게 된다……. 그러므로 위 사람이 아래 사람을 능히 돌보아 기르고, 아래 사람이 위를 능히 섬기는 것이 상하가 서로 어울리는 것이니 큰 정치 체제가 존립하게 된다.*[58] 라는 말이 보이는데, 수(收)란 분명 서로 줄 것은 주고 받을 것은 받는 소통의 의미이며 정치의 패러다임을 이루는 한 시대의 주춧돌이다.

군사는 늘 정치의 하위 개념이나, 정치의 위기는 바로 군사적 균형의 파괴를 가져온다. 전쟁은 잘못된 위기관리에서 오는 것이 아니라, 적어도 손자의 인식으로는 정치의 부재에서 오는 것이다. 국론의 분열은 이념이 다르고 생각이 달라서 오는 것이 아니라, 적어도 손자의 인식으로는 상하가 서로 어울리지 못하는 양극화에서 오는 것이다. 작은 나라가 대국을 이웃으로 하고 있다면, 그 대국의 간섭과 침공은 분명 그 작은 나라의 분열에 기인하며, 소국의 분열을 영구화하거나 부추기어 마침내 출병의 명분을 세운다.

구지(九地) 5

죽간본 : (敢問) 適眾以正, 將來, 侍之(若)何? 曰 先奪(亓所愛, 則聽矣)

전래본 : 敢問 敵衆以整, 將來, 待之若何? 曰 先奪其所愛, 則聽矣

감히 묻노라, 장차 수많은 적이 정연히 몰려오면 어찌 대적할 것인가? 대답은 그들이 아끼는 곳을 먼저 탈취하면 듣게 될 것이다.

---

58) 晏子春秋, 卷三, 八 "是以上不能養其下, 下不能事其上; 上下不能相收, 則政之大體失矣…… 是以上能養其下, 下能事其上, 上下相收, 政之大體存矣"

선제공격(Preemptive Attack)은 현대전에서 작전을 기안할 때 우선 고려사항이 되었다. 그것은 고도로 발달한 무기체계의 전장에서는 일차 타격으로 적의 보복적 타격 능력을 빼앗을 수 있기 때문이다. 재차 타격 능력의 여부가 군사력 균형의 판단에 주요 요소인 것은 당연하다. 오늘날 군사 강국을 평가할 때 적의 선제공격에 살아남아 보복할 수 있는 가장 은 밀하고 강력한 공격 무기로 핵잠수함과 그 발사 시스템(SLBM, Submarine Launch Ballistic Missile)의 보유 여부를 꼽는 것은 그 때문이다.

리델하트는 《전략론》에서[59] 간접접근 전략을 꾸준히 논하며 선제공격에 의한 마비이론을 전개하고 있다. 적이 가장 아끼는 곳, 핵심이 되는 곳은 어디인지 그리고 희생과 노력을 줄이기 위해 그 접근 공간과 시간은 얼마나 최소화시킬 수 있는지가 그의 전략론 전부라 해도 과언이 아니다. 현대전에서 적이 가장 아끼는 중심은 아마도 적의 전쟁 지도부와 전투 현장의 C4I(Command Control and Communication, Computer Intell)일 것이다. 고대에도 역시 적이 아끼는 곳은 전통적으로 지휘통제를 원활히 하기 위한 공간과 보급 문제에 있었다. 《무경총요(武經總要 制度三 敍戰上)》에는 손자의 위 문구를 풀이하며 "적이 아끼고 믿는 것이란 편리한 땅, 비옥한 들, 군량 보급이 가능한 도로(敵所愛而恃者, 便地, 饒野, 糧道也)"라고 기술하고 있다.

정(正)과 정(整), 시(恃)와 대(待)는 음과 자형이 유사한 통가자이다. 애(愛)의 의미가 현재와 같은 사랑으로 언제부터 쓰이게 되었는지는 알 수 없다. 애(愛)는 주나라 중기, 주(周)의 동천(東遷) 이전에 이미 금문(金文)에 발견되었는데 원래는 사랑의 표현을 㤅(애, 소전(小篆) 이전의 애(愛) 자) 또는 气(기, 눈에는 보이지 않으나 오관(五官)으로 느껴지는 기

---

59)   Basil Liddell Hart, 《Strategy》 1967년 증보판.

운)로 썼다.[60] 설문해자에도 애(愛)는 "중심, 혜야(中心, 惠也)"라고 풀이하고 있다. 그렇다면 본래의 애(愛)는 무엇이었을까? 중국 사회과학원 리러이(李樂毅)는 이 글자의 상형이 심장을 빼 보여주는 것이어서 "마음 속의 애정을 하소연하고 있는 모습"이라고 해석한다. 이런 상형은 초기 금문에 보이나 전국시대에 주로 사용된 소전(小篆)에는 그 상형이 심장, 마음을 몸 안 중심에 품고 있는 모습이다.

심(心)이 마음이나 심장에서 중심(中心)으로 풀이한 것은, 군쟁편[61]에서 논했듯이 심(心)은 마음이 아니라 중심이며 단결력이라는 의미가 더 손자의 문리에 맞기 때문이다. 그러므로 군쟁편(軍爭篇)에 "이치대란, 이정대화, 차치심자야(以治待亂, 以靜待譁, 此治心者也), 다스림으로 혼란을 막고, 고요함으로 시끄러움을 막는 것, 이것이 부대의 단결(心)을 다스리는 것이다."라는 문구가 "정정지기 당당지진(整整之旗 堂堂之陣), 정연한 깃발 당당한 진영"이라는 말과 맥이 통하고, 이를 위 구절을 통해 상기시켜 "수많은 정연한 적 (敵衆以整)"이 장차 다가오는 상황 안으로 끌어들인 것이다.

현대전에서 적의 중심(重心—Center of Gravity)을 식별하고 대응하는 것은 절대적이다. 짧은 시간에 적은 노력으로 전승을 결정하는 결정적 표적(payoff target)을 찾아내는 것은 전장 정보에서 가장 중요하다. 적의 전쟁 중심(COG)은 무엇인지 그리고 어떻게 변화하고 있는지 부단한 연구가 필요하다. 종래에 북한의 전술적 중심은 포병이며 작전적 중심은 기계화 부대의 템포이고 전략적 중심은 조중 군사동맹 관계라고 규정되었지만, 전략적 중심이 핵으로 전이되고 이 때문에 조중 관계가 와해하였다면 북한의 전략 중심의 식별은 쉬워진 것이라 풀이할 수 있다.

---

60)   炁는 강희자전에는 "以一炁生萬物"과 같이 생산을 위한 성적(性的) 氣로 설명한다.
61)   군쟁 11.

구지(九地) 6

그렇다면 적의 중심을 평가하는 고정된 팩터(Factor)는 있는 것일까? 상황은 끊임없이 변하는 구변(九變)이며 이미 선정한 적의 중심은 중심이 아니다. 북한의 군사적 중심이 세습체계라고 보는 이유에는 핵과 대륙 간 탄도 미사일로 세계의 주목을 받아 "기정사실화 전략"으로 체제를 공고화하려는 숨은 의도가 엿보이기 때문이다. 이웃 나라의 고의적이고 다중적인 민감한 반응이나 그 적계(敵戒)를 상정하여 정치적 이익을 취함에 주변국은 모두 북한의 존재가 필요하다.

당송팔대가(唐宋八大家)의 한 사람인 유종원(柳宗元)은 정론(政論)과 철리(哲理)를 예술적으로 융합시킨 비범한 견해를 가지고 있었다. 그는 적계(敵戒)라는 문장을 통하여 다음과 같이 후세를 경계한다.

"사람들은 적(敵)에 대한 원한과 증오감을 가지고 있으나, 적(敵)으로 인해 얻을 수 있는 이득이 있다는 것을 알지 못한다. 모두 적(敵)은 해로운 것으로 생각할 뿐 이익이 된다고 생각하지 않는다. 진(秦)나라는 여섯 나라가 있으므로 발분하여 강국이 되었고 통천하(統天下)를 이루자 더는 노력하지 않아 망하고 말았다. 적이 없어지면 춤추고 놀게 마련인 것을, 적이 있음을 통하여 화(禍)를 없애고 자신의 잘못을 살펴볼 수 있다. 지병(持病)이 있어 그것을 다스리면 오래 살 수 있으나 건강함을 자신하면 급사(急死)하게 된다."

북한 주민이 체제에 "유교적 용납"을 가지고 있다는 잘못된 해석은 적의 중심을 식별하는데 장애가 되고 있다. 폭군을 주벌하고 잘못된 것을 고치는 것이 가장 유교적이고 군유(軍儒) 된 자가 거병하는 최고의 명분이다. 한국인의 통일에 대한 갈망과 좌절은 주변의 4대 강국(미, 일, 중, 러) 그 어떤 나라도 한반도의 통일을 바라지 않는다는 악몽 같은 현실에 있다. 그러므로 북한의 "전략중심은 주변국에 적으로 존재하는 것"으로 식별된다. 인간 존엄에 보편적인 혐오를 일으키는 억압과 공포, 법 집행의 부재는 오히려 북한 내부의 통치에 효과적인 수단이 되었다. 주변국은 그들을 이렇게 적으로 존립시킨다.

《손자병법》의 구지(九地)는 보이지 않는 분노에 대한 공간적 표현이었다. 구지(九地)의 어려움은 전쟁을 세밀히 준비하되 절대 전쟁하지 않으려는 것이다. 그래도 세상이 어긋나 있다면 그들이 적계(敵戒)를 만들지 못하는 곳을 공격한다. 그러나 "적이 미처 경계하지 않는 곳을 공격(攻其所不戒)"한다는 단순한 풀이를 해체하고 적이 적으로 존립하지 못하게 하는 방책은 무엇인가? 다음 문장에서 더 깊이 있는 말을 들을 수 있다.

> 죽간본 : (兵)之(情)主數也, 乘人之不給也, (由不虞之道, 攻其所不戒也)
> 전쟁의 상황은 신속함(數속)에 달려있다. 적이 미처 그 속도를 따라잡지 못하고, 생각지 못한 방법으로 그 경계하지 않는 곳을 공격하는 것이다.
> 재해석: 전쟁의 상황은 헤아림(數수)에 달려있다. 적이 미처 그 생각을 따라잡지 못하고, 생각지 못한 방법으로 그 경계하지 않는 곳을 공격하는 것이다.
>
> 전래본 : 兵之情主速, 乘人之不及, 由不虞之道, 攻其所不戒也
> 전쟁의 상황은 신속함에 달려있다. 적이 미치지 못한 것을 틈타 생각지 못하는 길을 따라 그 경계하지 않는 곳을 공격하는 것이다

기습(Surprise)의 달성은 생각지 못한 시간과 장소에 생각지 못한 방법과 수단, 무기로 이루어진다. 시간과 장소를 적이 예측하고 있더라도

생각지 못한 압도적인 전투력으로도 기습은 달성된다. 죽간본의 수(數)는 삭(數, 신속함)으로 읽을 수도 있다. 죽간에는 속(速)이 삭(數)으로 되어 있는데, 전국 말부터 후한까지 통가(通假)로 두 글자는 혼용되었다. 그 이유는 그 당시 음이 서로 같기 때문이라고 보는 의견이 많으나[62]《한비자(韓非子, 說林 上)》에는 미묘한 용례가 있다. 시키지 않은 일을 알아서 하는 것을 수(數)라 한 것이다. 그 일을 중단하니 "왜 그 계획(數)을 그만두라 하는가(何變之數也)?"라는 물음에 이야기 속의 화자(습사미 隰斯彌)는 "깊은 물 속에 숨어 있는 고기를 알려고 하는 것은 불길하다(知淵中之魚者不祥)."라고 말한다. 죽간의 수(數)는 상대방의 저의를 알려고 하는 헤아림은 위험하다는 의미에서의 수가 아니었을까?

전래본에서 위 문구를 주관하고 있는 말은 정주속(情主速)인데, 속도의 핵심은 무인지경(無人之境)을 달리며 응집된다. 그 어디에도 적은 없으며 싸우지 말고(無戰), 멈추지 말고(無止), 공격하지 말며(無攻), 서로 떨어지지 않는(無絕) 상황이 전개된다.[63] 그러므로 상황(情)은 속도(速)에 달려 있다는 말은 매우 논리적이다. 수(數)가 속(速)으로 바뀐 것은《노자》5장에 보이는 다언삭궁(多言數窮, 말이 많으면 빨리 궁해진다.) 또는《예기(禮記, 曾子問)》의 "그치는 것이 늦는지 빠른지 알지 못한다(不知其已之遲數)."라는 말을 정주(鄭注)에 "삭(數)을 속(速)으로 읽는다. 數讀爲速"라고 하여 후세의 학자들은 모두 이를 따르고 있다. 수(數)를 수로 읽든 삭으로 읽든 고대 한자어의 한국어 음운이 정리되지 않는 상황(이것은 불가능하다.)에서 이 논변(論變)에서는 중요하지 않다. 그러나 필자는《노자》의 그것을 다언수궁(多言數窮)으로 읽어 "말이 많으면

---

62) Baxter–Sagart Old Chinese by MC initial, final, and tone, 2011: page 128, 129 數, sraewk (frequently) srjuX(count), page 127 速, suwk (rapid)
63) 구지 3.

헤아림이 궁하다."라고 푸는 것이 더 노자의 독특한 파라독스가 풍기고 《손자병법》과의 도가적 관계도 문란해지지 않는다고 본다.

승(乘)은 기회를 타는 것으로 풀이되나 문맥으로 이어지는 적의 불급(不給)한 상황을 확대하는 것이다. 승(乘)에 대비되는 괴(乖)는 갑골문에 나무에 오르는 승(乘)에서 가지가 부러져 떨어진 모습의 상형으로 나타난다. 괴(乖)는 《설문해자》에는 눈물과 차별과 반목, 배신(涙也, 異也, 睽也, 背也)으로 풀이한다. 이것은 싸울 곳을 선택하지 못하고 주도권을 잃고 끌려가는 상황이다. 그 원인은 조직운영이 공정치 못해 내홍이 일어나 서로 사적 이익에 몰두한 사회적 모순에 있다.[64] 위료자(尉繚子)는 "군대의 이해(利害)는 그 나라의 이름과 실제에 달려있다. 관직으로 지금 그 이름이 있고, 삶의 실속은 가정에 있다. 관직에 있으면서 사적인 실속을 취할 수 없다. 가업을 하며 그 이름을 얻을 수 없다. 병력을 모아 군대를 이루어, 이름이 비고 실속이 없다면, 밖으로 적을 막는데 부족하고, 안으로 나라를 지키는데 부족하니 이것이 군대의 불급(不給)한 바이다. 장군이 그 위엄을 빼앗기는 바이다."[65] 라는 구절로 공적인 일에 개인의 실속을 취하고 그 개인은 허황한 이름을 구해 적이 이 기회를 틈타는 불급(不給)의 상황을 경계했다.

구지(九地) 7

---

64) 허실 5.

65) 尉繚子, 兵令 下, "軍之利害, 在國之名實 今名在官, 而實在家, 官不得其實, 家不得其名 聚卒爲軍, 有空名而無實, 外不足以禦敵, 內不足以守國, 此軍之所以不給, 將之所以奪威也"

죽간본 : (凡為客之道 深入則專, 主人不克; 掠於饒野, 三軍足)食, 謹養而勿勞, 并(氣積力 ; 運兵計)謀, 為不可賊, 投之毋所往, 死且不北, 死焉(不得, 士人盡力)

무릇 원정부대(客)의 상황은 (적지에) 깊이 들어 단결되어 있으니 피침공국(主)이 이를 이기지 못한다. 비옥한 들을 약탈하여 삼군의 식량이 풍족하다. 삼가 길러 수고롭지 않게 하고 사기를 합쳐 전투력을 쌓는다; 부대운용과 작전계획은 병력이 손상되지 않도록 한다. (그러나 이렇게 적지에 깊이) 투사된 전력은 돌아올 길이 없어 죽고 도망가지 못한다. 부득이 죽을 수밖에 없고 병사의 힘은 다하고 만다.

전래본 : 凡為客之道 深入則專, 主人不克; 掠於饒野, 三軍足食, 謹養而勿勞, 并氣積力 ; 運兵計謀, 為不可測, 投之無所往, 死且不北, 死焉不得, 士人盡力

무릇 원정부대(客)의 상황은 (적지에) 깊이 들어 단결되어 있으니 피침공국(主)이 이를 이기지 못한다. 비옥한 들을 약탈하여 삼군의 식량이 풍족하다. 삼가 길러 수고롭지 않게 하고 사기를 합쳐 전투력을 쌓는다.;(그러나) 부대운용과 작전계획은 헤아리지 못하게 한다. (이러한 적지에 깊이) 투사된 전력은 돌아올 길이 없어 죽고 도망가지 못한다. 죽을 수밖에 없으니 힘을 다하여 싸우게 된다.

일설에는 적(賊)과 측(測)은 음이 같아 오기된 것으로 주장하나 고대 중국어음 연구는 발음이 다른 것으로 보고하고 있다.[66] 적(賊)은 전국시대에 허위에 인하여 상해를 입는다는 뜻으로 쓰이기도 했다. 좌전(左傳)에 "참람되지 않으면 상해가 없다(不僭不賊)"에서처럼[67] 적(賊)은 측(測)

---

66)   Baxter-Sagart Old Chinese by MC initial, final, and tone, 2011 page 30, 賊 dzok (injure; murderer, bandit), page 158, 測 tsrhik (fathom v.)

67)   左傳, 僖九年 "不僭不賊" 註 "賊, 傷害也"

의 의미가 아닌 근양(謹養)하여 키운 병사가 상해를 입지 않도록(爲不可賊) 부대운용과 작전계획(運兵計謀)을 수립한다는 풀이가 자연스럽다. 부대운용과 작전계획을 헤아리지 못하게 (爲不可測)해서 적진 깊이 투입하여 필사적으로 싸우게 한다는 전래본은 손자답지 않다.

《손자병법》에서 주(主)와 객(客)은 그 용법이 한정되어 있다. 주(主)는 대체로 방자(防者), 객(客)은 공자(攻者)로 지칭되어 왔다. 《황제내경(黃帝內經, 素問 陰陽類論)》에는 체내에서의 기(氣)의 흐름에 "먼저 도달한 것이 주(主)요 나중에 이른 것이 객(客)이다(先至爲主, 後至爲客)."라고 하고, 위(魏)나라 장읍(張揖)이 지은 《자전(字典)》 광아(廣雅, 釋詁三)에는 "주, 수야(主, 守也)."라고 단정한다. 그러나 병법에서의 주객은 그 의미가 서로 도착(倒錯)할 수 있다. 《손빈병법(孫臏兵法, 客主人分)》은 전장 상황에 따라 공방의 구분 없이 주도권에 따른 병력운용을 묘사하고 있다. "전투에는 공자(客)의 부대 할당이 있고, 방자(主)의 부대 할당이 있다. 공자는 (주도권을 가지고) 그 부대 할당을 집중할 수 있으나 방자는 부대할당을 적게 나눌 수밖에 없다. 공자는 배가되고 방자는 반이 된다(兵有客之分, 有主人之分 客之分衆, 主人之分少 客負(倍) 主人半)." 그러니 원정군이 적지에 들어가 대적할 수 있다.

객지도(客之道)는 현대 전장의 표현으로는 원정전쟁(Expeditionary warfare)이다. 이는 신속 전개 부대(Rapid Deployment Force)를 수단으로 원거리의 적국에 편제된 군수지원(Organic logistics) 능력이 있는 전투부대를 투사(投射)하는 것이다. 필요하다면 주인(主人, Host Nation)에게 주둔 비용을 분담시키는 힘을 가지고 있다. 병사들이 부대운용과 작전계획을 헤아리지 못하게 하는 것은 지금도 여전하다. 다만 "전쟁의 상황은 신속함에 달려있다(兵之情主數)"를 "전쟁의 상황은 헤아림에 달려있다."라고 읽은 군인이라면 손자의 교묘한 충고를 알아차릴 수 있다.

노자 도덕경 5장은 천지불인(天地不仁)이라는 가혹한 언어로 시작한다. 그리고 "다언수궁 불여수중(多言數窮 不如守中), 말이 많으면 헤아림이 궁하니 중화의 선에서 머무름만 못하다."로 끝을 맺는다. 손자와 노자는 사천(四川) 경극에서 보는 순간적인 가면 바꾸기처럼 같은 무대에서 관객을 놀리듯 독자를 당황케 한다. 위 문장의 객지도(客之道)는 내던져진 원정부대와 같은 가혹한 상황이다. 이미 투입된 병력은 풀로 만든 개(芻狗)처럼 여겨졌다. 그것은 헤아림이 궁하게 되고(數窮), 중심을 지키지(守中) 못한 것이다. 그러므로 깊이 들어갔으면 단결할 수밖에 없다. 왕필(王弼)은 이 노자의 문구에 "궁력거중 불능위용(窮力擧重 不能爲用)"이라는 주를 달았는데, 국내 학자들의 일반적 해석은 "힘을 다해 무거운 걸 드는 것은 쓰임이 되지 못한다."였다. 그러나 병법적 관점에서 보면 거중(擧重)은 무거운 걸 드는 것이 아니라 "중지(重地)에서 일어남"이 분명해 보인다. 중(重)은 구지(九地)의 하나이며 적진 깊숙한 죽음의 땅이다.

구지(九地) 8

죽간본 : (兵士甚陷則不懼), 無所往則(固); 深入則拘, 無)所往則鬪
병사가 (적지에) 깊이 빠져들면 두려움이 없어지고, 더는 갈 곳이 없으니 굳세어진다; 깊이 들어가 막힌 것이니, 갈 곳이 없어 곧 싸운다.

전래본 : 兵士甚陷則不懼, 無所往則固; 入深則拘, 不得已則鬪
병사가 (적지에) 깊이 빠져들면 두려움이 없어지고, 더는 갈 곳이 없으니 굳세어진다; 깊이 들어가 막힌 것이니, 부득이 곧 싸운다.

함(陷)은 빠져든 것이기도 하지만 육패(六敗)의 하나인 함패(陷敗)의 상황이기도 하다. 그 원인은 상하동욕(上下同欲)의 관계가 해체되고 지휘 체계가 붕괴하였기 때문이다. 그러기에 "지휘자가 강하고 병사가 약하면 함(陷)이라 한다(吏强卒弱 曰陷)."라고[68] 풀이되었다. 함은 리더쉽은 있으나 병사가 훈련되지 않고 전투 의지가 없어 상황을 함(陷)으로 조작한 듯 보인다. 역설적이게도 이 상황에서는 부대 단결이 이루어진다. 관자(管子, 兵法)에 "깊이 들어가 위험하게 하니, 바로 병사들이 스스로 (지휘자를) 따른다. 병사들이 스스로 따른즉슨 마음이 같고 힘도 같다(深入危之, 則士自修, 士自修則心同力)."라는 말은 심입(深入)이 의도적 용병술의 한 방법으로 표현된 것이다. 이러한 용례는 손자 계편(計篇)의 이이유지~친이난지(利而誘之~親而離之)와 같은 8계술(計術)처럼 보이기도 한다.

심입(深入)(회주본, 손교본)과 입심(入深)(조주본, 사고본)이 해석의 차이를 가져오지는 않으나 관자(管子)에도 보이듯이 전국시대의 문장용법을 따라 죽간의 잔멸 부분을 채웠다. 심입(深入)은 앞 구절의 심함(甚陷)과 대구를 이루게 된다. 구(拘)는[69] 행동의 구속이나 잡힌 것이 아니고, 지형과 적에 의해 막혀 차폐(遮蔽)된 상황이다. 《강희자전》에는 "불변통(不變通)"의 결과로 설명하고 있다. 그러기에 다음 행동에서 싸울 수 밖에 없다. 이어지는 "갈 곳이 없어 곧 싸운다(無所往則鬪)."가 "부득이 곧 싸운다(不得已則鬪)."로 바뀐 것은 갈 곳이 없어 싸우는 소극적 행위에 대한 후세 용병가의 불만 때문이기도 하다. 무소왕(無所往)은 바로 소왕(所往), 갈 곳이 있다면 갈 수 있다는 내재적 의미가 있다. 갈 곳이 없는 곳에 내던져지게 한 "투지무소왕(投之無所往)"의 상황을 더욱 엄중하게 하고 싶었을 것이다.

---

68) 지형 4.
69) 강희자전 拘, 遮蔽

구지(九地) 9

죽간본 : 是故, 不調而戒, 不(求而得, 不約而親, 不令而信; 禁詳去疑, 至死無所之)

그러므로 병력을 고르지 않아도 경계하며, 찾지 않아도 정보를 얻고, 약속하지 않아도 가까우며, 명령이 없어도 믿게 되므로; 세세한 지시를 금하고 의심을 버리면, 죽음에 이르러도 다른 곳으로 가지 않는다.

전래본 : 是故, 其兵不修而戒, 不求而得, 不約而親, 不令而信; 禁祥去疑, 至死無所之

그러므로 그러한 군대는 질서를 잡아 재편하지 않아도 경계하며, 구하지 않아도 얻고, 제약이 없어도 가까우며, 명령이 없어도 믿게 되므로; 요행을 금하고 의심을 버리면, 죽음에 이르러도 다른 곳으로 가지 않는다.

불수이계(不修而戒)가 죽간에 부조이계(不調而戒)로 표기된 것은 고대 중국어 발음에 조(調)는 주(周)에서 음을 취했고, 수(修)는 수(收)에서 음을 취해 주(周)와 수(收)는 음이 비슷하여 혼용되었기 때문이라는 주장이 있다.[70] 그러나 고어 발음 연구에는 주(周)와 수(收)에는 혼동의 여지가 있으나 조(調)와 수(修) 자가 엄연히 존재했던 전한 시기에 이 두 글자의 발음은 구분할 수 있도록 달랐다.[71] 죽간의 조(調)는 움직임, 전이, 음조의 변화를 뜻하는 글자이고, 역시 그 의미에 섬세한 차이가 있다. 예기(禮記)에 보이는 "작은 북과 마상의 북, 누대의 북을 손질하고 피리와 생

---

70)　朔雪寒, 孫子兵法終極考證 p951

71)　Baxter-Sagart Old Chinese by MC initial, final, and tone, 2011 周 tsyuw p165, 收 yuw p181, 收 syuw p134, 修 sjuw p125, 調 dew p20

황을 조율한다(修韜鞞鼓 調竽笙簫簧)"에서[72] 수(修)와 조(調)의 결합과 같이 손자의 위 문구에 우연으로 사용하진 않았을 것이다. 조(調)는《주례》와《시경》에서 보듯 화합하고 하모니를 이루는 것이다.[73]

전래본의 수(修)는 수정(修整)으로 의미의 폭을 줄여 해석했다.[74] 즉, 불수(不修)는 위기에 몰려 지친 병력을 질서를 잡아 재편하지 않아도 병사 스스로 경계를 선다는 뜻이 된다. 그러므로 전체 문맥에서 부조(不調)와는 큰 차이가 없다. 그러나 구지편의 후반부에 죽간본에 나타나 손자 학계를 당황케 한 "망자를 보내는 우(芋)의 연주 후에 살아남고(芋之亡地然後存)[75]"의 의미를 음미하면, 이 생황 소리는 조율할 필요가 없이 사면초가(四面楚歌)에 빠져 "갈 곳이 없는 곳에 내던져지게 한(投之無所往)" 다음의 사태를 예고한 것이다.

구지(九地), 즉 산지(散地)에서 사지(死地)까지 상황 프로세스를 나열하고 군사적 경험을 모은 손자의 결론은 "단결"이었다. 나라에 위난(危難)이 닥치는데도 온갖 모함으로 유능한 장수를 죽이려 한다면 그것은 이미 사지(死地)에 든 상황으로 구지(九地)의 핵심 주제인 "가장 인간적인 활로"를 찾음이 마땅하다. 그러므로 오로지 몸과 마음을 다 바쳐 협력하고 힘을 집중함이 살길이다. 위 문장에 대한 주요 토론은《당이문대(唐李問對, 卷下)》에 이세민의 질의에 대장군 이정(李靖)이 한 말로 요약된다. "다수 사람을 쓰는 데는 마음이 하나이어야 하며, 하나의 마음은 요행을 금하고 의심을 버리는 데서 생긴다(用衆在乎一心, 一心在乎禁祥去疑)."

---

72) 禮記, 月令 "仲夏之月... 命樂師 修韜鞞鼓, 均琴瑟管簫... 調竽笙簫簧" 예문유취(藝文類聚) 예기 강희자전의 인용

73) 周禮, 地官 "調人掌司萬民之難而諧和之" 詩, 小雅 "弓矢旣調"

74) 11가 주, 杜牧, 張預의 전통적 해석.

75) 구지 24

뒤에 이어지는 결의(決意)와 같은 금상거의(禁祥去疑)의 상(祥)은 상(詳)으로 읽으면 문맥이 명확해진다. 즉, 부조(不調), 불구(不求), 부조(不約), 불령(不令)은 모두 "깨알 지시"를 하지 말라는 것으로 이는 디테일을 금하는 금상(禁詳)으로 결집한다. 전통적 해석에는 요행을 바라거나 신에 의지하는 행위, 유언비어 등으로 풀이됐다.[76] 고문에는 흔히 양(羊)이 상(祥)이나 상(詳)의 뜻으로 가차 되고 있다.《설문해자(說文解字)》에 "상(祥)은 복(福)이다. 선(善)이다"라고 해석되어 있으나 "자세한 징조"의 뜻도 함의하고 있다. 상서로울 상(祥)은 제단에 헌정된 희생(羊)이며 자세할 상(詳)은 신탁의 결과에 대한 자세한 해석을 기대하는 것이다. 조직의 리더는 디테일(詳)을 말하지 않는다. 오직 목표와 비전을 제시할 뿐이다. 불상(不詳)이 단결로 이어지는 것을 손자는 논리적으로 말하고 있다.

구지(九地) 10

죽간본 : (吾士無餘財), 非惡貨也; 無餘死, 非惡壽也

우리 군사들에게 남은 재물이 없는 것은 재화를 싫어해서가 아니다; 죽을 여지가 없는 것은 오래 살기 싫어서가 아니다.

전래본 : 吾士無餘財, 非惡貨也; 無餘命, 非惡壽也

우리 군사들에게 남은 재물이 없는 것은 재화를 싫어해서가 아니다; 남은 목숨이 없는 것은 오래 살기 싫어서가 아니다.

---

76) 梅堯臣 "妖祥之事不作", 王晳 "災樣神異, 有以惑人", 張預 "欲士死戰, 則禁止軍吏不得言妖祥之事, 恐惑衆也"

전장에서 인간의 절규가 그대로 표현된 적나라한 금언이다. 해석의 여지는 너무나 다양해서 여기에서 정론을 구할 수는 없다. 죽간의 무여사(無餘死)가 전래본에서 무여명(無餘命)으로 바뀐 것은 뒤에 이어지는 수(壽)와 대구를 맞추기 위해 후세에 조정된 것으로 보인다. 그러나 전국시대에 명(命)은 수명(壽命)의 뜻이 아니라 명령(命令)의 의미이다.[77] 앞에 기술한 "투지무소왕, 사차불배, 사언불득(投之無所往, 死且不北, 死焉不得), 적지에 깊이 투사된 전력은 돌아올 길이 없어 죽고 도망가지 못한다. 죽을 수밖에 없으니 힘을 다하여 싸우게 된다."[78] 와 같은 맥락에서 절명의 상황을 현장에서 재차 확인한 것이다. 죽을 여지마저 없는 것은 살 여지가 없는 것보다 더욱 절박하다. 그러므로 무여사(無餘死)는 바로 죽음마저 돌보지 않는 것(不在乎死亡)이며, 후에 바뀐 무여명(無餘命), 삶을 돌아보지 않는 것(不在乎生命) 보다 생사를 초월해 있다.

명(命)이 목숨의 뜻이 된 것은 후에 나타난 생명(生命)의 철학적 해석인 "천명숙명관(天命宿命觀)"에서 비롯된다. 사(死)와 수(壽)를 명(命)에 귀속시켜 어려운 삶의 문제를 사색의 명제로 삼은 남송시대 이후이다. 《설문해자(說文解字)》에 "명(命)은 사야 종구령(使也 從口令)"이라고 전해지고 있고, 단옥재 주(段玉裁 注)에 "호령이란 이름을 내리는 것이니 임금의 일이다. 임금이 아니라면 구령으로 이를 행한다. 이것이 령(令)이다. 그러므로 명(命)이란 하늘의 명령이다(號令者發號也, 君事也 非君而口使之, 是亦令也 故曰 命者, 天之令也)."라는 것에서 보듯 명(命)을 생명(生命)으로 풀이하지 않고 있다. 그러므로 본래의 텍스트인 죽간이 의미가 더 명확하다.

《열자(列子)》 양주(楊朱)편에는 명(命)과 수(壽)의 관계를 천명과 장수

---

77) 구변 2, 4.
78) 구지 7, 8.

로 연관시켰는데, "천명을 거스르지 않는다면 어찌 장수를 부러워하겠나 (不逆命, 何羨壽?)"와 같이 하늘에서 받은 운명은 이미 설계된 생명임을 선포한다. "양주가 말하길, 인간이 휴식을 취하지 못하는 것은 네 가지를 위하는 일 때문인데, 하나는 장수하려고, 둘은 명예를 위하려고, 셋은 지위를 위하려고, 넷은 재화를 위하기 때문이다. 이 네 가지로 귀신을 두려워하고 인간을 두려워하고 권력의 위세를 두려워하고 형벌을 두려워한다; 이를 일컬어 둔인(遁人)이라 한다. 죽고 사는 그 명을 제재하는 것은 외물(外物)이다. 천명을 거스르지 않는다면 어찌 장수를 부러워하겠나? 귀함을 자랑하지 않으면 어찌 명예를 부러워하겠나? 위세를 바라지 않는다면 어찌 지위를 부러워하겠나? 부를 탐하지 않으면 어찌 재화를 부러워하겠나? 이를 일컬어 순민(順民)이라 한다. 이렇게 천하에 대립하지 않고 생명을 제재하는 것이 내심(內心)이다."[79]

군유(軍儒)는 부름을 받으면 언제든지 포의를 갑옷으로 갈아입을 수 있어야 한다. 비록 현상세계의 가치와 달라 가난해도 그 신념을 고수해야 한다. 군인이라고 어찌 재물을 싫어하겠는가? 어찌 죽음이 두렵지 않겠는가? 나의 터럭 하나를 희생해서 세상을 구할 수 있다고 해도 나는 그리하지 않겠다는[80] 극단적 개인주의자 양자(楊子)의 학설이 천하를 덮고 있던 전국시대에, 비웃음 받던 유교적 인간의 목표인 내성외왕(內聖外王)에 이처럼 군인다운 소박한 표현은 군인이 가진 사생관과 가치관, 그리고 세계관을 대변한다.

---

79) 列子, 楊朱 "楊朱曰 生民之不得休息, 為四事故：一為壽, 二為名, 三為位, 四為貨 有此四者, 畏鬼, 畏人, 畏威, 畏刑；此謂之遁人也 可殺可活, 制命在外 不逆命, 何羨壽? 不矜貴, 何羨名? 不要勢, 何羨位? 不貪富, 何羨貨? 此之謂順民也 天下無對 制命在內"

80) 楊朱曰 古之人 損一毫利天下不與也

구지(九地) 11

죽간본 : 令發▲之日▲, 士坐者涕(沾襟), 卧(者)涕交頤. 投之無所往者 諸歳之勇也

명령이 내리는 날, 앉은 장수들은 눈물로 옷깃을 적시고, 부복하여 엎드린 자들은 눈물이 턱에 교차하니, 더 갈 곳 없는 곳에 던져진 것은 전제(專諸)와 조귀(曹劌)와 같은 용기이다.

전래본 : 令發之日, 士卒坐者涕霑襟, 偃卧者涕交頤 投之無所往, 則諸劌之勇也

명령이 내리는 날, 병사들은 앉아 눈물로 옷깃을 적시고 쓰러져 엎드린 자들은 눈물이 턱에 교차하니, 갈 곳 없는 곳에 던져져, 바로 전제(專諸)와 조귀(曹劌)의 용기이다.

귀(劌)가 죽간에 세(歳)로 표기된 것에 음과 형이 같아 오기라고[81] 하나 한자 연변을 연구한 리러이(李樂毅)의 주장은 "세(歳)는 자르다는 뜻으로 갑골에는 둥근 칼날이 있는 큰 도끼의 모습이다. 이런 뜻은 나중에 귀(劌)로 분리되어 쓰이고, 농작물을 매년 한 차례 베어 수확하기 때문에, 그 의미가 확장되어 한 해를 뜻하는 세(歳)로 쓰였다."라고 하여 더욱 정밀하다. 세(劌)는 《설문해자》나[82] 현대 고음 연구에서[83] 역시 음이 세(歳)와 같다. 그러므로 세(歳)와 세(劌)는 같은 인물인 조귀를 지칭한다. 무경본(武經本)에는 세(歳)로 표기되어 주목할 만하다. 죽간에 없는 언와(偃卧)는 후에 와(卧)에 언(偃)이 가필된 것으로 보인다. 와(卧)와 와(臥)는 같은 자이다.

---

81) 대만, 朔雪寒 주장

82) 《說文》"劌, 利傷也. 从刀, 歳聲"

83) Baxter-Sagart Old Chinese by MC initial, final, and tone, 2011 page 126 歳 sjwejH ~ 중세(宋代)까지 일부 지역에서 qwhat 로 발음

사기(史記)의 자객열전(刺客列傳)에 기록되고 전국시대에 인구에 회자하던 기원전 7세기 노나라 조귀(曹劌)의 사건과[84] 그 후 167년이 지나 오나라에서 일어난 전제(專諸)의 사건(BC 515)은 후세에 의인, 열사들에게 깊은 영향을 주었다. 행동 없이 무슨 병법이 있고 양식 없이 무슨 지략이 있으랴! 살아 돌아올 수 없는 곳에 들어가 압도적인 적의 위세에 굴하지 않고 대의를 위해 몸을 바친 영웅들이 우리 기억에도 없는 것이 아니다. 국권을 잃고 온 나라가 사지(死地)에 빠진 때에 돌아갈 곳을 돌보지 않고 몸을 던진 불굴의 용기는 병법의 인간적 역수(逆數)였다.

도덕이 문란한 사회의 패망 역사를 보면 음보(蔭補)로 벼슬에 나아가 장군이 되고 병마권을 좌우하던 시기에는 늘 환란이 있었다. 공동체를 고민해 본 적이 없는 출신과 학벌의 수혜자들이 조귀(曹劌)와 같은 용기를 낼 수 있을까? 사익만을 취하던 소인들이 국정을 더럽히고 나라의 미래가 없는 날, 천하가 어지러우니 세상을 피해 숨은 둔인(遁人)들은 병법을 개진하지 않아 부패한 고통을 연장할 수 없었다. 체제는 멸망해도 인민과 산하는 여전하기 때문이다. 그러나 위의 문구에서처럼 예상치 않은 역수(逆數)인 의인, 열사들은 위난의 극한지점에서 몸을 내던져 국면을 바꾸고 나라를 구한다. 명분과 의리가 있다면 칼보다 정신이 더 날카롭다.

위 문구는 전국시대나 적어도 진한지제(秦漢之際) 이전에 써진 것이 분명해 보인다. 훗날 흔히 음운의 혼동으로 조말(曹沫)이라고 전해진 조귀(曹劌)와 생선 속에 비수를 숨겨 암살에 성공한 전설제(鱄設諸)라고 알려진 전제(專諸)의 이름이 온전하게 손자에 등장하기 때문이다.《좌전(左

---

84) 조귀(曹劌)는 노나라 사람으로 노왕 장공(莊公)이 그의 힘을 아껴 장군으로 세웠다. 기원전 681년 제나라의 침공에 맞서 싸웠으나 3번을 패하고 항복의 자리에서 제의 환공(桓公)을 위협해 잃어버린 땅을 되찾았다. 史記, 刺客列傳(曹沫) 曹沫者, 魯人也 以勇力事魯莊公 莊公好力 曹沫為魯將 與齊戰 三敗北 魯莊公懼 乃獻遂邑之地以和 猶復以為將

454　下券

傳, 昭公二十七年)》에 "전설제가 생선에 검을 숨겨 나아가 검을 빼어 왕을 죽였다(鱄設諸置劍於魚中以進 抽劍刺王)."라는 구절을 보아 자객인 전제는 생선 요리를 진설하는 사람 같다. 사기에 의하면 그는 이미 출중한 전략가인 오자서(伍子胥)의 인정을 받고 있었다.

조귀는 패전의 죄를 입고 벌을 기다리는 패장이며 전제는 자신을 인정해 주는 사람을 위해 목숨을 바칠 비장한 마음을 품고 있었다. 모두 무여사(無餘死) 무여명(無餘命)의 사생관을 가지고 주어진 사명을 실천으로 옮겼다. 그러나 어찌 인간다움을 외면할 수 있었을까? 인의(仁義)는 인(仁)이라는 인간다움을 완성하지 않고는 사사로운 분노를 뛰어넘는 정의감인 의(義)에 이르지 못하는 절차적 확실성이 필요한 철학적 프로세스이다. 의심스러운 외적 문제에 내면이 기만당하지 않으려면 어질고 인간답지(仁) 않으면 안 된다. 눈물을 흘리는 것은 이미 의식 내에서만 활동하는 자아를 넘어섰기 때문이다. 이러한 위태로운 고독을 통찰한 결과가 바로 눈물이다.

눈물에 대한 오래된 해석에 《설문해자(說文解字)》에 탁월한 주를 단 단옥재(段玉裁)는 체(涕)를 《주역》의 췌괘(萃卦, 澤也萃)를 들어 설명하고 있다. 췌괘는 제사를 위해 모여있는 상황이다. 큰 희생과 제물이 필요하다. 그러나 모여있는 자 중 소인이 많아 소란스럽고 어지럽다. 마지막 효사인 상육(易, 萃, 上六)에 이르면 군주가 헛되이 상위(上位)에 있어 모이는 때(萃)이지만 아무도 자신을 따라오는 자가 없다. 자신의 고립을 한탄하며 눈물을 흘리며 하염없이 운다. 재차체이(齎咨涕洟) 탄식하여 눈물과 콧물이 흐른다. 죽간과는 달리 간혹 다른 전래본(무경본)에는 체(涕)를 콧물을 뜻하는 이(洟)나 끓어올라 분노하는 비(沸)로 표기되어 있는데 자형이 비슷하여 오기된 것으로 보인다. 죽간과 전래본의 또 다른 논변은 군의 지휘자인 사(士)와 단순한 군인의 통속어인 사졸(士卒)이라는 의미상의 명백한 차이이다.

사(士)는 왕의 호위무사이거나 십부장(十夫長)이고 졸(卒)은 동원된 병력 또는 노예군이다. 그러므로 사(士)는 앉아서 울고 졸(卒)은 엎드려 운다. 질서있는 울음이고 통곡이다. 그래서 명령이 내리는 날의 눈물은 입혀주었던 옷의 깃[襟]을 적시고 먹여주어 음식을 씹던 턱[頤]을 가로질러 흐른다. 군인은 어쩌면 자신을 길러준[頤] 국가라는 제단에 헌정된 제물이다.

구지(九地) 12

죽간본 : 故善用軍者, 辟如(彳率亍)然) 彳率亍然者, 恒山之(蛇也. 擊亍首則尾至), 擊亍尾則首至, 擊亍中身則首尾俱至

그러므로 군대를 잘 운용하는 것을 비유해 솔연과 같다고 한다. 솔연이란 항산의 뱀인데 머리를 치면 곧 꼬리가 이르며, 꼬리를 치면 곧 머리가 이르며, 몸 가운데를 치면 머리와 꼬리가 함께 이른다.

전래본 : 故善用兵者, 譬如率然 率然者, 常山之蛇也 擊其首則尾至, 擊其尾則首至, 擊其中則首尾俱至

그러므로 군을 잘 운용하는 것을 비유해 솔연과 같다고 한다. 솔연이란 상산의 뱀인데 머리를 치면 꼬리가 이르고, 꼬리를 치면 곧 머리가 이르며, 가운데를 치면 머리와 꼬리가 함께 이른다.

중국인에게 뱀은 현실과 상상을 이어주는 매개이기도 하다. 현실에서 뱀은 존재하지만 초 현실의 영역에서의 뱀은 생물의 다양한 양태로 보이며 변화한다. 인간의 뱀과의 해후는 사회적 우연으로 마주치는 사건보다 더욱 무섭고 상대인 뱀은 초능력적이다. 중국의 신화적 동물들이 묘사된 《산해경(山海經)》에 무수히 등장하는 기묘한 형상의 뱀들은 길게 늘어진 그 "몸체의 영속성"에서 능력이 상징화된다. 뱀은 사실과 신화의 양 언저리에 걸쳐 있었다. 중국적 지혜가 깃든 이런 뱀은 칼 세이건의《에덴의 용》처럼 인간 지식의 진화과정에 있다.

항산(恒山)과 상산(常山)의 뱀은《장자(莊子, 逍遙遊)》의 북명지어(北冥之魚, 북해의 바닷속 깊은 곳에 사는 거대한 고기)와[85] 같은 상상의 동물이다. 항(恒)과 상(常)의 차이는 전한(前漢)의 5대 황제인 문제(文帝) 유항(劉恒)의 이름을 피하고자[86] 상(常)으로 바꾸었음은 쉽게 이해된다. 그러나 이 뱀의 이름은 죽간의 해독 과정에서 와오(訛誤)되었는데, 솔(率)의 고자(古字) 솔(彳率丁)을[87] 위(衛)로 읽어 솔연과 "위연"의 정체에 혼선을 빚어왔다. 은작산 죽간이 발견되기 전 전래한 회주본(會註本), 사고본(四庫本) 그리고 손교본(孫校本)은 모두 한결같이 "상산지사, 솔연(常山之蛇, 率然)"으로 표현한다. 뱀은 인간 인식의 아주 오래된 계곡 속에 자리 잡고 있다. 갑골과 금문의 초기 자료에 흔히 보이는 뱀[蛇]의 본래자는 타, 사(它)이다. 솔(率)은 갑골문의 자형으로 사회과학원의 한자연변(漢字演變)에는 거친 노끈(粗繩)이나 동아줄의 본래자라고 하고 있으나, 보기에는 기다란 뱀이 주변에 작은 새끼를 거느린 어쩌면 대부대의 행군 모습과 인솔 기능을 상형한 것이다. 현존하지 않는 글자인 죽간에 보이는 솔(彳率丁)은 행(行)자 안에 솔(率)을 집어넣어 장수를 행군간 호위하는 지형이다.

---

85) 《莊子》逍遙遊 "北冥之魚 其名爲鯤 鯤之大" 鯤은 爾雅에 아주 작은 고기 새끼를 지칭하지만 크기의 상대성에서 초월적이다.

86) 蓋避劉恒之諱

87) 〈韻會〉朔律切 音率 〈說文〉將衛也 〈玉篇〉循也 導也 今或爲率

부대 행군편성은 현대에도 그렇듯이 전초(Advanced Party), 본대(Main Body), 후위(Rear Guard)로 나누어지고 필요시에는 측위(Frank Guard)를 운용한다. 갑골과 금문에 보이는 솔(率)자는 이러한 행군편성을 그대도 그린 것이다. 대부대의 행군 시 부대 방호태세는 거대한 뱀처럼 민첩하고 신묘해야 한다. 이러한 솔연이 사는 곳은《손자병법》(손무)이 태동한 오월(吳越) 지역인 회계(會稽)의 상산(常山)이다.《산해경(山海經, 北山經)》에는 "상산(지금의 절강성 회계 부근의 산)에 솔연이라고 부르는 뱀이 있다."라는 기록이 있다.

그러나 항산은《손자병법》(손빈)의 본거지인 제나라 산동지역과 연관이 있다. 산동(山東)은 태산을 사이에 두고 산시(山西)와 커다란 지역적 특색을 달리하지만, 중원으로 통하는 길목으로 주변 산악지역에서 수많은 전투가 벌어진 곳이다.《산해경(山海經, 西山經, 西次三經)》에도 항산(恒山)이 거론되고 있지만, 그 정확한 위치가 분명하지 않다. 현재의 지도에서 보이는 항산(恒山)은 산서성(山西省) 혼원현(渾源縣) 높이 2,017m의 고산이다.

죽간의 중신(中身)은 수(首)와 미(尾)에 상응하는 표현으로 타당하다.《전국책(戰國策)》에는 중원에서 산동으로 통하는 중요 요충지로 양(梁)이란 지역의 설명에 비슷한 문구를 쓰고 있다. "양(梁)은 산동의 요충지이다. 거기에 뱀이 있는데, 꼬리를 치면 머리가 구하고 머리를 치면 꼬리가 구한다. 가운데 몸을 치면 머리와 꼬리가 함께 구한다. 지금 양왕은 천하의 중간 몸체이다."[88] 이러한 기록들은 전략과 작전, 전술적 요충지에서의 부대 운용과 작전기동에 후세에 영향을 준 것은 틀림없다.

긴 행군대형을 뱀으로 연상하는 것은 무리가 아니다. 뱀의 이름이 무

---

88) 戰國策, 魏策四, 獻書秦王 "梁者, 山東之要也 有蛇於此 擊其尾 其首救 擊其首 其尾救 擊其中身 首尾皆救 今梁王 天下之中身也"

엇이든 그 의미의 변화는 없다. 전한의 동방삭(東方朔)이 편찬한《신이경 (神異經, 西荒經)》에 솔연이란 뱀에 관한 자세한 묘사가 있는데, 위진시기(魏晉時期)에 장무선(張茂先, 또는 張華)은 이를 주(注) 하면서 "회계의 상산에 이런 뱀이 제일 많다. 그러므로《손자병법》에 삼군의 세는 솔연과 같은 것이다(會稽 常山最多此蛇 故 孫子兵法 三軍勢如率然者是也)." 라고 말하고 있다.

《무경총요(武經總要)》에는 구지(九地)에 이르러 어려운 상황에서의 부대 작전운용을 솔연의 구절을 인용해 부대단결과 함께 강조한다. "무릇 전투부대는 먼저 하나로 단결이 요구된다. 하나로의 단결이란 천 명의 사람이 같은 마음을 갖는 것이다. 천 명의 힘이 바로 있다고 해도 마음이 수만 가지로 갈라지면 한 명도 소용이 없다. 마음을 가지런히 하고 힘을 균등히 하면 예로부터 이것을 가리켜 솔연, 상산의 뱀과 같다고 했다."[89]

고사성어의 상산사세(常山蛇勢)란 부대가 일치단결한 모습을 말한다. 몸과 마음이 같고 행동과 언어가 같다. 조직 전체가 잘 소통되어 어느 곳을 자극하든 바로 반응한다. 소통은 잘 감응하는 어짊[仁]에 바탕을 둔다. 조직이 마비[不仁]되어 생각과 언어가 다르고, 언어와 행동이 다르다면 토막 난 죽은 뱀과 다를 것이 없다.

구지(九地) 13

죽간본 : 敢問 (則/賊)可使若(彳率亍)然虖 曰 可. 夫越人與吳人相惡也, 當亓

---

89) 武經總要, 制度三, 敍戰上 "夫戰兵先欲團一, 團一則千人同心 ; 千人同心, 則有千人之力 ; 萬人異心, 則無一人之用 心齊力均 故古之稱如奉然 奉然者, 常山蛇也"

同周而濟也. 相救若(左右手)

감히 묻노니, (적인데도) 만약 솔연과 같이 (즉시) 할 수 있느냐면 대답은 그럴 수 있다는 것이다. 무릇 월나라 사람과 오나라 사람이 서로 미워하나, 배를 타고 건넌다면 서로 도움이 좌우의 손과 같다.

전래본 : 敢問 (兵)可使如率然乎 曰 可. 夫吳人與越人相惡也, 當其同舟濟而 遇風, 其相救也, 如左右手

감히 묻노니, 군사운용을 솔연과 같이 할 수 있는가? 대답하여 할 수 있다. 무릇 오나라 사람과 월나라 사람이 서로 미워하나, 배를 같이 타고 가다가 바람을 만나면 서로 구하는 것이니, 좌우의 손과 같다.

회주본(會註本)에는 병(兵) 자가 첨가되어 의미가 더욱 주관적이다. 죽간은 "적가사약솔연호((賊)可使若率然乎)"라는 문구가 파손되어 "묻노니(問)" 아래에 보이는 잔자(殘字)의 좌변에 "패(貝)"자가 남아 있어 이것은 필시 "즉(則)"자가 아닌가 하는 것이 지배적이었다. 최근의 중국학계는 이 문구의 문의를 추단(推斷)하여 이 글자가 상대적 원수를 뜻하는 "적(賊)"이라 주장한다.[90]

춘추전국시대에 써졌을 것이라고 여겨지는 문헌들인 《국어(國語)》, 《묵자(墨子)》, 《좌전(左傳)》 등에는 오월(吳越)과 관련된 문구에 적(敵)자가 등장하고 이러한 글자를 포섭하는 문식이 위 손자의 문구에 응용되었을 가능성을 시사하는 글들이 있다. 《국어(國語, 越語上)》에 "무릇 오와 월은 서로 원수로 적이 되어 싸우는 사이이다. 삼강이 이들을 둘러싸고 사람들은 옮겨 다니지 않는다. 오나라 사람이 있는 곳에는 월나라 사람이 없고 월나라 사람이 있는 곳에는 오나라 사람이 없다. 이것은 앞으

---

90) 朔雪寒, 孫子兵法終極考證, p 964.

로도 바뀌지 않을 것이다(夫吳之與越也, 仇讎敵戰之國也 三江環之, 民無 所移, 有吳則無越, 有越則無吳, 將不可改於是矣)."처럼 오와 월은 상적(相 敵)이다.

그러나 전국시대 문식(文式)의 적(敵)은 그 시대에 통용된 의미에서 오 늘날의 적(敵, Enemy)이 아니라 힘이 대등한 필적(匹敵)이다. 따라서 잔 자(殘字)의 "패(貝)"를 근거로 적(賊)으로 함은 무리이며, 적(賊)이라는 글 자에 이어지는 문장에 돌연한 오월인(吳越人)의 등장과 연계하려면 추론 되는 글자는 적(敵(適))이 되어야 한다. 회주본(會註本)에 다른 전래본과 는 달리 이 자리에 "병(兵)" 자가 추가된 것은 글자를 바꾸어 본래의 뜻에 근접했다고 볼 수 있는데 원수 간의 싸움에 군사적 운영인 병(兵)을 넣어 "서로 적인 사람들(相敵之人)"의 대사(代詞)로 쓰인 것은 주목할 만하다.

적(賊)은 전국시대에 주로 "믿는 이에게 속아 상해를 입는다"는 뜻으 로 쓰였다.[91] 금문의 자형을 거듭 설명하면 보물을 무기로 부수는 모습이 다. 《묵자(墨子, 兼愛中)》에 "사람과 사람이 서로 사랑하지 않으면 반드 시 서로 해하게 된다(人與人不相愛, 則必相賊)"와 《좌전(左傳, 昭公十四 年)》의 "살인에는 상해를 꺼리지 않는다(殺人不忌為賊)"처럼 적(賊)은 적 (敵)과는 그 쓰임이 다르다. 오나라 사람과 월나라 사람이 서로 원수이고 서로 사랑하지 않고 서로 적수 간이라면 문장의 앞에 오월 간의 상황과 행동 양태를 전치하는 적(敵)이라는 글자가 등장해야 한다.

호(虖)와 호(乎), 주(周)와 주(舟)와 음이 같아 혼용된 것으로 보인다. 《시경》과 《주례》에 대한 정현(鄭玄)의 주(注)에는 "고서에 주(舟)를 주(周) 로 썼다."[92]라는 말이 보인다. 전래본에 "제이우풍(濟而遇風)"으로 연용

---

91) 구지 7, 죽간본 "為不可賊 병력이 손상되지 않도록한다."

92) 詩 小雅 大東 "舟人之子 熊羆是裘" 毛傳 "舟人 舟楫之人 熊羆是裘 言富也" 鄭玄箋 "舟 當作周 裘當作求 聲相近故也" 周禮 冬官 考工記 "煉金以為刃 凝土以為器 作車以行陸 作 舟以行水 此皆聖人之所作也" 鄭玄注 "故書舟作周"

(衍用) 한 것은 이미 배 안에서 고립된 상황에 대한 불필요한 부언이다. 어쨌든 위 문장의 배경은 처음부터 논의되고 있는 어려운 처지인 구지 (九地)에 선 인간의 상황이다. 솔연이라는 큰 뱀의 머리와 꼬리에 비유된 상하 간의 관계(上下關係)이든, 오월과 같은 원수 간의 관계이든 위기에 서는 서로 합심해야 한다는 것이다. 그 합심은 영구적이지 않고 전략적 균형 속에 놓여있다. 그러나 위기와 근심을 보는 눈이 다르다면 구지의 마지막이며 돌아올 수 없는 사지(死地)에 내던져진 것보다 더 위태롭다.

약소국들의 안위에 대한 수많은 논의는 전국책에 자주 거론되고 있는 주제이다. 약한 나라는 강국을 섬기든, 다른 약소국과 연합하여 강국에 대항하든 그때의 상황에 따라 태도를 달리할 수밖에 없다. 《손자병법》 에 나타나는 오월동주(吳越同舟) 역시 상황에 대한 인식적 문제이다. 구 지(九地)는 시기가 늙음에 따라 노변(老變, 상황이 무르익어 변할 수밖에 없는)하는 《주역(周易)》의 사색으로 우리를 이끈다.

어제의 적이 오늘의 친구가 될 수 있는가? 손자는 감히 이렇게 묻고 있다. 솔연이라는 큰 뱀의 움직임을 단순한 부대 기동으로 파악하기에는 그 문장이 심오하다. 《전국책(戰國策)》의 "어떤 이가 연왕에게 글을 올리 다(燕策二, 或獻書燕王)."에는 약소국의 고통을 이렇게 표현하고 있다. "왕께서 자신의 능력을 믿을 수 없으니, 이름을 낮추는 것도 싫어하지 않 고 강국을 섬기고 있습니다. 강한 나라를 섬기는 것은 나라를 안전히 오 래 유지하는 만세의 좋은 계책입니다만 강국을 섬겨도 만세토록 안전치 못하다면 약소국끼리 합치느니만 못합니다. 그러나 약소국끼리 연합하 려 하면 어찌 그리 하나같지 않은지 소신이 산동의 제후국을 보며 괴롭 게 여기는 바입니다(王而不能自恃, 不惡卑名以事强, 事强可以令國安長 久, 萬世之善計. 以事强而不可以爲萬世, 則不如合弱, 將奈何合弱而不能 如一, 此臣之所爲山東苦也)."

《전국책》의 위 문장 다음에는 묘하게도 북방의 호(胡)와 남방의 월(越)이 서로 같은 배를 타고 위험한 파도를 헤치는 이야기로 이어지는데, 역시 위기 앞에서의 연맹과 그 전략적 이중 구조인 연맹을 위한 내부 단결을 강조한다. "호(胡)와 월(越)은 서로 언어도 알지 못하고 그 뜻과 의미가 통하지 않습니다. 그러나 같은 배를 타고 서로 구하고 돕기를 같은 몸과 같이 합니다. 지금 산동의 여러 상황을 보면 같은 배로 물을 건너는 것과 같은데, 진나라 군대가 쳐들어오면 서로 돕고 구해주지 못하니 그 지혜가 오랑캐인 호월 사람만도 못합니다(胡與越人, 言語不相知, 志意不相通, 同舟而凌波, 至其相救助如一也. 今山東之相與也, 如同舟而齊, 秦之兵至, 不能相救助如一, 智又不如胡越之人矣)."

구지(九地) 14

죽간본 : (是故, 縛馬埋輪, 未足恃也) ; 齊勇若一, (整之道也 ; 剛柔皆得, 地之理也. 故善用兵者, 攜手若使一人, 不得)已也

그러므로 말을 묶어두고 (전차 수레) 바퀴를 감춘다고 해도 아직 믿을 수 없다 ; 폭력을 하나로 다스려 가지런히 함이 그 방도이다. 굳셈과 부드러움을 다 가진 것이 땅의 도리이니, 그래서 군사를 잘 운용함은 손을 끌어 한 사람을 부리는 것 같이 부득이한 것이다.

전래본 : 是故, 方馬埋輪, 未足恃也 ; 齊勇若一, 政之道也 ; 剛柔皆得, 地之理也. 故善用兵者, 攜手若使一人, 不得已也

그러므로 말을 풀어버리고 수레바퀴를 묻는다고 해도 아직 믿을 수 없다 ; 난

> 폭함을 하나로 다스려 가지런히 함이 정치하는 법이다. 굳셈과 부드러움을 다 가진 것이 땅의 도리이니, 그래서 군사를 잘 운용함은 손을 끌어 한 사람을 부리는 것 같이 부득이한 것이다.

전래본의 방마매륜(方馬埋輪)의 해석은 다양하다. 앞의 문장은 구지(九地)의 어려운 상황에서 머리와 꼬리가 서로 구하고, 좌와 우가 서로 돕는 합심과 연합이 어느 정도 규제된 협정에 놓여있다. 그러나 중간선을 넘을 수 없다. 적과 동지는 모호해졌다. 그러므로 이제는 군의 지나친 단결이 위험할 수도 있다는 것인가? 그래도 부득이하게 하나로 모을 수밖에 없다면 위정자에게는 교묘한 통치술과 주의력이 필요하다.

박마(縛馬)와 방마(方馬)는 상반된 의미이면서도 문맥을 통해 같은 뜻이 되기도 한다. 박마(縛馬)는 말을 묶어 놓은 것이지만 그 뜻이 "군사력 기동의 제한"과 "군사력의 적절한 제어"라는 두 가지를 다 내포하고 있다. 방마(方馬) 역시 말을 풀어 놓는(放) 뜻과 말이나 배를 가지런히[竝][93] 정비하여 전투태세를 갖추고 있는 모순된 두 가지 의미를 포괄한다. 어쩌면 사태의 양면성을 모두 보는 사유 탓이기도 하지만 얼핏 보기에 사지(死地)에서 스스로 기동을 제한하는 비장한 상황이다. 11가주 대부분이 비슷한 견지로 보고 있으나 두목(杜牧)은 박마(縛)를 방진(方陳)의 편성을 위한 수단이라고 말한다.[94] 방진은 방어용이고 원진(圓陳)은 공격 기동용이다.[95] 방(方)은 지재(地才)이고 고요하며 지형적 저항이 있다.

죽간에 추정하여 표기한 박마매륜(縛馬埋輪)은[96] 말을 의도적으로 묶

---

93) 方은 여러 문헌에 訓이 竝으로 되어있다. 회남자(淮南子, 汜論)에 "方, 竝也"라는 기록이 보인다. 說文, 方部에는 "云 方, 倂船也 象兩舟總頭形, 故訓 竝之義라 되어 있다.

94) 송본 11가 주(일명 회주본), 하권 p46"縛馬使爲方陳 埋輪使不動"

95) 세(勢) 10, 주 37 : 《孫臏兵法》十陳 "凡陳有十 有方陳 有圓陳……方陳者,所制(專)也 圓陳者,所以槫(團)也"

96) 죽간 손자에는 이 부분이 훼손되어 조조(曹操)가 주장한 "方은 말을 묶은 것이다. 바퀴

어 두고 전차를 감추어 둔 것이다. 매(埋)는 적어도 위·진(魏晉)시대 이전에[97] 의미가 확장되어 "땅에 묻다."가 되었지만, 갑골문의 상형에는 너구리가 비를 맞아 흙탕을 뒤집어쓴 모습이고 매(埋)의 고자(古字)는 매(貍)의 음을 빌린 흙비인 매(霾)가 본래의 뜻이다. 따라서 흙을 퍼부어 보이지 않게 위장한 정경이 떠오른다. 그러나 병가의 관용어가 된 매륜(埋輪)은 수레바퀴 전체를 묻는 것이 아니라, 차륜 자국이 레일처럼 나 있는 전국시대의 도로에 팬 차철(車轍)에 흙을 덮어 수레를 고정한 것이다. 전래본의 방마(方馬)와는 달리 죽간에 박마(縛馬)였을 것이라는 추정은 오래된 서사시 굴원(屈原)의《초사(楚辭)》구가(九歌)에 있는 "나라를 위해 싸우다 죽음(國殤)"이 주요한 근거가 된다. 특히 사지에 처한 군대의 전투 양상을 묘사하여 손자의 위 구절을 연상시킨다.

左驂殪兮右刃傷(좌참에혜우인상) 왼쪽 참마도 쓰러지고 오른쪽 말도 칼에 베어

霾兩輪兮縶四馬(매량윤혜집사마) 전차의 두 바퀴 묻고 네 마리 말은 묶어두었다.

援玉枹兮擊鳴鼓(원옥부혜격명고) 구슬 북채 뽑아들어 북을 울려도

天時墜兮威靈怒(천시추혜위령노) 때를 잃었고 영혼의 노여움뿐

嚴殺盡兮棄原埜(엄살진혜기원야) 죽어가는 시체들 들판에 버려져

出不入兮往不反(출불입혜왕불반) 나아가 들지 못하고 가서 돌아오지 못했도다.[98]

를 묻은 것은 움직이지 않는 것을 나타낸다. 方, 縛馬也 埋輪, 示不動也"를 따라 표기했다.

97)《通典》六 "周禮 假借貍字爲之 今俗作埋"

98) 屈原《楚辭》九歌, 國殤 부분

그런데 왜 "아직 믿을 수 없다(未足恃也)."라는 문장이 뒤에 이어진 것일까? 군사력의 하드웨어인 말과 전차는 통제할 수 있으나 소프트웨어인 인간과 그 도(道)에 맞지 않으면 안 되었다. 군대는 폭력을 관리하는 곳이다. 전래본 손자의 사유는 정치적 사안으로 옮아간다. 구지(九地)에 든 인간들은 과거의 적과도 연합하고 조직 내의 경쟁자와도 투합한다. 군(軍)은 흉사(凶士)들이 모이고 인간들은 사납다. 굳이 문민 제어의 필요성 때문만은 아닌 것 같다. 군인의 지위(Warrior Locus)에는 더욱 종합적인 인간이 필요하다. 《오자(吳子)》 논장(論將)편에 "오자 이르길 : 무릇 문무를 다 가진 것이 군대의 장수이며, 강함과 부드러움으로 군사를 운용한다(吳子曰 : 夫總文武者, 軍之將也 兼剛柔者, 兵之事也)"라며 장수의 자질을 논하고 있다. 은작산 한묘 죽간 《위료자(銀雀山 漢簡, 尉繚子, 攻權)》에는 지휘체계의 유연함이 굳센 병사를 효과적으로 운용할 수 있음을 고대의 표현으로 말한다. "장군, 장교 그리고 병사는 그 움직임과 고요함이 한 몸과 같아야 한다(將吏士卒 動靜如身)."

전래본에는 "난폭함을 하나로 다스리는 것이 정치의 한 방법(齊勇若一 政之道也)"이라며 정치적 사유로 문제를 전개한다. 군의 통수에 문신(文臣) 우위의 구조는 《주역》의 사상을 바탕으로 독자를 몰아간다. "굳셈과 부드러움을 다 가진 것이 땅의 도리(剛柔皆得, 地之理也)"인 것은 《주역(周易)》 설괘전(說卦傳)에 "하늘이 세워진 것은 음과 양으로 일컬어지고; 땅이 세워진 것은 부드러움과 굳셈으로 일컬어지며; 사람이 세워진 것은 인과 의로 일컬어진다(立天之道, 曰陰與陽; 立地之道, 曰柔與剛; 立人之道, 曰仁與義)."라는 성명지리(性命之理) 사상에 근거한다. 인간의 도덕성은 천명에 유순히 좇는 것이며 하늘이 리(理)를 인간에게 주어 이것을 명(命)이라 했다. 제용약일(齊勇若一)은 힘을 가다듬어 정당(整堂)한 부대를 관리하는 것이며, "병력이 합쳐도 질서가 없는(兵合而不齊)"

상황을 경계한다.[99] 이들을 "단련시킴이 바로 무(武)이다(齊之以武)."[100] 군의 문민 통솔은 국방장관을 민간인으로 하여 상징화된다. 이것이 무(武)의 효용에 대한 정명(正名)이었다.

위 문구는 "부득이"함으로 맺어지는 데, 이것은《장자(莊子, 人間世)》의 한 문장을 연상시킨다. 부득이함 또한 자연스러운 것이니 "마음으로 하여 외물을 수레 삼아 노닐며 멈추려도 멈출 수 없는 것(부득이)에 의탁해 중(中)을 기르는 것이 도(道)에 도달하는 길이다(乘物以遊心 託不得已 以養中 止矣)."라는 말 속에 군사문제의 유연한 접근이 엿보인다. 일체를 성세의 추이에 맡기고 유유한 마음을 가질 것이며 필연의 상황에 순응하여 자연 그대로인 중도를 길러 가도록 하면 그것이 도의 극치라는 것이다.

구지(九地) 15

죽간본 : 將軍之事, (靜以幽, 整以治 能愚士卒)之耳目, 使無之; 易亓事, (革其謀), 使民無識 ; 易亓(居), 于亓(途), 使民不得(慮)

군을 지휘하는 일은 은밀하여 고요하며, 다스려 가지런히 한다. 부하들의 이목을 속일 수 있어야 하고, 하는 일이 없는 듯 한다; 임무는 쉽게 바꿀 수 있어야 하고, 계획은 새로운 것이어서 사람들(전투원들)이 알지 못하게 한다; 부대위치도 쉽게 바꾸고 가는 길도 우회하여 사람들(전투원들)이 생각지 못하게 한다.

---

99) 구지 4.
100) 행군 20.

전래본 : 將軍之事, 靜以幽, 正以治 能愚士卒之耳目, 使之無知; 易其事, 革
其謀, 使人無識; 易其居, 迂其途, 使人不得慮

장군은 고요하고 그윽하며 바름으로써 다스린다. 능히 사졸의 이목을 어리석
게 해서, 하는 일을 알지 못하게 한다; 일을 바꾸고 계획을 고쳐 적(敵)으로 하
여금 알지 못하게 한다 : 그 있는 곳도 바꾸고 그 길을 돌아 적(敵)이 생각지 못하게
한다.

장군(將軍)은 전국시대에는 없던 단어이다. 장(將)은 통솔과 지휘를 뜻
하는 동사였다. 그러므로 죽간의 장군은 "군사를 거느려 통솔한다."는
의미이다. 《사기(史記)》 본기 2권 시황제본기(秦始皇本紀)에 "군사를 거
느려 조나라를 치다(將軍擊趙)"와 같이 "장(將)은 통솔하여 거느리는 것
(將, 猶領也)"이었다. 《좌전(左傳, 桓公五年 秋)》에는 역시 "주공 흑견(주
환공)이 좌군(左軍)을 거느리니 진인(陳人)이 이에 예속되었다(周公黑肩
將左軍, 陳人屬焉)"라는 기록이 보인다.

"군을 지휘하는 일(將軍之事)"은 주로 진법으로 거론되기도 한다. 조
선 전기의 문신 김흔(金訢)은 〈동쪽 교외에서 사냥을 참관(東郊觀獵
三十韻應製)〉하여 쓴 30운의 시 중에, 좌전 환공 5년의 기록에 나오는
어리진(魚麗陣)을 인용했다. 어리(魚麗)는 물고기가 떼 지어 나아가는
모양처럼 대형이 둥글고 조금 긴 진(陣)으로 융통성이 있고 단순하여 쉽
게 대형을 바꿀 수 있다. 후에 대마도 정벌에 참여한 김흔은 《손자병법》
의 성실한 독자임이 틀림없다. 그의 시(詩)에 "어리진은 가지런하여 군
대의 위용이 엄숙하고 학익진은 당당하여 진의 형세가 길다(魚麗整整軍
容肅 鶴翼堂堂陣勢長)"로 표현한 것은 군의 지휘와 다스림을 잘 이해했
기 때문이었다.

정이치(整以治), 다스려 가지런히 하는 것은 손자 군쟁편(軍爭篇)에 다

스림으로 혼란을 막고, 고요함으로 시끄러움을 막는 것(以治待亂, 以靜待譁)과 통한다.[101] 그러므로 정정지기 당당지진(整整之旗, 堂堂之陣), 정연한 깃발과 당당한 진용을 이루어 "상황의 변화를 다스릴 수 있다(此治變者也)." 전래본을 통한 해석에서 이러한 군사 업무가 장군을 통해서 이루어진다는 것은 오해이다. 군대의 일은 조직이 유연하여 상황에 융통할 때 주어진 임무를 달성할 수 있다. 또한, 어리진처럼 비록 맹목으로 떼지어 나아가는 부하들에게 업무를 단순화시키고, 예기치 않은 사태에 대비하는 우발계획(Contingency Plan)이 있어야 한다.

그러므로 임무를 쉽게 바꾸며 (易其事), 새로운 방법과 계획으로 (革其謀) 그 실시를 쉽게 해야 함이 손자의 정연한 논리이다. 적들이 연일 시끄럽게 굴어도 군을 지휘하는 일은 은밀하고 고요해야 한다(將軍之事, 靜以幽). 고요함으로 시끄러움을 막는(以靜待譁) 상황이라면, 적(人)은 물론 아군(民)도 모를 계획을 세우고 있어야 한다. 죽간의 사민(使民)과 전래본의 사인(使人)이 다른 것은 당 태종의 이름을 피한 것(係避李世民之諱)으로 후세에 기록이 왜곡되었다. 《손자병법》의 민(民)은 물론 동원된 전민(戰民)이나 노예군을 뜻한다.

구지(九地) 16

죽간본 : 入諸侯之地, 發亓幾. 若敺羣(羊, 驅而往, 驅而來, 莫知所之. 聚三軍之衆, 投之於險, 此將軍之事也. 九地之)變, 詘信之利, 人請之理, 不可不察也.
제후의 땅에 들어가는 것은 그 전투 기세(機)을 발하려 함이다. 마치 양 떼를

모는 것 같이 몰고 가고 몰고 와 그 가는 바를 알지 못하게 한다. 삼군의 무리를 모아 험한 곳으로 투입하는 이것이 군을 거느리는 임무이다. (그러므로) 구지(九地)의 변화와 공격과 방어의 이점, 적 정세의 이치를 살피지 않을 수 없다.

전래본 : 帥與之期, 如登高而去其梯; 帥與之深入諸侯之地, 而發其機 若驅群羊, 驅而往, 驅而來, 莫知所之. 聚三軍之衆, 投之於險, 此將軍之事也. 九地之變, 屈伸之利, 人情之理, 不可不察也.

출병하는 날은 함께 높은 곳에 올라 사다리를 버리는 것과 같이 한다; 인솔하여 함께 깊이 제후의 땅에 들어가는 것은 그 전투 기세(機)을 발하려 함이다. 마치 양 떼를 모는 것 같이 몰고 가고 몰고 와 그 가는 바를 알지 못하게 한다. 삼군의 무리를 모아 험한 곳으로 투입하는 이것이 군을 거느리는 임무이다. (그러므로) 구지(九地)의 변화와 공격과 방어의 이점, 적 정세의 이치를 살피지 않을 수 없다.

죽간 121행은 특별히 전행에 잔멸된 부분 없이 "입제후지지(入諸侯之地)"로 시작하므로 "수여지기, 여등고이거기제, 수여지심(帥與之期, 如登高而去其梯; 帥與之深)"은 후세에 추가된 것으로 보인다. 이 문구는 회주본(會註本)에서[102] 처음 보이고, 《무경총요》에서도 언급되고 있으나,[103] 11가주에는 매요신(梅堯臣) 한 사람을 제외하고는 주(注)가 없다. 또한, 전래본의 병력을 거느려 함께 기약한(帥與之期)다는 말은 앞의 문장과 맥이 맞지 않는다. 병력이 알지 못하게 하고 생각지 못한 곳으로 인솔(使民無識 使民不得慮)하는데 기약(期)한다는 것은 요령부득하다.

---

102) 회주본 會註本. 송나라 간행본(宋刊本) 〈十一家註孫子〉의 약칭. 〈孫子集成〉 卷一
103) 武經總要 制度一 將職

손자의 기(期)는 행군편에 보이듯이 "분주히 뛰며 진을 만드는 것은 전투의 기회를 잡은 것이다(奔走陣兵者, 期也)."[104]처럼 기회를 의미한다. 그러나 후세에 "때와 기회"를 뜻하는 기(期)를 부하들과 함께 사지(死地)에 가기 위한 속임수 기(欺)로 보는 해석도 있다. 기(期)에 대한《설문해자(說文解字)》의 풀이는 "만나다(會也)"이다. 설문해자주(說文解字注)에 "회(會)란 합쳐 만나는 것이고; 기(期)란 조건, 약정의 의미가 있다. 회합을 위한 것이다."[105] 라는 말을 상기하면 기(期)는 회(會)나 합(合)과 같이 《손자병법》의 전투 양상인 기전(期戰), 회전(會戰), 합전(合戰)의 하나이다. 손교본을 텍스트로 한 자일스(Lionel Giles)의 영문본은 기전(期戰)의 의미로 보고, 같이 싸우는 제후의 군대가 모이는 (Date for rendezvous) 날 이후 돌아갈 길을 끊어버리는 것으로 풀이하여 번역했다.

솔 또는 수(帥)는 사(師)와 자형이 비슷하여 많은 사본에 사(師)로 전래하였는데, 수여지기(帥與之期)는 새로운 아이디어와 용어를 만들어 내었다. 사(師)는 동원되어 독립작전이 가능한 부대가 수행하는 하나의 캠페인이다. 군의 규모를 나타내는 군(軍), 사(師), 여(旅), 연(聯)은 여전히 현대군에서도 사용하는 용어이다. 독립작전은 여단급(Brigade) 이상에서 가능하지만, 전역(戰役, Campaign)의 목표를 달성하려면 사단(師團)급 이상의 부대 규모가 필요하다. 전역은 미 합동참모 가이드북(AFSC, Joint Staff Officers Giude)에 따르면, 통상 주어진 공간 및 시간 내에 공통목표를 달성하도록 지향된 일련의 연관된 군사작전이다. 캠페인이 전역(戰役)으로 번역된 것은 구 일본군에서인데 "군대의 출정부터 귀환까지의 전 군사 행동"을 역(役)이라고 정의했다.[106] 이것은 도쿠가와 시대

---

104) 행군 13.

105) 단옥재(段玉裁) 설문해자주(說文解字注) "會者, 合也; 期者, 要約之意, 所以為會合也"

106) 〈Suntzu, Art of War〉, Samuel B. Griffith, Appendix ii, Suntzu's Influence on

말의 요시다 쇼인(吉田松陰) 문하의 사설 군사학교에서 가르쳐진《손자병법》해석에 근거한다. 그들이 사용했던 교재는《무경 7서》를 비롯해서 도쿠가와 시대의 유교 사상가인 오규 소라이(荻生徂徠, 1666~1728)가 주해한《손시 코쿠지카이(孫子國字解)》였다.[107]

되돌아올 수 없는 사지(死地)에 병력을 몰아넣어 죽기로 싸우게 하는 것은 잔인하다. 우군의 퇴로를 차단하고 건너온 강의 배를 불사르는 것은 주요 결전을 다룬 전사(戰史)에 많이 보이는 사례이다. 11가주(家註)의 하나인 두목(杜牧)은 좌전(左傳)에서 인용하여 "진의 장군 맹명이 부하들이 후퇴의 마음을 버리도록 배를 불사른 것(使無退心, 孟明(孟明視) 秦將 焚舟是也)."과 같다고 위 문구에 주를 달고 있다. 맹명은 이미 세 번이나 패전한 장수라 돌아갈 곳이 없었다. 패장을 벌하지 않고 그대로 기용한 진 목공(穆公)이 춘추오패의 하나가 될 수 있었던 것은 이러한 용인술 때문이었다. 등용한 인재를 신임하기를 한결같이 하였으니 신하 노릇함에 어찌 게을리할 수 있었겠는가!

회주본(會註本), 손교본(孫校本)에는 "그 전투 기세를 발하려 함(而發其機)" 다음에 "배를 불태우고 솥을 부순다(焚舟破釜)""라는 구절이 삽입되어 있다. 야전취사를 더는 하지 않고 3일분의 전투식량만 지참하는 것은 고대에서 지금까지 주요전투를 앞둔 부대의 비장한 각오였다.[108] 죽간에 기(幾)는 기(機)와 음이 같아[109] 통가자로 보나 기(機)가 사물이 발생하

Japanese Military Thought

107) 《漢籍國字解全書》, 第十卷, 孫子 荻生徂徠講述, 早稻田大學出版部, 明治 43年, University of Toronto 소장

108) 焚舟破釜에 관한 최초의 기록은 左傳 文公三年(기원전 624년) "秦伯伐晉, 濟河焚 舟, 取王宮及郊"와 같이 강을 건넌 후 배를 불사른 사건이고, 史記 項羽本紀에 "항우가 병력을 인솔 강을 도하 후에 배를 침몰하고 솥을 부수며 막사를 불태워 3일분의 식량만을 소지 병사들에게 필사의 뜻과 돌아갈 마음이 없음을 보였다. 項羽乃悉引兵渡河 皆沈船 破釜 甑 燒廬舍 持三日糧 以示士卒必死 無一還心"라는 기록은 유명하다.

109) Baxter-Sagart Old Chinese by MC initial, final, and tone, 2011 p 62 幾 kj+j 機 kj+j

는 오가니즘이라는 뜻의 연변은 곧 기세(機勢)라는 모멘텀을 뜻하게 되었다. 그러나 죽간의 "발원기(發亓幾)"는 최근 영문본들이 번역한 그대로 "방아쇠를 당김(Release the trigger)"이라는 단순한 뜻에 가깝다.

현대 군단급 작전의 실시 기간인 72시간은 전기(戰機)를 잡는 구변(九變)이 소용돌이치는 전술 황금 시간이다. 손자는 이어서 자연스럽게 구지의 변을 언급한다. 변(變)은 《손자병법》에는 늘 변화에 대응하는 응변(應變)과 상황 변화에 통하여 이용하는 변통(變通)의 의미가 있다. 그러므로 "구지지변(九地之變)"은 "굴신지리, 인정지리(屈伸之利, 人情之理)"에 대한 성실한 통찰로 가능하다. 굴(詘), 신(信), 정(請)은 모두 굴(屈), 신(伸), 정(情)과 통가자이다.[110] 움츠러들거나 길게 뻗는 "굴신"은 병력의 집중과 소산을 위한 부대기동을 의미한다. 그러나 좁은 의미에서는 《손빈병법(孫臏兵法, 客主人分)》에 표현되어 있듯이, 아군을 주인으로 하면 굴(屈)은 수비의 의미가 된다(我爲主是守方屈). 또한, 다음 문장에 이어지는 "무릇 객지도─공격부대의 방편(凡爲客之道)"은 아군을 객으로 하면 신(伸)은 공격의 의미가 된다(我爲客是攻方是伸). 그러므로 적의 입장과 이치(人情之理)를 보는 것은 피아방책 분석과 같이 적의 측면에서 보는 아 방책 비교로 이해할 수도 있다. 굴신지리(屈伸之利)는 실허(實虛)편의 "나는 한 곳에서 싸우는데 적이 여러 곳에서 싸운다면 나의 지휘력이 집중되고 적을 허(虛)로써 견제하니 나의 힘은 온전한 실(實)을 이룬다"는 주장과 상통한다.[111] 집중(衆)과 분산(寡)은 병력의 수의 문제가 아니고 시간과 장소의 문제였다. 그러므로 굴신지리(屈伸之利)는 공자와 방자의 편성(客主人分)에서 보듯 《손빈병법》의 주장대로 "군사운용에는 공지의 편성과 방자의 편성이 있다. 공자의 편성은 많고 방자의 편성은 적다(兵有客之

---

110) 모공 4, 굴(詘)과 굴(屈)의 다른 뉘앙스 참조
111) 허실 8.

分, 有主人之分. 客之分衆, 主人之分少)."를 잘 이해하는 것이다.

구지(九地) 17

죽간본 : 凡爲(客之道 深則)槫, 淺則散. (去)國越竟而師者, 絶地也. 四徹者, 瞿地也. (入深者, 重地也. 入淺)者, 輕地也. 倍固前(隘者, 圍)地也. 倍固前適者, 死地也. 無所往者, 窮地也.
무릇 공격부대의 기동로가 깊으면 곧 전투력은 모여지고, 얕으면 전투력은 흩어진다. 나라를 떠나 국경을 넘은 원정부대는 고립된 상황이다. 사방으로 통하는 기동로는 요충지이고, 적지에 깊이 들어갔으면 전투력을 거듭 지원해야 한다. (기동로의) 종심이 얕으면 (부대를) 경량화한다. 배후에 견고한 적이 있고 전방의 (기동로가) 좁으면 포위된 상황이다. 후방이 개척할 수 없는 지형이고 앞에 적이 있으면 사지에 든 것이다. 더는 갈 데가 없다면 궁지의 상황이다.

전래본 : 凡爲客之道 深則專, 淺則散. 去國越境而師者, 絶地也. 四徹者, 衢地也. 入深者, 重地也. 入淺者, 輕地也. 背固前隘者, 圍地也. 無所往者, 死地也.
무릇 공격부대의 기동로가 깊으면 곧 전투력은 모여지고, 얕으면 전투력은 흩어진다. 나라를 떠나 국경을 넘은 원정부대는 고립된 상황이다. 사방으로 통하는 기동로는 요충지이고, 적지에 깊이 들어갔으면 전투력을 거듭 지원해야 한다. (기동로의) 종심이 얕으면 (부대를) 경량화한다. 배후에 견고한 적이 있고 전방의 (기동로가) 좁으면 포위된 상황이다. 더는 갈 데가 없다면 사지의 상황이다.

이 문장에서 객지도(客之道)는 공격 기동공간의 종심을 표현한 것으로, 도(道)는 글자 그대로 기동로로 봄이 타당하다. 대개 오자나 《손빈병법》에서 언급된 객지도는 침공군으로서 공격의 방책을 의미하는 경우였다. 기동 회랑의 크기와 접근성은 구지편의 초기에 나열된 장소적 개념인 9가지(散, 輕, 爭, 交(絕), 衢, 重, 氾, 圍, 死)와 연계되어야 하는 것은 아니었다. 위 문구에는 구지의 일반적 상황, 쟁(爭), 교(交), 범(氾)이 빠져있다. 다시 상기하건대, 상황과 전투장소의 동시화는 구변(九變)과 구지(九地)의 개념적 혼란에서 왔다.[112] 현대전의 개념에서 보면 동시통합 매트릭스(Matrix)에 상황을 고착하여 매너리즘에 빠진 것이다.

절(絕)은 국경을 넘거나 지형 장애를 극복하고 땅을 가로지르는 것이 전통적 해석이었다. 그러나 행군편(行軍篇)에 언급했듯이 절(絕)은 병력을 지형에 맞게 "Tailoring-재단(裁斷)"하여 배비하고 기동하는 것이기도 하다. 견해의 차이는 있으나 절지(絕地)는 통과하여 극복된 교지(交地)로 전래본에는 표기되어있다. 그러나 위의 문장에는 이러한 절(絕)의 의미가 닿지 않는다. 여기서 절(絕)의 해석은 원정군으로 나라를 떠나 먼 곳에 배치되어 고립된 부대이다.

죽간은 이러한 상황을 사지(死地)를 넘어 더 갈 수 없는 곳 궁지(窮地)로 그 전쟁 레토릭(War Rethoric)을 맺고 있다. 공간을 규정한 물리적 우주는 묵자(墨子)에 의해 이미 정리되어 있었다.[113] 그의 宇(공간)와 宙(시간)는 나누어질 수 없는 상황이다. 그래서 이 겸애(兼愛)와 비공(非攻)의 철학자는 불가측의 상황에서 인간을 탈출시킨다. 이것은 심리적 수사가 아니며 더 확고한 상황 속에서의 "자기 이해"이다. 전국시대의 인간은 비

---

112) 후한서(後漢書, 文苑列傳下, 高彪)에 "땅에는 구변이 있다." (地有九變)와 북당서초(北堂書鈔, 武功部三, 將帥-卷115)에 서술된 구지는 "구변과 통한다." (通九變)를 후세 주석가들이 註. 참조 : 구지 1, 2

113) 묵자의 우주론 王讚源, 국립대만사범대학, 묵자의 窮地에 대한 이해 墨子, 經上 "窮, 或有前不容尺也 - 或是域의 本字, 有即叉, 尺猶線" ; 양계초(梁啓超)는 묵자를 주해한 묵경교석(墨經校釋)에서 或不容尺, 有窮; 莫不容尺, 無窮也라 풀이한다.

로소 인간일 때 예속감정에 관련된 초세계와 초인간을 포기한다. 그래서 窮은 바로 무궁(無窮)이었고 窮하면 바로 통해 궁즉통(窮卽通)이었다.

　상황은 완전히 막혀있거나 무한하다. 손자의 배고전애(背固前隘)와 배고전적(背固前敵)은 포위되어 사지(死地)에 든 상황이다. 둘러싸여 위태로운 군대에 도망할 틈을 터주는 위사필궐(圍師必闕)의 자비도 없다. 설문해자(說文解字)에 고(固)는 "사방이 막힌 것이다(四塞也)." 단옥재(段玉裁)는 "사면이 막힌 것은 물샐틈없는 것을 말한다(四塞者, 無罅漏之謂)"라며 완전한 밀봉으로 표현하고 있다. 그러나 이러한 고궁(固窮)에 다른 인간적 배려가 숨어 있는 것은 아닐까?

　《논어》 위령공에 군자고궁(君子固窮)이라는 말이 있다. "군자는 본래 궁한 자이다." 또는 "군자는 궁해도 뜻이 확고하다."라는 다양한 해석과 사색적 논란이 있는 신비한 성어이다. "위령공이 공자에게 진법을 묻자, 공자께서; '제사의 예에 관한 일을 들은 적이 있으나 군사운용은 배우지 못했다.' 대답하시고 다음 날 떠나셨다. 진나라에서 식량이 떨어지고 따르는 자들은 병이 들어 일어서지 못했다. 자로가 화가 나서 선생님을 뵈옵고, '군자도 곤궁할 수 있습니까?'라고 말해, 공자께서 말씀하시길, '군자는 본래 곤궁하지만, 소인은 곤궁해지면 마구 군다.'라고 하셨다(衛靈公問陳於孔子 孔子對曰; 俎豆之事 則嘗聞之矣 軍旅之事 未之學也. 明日遂行 在陳絶糧 從者病 莫能與 子路慍 見曰 君子亦有窮乎? 子曰 君子固窮 小人窮斯濫矣)."

　머나먼 전장 구지(九地)는 국가의 어려운 운명을 세상 밖에서 포괄자의 눈으로 보며, 세상의 어둡고 허망한 변천에 초연하도록 우리를 가르친다. 마지막에 적의 칼을 받으며 웃는 얼굴에 눈물을 흘리며 지하로 내려간다. 궁지는 군자와 소인이 나누어지는 상황이다. 죽간본에 사지(死地) 너머에 궁지(窮地)가 존재함은 패전과 죽음이 끝이 아님을 의미한다.

지금까지의 문맥으로도 "더는 갈 곳이 없다면(無所往者)" 그것은 사지(死地)였으나 죽간은 궁통(窮通)의 희망을 남겼다.

구지(九地) 18

죽간본 : (是故), 散地, 吾將壹亓志, 輕地, 吾將使之僂. 爭地, 吾將使不留 交地也, 吾將固亓結 瞿地, 吾將謹亓恃 (重)地也, 吾將趣亓後 泛地也, 吾將進亓 (途) 圍地也, 吾將塞(亓闕) 死地(也 吾將示之以不活)

그러므로 산지에서 나는 그 뜻을 하나로 할 것이다. 경지에서 나는 은밀하고 신속히 할 것이다. 쟁지에서 나는 머물지 않을 것이다. 교지에서 나는 부대 연결을 공고히 한다. 구지에서 나는 안심하고 믿는 것을 삼간다. 중지에서 나는 그 후속 부대가 미치도록 할 것이다. 범지에서 나는 그 길을 지나간다. 위지에서 나는 그 터진 곳을 막을 것이다. 사지에서 나는 살려고 하지 않음을 보일 것이다.

전래본 : 是故, 散地, 吾將一其志, 輕地, 吾將使之屬 爭地, 吾將趨其後 交地, 吾將謹其守 衢地, 吾將固其結 重地, 吾將繼其食 圮地, 吾將進其塗 圍地, 吾將塞其闕 死地, 吾將示之以不活

그러므로 산지에서 나는 그 뜻을 하나로 할 것이다. 경지에서는 나는 그를 모을 것이다. 쟁지에서는 나는 그 뒤를 따를 것이다. 교지에서는 나는 그 수비함을 삼갈 것이다. 구지에서 나는 그 연결을 견고히 할 것이다. 중지에서 나는 그 군량 조달을 이을 것이다. 비지에서 나는 그 길을 전진할 것이다. 위지에서 나는 그 터진 곳을 막을 것이다. 사지에서 나는 살려고 하지 않음을 보일 것이다.

11가주(家註)는 번쇄하나 특별한 이론을 제기하지는 않는다. 죽간과 전래본의 비교가 무의미하게 본래의 자의(字意)는 왜곡되었고 문장의 맥은 도착(倒錯)하였다. 그 원인이 무엇이었는지 이 논변(論變)에서 다 밝힐 수는 없지만, 전장 환경이 변하고 전투력을 이루는 요소가 발전하면 교리를 재정비하지 않을 수 없었을 것이다. 또한 구지(九地: 散, 輕, 爭, 交, 衢, 重, 泛, 圍, 死)의 아홉 구(九)를 실수(實數)로 보느냐 허수(虛數)로 보느냐에 따라 전장을 관찰하고 상황을 판단하는 근본적인 입지가 다르다. 더구나 추가로 구지의 후반인 지금에서 행군편에 보이는 절지(絕地)와 지형과는 관계없는 사색적 언어인 궁지(窮地)라는 말이 앞 구절에 등장했다. 의미는 들쑥날쑥 가지런하지 않다.

위 문장은 《손자병법》에 이미 등장한 말의 반복으로 보일 수도 있다. 그러나 손자의 전쟁 프로세스는 대개 복선을 깔고, 그 상황 속으로 인간이 가면 하늘과 땅이 교차(交叉), 충돌(衝突), 단절(斷絕)을 일으킨다. 이 대위법은 뒤에 언급되지만, 손자 구지편의 결언(結言)이고 전장의 금강(金剛)과 같은 진리인 "멸망의 땅에 보내진 후 살아 돌아오고, 죽음의 땅에 빠진 후 살아난다(芊之亡地然後存 陷之死地然後生)."에 귀착된다. 구지(九地)에 대한 지형적, 상황적 정명(正名)과 이에 응하는 방책을 요약하고 이 명제들을 정리하기 위해 구지편의 초기 문장들을 돌이켜 볼 필요가 있다.

산지(散地)는 "제후가 그 영지에서 싸움은 흩어져 한다(諸侯戰其地者爲散)."(九地 2)로 시작하여 "그러므로 적이 흩어진 상황에서는 싸우지 말고(散地則無戰)."(九地 3)로 이어지며 마침내 "나는 그 뜻을 하나로 할 것이다(吾將一其志)."로 이러한 상황을 결산한다. 이런 문리는 결코 반복이 아니며 상황의 논리적 재진술(Restate)이고 방책의 진언이다. 그러므로 "공격작전(客之道)에서 적(제후)의 주요 전략위치를 점령한 후 흩어져 저항하는 잔존 세력이나 혁명난류(革命亂流), 파르티잔과는 싸움을 회피하고 전투력을 하나로 모은다."로 요약할 수 있다.

경지(輕地)는 "적의 땅에 들어가되 깊이 들어가지 않음은 경량한 부대로 한다(入人之地而不深者爲輕)."(九地 2)로 그 상황을 정의(定義)함과 동시에 기동수단을 제시하고 있다. 그러므로 "경지에서는 정지하지 않는다(輕地則無止)."(九地 3)는 부대의 성격을 규정한다. 경지는 적과의 접촉이 시작되는 국경지대이며 적 상황을 탐지하는 정찰 및 위력수색부대를 운용한다. 그러나 "깊이 들어가지 않는 것(入淺者)"은 비단, 공간적 의미를 넘어서 짧은 시간에 적과의 과도한 접촉을 회피하고 전투상황을 확대하지 않는 것이다. 그러므로 이런 부대를 운용 시 "나는 은밀하고 (신속하게) 할 것이다(吾將使之僂(數))."로 결의된다.

쟁지(爭地)는 "아군이 얻어도 이익이 되고, 적이 얻어도 이익이 되는 곳은 싸워야 한다(我得則利, 彼得亦利者, 爲爭)."(九地 2) 그러나 이러한 상황에서의 방책은 "싸우려고 하는 곳은 공격하지 말라(爭地則無攻)."(九地 3)이며 가능한 적과의 접촉을 피하고 있다. 쟁지는 어쩌면 전투의 승리를 보장하지 못하는 불필요한 출혈의 땅이다. 피아 모두 얻기를 원하는 전쟁자원의 보급원이나 전략 요충지일 수 있으나 전투요소를 남길 필요는 없다. 그러므로 "쟁지에서 나는 머물지 않을 것이다(爭地, 吾將使不留)"라고 손자는 말하고 있다.

교지(交地)는 "아군이 갈 수 있고 적도 올 수 있는 곳은 교전(交戰) 한다(我可以往, 彼可以來者 爲交)."(九地 2) 교(交)란 상황과 지형이 서로 꼬여 만나지 못할 수 있는 곳이다. 교지는 교통이 원활한 곳이 아니라 본래의 의미는 상황이 불안정하여 단절되기 쉬운 곳이었다. 따라서 "교지에서는 떨어지지 말라(交地則無絶)."라는 말이 논리적으로 올 수 있다. 교지란 피아가 서로 기동할 수 있으나 그 기동로가 쉽게 차단될 수 있는 곳이다. 그러므로 부대가 상호지원할 수 있도록 "나는 부대 연결을 공고히 하려 한다(吾將固其結)."라는 죽간의 말은 더 자연스럽다.

구지(衢地)란 "제후의 땅이 세 나라에 접하고 있어 먼저 점령해 천하를 얻을 수 있는 곳(諸侯之地三屬, 先至而得天下之者, 爲衢)"으로 정의되었다.(九地 2) 구변편(九變篇)에는 "구지에서는 외교에 힘쓰고(衢地合交)"라고 하여 전략적 차원에서 논한 것으로 이해되었다. 구지편(九地篇)의 "구지즉합교(衢地則合交)"는 같은 문구이지만 구(衢)라고 하는 사방으로 통하고 터진(四徹者) 전술 지형에서 부대 기동을 어떻게 하는가를 구상함이 옳을 것이다. 다시 정리해서 표현한다면, 구지에서는 원활한 기동 공간 때문에 적과 합전(合戰−Confront)과 교전(交戰−Skirmish)이 잦을 것이고, 그 상황의 변화가 예측 불허이므로 "나는 안심하고 믿는 것을 삼가(吾將謹其恃)"하겠다는 것이다.

중지(重地)는 "적지에 깊이 들어가 성읍을 등지는 적지 종심부대가 되면 증강해야 하는(入人之地深, 背城邑多者 爲重)" 상황이다. 아군의 전력자원을 계속 투입해야 하므로 "적 자원을 약탈하도록 부대운용 한다(重地則掠)" 전쟁물자의 현지 조달은 일찍이 작전편(作戰篇)에서 논하듯 물자를 "적국에서 빼앗아 사용하고(取用於國), 그 식량과 고기를 적의 인육에서 얻는(因糧於敵)" 상황이니, 장거리 원정군의 전투력 수위를 높여 가중(重)해 주도록 깊이 들어간 부대에(入深者) "나는 그 후속 부대가 미치도록 할 것이다(吾將趣其後)."라는 표현은 전래본에 보이는 방책인 "나는 계속 그 식량을 잇겠다(吾將繼其食)."는 말보다 더 포괄적이다.

범지(泛地)는 대평원이며 강이 물줄기를 바꾸는 곳이다. 대부분의 전래본은 무너지고 뒤집힌 땅이거나 강이 범람한 위험한 지역으로 범지(氾地), 사지(汜地) 또는 비지(圯地)로 표기되어 있다. "산림과 험한 지형, 습지와 연못은 지나고(行山林, 險阻, 沮澤) 무릇 지나기 어려운 곳은 병력을 넓게 소산하여(凡難行之道者 爲泛), 나는 그 길을 지나가려는 것이다(吾將進其途)."

위지(圍地)는 "부대 진입에 애로가 있고 이를 따라 돌아오려면 멀리 우회해야 하며 적이 소수로 다수 아군을 칠 수 있다면 포위의 상황이다(所由入者隘, 所從歸者迂, 彼寡可以擊吾衆者 爲圍)."라고 정의한다. 이렇듯 손자의 포위는 지형 안에서의 포위이다. 포위 상황에서의 방책은 구변(九變)에서 논하듯 계획을 세우는 것이다(圍地則謀). 포위는 피아간에 심리적으로 큰 부담을 준다. 후방에 적 부대가 나타나면 전방의 부대는 전의가 붕괴될 수 있다. 현대전에서 포위 기동의 여건은 대부대로 우세한 기동력을 가지고 상대적으로 소수인 부대의 기동공간을 통제한 상태를 말한다. 손자는 적이 아군을 포위할 수 있는 상황은 모략으로 벗어나야 하고, 아군이 적을 포위할 수 있는 상황이라면 "나는 그 터진 곳을 막는다(吾將塞其闕)."라고 말하고 있다.

사지(死地)는 "빨리 벗어나면 살고 빨리 벗어나지 못하면 죽는(疾則存, 不疾則亡者 爲死)" 상황으로 구지에 정의되었다. 이는 역시 지형 안에서 "뒤는 막혀있고 전방은 좁은(背固前隘者)" 포위에서 벗어나지 못해 "뒤는 막혀있고 앞에 적이 나타난(背固前敵者)" 상황으로 전개된 것이다. 적이 그 틈을 막았다(塞其闕). 적은 항복을 권유하지도 않고 모든 유생역량을 섬멸하려 한다. 그러므로 오로지 "나는 살려고 하지 않음을 보이는(吾將示之以不活)" 필사즉생(必死卽生)의 신념만이 있을 뿐이다.

죽간에 나타난 루(僂)는《설문해자(說文解字)》에는 "루는 액운의 질병(僂 厄也)."이라고 하여 단옥재(段玉裁)는 이를 "자주 또는 빠르다는 뜻의 루(屢)로 '달리다'의 추(驟)와 같고 추(驟)의 훈은 삭(數, 速)이며 역시 질(疾)과도 훈이 같다(婁卽屢, 與驟通, 驟訓數(速), 亦訓疾)."고 풀이한다. 그래서 "루"를 등이 굽은 질병인 곱사병으로《설문해자》에 주(註)하고 말았다. 이러한 혼란으로 보아 전래본에 왜 속(屬)으로 되었는지는 추측할 수 있다. 현대 중국의 고문학자들은 루(僂)는 바로 수(數)라는데 이견이 없다. 음과 자형이 비슷하여 통가(通假) 자이며,[114] 더 나아가 속(速) 자와 가차(假借) 되었다고 한다. 그러나 루(僂) 자가 꼭 빠르거나 자주 한다는 수(數)의 의미로 쓰였는지는 문장의 해석에 따라 달라질 수 있다. 《춘추공양전(公羊傳, 莊公二十四年)》 기록의 "무릇 사람은 민첩하지 않으면 쓸 수 없다(夫人不僂, 不可使人)."라는 말은 "무릇 사람이 등을 굽혀(복종하지) 않는다면 쓸 수 없다."로 해석할 수도 있을 것이다. 또한, 후한 시대의 주석가 하휴(何休)는 이를 주(注)하면서 "루(僂)는 빠른 것이며(疾也) 제나라 말이다(齊人語)."라고 했다.

《사기(史記)》 자객 열전과 《전국책(戰國策, 燕策三, 燕太子丹質於秦亡歸)》에는 연나라의 태자 단(丹)이 진나라에 볼모로 잡혀있다 돌아와 진왕의 암살을 연의 대부 전광(田光)과 모의하는 내용이 전한다. "연의 태자 단이 전광을 전송하며 문까지 와서는, '제가 말씀드린 것과 선생께서 말씀하신 것은 국가의 대사이오니 바라건대 선생께서 누설하지 말아 주십시오.'라고 경계한즉 전광은 고개를 숙이며 웃으며 말했다. '알겠습니다.' 그리고는 몸을 숙이고 살며시 가 형가를 만났다(太子(燕太子丹)送之(田光)至門, 曰 '丹所報, 先生所言者, 國大事也, 願先生勿泄也. 田光俛而笑曰 '諾.' 僂行見荊軻)." 이 문장에서 루행(僂行)을 풀이하기를 전광이 "몸을 숙이고 은밀히 간" 것인지, "신속히 간" 것인지 정황에 따라 풀이는 다를 것이다.

쟁지(爭地)에서의 행동방책인 죽간에 보이는 "머물지 않는 것(使不留)"은 전래본의 추기후(趨其後)와 다르고 "그 후속을 따르(趨其後)"는 죽

---

114) 루(僂)와 수(數)는 고음에서 음이 서로 같지 않다. 참조 : Baxter—Sagart Old Chinese by MC initial, final, and tone 2011 page 85 僂ljuH (frequently), page 128 數 sraewk (frequently)

간에는 중지(重地)에서의 행동방책으로 되어 있다. 이 부분의 해석에는 여러 설이 있으나 이 문장의 두서에 쓰인 공격 기동작전(客之道)과 같은 맥락으로 보아 "머물지 않는 것은 적지에서 계속 전방 기동부대를 따르는 것과 같다."라고 하여 전래본과 죽간이 같은 의미라고 하나 무리이다. 왜냐하면, 부대 기동형태에서 머물지 않는 것을 후속하여 따르는 것으로 단정할 수는 없기 때문이다.

교지(交地)는 전래본에 행동방책이 "나는 수비를 삼갈 것이다(吾將謹 其守)."라고 하여 이해하기 어렵다. 교(交) 자는 갑골문에서 연변(演變) 하면서 "다리가 꼬여 엇갈린 것"에서 "서로 만나는 것"으로 바뀐 글자이다.[115] 그러므로 적과 서로 만나게 된다면 나는 삼가 그 수비를 공고히 하거나, 차라리 그 수비함을 삼갈 수 있으니 그 상황의 풀이 또한 변통 (變通)이다.

구지(九地) 19

죽간본 : (故諸)侯之情 逼則禦, 不得已則鬪, 過則從
그러므로 적(제후국)의 정세를 보아 (적이) 몰려오면 방어태세를 갖추고, 부득이하면 싸우고, 지나가면 그대로 놓아둔다.

전래본 : 故兵之情, 圍則禦, 不得已則鬪, 過則從
그러므로 군사적 상황에서, 포위되면 막고, 부득이하면 싸우고, (포위를 뚫고 빠져나가면) 추격한다.

---

115) 구지 3.

죽간과 전래본(진잔본~손교본)의 주요 차이를 음미하는데 문구에 있는 것으로 한정하면 그 맛이 깊지 않다. 죽간에서 전래본으로 변이되는 과정은 사뭇 정치적이다. 죽간은 보다 비호전 전략적이고 전래본은 대개 호전 전술적이다. 죽간은 정치가 배제된 군사이고 전래본은 정치가 녹아든 군사이다. 죽간은 함의와 광의성이 있고 전래본은 의미를 규정하고 교조적이다.

뒤섞여 몰리는 것 답(遝)과 둘러싸인 것 위(圍)가 심리적 장(場) 이론에 의해 같은 것이라면, 아마도 이를 바라보는 망대에서 어떤 언어로 보고되든 상황을 공감하는 것은 마찬가지였을 것이다. 한곳으로 몰려 답지(遝至)한 것은 적의 동향이었다. 상황실 벽은 수많은 두루마리 죽간에 써진 피아 전투 자산과 작전 현황이 붙어있다. 그러나 후세에 죽간은 매몰되거나 전화에 불타 사라지고, 뜻있는 은사(隱士)들은 병법(兵法)을 숨기고 섬기던 주군의 부장물(副葬物)로 묻혔다. 구전(口傳)한 파편은 새 시대에 새로운 종이에 써지기 시작하면서 그 시대정신에 맞게 또는 문자(文字)의 옥(獄)을 피해 새로운 언어가 만들어졌다.

위 문장의 전래본에서 포위된 것은 객(客)인지 주(主)인지 알 수 없다. 적인지 우군인지 주체가 없다. 과거를 현재로 번역하면서 제후(諸侯)는 사라지고 오로지 군사문제에 몰두하도록 병(兵)으로 대치되었다. "포위되면 막는다(圍則禦)."는 위지(圍地)의 지형에 든 적 병력의 출입을 차단하는 앞의 문구인 "위지에서 나는 그 터진 곳을 막을 것이다(吾將塞其闕)."로 이해할 수 있으나 근거가 약하다. 위(圍)는 기동의 형태(Forms of Maneuver), 어(禦)는 작전의 형태(Types of Operation)로서 현대적 의미로의 해석은 더욱 산만하게 된다. 기동의 형태는 포위, 돌파, 우회 기동과 같은 것이고 작전의 형태는 공격, 방어, 지연전 등 의미상의 다른 카테고리에 속한다.

죽간의 문장을 붙여 "고제후지정답즉어(故諸侯之情逼則禦)"로 하면 적의 긴박한 정세가 답지하여 방어태세를 갖추는 일련의 상황의 전개임을 알 수 있다. 그리하여 정세를 침착히 관찰한다. 시간의 흐름은 긴박하고, 두려움과 걱정, 내부의 다른 의견들로 소란하다. 이웃 제후국은 더는 당하지 말고 강력히 대응하라고 사신을 파견한다. 그 제후의 속마음을 알 수가 없다.

"적이 몰려오면 방어태세를 갖추고(逼則禦)"의 답(逼)은 무엇인가? 《방언(方言, 卷三)》에 "다다른 것, 몰려온 것, 이르른 것이다(台迨, 逼, 及也)."라고 보이고 태(迨)는 곧 위태할 태(殆)로 잡을 체(逮), 답(逼)과 음이 유사하여 통가자(通假字)로 사용되었다. 답(逼)은 적이 몰려와 위태한 의미의 중첩성이 있고 구체적인 작전 형태인 어(禦)와 상응한다. 그러나 어(禦)는 방어작전의 시행이라기보다는 상황이 확대되지 않는 억지력이라고 보아야 한다. 역시 부전이승(不戰而勝) 사상이 이어져 있다.

"부득이(不得已)"는 원해서 행동하는 것이 아니며 마지못해 하는 것이다. 병법의 비조라고 할 수 있는 《육도삼략(三略, 下略)》에 "무릇 군대란 상서롭지 못한 수단이고, 하늘의 도는 이를 싫어한다. (그래도) 부득이 사용해야 한다면 이것 또한 하늘의 도이다(夫兵者, 不祥之器, 天道惡之, 不得已而用之, 是天道也)." 이렇게 전쟁을 천명(天命)으로 규제한다. "부득이"는 일단 행동으로 옮기면 그것 또한 하늘의 뜻일 수밖에 없다. 《장자(莊子, 雜篇)》경상초(庚桑楚)의 마지막 구절에 부득이를 필연의 도리를 따르는 것으로 표현하고 있다. "행동을 타당하게 하고자 한다면 자연스러움을 본받음이 부득이하다. 부득이함을 따르는 것이 성인의 도이다(有爲也欲當 則然於不得已 不得已之類, 聖人之道)."

"부득이"는 소극적 군사행동인가? 그렇지 않다. 부득이는 상황의 시중(時中)이라 볼 수 있다. 가장 적시 적절한 템포로 시행되는 부대 운용이며, 적의 무도함에 분노하고 응징할 수 있는 하늘의 명령을 따르는 것이다. 이것은 인접 제후국들의 주문이 아니고 당사자인 나, 주인의 몫이다. 《묵자(墨子, 大取)》에 "이로움 가운데 큰 것을 취하는 것이 부득이가 아니고; 해로움 가운데에서 작은 것을 취하는 것이 부득이이다(利之中取大, 非不得已也; 害之中取小, 不得已也)."라고 한 것은 묵자(墨子)가 "부득이"의 사용에서 긍정을 확대하는 것이 아니라 부정을 줄이는 것으로 정의한 것임을 알 수 있다. 그러므로 부득이한 싸움은 전쟁을 빨리 끝내는 것(兵聞拙速)이며, 그 군사를 쓰는 법은 나라를 온전히 유지함이 최상이다(用兵之法 全國爲上).

전래본은 글자 그대로 하면 "지나가면 그대로 놓아둔다(過則從)"를 대개 "과(過)란, 포위를 뚫고 나간다(過者, 謂破圍而出也)."로 풀이한다. 손자의 문리(文理)에서 종(從)이 추격의 의미인 것은 확실한 것 같다. 세(勢)편에 "자신의 형(태세)을 적에게 보여 반드시 쫓아 응하게 하고; 모습을 내주어 적이 반드시 취하게 한다(形之, 敵必從之; 予之, 敵必取之)."의 종(從)은 적을 움직이게 하는 수식어이고 군쟁편의 "패한 척 도주하는 것은 좇지 마라(佯北勿從)."의 종(從)은 동사이다. 다음에 논의할 화공편(火攻篇)에 "불이 났는데, 적이 조용하면 공격하지 말며, 급히 불이 꺼지면 좇을 수 있으면 좇고 좇을 수 없으면 그치라(火發, 其兵靜而勿攻, 極其火央, 可從而從之, 不可從而止之)."처럼 가종 불가종(可從 不可從)은 내버려 두어 방임하는 종(縱)으로 뜻이 분화한다. 그러므로 과즉종(過則從)의 풀이는 다양해질 수 있을 것이다. "지나치게 굴면 내버려 두어라." "실책을 범하면 추격하라."와 같은 전혀 다른 양상의 해석으로 발전할 수 있다. 답(遝)은 곧 급(及)이었으니 급(及)은 과(過)의 상대어이다.

부득이한 상황은 방어태세에서 전투로 전개된 것이므로 적이 답지하여 일어났다. 그러나 적이 지나가는 부득이하지 않은 상황에서 추격(從)

할 의도가 손자에게 있었는지 의문이다. 지나가는 적은 정말 싸우려는 의사가 있는지 없는지 모른다. 전국시대의 상황은 늘 불안하고 약육강식의 패도(覇道)가 천하를 종횡했다. 생존을 위해서는 적과 인접 제후국, 제3국의 정황을 아는 외교 정보력이 필수적이다. 그러므로 손자는 다음과 같이 말을 잇는다.

죽간본 : 없음

전래본 : 是故, 不知諸侯之謀者, 不能預交

그러므로, 적(제후, 인접국)의 생각을 알지 못하면, 자신의 상황을 적(제후, 인접국)과 공유하여 이해시킬 수 없다.

죽간에 없는 위 문구는 죽간본의 군쟁편에는 있고[116] 전래본에는 군쟁과 구지에 반복하여 기술하고 있다. 군쟁에서는 부대 기동을 논하며 후(侯)란 보급 창고인 위자(委積)이며 예(豫(預))의 행위가 창고를 세우고 군대를 보내는 일임을 상기할 때, 군쟁편에서 보이는 똑같은 문구를 구지에서 해석함은 황무(荒繆)할 수 있다. 그러므로 전래한 전통적 의도대로 풀이할 수밖에 없으니 이 논변의 모순이다. 예(預)는 예(豫)와 같다. 나의 모습을 보여주는 것이다. 예(予+象)라고 하는 "병세(兵勢)의 모습을 내주는 것(予之)"은 적을 유인하기 위함이었다. 전술 행동의 범위를 더 넓혀 생각한다면, 전쟁이라는 극한의 대립관계에서는 그 갈등의 산물로 오히려 단절이 아니라 대화가 필요하다. 적을 시야에서 놓치지 않는 것, "항상 정으로 대치해야 하기에(以正合)" 어떤 상황에서든 적과의 교류가 필요하다. 《주역》 뇌지예(雷地豫) 괘에 "예(豫)"를 "제후를 내세워 군대를

---

116) 군쟁 6 참조. 죽간 127행과 128행 사이에는 잔멸된 부분도 없고 위 문구가 들어갈 공간이 없어 죽간에는 없는 문구이다.

출동시키니 이롭다(豫, 利建侯行師)"는 예(預)에 대한 풀이의 상징성을 함의하기도 한다. 예(預)는 무력시위(Demonstration)와 같은 것이지만 그 주변국과 대화 없이는 웃음거리일 뿐이다.

구지(九地) 20

> 죽간본 : 없음
>
> 전래본 : 不知山林, 險阻, 沮澤之形者, 不能行軍; 不用鄕導者, 不能得地利
> 산림과 험조, 호수와 습지 지형을 모르면 군을 움직일 수 없고; 향도를 운용하
> 지 않으면 지형의 이점을 얻을 수 없다.

제후(적국)와 지형과 그 지형의 개척수단을 군대 운용의 삼사(三事)라고 했다. 조조(曹操)는 "이미 위에 나열하여 설명한 삼사를 다시 반복한 것은(上已陳此三事, 而復云者)"은 이전(李筌)의 평가처럼 "삼사는 군대운용의 요결(三事, 軍之要也)"이며, 매요신(梅堯臣)은 이것을 "적 상황과 지형의 장단점을 미리 아는 것(蓋言敵之情狀, 地之利害, 當預知焉)."이라고 하고, 왕석(王晳)은 그래서 "다시 설명을 나열한 것은 부지런히 경계해야 하기 때문(再陳者, 勤戒之也)"이라고 말한다.

"한 번 싸워 이긴 방법은 반복하지 않는 것(戰勝不復)"이기에[117] 역설적이게도 언제나 창의적이고 새로운 것은 반복교육과 반복훈련으로 달성할 수 있다. 창조적인 것은 손자가 실허편(實虛篇)에서 주장했듯이, 세(勢)의 궁극적 이치로 보아 합리적인 부대 운용과 강인한 훈련인 정(正)

---

117) 허실 13.

이 뒷받침되어야 실전에서 창조적인 기(奇)가 나오기 때문이다(以正合 以奇勝). 사고의 자유(Freedom of Thought)는 기(奇)-정(正), 세(勢)-절 (節), 허(虛)-실(實)의 다양한 조합에서 생겨난다. 이 조합의 횟수를 돌리 는 동력은 반복된 강하고 무자비한 교육훈련이다. 실수를 반복하지 않 기 위해 가르침을 반복한다는 조조의 말은 지당하다. 왜 젊은이들을 교 육하는가? 이미 겪은 길을 가지 말고 다른 길을 찾고 선택해야 인간다워 질 수 있기 때문이다. 같은 길을 가는 것이 출세의 길이 된다면 그 사회 는 희망이 없다.

죽간 모본(摹本)에 이 문장이 보이지 않는 것은 파손이 심하여 복구 할 수 없었기 때문으로 여겨지지만, 죽편(竹片)의 자리를 보면 위 문장 이 들어설 공간이 없어 후세에 가필되었을 가능성이 높다.[118] 조조(曹操) 가 자신의 군사 사상을 정립하기 위해 강조했다는 말도 이런 의심을 뒷 받침한다.

향도(鄕導)는 네비게이터(Navigator)일 뿐인가? 손자에 있는 향(鄕)이 라는 글자를 다시 살펴보면, 군쟁(軍爭)에서 논의하였던 "고을을 약탈하 여 부대원에게 나누어 주는 것(掠鄕分衆)"을 "병력을 나누어 지휘(指向分 衆)"함으로 바꿈에 따라 향(鄕)을 향(向)으로 보았는데,[119] 이것은 전해 내 려온《위료자(尉繚子, 兵令上, "常陣皆向敵, 有內向, 有外向")》와 발굴된 은작산 한묘 죽간《위료자(銀雀山漢簡 尉繚子, 兵令, "兵之恒陣, 有鄕敵 者, 有內鄕者")》를 비교하면서 "군대의 일상적인 진은 안을 향하는 것이 있고 밖을 향하는 것이 있다."로 같게 풀이함으로 그 근거가 밝혀졌다. 여기에서 향(鄕)은 리더쉽의 뜻이 포함된 지향(指向)한다는 외미기 분명 하다.

---

118) Baxter-Sagart Old Chinese by MC initial, final, and tone 2011 참조
119) 군쟁 8.

그러나 구지(九地)에 들어와 죽간에는 안 보이는 위 문구에서의 향(鄕)은 지역, 적진(Local, Enemy Territory)을 향하고 있는 미지에 전개될 지형이다. 향(鄕)과 향(向)은 통가(通假)이지만 향(鄕)이 조주본(曹註本)의 개념이 형성된 3세기 위・진시대에 이르러 그 의미가 "고을"로 굳어졌기 때문일 것이다. 그러므로 향도(鄕導)란 지형 평가와 적 상황을 고려하여 최종적으로 분석되는 접근로 또는 그 접근로를 이끄는 가용 자원과 같고, 오늘날 전장 정보준비(IPB, Intelligence Preparation of the Battlefield)와 같다.

용간편(用間篇)에서 보이는 현지인 자생 간첩 인간(因間) 또는 고정간첩인 향간(鄕間)의 향(鄕)은 분명한 "현지인(Native)"의 의미인지 "지향(Direct)"인지는 논란의 여지가 있다. 향간은 죽간 잔편(殘片)에 향(鄕) 자의 한예체(漢隸體) 아랫부분이 아슬아슬하게 남아 본래 오간(五間) 중의 하나였음이 확인되었다는 인식이 일반화되었으나 이에 대한 반론의 근거도 합리적이다.[120] 향(鄕)은 구지(九地)에서는 방향과 현지 고을의 뜻을 동시에 가지고 있다. 향도는 어쩌면 순수한 길잡이이기도 하지만 포섭된 에이전트(Agents)일 수도 있다. 지형에 익숙하고 언어가 통하는 현지인을 이용해 길잡이로 쓰는 것은 매우 상식적이다. 그래서 그를 앞세워 "산림과 험한 지형, 습지와 연못은 지난다(行山林, 險阻, 沮澤)." 그러나 지나는 것이 어찌 그뿐이랴!

구지(九地) 21

---

120) 용간 6 참조.

군대가 지나거나 주둔하는 곳에는 민사 문제(Civilian Affair)가 따른다. "산림과 험한 지형, 습지와 연못은 지난다(行山林, 險阻, 沮澤)." 지나는 것은 그뿐이 아니라, 백성이 일구어 놓은 경작지 사지(耜地)이다.[121] 무너지거나 뒤집힐 우려가 있는 자연재해가 예상되는 범지(汜地)나 비지(圮地)는 구지(九地)의 논의 대상이 아니다. 백성의 삶의 터전이 있는 곳은 "무릇 길을 지나기 어려운 경작하는 곳(凡難行之道者 爲耜)"이니, 나는 그 길을 지나가려는 것이다(吾將進其途)."라는 말의 의미가 민사 문제의 어려움으로 들리기도 한다.

더구나 원정부대의 공격작전인 객지도(客之道)에서 침공군은 현지 주민에게 공포와 증오의 대상이다. 위압에 눌려 겉으로는 복종하나 내심은 다를 것이다. 인종이 다르다면 민족적 자존심과 주체 의식에 커다란 모멸감을 주었을 것이다. 세상이 바뀜에 따라 승자의 테이블의 한구석이라도 앉아 보려는 향도(鄕導)가 있을 것이고, 낮과 밤에 다른 세력에 협조하는 이중구조의 고달픈 인생도 있겠고, 끝까지 저항하며 산으로 들어간 빨치산도 있을 것이다. 원거리에 투사된 전력을 운용하는 대국(大國)이 이 문제를 소홀히 다루면 패도(覇道)요, 이 문제를 잘 다루면 왕도(王道)이다.

> 죽간본 : 四五者, 一不智[122], 非王 霸之兵也.
> 사오의 하나라도 모르면 왕도(王道) 군대가 아니며 패권(覇權)의 군대이다.
>
> 전래본 : 四五者, 不知一, 非覇王之兵也.
> 사오의 하나라도 모르면 패왕의 군대가 아니다.

---

121) 구지의 하나로 죽간에 표기된 "범지 汜地"는 汜 →汜 →圮 →圮로 와오(訛誤)되었고 역시 汜 →巳 →耜 라는 연변(演變)의 가능성이 있다.

122) 智는 출토된 죽간에는 䚡로 표기되어 있다. 강희자전 〈正字通〉에는 이를 古文智字로 풀이한다.

패(覇)에 대한 맹자의 규정은 명확하다. 패도란 "이력가인(以力假仁 孟子 公孫丑上), 힘으로 인정(仁政, 인의의 정치)을 가장"하는 것이다. 죽 간이 전래본과 달리 패왕(覇王)이 왕패(王覇)로 위치가 바뀌어 있는 것 은 의미의 심각한 변화를 예고하고 있다. 이 부분은 앞으로 더 연구가 진 행되어야 하나, 우선 손자가 운운한 패(覇)에 대한 자리매김을 춘추–전 국–진한지제의 과정을 통해 살펴볼 필요가 있다. 죽간은 한 무제(漢 武 帝) 초년으로 추정되는 장묘(葬墓)에서 나온 것이고 이미 유교사상이 사 색의 중추에 자리 잡고 있는 필사자의 손에 급속히 달필로 써진 것이다. 필사자는 맹자가 정리해 놓은 왕패의 의미를 몰랐을 리 없다. 손자의 왕 패는 《관자(管子, 五輔)》에 나오는 "큰 사람은 천하의 왕이 되길 원하며, 작은 사람은 제후의 패자가 되길 원한다(大者欲王天下, 小者欲霸諸侯)." 와 같은 춘추시대의 통념이나 전국시대 지혜의 총화인 《여씨춘추(呂氏春 秋, 愛類)》에 보이는 "큰 사람은 가히 왕이고, 그다음이 가히 패이다(大者 可以王, 其次可以霸也." 보다 더 사회 윤리가 발전되어 있는 개념이다.

맹자의 전쟁론으로 유명한 《맹자》의 공손추하(公孫丑下)편의 "그러므 로 옛날 탕(湯) 임금은 이윤에게서 배우고 후에 그를 신하로 삼았기에 힘 들이지 않고 왕자(王者)가 되었고 제의 환공은 관중에게서 배우고 후에 그를 신하로 삼아 힘들이지 않고 패자(覇者)가 되었다(故湯之於伊尹, 學 焉而後臣之, 故不勞而王 桓公之於管仲, 學焉而後臣之, 故不勞而霸)."라 는 구절은 패와 왕이란 권력자가 고개 숙여 아랫사람에게 덕을 배우는 태도에서는 같은 것이나, 통치력의 범위 즉, 천하와 일개 제후국을 나누 는 언명으로 보인다. 그러나 정치력의 실체에서 왕패의 구분은 공손추 상편[123]에 보이듯 그 나라의 크기와 관계없이 마음으로 감화하여 복종하

---

123) 맹자 공손추 상: "왕도를 실천함에는 반드시 그 나라가 커야만 하는 것은 아니다. 탕왕 은 70리로 왕자가 되었고, 문왕은 100리로 왕자가 되었다. 王不待大 蕩 以七十里 文王 以百 里"

는 것이 왕도이다. 그러므로 손자의 왕패는 그 군사운용에서 백성의 지지를 받는 "도(道)가 누구에게 있는가(主孰有道, 始計篇)"에서 갈린다. 전래본에서처럼 구지(九地)의 상황을 꿰뚫고 군사적 운용 능력이 뛰어나 전승을 거둔 패왕지병(覇王之兵)이 아니다.

왕과 패의 갈림은 사오(四五)의 하나라도 모르지 말아야 하는 조건이 달려있다. 사오(四五)란 무엇일까? 전통적인 해석은 "사오(四五)는 구(九)이다."라고 하여 구지(九地)를 가리킨다. 전국시대의 문헌에 통상적인 문식(文式)으로 사오(四五)가 간혹 보인다.《육도삼략(六韜, 龍韜, 奇兵)》에 "(아군이 대형을) 사분오열로 나누어 통일하지 않은 것은 적의 (공격태세인) 원형의 진을 공격하고 (방어태세인) 방형의 진을 부수기 위함이다(四分五裂者, 所以擊圓破方也)"에서 보이는 사오(四五)는 상황에 융통성 있게 대처하기 위한 군의 편성이다. 사오가 허수인 구(九)를 지칭한다면 어쩌면 무한한 변화에 대한 궁지(窮地)의 경지에서 가능한 모든 방책을 준비하는 것이다. 그래서 궁지의 수인 구(九)를 피한 것일까? 왜 굳이 구지지변(九地之變)이라 쓰지 않고 사오(四五)라 한 것은 미궁이다.

함께 한묘에서 나온 죽간《손빈병법(孫臏兵法, 善者)》에는 사오(四五)의 수수께끼를 풀 수 있는 힌트가 있는지 모른다. "군사운용에는 사로오동이 있는데(故兵有四路五動)", 이는 4개의 접근로(Avenue of Approach)와 5개의 기동 또는 이동(Maneuver or Movement)으로 이해할 수 있다. 손빈의 사(四)는 기동 공간으로 진퇴좌우(進路也; 退路也; 左路也; 右路也) 접근로를 말하고, 오(五)는 접적이동, 후퇴이동, 좌우 우회이동, 부동의 진지 고수방어와 같은 (進動也; 退動也; 左動也; 右動也; 默然而處亦動也) 부대이동 형태로 표현되었다.

이런 관점에서 보면 구지(九地)의 사오(四五)는 네 가지 "하지 마라"와 다섯 가지 "하라"로 풀이할 수 있다. 금기(禁忌)의 사(四)는 구변(九變)

에는 없고 이후 구지(九地)에 등장한 산지(散地), 경지(輕地), 쟁지(爭地), 교지(交地)에서의 교전규칙으로 "산지에서는 싸우지 말고, 경지에서는 멈추지 말며, 쟁지에서는 공격하지 말고, 교지에서는 끊기지 마라(散地則無戰, 輕地則無止, 爭地則無攻, 交地則無絶)"였고, 이는 구변편(九變篇)에서 논했던 다섯 가지 명제 "개활지에는 숙영하지 말며, 네거리 교통 요충지에서는 우군 전력과 연합하고, 끊어진 곳에서는 머물지 말며, 포위의 상황에서는 즉시 계책을 세우며, 사지에 이르면 바로 싸우라(泛地無舍, 衢地合交, 絶地無留, 圍地則謀, 死地則戰)"에서 "절지에서 머물지 말고(絶地無留)"가 빠지고 "중지에서는 약탈하라(重地則掠)"로 대체되면서 부득이한 행동으로 바꾸어 인식된다.

　다시 정리하면 왕도(王道) 국가에서의 용병은 지형이 주는 제한이나 무력 충돌의 개연성에서 발생하는 불필요한 전투를 하지 않으며, 원정 지역에서 적과 민간을 잘 구분하고 필연적으로 싸움이 일어날 수밖에 없는 구지(衢地), 위지(圍地), 사지(死地)에서는 싸울 수밖에 없으니, 이 원칙을 하나라도 소홀히 하면 힘으로 지배하는 패도(覇道)는 이루어도 휴머니즘의 인정(仁政)이 펼쳐지는 왕도(王道)는 건설할 수 없다는 것이다. 회주본과 손교본은 일부지(一不知)에서 일(一)의 자리가 도치되어 부지일(不知一)로 표기했는데, 미묘한 차이가 있다. "일부지"는 사오라는 전체의 총괄적 의미를 모른다이고, "부지일"은 사오 중에 하나를 모른다는 뜻이 된다.

구지(九地) 22

죽간본 : 诐王霸之兵 伐大國 則亓眾不(則其眾不得聚 ; 威加於敵), 則亓交不
(不得)合 是故, 不養天下之交, 不事天下之權 伸己之私, 威加於敵 : 故其人)
可拔也, 城可隋也

왕도가 기울어 패권의 군대가 대국을 친다면 그 무리는 모이지 않고, 대적하
는 쪽으로 위세가 더해져 외교력을 모을 수 없게 된다. 그러므로 천하의 외교
관계를 키우지 않고, 천하의 권위를 섬기지 않으니, 자기 뜻만 펼치다가 위세
가 적에게 더해져 : 사람들은 없어질 수 있고 성은 무너질 수 있다.

전래본 : 夫霸王之兵 : 伐大國 則其眾不得聚 ; 威加於敵, 則其交不得合 是故,
不爭天下之交, 不養天下之權 ; 信己之私, 威加於敵 : 故其城可拔, 其國可隳

무릇 패왕의 군대가 대국을 친다면 그 무리는 모이지 않고, 적에게 위세가 더
해져 외교력을 모을 수 없게 된다. 그러므로 천하의 사귐을 다투지 않고 천하
의 권위를 기르지 않으니 ; 자신을 스스로 믿고 적에게 위세를 가한다. 그래야
그 성을 없앨 수 있고 그 나라를 무너뜨릴 수 있다.

　　죽간의 잔문(殘文)만으로는 전래본과 비교할 수 없어 아쉽다. 천하의
질서를 논하는 웅장한 내용이라 시대별로 그 세계관이 바뀌고 그 표현도
달랐을 것이다. 전국시대의 세계 질서는 제후(諸侯) 간 서열에 따라 양
(養)과 사(事)로 표현되었다. 은작산 한묘 출토《수법수령(守法守令)》13
편(十三篇, 要言)에 보이는 "큰 나라는 법제를 밝혀 인의를 가르치고, 중
간 나라는 이를 지키는 싸움으로 공을 세우고, 작은 나라는 이를 섬기게
해서 키워 안정시킨다(大國事明法制, 飭仁義, 中國以守戰為功 小國以事
養為安)."라는 말이나, 일주서(逸周書, 武紀解)에 "대국의 키움이 없고
소국이 섬기기를 두려워하면 권위의 근본이 가능치 않고 각국의 외교가
없어진다(大國之無養, 小國之畏事; 不可以本權失邦家之交)"에서 보이는

것처럼 나라의 대소관계에서 사(事)와 양(養)이 대구를 이루며 합용(合用)되어 왔음을 보여준다.

그 세계질서란 큰 자가 작은 자를 키우며 작은 자는 큰 자를 섬기는 대양소(大養小), 소사대(小事大)의 원칙에 따라 위를 섬겨(上事) 아래를 키우는(下養) 구조이다. 전래본에는 "외교를 다투지 않고 권위를 기르지 않음(不爭天下之交 不養天下之權)"은 군사동맹 관계에서의 균형자 역할이 무너진 결과의 원인을 설명한다. 죽간에 잔멸되어 보이지 않는 이 문구가 동맹 불력을 만들지 않고 패권을 섬기지 않는(不爭交, 不養權) 노자적(老子的) 충고였는지는 모르는 일이다. 그러나 자의적이게도 최근 중화권 학자들은 "외교를 키우지 않고 권위를 섬기지 않음(不養天下之交, 不事天下之權)"으로 수정했다. 여기에는 미국의 군사동맹을 비난하고 중국 외교 노선의 기조를 따른 저의가 보인다.

이런 질서에서 더 나아가 왕도가 이루어진 천하를 맹자는 다음과 같이 갈파하고 있다. 《맹자(孟子)》 양해왕 하 과인호용장(梁惠王 下, 寡人好勇章)에 "큰 나라로써 작은 나라를 섬기는 것은 하늘의 도리를 즐기는 것이요, 작은 나라로써 큰 나라를 섬기는 것은 하늘의 도리를 두려워하는 것이다(以大事小者 樂天者也 以小事大者 畏天者也)." 작은 나라든 큰 나라든 서로 섬기는 예의 바른 세계질서는 아직도 꿈으로만 남아 있다.

죽간의 "피왕 패지병(波王 霸之兵)"의 엄연히 보이는 피(波)를 피(彼)로 해독한 것은 오류이다. 죽간에 초기 예서체로 피(波)자가 등장함은 이 글자가 해체(楷體)에 처음 보인다는 종래의 학설을 뒤집는다. 피(彼)는 제2 인칭이며 후에 적(敵)을 지칭했다. 그러나 위 문구는 문맥으로 보아 왕도에서 벗어난 적의 패권적 군대를 지시하는 글자가 아니고 앞 문구와 같은 비왕(非王)으로 풀이하거나, 글자의 의미 그대로 균형을 잃고 한쪽으로 기울어진 의미의 피(波)가 정확하다. 바로 제후국 간의 왕도가 무너진 상황이다. 패(覇) 자(字)의 기원은 갑골에는 보이지 않고 서주(西周) 시대의 금문(金文)에 월령(月齡)을 표시하는 문자로 사용되었다.[124] 춘추 이전 주(周) 왕에게 제후들이 조회하면 왕은 천문을 보고 시간을 정하는 달력을 하사했다. 달력은 농사의 시작과 끝, 경작의 기술적 시제를 정하는 중요한 도구임에 제후의 맏형이 이를 받들고 나오는 그 관념적 모습이 바로 패(覇)이다. 패자가 된 제후는 제후들을 모아 맹연(盟宴)을 열 수 있었다. 그러나 전국시대에 이르러 오로지 힘으로 질서를 유지하려 함으로써 패(覇)는 타락하게 된다.

신기지사(伸己之私)는 통행본(通行本)의 표기를 따라 수정했다. 구변편 (九變篇)에서 논한 "그러므로 그 힘쓰는 일을 펼칠 수 있고(故務可伸)"처럼 [125] 전래본의 신(信)은 정현(鄭玄)의 주(注)에 "신(信)은 굴신(屈伸)의 신(伸) 과 같이 읽는 가차이다(信, 讀如 屈伸之伸, 假借字也)."라고 해석하여 신 (信)과 같이 풀이할 수 있으나, "자주적 능력을 믿는(信己之私)"은 뒤의 문장과 문맥을 잇기가 매우 어렵다. 외교가 고립되어 연합전력을 모을 수 없게 된 것은 아마도 "자기 뜻과 이익만 펼치다(伸己之私)." 얻어진 결과로 봄이 논리적이다. 그래서 세계 질서에 방종한 태도로 이웃 나라를 위협하고 외교에 불량(不養)하며 국제 질서에 불사(不事)하여 대국을 공격하려 한다면, 이런 무엄 방자한 태도는 멸망의 날이 머지않았음을 보여준다.

성가타(城可隋)와 국가휴(國可隳)의 차이는 전래본에 스케일이 커진 것뿐 의미는 유사하다. 타(隋)는 희생을 잡아 발린 고기를 제사 후 남은 것이고[126] 전국시대에 육식자(肉食者)들의 전쟁에서[127] 잡힌 적군의 고기

---

124) 오치아이 아츠시(落合淳思), 〈甲骨占卜の 問答形式〉The dialogue form of oracle bones inscriptions, 2007

125) 구변 5.

126) 隋, 古代祭禮用的殘肉과 殘食 〈說文〉"裂肉也"

127) 작전 4 因糧於敵, 군쟁 10 "좌전 장공 10년 제후들은 서로 적병의 고기[人肉]를 먹으려 전쟁을 일으켰다. 전쟁을 일으키는 것은 귀족층으로 백성들은 이들을 육식자

라는 끔찍한 어원을 가지고 있다. 화공편(火攻篇)에는 불타기공(不隳其功)으로 승리 후 정치적 조치를 논하고 있다.[128] 수(隋)는 성을 탈취당하고 거주민과 저항세력이 적의 먹이가 된 상황이다. 전래본에 좀 더 문명화된 휴(墮)로 바꾸고, 전국시대에 성(城)은 하나의 국가이므로 후세에 국으로 교정되었을 것이다. 휴(墮)를 타(墮)로 읽을 수 있으나 "스스로 게을러 훼손되다"의 의미가 있는 휴가 적합하다. 휴(墮)는 무력수단에 의하지 않는 세상의 자연적 성쇠에 의한 몰락과 같은 도가적 세계관의 단어이다.[129] 휴(墮)와 휴(墮), 수(隋)는 고어에서 훼(毁)와 음이 같아 통가자로 쓰였다.[130] 죽간에 잔멸되어 알 수 없는 가발(可拔)의 목적어는 죽간에는 성(城)이 아님은 그다음 구절에 성가수(城可隋)가 등장하므로 알 수 있다. 즉 인(人), 성(城), 국(國), 천하(天下)로 점증하는 단계에서 인(人)으로 추정할 수 있다. 이는 모공편의 문식(文式)과도 맞는다.[131]

구지(九地) 23

죽간본 : 无法之賞, 無正之令, 犯三(軍之衆, 若使一人 犯之以事, 勿告以言;

라 불렀다. (左傳, 莊公十年, "其鄕人曰 肉食者謀之 又何間焉?)"

128) 화공 6.

129) 老子 道德經 29장 "故物 或行或隨 或歔或吹 或强或羸 或載或隳 그러므로 이 세계의 실상은 가기도 하고 따르기도 하고, 강하기도 하고 시들기도 하고, 오르기도 하고 떨어지기도 한다."

130) Baxter-Sagart Old Chinese by MC initial, final, and tone, 2011 page 172, 隳 xjwie(destroy), 墮 xjwie(destroy), 隋 xjwieH (shred sacrificial meat)

131) 모공 4, "故善用兵者 屈人之兵而非戰也 拔人之城而非攻也 破人之國而非久也 必以全 爭於天下"

犯之)以害, 勿告以利

법에 없는 상, 방침에 없는 명령으로 삼군의 무리를 사로잡아 한 사람을 쓰듯 한다. 하는 일을 어기고 말로 고하지 않는다; 위험(害)을 과장해 보여 행하고 (그 속에 있는) 이로움을 말하지 않는다.

전래본 : 施無法之賞, 懸無政之令. 犯三軍之衆, 若使一人 ; 犯之以事, 勿告以言 ; 犯之以利, 勿告以害

전통해석 : 법에 없는 상을 내리고 방침에 없는 영을 내세워 건다. 삼군의 무리를 씀에 한 사람을 쓰듯 한다; 일로서 이를 쓰고 말로 고하지 않는다; 이를 쓰는데 이익으로 하고 해로써 고하지 않는다.

구지(九地)의 상황에서 병력운용 프로세스를 준열한 어조로 말한 명문이다. 그 프로세스는 역설적이다. 프로세스란 무엇인가? 딛고 다음 단계로 넘을 수 있는 사다리와 같은 것이다. 그것은 논리를 근거로 하지만, 사지(死地)에 빠진 군대에는 역발상이 필요하기도 한다. 이것은 마지막에 방향을 제시하는 탑과 같다. 프로세스는 당장 일어나는 일이 아니며, 결과를 주목받지 않는 기미(幾微)를 만드는 것이다. 공동체의 어려운 운명을 피할 수 없다면 미리 역수(逆數)를 취해 혼돈에 맡기는 것 역시 손자의 일관된 주장이었다.

후세에 문장에 첨가된 시(施)와 현(懸)은 불필요한 사족 같다. 오히려 문장의 강렬한 힘을 반감시킨다. 또한 "법을 시행하고 명령을 내건다(施法懸令)"거나 "명령을 시행하고 법을 내건다(施令懸法)" 그리고 "법을 내 걸고 상을 베푼다(懸法設賞)."와 "법을 시행하고 방침을 내건다(施法懸政)" 등은 후세에 번쇄한 논쟁만 있었을 뿐 구지(九地)의 상황 프로세스에 도움을 주지 못했다. 이런 문식의 가장 오래된 사례는 전국 시대의

《문자(文子, 精誠)》에 보이는 데 "법을 내걸고 상을 베푸는 것으로는 쉽게 풍속을 바꿀 수 없는 것(懸法設賞而不能移風易俗者)"이라는 말처럼 현(懸)은 법(法) 자와 더 어울린다.

《설문해자》에 "범(犯)은 침(侵)이다(犯, 侵也)."라고 풀이되어 있으나, 《이아(爾雅)》 석고(釋詁)에는 범(犯)을 "사치하고 과장하며 오만함(奢), 생각한 대로 하는(果), 함부로 하는(毅), 겨루어 이기는(剋), 빠르게 지름길로 가는(捷), 무거운 짐을 견디어(肩), 이기는(勝也)" 등의 의미가 있는 동사라고 기록되어 있다. 이러한 범(犯)이라는 글자의 다의성은 해석을 여러 갈래로 나누는 것이 아니라 더욱 분명한 뜻으로 수렴해가는 미묘한 매력이 있다.

죽간의 문장은 이러한 범(犯)의 기능을 잘 살려 기술되었다. "범지이해, 물고이리(犯之以害, 勿告以利)"를 음미하면 "위험(害)을 과장해 보여 행하고 그 속에 있는 이로움을 말하지 않는다."로 위기 속에 몸을 던진 상황을 다른 생각 없이 받아들이는 것이다. 그러나 전래본은 이해(利害)가 전도되어 "범지이리, 물고이해(犯之以利, 勿告以害), 이익을 과장해 보여 그 속에 있는 해로움을 말하지 않는다."로 상황과는 괴리되고 말았다. "범삼군지중(犯三軍之衆)"은 어려운 상황을 돌파하기 위해 장수에게 무한한 행동의 자유를 부여한다. 범(犯)은 전투에서 독트린에 얽매여 교조적이지 않고 원칙의 상위에 있는 초월적 행위이다.

이 왜곡의 원인은 조주본(曹註本)과 송본(宋本) 11가주에 조조가 위 문장의 범(犯)을 "사용" 또는 "운용"의 의미인 용(用)으로 해석하여 "~을 쓰는 것"으로 전래하고 전통적 해석으로 자리 잡았기 때문이다.[132] 훈을 용(用)으로 하면 문장의 풀이는 무난하다. 그러나 이렇게 기판력(旣判力)에 의해 왜곡된 문맥은 이어지는 극한의 상황인 "멸망의 땅에 보낸 후 살아남고, 죽음의 땅에 빠진 후 살아난다(苙之亡地然後存, 陷之死地然後生)."

---

132) 宋本 11家註, "曹操曰 犯 用也 言明賞罰雖用衆若使一人也"

는 구지(九地) 상황의 대표 명제와 어울릴 수 없게 용(用)이라는 글자는 안이하다. 리러이(李樂毅)의 《한자연변》에는 용(用)은 용(甬)의 본래자로 큰 종(鍾)이며 부피를 재는 기구로 설명한다. 이것은 질서와 규제의 틀 안에서의 사용을 의미한다. 그러므로 어려운 사지의 상황의 막다른 부대 운용에서 범(犯)을 용(用)으로 훈(訓) 한 것은 오류이다.

위 문장의 풀이를 위한 고전적 근거(Locus Classicus)는 《여씨춘추(呂氏春秋, 聽言)》에서 찾아볼 수 있다. 상황의 한계를 돌파하기 위해 범(犯)할 수 있는 어떤 규제나 상식을 전국시대의 《전적(典籍)》은 이렇게 논하고 있다. "공은 이름을 앞세우고, 일은 공을 앞세우며, 말은 일을 앞세운다(功先名, 事先功, 言先事)."를 보듯이 그 프로세스는 언(言) → 사(事) → 공(功) → 명(名) 순이다. 그러나 절명(絕命)의 상황에서 중의(衆意)를 물을 수 없다. 더는 말이 필요 없다. 이것은 외로운 리더가 마음속에 외치는 상황에 대한 가장 깊은 곳에 자리 잡은 침묵의 레토릭이었다.

구지(九地) 24

죽간본 : 茅之凶地然后存, 陷之死地然後生. 夫衆陷於害, 然后能於敗為(勝. 故為兵之事, 在慎詳敵之意, 幷力一向, 千里殺)將, 此胃巧事

망자의 땅에 보낸 후 살아 돌아오고, 죽음의 땅에 빠진 후 살아난다. 무릇 무리는 위해(危害)한 곳에 빠진 연후에 능히 패배를 승리로 할 수 있다. 그러므로 군사운용은 적의 의도를 신중하고 자세히 살펴 노력을 한 방향으로 집중하면 천 리의 적장도 죽이니, 이를 교묘한 일이라 말한다.

전래본 : 投之亡地然後存, 陷之死地然後生. 夫衆陷於害, 然後能為勝敗. 故
為兵之事, 在順詳敵之意, 并敵一向, 千里殺將, 是謂巧能成事

멸망의 땅에 던져진 후 살아남고, 죽음의 땅에 빠진 후 살아난다. 무릇 무리는
위해(危害)한 곳에 빠진 연후에 능히 승패를 이룬다. 그러므로 군사운용은 적
의 의도를 따르는 척하고, 적의 (의도를 따라) 나란히 한 방향으로 하면 천 리
의 장수도 죽이니, 이를 교묘한 능력으로 일을 성취한다고 이른다.

한나라 창업 후 한 세대가 지난 기원전 168년, 서한 문제(文帝) 12년,
초(楚)와 제(齊)의 유생들은 망국의 한을 달래며 초나라 대부의 아내였던
장사국(長沙國) 신(辛) 부인 무덤의 문을 닫았다. 그리고 희미한 망국에
대한 설움을 하나의 악기로 달래었다. 36개의 관을 둥근 바가지에 꽂은
복잡하고 교묘한 이 악기를 다룰 수 있는 사람은 제나라 출신 중 극소수
였다. 이 악기의 이름은 우(竽)였다.[133] 묘역을 나와 대부들은 싸움이 급
한 남월(南越)이라는 구지(九地)를 향해 구의산(九疑山)을[134] 넘으며 북으
로는 가을빛이 가득한 장사(長沙) 너머 초강(楚江)이 갈라지는 동정호의
서쪽을 바라보았다.[135]

전래본과 11가주의 장황한 해석은 "멸망의 땅에 던져진 것(投之亡地)

---

133) 竽는 전설로만 전해졌지만, 실물이 1972년 湖南 長沙 東郊 1호 묘에서 출토되었다.
수많은 죽간과 帛書로 유명한 마왕퇴(馬王堆)의 한묘이다. 1973~1974년 2호, 3호 묘의 발
굴이 계속되어 출토된 인장을 근거로 史記와 漢書에 기록이 있는 漢惠帝 2年(기원전 193)
죽은 長沙國 丞相 利倉(2호묘)과 그의 가족(1, 3호 묘)의 분묘로 밝혀졌다. 竽가 출토된 1호
묘는 漢文帝 12年 (기원전 168)에 매장된 利倉의 처 辛追와 자식의 묘이고, 3호묘는 利倉의
후계자인 利豨의 묘이다. 장사국(기원전 202년~기원전 157년)은 서한이 건국될 당시 공로
가 많았던 8명의 제후 중 한 사람인 초나라 재상의 후에 오예(吳芮)가 장사국에 봉해지면서
성립된 번국이었다.
134) 九疑山(1,985m)은 모택동에 의해 九嶷山으로 개명되었다. 구의산이 표시된 군사 지
형지도가 마왕퇴 한묘에서 발견되었는데 군대의 배치를 그린 주군도(駐軍圖)는 약 구만분
의 일 축척이다.
135) 李白의 詩, 遊洞庭, 洞庭西望楚江分(동정서망초강분) 水盡南天不見雲(수진남천불견
운)日落長沙秋色遠(일락장사추색원) 不知何處弔湘君(부지하처조상군)

이 아니었던가?[136] 우(竽)는 우(芋)로 통용되었다. 죽간에 우지(芋之)로 출토된 것에 많은 손자 연구가들이 당황했던 것 같다. 우(芋)는 대부분의 중국학자는 문리에 맞는 투(投)로 보거나 전국시대에 제나라에서 발음되었을 것이라고 여겨지는 민남어(閩南語, Min Dialect)에서[137] 보이는 후음(喉音)의 전이현상 탓인 우, 쿠, 투의 혼용에 의한 통가자(通假字)로 보고 있으나 고대 중국어 연구 보고에서 이 두 글자의 고음은 다르다.[138] 일설에는 우(芋)와 투(投)가 한예체(漢隸體)의 필법으로 자형이 비슷하여 오기된 것이라고 하나 그 근거가 미약하고 둔사(遁辭)이다.

　마왕퇴(馬王堆) 한묘에서 출토되어 전설로만 전해 오다 그 실체가 드러난 우(竽)는 죽은 자를 위한 진혼곡을 부는 악기였다. 우(竽)는 망자와 함께 무덤에 묻혔다. 죽은 자의 영성은 혼(魂)과 백(魄)으로 나뉘어 혼은 49일, 백은 3년간 지상에 체류한다.[139] 이를 도우려고 망자를 위한 화음(和音)이 필요했다. 죽음의 현현(玄玄)한 곳에서 혼을 되돌리는 방법을 《포박자(抱朴子, 內篇, 論仙)》에는 "죽음의 땅에 던져져 외로운 혼이 지경에 끊겨 해골이 드러나 야지에서 썩는다(投之死地, 孤魂絕域, 暴骸腐野)."라는 말로 인간의 실존을 설정하고 그 귀환의 희망으로 그러나 "화음을 통해 신선으로 되돌린다(和音反仙)."라고 도가의 황허(黃虛)들은 말하고 있다. 그러므로 "망자를 보내는 우의 연주 후에 살아남고 (芋之亡地然後存)"라는 해석은 자연스럽다.

---

136)　구지 9. 갈 곳이 없는 곳에 내던져지게 한 "投之無所往" 후의 상황
137)　현재 푸젠(福建)과 타이완에서 쓰이는 중국어 방언. 五胡十八國의 발호를 피한 晉의 남천 일명 "衣冠南渡" 이전에 산동 지역에서도 사용된 것으로 믿어진다. 참조 : "The Chinese dialects: phonology", in Thurgood, Graham; LaPolla, Randy J. (eds.), The Sino-Tibetan languages, Routledge, pp. 72 - 83
138)　Baxter-Sagart Old Chinese by MC initial, final, and tone, 2011: page 46 竽의 고음 hju, page 21 投 고음 duw
139)　The Deities(神仙傳) by Ge Hong(葛洪)

우(竽)는 멸망의 땅으로 장송(葬頌)하며 되돌아오는 환생(還生)의 희망을 품고 있다. 그래서 한비자(韓非子)는 늙음을 푼다는 해로(解老)에서 "우(竽)라는 것은 오성의 으뜸이다(竽也者, 五聲之長也)."라는 의미심장한 말을 한다. 우(竽)의 연주는 《손자병법》의 요람인 제나라 궁정에서 유행했는데 제(齊)의 선왕(宣王)은 항상 300명의 악사를 동원해 이 악기를 합주했으니, 실력이 없는 우(竽)악기의 연주자가 여러 악사 틈에 끼어들어 머릿수만 채운다는 즉, 재능이 없는데 그 지위에 있는 것을 뜻하는 남우충수(濫竽充數)라는 고사성어가 생겨나기도 했다. 우는 삼국시대에 한반도에도 전래하여 "생황"이라는 이름으로 17개의 죽관(竹管)을 가진 모습으로 변형되었다. 생황 역시 동시에 여러 음을 낼 수 있기 때문에 국악기의 관악기 중 유일한 화음(和音) 악기이다. 13관을 꽂은 것은 "화(和)"라 하고, 36관을 꽂은 것을 "우(竽)"라 하는데 화와 우의 악기 제조법과 연주법은 사라지고 현재는 오직 17관의 생황만 사용했으나 최근에 다양하게 변형된 24관도 보이고 있다.

존(存)과 생(生)은 요즈음의 강자존(强者存) 약자생(弱子生)의 풀이로 이해할 수는 없다. 존(存)은 혼(魂)과 생(生)은 백(魄)과 어떤 인과 관계가 있는지는 더 많은 전적(典籍)을 읽는 독자라면 신비한 기쁨을 줄 것이다. 손자는 구지의 끝인 사지(死地)에서 심신의 균형 있는 부활을 표현하는데 존(存)은 곧 형(形), 생(生)은 곧 세(勢)로 인식하도록 독자를 몰아간다. 이어서 존(存)은 허(虛), 생(生)은 실(實)과 서로 내응하는 암시를 준다. 形 → 存 → 虛는 勢 → 生 → 實과 서로 상응하고 순환하기 때문이다. 그래서 형세(形勢)와 실허(實虛)로 적에 대한 상세하고 부단한 응시(鷹視)를 요구한다.

죽간에 비록 보이지 않지만 이어지는 문구에 이에 문맥에 맞는 신(愼)자를 넣어 "적의 의도를 자세하고 신중히 살펴(在愼詳敵之意)"로 풀이할 수 있는 여지를 준다. 신(愼)이 다른 전적(前籍)에 순(順)으로 바뀐 사례가 많이 보이기 때문이다.[140] 통행되는 전래본은 "적의 의도를 따르는 척하고(在順詳敵之意)."로 바뀌어 있는데, 이 때문에 논쟁의 여지가 있는 연쇄적 오류가 발생했다. 이 문장의 전통적 해석은 조조의 주(註)에 따라 상세할 상(詳)을 거짓 양(佯)으로 해석한 것이다.

조조(曹操)는 상(詳)을 양(佯)으로 보아 "양이란 속여 놀리는 것이다. 다르게 말하면, 적이 진격하면 항복한 척 퇴각하고 적이 돌아가려 하면 공격을 개시한다(佯, 愚也 或曰 彼欲進, 設伏而退; 彼欲去, 開而擊之)." 라고 위 문장을 해석했다. 이에 따라 후세 11가주 대부분은 이를 심화시켜 이전(李筌)은 "적이 공격하려 하면, 아군은 기다려 방어하고, 적이 싸우려 하면, 아군은 기책으로 대비한다. 항복할 듯 후퇴하여 이익으로 유인하고, 적이 원하는 바를 대개 따른다(敵欲攻, 我以守待之; 敵欲戰, 我以奇待之. 退伏利誘, 皆順其所欲)."라고 했고, 두목(杜牧)은 "무릇 적의 의도를 따른다는 것은, 대개 아군이 적을 공격하려는 말이니, 그 약점을 보이지 않고, 흔적을 막고 형세를 감추어, 적이 그 행동하는 바를 따라 경계하지 않게 한다. 적이 강한 척 아군을 가볍게 여기면 아군은 즉시 겁먹은 듯 엎드려 보인다. 이것이 적의 강함에 따르는 것이고 그 전의를 교만하게 하여 후에 나태한 적을 공격하려 함이다(夫順敵之意, 蓋言我欲擊敵, 未見其隙, 則藏形匿跡, 敵人之所為, 順之勿驚. 假如強以陵我, 我則示怯而伏, 且順其強, 以驕其意, 候其懈怠而攻之)."라고 하여 손자의 본의와는 달리 적에게 순(順) 한다는 의미로 해석했다.

장예(張預)는 "적이 전진하려 하면 즉, 전진 명령으로 유인하고 적이

---

140) <鶡冠子, 著希> "故觀賢人之於亂世也 其愼勿以為定情也" 陸佃註 "愼勿 一作 順勿" <文子, 上仁> "使之時而敬愼之" <淮南子, 道應> "使之時而敬順之" <呂氏春秋, 勿躬> "百官愼職, 而莫敢愉綖" 高誘注: 愼 一作順 <戰國策, 燕策二, 昌國君樂毅為燕昭王合五國之兵而攻齊> "執政任事之臣, 所以能循法令, 順庶孽者, 施及萌隸, 皆可以教於後世" <史記, 樂毅列傳> "執政任事之臣, 脩法令, 愼庶孽, 施及乎萌隸, 皆可以教後世"

후퇴하려 하면 즉, 후퇴 명령으로 군을 느슨히 하여 복병을 놓아 기습으로 잡는다. 다르게 말하면, 적이 의도하는 바가 있다면 그 의도에 따라 주어 교만하게 하고 뒤에 계획을 남겨 놓는 것이다(彼欲進, 則誘之令進; 彼欲退, 則緩之令退, 設奇伏以取之. 或曰 敵有所欲, 當順其意以驕之, 留爲後圖)."라고 하여 이전, 두목, 장예 등과 같이 "순(順)"의 역할을 적에게 속아주는 "양(佯)"을 위한 것으로 풀이했다. 매요신(梅堯臣)은 더 엉뚱하게 순(順)과 양(佯)의 관계를 분리해서 "겁먹은 척, 약한 척, 혼란한 척, 패배한 척하여 적이 가볍게 오게 한다……. 이것이 능히 적에 따라 승리를 얻는 것이고 기교이다(佯怯, 佯弱, 佯亂, 佯北, 敵人輕來 …… 能順敵而取勝, 機巧者也)."라고 하여 도대체 손자가 말하는 적의 의도와는 아주 멀어졌다.

그렇다면 전래본의 뒤에 이어지는 병적일향(幷敵一向)은 의심스러운 문구가 된다. 조조는 병(幷)에는 병향(兵向)이 함의된 의미라고 보았고 순상(順佯)의 방법론으로 하되 이를 "속아주는 것(順佯)"으로 풀이했다. 그런데 사고본(四庫本)에 병적(幷敵)이 병력(幷力)으로 표기된 것은 주목할 만하다. 병력일향(幷力一向)은 뒤틀린 전체 문맥을 순화시킨다. 본래의 의미가 적을 속여 따라 하는 척하는 것이 아니라, 적을 세밀히 관찰하는 것이라면 그다음은 분명 정확한 적 정보를 가지고 힘을 집중할 수 있기 때문이다.

구지(九地) 25

죽간본 : 是故, 正與之日,　　　　　　　　　　無通其使; 厲於朗上, 以

정(正)은 정(政)으로 통용되나 전국시대에는 정벌(征)의 뜻으로 쓰였다. 갑골문은 적의 방어선 앞에서 발이 정지한 모습을 상형하고 있다. 그러므로 정(正)은 전쟁을 일으키는 주체이고 전쟁을 기획하는 쪽을 지칭한다. 정(正)은 정(征)의 본래자이다. 아마도 조주본 이후로 추정되지만 전래본에 정(政)으로 바뀌어 해석의 큰 차이가 생겼다. 죽간본에 보이는 소박한 전투 전 의식은 국가의 전략적 거대 담론으로 흐르고 만다.

전래본에 보이는 이관절부(夷關折符) 이하 6자는 죽간이 잔멸(殘滅)되어 알 수 없다. 이 문구가 있었을 것으로 추정되는 죽간 132행은 133행과의 사이에 약 20여 자가 들어갈 수 있는 공간이 있다. 일설에는 죽간 발굴 시 착란된 행간의 배열 실수로 132행은 131행의 하단부이며 132행은 잘못으로 추가된 행으로 보고, 이를 근거로 만약 이 "이관절부"라는 문구가 들어가면 죽간 하나의 최대 자수인 34자를 초과하므로 죽간에는 애초에 이 문구가 존재하지 않았다는 주장이 있다. 그러나 11가주에는 죽간에 빈 20여 자를 채울 수 있는 합리적인 문구들이 보이는 데, 매요신(梅堯臣)의 "擧政之日 滅塞道梁 斷毀符節 使不通者 恐泄我事也"와 장예(張預)의 "廟算已定 軍謀已成 則夷塞關梁 毀折符信 勿通使命 恐泄我事

也"를 잘 조합하면 "正與(之日 廟算已定 軍謀已成 滅塞道梁 夷關折符 無通)其使"와 같이 쓸 수 있다. 즉 "전쟁을 일으키는 날, 승산은 이미 정했고 작전 계획은 이미 만들어졌다. 길을 막고 다리를 부수고 관문을 폐쇄하며 통행증을 찢어 사신을 통과시키지 않는다."로 가설하여 논리적인 풀이가 가능하다.

이관(夷關)이란 관문의 기능을 죽이는 것이다. 조조(曹操)는 "계획이 세워지면, 관문을 폐하고 통행증을 잘라 사신을 통과시키지 않는다(謀定, 則閉關以絕其符信, 勿通其使)."라고 말한다. 위 문장 전체에 흐르는 분위기는 기밀(機密)의 적막감이다. 관문을 막아 버리고 소식을 끊는 것이 전쟁의 징후라고 보는 것은 단순하다. 징후(徵候, Indication)란 "적이 어떠한 작전방침의 채택 여부를 표시하는 적의 적극적 또는 소극적 행동의 흔적이나 표시, 근거"라고 한국군 야전교범에는 기술되어 있다. 적과 더는 교섭하지 않는 것이 전쟁의 징후라고 보기 어렵다. 이것은 다음에 적인개궤(敵人開闔) 필극입지(必亟入之) "적의 중심 시가(市街) 문을 열면 반드시 신속히 들어간다."로 이어지는 문장의 문맥과도 맞지 않는데, 이는 피아간의 물리적 통행은 그대로 두고 전쟁 기획을 비밀리에 해야 함을 말한다.

려(厲)는 손교본에 려(勵)로 표기되어 전래해 온 다른 통행본의 전통적 해석을 뒷받침해 왔다. 이는 낭묘지상(廊廟之上)의 모습을 조정에서 전쟁을 의논하고 그 당하(堂下)의 회랑에서 군대를 격려한다는 뜻으로 그렸기 때문이었다. 최근의 풀이도 이에 대한 이론을 제기하지 않는다. 또한 육도(六韜, 龍韜)에도 편명에 "려군(勵軍)"이 표현되고, 《오자 병법(吳子)》에 역시 "려사편(勵士篇)"이 보인다. 뜻을 더 깊이 하려다 미궁에 빠진 것이 아닐까? 강희자전에는 "칼을 가는 것"을 려(厲)라 하여 보다 다른 뜻이 있음을 제시할 수 있게 해 준다. 아울러 나라에서 시제를 올리며 모시는 일곱 신의 하나를 이르던 말로 "려귀(厲鬼)는 제후(諸侯) 중에서 자식 없이 죽은 자로, 죽은 후에 살벌(殺罰)을 맡아 다스린다."고 전해지고 있다.[141] 즉, 전쟁이라는 흉한 일을 고하는 대상으로 더욱 주술적 의미가 있다. 그러므로 려(厲)의 허락을 얻어 그 살육의 책임을 적에게 묻는 "이주기사(以誅其事)"라는 문구가 자연스럽게 올 수 있다.

전래본에서 려(厲)가 려(勵)로 바뀐 것은 《주역》에 심리적 배경이 있는지 모른다. 귀신을 멀리하고 인간적 노력을 중시하는 명석한 표상만을 가져야 하기에, 《주역(周易)》의 건위천(乾爲天)에는 "려(厲)"에 매력적인 상상을 이끄는 표현들이 보인다. 구삼(九三)의 효사(爻辭, 괘를 설명한 가르침)에 "군자가 종일 열심히 일하고, 저녁이 되었어도 그 일을 걱정하고 두려워하니 어렵고 위험하다 하여도 허물이 없다(君子 終日乾乾 夕惕若 厲 无咎)."에서 처럼 려(厲)는 "어렵고 위험한 것"이다. 구삼(九三)은 양효(陽爻)가 삼(三)이라는 양위(陽位)에 있어 양강(陽剛)이 겹치니 중정(中正)을 벗어나고 내괘에 가장 위에 있어 위험한 지위이다. 즉, 명령을 받아 전투에 임하는 군인의 위치이다. 그래서 당상이아닌 당하의 행랑(廊)에서 부복하여 있다. 랑의 본래 의미는 그것이 종묘이든 조정이든 그 당하의 회랑을 의미한다. 랑(郎)은 무엇일까? 자형은 갑골문에 중앙의 정자를 중심으로 상하로 뻗은 회랑의 모습이다. 죽간에 써진 자체(字體)는 소전(小篆)과 예서(隸書)의 중간 과도기의 것인초기 예체(隸體)이다.

---

141) 厲鬼, 林素娟(Lin Su-Chuan), 成大中文學報 第十三期 <先秦至漢代禮俗中有關厲鬼的觀念> 에서 논한 여귀, <禮記, 祭法> 有關王爲群姓立七祀 諸侯爲國立五祀 大夫立三祀 其中分別提及祭 泰厲, 公厲, 族厲 鄭玄指出 厲主殺罰 孔穎達進一步解釋 : 泰厲者 謂古帝王無後者也 此鬼無所依歸 好爲民作禍 故祀之也. 公厲者 謂古諸侯無後者 諸侯稱公 其鬼爲厲 故曰公厲. 族厲者 謂古大夫無後者鬼也 族衆也. 大夫衆多 其鬼無後者衆 故言 族厲

구지(九地) 26

죽간본 : 適人開闛, 必亟入之, 先示所愛, 微與(之期, 踐柋隨敵, 以)決戰事

적이 시가 문을 열면 반드시 신속히 들어가, 먼저 그 중심(전쟁 지도부)에서 아끼는 바를 (점령 통제하고) 기회를 주지 않고, (말없이 적의 의도를 보고) 결정적 전투를 벌인다.

전래본 : 敵人開闔, 必亟入之, 先其所愛, 微與之期, 踐墨隨敵 以決戰事

적이 문을 여닫는 사이 반드시 신속히 들어가 먼저 그 사랑하는 바를 기약 없이 주며, 조용히 적의 의도대로 따르다가 결정적 전투를 벌인다.

　개궤(開闛)와 개합(開闔)의 차이는 문장이 전래한 진실성을 떠나서 전래본이 가진 대중의 호감을 외면할 수 없게 만든다. 수 세기 동안 손자의 독자들은 삶을 고찰하면서 그 민지고(民之故, 백성이 겪은 경험) 안에 이미 전설이 돼버린 영웅들의 이야기가 유한한 존재인 자신들의 내밀한 뿌리가 되길 바랐을 것이다. 이러한 전래본의 변이 과정을 허구망조(虛構妄造)로 비난할 수 없다.

　궤(闛)는 《설문해자(說文解字)》에 "시장의 바깥 문(市外門也)"이라 정의하고 《단옥재(段玉裁)》는 삼국시대에 손권의 막하에 있는 문사 설종(薛綜)이 《서경부(西京賦)》에 주(注) 한 것을 인용하여 "환은 시가를 둘러싼 담이고 궤는 가운데 격문이다(闤, 市營也; 闛, 中隔門也)."라고 말하고 있다. 유목(劉陸) 또한 촉나라의 수도를 묘사한 촉도부(蜀都賦)에서 "환은 시장통 거리이고 궤는 시 안팎의 문이다(闤, 市巷也; 闛, 市外內門也)."라고 기록하고 있다. 그렇다면 죽간에 보이는 궤는 도시의 핵심시설로 통하는 문으로 여겨진다. 그 문안은 군을 지휘 통제하는 결정적 표적이 있는 곳이다.

그러나 조조(曹操)는 완전히 요새화된 누각(門)인 궤(闠)를 문을 닫는 합(闔)으로 변화시켜 "적에 틈이 있으면 당연히 급히 들어간다(敵有間隙, 當急入之也)."로 풀이하고 궤합(開闔)을 어떤 허점이 발생할 수 있는 여건으로 보았다. 이전(李筌)은 적의 성문이 열리고 닫히는 기회로 보아 "적이 문을 언제 여닫을지 모르니 반드시 신속히 와야 한다(敵開闔未定, 必急來也)"라고 하고, 맹씨(孟氏) 역시 "여닫는 것은 틈새이다. 틈이 생기면 즉시 질주해 들어간다(開闔, 間者也, 有間來, 則疾內之)."하고 풀이한다. 부단한 전장 관측과 적에 관한 연구를 강조하고 있다.

이런 해석의 측면에서 궤(闠)는 전곽의 구조와 도시 설계를 말하는 공간이고 합(闔)은 그 기능을 움직이는 시간이다. 죽간에 궤가 어찌하여 전래한 통행본에 합으로 쓰였는지 명쾌한 해석을 찾아보기는 어렵다. 다만 글자의 형태가 비슷해 오기된 것이라는 연구가 보인다. 대개 개(開), 벽(闢), 궤(闠), 합(闔), 관(關), 문(聞), 폐(閉)와 같은 글자는 한적(漢籍)을 서로 필사하는 과정이나 주(註)를 달며 뜻이 오해되는 경우가 흔했다. 특히 《여씨춘추(呂氏春秋)》,《사기(史記)》,《회남자(淮南子)》에서 많은 글자의 혼동을 정리해 가는 예에서 보여 주듯이 《진한지제(秦漢之際)》를 지나 종이의 개량이 급속히 이루어지면서 후한에 이르러 죽간의 고대 전적이 빠르게 종이로 필사되는 과정의 실수라고 추측할 수 있다.[142]

하지만 여기 궤(闠)가 합(闔)으로 변이된 것에는 창의적인 고의성이 보인다. 문장의 완성도를 상대성과 양단의 통합으로 보는 사유에서 합은 천과 대비를 이루려 가공된 것이 아닐까? 춘추 말기에 있었던 사건인 오왕(吳王) 합려(闔閭)와 월왕(越王) 구천(勾踐)의 복수전은 와신상담(臥薪嘗膽)이라는 고사로 인구에 회자했다. 합려의 죽음에서부터 시작하여 그

---

142)　陳舜臣, Paper Road, (紙の道, Kami no Michi) 1997

의 아들 부차(夫差)와 구천의 치열한 인간 드라마는 정념에 불타는 인간 군상의 구지(九地)였고 궁지(窮地)에서 살아남은 인간의 집요한 악마성을 가차 없이 보여준다.

구천의 복수를 위한 준비와 행동은 위 문장에서 합(闔)과 천(踐) 사이에 그대로 드러나고 있다. 즉 "반드시 신속히 들어가 먼저 그 사랑하는 바를 기약 없이 주며, 조용히 적의 의도대로 따른다(必亟入之, 先其所愛, 微與之期, 踐墨隨敵)."는 것이다. 온갖 치욕을 참고 아름다운 처녀 서시를 부차에게 바쳐 기약도 없이 적의 의도대로 움직여 말없이 때를 기다렸다.

오왕 합려는 사마천의 주장으로 주지하다시피 손무(孫武)가 복무했던 사람이다. 그가 오나라의 멸망(BC 473)을 눈으로 지켜보았는지는 알 수 없다. 위 문장이 죽간에 개궤(開闠)로 쓰여 있는 것은 아마도 세월의 차이로 오·월간의 격렬한 복수전을 인지하지 않았기 때문일 것이다. 죽간은 그러므로 특정 사건이 아니라 보편적 전술 상식과 방책을 기술하고 있다.

조조가 개합(開闔)을 "적의 틈새"로 풀이하고 후에 주석가 들이 이렇게 인식하도록 한 것은 탁월하다. 특히 적의 중심(重心, COG)을 중심(中心, Center)으로 연역할 수 있다면, 그 사랑하는 바(所愛)를 중심에 앉히는 것은 절묘하다. 북한의 전략 중심의 그 사랑하는 바가 "핵무기"라면, 그 틈새가 무엇인지 부단히 주시해야 한다. 그러나 적의 화력을 공격하는 대화력전 수단은 실시간 정보와 연계되지 않고는 무용지물이다. 화력과 기동이 통합되어 끊임없이 움직이는 북한군의 화력 원점이 지하 요새를 중심으로 어떠한 시간과 공간의 틈새로 나타나는지 연구해야 한다. 북한 역시 남한의 개합(開闔)인 진보와 보수 사이의 틈을 뚫고 끊임없이 이간시킨다. 전사(戰史)에서 대부분 전술공격은 간극을 따라 시행되었다. 한국전쟁에서 중공군의 작전기동 역시 부대 간의 틈을 비집고 고요히 적을 따라 (踐墨隨敵) 진행되어, 한국군과 UN군의 전투지경선의 틈으로 스며들어 소리없이 압록강을 넘어 청천강 남안까지 빠른 속도로 도달한다.

구지편은 손자의 13편 중 가장 길고 인간적 고뇌와 애환이 담겨있다. 무대에 올려진 극적인 연출들은 천(天)-지(地)-인(人) 삼재(三才)가 녹아들어 있고 형세(形勢)와 실허(實虛)을 반복 학습시킨다. 그 배경은 반듯하여 방(方)이니 바로 지상의 모습이며 궁지(窮地)에 몰려도 의연한 숭모하고 싶은 인간의 태도이다. 전래한 손자(孫子)는 그 인간 드라마의 마지막 문장에서 춘추전국 시대의 상황을 공감하고 역사를 바로 현실에 도입하도록 독자를 상황극으로 안내한다. 이 극장의 문이 열린 것을 인식한 관객이라면 바로 남중국의 정열적 복수극에 연출된 프로그램의 인물들을 살피게 된다. 출렁이는 초강(楚江)의 지류에서 물을 긷고 빨래를 하는 땔나무 장수의 딸 절세미인 서시(西施), 그 전형적인 팜므파탈(Femme Fatale)을 볼 것이고, 더 예민한 독자, 고전의 독서광들은 오월춘추 구천 음모외전(吳越春秋, 勾踐陰謀外傳)에 나오는 처녀 월녀(越女)와 그녀의 월녀검(月女劍) 이야기를 상기할 수 있을 것이다.

敵人開闔, 必亟入之, 先其所愛, 微與之期, 踐墨隨敵, 以決戰事. 是故, 始如處女, 敵人開戶 ; 後如脫兔, 敵不及拒

이 마지막 문장에는 오왕(吳王) 합려의 합(闔) 자와 월왕(越王) 구천의 천(踐)자가 슬그머니 들어가 있지 않은가! 와신상담(臥薪嘗膽)이 복수극에 등상하는 처녀들 서시와 월녀는 또 무어란 말인가! 시여처녀(始如處女)에 대한 종래의 모든 해석을 가차 없이 무너뜨릴 수 있는 역사 시(歷史 詩)가 구지(九地)의 마지막을 장식하고 있다.

구지(九地) 27

후한(後漢) 시대 조엽(趙曄)이 편찬한 《오월춘추(吳越春秋, 勾踐陰謀 外傳)》에는 월녀(越女)와 관련된 흥미 있는 이야기가 있다.

그때 월왕(越王)이 재상 범려(范蠡)에게 또 물었다. "보복의 계책으로 는 수전(水戰)에서는 배를 타고 육전(陸戰)에서는 수레를 타야 하는데, 수레와 배는 활보다는 못하다. 지금 그대가 과인을 위해 일을 도모하는 데 무슨 부족한 점은 없는가?" 범려(范蠡)가 대답하여 말했다. "신이 듣 기에 옛 왕들은 군대를 훈련하지 않은 자가 없었다 합니다. 행군과 진법, 대오, 군고(軍鼓)등의 일은 성패의 여부가 그 닦는 노력으로 결정됩니다. 지금 월(越)나라에 한 처녀가 있는데, 남림(南林)땅에 살며 백성으로부터 군사에 뛰어나 칭송을 받는다고 들었습니다. 청컨대 왕께서 그녀를 부르 셔서 한번 보셨으면 합니다." 월왕은 이에 사신을 보내 그녀를 초빙하여 검술(劍術)을 보고자 했다. 처녀는 왕을 알현하러 오던 길에 원공(袁公) 이라 자칭하는 한 노인을 만났다. 그가 처녀에게 말했다. "내가 듣기에 네가 검에 능하다고 하는데 어디 한 번 보여다오." 처녀가 말했다. "소녀 가 감히 숨길 것이 없으니, 공을 위해 한 번 펼쳐 보이겠습니다." 이에 원 공이 죽장으로 재빨리 그녀를 찔러 들어갔으나 그가 땅에 내려서기 전에 그녀는 날카롭게 세 번을 반격했다. 원공은 나무 위로 뛰어오르더니 흰 원숭이로 변하여 도망가 버렸다.

월왕을 알현하니 월왕이 물었다. "무릇 검의 도(道)는 무엇인가?" 처녀 가 말했다. "첩(妾)은 깊은 숲 속에서 태어나 아무도 없는 벌판에서 자라 났기 때문에 도(道)라고 할만한 것을 익히지 못했습니다만, 그저 검술만 큼은 끊임없이 갈고 닦았습니다. 첩은 다른 사람에게는 배운 바 없이 문득 홀로 그것을 깨달을 수 있었습니다." 월왕이 말했다. "그 도(道)는 어떠한 것이냐?" 처녀가 말했다. "그 도는 아주 미묘하면서도 쉽고, 그 뜻은 아주 아득하면서도 깊습니다. 도에는 문이 있고, 음양도 있습니다. 문이 열리면 닫히게 되고, 음이 쇠하면 양이 흥하는 이치지요. 무릇 무술(手戰之道)은 안으로는 정신을 가다듬고 밖으로는 편안한 모습을 드러내야 합니다. 순한 아낙네같이 보이면서도 싸울 때는 무서운 호랑이 같아야 합니다. 몸을 날려 정신과 일치하며 아련한 해와 같고 한쪽에 몰리면 토끼처럼 튀어 오릅니다. 스스로 자기 그림자를 쫓듯이 빛처럼 빨라야 하며 호흡은 순간에 이루어야 하며 종횡역순으로 움직여도 거침이 없어야 합니다. 이 도를 깨치면, 한 사람이 백 사람을 당해낼 수 있고, 백 사람이 만 사람을 당해 낼 수 있습니다. 왕께서 보시기를 원하신다면, 즉시 보여 드리겠습니다." 월왕은 크게 기뻐하며 그녀에게 월녀(越女)라는 호칭을 내렸다. 이에 군사들로 하여금 그녀의 검술을 배우게 하니, 이것이 당시의 월녀검(越女劍)이다.[143]

이 이야기를 아는 독자라면 《손자병법》 구지(九地)의 마지막 문장의 해석에 아무런 장애를 느끼지 않을 것이다. 처음에는 처녀와 같이 수줍다가 일단 문이 열리면 토끼와 같이 흥분하여 행동한다는 표현은 어쩌면

---

143) 越王又問相國范蠡曰 "孤有報復之謀, 水戰則乘舟, 陸行則乘輿, 輿舟之利, 頓於兵弩, 今子爲寡人謀事, 莫不謬者乎?" 范蠡對曰 "臣聞古之聖君, 莫不習戰用兵, 然行軍隊伍軍鼓之事, 吉凶決在其工. 今聞越有處女, 出於南林, 國人稱善. 願王請之, 立可見" 越王乃使使聘之, 問以劍戟之術. 處女將北見於王, 道逢一翁, 自稱曰袁公 問於處女 "吾聞子善劍, 願一見之." 女曰 "妾不敢有所隱, 惟公試之" 於是袁公卽拔箖箊竹, 竹枝上枯槁, 未折墮地, 女卽捷末. 袁公操其本而刺處女, 處女應卽入之, 三入. 因擧杖擊袁公. 袁公則飛上樹, 變爲白猿, 遂別去

見越王, 越王問曰 "夫劍之道則如之何?" 女曰 "妾生深林之中, 長於無人之野, 無道不習, 不達諸侯. 竊好擊之道, 誦之不休, 妾非受於人也, 而忽自有之." 越王曰 "其道如何?" 女曰 "其道甚微而易, 其意甚幽而深. 道有門戶, 亦有陰陽. 開門閉戶, 陰衰陽興 凡手戰之道, 內實精神, 外示安儀, 見之似好婦, 奪之似懼虎, 布形候氣, 與神俱往, 杳之若日, 偏如滕兔, 追形逐影, 光若彿彷, 呼吸往來, 不及法禁, 縱橫逆順, 直復不聞. 斯道者, 一人當百, 百人當萬, 王欲試之, 其驗卽見." 越王大悅, 卽加女號, 號曰越女. 乃命五校之隊長, 高才習之, 以敎軍士, 當此之時皆越女之劍.

성적 이형(Sexual dimorphism)을 초월하려는 사색의 통합을 지향하기 위함인지 모른다. 전쟁은 손자가 처음 말한 대로 사생지지 존망지도(死生之地 存亡之道)이기 때문이다.

> 是故, 始如處女, 敵人開戶; 後如脫兔, 敵不及拒
> 그러므로 처음에 처녀와 같고 적이 문을 열면; 그 후에는 달아난 토끼 같아 적
> 이 미처 막지 못한다.

그러나 사마천은 이런 설화적 기원보다는 제나라를 연의 침공으로부터 구한 전단(田單)의 예로 손사의 위 문구를 빌린다. 사기 진단열전(史記, 田單列傳)에 기록된 BC 279년 즉묵(卽墨, 지금의 산동성 청도)의 싸움에 대한 사마천의 평가는 《손자병법》을 기초로 한다. 연의 소왕(燕昭王)이 바른 인재 등용 정책과 선정으로 국력이 충실해져 남쪽의 제(齊)에 대한 보복 공격을 감행하여 영내의 72개 성을 탈취, 제(齊) 나라는 국가 소멸의 끝에 와 있었다. 그러나 "연의 소왕이 죽고 혜왕이 즉위하자 악의와의 관계에 틈이 있는 것을 전단이 듣고 연(燕)에 대한 반간계(이중간첩 운용)를 썼다(燕昭王卒, 惠王立, 與樂毅有隙 田單聞之, 乃縱反間於燕)." 악의(樂毅)는 제나라를 공격한 연의 유능한 사령관이다. 그는 성격이 급하고 경솔한 장수 기겁(騎劫)으로 교체된다.

전단(田單)은 기책(奇策)을 써서 끊임없이 백성의 저항의식을 북돋운다. 사마천은 "태사공은 말한다. 전쟁은 정면으로 대치하여 기병으로 이기는 것이다. 싸움을 잘하는 자는 기병을 쓰는 것이 무궁무진하여 기계(奇計)와 정합(正合)이 서로 일어나 도는 것이 마치 고리가 끝이 없는 것과 같다(太史公日, 兵以正合, 以奇勝. 善之者, 出奇無窮. 奇正還相生, 如環之無端)."라고 평가하고 전단열전을 손자의 위 문구 "무릇 처음에는 처

녀와 같고 적이 문을 열면; 그 후에는 달아난 토끼 같아 적이 미처 미치지 못하니 이것이 전단의 (용병술)을 일컫는다(夫始如處女, 敵人開戶; 後如脫兔, 適(敵)不及距. 其田單之謂邪)!"로 그대로 옮겨 맺고 있다. 전단 열전은 전단이 사용한 화공법과 첩자운용이 주제인데, 이는 손자의 남은 제12 화공(火攻)과 제13 용간(用間) 두 편으로 이어지는 연결 고리 같다.

■ 죽간본에 따른 〈구지〉

손자 말하기를, 군사운용 (상황)에는 흩어져 싸우는 산지(散地), 적지 초입에서 싸우는 경지(輕地), 뺏고 빼앗기는 쟁지(爭地), 서로 통과하는 교지(交地), 요충지인 구지(衢地), 적진 깊숙이 있는 중지(重地), 넓게 소산하는 범지(泛地), 소수로 다수를 포위할 수 있는 위지(圍地), 죽음의 땅 사지(死地)가 있다. 제후가 그의 영지에서 싸움은 흩어져 한다. 적지에 깊이 들어가지 않는 것은 경량한 부대로 한다. 피아에게 서로 유리한 지역은 싸워야 한다. 피아간의 접근로에서는 교전을 벌여야 한다. 제후의 땅이 세 나라에 접하고 있어 먼저 점령해 천하의 백성을 얻을 수 있는 곳은 요충지로 삼는다. 적지에 깊이 들어가 성읍을 등지는 적지 종심부대를 이루면 증강해야 한다.

산림과 험한 지형, 습지, 연못은 지날 때 대개 지나기 어려운 곳은 병력을 넓게 수산한다. 부대 진입에 애로가 있고, 이를 따리 돌아오리면 밀리 우회해야 하며, 적이 소수인데 다수인 아군을 칠 수 있는 곳은 포위해야 한다. 달아나야 살고 달아나지 못해 죽는다면 결사적으로 싸운다. 그러므로 (적이) 흩어진 상황에서는 싸우지 말고, 적지에 진입해서는 멈추지 말고, (적이) 싸우려고 하는 곳은 공격하지 말며, (피아) 기동 공간이 되는 곳은 (후속 부대가) 끊기지 않도록 하고, 요충지에서는 (제3국, 중립국)과 연합하고, 적진 후방의 깊숙한 곳에서는 자원을 약탈하며, 개활지에서는 즉시 지나가고, 적에게 포위된 상황에서는 계략을 꾸미고, 사지에 들면 결사적으로 싸워라.

이른바 전쟁을 잘하는 것이란, 능히 적으로 하여금 전방과 후방이 미치지 못하게 하는 것이다. [다수 병력으로 소수를 구하지 못하게 하고, 신분의 귀천이 서로 부지하지 못하게 하며, 지위의 상하가 서로 어울리지 못하게 해서; (적의) 병력이 흩어져 모이지 못하고, (적의) 병력이 합쳐도 질서가 없게 하는 것이다. (이러한 적의 상황이) 아군의 형편에 유리하다면 이용하며, 그렇지 않다면 그친다.] 감히 묻노라, 장차 수많은 적이 정연히 몰려오면 어찌 대적할 것인가? 대답은 그들이 아끼는 곳을 먼저 탈취하면 듣게 될 것이다. 전쟁의 상황은 헤아림(數수)에 달려있다. 적이 미처 그 생각을 따라잡지 못하고, 생각지 못한 방법으로 그 경계하지 않는 곳을 공격하는 것이다.

무릇 원정부대(客)의 상황은 (적지에) 깊이 들어 단결되어 있으니 피침공국(主)이 이를 이기지 못한다. 비옥한 들을 약탈하여 삼군의 식량이 풍족하다. 삼가 길러 수고롭지 않게 하고 사기를 합쳐 전투력을 쌓는다; 부대운용과 작전계획은 병력이 손상되지 않도록 한다. (그러나 이렇게 적지에 깊이) 투사된 전력은 돌아올 길이 없어 죽고 도망가지 못한다. 부득이 죽을 수밖에 없고 병사의 힘은 다하고 만다. 병사가 (적지에) 깊이 빠져들면 두려움이 없어지고, 더는 갈 곳이 없으니 군세어진다; 깊이 들어가 막힌 것이니, 갈 곳이 없어 곧 싸운다. 그러므로 병력을 고르지 않아도 경계하며, 찾지 않아도 정보를 얻고, 약속하지 않아도 가까우며, 명령이 없어도 믿게 되므로; 세세한 지시를 금하고 의심을 버리면, 죽음에 이르러도 다른 곳으로 가지 않는다.

우리 군사들에게 남은 재물이 없는 것은 재화를 싫어해서가 아니다; 죽을 여지가 없는 것은 오래 살기 싫어서가 아니다. 명령이 내리는 날, 앉은 장수들은 눈물로 옷깃을 적시고, 부복하여 엎드린 자들은 눈물이 턱에 교차하니, 더 갈 곳 없는 곳에 던져진 것은 전제(專諸)와 조귀(曹劌)와 같은 용기이다. 그러므로 군대를 잘 운용하는 것을 비유해 솔연과 같다고 한다. 솔연이란 항산의 뱀인데 머리를 치면 곧 꼬리가 이르고, 꼬리를 치면 곧 머리가 이르며, 몸 가운데를 치면 머리와 꼬리가 함께 이른다.

감히 묻노니, (적인데도) 만약 솔연과 같이 (즉시) 할 수 있느냐면 대답은 그럴 수 있다는 것이다. 무릇 월나라 사람과 오나라 사람이 서로 미워하나, 배를 타고 건넌다면 서로 도움이 좌우의 손과 같다. 그러므로 말을 묶어두고 (전차 수레) 바퀴를 감춘다고 해도 아직 믿을 수 없다; 폭력을 하나로 다스려 가지런히 함이 그 방도이다. 굳셈과 부드러움을 다 가진 것이 땅의 도리이니, 그래서 군사를 잘 운용함은 손을 끌어 한 사람을 부리는 것 같이 부득이한 것이다.

군을 지휘하는 일은 은밀하여 고요하며, 다스려 가지런히 한다. 부하들의 이목을 속일 수 있어야 하고, 하는 일이 없는 듯 한다; 임무는 쉽게 바꿀 수 있어야 하고, 계획은 새로운 것이어서 사람들(전투원들)이 알지 못하게 한다; 부대위치도 쉽게 바꾸고 가는 길도 우회하여 사람들(전투원들)이 생각지 못하게 한다.

제후의 땅에 들어가는 것은 그 전투 기세(機)을 발하려 함이다. 마치 양 떼를 모는 것 같이 몰고 가고 몰고 와 그 가는 바를 알지 못하게 한다. 삼군의 무리를 모아 험한 곳으로 투입하는 이것이 군을 거느리는 임무이다. (그러므로) 구지(九地)의 변화와 공격과 방어의 이점, 적 정세의 이치를 살피지 않을 수 없다.

무릇 공격부대의 기동로가 깊으면 곧 전투력은 모여지고, 얕으면 전투력은 흩어진다. 나라를 떠나 국경을 넘은 원정부대는 고립된 상황이다. 사방으로 통하는 기동로는 요충지이고, 적지에 깊이 들어갔으면 전투력을 거듭 지원해야 한다. (기동로의) 종심이 얕으면 (부대를) 경량화한다. 배후에 견고한 적이 있고 전방의 (기동로가) 좁으면 포위된 상황이다. 후방이 개척할 수 없는 지형이고 앞에 적이 있으면 사지에 든 것이다. 더는 갈 데가 없다면 궁지의 상황이다. 그러므로 산지에서 나는 그 뜻을 하나로 할 것이다. 경지에서 나는 은밀하고 신속히 할 것이다. 쟁지에서 나는 머물지 않을 것이다. 교지에서 나는 부대 연결을 공고히 한다. 구지에서 나는 안심하고 믿는 것을 삼간다. 중지에서 나는 그 후속 부대가 미치도록 할 것이다. 범지에서 나는 그 길을 지나간다. 위지에서 나는 그 터진 곳을 막을 것이다. 사지에서 나는 살려고 하지 않음을 보일 것이다. 그러므로 적(제후국)의 정세를 보아 (적이) 몰려오면 방어태세를 갖추고, 부득이하면 싸우고, 지나가면 그대로 놓아둔다.

사오의 하나라도 모르면 왕도(王道) 군대가 아니며 패권(覇權)의 군대이다. 왕도가 기울어 패권의 군대가 대국을 친다면 그 무리는 모이지 않고, 대적하는 쪽으로 위세가 더해져 외교력을 모을 수 없게 된다. 그러므로 천하의 외교관계를 키우지 않고, 천하의 권위를 섬기지 않으니, 자기 뜻만 펼치다가 위세가 적에게 더해져 : 사람들은 없어질 수 있고 성은 무너질 수 있다.

법에 없는 상, 방침에 없는 명령으로 삼군의 무리를 사로잡아 한 사람을 쓰듯 한다. 하는 일을 어기고 말로 고하지 않는다; 위험(害)을 과장해 보여 행하고 (그 속에 있는) 이로움을 말하지 않는다.

망자의 땅에 보낸 후 살아 돌아오고, 죽음의 땅에 빠진 후 살아난다. 무릇 무리는 위해(危害)한 곳에 빠진 연후에 능히 패배를 승리로 할 수 있다. 그러므로 군사운용은 적의 의도를 신중하고 자세히 살펴 노력을 한 방향으로 집중하면 천 리의 적장도 죽이니, 이를 교묘한 일이라 말한다. 그러므로 전쟁을 일으키는 날, 적의 사신을 통과시키지 않는다; 종묘위 살생의 여귀(厲鬼)에게 적을 주벌할 책임을 구한다.

적이 시가 문을 열면 반드시 신속히 들어가, 먼저 그 중심(전쟁 지도부)에서 아끼는 바를 (점령 통제하고) 기회를 주지 않고, (말없이 적의 의도를 보고) 결정적 전투를 벌인다.

화공(火攻)

劍在天　心中火
君子爲能通類族
以仁民主鎭火攻
同人大師克相遇

칼은 하늘에 있고 내 마음엔 불이 있네.
군자들이여 능히 민족을 소통시켜
어진 백성이 주인이 되어 적의 화공(火攻)을 누르고
뜻을 합해 대군으로 이겨
헤어진 사람들 서로 만나리.

화공(火攻) 1

화공편(火攻篇)은 지재(地才)에 속하므로 땅속의 불기운을 끌어올려 지상의 운용은 하늘의 형세를 따른다. 그러나 천지간의 인간은 마음이 밝지 않으면 바른 화공(火攻)을 운용할 수 없다. 화력운용은 무기체계의 과학적 지식에 밝고 기동부대 상황을 알고 이를 실시간에 정교히 통합해야 효과적이다. 그러므로 화력에는 인간 예지의 총화와 군사과학의 총량이 모인다.

현대전은 화력전이다. 말단 소총수의 소화기부터 온 천하를 불바다로 만드는 전략 핵무기까지 화력운용의 스펙트럼 또한 다양하다. 화력(Fire power)이란 한 진지, 단위부대 그리고 무기체계의 플랫폼에서 지향되거나 운반되는 사격량이나 사격 능력이라고 정의된다. 전국시대의 화력지원 수단은 궁(弓), 노(弩)나 중세 유럽의 체부쉐(Trebuchets)와 같은 투석 및 투화 공성기(攻城機)였다. 《손자병법》의 화공에 관한 논의는 비교적 짧고 소박하다. 고대에는 화기(火器)가 다양하지 않았고 화약이 발명되기 이전에 병법에서 불의 적용은 제한적이었다.

그러나 피아간의 전쟁자산을 소멸하고, 공포와 상실감을 주는 화공(火攻)은 전쟁이 가진 상징성에서 깊은 심리적 내응 관계에 놓여있다. 훼손된 세상에서 전화(戰火)는 마음으로 번져가고 기존의 변태적 상식과 기득권의 갑(甲)옷을 태우는 을화(乙火)와 같다. 전쟁 역시 작은 불씨에서 시작하고, 지상의 모든 것을 무(無)에 돌리는 초토화로 확대되면 이상적 세계질서를 꿈꿔온 아나키스트들에게는 어쩌면 붉은 가장 현실적 혁명 수단이다. 이것은 브라만의 불처럼 멸각(滅却)과 재창조의 경계에 있다.

불은 밝아서 모든 문명의 상징이었다. 인간이 명명(明明)해야 하늘이 혁혁(赫赫)하다.[144] 불에 관해 가스통 바슐라르(Gaston Bachelard)는 불은 생명의 발화점이며 꺼짐으로써 죽음의 시적(詩的) 이마쥬를 가지고 있다고 말하며 그 과학적 인식의 결함을 메꾸려 인간은 불의 콤플렉스를 가지고 있다고 주장한다.[145] 불은 타오르며 합치려 한다. 바슐라르는 불을 자연의 불과 부자연의 불로 분류하여 자연에 반(反)하는 불이 상대를 태워서 소멸시키는 지나친 정열이며 이런 불을 전범(戰犯)으로 단죄하여 전화(戰火) 속에 가둔다.

이와 다르게 불에 관한 동방적 사유는《주역》의 이위화(離爲火)에 보이듯 내적 자원의 부단한 공급(수양)을 의미한다. 세상에는 홀로 타오를 수 있는 것은 없었다. 불은 두 양효(陽爻)의 내부에 근심스러운 어둠(陰爻)을 가지고 있다. 내괘(內卦)의 이(離)는 사랑하는 것이고 외괘(外卦)의 이(離)는 사랑받는 것이다. 사랑하는 것은 달라붙어 타오르고 사랑받는 것은 소진하여 이별(離別)한다. 라이너 마리아 릴케는 "사랑하는 것은 타오르는 것"이고 "사랑받는 것은 사위는 것"이라며 이미《주역》에서 도달한 불의 콤플렉스를 확인했다. 그리하여 불은 마침내 자유와 해방으로 우리를 이끈다. 열은 붙어 있음[離]으로 발산[離]된다. 옳다고 하는 신념을 끝까지 견지할 때, 그 옳다고 하는 것은 마침내 찾아오게 된다. 불(離)의 큰 모습(大象)은 "밝음이 다시 일어나는 것이고(明兩作), 그 밝음을 계승하는 것이다(大人以繼明)."[146]

화공의 배후에는 역(易)의 동인괘(同人卦)가 있다. 천화동인(天火同人)은 주역에서 건(乾)을 상으로 하고 이(離)를 하로 하는 괘로 하늘 위에 타오르는 불의 모습이다. 동인(同人)이라 한 것은 해가 하늘에 있어 천하

---

144) 《시경》大雅, 文王之什, 大明 八章 "明明在下 赫赫在上"

145) 〈불의 정신분석, La psychanalyse du feu〉

146) 易, 離爲火, 大象

사람들이 똑같이 바라보기 때문이다. 대동(大同)의 세상에서 민족의 단결을 의미한다. 내괘(하괘)의 불은 문명(文明)으로 마음을 수양하여 조금도 사심이 없다. 그러므로 공평무사하여 사람들이 모인다. 소통하고 교류하니 거짓 군자의 불장난을 누를 수 있다. 동인(同人)은 "먼저 고통스러워 울부짖지만, 나중에 웃게 되니 대부대로 이겨 헤어진 민족이 서로 만난다(先號咷而後笑 大師克相遇)"라는 희망의 메시지를 전한다.

《손자병법》의 모든 기조는 전쟁의 재앙을 추구하는 것이 아니라 전쟁을 억제하는 인간의 지혜를 선양하고 있다. 마치 앙리 바르뷔스의 소설 《포화, Le Feu》나 《지옥, L'enfer》에서 볼 수 있듯이 인간의 추악상을 제시하는 것이 인간의 야수성에 대한 고발이 아니라 인간의 본성에 관한 탐구인 것처럼, 《손자병법》의 화공편은 전쟁의 잔인함의 이면에 이 프로메테우스의 도구를 이성적으로 통제하는 길을 보여준다.

죽간본 : 孫子曰 凡攻火有五; 一曰火人, 二曰火潰, 三曰火輜, 四曰火庫, 五曰火(家)

손자 말하기를, 무릇 화력운용에는 다섯 가지가 있다; 하나는 사람을 태우는 것이요, 둘은 물자를 태우는 것이요, 셋은 수송수단을 태우는 것이요, 넷은 보급 창고를 태우는 것이요, 다섯은 먼 근거지를 태우는 것이다.

전래본 : 孫子曰 凡火攻有五; 一曰火人, 二曰火積, 三曰火輜, 四曰火庫, 五曰火隊

손자 말하기를, 무릇 화공에는 다섯이 있다; 하나는 사람을 태우는 것이요, 둘은 물자를 태우는 것이요, 셋은 수송수단을 태우는 것이요, 넷은 보급 창고를 태우는 것이요, 다섯은 부대를 태우는 것이다.

전래본과 죽간 사이에 비상한 차이가 보인다. 화(火)와 공(攻)이 앞뒤가 도치된 것 또한 그 원인이 미궁이다. 일설에는 공화(攻火)는 바로 이 화공(以火攻)의 의미라고 주장한다. 《곡량전(穀梁傳, 桓公七年)》에 "신속히 불로써 공격한다(疾其以火攻也)"처럼 불을 공격 수단의 하나로 정의하기 때문이다. 그러나 공(攻)은 전국시대에 보편적 의미로 "다듬거나 다루는" 뜻으로 쓰인 예가 더 많다. 《주례(周禮)》[147]에는 공목(攻木), 공피(攻皮), 공금(攻金)과 같이 나무, 피혁, 금속을 다루는 장인의 구성을 논하며 공(攻)을 가공(加工)의 의미로 표현했다. 그렇다면 죽간의 공화(攻火)는 "불을 다루는 것"으로 오히려 현대적 개념인 화력 운용에 가깝다.

따라서 죽간을 근거로 다시 정리하면 화력지원 수단을 선정하고 공격을 결심하기 이전에 표적에 대한 탐지와 식별, 표적분석을 다섯 가지 유형으로 나눈 것이라고 볼 수 있다. 이것은 인(人), 적(積), 치(輜), 고(庫) 그리고 죽간에는 보이지 않지만 전래본에 있는 대(隊)에 대한 무작정 공격이 아니라, 이러한 표적의 성질, 위치, 양태(Attitude)와 방호 정도를 분석하라는 것이다. 죽간에 보이지 않는 오왈화(五曰火)( )는 무엇이었을까? 전래한 "부대를 태운다(火隊)"는 사람과 물자로 구분된 앞의 구절과 문리에 맞지 않는다. 현대 중국의 손자 연구가들은 대(隊)를 앞의 구절과 대비해 무의미하고 문맥에 맞지 않아 무리라고 보고 그 자리에 화지(火地)라고 넣어 땅을 태우는 초토화 작전으로 보았다.[148] 그것은 대(隊)자가 전국시대에서 한나라까지 대(隊), 수(遂), 수(燧), 추(墜)와 함께 모두 수(𧗱) 자의 통가자(通假字)로 쓰였기 때문에 대(隊)는 추(墜)였으며 이것은 《회남자(淮南子, 地形)》에서 보이듯 지형(地形)을 원래 추형(墜

---

147) 주례(周禮 冬官 考工記 "凡攻木之工七, 攻金之工六, 攻皮之工五, 設色之工五, 刮摩之工五, 搏埴之工二. 攻木之工 輪, 輿, 弓, 廬, 匠, 車, 梓"

148) 中國文化標准再造華夏民族精神, 國學書庫, 孫子兵法

形)이라고 표기한 것에 근거하고 있다.

　11가주에도 화대(火隊)를 의심하는 주(注)는 보이지 않고 모든 전래본에 보이는 화대(火隊)의 연원(演源)은 깊다. 《예문유취(藝文類聚, 火部, 火)》에는 화수(火隧), 《통전(通典, 兵十三)》과 《태평어람(太平御覽)》 병부52(兵部五二)에는 화추(火墜), 《장단경(長短經, 水火)》과 《태평어람(太平御覽)》 화부2(火部二)에는 화수(火燧)로 글자의 의미와 전술적 의도도 다르다. 특히 화공의 일부를 통신 수단과 전장 조명, 또는 대화력전으로 볼 수 있는 화수(火燧)는 주목할 만하다.

　논변의 중심에 있는 글자 수(家)는 "무리에 휩쓸려 따라가는 수(遂)"와 통가자이므로 역시 갑자기 나타난 표적에 따라 사격하는 임기표적에 대한 화공으로 풀이할 수도 있다. 또한, 수(家)에는 "더듬어 거슬러 올라가 찾아내어"라는 함의성이 있어 전투요소에서 분리된 멀리 떨어진 근거지를 뜻하기도 한다. 손자의 오행법 논리는 점증적이고 계층을 가진다. 공화유오(攻火有五) 역시 형(形)편에 보이는 도(度), 량(量), 수(數), 칭(稱), 승(勝)처럼 단계를 통해 설명하고 있다. 즉, 표적은 가까이 전개해 있는 적(人)이고, 그다음은 이들의 군수품(stock pile)인 야전 집적소(積)이며, 그다음은 이를 나르는 수송수단(輜)이고, 다음은 보급창(庫)이며 마지막은 떨어져 나온 지원 원점인 먼 근거지(家)이다. 이렇게 풀면 더 논리적이고 공격 우선순위의 결정을 정하는 군사 표적의 타당한 나열이 된다.

　화력운용에도 역시 손자는 그가 좋아하는 오(五)라는 수의 틀 안에 집어넣는다. 돌이켜보면 계(計)에 주요 전술 전략요소를 다섯 가지로 구분하여 비교 Matrix(經)에 올려놓는 경지이오(經之以五); 장수의 다섯 가지 덕목인 지(智), 신(信), 인(仁), 용(勇), 엄(嚴); 모공(謀攻)에 우군의 병력이 적보다 다섯 배이면 공격한다는 오즉공지(五則攻之); 역시 모공편에 승자가 알아야 하는 지승유오(知勝有五); 군의 전투준비태세를 평가하는 형(形)에서 5법(法)인 도(度), 량(量), 수(數), 칭(稱), 승(勝); 그리고 구변(九變)에 보이는 장수의 다섯 가지 실책 장유오위(將有五危); 뒤에 이어지는 용간(用間)에서 운용 간첩의 다섯 가지 유형인 용간유오(用間有五) 등 손자의 오(五)는 인간의 생각과 행동을 지배하는 오행(五行)의 수이다.

화공(火攻) 2

죽간본 : (行)火有因 因必素具. 發火有時, 起火有日
화력을 운용함에 인화 가능한 조건이 있어야 하고, 발화도구는 상시 갖추어야
한다. 불을 발사하는 때가 있고, 불을 일으키는 데는 날이 있다.

전래본 : 行火必有因, 煙火必素具. 發火有時, 起火有日
불을 쓰는 데에는 반드시 까닭이 있고, 발화도구는 반드시 갖추어야 한다. 불
을 발하는 때가 있고 불이 일어나는 데는 날이 있다.

죽간이든 통행되는 전래본이든 해석의 차이는 상존하지만 위 문구는 오늘날 포병의 화력지원 준비태세를 말하는 것과 다르지 않다. 발화(發火)는 화력지원 도구, 활이나 노(弩)의 화살에 점화하는 것이고 기화는 표적에 불을 붙이는 것이다. 현대 포병이 사격지휘소(FDC)에서[149] 행하는 사격제원 산출의 고려사항과 유사하다. 도판에 포대와 표적을 잇는 포목선(GT Line)을 그리고 이를 도식한다면 발화유시(發火有時)는 포

---

149) FDC, Fire Direction Center

대 또는 화력 플렛폼에서의 사격조건과 준비이며, 기화유일(起火有日)은 포탄 또는 로켓, 미사일의 비과 기간에 적용되는 대기 상태, 두풍(頭風, Head Wind) 또는 미풍(尾風, Tail Wind)과 표적 지역의 종말 탄도에 영향을 주는 저공풍을 비롯한 기상조건(메트로)의 제요소이다.

전래본에 필(必)이 덧붙여진 것에 대한 여러 가설이 있으나 대체로 위·진(魏晉) 시대 이후에 필사본에서 흔히 나타나는 필(必), 불(不), 화(火) 자가 모양이 비슷하여 와오(訛誤)되었다는 것이 일반적이다. 게다가 조조(曹操)가 "불이 남에는 필히 원인이 있다(行火必有因)"를 주(注) 하면서 이를 "부대에 스며든 첩자에 의한(因姦人)"것이라 풀이하여 후세에 영향을 주었는데, 이 때문에 해석이 혼란스러워졌다. 이어지는 문구가 죽간과 달리 연화필소구(煙火必素具)로 바뀐 것 역시 앞 문구와 대구를 이루고 의미를 다듬은 의도로 보인다.

인필소구(因必素具)의 인(因)은 전국시대의 용법대로 자연에서 취하는 원인 제공의 근거이고, 인(因)은 사람, 바람, 물, 땅 등에서 빙차(憑借)한다는 허사(虛詞)이며 뒤에 이어지는 단어를 직접 지시한다. 그러므로 "행화유인, 인필소구(行火有因, 因必素具)"는 작전편의 인량어적(因糧於敵)과 같이 적의 인육에서 양식을 얻듯이 소구(素具)에서 불을 얻는 것이다. 이처럼 인(因)은 의지로 통제할 수 없는 대상에서 취하는 것이므로 뒤에 이어지는 하늘의 뜻인 일(日), 시(時)와 문리가 맞게 된다.

전투력(기동+화력+생존력+리더쉽)에서 화력이 차지하는 부분은 과학기술의 발달과 함께 점차 증대되어 공군과 함포, 전략 미사일 부대를 포함하여 그 전력의 절반을 넘고 있다. 80년대 이후 미군의 공지전투(Air Land Battle) 개념에서는 기동계획에 따른 화력지원의 전통적 양상에서 벗어나, 결국 압도적 화력으로 제압한 "화력 터널"을 따라 기동부대를 운용하는 화력과 기동의 역전 현상이 나타났다. 현대전장에서는 더욱 이런 추세가 가속화되어 가고 있다. 지상군에서 화력운용을 담당하는 병과는 물론 포병이다. 전쟁의 신은 포병에게 미소하고, 러시아군의 전쟁 수행에 대한 전통적 관념은 "전쟁은 포병에서 시작하여 포병으로 끝난다."는 것이었다. 화력운용 안에서 포병의 역할은 무기체계의 변화로 줄어드는 추세이지만 화인(火因)은 비약적인 발전을 거듭했다. "인필소구(因必素具)"의 군사 기술적 총량이 핵무기이다. 핵의 작전적 차원에서의 실전 운용은 소형화에 달려있다.

화공(火攻) 3

한국은 핵무장을 해야 하는가? 핵무기는 전쟁 억제력이 있는가? 이 문제에 대한 대답을 찾기 어려운 것은, 핵의 실전적 사용이 2차대전을 종결지은 히로시마와 나가사키 이후 한 번도 없었고, 인류는 대립하는 핵 무장 세력 간에 핵을 사용한 교전의 AAR(After Action Review 전투평가보고)를 아직 가지고 있지 못하다. 핵을 전투에서 일방적으로 사용했던 미국조차도 핵이 가진 열, 폭풍, 방사능의 살상력에 대한 충분한 지식 없이 1960년대 중반까지 전술훈련에 적용한 증거가 있다. 잔류 방사능의 피해를 감추다 공개되어 사회적 비난과 공포가 확산된 것도 그 이후이다.[150]

핵무기의 과학 실험적 경험, 정치적 위세와 외교 심리의 불평등 관계의 사회과학은 그 후 수많은 연구와 실험을 통해 그 자료가 축적되었으

---

150) Gerald H. Clarfield and William M. Wiecek (1984), Nuclear America: Military and Civilian Nuclear Power in the United States 1940-1980, Harper & Row, New York

나 오히려 군사 작전, 전술적 측면에서는 핵무기 운용이 전쟁에 승리할 수 있는가에 대한 추정만 있을 뿐 실증이 없다. 이 점은 그냥 지나칠 수 없는 매우 중요한 논의의 대상이다. 강대국 간의 핵 보복능력 즉, 적의 선제공격을 받고 생존하여 보복과 재차 타격 능력을 보유한 국가라면, 이러한 명제들은 전략 핵에 속해 《손자병법》의 화공(火攻)의 범주를 벗어나고 손자 상편의 천재(天才)에 속하는 모공(謀攻)에서 다루어야 한다. 모공의 용병지법은 전국위상 파국차지(전쟁함에 나라를 온전히 보존하는 것이 최선이고, 나라를 부수는 것은 차선이다(全國爲上 破國次之))이니, "싸우지 않고 이기는(不戰勝)"이 하늘의 명(命)임을 천하에 설득함에 핵무기가 갖는 지위는 의심스럽다.

핵의 운용은 소형 핵무기로 전술적 융통성을 발휘할 수 있다. 전시에 피아간 핵무기 사용이 임박한 상황에서 핵 화력의 사용 권한은 군단장급까지 위임된다. 그의 핵 투발 자산 중의 하나인 대포포병으로 사격할 수 있는 2 KT의 핵 탄은 1:50,000 지도의 한 방안, 약 4 제곱 킬로미터의 지역을 파괴한다. 방사능의 잔류 시간과 양은 핵의 파열 고도, 지형과 기상 조건에 따라 다르다. 방사능 낙진은 전차와 포병, 항공기로 구성된 작전 기동군(OMG)의 속도전을 방해한다.[151] 전장 정면과 기동로가 협소한 한반도에서는 전술핵의 사용조차 지극히 제한될 수밖에 없고, 핵무기의 군사적 효과는 기대한 만큼 나타나지 않을 것이다. 천하가 무도하여 인간성이 사라져 하늘이 말라(天之燥)있다면 그때가 이 잔혹한 하품(下品)의 무기를 사용하는 날이라고 손자는 예견했다.

죽간본 : 時者, 天(之燥也; 日者, 日在箕, 壁, 參, 軫也; 凡此)四者, 風之起日也

---

151) OMG(Operaion Manuever Group), 2차대전의 경험을 토대로 1970년대에 소련에서 개념 형성된 충격과 속도 위주의 통합군, 북한의 제 2제대 기동군단은 이와 유사하다.

때란 하늘이 마른 때이다; 날은 동풍이 부는 8월(箕), 북풍이 부는 11월(壁), 동풍이 부는 2월(參), 남동풍이 부는 5월(軫)이니; 이 4개의 달에 바람이 일어나는 날이 있다.

전래본 : 時者, 天之燥也; 日者, 月在箕, 壁, 翼, 軫也; 凡此四宿者, 風起之日也
때란 하늘이 마른 것이다; 날이란 달이 동쪽의 궁수자리(箕), 북쪽의 페가수스자리(壁) 그리고 남쪽의 술잔자리(翼)와 까마귀자리(軫)에 있는 날 저녁으로; (달이) 이 4개의 별자리에 있으면 바람이 일어나는 날이다.[152]

《예기(禮記)》월령(月令)에는 특정 별자리에 해[日]가 남중하여 위치하고 특정한 별이 남중하는 때를 달로 정한 명료한 정령(政令)이 있다. 그때[日者]란 것은 해의 위치가 해당 별자리[星宿]에 남중할 때 월령을 정하여 달 별로 백성과 사직에서 할 일을 제시한 것이다.[153] 이를 근거로 《예기》의 문장상의 내용을 빌면 위 문구의 풀이는 기(箕)는 8월 동풍, 벽(壁)은 11월 북동풍, 삼(參)은 2월 동풍, 진(軫)은 5월 남풍이다.

기(箕), 벽(壁), 삼(參), 진(軫)은 춘하추동(春夏秋冬)의 한가운데 달[仲之月]에 새벽, 일출 무렵에 동편에 떠오르는 28수의 마지막 별자리들이다.[154] 기(箕)를 예로들면 해는 각성(角星)에 남중하는데 그때가 중추지월

---

152) 중국의 28수와 서양의 별자리는 일치하지 않으나 지칭하는 성좌들을 분별하여 풀이했다.

153) 禮記, 月令, "仲秋之月(8월) 日在角"−角은 箕와 같은 동방 7宿 중 하나이다. "仲之月(11월) 日在斗昏東壁" "仲春之月(2월) 日在奎"−奎는 參과 같은 서방 7수의 하나이다. "仲夏之月(5월) 日在東井"−井은 軫과 같은 남방 7宿 중 하나이다.

154) 3垣 28宿 : 고대 동아시아인들은 적도 부근의 하늘을 동서남북을 기준으로 28구역으로 나누어 천체를 관측했다. 인도에서는 27수이나, 더 북방에 있는 중국에서는 북쪽에 낮게 빛나는 우수(牛宿)를 더하여 28수라 한다. 28수는 4방에 각각 7수(宿)씩 나누어져 있다. 초저녁 동쪽 지평선에서 떠오르는 순서대로 기술하면 동짓날 정(井), 귀(鬼), 여귀(輿鬼), 유(柳), 성(星), 장(張), 익(翼), 진(軫) 등 남방 7수, 춘분에 각(角), 항(亢), 저(氐), 방(房), 심(心), 미(尾), 기(箕) 등 동방 7수, 하짓날 두(斗), 우(牛, 견우), 여(女, 직녀, 須女), 허(虛), 위(危), 실(室), 벽(壁) 등 북방 7수, 추분에 규(奎), 누(婁), 위(胃), 묘(昴), 필(畢), 자(觜), 삼(參) 등

(仲秋之月, 음력 8월)이다.[155] 각성은 동방 7수 기수계(箕宿係)에서 첫 번째 떠오르는 별이다. 죽간에 잔멸되어 보이지 않는 이 4개의 별자리는 《예기》에 기록된 해가 남중하는 위치[日在]로 한다면 막혔던 맥이 통한다.[156] 전래본에 달이 그 별자리에 위치함[月在]으로 바뀐 것은 아마도 달이 백도(白道)를 따라 하늘을 한 바퀴 도는데 대략 28일이니 이 때 달이 머무는 곳을 수(宿)라 했기 때문일 것이다.[157] 《호검경(虎鈐經)》에는 전래본의 구절 월재(月在)를 토대로 "달이 동쪽 벽성과 남쪽 기익진성에 있는 저녁 불을 놓는다."와 같은 보다 교조적인 표현이 보인다.[158] 어쨌든 위문구는 정확한 풀이가 가능하지 않다는 것이 정설이다. 그때 바람이 분다는 과학적 근거를 찾기가 어렵기 때문이다. 손성연의 손교본(孫校本)에는 고심 끝에 월재(月在)를 수재(宿在)로 바꾼 것이 보인다. 이는 특정한 별이 남중하는 것으로, 그렇다면 이는 《예기(禮記)》의 월령(月令)과 유사한 문맥이 된다. 《장단경》과 《통전》에도 이와 같은 문구로 되어있다.[159] 특히 《장단경》에는 익(翼)을 삼(參)으로 바꾸어 표기했는데, 삼성(參星)이 저녁 무렵 남중하는 달은 동풍이 부는 2월이다.

전래본은 천시(天時)와 일월(日月)을 의도적으로 대비시켜 문장을 아름답게 했다. 천시는 하늘이 허락하는 것이고 일월은 변화이다. 일월은

서방 7 수가 있다. 밀교의 태장계 만다라에 외금강부원(外金剛部院)의 4방에 각 7수씩 배열된 28 성좌가 그려져 있다.

155) 위의 주 禮記, 月令

156) 箕는 춘분에 나타나 8(角), 9(房), 10(尾)월에 해와 함께 남중하여 보이지 않는다. 壁은 하지에 나타나 11(斗), 12(女), 1(室)월에는 해의 남중히어 보이지 않는다. 參은 추분에 나타나 2(奎), 3(胃), 4(畢)월에는 해와 남중하여 보이지 않는다. 軫은 동지에 나타나 5(井),6(柳),7(翼)월에는 해와 남중하여 보이지 않는다.

157) 淮南子, 天文訓

158) 虎鈐經, 火攻 "月對(在)東壁南箕翼軫之夕, 則設火"

159) 長短經, 水火 "發火有時 起火有日. 時者 天之燥也. 日者 宿在箕 壁 參 軫也" 通典, 兵 十三 "發火有時 起火有日. 時者 天之燥也. 日者 宿在戈箕 東壁 翼 軫也"

바람의 변화를 감지하라는 메타포가 들어 있다. 《사기(史記, 宋微子世家)》에 "달이 별을 따름은 바로 바람과 비에 의해서이다(月之從星, 則以風雨)"라는 말이 보이지만 좀처럼 이해하기 어렵다. 《집해(集解)》의 공안국(孔安國)의 주(注)를 보면 "달이 동쪽 하늘의 기성을 지나는 경로로 가면 바람이 많고, 서쪽 하늘의 필성과 멀어지면 비가 많이 온다(月經于箕則多風, 離于畢則多雨)"라는 풀이가 있어 바람과 비를 예측하는 오래된 경험의 축적이 있음은 의심할 수 없다.

고대 동아시아인들은 바람을 일으키는 것은 별이라고 생각했다. 선진(先秦) 시대의 문헌 《관자(管子, 四時)》에 "별은 바람을 일으키고 주관한다(星者, 掌發為風)."라는 표현은 별이 바람에 쓸려 움직이는 것처럼 시적(詩的)이다. "하늘과 바람과 별"에 대해 알고 싶어하는 동이족의 나라 은상(殷商)은 천신 사상으로 펼쳐진 하늘을 보고 살았다. 동아시아 거대 문명국 상에서 중화문명을 분리한 주나라는 인본주의에 맞추어 하늘을 재구성하고 천문에 관한 관심은 줄어든다. 피라미드를 건설 하늘을 읽는 전통은 고조선에서 더욱 발전했을 것이다. 이것이 은밀하게 전래하여 조선 초기에 제작된 천상열차분야지도(天象列次分野之圖)에 우주의 얼개는 삼원(三垣)이라는 자미원(紫微垣), 태미원(太微垣), 천시원(天市垣)의 3개의 울타리로 혼미하게 나누어져 형이상(形以上) 밖에 있고, 시야에 들어오는 형이하(形以下) 안의 별은 역시 사방 일곱 좌에 모두 28수로 그려져 있다.

28 수(宿)는 전국시대 초기 증후 을묘에서 발굴된 아치형 칠기 덮개에서도 발견되고[160] 은상과 고조선, 고구려의 분묘에 자주 천장화로 등장한다. 고대 동아시아의 별자리[161]에서 기(箕)는 동방칠수 청룡(靑龍)의 궁

---

160) 웨난(岳南), 〈진시황릉〉 진시황릉 병마용 발굴과정

161) Gary D. Thompson, History of Constellation and Star Names 24-Early constellations in China

수자리에, 벽(壁)은 북방칠수 현무(玄武)의 페가수스자리에, 익(翼)과 진(軫)은 남방칠수 주작(朱雀)의 술잔자리와 까마귀자리에 자리 잡고 있다. 전래본은 《예기》에 근거하지 않고 달이 익수에 있는 "월재 익(月在 翼)"으로 하여 "서방칠수의 백호(白虎)자리에 있는 삼(參)"이[162] 익(翼)으로 전해졌다. 죽간에 전래본과 같은 익(翼)이었다면 해가 익(翼) 자리에 남중하는 때는 음력 7월이 되며 이 시기에 중국의 중원은 서북쪽에서 시원한 바람이 분다.[163] 죽간에 본래 장단경과 같이 삼(參)이었을 거로 추정할 수 있는 것은 서풍이 없었기 때문이 아니라 《손자병법》이 발전한 제(齊)와 오(吳)의 지정학적 위치에서 화공(火攻)을 사용함에 서북쪽의 강국인 진(秦), 초(楚), 연(燕)과 대적 시에 바람을 등에 질 수 있는 동남풍이 유리했기 때문이었다.

문장 끝에 전래한 풍기지일(風起之日)이 죽간의 풍지기일(風之起日)과 다른 것은 분명 해석의 차이를 가져온다. "바람 일어나는 날(風起之日)"은 그 언어의 중점이 "날(日)"에 있다. 이는 달이 특정 별자리에 위치하는 공간적 징후에 대비하기 위한 시간이다. 그러나 죽간의 "바람이 일어나는 날(風之起日)"은 말하고자 하는 중점이 "일어나는 날(起日)"에 있다. 기상의 변화를 나누는 달과 바람의 능동적 변화를 기록한 때를 선택한다는 것은 죽간이 더 가깝다. 기(箕), 벽(壁), 삼(參), 진(軫)은 별자리가 아닌 월령을 말하는 계절적 의미이기 때문이다.

화공(火攻) 4

---

162) 잔멸된 죽간 구절에 대한 추정
163) 禮記, 月令 "孟秋之月, 日 在翼…… 凉風至 白露降"

과학 기술의 발달은 핵의 융합과 분열을 제어하고 무기화하는데 많은 시간이 필요하지 않게 한다. 가까운 장래에 완전 비핵의 상태에서 단 하루 만에 핵무장이 가능한 기술이 나타날 것으로 과학자들은 예측한다. 서방과 중국의 정보기관들은 반핵을 표방하고 있는 일본이 72시간 이내에 핵무장이 가능할 것이라고 보고 있다. 72시간은 전쟁에 최초 반응하는 최소한의 시간이다. 일본은 실제 실시간으로 핵무기를 보유하고 있는 것과 다름이 없다. 결국, 비핵과 핵의 경계선이 모호해지며, 산업적 핵에너지와 군사적 핵에너지의 이중목적 전환이 NPT로 통제 불가능한 날이 다가오고 있다. 전쟁은 곧 속임수, 병자 궤도야(兵者, 詭道也)라는 손자의 말을 다시 상기해야 한다.

죽간본 : 火發(於内, 則軍應之於外). 火發, 其兵靜而勿攻, 極其火央, 可從而從(之, 不可從則)止之. 火可發於外, 毋寺於内, 以時發之. 火發上風, 毋攻(下風, 晝風)久, 夜風止. (凡軍必知五火)之變, 以數守之

불이 내부에서 일어나면, 즉시 밖에서 기동부대로 응한다. 불이 일어났는데 적병이 고요하면 공격하지 말고, 불이 최고점에서 사위어 가면, 좇을 수 있으면 좇고 좇을 수 없으면 바로 좇음을 멈춘다. 불을 외부에서 (발사하여) 일으킬 수 있다면, 적의 내부에서 (불을 내는 것을) 기다리지 말고, 때에 맞추어 발사하라. 바람이 등 뒤에서 불면 불을 발사하고, 맞바람이면 공격을 멈추라. 낮의 바람에는 (화공을) 지속하고, 밤바람에는 (화공을) 그친다. 무릇 군대는 다섯 가지 불의 변형을 반드시 알아야 하고, 이 방법을 지켜야 한다.

전래본 : 凡火攻, 必因五火之變而應之. 火發於内, 則早應之於外. 火發, 而其兵靜者, 待而勿攻, 極其火力, 可從而從之, 不可從則止. 火可發於外, 無待於内, 以時發之. 火發上風, 無攻下風, 晝風久, 夜風止. 凡軍必知五火之變, 以數

> 守之
>
> 무릇 화공은 반드시 다섯 가지 불의 변형으로 응한다. 불이 내부에서 일어나면, 즉시 밖에서 속히 응한다. 불이 일어났는데 적병이 고요하면 공격하지 말고, 불기운이 최고점에서는, 좇을 수 있으면 좇고 좇을 수 없으면 바로 멈춘다. 불을 외부에서 (발사하여) 일으킬 수 있다면, 적의 내부에서 (불을 내는 것을) 기다리지 말고, 때에 맞추어 발사하라. 바람이 윗바람이면 불을 발사하고, 아랫바람이면 공격을 멈추라. 낮의 바람에는 (화공을) 지속하고, 밤바람에는 (화공을) 그친다. 무릇 군대는 다섯 가지 불의 변형을 반드시 알아야 하고, 이 방법을 지켜야 한다.

유럽의 전사가(戰史家)들은 화력과 기동의 정교한 통합은 나폴레옹을 출세시킨 1793년 투롱(Toulon) 항(港) 전투에서 혁명군의 포병대장인 그가 국방장관에게 제출한 계획에서 시작되었다고 여기고 있다. 그러나 포병 화력지원 계획은 화포의 발달과 함께 세계 곳곳에서 유사하게 발전하였고, 16세기 이순신의 포격전은 함대의 기동과 잘 통합되고 적의 사거리를 고려한 화력의 집중과 전이에 탁월한 전투였다. 12세기 남송이 양자강을 끼고 근 백 년 간 북방의 금과 몽골군을 저지할 수 있었던 것은 강(江)이라는 천연지형지물을 이용하여 당대 세계 최고의 화약 제조 기술과 이를 응용한 포병운용에 능숙했기 때문이었다. 지형과 기동에 통합된 화력운용은 지금도 군사과학의 중요한 과제이다.

화공의 머리말에 언급한 공화유오(攻火有五)를 표적분석이라 한다면, 오화지변(五火之變)은 화력과 기동의 적절한 동시 통합이라고 볼 수 있다. 11가주(家注)의 오화지변(五火之變) 해석은 고졸(古拙)한 맛은 있으나 빛나는 예지는 보이지 않는다. 전래본 문구의 처음에 보이는 "범화공, 필곤오화지변이응지(凡火攻, 必因五火之變而應之)"는 죽간에는 보이지 않고, 죽간 136행의 부서진 죽편 공간과 자수를 계산해도 본래 죽간에 없었던 것으로 파악된다. 문장의 후미에 붙은 오화지변(五火之變) 역시 죽간에는 유실되고 "지변(之變)"만 보이는데, 이로써 죽간에 과연 오화(五火)가 있었는지 그 실존 여부도 불분명하다.

"오화변(五火變)"을 다시 정리해 본다면, 그 구변편(九變篇)과 구지편(九地篇)에 보이는 변(變)과 같이 상황의 변화나 전술, 작전 행동의 변통(變通)과는 이해의 관점이 다르다. 이는 오히려 세편(勢篇)의 "오성지변, 오색지변, 오미지변(五聲之變, 五色之變, 五味之變)[164]과 같은 형이하(形而下)의 의미를 귀납적으로 형성(形成)하여 천재(天才)로 되돌릴 필요가 있다. 그러므로 화변(火變)은 상황의 변화가 아닌 천시에 영향을 받는 형(形)에 가까워 불의 변형(變形)이라는 풀이가 더 논리적이다. 형(形)은 인간의 힘으로 어쩔 수 없는 운명과 같은 하늘의 뜻이며, 본 책의 중권(中卷)에서 논했듯 인간이 하늘로부터 세(勢)를 받아 그 형(形)을 감춘 것이다. 형(形)은 드러나지 않아 세(勢)가 되었으니 "승리를 구함에 세에서 구하지 인간에서 찾지 않았다(求之於勢 不尋之於人)[165]." 그래서 병형상수(兵形象水, 군사운용태세는 물과 같이 일정치 않은 것)가 이와 같으니 오화변은 역시, 화공에 있어 메너리즘 없이 기동과 화력을 실시간에 통합하라는 강력한 손자의 의도를 읽을 수 있다.

이를 이해하고 다시 읽는다면, 첫째 화변은 내외(內外)이고, 둘째는 종지(從止), 셋째는 외내(外內), 넷째는 상하(上下), 다섯째는 주야(晝夜)이다. 이것은 불의 변화에 따른 기동의 변형이지, 변통은 아닌 것이 명백하다. 그러므로 전래본의 문장 처음에 기술한 "필인오화지변이응지(必因五火之變而應之)"는 오화지변의 문리와 맞지 않고, 결언(結言)으로 사용된

---

164) 세(勢) 4.
165) 세(勢) 9.

"필지오화지변(必知五火之變)"을 잘 숙지하고 있어야 한다는 주장에서 와같이 화력운용은 천시로 정해진 불의 변형에 인간이 수동적일 수밖에 없음을 의미한다. 그러나 통제할 수 없는 자연의 힘에 대항하지 않고 천문을 관찰하고 불의 속성을 안다면 그런 방책[數]을 지켜야 한다.

죽간에 "극기화앙(極其火央)"이 전래본에 "극기화력(極其火力)"으로 표기된 것은 글자의 의미 변화와 필사 과정에서 와오(訛誤)된 듯 보인다. 공자는 《주역(周易, 繫辭上傳)》에서 수(數)와 상(象)의 역학(易學) 관계를 설명하면서 "(착잡(錯雜)했던 수의 질서를 잡아) 그 변화에 통해 천하의 문명을 완성하고, 그 수를 극하여 드디어 천하의 상을 정한다(通其變 遂成天下之文, 極其數 遂定天下之象)"라고 하였으니, 극기는 불의 혼란스러움의 절정에서 질서를 파악하는 것이라고 이해할 수 있다. 극(極)은 바로 극한을 넘어 변화에 귀순하는 것인데, 이런 의미로 극기(極其)라는 글자는 춘추 전국시대에서 위·진 시대까지 관용적으로 쓰였었다. 그러나 전래본에 표기된 극기화력(極其火力)은 절정에 달한 화력을 뜻하게 되어 본래의 심오한 의미를 훼손했다.

화앙(火央)은 글자 그대로 "불의 한가운데"이지만, 앞의 극기(極其)에 대비하면 불의 변화를 조짐 하는 분수점이라고 볼 수 있다. 앙(央)의 보편적 의미는 《시경》 소아(小雅) 동궁지십(彤弓之什) 육(六) 월 육(六) 장에 보이듯 "흰 깃발의 술이 선명히 펄럭이네(白旆央央)!"와 같이 "선명하다"이지만, 다른 시(詩), 진《풍(秦風)》 제4편 겸가 3장(蒹葭三章)에는 "완연히 물 한가운데에 있도다(宛在水中央)"처럼 수렴하여 다가갈 수 없는 중앙을 뜻하기도 한다. 전당시(全唐詩)에 있는 상관의시(上官儀詩)의 "누각의 밝은 달 한밤이 아직 지나지 않았네(明月樓中夜未央)."는 앙(央)이 "다하다(盡)"의 뜻으로 쓰여 주목할만하다.

갑골문에 보이는 상(上)과 하(下)는 지사자(指事字)로 지평선을 중심으로 위아래로 부호를 그은 것이다. 이(二) 자와 자형이 똑같아 후에 혼동을 피하고자 자형이 점차 변했다. 상풍(上風)에 대한 전통적 해석은 윗바람이다. 하풍(下風)이 아래 바람인 것과 같다. 상하풍은 땅이 데워지거나 식어서 생기는 기상 현상으로 쉽게 풀이될 수 있으나, 기상 현상에 맞게 화력과 기동을 제어하는 표현의 문맥에서는 상풍은 순풍이고 하풍은 역풍으로 볼 수 있다. 상풍은 지평선 높이 표적으로 불어가는 바람이고 하풍은 지평선 아래로 떨어져 우군에게 가까이 다가오는 바람으로 논리적 해석이 가능하게 된다. 만약 이것이 윗바람과 아래 바람의 기상상태를 말했다면 이 문구는 "상풍에서는 불을 발하고, 하풍에서는 불을 발하지 마라(火發上風, 火毋發下風)."로 표현되었을 것이다.

화공(火攻) 5

죽간본 : 故以火佐攻者明, 以水佐攻者強. 水可(以絶, 火可以奪)

그러므로 화력지원을 받아 공격 기동하면 (효과는) 분명하고, 물을 공격 수단으로 삼으면 효과는 강력하다. 물은 막아서, 불은 빼앗아서 그 중심(重心)의 형성을 방해할 수 있다.

전래본 : 故以火佐攻者明, 以水佐攻者強. 水可以絶, 不可以奪

해석 1 : 그러므로 화력지원을 받아 공격 기동하면 (효과는) 분명하고, 물을 공격 수단으로 삼으면 효과는 강력하다. 물은 차단할 수는 있으나 탈취할 수 없다.

해석 2 : 그러므로 화력지원을 받아 공격 기동하면 (효과는) 분명하고, 물을 공격 수단으로 삼으면 효과는 강력하다. 물은 막아서 (그 중심(重心)을 형성하면)

화공편에서 불을 말한 것이 위 문장이 마지막이다. 역시 동아시아인들의 전통적 관념, 사물에 대한 양자 균형을 통해 사색의 변증법적 발전을 꾀한다. 손자는 그가 언급한 불을 물로써 끄고 있다. 급하고 과격한 불의 극단성을 중화하고 중간선에서 멈추었다. 물과 불은 상극이지만, 불은 늘 상승하려 하고 물은 늘 하강하려 한다. 그러기에 《주역》의 마지막 괘(卦) 화수미제(火水未濟)는 완전성을 경계하고 사태를 미완으로 남긴다. 즉, 미완성은 기미를 만들므로 프로세스를 연장하게 된다. 위 문장은 미제(未濟)의 메타포가 들어 있다.

미완의 전쟁을 걱정하는 문구가 다음에 이어지니 불과 물을 대비시킨 것은 손자 특유의 복선이 가설된 것이다. 이어지는 "무릇 싸움에서 이겨 그 이득을 얻어야 하나, 그 공을 거두어 나누지 못하니 흉하다. 이를 일러 비류라고 한다(夫戰勝攻得, 而不隋其功者 凶, 命曰費留)."라는 말은 종결짓지 못하는 전쟁은 하지 말라는 경고이다. 주역의 미완의 권고에 역수(逆數)를 취했다. 이는 미제(未濟)에 대한 대표 경구 "불이 물 위에 있는 것이 미제이다. 군자는 이로써 신중히 물(物)을 변별하고 바르게 거한다(大象 火在水上 未濟 君子以愼辨物居方)."라는 말을 은연중 상기시킨다.

수공(水攻)은 지세(地勢)에 의존한다. 물의 중심(水心)은 낮은 곳에 모이므로 노자의 주장대로 "물은 최적의 곳에 모이고 그 중심은 깊다(居善地 心善淵, 《도덕경》8장)" 이러한 물의 중심은 《손자병법》 전체를 관통하고 있다. 형(形)편의 마지막 문장에 전투태세로서의 形을 말함에 "마치 천길 갈라진 틈으로 막아둔 둑의 물을 터뜨리는 것과 같은 것 그것이 형(形)이다(決積水於千仞之隙, 形也)."라하고, 실허(實虛)편의 말미에는 "그러므로 물은 땅의 형태에 따라 흐름을 바꾸며(故水因地而制行)"라하여 무형의 힘을 가진 물을 제형(制形)할 수 있음을 사전에 숙지시킨다.

수가이절(水可以絶)의 전통적 해석은 수공을 준비함에 "물을 모아 적의 상호지원과 보급을 차단한다."였다.[166] 죽간에 훼손되어 보이지 않는 부분 "以絶, (火/不)可以奪"에 비상한 관심이 가지 않을 수 없는 것은 그 심오함의 차원을 떠나서 손자의 문리(文理)에 대한 이해를 결정하기 때문이다. 물과 불을 대비해서 풀이함과 물의 속성이 가진 가능과 불가능을 비교할 때 그 결과는 미궁이다. 그러나 이 두 차이가 지향하는 논지는 같은 것이다. 바로 중심(COG)과 단결에 대한 은밀하며 강력한 묘사이다.

행군과 지형편에서 언급된 절(絶)은 절산(絶山)이나 절수(絶水)와 같이 산과 물을 개척하여 통과한다기보다는 산과 물에 맞게 병력을 "Tailoring-재단(裁斷)"하여 배비하고 기동한다는 뜻으로 보았다.[167] 절(絶)은 용간편(用間篇)에서도 언급되겠지만, 특수임무 접속 공작(TAO)[168]처럼 무형 또는 유형으로 전력을 편재(編裁)하는 것이다. 그렇다면 위 문장의 수가이절(水可以絶)은 물을 전투력의 한 요소로 보고 목표인 중심형성을 위해 물을 막은 것이다. 따라서 이런 형세의 중심은 빼앗을 수 없다. 이는 군쟁편(軍爭篇)에 논했듯이 "전 부대는 가히 사기를 잃을 수 있고, 그 때문에 장차 군의 단결이 와해 될 수 있다(三軍可奪氣, 軍將可奪心)"[169]에서와 같이 중심을 와해시키거나 빼앗은 탈(奪)의 용법을 그대로

---

166) 宋本 11家注, 조조(曹操) "可以絶敵道分敵軍", 두목(杜牧) "水可絶敵糧道 絶敵救援", 왕석(王晳) "取其決注之暴", 장예(張預) "水止能隔絶敵軍使前後不相及"

167) 행군 2.

168) TAO, Tailored Access Operations는 미 NSA에서 운용하는 사이버 전쟁 단위부대이다. NSA에서는 이를 Computer network exploitation으로 표현한다. TAO는 목표 네트워크에 기능, 집중과 분산을 물처럼 흐르도록 재단하여 Quantumcookie attack을 수행한다.

169) 군쟁 10.

재인용했다. 금석문에 보이는 탈(奪)의 원형은 탈(敓)이다. 글자의 모습은 "한 손으로 새를 잡고 그것을 옷깃 안에 숨긴" 것이다. 그래서 "놓치기 쉽다"는 수동태의 동사로 사용되었다.

과연 불가이탈(不可以奪)인지 화가이탈(火可以奪)인지 알 수 없지만, 전래본에 불가이탈(不可以奪)로 전해진 것은 위·진(魏晉) 시대 이후에 필사본에서 흔히 나타나는 필(必), 불(不), 화(火) 자가 모양이 비슷하여 와오(訛誤)된 것으로 여겨지나, 물과 불의 군사적 운용에 특성을 배비시킨 것은 차이가 없다. 불은 적의 군사력을 소산시켜 집중을 막을 수 있고, 물은 그 상징성에서 병세(兵勢)를 불려 아군의 집중을 도모할 수 있다. 참고로 《무경총요(武經總要, 水攻)》에 보이는 수공에 관한 고대 병가의 관념은 소박하게 절(絶)의 의미를 소극적으로 사용하였다. "무릇 수공이란, 적의 기동로를 끊고 적의 성을 수몰하고 적병의 막사를 쓸어버리며 모아놓은 물자를 무너뜨린다. 수많은 사람을 물고기 신세로 만들어 버린다…… 그러므로 병법에 이르길, 물을 공격수단으로 삼으면 그 효과는 강력한 것이니, 무릇 물은 지형으로 인한 기세를 만든다(夫水攻者, 所以絶敵之道, 沉敵之城, 漂敵之廬舍, 壞敵之積聚. 百萬之衆, 可使爲魚 …… 故兵法曰 以水佐攻者彊, 凡水, 因地而成勢)."

화공(火攻) 6

죽간본 : (夫戰勝攻)得, 不隋其功者, 凶 命之曰費留

무릇 싸움에 이겨 그 이득을 얻어야 하나, 그 공을 거두어 나누지 못하니, 흉하다! 이를 일러 비류, "전쟁 이득을 남겨두지 않은 것"이라고 한다.

전래본 : 夫戰勝攻取, 而不修其功者凶, 命曰費留

무릇 싸움에 이겨 공을 취하고 그 공을 다스리지 못하는 것은 흉하다. 이름 하여 비류이다.

비류(費留)는 군대의 주둔 비용으로 풀이되어왔다. 일설에는 시기를 놓친 논공행상으로 보고 있기도 하다.[170] 최근의 중국학자들이 위 문구에 다양한 의견을 내놓고 있는 것은 전래본의 수공(修功)이라는 "군정 사상(軍政思想)"이 가지고 있는 깊이 때문이다. 수공은 비류와 대비되어 풀이는 천차만별이다. 따라서 문장의 문리에 맞게 글자가 수정되기도 하여 수공(修功)을 수정(修政)[171]으로 변성하여 쓰기도 하나. 죽간의 타공(隋功)이라는 단순한 말은 후세에 그 의미가 수공(修功)과 수정(修政)으로 바뀌고 말았다.

타(隋)는 구지편에서 논했듯 성을 탈취하고 거주민과 저항세력이 먹이가 된 상황이다.[172] 타(隋)의 본래 의미는 설문에 의하면 분배하기 위해 "찢어 놓은 고기(裂肉也)."이다. 《주례(周禮)》에 보면 흥미 있는 문구가 있다. "기제즉장기타(旣祭則藏其隋)"와 같이 타(隋)는 "제사를 지내고 남은 고기는 보관한다"에서 "남은 고기"라는 의미이다. 만약 "타(隋)"를 "남은 전리품"으로 해석하면 문장 전체가 뚫리는 통쾌함이 있다. 즉, 전쟁함에 얻은 이득에서 남은 것을 나누지 않는다면 흉하다는 것이다. 이 문장은 이어지는 "이롭지 않으면 움직이지 않고, 얻는 것이 없으면 쓸 수 없고, 위태롭지 않으면 싸우지 않는다(非利不動, 非得不用, 非危不戰)."와 자연스럽게 어울린다.

---

170) 宋本11家注, "李筌曰 賞不逾日 罰不逾時 若功立而不賞 有罪而不罰 則士卒疑惑 曰有費也" "曹操曰 若水之留, 不復還也 或曰 賞不以時, 但費留也, 賞善不逾日也"
171) 자유중국, 策略研究 센터
172) 구지 22, 故其人可拔也, 城可隋也

그러므로 타(隋)란 전국시대 이전에는 적 병사의 인육이었고, 점차 문명화되면서 전리품이나 재분배된 영지와 노예였다. 전래본에 타(隋)가 수(修)로 연변 된 것은 고음에서 발음이 유사했기 때문이라고 보기도 하지만,[173] 이 보다는 의도적으로 격식 있는 표현을 쓴 것이다. 타(隋)와 수(修)를 혼동케 하는 "타/수(隋), 타/수(隨), 타/휴(墮), 타/휴(隳), 수(修)"와 같은 자(字)들은 모두 "타(隋)"와 같이 발음되어 고대 한적(漢籍)에는 통가(通假)로 사용되었다. 뒤에 이어지는 문장 "양장수지(良將修之)" 역시 죽간(竹簡)에는 "양장타지(良將隋之)"로 타(隋), 타(隨)가 본래의 뜻을 떠나 같은 의미로 혼용했다. 그러나 선진양한(先秦兩漢)을 거치면서 수(修)는 치(治)의 뜻으로 널리 쓰이기 시작한다. 《한비자(韓非子)》에 나라를 망치는 8가지 악습(八姦)을 나열하면서 "지식인이 나태하여 사회를 바로 선도하지 못하고, 간상모리배가 중간에서 생산 없이 이익을 취하고 있다면 나라가 망하는 풍조이다(是以賢者懈怠而不勸, 有功者隳而簡其業, 此亡國之風也)."에서 보이듯 타(隋)는 이미 휴(隳)로 변화한다. 《설문해자(說文解字)》에 "수(修)는 장식하는 것, 그 발음은 삼(彡)을 따른 것(修飾也 從 彡攸聲)"이라 하고 《단주(段注)》에는 "수는 다스림이라(修者, 治也)."고 하고 있다. 《회남자(淮南子, 脩務)》에 "좀벌레의 창궐을 막아 다스린다(脩彭蠡蟲之防)"는 말에서 역시 타(脩)는 발음이 수(脩)로 변해 다스림(治也)으로 쓰였다.

타공(隋功)의 변화는 수·당시기(隋唐時期)의 서적을 거치며 그 과정을 찾아낼 수 있는데, 《소명문선(昭明文選, 卷六, 左太沖 魏都賦)》에 보면 "니리에 비류기 없어야 한다(國無費留)."를 유량(劉良)이 주(注) 하면서 《손자병법》의 위 문장의 글자 하나를 다음과 같이 변형해 쓰고 있다. "《손자병법》왈 전승이불수기상자, 흉, 명왈비류(孫子兵法曰 戰勝而不脩

173) 구지편, 각주 101 참조

其賞者, 凶, 命曰費留" 즉, 공(功)을 상(賞)으로 바꾼 것은 타(隋)를 전리 품으로 보았기 때문으로 추정된다. 이선(李善)은 《위무손자주(魏武孫子注)》를 인용하여 "때맞게 상을 주지 않으면 부질없이 비용을 쓰는 것이다(賞不以時, 但留費也)."라고 풀이했다. 이는 조조의 위 문장에 대한 해석 "조조 말하길, 흐르는 물과 같이 되돌아오지 않는 것이므로 적절한 보상은 날을 넘기지 않는다."[174]를 논한 것인데, 이 해석은 후세에 "비류"에 대한 다양한 논의가 일어나고 새로운 생각을 만드는 데 큰 영향을 끼쳤다. 비류는 상을 소급해서 주는 것을 금하는 것일 수 있고, 한 번 잘못을 사과한 것을 다시 사과하지 않는 이유로 쓰이기도 한다. 전후 독일이 과거를 통렬히 반성한 것과 패망한 일본이 과거사를 망령되이 재해석하려는 것은 비류(費留)라는 교훈을 역시 달리 풀이하고 있기 때문이다.

취(取)와 득(得)의 차이에서 전국시대의 득(得)의 의미는 단순히 "얻다" 보다는 원하는 욕망을 우호적 조건의 설득으로 채운다는 뜻이었다.[175] 득(得)은 적을 죽여 얻는 취(取, 갑골 자형, 적을 죽여 귀를 베다.) 와는 다르므로 싸움이 끝나 전후 처리에서의 이득을 논한 것이라면 죽간이 더 정확한 표현일 수 있다. 문구를 다시 정리하면 전투를 통해 적에게서 취(取)한 것을 타공(隋功)이라는 분배와 논공행상을 거쳐 득(得) 한다는 것이다.

최근에는 점령지에서의 군정 활동을 수공(修功) 또는 수정(修政)이라 하여 중국 《손자병법》 연구회 부회장인 유유보(于汝波)[176]는 이라크 전쟁에서의 미국 전쟁지도의 실책을 《손자병법》 화공편을 들어 "수공(修

---

174) 자유중국, 策略研究 센터
175) 구변 5.
176)   Yu Yu Bo (于汝波), 中共党员, 中国人民解放军军事科学院研究员, 博士生导师, 少将军衔, 中国孙子兵法研究会副会长, 国家特殊津贴获得者 <火攻篇的上下文看, 其篇末讲的 "安国全军之道" 的 "全", 应包含战后 "修功" 的思想在内>

功)"의 사상적 함의(思想的含义)에서 논하고 있다. 그는 수공은 전쟁의 실리를 따지는 것에서 더 발전하여 전후의 치안과 복구, 정상국가로의 복귀를 포괄하는 광범위한 용어로 사용하고 있다.

그렇다면 비류(費留)란 무엇일까? 주둔 기간이 지속하여 드는 비용과 낭비라는 전통적 해석은 의심스럽다. 부질없이 비용을 쓰는 것이라는 11 가주의 해석도 만족스럽지 않다. 죽간본의 소박한 표현은 승자독식을 경계한 말이다. 유(留)는 패배한 자를 포용하여 살 수 있도록 생활 터전과 자원을 남겨주는 것이다. 비(費)는 비(沸), 불(弗)과 음이 같은[177] 통가자이며 혼용하여 써진 예가 자주 보인다.[178] 그러므로 비류(費留)는 불류(弗留)이며, 즉 남기지 않아 흉(凶)하게 된다. 그 남기지 않음은 혹 리더가 다 차지하고 부하들과 나누지 않는 뉘앙스도 풍긴다. 점령지의 자원을 남기지 않고 모조리 빼앗는다면 현지인의 협조는 기대하기 어렵고 형세가 바뀌면 승리는 허사가 된다.

화공(火攻) 7

죽간본 : 故曰 明主慮之, 良將隨之. 非利(不動, 非得)不用, 非危不戰. 主不可以怒興軍, 將不可以慍戰. 合乎利而用, 不合而止.

그러므로 이르길, 현명한 군주는 이를 깊이 생각하고 유능한 장수는 이를 잘

---

177) Baxter-Sagart Old Chinese by MC initial, final, and tone, 2011: page 118 費 phj+jH (squander), page 116 弗 pjut (negation), page 112 沸 pj+jh (boil)

178) 史記, 鄭世家 "十八年 襄公卒 子悼公沸立"에서 이를 주한 索隱 鄒本에 沸 또는 弗로 쓰였다. 史記, 衛康叔世家에는 "悼公五年卒 子敬公弗立"을 集解注에 "世本, 云敬公費也"로 한 것이 보이고 索隱注에는 "系本, 弗를 費"로 썼다. 史記, 晉世家 "獻侯十一年卒 子穆侯費王立"을 索隱 鄒本에 弗生, 沸王으로 오판된 것이 보인다.

따른다. 이롭지 않으면 움직이지 않고, 얻을 수 없다면 사용하지 않고, 위태롭지 않으면 싸우지 않는다. 군주는 노여움으로 군을 일으킬 수 없고, 장수는 분노로써 싸워서는 안 된다. 이로움에 맞으면 쓰고, 맞지 않으면 그친다.

전래본 : 故曰 明主慮之, 良將修之. 非利不動, 非得不用, 非危不戰. 主不可以怒而興師, 將不可以慍而戰民. 合於利而動, 不合於利而止.

그러므로 이르길, 현명한 군주는 이를 깊이 생각하고 유능한 장수는 이를 잘 다스린다. 이롭지 않으면 움직이지 않고, 얻을 수 없다면 사용하지 않고, 위태롭지 않으면 싸우지 않는다. 군주는 노여움으로 군을 동원할 수 없고, 장수의 분노로 군사들을 싸우게 해서는 안 된다. 이로움에 맞으면 움직이고 이로움에 맞지 않으면 그친다.

불의 명랑(明良)함을 찬양하려면 이 속성을 양단할 수 없는 불의 성급함과 난폭함을 절제해야 한다. 화공(火攻) 5에서 표현된 불과 물의 결합과 변주(變奏)는 화공편의 결언으로 가며 손자는 위와 같이 독자를 잘 타이르고 있다. 마치 주베르(Joseph Joubert)의 《수상록(Pensees)》에 보이는 "불꽃은 젖어 있는 불이다."처럼 모순된 명제를 풀어 폭력과 평화에 관한 장엄한 도덕에 우리를 합류시킨다. 이렇게 불같이 화를 내는 암군(暗君)과 다혈질의 성급한 장수가 전쟁을 일으키고 경솔히 전투를 벌이는 일을 경계한다.

죽간본의 "양장수지(良將隨之)"는 전래본의 수(修)와 미묘한 차이가 있다. 음에 같아 와오(訛誤) 또는 연변(演變) 된 것 같지만 수(隨)는 앞의 문구 타(隋)에 유의하면, 그저 "따른다"는 것보다 다의적인 해석이 가능하다. 즉, 죽간의 "공을 나누는 것(隋其功)"에서 "공을 다스리는 것(修其功)"으로 변하는 과정에 글자의 모양과 음의 유사함을[179] 공유한 수(隨)

---

179)   Baxter-Sagart Old Chinese by MC initial, final, and tone, 2011: page 172 隋

자를 넣은 것은 절묘하다. 《주역》 손위풍(巽爲風) 괘에는 수(隨)의 의미를 철학적으로 지원한다. 바람이 이중으로 겹친 손(巽)의 모습(象)은 "계속해서 바람이 부는 것이 손이다(隨風巽)"라고 하여 부단한 행동을 요구하며 "군자는 이로써 명령을 거듭하여 설명한 다음 실행한다(君子以申命行事)"라고 하여 주군으로부터 받은 명령을 숙고하라는 충고가 따라붙는다.

깊이 생각하고 잘 다스려야 할 이것(전래본 : 慮之修之)은 물론 수공(修功)과 비류(費留)이다. 전쟁으로 평화를 얻을 수 있다면 수공의 완성이다. 수공이 완전하면 비류는 생기지 않는다. 그러나 위기를 촉발하는 단서를 남기고 전쟁과 전쟁 사이에 견고한 고리와 도화선이 있어, 이러한 불씨를 데우는 것을 온전(溫戰)이라 풀이할 수 있다.

죽간본 : 怒可復喜也 溫可復(悅也; 亡國不可復存, 死者不可復生. 故明主慎之, 良將警之, 此安國之道也)

노여움은 기쁨으로 되돌릴 수 있다. 분노는 즐거움으로 되돌릴 수 있다. (그러나) 나라가 망하면 다시 세울 수 없고, 죽은 자는 다시 살릴 수 없도다. 그러므로 현명한 군주는 이를 신중히 생각하고, 유능한 장수는 이를 경계한다. 이것이 나라의 안전을 지키는 길이다.

전래본 : 怒可以復喜, 慍可以復悅; 亡國不可以復存, 死者不可以復生. 故明主慎之, 良將警之, 此安國全軍之道也

노여움은 다시 기쁨이 될 수 있고, 분노는 다시 즐거움이 될 수 있다; (그러나) 나라가 망하면 다시 세울 수 없고, 죽은 자는 다시 살릴 수 없다. 그러므로 현명한 군주는 이를 신중히 생각하고, 유능한 장수는 이를 경계한다. 이것이 나라와 군대의 안전을 지키는 길이다.

xjwieH (shred sacrificial meat), page 185 隨 zjwe (follow), page 125 修 sjuw (adorn)

온전은 죽간이나 전래본 모두 전통적인 해석인 "분노로써 싸우는 것"
이나, 최근 《환구신군사(環球新軍事)》를 통해 엿보이는 중국 인민해방
군 내부의 속셈처럼 "일본의 우경화와 미국의 아시아 복귀"를 태평양을
데우는 온전(溫戰)으로 표현하고 있다. 이는 냉전(冷戰) 시대의 종언과
미·일의 군사동맹 강화에 대한 반발로 "온전"이라는 용어를 "싸움을 부
추기고" "가열시켜 확전시키는" 뜻으로 쓴 것이다.

대부분 통행되는 청나라 이전의 전래본에는 온이전민(溫而戰民), "군
사들을 분노로써 싸우게 하는 것"으로, 손교본(孫校本)과 사고본(四庫本)
에는 온이치전(溫而致戰), "분노로 싸움에 이르는 것"으로 표현하고 있
다. 장수 역할의 명백한 차이는 병사를 분발시켜 싸우게 하는 것과 장수
스스로 분노하여 싸우는 것인데, 그가 유능한 장수라면 본인은 물론 병
력을 통솔함에 부하들의 분노를 관리할 줄 아는 리더쉽을 가졌을 것이
다. 그러나 실제 전장에서 스스로 싸우려고 하는 병사인 전민(戰民)은 기
대하기 어렵다. 민(民)은 잡혀 온 노예군이다. 따라서 온전(溫戰)은 전투
의지를 가열시키는 계략으로 풀 수 있다. 군쟁편(軍爭篇)에 전민이 온전
의 대상으로 논의된 적이 있다. "전민(戰民)은 싸움에 동원된 부대원이
다. 그러므로 군쟁(軍爭)의 대상이고 그 주체이다. 군쟁 속에 모략이 들
어 있다면 그 모략의 목표는 적이 아니고 우군이다."[180]

위 문구는 모략을 넘어서 인의(仁義)의 세계를 지향하는 장수의 자질
을 논한다. 전쟁은 불가피한 하늘의 뜻이다. 그 명을 받기에 두렵고 신
중하다. 《문자(文子)》에 "전쟁을 일으키고 논의하는 것은 하늘을 다스리
는 자[帝]의 일이고, 세상을 바꾸는 것은 인간을 다스리는 자[王]의 일이
다. 전쟁의 논의는 천도를 본받고, 세상을 바꾸는 것은 사시에 밝아야 한
다. 그 지경 내에서 바른 정치가 이루어지면 먼 곳에서도 덕을 숭모하게

---

180) 군쟁 9.

된다."[181] 와 같이 전쟁을 인간의 인위로 꾸며서는 안 되었다. 제(帝)의 창조에 대해 인간은 논하지 않는다. 이것은 인간 노력의 경외(境外) 지역이다. 《주역(周易)》 계사전(系辭 下)에 "백성이 싫증을 내지 않게 모르게 변화시켜 마땅히 따르게 한다(使民不倦 神而化之 使民宜之)"에서 이러한 사상이 출원되었다. 감히 인간이 무엇을 창조한다는 말인가? 오로지 왕(王)은 인간의 영역에서 개혁이 있을 뿐이었다.

죽간의 "이로움에 맞으면 쓰고(合乎利而用)"와 전래본의 "이로움에 맞으면 움직이고(合於利而動)"는 용(用)을 군사운용에서 동(動)보다 포괄적으로 보는 견해가 있다.[182] 수당시대의 《통전(通典, 兵九)》, 《군서치요(群書治要, 孫子兵法)》, 북송시대의 《태평어람(太平御覽, 兵部三, 將帥上)》과 《태평어람(太平御覽, 兵部四二, 挑戰)》에는 모두 용(用)으로 기술되어 있고 《무경총요(武經總要, 制度一, 將職)》에는 동(動)으로 했다.

▣ 죽간본에 따른 〈화공〉

손자 말하기를, 무릇 화력운용에는 다섯 가지가 있다; 하나는 사람을 태우는 것이요, 둘은 물자를 태우는 것이요, 셋은 수송수단을 태우는 것이요, 넷은 보급 창고를 태우는 것이요, 다섯은 먼 근거지를 태우는 것이다. 화력을 운용함에 인화 가능한 조건이 있어야 하고, 발화도구는 상시 갖추어야 한다. 불을 발사하는 때가 있고, 불을 일으키는 데는 날이 있다.

---

181) 文子, 自然 "廟戰者帝, 神化者王. 廟戰者法天道, 神化者明四時. 修正于境內, 而遠方懷德"
182) "合於利而動, 不合於利而止"는 동일한 문구가 구지 4. 전래본에 있으나 죽간에는 없었다.

때란 하늘이 마른 때이다; 날은 동풍이 부는 8월(箕), 북풍이 부는 11월(壁), 동풍이 부는 2월(參), 남동풍이 부는 5월(軫)이니; 이 4개의 달에 바람이 일어나는 날이 있다. 불이 내부에서 일어나면, 즉시 밖에서 기동부대로 응한다. 불이 일어났는데 적병이 고요하면 공격하지 말고, 불이 최고점에서 사위어 가면, 좇을 수 있으면 좇고 좇을 수 없으면 바로 좇음을 멈춘다. 불을 외부에서 (발사하여) 일으킬 수 있다면, 적의 내부에서 (불을 내는 것을) 기다리지 말고, 때에 맞추어 발사하라. 바람이 등 뒤에서 불면 불을 발사하고, 맞바람이면 공격을 멈추라. 낮의 바람에는 (화공을) 지속하고, 밤바람에는 (화공을) 그친다. 무릇 군대는 다섯 가지 불의 변형을 반드시 알아야 하고, 이 방법을 지켜야 한다. 그러므로 화력지원을 받아 공격 기동하면 (효과는) 분명하고, 물을 공격 수단으로 삼으면 효과는 강력하다. 물은 막아서, 불은 빼앗아서 그 중심(重心)의 형성을 방해할 수 있다.

무릇 싸움에 이겨 그 이득을 얻어야 하나, 그 공을 거두어 나누지 못하니, 흉하다! 이를 일러 비류, "전쟁 이득을 남겨두지 않은 것"이라고 한다. 그러므로 이르길, 현명한 군주는 이를 깊이 생각하고 유능한 장수는 이를 잘 따른다. 이롭지 않으면 움직이지 않고, 얻을 수 없다면 사용하지 않고, 위태롭지 않으면 싸우지 않는다. 군주는 노여움으로 군을 일으킬 수 없고, 장수는 분노로써 싸워서는 안 된다. 이로움에 맞으면 쓰고, 맞지 않으면 그친다.

노여움은 기쁨으로 되돌릴 수 있다. 분노는 즐거움으로 되돌릴 수 있다. (그러나) 나라가 망하면 다시 세울 수 없고, 죽은 자는 다시 살릴 수 없도다. 그러므로 현명한 군주는 이를 신중히 생각하고, 유능한 장수는 이를 경계한다. 이것이 나라의 안전을 지키는 길이다.

용간(用間)

小雨放心酒
回首故國情
芋之送亂世
劍銹如晦月
星光滿用間

잠깐의 비
술 한 잔에 마음 놓고
고개 돌려 떠나 온 고국 생각했네.
생황 불며 난세 보내니
칼은 그믐달 같이 녹슬어
별빛을 그 사이에 가득 채워 쓰네.

용간(用間) 1

정보의 근본적 속성은 "밝혀내는 것(明明白白)"이다. 정보는 숨길 수 없는 기능이 타이머처럼 내장되어 있다. 정보는 공개하기 위해 생산된다. 정보의 수집과 분석, 처리, 가공 그리고 전파, 사용은 적시성과 시간적 요소의 제어를 받는다. 정보는 시간과 대상에 따라 기밀화하는데 그 비밀분류는 지나쳐도, 못 미쳐도 안 된다. 공자는 《주역》 절괘(節卦) 초구(初九)의 괘사를 해설하며 《계사전(繫辭傳, 上)》을 통해 이렇게 말하고 있다.

"不出戶庭, 无咎" 子曰 ："乱之所生也, 則言語以爲階, 君不密則失臣, 臣不密則失身, 幾事不密則害成. 是以君子愼密而不出也."
"(절괘의 초구에) 뜰(조정)에 나서지 않아 허물이 없다." 공자 말하길, "어지러움은 언어에서 비롯된다. (생각에서 익은) 말은 해야 할 단계가 있다. 군주가 말을 삼가며 주밀(周密)하게 하지 않으면 신하를 잃고, 신하가 말을 신중하고 주밀하게 하지 않으면 몸을 망치니, 모든 일이 주밀하지 못하면 (뜻하는 바를) 이룰 수 없다. 그러므로 군자는 말을 신밀(愼密)하게 하고 함부로 입 밖에 내지 않는다."

"기사불밀즉해성(幾事不密則害成)"은 비밀주의를 이르는 금언이 아니다. 비밀의 공개에 관한 시중(時中), 적시적이고 적절한 중용적 운용을 말한다. 비밀의 해제를 자의적으로 하거나 국가의 이익에 기초해서, 더 나아가 국제관계의 균형과 평화를 위해 판단된 것이 아니라면, 공자의 경고대로 몸을 망치게 된다. 정보는 심리와 깊은 관계를 맺고 있고 그러기에 가장 강력한 정보력은 "진실"이다.

한편 정보를 앎(知)과 모름(不知) 사이(間)의 활동과 영역으로 정의하기도 한다.[183] 정보는 지능의 영역에서 그 능력의 차이와 장애를 극복하는 모든 수단과 경험이 필요하나, 이성적이지 못한 수집, 분석, 가공, 전파, 사용은 그 진실을 왜곡하고 공동체의 이익을 파괴한다. 정보는 거미줄 쳐진 음습한 곳에 있지 않고 명명백백한 양지에서 일어난 실제여야한다. 손자는 전장 관찰의 자세는 시생처사(視生處死, 음지에서 일하며 양지를 보는 것)가 아니라 시생처고(視生處高, 높은 곳에 있어 양지를 보는 것)이었다.[184] 그 높은 곳이란 공평무사하며 천하위공(天下爲公)을 행하는 자리이다.

그러므로 간(間)은 소통이다. 《손자병법》의 마지막 장 용간편(用間篇)에서 그는 독자가 죽간(竹簡)의 문장 사이(Between the Lines)를 잘 읽도록 비밀을 남겨 두었다. 유능한 간자(間者)는 해를 보지 않고 해를 등에 진다. 전사후생(前死後生, 해를 등져 전방을 양지 후방을 음지로 한다.)[185]과 같다. 해를 보는 간자(間者)는 자신을 드러내 몸을 망치게 된다. 간자(間者)가 권력에 아부하면 용간의 기능은 바로 무너진다. 용간편을 《손자병법》의 마지막에 둔 것은 통행되는 전래본을 따른 것이나 편제명(篇題名)을 정하고 배열함에 계(始計)를 서문이나 차례표로 보고 도천지장법(道天地將法)의 매트릭스에 두고 보면 용간의 위치는 하편(下篇)의 지재(地才)가 아닌 이른바 법계(法系)의 천재(天才)의 지위에 있다. 법계는 용간, 작전, 화공이라는 3법으로 역시 천, 지, 인으로 구성되어 천처지실, 장처법실(天虛地實, 將虛法實)의 무궁무진한실허(實虛)의 조합을 만들어 낸다.[186] 천지인의 조합은 그편의 골격을 이해하는 데 절대적이다. 용간(用間)은 법계(法系)의 천의 위치에 있다. 그리하여 용간의 성격

---

183) 미국 심리학 협회(American Psychological Association).
184) 행군 1,2.
185) 행군 4.
186) 참조: 손자 13편 순서 .

이 하늘에 달린 운명적이며 계획적이고 천(陰陽, 寒暑, 時制)과 법(法制, 官道, 主用)의 조합임을 알 수 있다. 오행으로 보면 용간(火)은 모공(木)과 상응하며, 지형(水)과 상극이고 군형(金)을 통제한다.

용간이 《손자병법》의 마지막에 있는 것에 대한 논리적 설명의 근거는 찾기 어렵다. 그러나 오행과 천지인 사이에서 하늘의 형(軍形)의 도움을 받고 땅의 형(地形)의 어려움을 극복해야 하는 형(形)과 형(形) 사이 유기적 체계 안에 서 있는 것은 분명하다. 용간은 지형에 의한 지정학적 (Geopolitic) 차이를 극복하는 과제를 안고 있고, 모든 모순이 유입되는 하수구와 같은 형(形)을 가지고 있다. 그래서 잘 생산된 정보는 황금처럼 빛나지만, 그 과정은 지저분하다. 인간의 부패와 악의 속에 자리 잡고 배신과 패륜의 스트레스를 견뎌야 한다. 국가는 이들 정보맨, 간자(間者)들에게 천금으로 대우해 주어야 한다. 그리고 그 천금의 가치는 전쟁으로 치르게 되는 어마어마한 희생에 비하면 지극히 적은 것이기 때문이다. 이리하여 용간편은 다음과 같은 문구로 시작한다.

용간(用間) 2

죽간본 : 孫子曰 凡(興師十萬, 出征千)里, 百姓之費, (公家之奉), 費日千(金, 內外蚤動, 怠於道路, 不得操事者, 七十萬家)

전래본 : 孫子曰 凡興師十萬, 出征千里, 百姓之費, 公家之奉, 日費千金, 內外騷動, 怠於道路, 不得操事者, 七十萬家

손자 말하기를, 무릇 군사 10만을 일으켜 천 리를 정벌하려면, 백성의 비용과 공가의 봉록을 낭비하는 것이 하루에 천금이며, 나라 안팎에 온갖 노력이 동원되고, 도로가 막혀 소통이 부진하고, 부득이 일할 수 없는 집이 70만 가구가 된다.

비일(費日)과 일비(日費)의 차이는 없으나 죽간은 비(費)를 동사로하여 "천금을 낭비하는" 의미로 풀이될 수 있다.[187] 전래된 하루 비용(日費)보다는 표현이 더 시니컬하다. 내외(內外)는 외내(外內)로 바꾸어 표기한 전적과[188] 풀이도 보인다. 소(騷)는 말(馬)에 벼룩(蚤)이 있어 문지르며 시끄러운 형성문자이다. 실제 소동이라는 글자가 사용되었는지는 죽간의 결문(缺文)으로 아쉽게도 정확히 알 수 없다. 전쟁은 국가자원의 총력을 쏟는 것이므로 조장출식(蚤腸出食), 벼룩의 간이라도 내야 하는 처지이다. 왜 70만인가에 대해서는 여러 설이 있으나, 군서치요(群書治要, 孫子兵法)에는 다음과 같이 설명하고 있다. "옛날에는 8가구를 하나의 이웃 촌락으로 했다. 한 가구가 군에 징집되면 나머지 일곱 가구는 이를 돕는다. 군대 10만을 동원한다는 말은 농사를 지을 수 없는 가구가 무릇 70만이 된다는 것이다(古者, 八家爲鄰, 一家從軍, 七家奉之. 言十萬之師, 不事不耕者, 凡七十萬家也)."

주나라 정전제(井田制)로 만들어진 행정 단위는 대단히 합리적이다. 우물을 중심으로 아홉으로 나눈 땅에 한 구역을 공전(公田)으로 하여 조세를 취하고 나머지 여덟 구역은 경작자의 몫이었다. 병농(兵農) 일치제에서는 이러한 혈연을 기초로 팔진법(八陣法)이 발전한다. 명말(明末)의 이지(李贄)는 그의 《병식론(兵食論)》에서 "농사를 지을 때면 여덟 가구가 되고 진을 치면 팔진이 되었다(分而爲八家 布而爲八陳)."라고 말하고 있다.

---

187) 西漢이전에 費는 대체로 낭비의 의미가 강하다. 설문해자 단주(段注)에는 "재산을 흐트러 쓰는 것 散財用也"이라했고 논어(論語) 堯曰에는 "군자는 베풀되 낭비하지 않는다 君子惠而不費"가 보인다.

188) 漢書, 張耳陳餘列傳 "外內騷動 百姓罷敝"

70만은 산술적 의미 그 이상이다. 《한적(漢籍)》에 나타난 "칠십만(七十萬)"은 관용적이며 상징성이 있다. 《사기(史記, 周本紀)》에 보이는 "은상의 주(紂) 왕이 주나라 무왕의 군대가 도래하자 무왕에 맞서 칠십만 인을 동원했다(帝紂聞武王來, 亦發兵七十萬人距武王)."라는 말은 전후의 역사서를 살핀다면 당시 급박한 상황이 떠오른다. 즉, 막북의 오랑캐를 막으러 주(紂)는 정예군 사(士) 10만을 원정 보낸 전략적 불균형 상황에서 급하게 예비역이나 전투근무지원 자원 또는 노예병(戰民) 70만을 동원할 수밖에 없었다. 태공망의 간자(間者)들은 이를 주나라 연합 제후군에게 보고하고 바로 맹진 나루를 도하하게 된다. 상나라의 결정적 실수는 바로 나라의 형(形)을 적에게 드러낸 것이다.

허실편에 형(形)에 관해 전략 균형적 측면에서 논의한 것이 보인다. "지극한 군사 배비(形)는 무형에 이른 것이다; 형(形)이 없으면 깊이 잠입한 첩자도 능히 엿보지 못하고, 지혜 있는 자도 능히 계책을 쓰지 못한다."[189] 과연 용간(用間)은 형(形)과 지형의 사이인가! 용간[火]의 오행적 구조는 앞에서 논했듯이 형[金]에는 강하고 지형[水]에는 약하다. 모공[木]에서 생성된 공작정보로서의 용간[火]은 형(形)을 흔들어 드러내는 것이 모략 목표이다. 위 문구의 70만은 형(形)을 드러낸다는 메타포가 숨어 있다.

형(刑(形))은 갑골에 보이지 않고 주나라 초기에 만들어진 글자로 자형은 우물(井)을 지키는 병사(刀)의 모습이다.[190] 이것은 정전제(井田制)인 주나라의 사회 철학이 그대로 담겨있다. 하늘의 형은 이미 인간의 형으로 전이되었나. 인간은 "덕을 쌓아 징해진 하늘의 형을 대신할 수 있다(以德代形)." 70만은 무형(無形)으로 두어야 하는 국가자원에 대한 상징

---

189) 허실 12. 形兵之極, 至於無形; 無形, 則深間弗能窺也, 智者弗能謀也

190) 形/刑 은 갑골문에는 보이지 않으며 비교적 후기인 상말 주초, 기원전 12세기에 청동기 제기에 명문(銘文)으로 등장한다.

적 숫자이다. 전장에 투입할 흥사십만(興師十萬)을 위해 칠십만의 예비 자원이 드는 전비(戰費) 소요로 국가는 금방 재정 적자를 초래하고 힘의 불균형이 발생한다. 《회남자(淮南子, 兵略)》에는 군사적 강대국인 오(吳)나라가 그 나라의 전략 형세를 노출해 멸망했음을 다음과 같이 기술하고 있다. "오왕 부차는 사방 이천 리의 영토를 차지하고, 예비 전력인 70만을 동원하여 남으로 월나라와 싸워 회계를 차지했고, 북으로 제나라와 싸워 애릉에서 이를 격파했다. 서로는 진나라와 맞대고 황지를 손에 넣었다. 이것은 그 전투원의 사기가 견실했기 때문이다. 그러나 그 후 교만이 넘쳐 욕심에 따라 간언을 거부하고 아첨을 즐겼으며, 그 사나움이 두려워 과오를 넘겨 바르게 깨우칠 수 없었으니, 대신들은 이를 원망하고 백성이 더는 따르지 않았다."[191]

《회남자》에 표현된 대갑칠십만(帶甲七十萬)은 전쟁 동원에 대비한 걸어 놓은 갑옷 70만이다. 간자들은 그 예비전력이 무엇인지 알고 싶은 것이다. 형(形)이 누설되면 이미 적에게 보인 카드는 아무런 가치가 없다. 공작 차원에서 간자가 이미 누설하였다면, 적국과 제3국은 이미 그를 사간(死間, 거짓 정보 간첩)이나 반간(反間, 이중간첩)으로 볼 것이다. 일국의 용간책이 적의 형을 보려는 정보기관이 아닌 아군의 형을 드러내는 비밀경찰역으로 머물러 있었다면 스스로 형(形)을 흔들고 있는 반역이다.

용간(用間) 3

191) 淮南子, 兵略 "吳王夫差地方二千里, 帶甲七十萬, 南與越戰, 棲之會稽; 北與齊戰, 破之艾陵; 西遇晉公, 擒之黃池, 此用民氣之實也. 其後驕溢縱欲, 距諫喜諛, 憢悍遂過, 不可正喻, 大臣怨懟, 百姓不附."

"용간(火)이 지형(水)과 상극인 오행적 구조에서 심원한 정보 체계 구축이 출발한다."는 오언(傲言)은 앞으로 누누이 변호할 필요가 있다. 정보기관의 삐뚤어진 기틀을 바로 잡고 개혁의 방향과 비전을 볼 수 있기 때문이다. 지형(地形)은 수많은 풀이가 가능하지만, 인간은 하늘의 물이 조각한 지세(topography)에 함몰되지 않고 비상한 노력으로 그 물이 만든 위험한 지형인 천정(天井), 천뢰(天牢), 천라(天羅), 천함(天陷), 천극(天隙)을 탐구해야 한다.[192] 장애는 오히려 인간의 노력이 최대로 발휘될 수 있는 상황을 역수(逆數)로 바꿀 수 있다. 그리하여 이러한 오천(五天)이 땅에 구속되어 개운(改運)의 대상이 되었으니, 아득히 그 너머에 간자(間者)를 배웅한다.

용간(用間)은 물속의 불(水中火)이어서 위태하다. 그래서 가스통 바슐라르(Gaston Bachelard)의 사변을[193] 대입하면 "인식론적 방해물"을 뛰어넘는 혁명적 촛불에 힘을 얻어 타오른다. 이것은 번지지 못하는 홀로 있는 촛불이기에 방향과 위치를 알리는 빛만 있지 열은 없다. 그는 펼쳐진 책이며 바람이 가는 방향으로 페이지를 넘긴다. 뽈 엘뤼아르의 찬사(열려진 책)처럼[194] "나는 강의 흐름을 바이올린처럼 지닌다."를 간자들은 마음에 지니고 있다. 들키면 죽는 간자들은 불안하다. 결코, 해피엔딩에 없는 간자의 운명에 담긴 하늘의 뜻은 모순에 차 있는데, 그의 위안은 "그 물결 소리는 하늘의 광대함과 조가비의 파인 작은 구멍을 동시에 가득 채운다." 역사상 간자가 된 자들은 부여된 사명을 숙명으로 여겼다.

그러나 용간 운용이 전도되어 불 속의 물(火中水)이라면, 이것은 거품

---

192) 행군 8.

193) 가스통 바슐라르(Gaston Bachelard), 《물과 꿈》

194) 뽈 엘뤼아르(Paul Eluard) Open Book I (1940) and Open Book II (1942), 나찌 점령의 프랑스에서의 고백, 자유와 인간성, 정의에 대한 찬가를 쓰며 레지스탕스 운동에 참가했다. 폭압적 권력이 민주주의를 훼손하고 언론을 통제하는 상황에서 시인은 스스로가 간자(間者)임을 고백한다.

이며 허황된 권력의 모습에 부풀어 오른 낭비이다. 그가 듣는 물결 소리
는 좁은 소견으로 들끓는 냄비 뚜껑이다. 뒤에 오는 문장에서 용간이성
사간이인(用間以聖 使間以仁, 정보전을 운용함에 성(聖)으로 하고 현지
간첩을 사용함에 인(仁)으로 한다)이라는 정보맨들의 금언을 탄생시킨
철학적 근거는 이 불 속의 물이 되지 말라는 경계이다. 정보를 권력의 도
구로 쓴다면 정보운용에 균열이 생기고 현지 정보망은 마비되어 숨어버
린다.[195]

알고 싶다는 것은 하늘의 형(形)이 담긴 지정학적 형세(Geopolitics)에 대
한 정탐의 시작임을 말한다. 손자의 오천(五天)은 정보에서 지형이 주는
영향(impact of geography on intelligence)으로 다시 설명할 수 있다.
언어와 문화, 심리, 종교와 관습과 같은 인구 통계학(demography)의 대
략 요소들은 모두 극복(克復)해야 할 과제이며 상극을 이루는 하늘의 형
이 지형에 사로잡혀 있는 무형, 유형의 형세이다. 그래서 표상은 보이나
그 배후를 알 수 없으며, 부분은 겹치나 전체를 알 수 없다. 오로지 천만
금을 주고 감화하여 얻으니 불이 녹일 수 있는 것은 금(金)이었다.[196]

> 죽간본 : (相守數年, 以爭一日之勝, 而愛爵祿百金, 不)知適之請者, 不仁之至
> 也. 非民之將也, 非主(之佐也, 非勝)之注也
>
> 전래본 : 相守數年, 以爭一日之勝, 而愛爵祿百金, 不知敵之情者, 不仁之
> 至也. 非人之將也, 非主 之佐也, 非勝 之主也
>
> 서로 대치하여 지키기를 수년이지만 싸움은 하루에 승패가 결정된다. 그러니
> 벼슬과 녹, 백금의 돈을 아끼느라 적의 정세를 알지 못한다면 지극히 인간적
> 감각이 없는 것이다. 이는 백성의 장수가 아니오, 군주를 돕는 것도 아니며, 이

---

195) 용간 9, 非聖不能用間, 非仁不能使間
196) 손자 음양오행의 金은 도천지장법의 천의 자리이다. 金은 돈을 의미하지만 정보수집
의 목표인 적의 形, 勢, 虛實의 은유이다.

기지 못하는 주된 원인이 된다.

정보활동은 활인술(活人術) 안에서 더욱 유연하다. 사람을 키워 살리는 것은 백 년을 내다보는 심원한 계획과 인내, 그가 속한 공동체의 영원함에 대한 믿음이 필요하다. 활인술을 가진 간자(間者)가 전쟁 억지에 기여하고 적도 살릴 수 있다면 그는 참으로 선용병자(善用兵者)이다. 그는 오랜 세월 적국이나 제3국에서 고통을 감수하며 보내도록 배려되었다. 언어는 완전하고 관습은 몸에 배었다. 하루아침의 안이한 승리가 아니라 장구한 세월의 승리를 꿈꾼다. 일일지승(一日之勝)은 "짧은 시간에 승패를 가르게 된다"는 해석이 보편적이지만, "승리한다 해도 부분적 또는 전술적 승리이지 전쟁을 종결짓고 평화를 가져오지 못한다."를 함의하고 있다.

전쟁이 윤리를 초월할 수 있는가는 아직도 의문이다. 간자를 씀에 명예를 좋아하는 자는 벼슬을, 여색을 밝히는 자는 여자를, 재물을 탐하는 자는 돈을 준다. 정보의 환금적(換金的) 가치를 치부의 수단으로 했다면 반역이다. 간자(Agents)를 운용하는 공작 조종관(CO)이[197] 돈을 아껴 중요한 정보자산을 놓치거나, 정의감에 사로잡혀 적시에 적의 적정을 살피지 못했다면 오히려 국민의 세금을 낭비하고 조직을 마비시킨 것이니 불인(不仁)하다. 죽간의 민(民)이 인(人)으로 바뀐 것은 역시 당태종의 이름을 피한 것(蓋避李世民之諱)이다. 청(請)과 정(情), 주(注)와 주(主)는 통가자이다.

---

197) CO, Control Officer 현지에 있지 않고 왕래하며 Agents를 조종하는 공작운용관.

용간(用間) 4

죽간본 : 故(明主賢將, 所以動而勝人, 成功出於衆者 先知也.)

전래본 : 故 明主賢將, 所以動而勝人, 成功出於衆者 先知也.

그러므로 밝은 군주와 현명한 장수가 그 움직일 때마다 적을 이기고, 다른 무리보다 걸출하게 공을 이루는 것은 먼저 알았기 때문이다.

버지니아(Virginia)의 샤롯스빌(Charlottesville)은 이 세상이 불공정하고 불의가 횡횡한다면, 이에 분개하며 살기에 아마도 가장 적합한 도시일 것이다. 이 도시는 그러한 전통 아래 성장하고 발전했다. 나뭇가지에 늘어진 포근한 스페니쉬 모스의 그늘에 윌리엄 포크너(William Faulkner)가 묘사한 깊숙한 미국 남부의 로맨틱한 정취는 은퇴한 스파이들을 모여들게 한다. 그들은 세계정세를 이야기하는 것도 아니고, 정치와 이념도 말하지 않고, 돈벌이는 더욱 아니다. 그들은 옳고 그름을 이야기하고 《손자병법》의 용간편을 토론한다.

그들의 이름을 누가 알 수 있으랴! 샤롯스빌에는 제임스 본드를 창조한 영국 작가 이언 플레밍(Ian Fleming)을 기념하기 위한 이언 플레밍 재단(Ian Fleming foundation in Charlottesville)이 있고, 매주 화요일에는 어쩌면 운이 좋다면 가장 최근의 007 저자인 제프리 디버(Jeffery Deaver)와 대화할 수도 있다. 샤롯스빌의 밤거리에서 또 어쩌면 미국의 주요 정보기관이 위장하고 있는 술집에 들어 16편의 제임스 본드 소설을 쓴 존 가드너(John Gardner)처럼, CIA, NSA, NGIC 등의[198] 모임에서 흘러나오는 좀 과장된 무용담에 살짝 귀를 기울일 수도 있을 것이다.

---

198) CIA Central Intelligence Agency, NSA National Security Agency, NGIC National Ground Intelligence Center.

그러나 그들이 과거를 채집한 것은 아니다. 명주현장(明主賢將)의 꿈을 꾸고 미래에 더 나은 안전한 세상을 그린다. 시류에 아부하고 정보력을 폭압적으로 사용하는 구시대의 안보관을 가진 이들은 죽어도 상상하기 어려운, 고매한 인간성의 캐릭터를 창조한다. 생각은 유연하고 살인 면허를 가졌으나 함부로 죽이지 않는다. 의리있는 적을 존경하고 배신이 분명한 동지와 기꺼이 동침한다. 이미 이겨놓은 싸움이라는 것을 미리 알고 독자는 느긋한 마음으로 읽을 수 있다. 샤롯스빌에서《손자병법》의 용간편은 미래에 대한 설계로 해석된다. 이는 걸출한 인물이 국가로부터 무한한 신뢰의 라이센스를 받아 누리는 인생의 아름다움을 확인시켜준다. 이 오래된 스파이 경전은 고즈넉한 버지니아의 숲에서도 숭상되기 때문이다.

　선지(先知)란 이미 안다는 뜻으로 풀이되지만, 꿈을 꾸는 자의 승리에 대한 사변(思辨)이다. 선(先)의 갑골 자형은 앞에 난 발자국 모습이다. 전인미답(前人未踏)의 길을 앞서 나아가 뒤에 오는 사람들을 인도한다. 어둡고 불확실한 전장 상황을 밝히고 위험 요소를 제거한다. 적상황, 적능력, 적방책에 대한 명확한 정보가 없다면 전쟁은 가능하지 않고, 계획도 세울 수 없으며, 군을 움직여 배비할 수도 없다. 그러기에《관자(管子, 七法)》에 "그러므로 적의 정치를 모르면 (진쟁)이 가능하지 않고, 적의 상황을 모른다면 계획을 수립할 수 없고, 적군의 장수를 모르면 군을 앞세울 수 없고, 적의 군사를 모른다면 진을 칠 수 없다(故不明于敵人之政, 不能加也; 不明于敵人之情, 不可約也; 不明于敵人之將, 不先軍也; 不明於敵人之士, 不先陣也)."라는 말에 보이는 그 밝음(明)이란 집요한 정보활동을 우선하여 얻은 것이다.

　좁은 의미의 정보 활동으로서 용간(用間)은 비밀과 공개의 허(虛)와 실(實), 기(奇)와 정(正)을 조화시킨다. 반드시 비밀이어야 정보 가치가 있

는 것은 아니다. 압도적인 정보력을 가지고 있는 나라들은 공개첩보를
조작하여 심리전을 수행하거나, 문화와 소프트 파워에 침투한다. 그러나
잘못된 정보력의 사용은 자국의 국기(國基)를 왜곡시킨다. 그리고 마침
내 역사를 잠식하고 거짓을 정상에 세우기도 한다.

용간(用間) 5

죽간본 : (先知者, 不可取於鬼神), 不可象(於事), 不可驗於度, 必取於人知者

먼저 아는 것은, 귀신에게서 얻을 수 없고, 일을 유추하여 그려낼 수 없으며,

경험을 가늠하여 가능하지 않고 반드시 사람을 취해 얻을 수 있다.

전래본 : 先知者, 不可取於鬼神, 不可象於事, 不可驗於度, 必取於人知敵之
情者也

먼저 아는 것은, 귀신에게서 얻을 수 없고, 일을 유추하여 그려낼 수 없으며, 경
험을 가늠하여 가능하지 않고 반드시 사람을 취해 적의 정세를 아는 것이다.

군사정보의 교리적 구분은 전략정보와 전투정보 그리고 이에 파생되
는 특수정보로 나누어진다. 그러나 첩보의 출처와 획득 수단에 따라 정
보를 구분하고, 그 경로를 통해 분석, 전파, 사용함이 구조적으로 합리적
이기에 지금도 먼저 알고 싶은 노력을 신호정보(SIGINT 鬼神), 영상정
보(IMINT 象於事), 기술정보(TECHINT 驗於度), 인간정보(HUMINT 於
人知)로 나누니, 위 문구의 첩보획득 수단과 절묘하게 일치한다.

적이 교신하며 암호로 말하는 신호를 풀어 듣는 것으로는 적정(敵情)

을 알 수 없다. 위성과 장거리 정찰기로 찍은 사진만으로도 적정을 알 수 없다. 적이 새로 개발한 신무기와 새로운 전술을 역설계로 풀어 교리 템플릿을 만들어도 적정을 알 수 없다. 오로지 인간으로 확인되어야 신뢰도(F-level) 최고의 정보이니 그중에 제일은 역시 인간에 의한 것 인간정보(HUMINT)이다. 인간정보는 가장 인간화되어 인(仁)한 것이므로 탐지의 영역은 무한하다.

고대 전투에는 종종 귀갑(龜甲)을 구어 점을 치며 군(軍)의 진퇴와 진법을 정했다. 불안하고 막연한 상황에서 귀신에게 미래를 묻는 것은 매우 인간적이다. 신탁의 답변은 많은 시대적 과제에 대한 대안을 담고 있다. 거기에는 적의 목소리가 섞여 있을 수 있다는 조바심도 있다. 그러나 신을 몰아낸 인간 중심 사회인 주나라의 문화를 숭상하는 종주주의자(從周主義者) 손자는 예언의 목소리만으로는 만족할 수 없었다. 군서치요(群書治要, 孫子兵法)에는 이를 "먼저 아는 것이란, 귀신에게서 얻을 수 없고 기도와 제사로 얻을 수 없다(先知者, 不可取於鬼神 不可禱祀以求也)."고 말한다. 전 국민을 도청하고 수많은 흑객(黑客, 핵커)을 풀어 댓글을 달고, 블로그의 내용을 변조시키며, 이메일을 핵킹한다 해도 진실은 잠시 교란될 뿐, 오히려 정세파악에서 멀어진다.

영상정보는 항공사진, 위성사진, UAV, 기타 최첨단 기술로 고안된 원격에서 조종되는 모든 형태의 드론(Drone)이 찾아낸 영상, 움직임, 온도와 습도, 냄새를 포함한 기상상황 그리고 소리와 진동이다. 바로 손자가 기술한 "상어사(象於事)"와 그대로 일치한다. 그러나 이 또한 도의가 바로 서고 그 운용자가 참으로 어실시 않고시야 진실을 마주할 수 없으니 선지(先知)는 실시간(Real Time)보다 앞서 있다. 그러니 미리 아는 것은 오로지 인간으로만 가능했다. 그 인간은 요행을 바라며 신귀(神鬼)에 묻지 않고, 조작된 이미지 상(象)에 속지 않고, 과거의 경험에 붙잡혀있지 않은 자이다.

용간(用間) 6

죽간본 : 故用閒有五 : 有(因)閒, 有內閒, 有反閒, 有死閒, 有生閒 (五閒俱起, 莫)知元(道, 是謂)神紀, 人君之葆也

그래서 정보운용에는 다섯 가지 간자를 쓰니 : 인간(因閒)이 있고 내간(內閒)이 있고, 반간(反閒)이 있고, 사간(死閒)이 있고, 생간(生閒)이 있다. 다섯 가지 간자가 함께 일어나면 그 도(道)를 알 수 없으니 이를 일러 신묘한 불가사의라 하며 임금의 보배이다.

전래본 : 故用間有五 : 有鄕間, 有內間, 有反間, 有死間, 有生間 五間俱起, 莫知其道, 是謂神紀, 人君之寶也

그래서 정보운용에는 다섯 가지 간자를 쓰니 : 향간(鄕閒)이 있고, 내간(內閒)이 있고, 반간(反閒)이 있고, 사간(死閒)이 있고, 생간(生閒)이 있다. 다섯 가지 간자가 함께 일어나면 그 도(道)를 알 수 없으니 이를 일러 신묘한 불가사의라 하며 임금의 보배이다.

한(閒)과 간(間)은 통가자(通假字)이지만, 그 의미의 기원은 다르다. 행군편에서 적정을 평가하는 구절 중 전래한 순순흡흡(諄諄翕翕, 자신이 없어 느리게 반복하여 말하는 말본새)을[199] 죽간에 순순한한(諄諄閒閒)으로 표기한 것을 논하면서 《설문해자(說文解字)》를 참고했는데, 한(閒)의 뜻을 극(隙)이라 하여 간극이나 틈새로 본 해석은 역시 타당하다. 즉 "무엇인가 모자라 상황을 모르는 정보가 결핍된 상태"가 후에 간(間)으로 연변(演變) 된 것이다. 그러므로 간(間)은 첩자이기 전에 "틈새로 흘러나온 소스"이며 모든 방법과 수단, 형태 출처의 중심(ASIC, All Source of

---

199) 행군 16.

Intelligence Center)이기도 하다.[200] 이 확인되지 않은 "소스"는 "오간이 함께 일어나(五間俱起)"는 공개정보(OSINT, Open Source Intelligence)로 순환시켜[201] 공작을 기획하고 출처를 보호한다.

죽간에는 잔결(殘缺)되어 보이지 않는 인간(因間)은 우리나라에는 향간(鄕間)으로 통행하였다. 그러나 중화권에서 전래한 《손자병법》의 주요 통행본(조주본, 무경본, 손교본)과 《통전》, 《태평어람》에는 모두 인간(因間)으로 표기되어 있다. 일부 중국학자는 향간이 바른 표기라고 주장하기도 한다. 향간으로 표기된 것은 청초에 간행된 사고본(四庫本)에 처음 보이는데, 우리나라에 전래시기는 미상이나 대체로 영조 때 서호수(徐浩修 1736~1799)가 청나라에서[202] 구매해온 《사고전서간명목록(四庫全書簡明目錄)》에 달린 문연각본(文淵閣本)과 문진각본(文津閣本)이 전해진 것으로 추정된다.

오간(五間)의 동시 통합적 운용은 유연하고 신기(神紀)하다. 오간 역시 오행(五行)에 근거하며 서로 상응한다. 이를 도천지장법에 대위(對位)하여 풀면 이해가 어렵지 않다. 정보원 생멸의 고리를 냉정하게 기술한 것이다. 도(道)에 어긋나면 인간(因間)이 자생한다: 토(土) – 천시(天時)에 맞으면 내간(內間)을 양성할 수 있다: 금(金) – 지리(地理)에 밝으면 반간(反間)을 운용할 수 있다: 수(水) – 장수(將帥)가 인화(人和)에 벗어나 고립되면 사간(死間)으로 쓴다: 목(木) – 법규(法規)를 내세워 생간(生間)을 파견한다: 화(火).

<hr>

200) 현대 전장에서 전투정보가 모이는 ASIC(성보수집원 통합 및 처리 전파센터, 일명 Fusion Center)은 평시 공군력을 통합할 수 있는 군단급에서 운용하나 전시에는 독립작전 사단에도 설치된다.

201) 용간책의 주요 기능은 순환이다. 적과의 소통은 정보의 의도적 공개로 적의 반응을 살피며 합전(合戰)이 이루어진다.

202) 1790년(조선 정조 14년) 서호수는 건륭제의 팔순만수절 축하 사절로 淸에 다녀온다. 그는 수많은 한적을 구해 규장각 설립에 관여했다.

죽간본 : 生閒者, 反報(者也 因閒者, 因其)鄕人而用者也 內閒者, 因(其官人而用者也) 反(閒者, 因其敵閒而用者也 死閒者, 爲誑事於外, 令吾閒知之, 而傳於敵者也)

생간이란 돌아와 보고하는 자이다. 인간이란 그 지역 사람을 쓰는 것이다. 내간이란 그 지역의 관리를 쓰는 것이다. 반간이란 적의 간첩을 쓰는 것이다. 사간이란 거짓을 흘리고 우군 첩자를 시켜 적으로부터 전해지는 그 반응을 아는 것이다.

전래본 : 鄕閒者, 因其鄕人而用者也 內閒者, 因其官人而用者也 反閒者, 因其敵閒而用者也 死閒者, 爲誑事於外, 令吾閒知之, 而傳於敵者也 生閒者, 反報者也

향간이란 그 지역 사람을 쓰는 것이다. 내간이란 그 지역의 관리를 쓰는 것이다. 반간이란 적의 간첩을 쓰는 것이다. 사간이란 거짓을 흘리고 우군 첩자를 시켜 적으로부터 전해지는 그 반응을 아는 것이다. 생간이란 돌아와 보고하는 자이다.

반(反)은 돌아올 반(返)과 같다. 인간(因閒)은 어떤 요인(要因)이 작용하여 그 나라에 자리 잡는 인기향(因其鄕), 그 나라의 고위 관리가 되는 인기관(因其官), 그리고 다시 더블 플레이로 양쪽에 물려 있는 인기적(因其敵)으로 발전하며, 인(因)은 문구의 연쇄적 고리로 자리 잡고 있다. 인간(因閒)은 체제 내의 불만 세력이며 자생 간첩이다. 잘 키워 교육하고 재정 지원을 아끼지 않으면 적의 중심 비밀에 접근하는 내간(內閒)으로 성장할 수 있다. 내간은 상황에 따라 반간(反閒)이 될 소지가 많다. 그러므로 이중간첩인 반간으로 이용하다 때가 되면 거짓 정보를 주어 사간(死閒)이 되어 죽게 한다. 케이스는 종료되고 새로운 간첩 생간(生閒)을 파견한다. 죽간본에는 오행의 처음 근거를 화(火)의 자리인 법계(法係)에서 시작하여 오간 중 생간을 처음에 두었으니 더욱 논리적이다.

용간(用間) 7

오간(五間)의 순환적 운용은 오행에 근거함이 분명해졌다. 죽간에 보이는 생(生)-인(因)-내(內)-반(反)-사(死)와 전래한 인(因)-내(內)-반(反)-사(死)-생(生)의 순이 다른 것은 엄중하다. 생(生)에서 사(死)로 가는 여정에 인(因), 내(內), 반(反) 이라는 매우 철학적 수사를 설명하기에는 죽간이 유리하다. 그것은 도(道)의 자리에 있는 씨앗(因)이 좋은 때를 만나 내적 기반(內)을 다져 성장하고 다시 변증법적 귀환(反)에 재진입하는 자연적 순환이기 때문이다. 이것은 지식(知識)-회의(懷疑)-신앙(信仰)이라는 세 단계를 거치는 독일 낭만주의의 특징과 유사하다.

《도덕경(道德經)》25장에 "사람은 땅을 본받고, 땅은 하늘을 본받으며, 하늘은 도를 본받으니, 그 도(道)는 바로 자연의 법칙을 본받은 것이다(人法地, 地法天, 天法道, 道法自然)."라는 문구는 오간의 운용과 거듭 일치한다. 여기에는 인간 고뇌의 여정이 달관하여 생략되어 있다. 《손자병법》에 보이는 혼란한 비대칭들이 질서 있게 도천지장법이라는 5사(事)에 사로잡혀있는 것은 그 때문이다. 첩자의 운용은 반드시 자연스러워야 하며, 조금이라도 부자연하다면 되돌려 사멸할 수밖에 없다. "도법지연"의 도(道)는 경험적 질료를 지니고 초 경험적 환경 안에 들어있다. 근원적 의미로서는 이해할 수 없으나 그것은 사실상 우주의 변화, 음양의 소장(消長)과 교체라는 질서에 순응해야 한다.

그 질서와 법칙을 오행(五行)에 대입해 다시 정리하려면 도(道(土)), 천시(天時(金))와 지리(地理(水)), 장수(將帥(木))와 법규(法規(火))에 오간(五間)의 위치를 바르게 자리 잡아야 자연스럽다. 그렇지 않으면 어울리지 못하여 발각되며 서로 상극하여 적대한다. 오행이 병법의 오간 운용에 깊이 관여된 것은 아마도, 양한(兩漢) 시기에《주역》의 해석에 상수학(象數學)이 압도적이었던 시류 때문일 것이다. 전한의 왕충(王充)은《논형(論衡)》에서 하늘은 인간사와 감응 관계가 없다고 주장했다. 그러나 전한 말에 이르러 한나라 조정은 지극히 혼란하여, 소인이 득의하고 군자가 내쫓기는 엄중한 사태를 국시(國是)로 했던 유학으로 설명할 수 없었다. 하늘을 원망하며 운명으로 받아들이지만, 어떤 법칙이 존재하리라 기대했을 것이다. 그래서 전한 때에 기록된 은작산 죽간《손자병법》은 오행의 순환 순서에 충실하다.
　후한에 이르러 정현(鄭玄)의 오행설은 인간사의 자연적 변화를 관조하도록 하였는데, 이는《손자병법》의 조주본(曹注本, 魏武帝注孫子)의 편집과 산책(刪策)에 깊은 영향을 주었다. 경전 해석에서 상수파(象數派)는《손자병법》이라는 전쟁 사회과학에 숙명론이 깃들게 했고 한편으로는 정세를 보고 방책을 세움에 역수(逆數)라는 참신하고 심오한 군사사상이 탄생한다. 시대가 더 성숙하면서 위·진 시기의 왕필(王弼)에 의해 의리(義理)에 대한 진정한 기초가 세워지기 전이므로, 오행을 자연의 질서 속에 수긍하되 전쟁의 승패가 하늘의 뜻에 정해진 운명적 천도관(天道觀)으로 흐른 경향도 보인다. 오행의 과학적 근거가 인간의 자유의지에 의한 것이라고 주장할 수 있는 왕필(王弼)의 "《손자병법》 주(注)"가 없는 것은 너무나 아쉽다.[203]

---

203)　王弼(226~249) 서기 220년 후한이 멸망하고 유학이 붕괴할 무렵 24세로 요절한 천재 왕필은 황무지에서 태어나 홀로 독학으로 도덕경, 주역, 논어를 읽고 주를 단다. 兵書에 대한 그의 주가 없는 것은 武暴을 경멸했었기 보다는 너무 생이 짧았기 때문일 것이다. /참

용간(用間) 8

《노자(老子)》의 유물혼성(有物混成) 장으로 알려진 도덕경 25장은 자연사(自然事)와 인간사(人間事)의 프로세스를 고졸(古拙)하고 다이내믹하게 묘사하고 있다. "큰 것을 일러 간다고 하고, 가는 것을 일러 멀다 하고, 멀어진 것을 일러 돌아온다고 한다(大曰逝, 逝曰遠, 遠曰反)"는 자칫 잘못하면 손에 놓아버릴 뻔한 이름 없는 것, 표현할 수 없는 것을 다시 "도(道)의 귀환"이라는 인식적 논제로 불러들이고 있다. 그러나 이것은 너무나 자연스러워서 의식을 초월해 있고 그래서 혼란스럽기도 하다. 정보운용에서도 "자신도 모르게 활동시키는" 인간(因間)에서 내간(內間), 반간(反間)까지의 과정은 블랙(Black Agent), 사간(死間)과 생간(生間)은 화이트(White Agent)로 구분할 수도 있다.

진정한 "블랙"은 위장하거나 언더그라운드에 있는 게 아니라 자신이 간자인지 모른다. 드러내 놓고 정보활동을 하는 화이트 또한 그 나름대로 자연스럽다. 국제법이나 조약의 규제 아래 그는 파견되어 공공연히 정보를 수집하고, 거짓 정보를 흘려 추방 또는 교환되기도 한다. 오간에서 취하는 자연과 그 프로세스는 《도덕경》의 "자연"인 자연(Nature)의 의미 이전, "it's own ways"로 해석할 수 있다. 왕필은 자연을 "자연자 무칭지언 궁극지사야(自然者 無稱之言 窮極之辭也)"라고 말하며 초 경험적 환경 밖으로 내보내 이름이 없는 비상명(非常名)으로 놓아둔다. 이것은 데카르트가 공식적으로 주장하지는 않았지만 "인간을 자연안에 피조물로 고정하면 신이 진리의 원천이 될 수 없다."는 생각과 유사하다. 사언스러움은 바로 자유스러움이기 때문이다.

조: Wagner, Rudolf. Language, Ontology, and Political Philosophy in China: Wang Bi's Scholarly Exploration of the Dark (玄學). Albany, NY: State University of New York Press, 2003.

용간 사상의 핵심은 사간이인(使間以仁), 용간이성(用間以聖)이다. 정보의 운용을 성(聖)으로 함은 성(聖)의 갑골문 자형이 말하는 그대로 "밝은 귀와 민첩한 입을 가진 사람"이 최고의 지혜와 도덕을 가지고 정상에 있어야 하기 때문이다. 그러나 그는 현장에서 "실제"를 보지 않는다. 데스크에서 듣고 말하기만 할 뿐이다. 성(聖)은 용간(用間)의 의미를 규정하고 실행 방침을 제한한다. "간첩을 부림에 인의(仁義)로써 하며, 정보를 운용함에 성지(聖智)로써 한다."는 전래본에 의지(義智)를 붙여 연변된 것이다.[204] 이름 없는 자를 부림에 지극히 인간적이어야 하며, 다정다감하지 않을 수 없다. 의리는 불량배의 의리가 아니라 어진 인간이 제어하는 의리이다. 그래서 모든 정보는 높으신 성상(聖上)으로 통하고 정상에 앉으면 얻어지는 정보를 누리고 싶은 유혹을 뿌리치기 힘들다.

죽간본 : (故)三軍之親莫親於間, 賞莫厚於間, 事莫密於間
그러므로 삼군의 친함은 첩자보다 친할 수 없고, 그 상은 첩자보다 후할 수 없으며, 그 일은 첩자보다 기밀하지 않다.

전래본 : 故三軍之事莫親於間, 賞莫厚於間, 事莫密於間
그러므로 삼군의 일은 첩자보다 친할 수 없고, 그 상은 첩자보다 후할 수 없으며, 그 일은 첩자보다 기밀하지 않다.

삼군지사(三軍之事), 삼군지친(三軍之親)이 전래본과 죽간이 다른 것의 정확한 원인은 알 수 없다. 대구를 보면 친(親) : 친(親), 상(賞) : 후(厚), 사(事) : 밀(密)과 상응하니, 죽간이 문리에 더 맞는다. 청대에 이르러 손성연이 사(事)를 친(親)으로 바꾸어 기술(손교본)한 것은 탁월한 혜

---

204) 용간 9.

안이다. 삼군(三軍)은 전군(全軍)을 의미하니 간자를 각별히 대우함을 강조한다. 그러나 최고의 권력과 통하므로 최고의 스파이는 길들지 않는 자를 쓴다. 지극히 친하여 늘 독대하고 상은 후하나 권력 안에 두면 위험하니 길들이려 해서는 안 된다. 각국의 정보기관들이 포섭하는 협조자는《손자병법》이 제안하는 그런 완전성의 인물이기 어렵다. 첩자가 되는 동기 4가지 유형을 흔히 "MICE"라고 하는데, 돈(Money), 이념 및 종교(Ideology), 협박과 타협(Compromise), 자의식(Ego) 그리고 최근에 나타난 유형으로 국가주의(Nationalism)와 섹스(Sex)가 포함되어 "MINCES"라고도 불리고 있다.

용간에 있어 천금을 아끼지 말아야 한다는 손자의 말은 지금도 공작원 포섭 수단에 널리 통하는 방법이고 현대의 정보 세계는 거의 모두가 돈을 보고 일하고 있다. 수입이 많은 사람은 더 욕심을 부리며 돈에 쪼들리는 사람은 돈에 절박하다. 이념과 종교 또한 포섭을 위한 통로이나, 대부분은 돈을 대신한 위선이다.

협박과 타협은 돈, 이념과 함께 좀 더 복합적으로 사용된다. 2차대전 프랑스의 레지스탕스 일원이었던 암호명 라 사뜨(La Chatte, 암고양이)라고 불린 마틸드 까레(Mathilde Carré)는 나치에 체포되어 고문으로 이중간첩(反間)이 되고, 독일로부터는 빅토리(Victoire)라는 코드로 활동했다. 기간 중 그는 비시 프랑스, 폴란드, 독일, 영국 등 주요 정보기관 사람의 정부(情婦)가 되어 2중, 3중에 물린 공작 활동을 한다. 영국에서 잡혀 투옥되고 종전 후 프랑스에서 반역죄로 법정에 서지만, 이 "헤픈 여자"를 사랑했던 사람이 많아 곧 풀려 나온다. 라 샤뜨는 MINCES의 복합적 사례라고 볼 수 있지만 1975년 줄간한 그의 사전적 이야기《니는 고양이라 불렸다(on m'appelait la Chatte)》에는 "내가 간절히 원했던 그 무엇은 좋은 음식과 남자와 좀 더 원한다면 모차르트의 라퀴엠이었다."라고 하여 손자가 말한 "스파이 사용은 인간다움으로써 한다(使間以仁)."를 떠올리게 한다.

약점을 잡혀 협박을 받고 적국을 위해 간첩이 된 사례는 역사에 너무나 많다. 외국에 파견된 무관이나 외교 사절들이 미인계(Honey pots)에 잡히거나, 동성애가 탄로 날까 두려워—20세기 중반까지 대부분 서방국가에서 동성애는 범법으로 처벌되었다. — 적의 꼭두각시가 된 사례는 기가 막힌 인간 드라마를 동반하고 있다. 오스트로 헝가리 제국의 알프레드 레들(Alfred Redl, 1864~1913) 대령은 제1차 대전 직전까지 오스트리아의 방첩대장이었다. 미스테리한 배경을 가지고 있지만, 그의 동성애는 그 당시 적국이었던 러시아의 정보기관에 약점으로 잡혀 적극적 이중간첩이 된다. 합스부르크 왕조의 역사가들은 레들의 사례를 분석하며 "그가 스파이의 미덕과 악덕을 모두 가진 전형적인 간첩"이라고 평가한다. 그는 정보 활동에서 새로운 신기술을 사용했고, 충분히 보수를 주는데도 돈을 밝혔으며, 그의 탄생지(우크라이나와 헝가리의 국경 지역)가 조국에 속하지 못한 영토 없는 주권의 방어에 대한 회의를 가졌고, 폴란드어, 러시아어, 독일어를 유창히 하는 다국적 문화의 자의식(Ego) 소유자란 점에서 완벽한 포섭 대상이었다.

체제 내에 불만과 원한을 가진 자 역시 적극적 포섭 대상이다. 인간(因間)에서 내간(內間)이 되고 사간(死間)으로 처리한 사례가 1999년 중국 인민해방군 내부에서 발생한다. 이른바 "리우 리안쿤(劉連昆 1933 ~ 1999) 사건"은 대륙과 대만 간의 미사일 문제로 갈등이 고조되었던 1996년 중국 인민해방군 소장 리우 리안쿤은 대만의 정보부서에 "중국이 실제 탄두가 없는 미사일을 대만과 태평양에 겨냥하고 있다."는 극비 정보를 전한다. 리우 리안 쿤이 언제 대만에 포섭되었는지는 알 수 없지만, 유능한 그가 모함을 받고 진급에 떨어져 분개하고 있던 차에 대만의 정보력이 접근했을 추론은 가능하다. 이 문제로 양안(兩岸) 간에 상황이 심각하게 고조되자 대만 국방부는 단서가 될 수 있는 정보소스를 흘린다. 북경 당국은 조직 내에 자생 간첩이 있음을 알아채고 리우 리안쿤을 체포하여 사형에 처한다.

손자는 용간편에서 "용간이성(用間以聖), 즉 정보를 운용함에 성(聖)으로 한다."라고 말한다. 모든 인간은 MINCES에 취약하므로 투철하고 깨끗한 인간형인 "성(聖)"을 강조한 것이다. 성(聖)은 자형(字形)에 보이듯 "한 번 들어서 아는" 분별력이며 협조자를 운용하는 차원 높은 지도력이다. 유혹을 이긴 균형 잡힌 생각은 그 유혹을 이용하되 어질게 사용한다. 비록 돈과 섹스(Sex)에 유혹되는 인간적 약점을 가졌지만, MI 6의 제임스 본드처럼 해피엔딩으로 끝날 수 있는 인간형을 말하고 있음이 분명하다.

용간(用間) 9

죽간본 : 非聖(不能用間), 非仁不能使(間)

성(聖)으로 하지 않으면 정보운용을 할 수 없고, 인(仁)하지 않으면 첩자를 부릴 수 없다.

전래본 : 非聖智不能用閒, 非仁義不能使閒

성지가 아니면 정보운용을 할 수 없고, 인의가 아니면 첩자를 부릴 수 없다.

전국시대 이전 성(聖)의 본래 의미는 무엇이었을까? 고문에는 음이 유사한 성(聖)과 청(聽)은 같은 자(字)였다.[205] 성(聖)은 간접 경험의 달관자

---

205) Baxter-Sagart Old Chinese by MC initial, final, and tone, page 133 聖 syengH

이며 "한 번 들어서 바로 아는 것"이다. 동아시아인들의 누적된 지혜는 성(聖)에 다양한 의식을 실어 마침내 "거룩함"에 도달한다. 성(耳+口)에는 귀와 입이 있지만, 눈(目)은 없다. 맹목에 거함이 아니라 가장 이성적 판단을 위한 눈가림이다. 12세기 동페르시아의 이슬람 장로들은 눈이 멀어야 완전한 장로, 최고의 지도자 이맘((Imam)으로 대우받았다. 사물의 이치를 판단하는데 형상(形象)을 경계한 것이다.

죽간의 성(聖)과 인(仁)이 후에 성지(聖智)와 인의(仁義)로 복합(複合)된 것에는 여러 설이 있으나 아마도 관련된 의미의 연관을 가진 여러 한적(漢籍)이 전해지면서 자연스럽게 시대 정신이나 상황에 녹아든 의미로 쓰였기 때문일 것이다. 그러나 그 때문에 본래 손자의 의도와는 달리 뜻이 변질하고 말았다. 《문자(文子, 道德)》에 "평왕이 성지(聖智)를 묻자 문자 말하길 : 들어서 아는 것이 성(聖)이요; 보아서 아는 것은 지(智)이다 (平王問聖智? 文子日 : 聞而知之, 聖也; 見而知之, 智也)."라고 말한다. 문자에 보이는 이 문구는 위 해석에 매우 중요한 기준을 제공한다.

좁은 의미에서의 용간(用間)은 현대에서도 공작 조종관(Case Officer)의 직위나 그의 일과 같다. 그는 직접 현장에 나아가 있지 않고 데스크나 현지에서 떨어진 곳에서 간자가 보고하는 첩보를 듣고 판단한다. 죽간의 "용간이성(用間以聖)"은 그래서 "사간이인(使間以仁)"과 극명히 대비시킨 것이다. 즉, 성(聖)의 의미는 듣고 알아 판단하는 것이요, 인(仁)의 뜻은 현장에서 위험 속에 움직이는 요원들(Agents)을 다루어야 하는 "어짊"이며 "민감함"이다. 사람과의 관계는 인(仁)으로써 얻어지며 느낌과 냄새, 눈치와 육감의 작용에 의한다. 이런 느낌이 없이 불인(不仁)하여 마비되었다면 어찌 첩자를 부림(使間)이 가능하겠는가?

그러므로 원격에서 지휘하는 용간(用間)은 들어서 아는 성(聖)만이 가당

(sage), page 141聲 thengH (listen)

하고, 보아야 아는 지(智)는 부당하다. 현장에 나아가 활동하는 사간(使間)은 세련된 감각과 느낌인 인(仁)만이 가당하고, 자신을 희생하거나 돋보이는 의(義)는 부당하다. 훗날 전래본에 성지(聖智)와 인의(仁義)가 조사복합(組詞復合)된 것은 아마도 노자에게서 온 영향 때문으로 추정된다. 오랜 세월 동아시아인들의 사랑을 받아 온 애독서《도덕경》18장에 인의(仁義)라는 단어가 최초로 보인다.[206] 인의는 유교이든 도교이든 독점적 가치가 아니었다. 병가(兵家)에서 인의를 운운할 수 있음은 인간관계의 최고 덕목으로서의 인의였다. 이어서《도덕경》19장에 보이는 성지(聖智) 역시 같은 문원(文源)으로 보이지만[207] 손자의 본래 의미에서 벗어나고 말았다.

그러나 다른 한편에는 성지(聖智)와 인의(仁義)로 해서 그 시대의 고난과 경험이 물든 더 넓은 해석도 가능하다. 성지와 인의는《도덕경》19장에 절성기지(絶聖棄智)와 절인기의(絶仁棄義)로 등장한다.《문자(文子)》의 기준으로 풀이하면 "들어서 아는 것을 끊고 보아서 아는 것을 버리면, 백성의 이익은 백배이고; 어짊을 끊고 의를 버리면 백성은 효자, 자부로 돌아갈 것이다(絶聖棄智, 民利百倍; 絶仁棄義, 民復孝慈)."이다. 이를 용간이성, 사간이인에 대입하면 아이러니하게도 현대의 잔인한 공작 운용과 잘 맞아 떨어진다. 즉, "들어서 아는 것을 끊고 보아서 아는 것을 버리지 못하면 정보운용을 할 수 없고; 어짊을 끊고 의로움을 포기하지 못하면 첩자를 부릴 수 없다(非絶聖棄智不能用間; 非絶仁棄義不能使間)." 사지에 빠진 공작원들을 도마뱀 꼬리 자르듯 모른 체하고, 피도 눈물도 없이 자신에게 은혜를 베푼 전임 통수권자를 배신하고 국가의 기밀을 자진해서 누설하는 그자들을 위한 노자의 변론 같다.

---

206) 道德經 十八章 "大道廢, 安有仁義 큰 도가 무너졌으니 인의가 있는 것 아닌가?" (帛書甲, 乙本)

207) 道德經 十九章 "絶聖棄智, 民利百倍; 絶仁棄義, 民復孝慈; 絶巧棄利, 盜賊無有

용간(用間) 10

죽간본 : (非密微不能得間)之葆 密哉(密哉) 毋所不用間(也)

비밀이 숨겨지지 않으면 간자를 보호할 수 없다. 숨기고 또 숨겨야 하니, 간자를 쓰지 않는 곳이 없기 때문이다.

전래본 : 非微妙不能得間之實 微哉微哉! 無所不用間也

미묘하지 않으면 정보의 실(實)을 얻을 수 없으니, 미묘하고 미묘하도다! 정보운용을 하지 않는 곳이 없다.

죽간과 전래본 모두 변화한 글자 풀이와 연변(演變)의 과정을 따지면 양자 동일한 의미로 해석할 수 있으나, 손자의 본래 문리에서 보면 큰 차이가 있다. 죽간에 보이는 미(微)는 감추어야 할 주체이고 밀(密)은 행위 동사이다. 리러이(李樂毅)의 주장으로는 미(微)자의 갑골 자형은 원래 㣲(음운 미상) 자인데, 한 여인이 빗으로 긴 머리를 빗고 있는 모습이었다. 설문해자에는 "미(微)는 미(美)와 같고 미(媺)의 본래자"라로 설명한다. 미(微)는 벗겨진 아름다움이요 외설스런 진실이다. 드러나면 스캔들이다. 이렇게 비밀정보는 국지미광(國之美光)이니 새어나가지 않게 밀밀(密密), 빽빽하게 보호하지 않을 수 없다.

보(葆)와 실(實)이 다른 것은, 전국시대에 보(葆)는 흔히 보(寶)와 혼용되어 사용되었다. 고문헌 중에는 필사하는 과정에서 글자의 모습이 비슷하여 보(寶)가 실(實)로 오인되는 경우가 많았다. 《여씨춘추(呂氏春秋, 知度)》의 "도가 행하는 걸 모르면서, 어찌 실제가 있겠나(以不知為道, 以奈何為實)"를 《회남자(淮南子, 主術)》에 "도가 행하는 걸 모르면서, 어찌 보물이 있겠나(以不知為道, 以奈何為寶)"와 역시 《회남자(淮南子, 兵略)》에 "나아감에 이름을 구하지 않고 물러서 죄를 피하지 않으며 오직 백성을 보위하고 임금의 이익에 맞으니 나라의 실(實)이다(進求名, 退不避罪, 唯民是保, 利合於主, 國之實也).”라고 한 것은 보(寶)와 실(實)을 혼동한 예(例)이다.

일부 중국학자들은 죽간 역시 실(實)을 보(寶(葆))로 보아 혼용한 것을 오기했다고 주장한다. 《장단경(長短經, 五間 : 非密微莫能得間之實)》, 《통전(通典, 兵四 : 非微密者, 不能得間之實)》, 《태평어람(太平御覽, 兵部 二三, 用間 : 非微密者, 不能得間之實)》 등에 한결같이 실(實)로 되어 있음이 그 근거이다. 그러나 이 모두는 미(微)와 밀(密)의 원래 의미가 연변하여 나타난 착오이다. 계속되는 용간편의 이전 문장에서 이어지는 문리에서 보면, 친어간(親於間), 후어간(厚於間), 밀어간(密於間)의 재인용이며 글자를 바꾼 재반복이다. 이는 손자의 귀납적 결론으로 다시 정보운용은 그 친한 주체인 성(聖)으로 하는 성친(聖親), 첩자를 부림에 인(仁)으로 하고 후하게 대우하는 인후(仁厚), 그리고 그 일을 기밀로 보호해야 하는 밀보(密保)로 그 문리가 정연하며 논리적이다.

그러므로 위 문구는 “비밀이 새면 보안 위반”이라는 평이한 풀이가 가능하다. 《태평어람》에는 《통전》의 미밀(微密)에 주를 달며 “그 의도를 세밀히 숨기고 새어 나가지 않도록 하는 것(精微用意, 密不泄漏)”이라고 하여 막연하고 미묘한 신비주의에서 본래의 의미로 회귀한 풀이가 보인다. 따라서 뒤에 이어지는 자는 실(實)이 아닌 보(保)가 분명하다. 보(葆)는 포(褓, 포대기로 싸는)와 같고 보(保)의 의미로 전이되어 “새지 않게 막는 것”이다. 《관자(管子, 霸言)》에는 정보운용의 성패는 그 “외롭고 단절된 간자를 은밀히 숨긴 진영의 보루처럼(獨斷者, 微密之營壘也)”히는 것이라는 말이 보인다. 미밀과 밀미의 차이는 당(唐) 제국(618~907)의 전반기에 출간된 《장단경(長短經, 開元 四年 716년)》에는 밀미(密微), 당의 후반기에 나온 《통전(通典, 貞元 十七年 801년)》에는 미밀(微密)로 되어 있는데, 큰 차이가 없는 듯 보이나 미(微)의 본래 의미가 "감추어야 할 주체"로서 목적어라면 현대 중국어 풀이로는 밀미(密微)가 맞을 것이다. 그러나 죽간에 잔문(殘文)으로 보이지 않고, 무엇이었든 간에 후세 전래본에 미묘(微妙)로 변한 것은 더욱 황무(荒謬)하다.

비밀은 전쟁 목표 달성을 위해서라면 군신 간에도 서로 알지 못했다. 무도한 자를 토벌하여 백성을 위로하려면 먼저 그 스스로 도(道)를 되돌아보아야 했다. 이것이 비밀주의의 논박할 수 없는 명분이었다. 비밀을 말해야 하는 조정은 군주의 총애를 얻어 정치적 권위를 장악한 무가치한 인간들이 득실대는 곳이다. 당 태종 이세민이 대장군 이정(李靖)과 병법을 논한 《당이문대(唐李問對, 卷中)》에는 돌궐 캠페인에서 비밀스럽고 위험했던 간첩 운용을 이렇게 회고하고 있다.

"태종이 묻기를, 전에 당검을 돌궐에 사신으로 파견했을 때, 경은 이를 기회로 공격하여 그들을 패퇴시켰다. 사람들은 경이 당검을 사간(死間)으로 썼다고 말한다. 짐도 그것이 지금 의심스러운데 어째서인가? 이정이 절하며 대답하길, 신과 당검은 어깨를 나란히 하고 주군을 섬기는 자이옵니다. 당검의 적진에서 설득으로는 적이 반드시 순순히 복종하지 않으리라 판단했습니다. 그래서 신은 병력을 따르게 해서 이를 쳤습니다. 이것은 큰 악을 제거하기 위해 소의(小義)를 돌보지 않은 것입니다. 사람들은 이르길 당검을 사간으로 써먹었다고 하나 이는 신의 마음이 아니었습니다. 《손자병법》의 용간편을 보면, 제일 낮은 하책입니다. 신이 그 유명한 글(魏徵의 상소문)을 읽어 압니다만, '물은 배를 띄우기도 하고 배를 역시 뒤엎기도 한다.'처럼 첩자의 운용에서도 역시 용간으로 성공하기도 하고, 간첩을 믿어 패배로 기울기도 합니다. 머리를 틀어올려 주군을 섬기며 조정에 나아가 얼굴빛을 바르게 하고 절개를 다 해 충성하며 정성을 다해 믿지만 누가 훌륭한 첩자이며 안심하여 쓸 수 있다는 말입니까? 당검은 (희생할 수밖에 없는) 소의(小義)였습니다. 폐하는 어찌 의심하십니까?"[208]

당검(唐儉 579~656)은 당 고조의 신임이 두터웠고 당 태종과는 그가 진왕(秦王)으로 있을 때부터 막역한 사이였다. 그런 인물을 돌궐에 사신으로 보낸 것은 적과의 신뢰를 트기 위해서였다. 그러나 그 사이에 이정이 돌궐을 습격했으나 무사히 살아 돌아온다. 일각에서는 정치적 알력 현상으로 보나 이정으로서는 주군과 조정에도 알릴 수 없는 이미 계획하고 있던 전략 극비였다.

용간(用間) 11

죽간본 : (聞)事米發, 聞聞(與所告者皆誅之)
정보운용의 결과가 보내지지 않았는데 정보에 관해 듣거나 고한 자는 모두 죽인다.

전래본 : 間事未發而先聞者, 間與所告者皆死
간첩의 일이 아직 보고되지 않았는데 먼저 듣게 되면 간첩이라 듣고 고한 자는 다 죽는다.

---

208) 唐李問對, 卷中 "太宗曰 昔唐儉使突厥, 卿因擊而敗之, 人言卿以儉爲死間. 朕至今疑焉, 如何? 靖再拜曰 臣與儉比肩事主, 料儉說必不能柔服, 故臣因縱兵擊之, 所以去大惡, 不顧小義也. 人謂以儉爲死間, 非臣之心. 案孫子用間, 最爲下策. 臣嘗著論其末云 水能載舟, 亦能覆舟, 或間以成功, 或憑間以傾敗. 若束髮事君, 當朝正色, 忠以盡節, 信以竭誠, 雖有善間, 安可用乎? 唐儉小義, 陛下何疑?"

비밀을 얼마나 엄히 다루어야 하는지 경계하는 정보운용의 정수가 담긴 격문(檄文)과 같다. 진실을 알면서 죽이고, 알면서 속아주는 음흉함에 더하여 게임은 더 깊고 그로테스크한 어둠에 머물러 있다. 2차대전 시 대일항쟁 기간 중국 정보와 미국의 정보를 연결해 주던 위데마이어(Albert C. Wedemeyer 1897~1989) 장군은 그의 비밀 비망록에 1940년대 중국 국가정보의 대부 강생(康生)과 그가 조직한 전설적 비밀 정보기관 죽원(Bamboo Garden)에[209] 관해 간략히 기록하였는데, "대부분의 스파이는 자기편에 죽는 법이다. 간(間)이라는 글자 자체가 이미 이중(Double)에 걸려있고 넘나드는 문지방이므로 먼저 듣는 자란 바로 그가 간(間- Spy Ring)을 세운 쪽이기에 사인(死因)은 뻔하지 않은가?" 라는 강생의 말을《손자병법》을 담론하며 들었다고 쓰고 있다. 장개석의 군사고문이었던 위데마이어가 전후에 과연 강생을 만났는지는 의문이지만, 서예의 대가이며 인간관계가 유연했던 강생과 접촉 시《손자병법》을 논했을 개연성은 있다.[210]

간사미발(間事未發)에 대한 제가(諸家)의 주(註)는 분분하다. 미(米)는 미(未)와 통가자였다. 발(發)을 현대적 의미의 고발이나 발각으로 보는 견해도 있다. 그렇게 하면 이중간첩을 보호하기 위한 주변정리로 해석이 흉해진다. 발(發)이라는 자(字)는 궁(弓)이 덧붙여진 금문(BC 11세기) 이전에는 "보내다"의 의미로 한정되어 있었다. 그래서 위 문구에 대한 전통적 해석은 육도삼략에 기술된 왕과 원정 중인 장군들 간의 전장 통신 방

---

209) 竹園은 아직도 건재하며 중국 국가안전부의 상위기관이라는 설이 있다. 위데마이어의 Memorandum에는 그가 죽원의 실체를 파악하고 있다고 보이지는 않는다. 그는 1946년 3월 17일 칭다오(靑島)로 향하는 비행기 폭발로 장개석의 첩보기관 군통국(軍統局, 일명 藍衣社)의 책임자 다이리(戴笠)의 사망 이후 급격히 쇄락해 가는 국민당과 중국 정세를 파악하기 위해 1947년 투르만의 특사로 파견되었다. 후에 일어나는 사건을 예견하는 듯한 위의 대화는 다이리의 죽음이 죽원이 아닌 장개석 내부의 갈등 때문임을 시사한다.

210) 이 시기와 장소는 아마도 모택동을 존경하고 장개석과 사이가 나빴던 Stillwell을 Wedemeyer로 교체한 1944년 중경(重慶)의 양자강(楊子江)과 가릉강(嘉陵江)이 갈라지는 100미터 절벽위에 있었던 지금의 Stillwell 박물관인 CBI전구 사령부로 추정된다.

법에 근거한다. 고대전투에는 주요 정보나 전장상황을 음부(陰符)에 담아 전했다. 발(發)한다는 말은 바로 이 음부(陰符)를 보낸다는 뜻이다. 전쟁의 승패 여부도 비밀일 수밖에 없는 조정의 복잡 미묘한 상황에 정보전달체계의 보안은 매우 중요했다. 《육도삼략》에 이에 대한 논의가 기록되어 있다.

"무왕이 태공에게 물었다. '군대를 이끌고 적지에 깊이 진입했을 때에, 전군에 급한 상황이 생겨 이 사실이 아군이 유리하든 불리하든 통보하려 하고, 내부사정에 따라 원정군의 필요를 공급하려 한다. 어떤 방법이 있는가?' 태공이 대답하길, '군주와 장군 사이에는 비밀 통신을 하는 음부(陰符)라는 것이 있는데 모두 여덟 종류입니다 : 적을 무찔러 대승을 알리는 부는 길이가 1척, 적군을 파하고 적장을 죽였다고 고하는 부는 길이가 9촌, 성의 항복을 받고 촌락을 점령했다고 고하는 부는 길이가 8촌, 적군이 퇴각하여 멀리 물러났다고 고하는 부의 길이가 7촌, 부대원들에게 경계를 명하고 수비를 견고히 함을 고하는 부의 길이가 6촌, 군량 보급과 병력증강을 고하는 부의 길이가 5촌, 아군이 패하고 장수가 전사했다고 고하는 부의 길이가 4촌, 승리를 잃고 군사가 모두 전멸했다고 고하는 부의 길이가 3촌입니다. 이러한 부(符)를 전달하는 여러 전령이 지체하여 머무르거나 혹은 부(符)의 비밀이 누설되었을 경우, 이를 들은 자나 고한 자는 모두 죽여야 합니다. 이 여덟 가지 부(符)는 군주와 장군 사이에 비밀로 정하고 은밀한 언어로 듣는 것이니, 이렇게 서로 인지하는 기술이 외부에 새지 않도록 하면 석이 아무리 탐지 능력을 갖추고 있다 해도 그 의미를 이해하지 못할 것입니다.' " [211]

---

211) 육도삼략 (六韜, 龍韜, 陰符) "武王問太公曰 引兵深入諸侯之地, 三軍猝有緩急, 或利或害 吾將以近通遠, 從中應外, 以給三軍之用 爲之奈何? 太公曰 主與將, 有陰符 凡八等: 有大勝克敵之符, 長一尺 破軍殺將之符, 長九寸 降城得邑之符, 長八寸 卻敵報遠之符, 長七寸 誓

죽간의 풀이는 위《육도(六韜)》에서 전해진 "들은 자나 고한 자는 모두 죽임(聞者, 告者, 皆誅之)"과 다를 것이 없을 것이다. 단순히 정보 전달 체계인 부(符)에 관한 보안으로 "간사미발(間事未發)"에 내포된 의미는 "'발부(發符)되지 않음"이다. 이와 비슷한 내용은《태백음경(太白陰經)》이나 후한서(後漢書)《방술열전 상(方術列傳 上)》에 보이는 "검결지부(鈐決之符)"를 풀이한 이현(李賢)의 주(注)에서 언급된 옥검편(玉鈐篇)과 현녀육도요결(玄女六韜要決)에 모두 보인다. 검결지부(鈐決之符)는 후에 군 간부의 편성에서 직위를 말하거나 참모 부서에서 작성된 작전계획이나 작전명령을 뜻하게 된다. 이것이 누설되어 미리 알거나, 듣고 보고하는 자가 있다면 죽일 수밖에 없다. 죽간은 잔문(殘文)으로 보이지 않지만 전래한 개사(皆死)인지 아니면 육도에서부터 전해진 개주(皆誅)였는지는 알 수 없다. 사(死)는 죽음이고 주(誅)는 잘못을 죽음으로 묻는 것이니 문장의 맛이 달라질 수 있다.

문장은 매우 엄혹(嚴酷)하다. 그러나 대장군 이정(李靖)의 말대로 작은 희생, 소의(小義)였다. 더구나 미리 들어 알 거나 시중(時中)에 맞지 않는 정보 누설도 엄히 다스려야 한다고 손자는 말한다. 비밀이 오고 가는 통신보안은 전쟁의 승패와 수만 명의 목숨이 달렸으므로 극도의 주의가 요구된다. 태평양 전쟁의 전세를 바꾼 미드웨이 해전 역시 일본군의 통신보안 실패와 미군의 일본군 암호 해독의 결과였다.

용간(用間) 12

衆堅守之符, 長六寸 請糧益兵之符, 長五寸 敗軍亡將之符, 長四寸 失利亡士之符, 長三寸 諸奉使行符, 稽留者, 若符事泄, 聞者, 告者, 皆誅之 八符者, 主將秘聞, 所以陰通言語, 不泄中外相知之術 敵雖聖智, 莫之通識"

세상이 어지러울 때나 민족적 모순이 높았던 시절 중국의 왕조들은 공식 정보기관을 두지 않았다. 정보기관이 없어야 했거나 대의로 불필요함을 천명해서가 아니라 "그런 기관이 없는 게(No Such a Agency)" 더 은밀하고 효율적이었기 때문이었다. 중국에서 이름을 세운 공식 정보기관이 절정에 달한 시기는 명나라 때로 여겨진다. 그 대표적인 기관이 금의위(錦衣衛), 동창(東廠), 서창(西廠), 내행창(內行廠) 등이었는데 모두 권력을 보위하기 위해 조직력을 남용한 잔혹한 사건과 불명예를 남겼다. 금의위는 주원장이 신변 보호를 위해 호위군을 개편하여 1,500여 명으로 구성된 그림자 경호부대였고 신종(神宗) 때에는 그 수가 15만으로 늘어난다. 영락제는 동창을 북경 동안문 밖에 설립하고 환관으로 이를 운용하였는데 그 권력은 금의위를 능가했다.

서창은 1477년 헌종(憲宗)이 설립하여 금의위 인원으로 구성하고 옛 회창(灰廠)이 있는 영제궁(靈濟宮) 앞에 그 비밀 본부가 위치했다. 서창은 신하들과 백성의 언행을 정탐하고 의심스러운 대상을 황제의 재가 없이 체포, 구금, 심문하며 거짓 방(榜)을 붙여 민심을 호도했다. 서창은 헌종이 별도 정보기관으로 동창의 과도한 권력을 견제하려 했으나, 스스로 정적을 제거하고 권력을 독점하려 거짓 소문을 퍼트리는 등 수장의 악행으로 1482년 폐지된다.

내행창은 1506년 어린 무종(武宗)이 즉위하여 놀이에 탐닉하자 권력을 독점한 측근 환관인 유근(劉瑾)이 세운 기관으로 금의위와 동창, 서창을 감시했고 1510년 유근이 몰락하며 사라진다. 《명사(明史, 刑法志 三)》에는 5년이라는 짧은 기간 동안 서시른 내행창의 범죄를 "형벌과 살인을 전횡하고 위세와 복을 제멋대로 만들어 어진 이들을 수탈하고 죽였다(得顓刑殺, 擅作威福, 賊殺良)."라고 기록하고 있다.

동시대인이었던 왕양명(王陽明)은 유근을 비난하여 내행창의 감시를 받고 금의위에 끌려가 환관들이 보는 앞에서 볼기를 맞았다. 이러한 수모는 위대한 사상가가 실제적 폭력과 만나 우화처럼 나타난 사례이다. 그러나 그는 자신의 도덕적 우월감을 확인하며 은퇴에 머물지 않고 군사적 능력을 키웠다. 병법에 능했던 양명이지만 그가 주변 사람에게 병법을 가르친 것은 위험한 일이었다. 군에 대한 비판 역시 주자학을 비판한 것처럼 매우 어렵고 고달픈 일이었다. 명나라 초기에는 고루한 학문, 학위주의, 학문의 벼슬화에 반발하여 참된 유학(儒學)으로의 복귀를 주장한 "학문의 민주화"가 나타난다.[212] 이러한 분위기에서 잘 다스려지는 치세(治世)에는 명칭을 내건 정보기관이 없는 것이 선용간(善用間)이요, 그 성명(姓名)을 감추어야 병법에 능한 것이니, 내행창에 끌려간 왕양명의 심경은 참담했을 것이다.

> 죽간본 : (凡軍之所欲擊, 城之所欲)攻, 人(之所欲)殺 : 必先(知)元(守將, 左右), 謁者, (門者, 舍人之姓名)
>
> 전래본 : 凡軍之所欲擊, 城之所欲攻, 人之所欲殺 : 必先知其守將, 左右, 謁者, 門者, 舍人之姓名
>
> 무릇 군대를 치고자 하고, 성을 공격하고자 하고, 인물을 제거하고자 하려면: 먼저 반드시 (그 군대와 성과 인물을) 지키는 장수와 측근과 알자, 문자, 사인의 성(姓)과 명(名)을 알아야 한다.

앞에 기술한 음부(陰符)의 미발(未發)에서 벌어진 상황이 통신과 문서에 관한 보안이라면 위문구는 시설과 인원에 관한 보안의 중요성을 역으로 조명하고 있다. 수장(守將), 좌우(左右), 알자(謁者), 문자(門者), 사인

---

212) 왕양명, Theodore de Barry, 〈Self and Society in Ming Thought〉 NY. 1970.

(舍人)에 대해서는 저마다 다른 해석이 있으나,[213] 손자가 즐겨 사용하는 오(五)라는 수에 놓아 역시 오행(五行)에 대입하면 새로운 풀이도 가능하다. 위 문장에서 모략의 목표는 군대와 성과 사람이었다. 이를 위해 오간(五間)은 "동시에 일어나기도 하지만(五間俱起)" 그 인간정보(HUMINT)의 노력을 생간(生間)은 수장(守將), 인간(因間)은 좌우(左右), 내간(內間)은 알자(謁者), 반간(反間)은 문자(門者), 사간(死間)은 사인(舍人)에 접근토록 하고 대척점을 찾아가면 이해가 어렵지 않다.

수장(守將)은 사신[生間]을 파견하여 성명을 알 수 있다. 장수의 주변 인물[左右]은 자생간첩[囚間, 鄕間]이 인맥을 통해 파악한다. 장예(張預)는 모략 목표의 수장과 주변 인물의 이름을 자주 언급하면 이들의 교체와 숙청이 가능하다는 흥미 있는 주를 달았다.[214] 알자(謁者)는 모략의 최종 목표인 적국의 군주와 근접해 있는 영접관이나 안내인(Ushers)이다. 알자에 관한 기록은《사기》에 보이는데,《군서치요(群書治要 卷 11)》의 사기(史記) 진시황본기(秦始皇本紀)에 "동방에 파견했던 알자를 오게 해서 2세 황제가 돌아온 보고를 들었다(謁者使東方來, 以反者聞二世)"라는 말에서 알자의 정체는 분명하다.[215] 기원전 209년의 사건 기록에 보이는 알자는 시국상황을 파악하려 은밀히 파견된 간첩이다. 당시 상황은 조고가 진시황의 유언과 제국 대신들의 여망을 위조하여 무능한 호해(胡亥)를 황위에 올린 어지러운 때로 조정의 대신들은 면종복배하고 사태의 진실을 황제에게 고하지 않고 있었다. 알자(謁者)는 90년대 한국군에 물의

---

213) 宋本 11家注, 李筌과 杜牧(8~9세기)등이 이 다섯 지위의 모략정보 복표에 특별한 해석을 하지 않은 것은 그 시대까지 일반명사로 통용되었기 때문이다. 그러나 張預의 주가 출간 된(12세기) 이후에는 각 지위에 대한 해설이 注로 등장함으로 보아 그 시대에는 통행되지 않은 단어이다.

214) 장예(張預) 注, 欲替人其軍則呼其姓名

215) 산동에서 진승(陳勝)등의 반란, "戍卒陳勝等反 山東郡縣 皆殺其守尉令丞 反以應陳涉 不可勝數也 謁者使東方來 以反者聞 二世怒"

를 일으킨 군내의 특정 출신 사조직 "알자회"를 상기시킨다.

문자(門者)와 사인(舍人)은 이중간첩[反間]이나 거짓 정보를 주는 사간(死間)의 활동 대상이다. "문자"는 포섭이 쉬운 안내 공작원이며 "사인"은 목표 구역 내의 행동이 자유로운 사람으로 풀이되나 손자의 문리로 보아 그 의미가 특정적으로 쓰였을 것이다. 《사기(史記, 齊太公世家)》에는 사(舍)라는 글자를 "백성이 원하는 것 그것을 조치해 주어야 백성을 얻는다(民之望也, 舍之得民)"라는 문구로 그 뜻을 나타내고 있다. 《집해(集解)》에 이에 대한 후한의 복건(服虔)의 주석은 "이것은 원하는 것을 잘 조치하여 인심을 얻는 것(置之, 所以得人心)"이라 했고 《설문해자(說文解字)》에는 사(舍)를 조(措, 잡혀있되 놓아줌)로 풀이하고 단옥재(段玉裁)는 주(注)에 "치는 용서하여 방면하는 것(置者, 赦也)"이라고 해서 사인(舍人)의 의미를 정확하게 포착할 수 있다. 즉, 적국의 첩자를 잡아 그를 사면하고 이중으로 쓰거나 내버려 둔 상태의 인간이다. 잡힌 첩자 사간(死間) 역시 용간의 활동 대상이다.

알고 싶은 것이 왜 성씨(姓氏)가 아니고 성명(姓名)일까? 은상(殷商) 이래로 사람을 지칭하려면, 나라 이름으로 씨(氏)를 하고 어머니의 이름으로 성(姓)을 했다. 씨는 성안에 포착된 것이니 생물학적으로 성(姓)이 DNA의 75%를 차지해 성으로 가족과 영지가 갈릴 수밖에 없다. 나라의 권력을 가진 아버지 씨(氏)가 수많은 후궁의 성(姓)으로 나뉘었으니 전국시대는 어머니들 간의 싸움이었다. "나라의 이름이 씨(以國名為氏)"이므로 씨를 거명할 필요는 없었다. 《손자병법》에서 명(名)은 형(形)과 더불어 지휘공구이다.[216] 형은 보는 것이고 명은 듣는 것인데, 명(名)은 능력으로 얻어진 이름과 직위를 의미한다. 그러므로 "성명"은 단순한 이름이 아니라 수장(守將), 좌우(左右), 알자(謁者), 문자(門者), 사인(舍人)의 가

---

216) 세(勢) 2.

족관계와 실제적 능력을 의미한다. 이 성(姓)과 명(名)은 간자(間者)의 무명의 헌신으로만 얻을 수 있다.

전술목표 인(人)과 작전목표 성(城), 전략목표 군(軍)은 구변편(九變篇)에 논했던[217] 역대 해석가들이 사변(四變)이라고 부르는 유도(由途), 격군(擊軍), 공성(攻城), 쟁지(爭地)에서 유도(由途)를 제외한 "군 운용에 쳐서 안 될 군대가 있으며, 성에 공격해서는 안 될 성이 있으며, 땅도 쟁탈해서는 안 될 땅이 있다(軍有所不擊, 城有所不攻, 地有所不爭)"라는 문장을 용간에 다시 역으로 재진술했다. "군대를 치고자 하고, 성을 공격하고자 하고, 인물을 제거하고자 하려면(軍之所欲擊, 城之所欲攻, 人之所欲殺)"은 천지인의 조합에 맞게 재구성한 것이다. 용간(用間)은 법계(法系)의 천(天)의 위치에 있어 능동적이고 구변(九變)은 지계(地系)의 인(人)의 자리에 있어 소극적이고 수동적이기 때문이다. 오행으로 구변[水]은 용간[火]과 상극이므로 변화의 극[九變]에 선 문장을 용간(用間)에서 불격(不擊) ↔ 욕격(欲擊), 불공(不攻) ↔ 욕공(欲攻), 불쟁(不爭) ↔ 욕살(欲殺)로 여지없이 표현했으니 그 논리가 참으로 엄정하다.

용간(用間) 13

군인들에게 국가는 신앙의 대상으로 가르침을 받는다. 그러나 기득권 집단이 대를 이어 군림하고 국가라는 에스테이트를 공정히 관리하지 않는다면, 그래서 국가의 신뢰성에 문제가 있다면 그 군인의 지위(Warrior Locus)에서 바라본 주적은 "공동체의 신뢰를 파괴하는 보이지 않는 세

---

217) 구변 4.

력"이며 그가 식별해야 할 적은 국민의 행복을 저해하는 실질적 악(惡)이다. 부당한 권력이 서로 짜고 대립하는 적대적 공생의 속임수에서 벗어나라는《손자병법》의 가르침은 필적(匹敵)의 정당성을 논제로 올려놓았다. 적에 대한 분별은 모공,[218] 형(形),[219] 지형[220]에서 보듯 주변의 세력이 대등한 힘으로 올라서야 가능하다. 그러나 이를 바라보는 정보의 힘이 진실하지 않으면 이를 다루는 인간과 그 인간 형성의 과정을 천착하지 못하고 인간과 인간상에 대한 이른 판단으로 인적 자원을 낭비하고 만다. 그래서 간첩의 운용은 궁극적으로 소통을 위한 것이다. 소통은 "자아(自我)"라고 하는 악마로부터의 탈출이다. 개인과 집단, 사회는 모두 자아를 가지고 있으며 이를 번식, 복제하기 위해 인간을 수단으로 하려는 "갇힌 자아"의 최악의 사태가 전쟁이었다.

　손자가 용간편에서 말하고 싶은 전술적 기술적 절차(TTP, Tactic and Technical Procedures)는 전쟁의 장외에서 전쟁의 목표에 다가서는 정보전(情報戰)인 반간계(反間計)일 것이다. 인간의 문제를 비극적으로 다루는 배신과 망은의 드라마가 이중 자아(二重 自我)라는 패러다임 안에 펼쳐진다.《손자병법》의 마지막 주요 문장은 이중간첩으로 이중간첩을

---

218)　모공 5에서 敵則能戰之의 풀이 : 戰國시대에 나온 典籍 중 〈곡량전穀梁傳〉에는 十(열 배), 五(다섯 배), 倍(두 배), 敵(대등), 少(적보다 열세), 不若(적보다 매우 열세)으로 층으로 나열되어 설명하여 敵의 의미를 분명히 하고 있다. 춘추(春秋, 文公七年)에는 敵이란 국력이 같은 것(敵, 強弱等也)으로 정의한다.

219)　형(形) 4에서 春秋에 "敵이란 국력이 같은 것"(敵, 強弱等也)이라 정의한 것은 고대의 전쟁 사상을 바라보는 데 매우 중요한 관점이다.《손빈병법(孫臏兵法, 十問)》에 역시 敵의 뜻을 대등이나 균형을 맞추어 병사를 취합하여 내부 군문의 군쟁을 잠재우는 뜻으로 (交和而舍, 糧食均足, 人兵敵衡, 客主兩懼) 정의하고 있다. 그러므로 불균형에 의한 공세와 수세가 반드시 전투로 이어지는 것이 아니며 "敵禮"에 맞는다는 표현으로 피아를 온전히 보전하려 한다.

220)　지형 2에서 원형(遠形)에 대한 풀이. 지정학적 여건은 전략적 균형의 기본 고려사항이다. 싸움을 걸기 어렵고 싸워도 불리한 여건을 만드는 것이 遠形이며 이로써 전략의 균형이 이루어진다. 한반도는 어떤 형태로든 원정군(遠征軍)의 전쟁이 될 수밖에 없다. 원정군(Expeditionary Force)이 투사되는 것은 힘의 균형이 깨졌을 때이다. 외교 안보에서 손자가 표현하고 있는 鈞, 等, 敵, 衡이라는 글자는 뜻밖에 같은 의미로 귀착되고 있다.

잡고 등장인물의 행방을 추적하지 않는다. 마치 극장 문지기만 남고 모든 출연 배우가 죽는 일본 가부키(歌舞伎) 극과 같이 흔적없이 전쟁을 마감하고 싶어한다. 배역은 사간(死間)으로 처리되거나 사인(舍人)으로 버려져 잊히고 새로운 생간(生間)을 파견하여 오간(五間)을 순환시킨다. 보이지 않는 제5 전선에서 전쟁의 약식 처리는 싸우지 않고 이기는 "부전이승(不戰而勝)"의 약속을 끝까지 지킨 것이다. 그래서 용간의 마지막 무대에서, 지령을 받는 우군 간첩도 역시 적의 이중간첩이라는 "알면서 속는(旣知其欺)" 것을 염두에 두고 보도록 손자는 관객을 몰아간다. 관객은 피 한 방울 안 흘리고 극장 문을 나설 수 있다.

죽간본 : (令吾間必索敵間之來間我者, 因以利導而舍之, 故反間可得而)用也
우군 간첩에 지령을 내려 우군의 틈에 들어와 있는 적의 간첩을 반드시 색출하여, 이익을 주어 활동할 수 있도록 이끌면, 반간으로 이용할 수 있다.

전래본 : 令吾間必索知之 必索敵間之來間我者, 因以利之, 導而舍之, 故反間可得而用(使)也
우군 간첩에 지령을 내려 반드시 알아내도록 한다. 또한, 우군의 틈에 들어와 있는 적의 간첩도 반드시 색출하여 이익을 주어 달래고, 활동할 수 있도록 이끌면, 반간으로 이용할 수 있다.

전래하여 통행되는 필색지지(必索知之)가 과연 죽간본에 있었는지는 미궁이다. 대부분의 주(注)는 문단을 삶음에 앞에 기술한 5가지 포섭 대상(수장, 좌우, 알자, 문자, 사인)의 동향을 탐지하도록 적지에 스며든 우군 간첩으로 보내는 지령으로 풀었다. 그렇다면 이것은 위 문장의 목표인 "반간으로 이용(反間可得用)"의 논리적 프로세스가 약해진다. 반면,

죽간에 없어져 보이지는 않지만, 만약 필색지지(必索知之)가 사족이었다면 이를 빼버린 죽간의 풀이는 정교한 반간계가 된다. 즉 이중간첩으로 쓰려는 우군 틈에 잠입한 적의 첩자의 은밀한 색출은 역시 적지에 든 이중간첩이 된 우군 첩자로서 가능하다는 것이다. 그러므로 그 지령은 공작 테스트이고 껴입은 옷을 벗겨 내는 방법이다.

전래본의 인이리지, 도이사지(因以利之, 導而舍之) 역시 문장이 불필요하게 늘어졌다. 적의 간첩을 매수하여 석방하는 일련의 과정은 긴장된 하나의 문장으로 더욱 생동적이다. 《통전(通典, 兵四)》에는 "적간지래간아자, 인이리도이사지(敵間之來間我者, 因以利導而舍之)"로 보이니 필자의 주장에 근거가 되어 다행스럽다. 사(舍)는 앞의 문헌을 살펴보아 알듯이 존치(存置)의 의미이다. 행동의 자유는 있으나 조종을 받는다. 《무경총요(武經總要, 間諜)》에는 위 문장을 "우군 간첩에 지령을 내려 색출하여 알아내고 사자를 왕래시키니 절로 통하게 된다. 다시 말하면 : 간첩을 반드시 색출한다. 적에 간첩으로 갔다가 돌아온 자는 다시 매수하여 마음을 돌려 존치하고 반간으로 이용할 수 있다(令吾間必索知之, 使往則自通也. 又曰 : 必索間. 敵間之來者, 因而利之, 導而舍之, 故反間可得而用也)."와 같이 풀어 의미가 오염된 우군 간첩의 재사용으로 변형되었다.

대부분 공작원의 파견은 2회 이상은 하지 않는다. 적에게 매수되어 이중에 물려있기 때문이다. 3회 파견은 사간(死間)으로 보내지는 것이 정설이다. 우리나라에 많이 통행된 사고본(四庫本)에는 고반간가득이용야(故反間可得而用也)의 용야(用也)가 사야(使也)로 표기되어 정밀하지 못했다. 용간(用間)과 사간(使間)은 근본적인 개념의 차이가 있다. 다시 용간이성(用間以聖), 사간이인(使間以仁)의 손자 용간편의 기본 원칙에서 보면 무엇이 정확한 표현인지 분명하다. 반간계를 기획하는 것은 데스크에서 성(聖, 듣고 말하는)으로 하는 것이지 현장에서 인(仁, 느낌과 인간성)으로 하는 것이 아니기 때문이다. 말할 것도 없이 죽간을 따르게 된다.

적과의 내통으로 마치 약속대련과 같은 전쟁의 전형이 한국전쟁이었다. 서로 이념과 생각이 상반된 사이라도 기득권층의 이익이 같으면 통하기 마련이다. 풍자와 우화로 가득한 장엄한 고전《장자(莊子)》에 인간성의 바닥을 보이는 진솔한 글들이 많이 보인다. 특히 장자 도척(盜跖)편은 공자의 위선을 패러디한 결정판이다. 가치관이 다른 세력과의 내통은 이렇게 표현된다. 공자는 세상의 무도함과 불인(不仁)을 걱정하며 흉포한 도적인 도척을 교화하려 한다. 그는 도척을 찾아가 만나려 한다. 이미 세상에는 도척의 스파이인 알자(謁者)들이 도처에서 네트워크를 구성하고 인간의 동향을 두목인 도척에게 보고하고 있다. 도척은 거상들로부터 자의 반 타의 반으로 상납받은 비자금을 산처럼 쌓아놓고 있었다. 공자의 면담 목적은 그의 유세가 제후들의 귀에 들어가 지위를 얻는 것이다.

공자와 도척은 선(善)과 악(惡)의 상반된 세계가 아니라 서로 순환하는 양면성의 실존이다. 이것이 공자와 도척의 "남북 회담"이다. 공자는 차별화된 상념을 도척은 엄연한 현실을 대표한다. 여기서 독자는 정보 전달의 왜곡을 보게 된다. 정보의 진실은 중요하지 않다. 공자는 "알자와 거듭 통하려(謁者復通)"한다. 공자가 통하고자 하는 목표는 진실이 아니라 도척이라는 공포의 실력자이다. 그는 태산 남쪽에 도둑 떼의 진을 쉬게 하고 사람의 간을 간식으로 먹고 있었다. 공자는 도척을 만나려고 비굴하게 그의 알자에게 아부의 문안을 올린다. 이 문단에서 도척의 모습을 그리는데, 중국 문학사에 빛나는 분상이 보인다. "도척은 크게 노헤, 두 다리를 벌려 뻗고 앉아, 칼자루에 손을 대고 눈을 부릅떴는데, 그 목소리는 새끼에게 젖 주는 호랑이 같았다(盜跖大怒, 兩展其足, 案劍瞋目, 聲如乳虎)" 이것은 실제 경험 없이는 상상으로는 불가능한 표현이다.

도척편에서 공자의 내통은 용간이성(用間以聖)을 넘어선 정치적 행위 같다. 그래도 공자는 이론적 명분이 있고 도척은 실제적 논리가 있다. 이를 분별하는 집단 지혜가 사라졌다면 위선자들이 세도가의 문전에 모여들어 서로 속이고 싸우고 온통 이익만 추구하는 판에 알자(謁者)가 혼탁하게 얽혀있어도 속수무책이다. 적과 우군이 합심하여 내통하고 반간계를 같이 사용하여 지역감정을 조장하고 오로지 불쌍한 국민만 기만당하는 처량한 세상에서는 명분도 없고 실제도 없다.

용간(用間) 14

죽간본 : 因是而知之, 故鄕閒內閒可得而使也 (因是而知之, 故死閒爲誑事, 可使告敵 因是而知之, 故生閒可使如期) 五閒之事必知之, (必在於反閒, 故反閒不可)不厚也

(이렇게 적과 우군들 사이에 있는 반간(反間)의 활동으로) 이를 알게 되어 우군 간첩을 지휘하여 내간(內間)을 부려 얻을 수 있다. 내간으로 정보를 알게 되면, 사간(死間)으로하여 거짓 정보를 적에게 보고하게 한다. 이를 통해 (거짓 정보에 의한 적의 반응을) 알게 되면, 생간(生間)을 계획한 때에 맞추어 쓸 수 있게 된다. 오간(五間)의 운용이 이렇게 됨을 반드시 알게 되는 것은 반드시 반간이 있기 때문이다. 그러므로 반간을 후하게 대하지 않을 수 없다.

전래본 : 因是而知之, 故鄕間, 內間可得而使也 因是而知之, 故死間爲誑事, 可使告敵 因是而知之, 故生間可使如期 五間之事, 主必知之, 知之必在於反間, 故反間不可不厚也

> (이렇게 적과 우군들 사이에 있는 반간(反間)의 활동으로) 이를 알게 되니 향간
> (鄕間)과 내간(內間)을 부려 얻을 수 있다. 이로인해 정보를 알게 되면, 사간(死
> 間)으로 하여 거짓 정보를 적에게 보고하게 한다. 이를 통해 (거짓 정보에 의한
> 적의 반응을)알게 되면, 생간(生間)을 계획한 때에 맞추어 쓸 수 있게 된다. 오
> 간(五間)의 운용은 임금이 반드시 알아야 한다. 이를 알게 되는 것은 반드시 반
> 간에 있다. 그러므로 반간을 후하게 대하지 않을 수 없다.

오간(五間)은 반드시 순환하는가? 천하 만물이 변화하지 않을 수 없는
중국적 사유는 용간에도 예외가 없다. 죽간에 나타난 향(鄕)의 해석에 따라
다르겠지만 향간(鄕間)이 아니라, 지향분간(指向分間)으로 풀어 향(鄕)을
향(向)이나 향(嚮)과 같은 조직의 편성과 지휘로 본다면, 위 문장에서 오간
의 순환은 하나의 기획 공작을 위해 간첩을 구분 편성하고 지휘하며 작전
단계는 내(內) − 사(死) − 생(生)의 순서이다. 반간계의 주체이며 동시에 모
략의 대상인 사간(死間)은 도, 천, 지, 장, 법이라는 계(計)의 오사(五事)에
서 장(將)이며 사람[人]이다. 이는 오행의 목(木)이므로 당연히 다음 단계인
화(火−生間)를 기약하게 된다. 이러한 추상(抽象)이 리얼리즘이 될 수 있었
던 것은 오랜 세월 변화를 통해 알게 된 경험과 지혜 때문이었다.

오간의 순환은 생(生) − 인(囚) − 내(內) − 반(反) − 사(死)이지만 인
(囚)과 반(反)은 "전향"이라는 유사한 성격을 가지고 있다. 인과 반은 변
태(變態)의 상황이라 위 문장에서 언급되지 않는다. 인(囚)은 주역의 변
증법적 프로세스에서 노양(老陽)이어서 너무 강한 정의감을 가져 체제를
뒤엎는 혁명을 꿈꾼다. 반(反)은 역시 노음(老陰)으로 더는 숨이 있을 수
없어 변화를 갈망한다. 그래서 인(囚)은 체제에 반발한 자생 간첩이고 반
(反)은 임무를 배신한 이중성이다. 따라서 이중성이 없는 내간, 사간, 생
간으로 네트워크 안에 정보전달 체계는 유지된다. 위 문구는 정보전의실

허(實虛)과 이정합 이기승(以正合 以奇勝)의 손자의 전통적 전승론을 담고 있다. 반간계(反間計)를 오행적 운용에 담으려면 그리고 아직 완전히 신뢰할 수 없는 향간(아마도 인간(因間)이 더 정확한 표현이지만)은 배제될 수밖에 없다. 그러므로 향(鄕)은 향간(鄕間)의 의미가 아니라 간첩망을 지휘하는 동사이다. 전국시대에 향(鄕)은 역시 향(向)과 가자(假字)로써 서로 통했다. 군쟁편에서 전래본의 "고을을 약탈하여 병사에게 나눔(掠鄕分衆)."이라는 문구가 손자의 사상에 배치되고 문리에 맞지 않아 죽간에는 보이지 않지만, 《통전(通典, 兵十五)》에 보이는 이 문구의 주(注) "지향분중(指嚮分衆)"을 근거로 "지향분중(指向分衆), 점령지의 관할 지역을 지휘하여 재편하는"것으로 풀이했다.[221]

그러나 이에 대한 반론도 엄중하다. 죽간에 인간(因間)은 발견되지 않았지만 향간(鄕間)이라는 글자는 유일하게 위 문장에서 잔멸(殘滅)하지 않고 살아남았다. 이로써 현대 중국학자들은 그동안 오랜 세월 11가주(家註)를 비롯하여 전통적으로 사용된 인간(因間)은 와오(訛誤)된 것이라며 "향간"을 본래의 자리에 앉혔다. 또한, 청초에 발간된 사고본(四庫本)에 모두 향간으로 표기되어있음을 큰 다행으로 여겼다. 그러나 반간계의 결과물이며 〈보고서〉인 "생간을 기약함(故生間可使如期)"은 작전 기획적 의미가 있다. 생간은 현지인이 아니며 파견된 화이트나 블랙이다. 이들은 공작의 결과를 보고하기 위해 귀국해야 한다. 향간(인간)은 성숙하여 고정간첩인 내간이 되고 부식되어 반간이 되는 인자(因子)를 가지고 있다. 자생하고 있는 어린 싹을 휘저어서는 안 된다. 반간계의 스파이 링에 향간이 들어갈 수 없는 이유이다.

전래본에 표기된 "주필지지, 지지필재어반간(主必知之, 知之必在於反間)"은 죽간에는 주(主)자가 보이지 않고 간편(簡片)의 글자 수 공간에 아

---

221) 군쟁 8.

홉 자 이상이 들어갈 수 없음을 보아 문맥을 정리하면 지지(知之)가 중복된것으로 추정된다. 후세에 반간계의 프로세스를 진행하려면 군주가 알고 지원을 후하게 해주어야 하므로 이를 강조하느라 주(主) 자를 넣어 앞의 글과는 문리가 어긋나고 말았다.

오간의 순환적 운용의 예는 많지만 19세기 말에서 2차대전 종전까지 일본이 티베트에서 운용한 간첩망은 그 전형이라 할 수 있다. 일본은 일찍이 청일전쟁 후 교토(京都)의 오백 나한사(羅漢寺)의 승려 가와구찌 에카이(河口慧海 1866-1945)를[222] 서역의 아웃 포스트(Outpost)로 준비시켰다.[223] 에카이는 미얀마에서 산스크리트어를 연구하며 냉각기간을 거친 후 1899년 네팔을 통해 티베트로 들여보내 졌다. [生 – 囚] 그는 티베트어를 연구하고 스스로 라마 승려가 되어 상당수의 현지인을 포섭하여 심저어(深底魚)로 남았다. [囚 – 內] 에카이는 자신이 스스로 티베트 라마승이라고 착각할 정도로 정체를 심화시켰다. 연이어 나리타 야스테루 등의 일본 스파이들이 천신만고로 티베트에 들어가 일본 대본영은 중일전쟁 전에 이 지역 상황을 중국인보다 더 잘 파악했다. 심원했던 일본 흑룡회(黑龍會)의 세계전략은 대동아 공영권 안에서 중국을 분할하는 것이었다.

새로이 침투한 간자들의 짐에는 영국지리학회가 간행한 지도가 감추어져 있었고 그 도상(圖上)에는 서장(西藏)-티베트의 주요 도로, 티베트

---

222) Kawaguchi, Ekai (1909): Three Years in Tibet, page vii, Reprint: Book Faith India (1995), Delhi

223) 20세기 초 일본 제국주의 전략가들은 서역(西域)의 시배의 욕망을 가지고 있었다. 흑룡회와 정토진종의 관계는 아직도 베일에 싸여있으나, 이 둘을 통합하는 더 상위 세력이 있었을 것이다. 국가급 차원에서 준비된 일본의 세계전략은 1881년 겐요오샤(玄洋社)의 창립자인 미쯔루 토야마(1855-1944)의 손에서 최초로 구체화하기 시작했다. 토야마는 1913년 봄 교토에서 흑룡회와 정토종을 규합한다. 하나는 만주와 한반도의 전략정보를 관장하는 코쿠류우카이(黑龍會)의 우찌다 료오헤이였고 다른 하나는 역시 세계여행에서 돌아온 영국 왕립 지리 학회 회원인 교토의 니시혼간지(西本願寺) 22대 문주 오타니 고즈이(大谷光瑞 · 1876~1948) 백작이었다

신장(新藏)을 연결하는 신장공로(新藏公路), 청해(靑海)-서장(西藏), 사천(四川)-서장을 잇는 서장공로(西藏公路)가 새로이 그려져 있었다. 이것을 도안한 것은 흑룡회의 창시자 우찌다 료오헤이였다. 영일동맹이 깨지면서 현지 내간(內間)들은 혼란에 빠지게 되고 이에유완쉔장(野元甚藏)과 같은 중국에 협조적인 자들이[224] 나타난다.(內 - 反) 영제국 인도정청에서 운용하는 현지 간첩인 "아크사칼"에[225] 지령을 내려 이들은 사간이 된다.(反 - 死) 1943년 봄에 이르러는 기무라히사오(木村肥佐生), 니시가와카주미(西川一三)등의 전문 첩자가 파견되어 1949년까지 장장 7년간 활동했는데 이들은 모두 반간이나 사간이었다.[226] 대동아 공영의 잔몽은 1950년 10월 7일 5만여 명의 중국인민해방군이 티베트의 수도 라싸(Lhasa)에 입성하며 사라졌다.

용간(用間) 15

> 죽간본 : (殷之興也, 伊摯)在夏; 周之興也, 呂牙在(殷)
>
> 전래본 : 昔殷之興也, 伊摯在夏; 周之興也, 呂牙在殷
>
> (옛날) 은나라가 일어선 것은 하나라에 이지(伊摯)가 있었기 때문이요; 주나라

---

224) 中国边疆史地研究 2005年01期 秦永章, 李丽, Qin Yongzhang , Li Li 3) 西藏, 靑海人民報 2003-2005년

225) 인도 영사이며 무관인 샤틀위스(Shuttleworth) 대위는 인도-티베트계의 점조직망인 현지 오아시스의 아크사칼(흰 수염, 장로)을 통해 일본인들이 7의 배수가 되는 날 49일 간격으로 지역 회합을 가졌으며 해마다 7월 7일에 전체 집합의 흔적이 있다는 분석을 했다. 티베트에서의 일본의 정보망 역시, 중국보다는 오히려 그 지역에 오랜 첩보망을 구축하고 있던 영국의 인도 정청에 의해 많은 윤곽이 드러나곤 했다.

226) 기무라는 연합군의 CBI(China-Burma-India)전구(戰區)와 연관된 이중 스파이였다. 기무라는 1950년 인도의 켈커타에서 자신의 정체를 밝혀 일본으로 귀국하고, 대부분의 다른 이들은 49년 2월 대만으로 쫓기는 장개석 군을 따라 대만을 경유해 일본으로 귀환했다.

가 일어선 것은 은나라에 여아(呂牙)가 있었기 때문이다.

1478년 레오나르도 다빈치가 피렌체로 돌아온 후에 그는 이미 "국가는 관리자이지 권력이 아니다."라는 르네상스 정신의 정치관이 가진 본질을 파악하고 있었다. 문화의 스폰서였던 메디치 가문은 타락했으나 다빈치는 그가 전달하고자 하는 정신을 이해하는 "집단지혜"가 피렌체에 생성된 것을 알아차리고 작품 활동을 시작했다. 이렇게 제도에서 버림받은 고독한 인간이 창작할 수 있었던 것은 비록 당시 사회가 학벌을 자랑하는 풍조였음에도 시민 사회의 성숙으로 가능했다. 그러나 다빈치는 "국가의 공정한 관리"라는 것이 의심스러워지자 고국을 떠나 프랑스의 프랑수아 1세에게 몸을 의탁한다. 피렌체가 프랑스의 영향에 들어간 것은 영토 주권의 변경이 아니라 사람의 마음이 바뀌었기 때문이었다. 국가는 관리자일 뿐 신앙의 대상은 아니었다.

국가는 개인의 삶과 사상에 우선일 수 없다. 개인은 국가의 초월적 보호 대상이며 권력욕에 병들은 국가의 불온한 친위 내란에 개인은 기소될 수 없다. 《손자병법》의 마지막 장을 넘기자 손자는 독자들에게 까마득한 옛날 하나라의 이윤과 상나라의 태공망을 회고하게 한다. 그들은 전설이 아니며 늘 우리 곁의 평범한 한 인간이다. 두 경계인이 구체제를 부정하고 새로운 나라의 창업공신이 된 "설화"는 성공의 이야기가 아니라 실패를 최소화한 생존의 기억이다. 국가의 배후에 있는 폭력은 실체가 없으며 유령과 같다. 그러나 이러한 국가의 물리력을 제어하는 수단이 논의된 것은 놀라운 일이다. 써바득힌 옛날 국(國)은 이문투성이였고 가(家)의 테두리 안에 두어야 개인과의 교섭이 용납될 수 있었다. 천문산(天門山)이 갈라져 초강(楚江)을 열듯이 분명하게 나뉜 인간이 있을 뿐 국경은 없다. 국가의 존재 양식이 인간을 넘을 수 없게 했다.

이러한 생각이 인본주의 르네상스가 일어난 주나라에서 언어화되고 후에 춘추전국시대 백가쟁명(百家爭鳴)의 자유로운 재래식 언론 시장에서도 이를 그리워하는 종주주의자(從周主義者)들의 목소리로 수없이 들려온다. 손자 역시 그중 하나다. 하(夏, 2070 BC ~ 1600 BC)와 상(商, 1600 BC ~ 1046 BC)은 주(周)나라 이전의 이민족 국가이다. 이지와 여아라는 시대를 달리하고 있는 두 인물은 쇠락해가는 고국에 뼈저린 연민을 가지고 있었다. 나라가 혼미하면 세상은 둘로 보인다. 이분법의 구도로 세상을 몰아가는 풍조에서 살아가기란 쉽지 않다. 같은 언어도 다른 의미로 이해되니 소통은 어렵다.

이시(伊摯)는 하(夏) 나라와 은상(殷商)의 국경 부근 사람으로 귀족 집안의 노예로 출발하여 재상에 이른 입지전적 인물이다. 그의 이름은 이윤(伊尹), 이(伊), 이석(伊奭), 황이(黃尹), 아형(阿衡) 등으로 불린다. 무의(巫醫), 요리사, 농부 등으로 한적(漢籍)에 묘사된 그의 인물됨은 전인적(全人的)이다. 도마와 칼을 등에 지고 다니는 요리사요 나라의 기운을 진맥하는 의사였다. 혼미한 천하에서 가치가 다른 복시(復視) 현상을 그는 설명해야 했고 왕과 백성을 설득해야 했다. 마침내 이웃의 신흥국인 상(商)의 탕왕(湯王)을 도와 자신의 조국인 하(夏)를 멸망시킨다. 《여씨춘추(呂氏春秋, 愼大覽)》에는 이윤의 심경을 빗대어 "위 하늘도 불쌍히 여기지 않으니 하(夏)의 운명은 끝난 것이다(上天弗恤, 夏命其卒)"라고 쓰고 있다.

여아(呂牙)는 강(姜)태공 여상(呂尙)이다. 당(唐)의 공영달(孔穎達)은 《시경(詩, 大雅, 文王 大明 8 章)》에 "여기 군사(軍師)인 태공은 매처럼 때맞추어 날아오르는 기상으로 무왕을 도와 속히 상나라의 대군을 치니 싸움의 아침은 청명했다(維師尙父, 時維鷹揚, 涼彼武王, 肆伐大商, 會朝淸明)."의 주(註)들을 소(疏. 註의 설명)하면서 《손자병법》의 여아(呂牙)가 《시경(詩經)》의 상보(尙父) 태공망이며 중간자의 위치에서 결정적 시기를 택한 상황을 제시했다. 은(상)·주 교체기는 대략 백여 년간 서서히 진행된 것으로 역사가들은 보고 있다. 고공단보(古公亶父)로부터 세력을 확장하면서 주나라는 황하 상류에서 중·하류 지역으로 동진을 시작하여 상과 충돌하게 된다. 여아는 지금의 산동성을 근거로 세력을 가진 상나라의 귀족이었다. 그는 한 시대의 추이를 관망하는 은둔자요 균형자였다.

어쩌면 이 두 사람은 철저한 기회주의자이다. 무도한 세상을 만나 인간(凶間)으로 체제를 부정하고 실력자인 내간(內間)이 되고 필적하게 된 세력과 소통하는 반간(反間)이 되었다. 대부분의 병서(兵書)는 이들을 모두 반간의 대표적 사례로 논하고 있으나, 용간(用間)의 차원을 떠나서, 이지는 적극적으로 상황을 개척하고 해석하는 유세가 이고, 여아는 인내하며 시간을 기다리는 곧은 낚싯바늘의 강태공이다. 거대한 세력 틈에서 배반과 연합의 이러한 생존술을 《귀곡자(鬼谷子, 忤合)》는 이렇게 말하고 있다. "그러므로 이윤은 다섯은 상(은)의 탕(湯)에게 걸치고 다섯은 하의 걸(桀)에게 걸쳐, 입장을 분명히 밝히지 않은 연후에 탕과 연합했다; 여상은 셋은 주의 문왕(文王)에 걸치고 다른 셋은 상(은)나라에 집어넣어, 입장을 분명히 밝히지 않은 연후에 문왕과 연합했다(故伊尹五就湯, 五就桀, 而不能有所明, 然後合於湯; 呂尙三就文王, 三入殷, 而不能有所明, 然後合於文王)."

죽간과의 비교에서 전래본에 보이는 석(昔) 자는 죽간에는 없었던 것으로 판단된다. 앞 문장인 "불가불후야(不可不厚也)"에 연이어 써진 글자는 온전하지는 않지만, 은(殷) 자(字)의 오른쪽 귀퉁이로 식별되기 때문이다.[227] 무엇이는 간에 죽편의 사이 공간에 어섯 자 이상이 들어갈 수는 없어 보인다. 후세에 석(昔)이 덧붙여진 것은 은(殷)에 또 다른 보편적 의미가 있었기에 구분하기 위해서라는 주장도 있지만, 이상 국가인 주나

---

227) 竹簡整理小組의 판정 : "從殘存偏旁看, 非 昔字, 似是 殷字之右半"

라를 동경하는 유가(儒家)에서 "옛날은 그르고 지금은 옳다(昔非今是)"를 함의하도록 하여 주나라의 사상이 아직도 현존하기를 갈구해서가 아닐까? 그래서 은(殷)은 주(周)와 비교해 항시 폄하되었다. 대부분의 전래하고 통행한 《손자병법》은 은(殷)으로 표기되어 있으나 본래의 이름인 상(商)으로 기록한 것은 청(淸) 나라 초기에 발간된 사고본(四庫本)에서부터이다. 이민족 국가인 만주족 청(淸)이 같은 동이계의 조상인 은(殷)을 존경하는 상(商)으로 복원하고 싶었을 것이다.

용간(用間) 16

즉간본 : (　　　　　)彳率宁師比在陲. 燕之興也, 蘇秦在齊. 唯 明主賢將, 能 (以上智爲間者, 必成大功. 此兵之要. 三軍所恃不動也)

(　　　)은 "솔사비"가 형(陘) 땅에 있었기 때문이다. 연나라가 흥한 것은 제나라에 소진이 있었기 때문이다. 오로지 밝은 군주와 현명한 장수만이 능히 최선의 지혜로 간자를 운용하니 반드시 큰 공을 이룬다. 이것이 군사운용의 요체요 전군이 믿고 움직이지 않을 수 있는 이유이다.

전래본 : 故 明君賢將, 能以上智爲間者, 必成大功. 此兵之要, 三軍之所恃而 動也

그러므로 밝은 군주와 현명한 장수만이 능히 최선의 지혜로 간자를 운용하니 반드시 큰 공을 이룬다. 이것이 군사운용의 요체요 전군이 이를 믿고 움직일 수 있는 이유이다.

죽간의 마지막 행간 153행에 보이는 "솔사비재형 연지흥야, 소진재제(彳率丁師比在陘. 燕之興也, 蘇秦在齊)"는 전래본에는 없고 역대 제가(諸家)의 주(注)에도 보이지 않는다. 죽간이 발굴된 후에 큰 논의를 일으켰던 문장이고 앞의 5~6자로 추정되는 잔멸(殘滅)된 글자가 나타나지 않고는 풀이는 불가능하다. "솔사비재형(彳率丁師比在陘)의 '솔(彳率丁)'은 솔(率)과 같다. 구지편에 등장한 항산(恒山)의 뱀인 솔연(率然)은 군대의 행군 기동을 잘 운용하는 상징적 표현이었다.[228]

전래하지 않고 죽간에만 있는 이 문구 중 "소진재제(蘇秦在齊)"는 소진(蘇秦)이 활약한 시대가 전국시대이므로 대체로 춘추시대 병서들이 온적(蘊籍)되어 이를 기초로 한 군사 사상이 완성되었을 것이라고 믿어지는 손무(孫武)의 시대에 기술된 손자에는 보이지 않는 것이 당연하다. 그렇다면 죽간은 《전국책(戰國策)》에 기술된 대로 기원전 294년 전후에 소진이 연나라의 반간계(反間計)로 제나라에 들어간 사건을 기록한 것이다. 이것은 죽간의 기자(記者)가 전국시대에 성립된 《손빈병법》 강병(强兵)에 보이는 문장을 텍스트로 참고했음을 시사한다.

형(陘)을 진과 한 사이의 땅으로 보면 《전국책(戰國策, 韓策篇, 秦策篇)》에 진이 한을 공격하려 계획할 때 진의 소왕(昭王)과 범저(范睢)가 땅을 공략(攻地)할 것인가 사람을 공략(攻人)할 것인가를 두고 논의했던 일에 등장하는 중심인물이 있다. 바로 소진과 대비되는 장의(張儀)이다. 형(陘) 땅에 솔사비(彳率丁師比)가 있었다는 말에서 장의와의 연관성을 찾을 수 없다. 이를 유추하여 사라진 앞의 문구가 "진지흥야(秦之興也)"일 거라는 것은 무리이다. 진(秦)은 그 당시 이미 천히의 반을 차지하는 강국이고 남쪽의 초(楚)와 패권을 다투고 있었다. 형(陘)은 강대국 사이의 통로이거나 생존에 급한 약소국의 영악한 인간이 거주하는 살벌한 땅이

---

228) 구지 12.

다. 공지(攻地)와 공인(攻人)의 전략적 논의가 있을 법하다. 죽간이 써진 전한(前漢) 시대에 선진(先秦)의 지역 인물 평가는 사마천의 말을 빌리자면 "삼진(韓, 魏, 趙)은 권모술수에 능한 절조 없는 사람이 많다."처럼 위험한 인간들에 대한 걱정이었다.

《손자병법》의 마지막 항목을 읽으며 필자는 손자가 말하는 인간의 문제를 되돌아보게 된다. 용간편에서 손자는 간(間)을 간첩 이외에 분간(分間)과 분별(分別)의 함의성을 넣어 은연중 이를 파악하는 최선의 지혜를 강조한다. 상지(上智)는 엿보는 것(間)을 넘어서 정신적 정진(精進)의 결과이고 그런 경험과 문화의 토대에서 자란다. 상지(上智)는 문화가 군사를 제어할 수 있을 때 발휘된다. 군대에 바로 령(令)이 서고 전쟁 억제력의 실제가 되면 움직일 필요가 없다. 그래서 필자는 죽간에 안 보이는 마지막 문구를 대담하게도 "믿는 바가 있어 움직이지 않는 것(所恃不動)."으로 고쳐 넣었다. 사실 움직임 "동(動)"은 병법의 관점, 즉 기동성에서 부동(不動)을 포괄한다. 어쩌면 흔히 한적(漢籍)에서 보이는 불(不), 이(而), 필(必) 자의 혼동이었을 지도 모른다는 기대감도 있다.

《손자병법》은 군사문화에 반대한다. 모든 군인은 전사이기 전에 시민이다. 비록 손자의 전민(戰民)은 스파르탄의 전사같이 억압에 항거하는 자유민의 지위(Freemen Locus)는 아니었지만, 부득이한 전민화(戰民化)에 대한 부단한 설득이 있었다. 사(士)와 민(民)은 글자의 의미에서 결코 화합할 수 없었다. 사(士)는 10명의 한쪽 눈이 안 보이는 노예인 민(民)을 감시하는 지위이기 때문이다. 이 쟁점 위에 만들어진 것이 군쟁(軍爭)이요 이 군쟁편을 천재(天才)의 형(形(軍形))과 지재(地才)의 형(形(地形)) 사이에 어느 곳도 치우치지 않는 중간에 두었다. 손자의 전사 지위는 균형자의 지위(Libra Locus)이다. 그 전민이 분노하여 온민(溫民)이 되어 자발적으로 싸움에 임하도록 하는 것은 건전한 시민 의식이지 분별없는 군사문화가 아니다.

군사가 문화를 지배하는 것이 아니라 문화가 군사의 우위에 있었다. 그래서 문민 출신 국방장관이 절실하다. 퇴계 이황이 병법을 언급한 것은 매우 드문 일이었으나 그의 언행록(言行錄)에 격물치지(格物致知)를 논하며 이를 공부하는 방편으로 제갈량의 《팔진도(八陣圖)》를 필사하길 권했는데, 그리하면 깨닫는 것이 있다는 말을 남기고 있다. 거기에는 문관(文官)이 하나의 캠페인, 전역(戰役)에서 병마사(兵馬使)로서 어떻게 무인(武人)을 다스려야 승리할 수 있는가 하는 군사 운용의 요체가 들어 있기 때문이었다. 팔진도는 현대적 전술 이론으로 보면 좀 의심스럽지만, 음양오행의 순환과 병력의 배비, 기동 방법에 충분한 군사 과학적 근거가 있다. 팔(八)은 글자의 생성에서 보이듯 분(分, 八 + 刀)의 모태 글자이다. 후에 군의 편성과 지휘체계인 분수(分數)의 개념 형성에 지대한 영향을 주었고, 정전제의 국가에서 분할로 나누인 세계상(世界像) 구(九)에 주체인 하나를 제외한 팔(八)이라는 관리 객체이다. 상나라 이래 천하를 구주(九州)로 나눈 것은 천하가 하나이기 때문이다.

천하를 좁게 보아야 통일할 수 있다. 천하를 넓게 보면 지역에 안주하니 역설적이다. 천하를 하나로 여기면 그 양면성을 이해하게 되고 세상을 이분법으로 보면 순환의 고리는 끊기고 소통은 단절된다. 손자의 전쟁은 범아적(凡我的) 전쟁, 그래서 주어가 생략되어 피아 구분이 안 되는 문장들이 많다. 이러한 혼란을 인식해서인지 훗날 생성된 《손빈병법》의 객주인분(客主人分)은 상대적 주도권을 파악하기 위해서는 전체를 두루 볼 줄 아는 안목이 필요하다고 강조한다.[229] 천지(天地)는 시간과 공간으로 나누어지고 인간 싸움의 승패 역시 그 시공(時空)의 불균형이 일으키는 상대적 상황의 결과이다.

---

229) 허실 8.

그러나 다가오는 전쟁은 압도적 기술력을 바탕으로 한 잔혹한 무인 전쟁이다. 무인 전쟁은 페이오프(Pay-off) 표적을[230] 처리하는데 전쟁 자산이 아닌 유생 역량 섬멸에 두는 비인간적 전쟁을 의미한다. 비인간의 플랫폼에서 인간이 아닌 전투원(NHO, No Human Occupant)이 인간의 소재를 찾아 프로그램화된 생명 말살 지시를 주저하지 않고 실행할 것이다.《전국책》에서 논했던 인간을 공략함도 땅을 공략함도 아닌 전쟁을 시장화하는 마케팅 공략이다. 전투 공간에 인간의 자리가 없다. 싸우지 않고 이기는 것이 아니라 이겨서 싸울 거리를 만든다. 그러니 더욱 폭력적이다. 이것이 이른바 지금의 어두운 군사문화이다. 제갈량은 전래한 팔진도를 발전시켜 군대의 폭력을 관리하는 상징적 의미로 개조했다.[231] 비폭력의 완고한 대치는 비인간과 대결에서는 전멸할 뿐이다. 그러므로 전쟁을 잘 이해하는 문화, 힘의 차이를 극복할 수 있는 상지(上智)는 비록 순결하지는 않더라도 노예 되기를 거부하는 공동체가 학습해야 할 인간학이다. 전쟁론으로 전쟁을 부정한《손자병법》의 반전(反戰)사상 또한 그러한 노력의 역수(逆數)이다.

---

230)　pay-off target. 현대전에서 제거, 무력화시키면 전쟁을 끝낼 수 있는 결정적 표적.

231)　〈清華學報〉, 國立淸華大學, 1968 陳世驤 "八陣圖" 圜論 To Circumvent "The Design of Eightfold Array" 國立淸華大學出版社 참고 : 두보가 제갈량을 흠모하여 지은 五言絶句 詩〈팔진도〉

　　功盖三分國 名成八陣圖
　　江流石不轉 遺恨失呑吳
　　공은 삼국을 덮고, 이름은 팔진도로 이루었도다.
　　강물은 흘러갔으나 돌은 구르지 않고, 오나라를 평정 못해 한으로 남았다.

삼국은 천시와 지리 그리고 인간으로 대표되는 魏, 吳, 蜀이다. 폭력으로 가득한 천하에 제갈량은 가장 형세가 약한 촉에 합류한다. 힘의 균형을 이뤄 필적하여 싸우지 않게 하려 함이다. 그러나 강물로 돌을 굴리지 못함은 비록 영웅이라도 인간의 마음은 전쟁으로 얻지 못한다는 것이다. 이는《시경》邶風 柏舟에 보이는 "나의 가슴은 돌이 아니에요, 굴러서 돌아서지 않아요. 我心匪石, 不可轉也"의 세간의 의미를 반전시킨 것이다. 사실 8진의 의미는 명말에 李贄(이탁오)도 지적했듯이 평화롭고 자연스러운 촌락의 편성체제였다.

▣ 죽간본에 따른 〈용간〉

손자 말하기를, 무릇 군사 10만을 일으켜 천 리를 정벌하려면, 백성의 비용과 공가의 봉록을 낭비하는 것이 하루에 천금이며, 나라 안팎에 온갖 노력이 동원되고, 도로가 막혀 소통이 부진하고, 부득이 일할 수 없는 집이 70만 가구가 된다. 서로 대치하여 지키기를 수년이지만 싸움은 하루에 승패가 결정된다. 그러니 벼슬과 녹, 백금의 돈을 아끼느라 적의 정세를 알지 못한다면 지극히 인간적 감각이 없는 것이다. 이는 백성의 장수가 아니오, 군주를 돕는 것도 아니며, 이기지 못하는 주된 원인이 된다. 그러므로 밝은 군주와 현명한 장수가 그 움직일 때마다 적을 이기고, 다른 무리보다 걸출하게 공을 이루는 것은 먼저 알았기 때문이다.

먼저 아는 것은, 귀신에게서 얻을 수 없고, 일을 유추하여 그려낼 수 없으며, 경험을 가늠하여 가능하지 않고 반드시 사람을 취해 얻을 수 있다. 그래서 정보운용에는 다섯 가지 간자를 쓰니 : 인간(因間)이 있고 내간(內間)이 있고, 반간(反間)이 있고, 사간(死間)이 있고, 생간(生間)이 있다. 다섯 가지 간자가 함께 일어나면 그 도(道)를 알 수 없으니 이를 일러 신묘한 불가사의라 하며 임금의 보배이다. 생간이란 돌아와 보고하는 자이다. 인간이란 그 지역 사람을 쓰는 것이다. 내간이란 그 지역의 관리를 쓰는 것이다. 반간이란 적의 간첩을 쓰는 것이다. 사간이란 거짓을 흘리고 우군 첩자를 시켜 적으로부터 전해지는 그 반응을 아는 것이다. 그러므로 삼군의 친함은 첩자보다 친할 수 없고, 그 상은 첩자보다 후할 수 없으며, 그 일은 첩자보다 기밀하지 않다.

성(聖)으로 하지 않으면 정보운용을 할 수 없고, 인(仁)하지 않으면 첩자를 부릴 수 없다. 비밀이 숨겨지지 않으면 간자를 보호할 수 없다. 숨기고 또 숨겨야 하니, 간자를 쓰지 않는 곳이 없기 때문이다. 정보운용의 결과가 보내지지 않았는데 정보에 관해 듣거나 고한 자는 모두 죽인다. 무릇 군대를 치고자 하고, 성을 공격하고자 하고, 인물을 제거하고자 하려면: 먼저 반드시 (그 군대와 성과 인물)을 지키는 장수와 측근과 알자, 문자, 사인의 성(姓)과 명(名)을 알아야 한다.

우군 간첩에 지령을 내려 우군의 틈에 들어와 있는 적의 간첩을 반드시 색출하여, 이익을 주어 활동할 수 있도록 이끌면, 반간으로 이용할 수 있다. (이렇게 적과 우군들 사이에 있는 반간(反間)의 활동으로) 이를 알게 되어 우군 간첩을 지휘하여 내간(內間)을 부려 얻을 수 있다. 내간으로 정보를 알게 되면, 사간(死間)으로하여 거짓 정보를 적에게 보고하게 한다. 이를 통해 (거짓 정보에 의한 적의 반응을) 알게 되면, 생간(生間)을 계획한 때에 맞추어 쓸 수 있게 된다. 오간(五間)의 운용이 이렇게 됨을 반드시 알게 되는 것은 반드시 반간이 있기 때문이다. 그러므로 반간을 후하게 대하지 않을 수 없다.

(옛날) 은나라가 일어선 것은 하나라에 이지(伊摯)가 있었기 때문이요; 주나라가 일어선 것은 은나라에 여아(呂牙)가 있었기 때문이다. (   )은 "솔사비"가 형(陘) 땅에 있었기 때문이다. 연나라가 흥한 것은 제나라에 소진이 있었기 때문이다. 오로지 밝은 군주와 현명한 장수만이 능히 최선의 지혜로 간자를 운용하니 반드시 큰 공을 이룬다. 이것이 군사운용의 요체요 전군이 믿고 움직이지 않을 수 있는 이유이다.

손자병법 연표

연도	구분	역사적 시기	특징	주요 연구자
기원전 20세기~ 10세기 기원전 1046년 기원전 8세기	醞釀産生 時期[1]	夏 商 商周 교체기 周의 東天 春秋시대	• 귀갑(龜甲)을 구어 점을 치며 軍의 진퇴와 진법을 정함 • 商의 토후인 동이족 여망의 육도삼략 周나라 인문 체제로 도입 • 서주 이전 용병을 占에 의존했던 경향이 사라지고 卜占을 합리적 가치관[德]에 근거 병법에 적용 • 孔子, 以德代占(덕을 쌓아 주어진 운명을 개척)의 시대 선포 • 從周主義者들 인간성의 회복에 의한 인문의 르네쌍스를 기초로 병법을 구조화	
기원전 4세기 기원전 341년 기원전3세기	研究發軔 時期	전국시대 좌전 장공 10년	• 齊의 鬼谷子, 천문산에서 소진과 장의를 가르침 • 손자병법 주요 근간이 되는 문구 〈귀곡자〉에 수록 • 문자, 分數(병략의 편성과 책략의 形)를 논함 • 氣의 병법운용(군쟁 10), 兵 軍 武 글자의 의미를 분리 사용 • 齊나라가 韓을 위기에서 구하려 魏를 공격할 때 田忌를 대장군으로 하고 손빈을 軍師로 삼음 • "孫子"라고 하는 전쟁학파(School of Warfare) 형성	
기원전 213~206? 기원전 168년 기원전 140년경	初期校理 時期	文帝 12년 西漢 武帝 初 년	• 진시황의 焚書에 법가의 이론으로 여긴 손자병법 제외된 것으로 추정, 중국 고대 언어의 주류가 蒙閔語에서 중국 티베트어계로 전이 • 長沙國 丞相 利倉의 묘, 일명 마왕퇴의 묘에 수많은 죽간과 금서(帛書)가 부장됨 • 죽간 손자병법 필사되어 은작산 한묘에 부장됨 甲墓(BC 140~118 죽간 甲本 출토), 乙墓(BC 134~118 죽간 乙本 출토) 이 시기까지 손자 13편이 미정립된 근거 제공 三軍, 分數, 謁者, 舍人, 將軍의 의미 생성 • 사마천, 史記 〈손자오자열전〉에서 손자가 실재 인물이며 13편의 고유 저자임을 주장	

1) 于汝波(화공 6, 주 33참조), 손자병법연구사에 의한 분류

연도	구분	역사적 시기	특징	주요 연구자
기원전 26년	初期校理時期	서한말	• 劉向, 〈관자〉 수집 管子 兵法篇 정리, 전장 SOP개념 정립(군쟁 9) • 손자병법 13편 형성 추정(1978년 발굴 칭하 이성 大通縣上孫家寨漢墓出土木簡 400 여 片에 "孫子曰, 夫十三篇" 글자 모양이 보임	
69? ~ 89년		後漢 和帝永元 원년	• 반고(班固)의 한서(漢書) 예문지(藝文志)에 "吳나라의 손자(孫武)는 손자병법 82편과 도록(圖錄) 9권을 齊나라의 손자(孫臏)는 손자병법 89편과 도록 4권을 남겼다."라고 기록(지형 1) • 刑 자 形과 刑으로 의미를 분리하여 사용 되기 시작	
100년105년		後漢 和帝 永元 12년 帝元興 원년	• 說文解字 간행 • 환관 채륜 종이 제작을 획기적으로 개선 (후한서, 東觀漢記)	
215~220	早期注解時期	후한 말 삼국시대	• 形, 軍形과 地形으로 분리 형세의 군사적 해석을 思辯化 • 象數派에 의한 경전해석으로 전쟁 사회 과학에 숙명론이 깃듬 • 조조 孫子略解에서 13편이 기전래했음을 시사 • 〈魏武帝註孫子〉 일명 曹註本 성립(宋代 출간) • 제갈량 便宜十六策 기술 손자병법 주요 문구와 교섭, 상수파의 숙명적 병법을 인간 적 逆數로 해석 응용	曹操注
220~304년 300년경		魏晉 西晉	• 六朝鈔本舊註孫子 일명 殘本 성립 • 左思의 三都賦로 洛陽紙貴 유래, 종이의 대중화에 의한 죽간에서 종이로 필사 진행 이 일반화	
304~439		5호 16국	• 북방민족의 남하로 漢족 강남으로 이동, 이른바 衣冠南渡 로 한자 음운 체계의 대 혼란과 변형 발생 • 중국 고대어에서 중세어로 전이	
530년경		南朝 梁	• 目錄学者 阮孝緒(479–536)이 칠록에 손자 병법이 상중하 3권으로 구성되어 있음을 기록 "七錄 云 孫子兵法三卷 十三篇為上 卷 又有中下二卷"	孟氏注

연도	구분	역사적 시기	특징	주요 연구자
598~614년	隋		• 고구려 원정 패배	
618년	唐		• 魏徵이 편한 〈群書治要, 節錄, 魏武帝註孫子〉 일명 治要本 성립	
631년		貞觀 5년	• 虞世南, 孔穎達의 註와 疏로 병법의 사변적 해석이 발전했으나 임금의 이름을 피하는 避諱에 의한 의미의 왜곡 발생 "恒" : 효문제 劉恒 "民" : 당태종 李世民 "淵" : 당고조 李淵	
645~668년 663년 이전			• 3차(645, 661, 668)에 걸친 대고구려 원정 실패. 손자병법의 중화적 해석에 변화 발생, 迂直之計의 이해가 심화됨(허실 2) • 백제 멸망후 한반도에서 일본으로 손자병법 전래[2]	
716년		開元 4년	• 長短經 출간	
735년			• 來唐 留學生 吉備眞備(693~775) 손자병법 일본에 전래	
743년	的 注 釋 高 峰 時 期	玄宗 天寶 2년	• 李筌, 河南 少室山에 隱居하며 손자 注 • 고구려 원정 패전의 원인 분석 손자병법에 반영 (허실 2)	李筌注
751년 751~762년		玄宗 天寶10년 代宗 寶應 원년	• 당과 아랍의 충돌, 탈라스 전투에서 잡힌 당군 포로가 아바스 왕조에 종이와 손자병법을 전함 • 탈라스에서 포로로 잡혔던 杜環이 인도양과 말라카 해협을 거쳐 귀환 〈經行記〉 기술, 두우의 통전 손자병법에 영향을 줌 • 제국주의 전쟁의 경험에 의해 손자병법의 天時와 地利에 대한 개념 변화 (허실 9), 지형에 대한 묘사의 범위가 넓어짐(행군 3)	
783년		德宗 建中4년	• 賈林, 李抱真의 진중에서 손자 注	賈林注
801년		德宗 貞元17년	• 두우30여년간의 通典 편수	杜佑注
848년경 828~852년			• 두목 손자 注, 서문에 "武所箸書 凡數十萬言"으로 기술, 한서 예문지의 "손오자 병법 82편 도9권"이라는 말을 뒷받침, 조조가 이를 산책(刪策)하여 13편으로 했다고 주장; 조조가 손자약해에서 13편이 기 존재했음을 시사한 말과 모순	杜牧注 陳皞注

2) 佐藤堅司, 鈴木春山兵學全集, Volume 1, 八絃會, 1937

연도	구분	역사적 시기	특징	주요 연구자
960년 977~984년 998~1003년 1080년		北宋 太宗 太平興國 2년~ 太平興國 8년 眞宗 咸平 연간 神宗 熙寧 연간	• 특징 : 문무 분리의 추세에서 문인 학사 주도의 병법 연구로 실병지휘 경험이 결핍된 군사 이론 제기 • 太平御覽 편수 시작 • 태평어람 완성 간행 • 許洞, 호검경(虎鈐經) 출간, 병법과 전술교리의 교조화 경향이 나타남 • 〈唐李問對〉 출간 • 宋刊本 〈武經七書 : 손자병법, 오자, 사마법, 육도, 위료자, 삼략, 당이대문〉의 〈孫子兵法〉 일명 武經本 성립	
1127~1194년 1161년	武經首位確立時期	南宋 孝宗	• 宋刊本 〈十一家註孫子〉 판각, 일명 會註本 성립 다수의 避諱字 발생 改字, 空字, 缺筆, 改音됨 "完" : 宋 欽宗 趙桓 "殷" : 宋 宣祖 趙弘殷(태조 조광윤의 아버지) "玄" : 宋 始祖 趙玄朗(태조 조광윤의 시조) "購(構)" : 宋 高宗 趙構 "愼(昚)" : 宋 孝宗 趙昚 "頊(炅)" : 宋 太宗 趙炅 "弘" : 宋 宣祖 趙弘殷 "洹(桓)" : 宋 欽宗 趙桓 "貞", "徵", "征" : 宋 仁宗 趙禎 "頊(頊)" : 宋 神宗 趙頊 "郭", "廓", "擴" 宋 寧宗 趙擴 • 戰史를 재고하고 실전 경험을 병법에 반영 (장예) • 詐力과 仁義 간의 병법 적용 개념 논쟁, 이른바 兵儒鬪爭 격렬	
1200년경 14세기		몽골제국 일한국 元	• 바하 웃 딘, 페르시아의 일한국에서 漢籍의 번역 기록물 출간 시작 • 귀족회의 쿠릴타이(忽裡台)의 손자병법 논의 주요 강조점 —침공전 사전에 면밀한 계획과 정보 획득, 속도전 및 장수의 자질 "未入敵境之前, 必先偵 其國內情況" "不見利不進" "來如天墮, 去如電逝" "敵分亦分, 敵合而合" "智勇兼備者為之典兵"[3] • (唐)손자 張賁注 佚失되어 전래되지 못함, 明代 劉寅이 武經直解에 輯佚[4]하여 출간, 儒家를 설득하는 병법의 道를 극명하였다는 평가 • 孫武子敎女兵雜劇 유행 손자의 명성 대중화	張賁注 (日本 櫻田本)

3) 于汝波, 손자병법연구사
4) "집일", 失傳한 문헌이나 인용과 다른 문헌을 근거로 보전한 자료수집

연도	구분	역사적 시기	특징	주요 연구자
1597년	疏解闡發時期	明	• 특징 : 병서 발행 역대 최대(현존 3,227부 중 1,724 부, 53%), 손자병법의 해석에서 "兵非多益" 군사운용에 병력의 수 보다는 "選鍊精兵" 정예군사를 선발하여 훈련에 둠 (何良臣, 陣紀)	
1620년		萬曆 24년 萬曆 25년 萬曆 48년	• 李摯, 梅國楨의 孫子參同 주요부분 완성 • 일본의 조선 재침(정유재란)을 보고 손자참동 수정 • 〈손자참동〉 간행 • 주요 병서 劉寅〈武經直解〉趙光裕〈新鐫武經七書標題正義〉沈應明〈新鐫注解武經〉臧應驥〈新 鐫武經標題佐義〉謝弘儀〈新鐫武經標題七書〉陳玖學〈新鐫增注標題武經七書〉王守仁〈新鐫武經七書七種〉張居正〈武經直解(鼇頭七書)〉李淸〈武經七書集注〉沈際飛〈武經七書合箋〉李贄〈七書參同〉黃獻臣〈武經開宗〉何守法〈武經七書〉孫履桓〈武經商騭〉王升〈武經七書講義〉王圻〈武學經傳句解〉汪本源〈武經七書題旨明說〉	
1645년	古代孫子研究의終結과再造	淸 順治 2년	• 특징 : 손자병법의 전적을 서로 비교하여 原貌를 찾으려는 노력 진행, 철저한 고증과 서구 과학의 영향을 받은 합리적 해석 추구, 한편으로는 청초 고증학 소위 "考據之風"의 영향으로 과거 전적에 대한 맹목적 회의 유행, 窮鄕俗儒들이 제멋대로 개작하는 "찬개(竄改)" 횡행, • (明) 망국유신 王夫之, 衡山에 은둔하여 抗淸의 방법론에 손자병법의 "愼戰思想" 주장	
1675년 경1750		日本	• 山鹿素行〈七書諺義〉에서 손자병법을 古文辭學으로 풀어 각색, 유교의 道를 神道의 道로 차용 • 오규 소라이(荻生徂徠) 주해 손시 코쿠지카이(孫子國字解)츨간	
1772년 1788년 1790년	外國的初始時期	淸 乾隆 37년 조선 정조 14년	• 프랑스 제주이트 선교사 아미오(錢德明, Jean J M Amiot)에 의해 부분 번역 시도 (대부분 오역) • 文淵閣〈四庫全書, 兵部類, 孫子兵法〉일명 四庫本 성립 • 서호수(건륭제 80세 축하사절) 문연각본(文淵閣本)과 문진각본(文津閣本) 四庫全書 孫子兵法을 조선에 반입	

연도	구분	역사적 시기	특징	주요 연구자
1797년	外國的初始時期	淸　嘉慶 2년	• 손자의 후손이라고 주장한 孫星衍 〈孫子十家註〉 校本, 淸嘉慶二年兗州觀察署刊本, 〈孫子集成〉 卷十五, 일명 孫校本 성립, 고증적 입장에서 피휘와 衍誤로 변조된 글자 상당수를 본래자로 되돌림 • 〈孫子十家注〉 초간 발행, 이후 民國까지 30차에 걸쳐 발행한 손자병법의 최대 부수가 됨 –통전과 태평어람 비교 교감 –무경 7서와 송간 11가주 비교 교감	
1807년		嘉慶12년	• (宋)태평어람 鮑刻本 간행, 손자병법의 일부 문구가 죽간과 유사한 표기로 회복(행군 8)	
1852년		日本　家慶5년	• 櫻田迪 소유의 손자병법 櫻田本(사쿠라다본) 출현, 唐 貞觀시대(7 C중엽)로 추정되는 古文으로 전래본과 280여 곳에 내용상의 차이 발견 –일본 학자들은 조조 이전 최고 주본이라 주장 –중국 학자들은 원말 명초의 張賁注를 근거로 그 시대 이후의 僞書로 간주	
1853년		家定 6년	• (宋) 吉天保 輯 손자 10가주 출간(출판원 불명)	
1861년	傳播及影響不斷擴大時期	淸　咸豊 11년	• 태평천국의 난, 항주(杭州)의 문란각장서루(文瀾閣藏書樓)에 소장된 사고전서(四庫全書)가 약탈되어 민간에 흩어지면서 손자병법 전세계로 퍼짐	
1868년		日本 메이지 유신	• 손자병법을 神道 정신주의로 해석, 不戰과 愼戰에서 일탈, 생명경시, 決戰및 無陣法에 의한 승전 위주의 군국주의에 복무, 割腹과 玉碎로 항복[屈人]과 포로를 능멸하는 非安國全軍 사상으로 왜곡(모공 1)	
1884년			• 오규 소라이(荻生徂徠)의 〈孫子九地問對〉 상해에서 한어 번역 출간	
1905년		영국	• 칼스럽(E F Calthrop) 포병 대위, 최초로 손자병법 영문본 일본 토쿄에서 출간(지나친 의역과 생략, 오류에 의한 황무한 번역) • 러일전쟁 日의 승리후 동방의 병법 서구에 급속히 선싸, 시온주의자들 손자병법 읽기 시작	
1910년			• 영문 완역본으로 평가되는 Lionel Giles의 〈Art of War〉 출간(번역 원본: 손성연 十家孫子會注)	

연도	구분	역사적 시기	특징	주요 연구자
1929년		ICRC	• 일본, 제네바 협약(전쟁 포로 대우에 관한) 가입 거부[5] : 손자병법의 修功과 費留(화공 [6])의 일반적 이해가 전세계에 확대	
1963년		미국	• 사무엘 그리프스(해병 준장) 번역본 〈SUNTZU〉출간, 리델하트의 서문과 손자 저자에 대한 의혹 제기	
1967년		영국	• 리델하트, 〈Strategy〉 증보판에서 그의 저서의 독창성을 부인하고 아이디어를 모두 손자병법에서 얻었음을 고백	
1960년대		중화인민공화국	• 문화대혁명 기간, 손자를 "非孔批儒"의 법가 인물의 대표로 숭배 좌파 사상으로 해석	
1967년		중화민국	• 臺北 상무인서관, 치요본 영인본 출간	
1972년	傳播及影響不斷擴大時期	중화인민공화국	• 산동성 린이시(臨沂市) 은작산 한묘에서 손자 죽간 출토	
1975년 ~ 1976년			• 文物出版社〈竹簡孫子兵法〉 7월 죽간정리소조의 보고 손자병법(吳問, 四變, 黃帝伐赤帝, 地形 二, 見吳王 등 포함)은 총 죽간 196매로 이 가운데 완전한 죽간은 11매, 부분 토막은 122매, 잔조각은 63편, 글자수는 총 3,160자	
1983년		중화민국	• 臺北 상무인서관, 文淵閣 四庫全書, 兵部類, 孫子兵法 영인본 출간	
1985년		중화인민공화국	• 銀雀山漢墓竹簡整理小組編 죽간손자병법의 情況簡介 발표 영인출판, 일명 竹簡本 성립	죽간본
1989년			• 중국 손자병법 연구회 성립	
1996년1997년			• 西安 張氏家藏 周書漢簡抄本〈孙武兵法〉82 篇[6] 발견 (총 14만 字 중 병법 정문 6~8만 字, 韓信 등의 비주(批注) 7~8만 字로 손자 13편과의 관계 규명중(허실15) • 중국 손자병법 연구회[7] 서안 장씨 가장 손자병법 82편(일명 장가본)이 위조라고 발표, 차후 82편의 고문헌적 근거 연구 진행과 소송, 학계 양분 대혼돈	진위여부 논쟁, 抄本 비공개 관제 연구 대 재야연구

5) ICRC(국제 적십자사)자료 : 일본은 제네바 협약에 서명(Signature 7월 27 1929)하였으나 비준(Ratification Accession)하지 않았다.
6) "발견된 "손자병법 82편"은 한간(漢簡)형태가 아니고 이를 종이에 옮긴 抄本이다. 民國 12년(1923년) 필사된 것으로 진위가 분명치 않으나 내용상의 구조가 정밀하고 죽간본에 잔멸된 부분들에 대한 설명할 수 있는 근거들이 대거 발견되었다. 그러나 문장중에 漢代에 없는 元, 明, 淸 시기의 史實과 기물, 文字들이 발견되어 竊改와 위조의 의심을 받고 있다.
7) 중국 군사과학원 손자병법연구회 주요 학자 李學勤, 吳如嵩, 李零, 姚有志, 黃樸民, 吳九龍, 霍印章, 于汝波, 裘錫圭

죽간손자논변

초판 1쇄 | 2015년 9월 15일

지은이 | 이창선
편 집 | 김재범
디자인 | 임나탈리야
펴낸이 | 강완구
펴낸곳 | 써네스트
출판등록 | 2005년 7월 13일 제313-2005-000149호
주 소 | 서울시 마포구 양화로 156, 925
전 화 | 02-332-9384   **팩 스** | 0303-0006-9384
이메일 | sunestbooks@yahoo.co.kr
홈페이지 | www.sunest.co.kr
ISBN 979-11-86430-05-7 (93150)   값 25,000원

〈우물이 있는 집〉은 써네스트의 인문 브랜드입니다.

정성을 다해 만들었습니다만, 간혹 잘못된 책이 있습니다. 연락주시면 바꾸어 드리겠습니다.

이 도서의 국립중앙도서관 출판시도서목록(CIP)은 서지정보유통지원시스템 홈페이지 (http://seoji.nl.go.kr)와 국가자료공동목록시스템(http://www.nl.go.kr/kolisnet)에서 이용하실 수 있습니다. (CIP제어번호 : CIP2015023436)